Martin Siegler

SOS: Medien des Überlebens

Undisziplinierte Bücher

Gegenwartsdiagnosen und ihre historischen
Genealogien

Herausgegeben von
Iris Därmann, Andreas Gehrlach und Thomas Macho

Wissenschaftlicher Beirat
Andreas Bähr · Kathrin Busch · Philipp Felsch
Dorothee Kimmich · Morten Paul · Jan Söffner

Band 9

Martin Siegler

SOS: Medien des Überlebens

Die existenzielle Bedeutung von Lebenszeichen
in Notfällen

DE GRUYTER

Dieses Buch wurde als Dissertation an der Bauhaus-Universität Weimar eingereicht und am 27. September 2021 verteidigt.

Diese Publikation ist im Rahmen des Internationalen Kollegs für Kulturtechnikforschung und Medienphilosophie der Bauhaus-Universität Weimar entstanden und wurde mit Mitteln des Bundesministeriums für Bildung und Forschung gefördert.

Schriften des Internationalen Kollegs für Kulturtechnikforschung und Medienphilosophie. Band 54

Gefördert aus Mitteln des Open-Access-Publikationsfonds der Bauhaus-Universität Weimar und vom Thüringer Ministerium für Wirtschaft, Wissenschaft und Digitale Gesellschaft (TMWWDG)

Internationales Kolleg für
Kulturtechnikforschung und
Medienphilosophie

GEFÖRDERT VOM

Bundesministerium
für Bildung
und Forschung

Bauhaus-Universität Weimar

Open-Access-Publikationsfonds

ISBN 978-3-11-221507-4
e-ISBN (PDF) 978-3-11-107534-1
e-ISBN (EPUB) 978-3-11-107645-4
ISSN 2626-9244
DOI https://doi.org/10.1515/9783111075341

Library of Congress Control Number: 2023933754

Bibliografische Information der Deutschen Nationalbibliothek
Die Deutsche Nationalbibliothek verzeichnet diese Publikation in der Deutschen Nationalbibliografie; detaillierte bibliografische Daten sind im Internet über http://dnb.dnb.de abrufbar.

Einbandabbildung: scaliger/iStock/Getty Images Plus
Satz: Integra Software Services Pvt. Ltd.
Druck und Bindung: CPI books GmbH, Leck

www.degruyter.com

Inhaltsverzeichnis

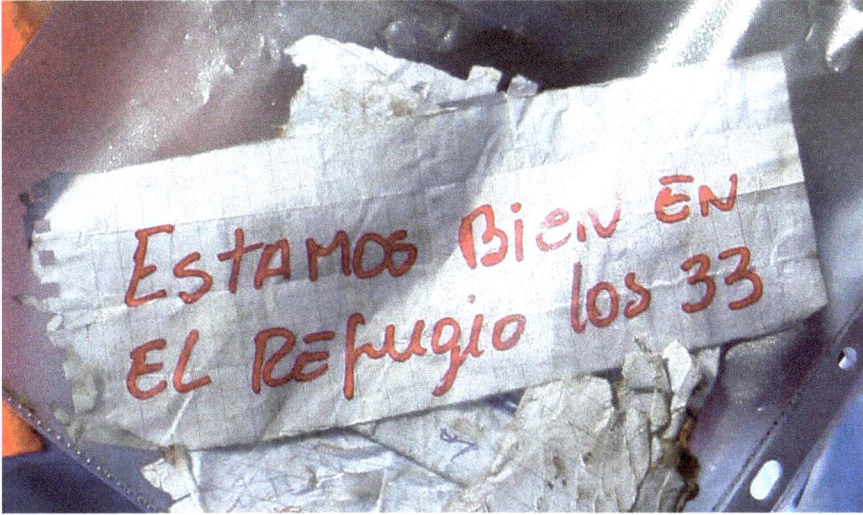

Abbildung 1: „Estamos bien en el refugio los 33", Photographie von Héctor Retamal (Picture Alliance / Associated Press), 22. August 2010.

1 Lebenszeichen

1.1 „Estamos bien ..."

Am Rande der Atacama-Wüste, einem der trockensten, heißesten und lebens-feindlichsten Orte der Erde, machen chilenische Bohrexpert*innen[1] am 22. August 2010 eine bemerkenswerte Entdeckung. Als sie das Bohrgestänge aus 700 Metern Tiefe ans Tageslicht zurückholen, kommt ein bräunliches, vom Bohr-schlamm durchnässtes Bündel zum Vorschein. Im Inneren eines Plastiksacks, der notdürftig mit Gummiband umwickelt ist, steckt ein weiß-kariertes Stück Papier mit einigen roten Buchstaben: „Estamos bien en el refugio los 33" (Abbildung 1).

Nur wenige Stunden später taucht der leuchtend rote Schriftzug an unzähligen Orten in ganz Chile auf: auf der Titelseite von Tageszeitungen, als Meme in sozialen Netzwerken, als Graffito auf Häuserwänden, auf Pressefotos, Plakaten, Postern, ja sogar als Aufdruck von T-Shirts, Tassen, Schlüsselanhängern, Flaggen, Aufklebern, Buttons und Baseball-Caps. In allen nur denkbaren medialen Formen und Forma-ten wird der Schriftzug verbreitet, vervielfältigt, variiert und verfremdet. Sogar Staatspräsident Sebastian Piñera lässt eine Reihe aufwändiger Faksimiles anferti-gen, um sie ausländischen Amts- und Würdenträger*innen – von der Queen bis zum Papst – als Gastgeschenk zu überreichen. Sämtliche Details – die rote Tinte, das feine Karomuster, ja selbst die unregelmäßigen Risse und Staubreste an den Rändern des Papiers – werden sorgsam reproduziert und von einem eleganten Holzrahmen umschlossen.

Doch was hat es mit dieser rätselhaften Notiz auf sich, die in kürzester Zeit von einem Fundstück im Bohrschlamm zu einer medialen Sensation, einer natio-nalen Ikone, einem regelrechten Markenzeichen avanciert? Dazu muss man sich die Umstände ihrer Entdeckung genauer vor Augen führen. Zwölf Tage zuvor, am 5. August, wird die Kupfermine von San José von einem schweren Bergschlag er-schüttert. In 700 Metern Tiefe löst sich ein gewaltiger Felsbrocken und schiebt sich vor die Auffahrt zum Minenausgang. Von 33 Bergleuten fehlt damit schlagartig jede Spur. Aufgrund der extremen Verschüttungstiefe ziehen sich die Suchbohrun-gen über mehrere Wochen hin. Obwohl die Überlebenschancen nach so langer Zeit äußerst gering sind, stößt der Bohrer nach siebzehn Tagen auf einen Hohlraum in der Tiefe. Beim Hinaufziehen des Gestänges fördern die Suchkräfte ein zerknittertes Stück Papier zu Tage. „In clear red letters, evenly spaced and calmly written, was the

---

[1] Im vorliegenden Text wird zur Berücksichtigung aller Geschlechter das Gendersternchen ver-wendet. Die zugehörigen Artikel und Personalpronomina werden im Singular stets in der weibli-chen Form belassen.

proof of salvation"[2]: „Estamos bien en el refugio los 33", das heißt: „Es geht uns gut im Schutzraum, die 33". Das Echo auf die unverhoffte Nachricht ist immens: „In minutes, the message spread throughout Chile. [...] The miners are alive! All of them!"[3] Wenig später titeln weltweit zahlreiche Medien: „Bergarbeiter schicken Lebenszeichen"[4], „erstmals Lebenszeichen von verschütteten Bergleuten"[5], „[...] Chilean miners send note they're alive"[6], „Las primeras señales de vida"[7], „Los 33 mineros chilenos enviaron mensaje de vida"[8].

Es handelt sich bei dem zerknitterten Stück Papier offenbar um ein veritables *Lebenszeichen* – eine Nachricht also, die zunächst nichts anderes kommuniziert als die Lebendigkeit ihrer Absender. Doch wie verwandelt sich ein unscheinbares Schriftstück in einen Beweis für Leben? Wie können einige spärliche Lettern buchstäblich *das Leben bedeuten*? Auf welche Weise zeigt sich das Leben in seinen Zeichen? Worin unterscheidet sich ein Lebenszeichen von allen anderen Formen der Zeichengebung? Welche Mittler oder *Medien* arbeiten daran mit, dass sich Leben durch Zeichen artikulieren kann? Welche Beziehungen werden dabei zwischen Leben, Zeichen und Medien gestiftet? Und was wird aus dem Leben, wenn seine Zeichen *nicht* vernommen werden? Es sind diese Fragen, von denen die folgende Untersuchung ihren Ausgang nimmt. Sie widmet sich einer bislang kaum erforschten Gattung von Zeichen, die auf den ersten Blick ebenso ephemer und unscheinbar anmuten wie der bekritzelte Papierfetzen von San José: schwache Klopfzeichen aus dem Erdreich, Knistergeräusche im Funkgerät, ferne Leuchtfeuer, flüchtige Dunstwolken, Hundegebell. Isoliert betrachtet, scheinen all diese Phänomene keiner wei-

---

2 Franklin, Jonathan (2011): 33 Men. Inside the Miraculous Survival and Dramatic Rescue of the Chilean Miners. New York: G. P. Putnam's Sons, S. 124.

3 Franklin (2011), S. 126.

4 o. A. (2010a): „Wir sind alle 33 im Schutzraum. Bergarbeiter schicken Lebenszeichen", in: Stern.de, 23. August 2010, URL: https://www.stern.de/panorama/weltgeschehen/bergarbeiter-schicken-lebenszeichen–wir-sind-alle-33-im-schutzraum–3109680.html (zuletzt aufgerufen am 8. Dezember 2020).

5 Reuters Staff (2010): „Erstmals Lebenszeichen von verschütteten Bergleuten in Chile", in: Reuters.de, 23. August 2010, URL: https://de.reuters.com/article/chile-minenunglck-20100823-idDEBEE67M03E20100823 (zuletzt aufgerufen am 8. Dezember 2020).

6 CNN Wire Staff (2010): „After 17 Days, Trapped Chilean Miners Send Note They're Alive", in: CNN.com, 23. August 2010, URL: http://edition.cnn.com/2010/WORLD/americas/08/22/chile.miners/index.html (zuletzt aufgerufen am 8. Dezember 2020).

7 TVN 24 Horas (2010): „Primeras señales de vida 33 mineros", YouTube-Video vom 23. August 2010, hochgeladen von dongraft, URL: https://www.youtube.com/watch?v=zrc9Z7Yddjo (zuletzt aufgerufen am 8. Dezember 2020).

8 El Tiempo Redaccion (2010): „Los 33 mineros chilenos enviaron mensaje de vida", in: El Tiempo.com, 29. August 2010, URL: https://www.eltiempo.com/archivo/documento/MAM-4118422 (zuletzt aufgerufen am 8. Dezember 2020).

teren Beachtung würdig. Doch sobald man ihren Verweisungen folgt, sobald man die Handlungsketten und -netzwerke aufdeckt, aus denen sie hervorgehen, werden sie als Äußerungen von existenzieller Tragweite erkennbar: Klopfzeichen aus dem Erdreich verweisen auf eingeschlossene Bergleute in unterirdischen Stollen, Funksprüche im Äther auf Schiffsbesatzungen in Seenot, Leuchtfeuer auf verschollene Wander*innen im Gebirge, Geruchswolken auf verschüttete Erdbebenopfer in Trümmerfeldern. In all diesen Zeichen artikuliert sich ein existenziell gefährdetes Leben, das konstitutiv auf die Produktion und Rezeption seiner Zeichen angewiesen ist.

Genau solche Lebenszeichen sollen im Zentrum der folgenden Untersuchung stehen. Sie geht von der These aus, dass Lebenszeichen unser gängiges Verständnis von *Leben*, von *Zeichen* und von *Medien* gleichermaßen herausfordern. Welche *Zeichenbezüge* werden gestiftet, wenn sich ein vermisstes, verschüttetes oder verunglücktes Leben in Not artikuliert? Aus welchen *Mediengefügen* gehen solche Lebenszeichen hervor? In welchem Sinne lassen sich Signalraketen und Seismographen, Postkarten und Peilsender, Telegraphen und Trillerpfeifen, Funkgeräte und Fundstücke als *existenzielle Medien* begreifen? Und welche *Lebensvollzüge* kommen in diesen unterschiedlichen Zeichenbezügen und Mediengefügen zustande? Wie also *artikuliert* sich *Leben* durch *Zeichen* und *Medien*? Bevor diese semiotischen, medientheoretischen und existenziellen Implikationen des Lebenszeichens entfaltet werden können, muss jedoch zunächst eine weitaus simplere Frage vorangestellt werden: Was meinen wir eigentlich, wenn wir vom ‚Lebenszeichen‘ sprechen?

Wer im Alltag ein Lebenszeichen von sich gibt oder auf Lebenszeichen hofft, wer lange kein Lebenszeichen mehr erhalten hat oder um ein kurzes Lebenszeichen bittet, der zielt normalerweise nicht unmittelbar auf die *Lebendigkeit* seiner Kommunikationspartner*innen ab. Im alltäglichen Sprachgebrauch liefern Lebenszeichen nicht primär ein „Indiz für den regulären Ablauf, das Fortbestehen organischer Lebensprozesse“[9], wie es im Goethe-Wörterbuch heißt, sondern eine Nachricht „nach länger unterbrochener Korrespondenz“[10]. Kurze kommunikative Impulse – Postkarten, Anrufe, Messenger-Nachrichten, Postings – dienen als „Lebens- und Freundschaftszeichen“[11] und halten soziale Beziehungen *am Leben*. Sie tragen der Tatsache Rechnung, dass soziale Kommunikation „einer Mindestfre-

---

9 Eicheldinger, Martina (2011): [Art.] „Lebenszeichen“, in: Berlin-Brandenburgische Akademie der Wissenschaften (Hg.): Goethe-Wörterbuch, Bd. 5 Inhalt – Medizinalaufwand. Stuttgart: W. Kohlhammer, Sp. 1043, online verfügbar unter: http://www.woerterbuchnetz.de/GWB?lemma= lebenszeichen (zuletzt aufgerufen am 8. Dezember 2020).
10 Eicheldinger (2011), Sp. 1043.
11 Eicheldinger (2011), Sp. 1043.

quenz an Beiträgen bedarf, um als intakt zu gelten"[12], wie der Medientheoretiker Heiko Christians schreibt. Wer über längere Zeit kein solches Lebenszeichen mehr von sich gibt, wer die unausgesprochene Plicht zur regelmäßigen Meldung vernachlässigt, droht früher oder später „aus einer gesellschaftlichen Kommunikation [zu] fallen"[13].

Man könnte dies auch als die *phatische* Funktion des Lebenszeichens beschreiben. Darunter verstehen Linguisten seit Bronislaw Malinowski und Roman Jakobson alle kommunikativen Signale, die nicht primär der Übermittlung von semantischen Inhalten dienen, sondern der Herstellung, Pflege und Aufrechterhaltung sozialer Kontakte und Kanäle.[14] Kurze Impulse wie ‚Hallo?', ‚Wie geht's?' ‚Noch da?' oder ‚Lebst du noch?' fragen weniger danach, ob das Gegenüber buchstäblich noch *am Leben* ist, als vielmehr, ob es weiterhin am sozialen Austausch teilnimmt und im Kanal verfügbar ist. Die *Lebendigkeit* des anderen bildet dabei die stillschweigende, für gewöhnlich nicht eigens thematisierte Hintergrundvoraussetzung des kommunikativen Austauschs. Soziale Kommunikation, so hat der Soziologe Niklas Luhmann einmal treffend bemerkt, könne nur reibungslos gelingen, wenn sie nicht in jedem Augenblick „die Gesamtheit der dafür nötigen Umweltbedingungen kontrollieren, also unter anderem darüber kommunizieren müßte, ob die Teilnehmer noch leben".[15]

Auch wenn diese Unterstellung auf den ersten Blick unproblematisch erscheinen mag, können doch jederzeit Ereignisse eintreten, in denen die „nötigen Umweltbedingungen"[16], von denen Luhmann spricht, nicht länger umstandslos gegeben sind, in denen also die physischen, materiellen, technischen und atmosphärischen

---

12 Christians, Heiko (2008): „Lebenszeichen 1818/1968. Werner Herzog verfilmt Achim von Arnims Novelle *Der tolle Invalide auf dem Fort Ratonneau*", in: Athenäum. Jahrbuch der Friedrich Schlegel-Gesellschaft, 18, S. 51–79, hier: S. 51.

13 Christians (2008), S. 51.

14 Malinowski hat den Begriff „phatic communion" eingeführt, um einen Gebrauch der Sprache zu beschreiben, der nicht primär zur Bedeutungsübermittlung oder Handlungskoordination dient, sondern zur Herstellung und Aufrechterhaltung des sozialen Bandes (vgl. Malinowski, Bronislaw (1923): „The Problem of Meaning in Primitive Languages", in: Ogden, Charles K./Richards, Ivor A.: The Meaning of Meaning. A Study of the Influence of Language upon Thought and of the Science of Symbolism. New York: Harcourt, Brace & World, S. 296–336, hier: S. 315–316). Daran anknüpfend hat der Linguist Roman Jakobson in seiner Unterscheidung verschiedener Sprachfunktionen die „phatic function" als denjenigen Modus bestimmt, in dem sprachliche Zeichen vorwiegend zur Eröffnung und Aufrechterhaltung des kommunikativen Kanals dienen, vgl. Jakobson, Roman (1960): „Linguistics and Poetics. Closing Statement", in: Sebeok, Thomas (Hg.): Style in Language. Cambridge, MA: MIT Press, S. 350–377, hier: S. 355–356.

15 Luhmann, Niklas (1996): Die Realität der Massenmedien. Opladen: Westdeutscher Verlag, S. 171.

16 Luhmann (1996), S. 171.

Voraussetzungen von Kommunikation ins Wanken geraten oder außer Kraft gesetzt werden. Solche Ereignisse treten entweder als temporäre und behebbare „Störung [en]“[17] auf oder aber sie brechen, im Extremfall, als fundamentale *Not- und Katastrophenfälle* über alltägliche Lebenswelten herein. Erdbeben erschüttern den festen Boden unter den Füßen, Lawinen begraben ganze Ortschaften unter sich, Flutwellen reißen Menschen mit sich, Luftangriffe bedrohen das zivile Leben an Kriegsschauplätzen, Grubenunglücke lassen den Verbleib von Bergleuten ungewiss werden. In solchen Fällen scheint mit einem Mal radikal ungewiss, „ob die Teilnehmer noch leben“[18], ob sie also überhaupt noch physisch in der Lage zur Teilnahme an Kommunikationsprozessen sind. Unter diesen Umständen kann Leben nicht mehr selbstverständlich vorausgesetzt, sondern muss ausdrücklich *artikuliert* werden, muss sich gegenüber anderen mit auffälligen Zeichen bemerkbar zu machen. Als *lebendig* kann in Trümmerfeldern, Schiffswracks, Lawinenbergen oder eingestürzten Bergwerkstollen nur gelten, wer sich explizit *als* lebendig markiert, wer – kurz gesagt – *Lebenszeichen* von sich gibt.

Eine solche Notlage tritt auch beim oben erwähnten Einsturz der Kupfermine von San José ein. Verschüttet unter einer 700 Meter dicken Gesteinsdecke, ist das Leben der 33 Bergleute radikal ungewiss geworden. Die „Selbstverständlichkeit, dass das Gegenüber lebt“[19], die im alltäglichen Kommunikationsprozess ohne Weiteres gegeben ist, hat plötzlich ihre Evidenz verloren. „Im Alltag“, so schreibt Gesa Lindemann in ihrer medizinsoziologischen Studie über die *Grenzen des Sozialen*, „teilen wir uns [...] unablässig mit, daß wir leben, indem wir uns bewegen und atmen. Die Körper fühlen sich warm an usw. Aber diese Signale stehen fast nie im Mittelpunkt einer kommunikativen Begegnung“[20]. Diese Bedingungen jedoch verändern sich fundamental, sobald Körper in eine Notlage geraten, die ihre Lebendigkeit in Frage stellt. Lindemann etwa beschreibt, wie Patient*innen auf Intensivstationen nur dann als lebendig gelten können, wenn sie sich unablässig auf zahllosen technischen Geräten als lebendig zu erkennen geben, etwa mit Vitalzeichen, EKG-Werten und Pieptönen. Die Mitteilung des Lebens ist hier also nicht länger ein „beiläufiges Moment“[21]: Sie wird zum zentralen Anliegen, Problem und Gegenstand der Kommunikation.

Einer ganz ähnlichen Situation sind nun auch die Bergleute von San José nach dem Einsturz der Kupfermine ausgesetzt. Auch sie können sich nicht länger auf die

---

17 Luhmann (1996), S. 171.
18 Luhmann (1996), S. 171.
19 Lindemann, Gesa (2002): Die Grenzen des Sozialen. Zur sozio-technischen Konstruktion von Leben und Tod in der Intensivmedizin. München: Wilhelm Fink, S. 235.
20 Lindemann (2002), S. 235.
21 Lindemann (2002), S. 235.

direkte, sinnliche Präsenz ihres lebendigen Körpers verlassen, um als lebendig zu gelten. Vielmehr müssen sie ihre Lebendigkeit indirekt, mit allerlei aufwändigen technischen Mitteln anzeigen, hervorheben und sichtbar machen. Während der ersten Tage ihrer Verschüttung greifen die 33 Männer auf unzählige Techniken zurück, um auf ihr Vorhandensein aufmerksam zu machen. Sie schlagen mit Werkzeugen gegen Stollenwände, lassen schwere Maschinen auf Hochtouren laufen, um Vibrationen im Erdreich zu erzeugen, setzen Autoreifen in Brand, um Qualm durch Schächte und Ritzen nach oben zu leiten, hinterlassen Inschriften auf Felswänden, setzen Notrufe mit Mobiltelefonen ab, besprühen den Bohrkopf der Retter*innen mit Farbe und schicken die berühmt gewordene handschriftliche Notiz an die Oberfläche.[22] Diese Notiz löst ihrerseits allerlei Versuche der Rettungskräfte aus, Kontakt zu den Verschütteten aufzunehmen, etwa durch improvisierte Telefonleitungen oder durch eine endoskopische Kamerasonde, die in den Stollen hinabgesenkt wird, um erste unscharfe Bilder an die Oberfläche zu übertragen.[23]

Bei all diesen Artikulationen gehen Lebenszeichen nicht von der bloßen Präsenz des lebendigen Körpers aus, sondern hängen konstitutiv von medientechnischen Bedingungen, Ressourcen, Artefakten und Praktiken ab, die die Hervorbringung von Zeichen ermöglichen, etwa Werkzeuge, Maschinen, Mobilfunknetze, Kabel, Brennmaterialien, Schreibutensilien und Umweltverhältnisse. Lebenszeichen in Not- und Katastrophensituationen sind also stets an spezifische *Medien* gebunden: an materielle Gefüge und technische Voraussetzungen der Zeichengebung.[24] Diese Gefüge dürfen dabei keineswegs als bloße, neutrale Hilfsmittel der Zeichengebung betrachtet werden. Sie entscheiden vielmehr maßgeblich darüber mit, auf welche *Weise* sich Leben in Not manifestieren und artikulieren kann. Das erste Klopfzeichen etwa, das aus dem Bohrloch nach oben dringt, verweist zunächst nur auf eine unbekannte mechanische Ursache ohne nähere Bestimmung, die Farbspuren auf dem Bohrkopf deuten auf gezielte menschliche Aktivitäten hin, die handschriftliche Notiz bringt das Autorenkollektiv ‚los 33‘ zum Vorschein, und das erste Videobild der Kamerasonde zeigt individuelle Bergleute, verleiht also dem anonymen Leben ein Gesicht – all diese Medienkonstellationen artikulieren das verschüttete Leben auf je unterschiedliche Weise.

Man könnte diese vielfältigen Erscheinungsformen als verschiedene *Repräsentationen* ein und desselben Lebens beschreiben, das *unabhängig* von seinen Erscheinungen existiert. Leben wäre demnach ein stabiles Substrat, das den verschiedenen Darstellungsformen des Lebenszeichens zu Grunde läge. Gleichwohl

---

22 Vgl. Franklin (2011), S. 57–58, 106, 108, 121.
23 Vgl. Franklin (2011), S. 128, 133.
24 Für eine ausführliche Klärung des Medienbegriffs, vgl. den Abschnitt 2.3.

scheint diese repräsentationalistische Lesart angesichts des Not- und Katastrophenfalls nur schwer haltbar. Bei näherem Hinsehen ist Leben in Not gerade nicht unabhängig von seinen medialen Erscheinungsformen zu denken. Einerseits ist Leben aus Sicht der Such- und Rettungskräfte überhaupt nur durch die Vermittlung von Medien- und Zeichenprozessen *erkennbar*. Es *gibt* für die Suchkräfte an der Oberfläche Leben nur dann, wenn sich Leben durch Medien und Zeichen aus der Tiefe artikuliert. Dieses epistemische Problem – ‚Wie wird Leben erkennbar?' – ist in Notsituationen allerdings untrennbar mit einem weitaus schwerwiegenderen, *existenziellen* Problem verknüpft. Ein Leben, das keinerlei Hinweise auf seine Anwesenheit gäbe, das sich in keinerlei Zeichen manifestierte, bliebe von den Suchkräften unbemerkt und der eigenen Notlage hilflos ausgesetzt. Binnen kürzester Zeit müssten die verschütteten Bergleute an Auszehrung oder Sauerstoffmangel sterben. Das Leben der 33 hängt also existenziell davon ab, dass es sich durch Zeichen und Medien als lebendig anzeigt und von anderen als lebendig erkannt wird. Es *gibt* Leben nur, sofern das Leben *Zeichen gibt*.

Daraus ergeben sich beträchtliche Folgen für die theoretische Bestimmung des Lebenszeichens. Wenn Leben in Not tatsächlich auf die Vermittlung von Medien- und Zeichenprozessen angewiesen sein sollte, dann repräsentieren Lebenszeichen keineswegs ein immer schon gegebenes, selbstverständlich stabilisiertes Leben, das auch ohne Zeichen und Medien umstandslos fortdauern würde, vielmehr *existiert* Leben nur durch und aufgrund seiner Vermittlungsprozesse im Lebenszeichen. Leben in Not muss sich im Zeichen darstellen und durch Medien vermitteln, um weiterhin existieren zu können. Somit gewinnen mediale und semiotische Vermittlungsprozesse eine ungeahnte existenzielle Bedeutung für das Leben in Not. Zeichen und Medien werden als obligatorische Bedingungen des Lebens selbst erkennbar.

Es ist diese *existenzielle* Dimension von Medien- und Zeichenprozessen in Notfällen, die das Lebenszeichen zu einem vielversprechenden Gegenstand für eine medien- und kulturwissenschaftliche Untersuchung macht. Lebenszeichen fordern dazu auf – so die leitende These der Arbeit – die drei Aspekte des *Lebens*, des *Zeichens* und der *Medien* unter dezidiert existenziellen Vorzeichen neu zu perspektivieren. Was wird aus menschlichem Leben, wenn es konstitutiv auf Medien- und Zeichenbezüge angewiesen ist? Wie müssen Zeichen konzipiert werden, wenn das Leben von ihnen abhängt? Was würde es bedeuten, Medien nicht länger als instrumentelle Hilfsmittel, sondern als lebenswichtige Artefakte und obligatorische Bedingungen der Existenz zu fassen? Diese drei elementaren Dimensionen – *Zeichenbezüge*, *Mediengefüge* und *Lebensvollzüge* – werden im zweiten Kapitel der Arbeit systematisch entfaltet. Zuvor jedoch müssen noch zwei wichtige Vorkehrungen getroffen werden, denen die nächsten beiden Abschnitte gewidmet sein sollen. Zum einen muss das Phänomen des Lebenszeichens auf der

Landkarte der bisherigen medien- und kulturwissenschaftlichen Forschung verortet werden (1.2). Zum anderen wird es darum gehen, die Methode und Materialgrundlage der folgenden Untersuchung zu klären (1.3).

1.2 Forschen nach Lebenszeichen

Die Suche nach ‚Lebenszeichen‘ in der vorhandenen Forschungsliteratur ist zunächst mit einer Vielzahl von Fundstellen konfrontiert. Unter der Überschrift ‚Lebenszeichen‘ versammeln sich höchst disparate Themen, die zumeist nur wenig mit dem hier gemeinten Phänomen zu tun haben. Unter dem Titel „Kleine Lebenszeichen"[25] behandelt etwa der Kommunikationssoziologe Jörg Bergmann „Grußbotschaften im Alltag"[26] und spielt damit auf die phatische, also kontaktstiftende Funktion des Lebenszeichens an. Unter der Überschrift „Lebenszeichen oder ‚falsche Flammen‘"[27] beschäftigt sich der Medienhistoriker Peter Geimer mit rätselhaften Erscheinungen aus der Frühgeschichte der Photographie und betont damit die Mediengebundenheit des Lebenszeichens. Der Germanist Ottmar Ette überschreibt seine Einführung in Leben und Werk von Roland Barthes mit der Überschrift „LebensZeichen [sic!]"[28] und verweist so auf Barthes’ semiologische Lesbarmachung der alltäglichen Lebenswelt. Und der Medienhistoriker Hans Christian von Herrmann untersucht unter dem Titel „Lebenszeichen"[29] das Verhältnis von Literatur und Theater um 1800. Nur ein einziger medien- und kulturwissenschaftlicher Aufsatz – Heiko Christians bereits erwähnter Text „Lebenszeichen 1818/1968"[30] – widmet dem hier gemeinten Phänomen zu Beginn einige eindrückliche Zeilen:

> Schon weniger pauschal bedeuten Lebenszeichen jene Artikulationen von Begrabenen, Abgeschnittenen, Abgetriebenen, Verschütteten oder Zurückgebliebenen, deren verzweifelte Klopf-, Ruf- Schrift- oder Rauchzeichen allein ihren fieberhaft arbeitenden Rettern gelten. Sie werden durch ein Meer von Trümmern geleitet, durchdringen als kurzes Leuchten be-

---

25 Bergmann, Jörg R. (1994): „Kleine Lebenszeichen. Über Form, Funktion und Aktualität von Grußbotschaften im Alltag", in: Sprondel, Walter L. (Hg.): Die Objektivität der Ordnungen und ihre kommunikative Konstruktion. Frankfurt am Main: Suhrkamp, S. 192–225.
26 Bergmann (1994).
27 So die Kapitelüberschrift in: Geimer, Peter (2010): Bilder aus Versehen. Eine Geschichte fotografischer Erscheinungen. Hamburg: Fundus, S. 135.
28 Ette, Ottmar (2011): LebensZeichen. Roland Barthes zur Einführung. Hamburg: Junius.
29 von Herrmann, Hans-Christian (2019): „Lebenszeichen. Literatur und Theater um 1800", in: Gess, Nicola/Hoffmann, Agnes/Kappeler, Annette (Hg.): Belebungskünste. Praktiken lebendiger Darstellung in Literatur, Kunst und Wissenschaft um 1800. Paderborn: Wilhelm Fink, S. 127–140.
30 Christians (2008).

drohlich-tiefe Dunkelheiten, durchbrechen die Stille als Schreien oder rufen als riesenhafte Schriftzeichen den anderen die Verlorenheit eines Gestrandeten ins Gedächtnis.[31]

Nach diesem vielversprechenden Panorama wendet sich der Autor allerdings umgehend dem Film LEBENSZEICHEN[32] von Werner Herzog zu, der nicht so sehr die „Artikulationen von Begrabenen, Abgeschnittenen, Verschütteten" zum Thema hat, als vielmehr die Selbstbehauptung des wahnsinnig gewordenen Wehrmachtsoldaten Stroszek, der ein Munitionsdepot in Brand setzt, um sich gegen die Sonne aufzulehnen. Zwar wird auf Herzog im Laufe der Arbeit noch einmal zurückzukommen sein,[33] doch für den Moment muss die Suche nach Lebenszeichen auch hier im Sande verlaufen.

Womöglich scheint es daher ratsamer, statt nach dem *Begriff* des Lebenszeichens nach den dazugehörigen *Phänomenen* Ausschau halten: also nach dem Auftreten von Klopf-, Ruf-, Morse- und Schriftzeichen Verunglückter in der bisherigen medien- und kulturwissenschaftlichen Forschungslandschaft. Auch hier scheint die Ausbeute zunächst eher spärlich. Nur vereinzelt haben sich Autor*innen mit Phänomenen befasst, die man unter der Kategorie des Lebenszeichens fassen könnte. Eine erste, beachtenswerte Ausnahme sind Wolfgang Strucks Untersuchungen zur Flaschenpost – dem vielleicht berühmtesten Kommunikationsmittel von Schiffbrüchigen und Verschollenen in Notsituationen.[34] Strucks Analyse von literarischen Zeugnissen, Reiseberichten und hydrographischen Quellen nimmt bereits wichtige Motive vorweg, die im Laufe dieser Arbeit als Grundmerkmale des Lebenszeichens wiederkehren werden, etwa die unspezifische Adressierungsstruktur des Lebenszeichens, die sich immer schon *an alle und jeden* richtet[35] oder die konstitutive Nachträglichkeit schriftlicher Lebenszeichen, die mitunter erst

---

31 Christians (2008), S. 51.

32 LEBENSZEICHEN (D 1968, Werner Herzog, 87 min.).

33 Vgl. der Abschnitt 3.3, der sich maßgeblich auf Werner Herzogs Film RESCUE DAWN stützen wird.

34 Vgl. dazu die Aufsätze: Struck, Wolfgang (2020): „A Message in a Bottle", in: Dünne, Jörg et al. (Hg.): Cultural Techniques. Assembling Spaces, Texts and Collectives. Berlin/Boston: De Gruyter, S. 61–72; Ders. (2019): „Flaschenpost – Flaschenschwindel", in: Ruppenthal, Jens/Weiss, Martin/ Schilling, Ruth (Hg): Von Flaschenpost bis Fischreklame. Die Wahrnehmung des Meeres im 19. und 20. Jahrhundert. Vandenhoeck und Rupprecht, S. 71–90; Ders. (2011): „Über die wirbelreichen Tiefen des Meeres. Momentaufnahmen einer literarischen Hydrographie", in: Siegel, Steffen/Weigel, Petra (Hg.): Die Werkstatt des Kartographen. Materialien und Praktiken visueller Welterzeugung. Paderborn: Wilhelm Fink, S. 123–142, hier: S. 137–138.

35 Vgl. Struck (2020), S. 66; sowie: Struck, Wolfgang (2014): „Flaschenpost. Eine Erinnerung an das Meer", IKKM-Forschungsprojekt, URL: https://www.ikkm-weimar.de/fellows/ehemalige-fellows/wolfgang-struck/ (zuletzt aufgerufen am 8. Dezember 2020).

nach dem Tod ihres Urhebers beim Empfänger eintreffen.[36] Doch liest Struck die Flaschenpost nicht so sehr als Medium des Lebenszeichens, sondern eher als Trägerin eines spezifischen, literarischen und geographischen Wissens vom Meeresraum, das von allerlei Leerstellen, Diskontinuitäten und Kontingenzen durchzogen wird.[37] Demgegenüber möchte die vorliegende Arbeit dezidiert nach den existenziellen Zeichen- und Medienbezügen des Lebenszeichens fragen. Das Motiv der Flaschenpost wird dabei erst ganz am Ende der Arbeit in einer völlig veränderten Gestalt wiederkehren.

Ein zweites, mindestens ebenso paradigmatisches Beispiel des Lebenszeichens haben die Medienhistoriker Christian Kassung und Wolfgang Hagen untersucht: das telegraphische SOS-Signal und seinen Vorgänger, den Notruf-Code CQD. So widmet sich Wolfgang Hagen in seiner „Archäologie des medialen Titanic-Desasters"[38] den Irrungen und Wirrungen des telegraphischen Morse-Notrufs des sinkenden Ozeandampfers *Titanic*. In einer minutiösen Rekonstruktionsarbeit geht er insbesondere den komplexen zeitlichen, radiotechnischen und institutionellen Verwicklungen nach, die zu Fehlkommunikation und Falschmeldungen über die vermeintliche Rettung sämtlicher Passagier*innen geführt haben. Komplementär dazu untersucht der Kulturtechnikforscher Christian Kassung die allmähliche Standardisierung des nautischen Notrufs am Anfang des zwanzigsten Jahrhunderts. Aus der „radiotelegraphische[n] Kakophonie"[39] um 1900, in der unterschiedliche Notruf-Codes koexistierten, kristallisiert sich erst allmählich jene ikonische Morse-Folge des SOS-Signals als Standard im Schiffsverkehr heraus, die heute wie keine andere für eine akute Notlage des Lebens steht.

Auch wenn Kassung und Hagen unverkennbar auf die medialen Bedingungen von Zeichenprozessen des Not- und Katastrophenfalls eingehen und damit wichtige Impulse für die hier verfolgte Arbeit liefern, konzentrieren sie sich doch nur auf eine einzige Artikulationsform – nämlich die *Transmission* telegraphischer Signale[40] –, ohne sie eigens als *Lebenszeichen* zu adressieren und ohne sie in einen größeren Vergleichsrahmen einzuordnen. Demgegenüber möchte die vorliegende Arbeit ein weitaus breiteres Spektrum des Lebenszeichens entfalten, das unter-

---

36 Vgl. dazu auch Bertolt Brechts Novelle „Die Flaschenpost", die Wolfgang Struck kommentiert: Struck (2020), S. 61.

37 Vgl. Struck (2011), S. 138.

38 Hagen, Wolfgang (2015): „M.G.Y. What is the matter with you? Zur Archäologie des medialen Titanic-Desasters", in: Kassung, Christian (Hg.): Die Unordnung der Dinge. Eine Wissens- und Mediengeschichte des Unfalls. Bielefeld: Transcript, S. 249–270.

39 Kassung, Christian (2013): „Come Quick, Danger! Vom ersten funkentelegraphischen Notruf zum SOS-Jingle", in: Gerhard, Paul (Hg.): Sound des Jahrhunderts. Bonn: Bundeszentrale für Politische Bildung, S. 60–64, hier: S 60.

40 Zum Begriff der *Transmission* vgl. das Kapitel 6 dieser Arbeit.

schiedlichste mediale und semiotische Konstellationen einbezieht und zueinander ins Verhältnis setzt. Ein auf den ersten Blick verwandtes Projekt verfolgt die sozialwissenschaftliche Forschungsgruppe *Communicating Disaster*, die eine Vielfalt von Kommunikationsphänomenen des Notfalls in den Blick nimmt.[41] Aus einer „micro-perspective"[42] untersucht sie die spezifischen kommunikativen Strukturen und sozialen Effekte von so unterschiedlichen Phänomenen wie Notfall-Postings in sozialen Netzwerken, Feldpostbriefen aus Kriegs- und Krisengebieten[43] oder Notrufen bei Feuerwehr-Hotlines.[44] Zahlreiche dieser Phänomene könnte man durchaus als Lebenszeichen fassen, sofern sie die Notlage eines Lebens gegenüber möglichen Retter*innen anzeigen.

Dennoch schlägt die folgende Untersuchung eine etwas andere Richtung ein als das Projekt *Communicating Disaster*. Insbesondere der Leitbegriff der *Kommunikation* scheint bei näherem Hinsehen für die Arbeit am Lebenszeichen hinderlich. Zum einen neigt er dazu, die konkreten medialen Bedingungen und technischen Apparaturen, also die „Materialität der Kommunikation"[45] aus der Betrachtung auszuklammern. Damit werden ausgerechnet jene Faktoren vernachlässigt, die für den Erfolg des Lebenszeichens und für die Erhaltung des Lebens in Not essenziell sind.[46] Zum anderen geht das Spektrum des Lebenszeichens entschieden über die Reichweite des Kommunikationsbegriffs hinaus: Phänomene wie Herzschläge, Wärmestrahlung oder Atemluft, die für die Suche nach Überlebenden in Not wichtige Anhaltspunkte liefern, lassen sich nur schwer unter dem Kommunikationsbegriff fassen. Dem klassischen Verständnis nach setzt Kommunikation nämlich stets eine Selektion von Mitteilungen, also eine Entscheidung zwischen verschiedenen möglichen Nachrich-

---

41 Vgl. Bergmann, Jörg/Egner, Heike/Wulf, Volker (2012a): „Communicating Disaster. Six Maxims for a New Take on Disaster Research. Final Report", in: ZiF-Mitteilungen, 3 (2012), S. 4–10.
42 Bergmann, Jörg/Egner, Heike/Wulf, Volker (2012b): „Communicating Disaster. A Case for Qualitative Approaches to Disaster Research", in: Zeitschrift für Soziologie, 41 (3), S. 247–255, hier: S. 252.
43 Vgl. Communicating Disaster (2011): „Feldpostbriefe", Programm des Jour Fixe am 20. April 2011, URL: https://www.uni-bielefeld.de/ZIF/FG/2010CommunicatingDisaster/Events/04-20-schedule-feld post.pdf (zuletzt aufgerufen am 8. Dezember 2020).
44 Vgl. Bergmann, Jörg (1995): „Alarmiertes Verstehen. Kommunikation in Feuerwehrnotrufen", in: Jung, Thomas/Müller-Doohm, Stefan (Hg.): ‚Wirklichkeit' im Deutungsprozeß. Verstehen und Methoden in den Kultur- und Sozialwissenschaften. Frankfurt am Main: Suhrkamp, S. 283–328. Vgl. zu diesem Themenkomplex auch die wegweisende Studie: Whalen, Marilyn R./Zimmerman, Don H. (1987): „Sequential and Institutional Contexts in Calls for Help", in: Social Psychology Quarterly, 50 (2), S. 172–185.
45 Gumbrecht, Hans Ulrich/Pfeiffer, K. Ludwig (Hg.) (1988): Materialität der Kommunikation. Frankfurt am Main: Suhrkamp.
46 So plädiert etwa Niklas Luhmann dafür, die „technischen Apparaturen" aus der „Operation des Kommunizierens aus[zu]schließen", vgl. Luhmann (1996), S. 13.

ten voraus – eine Bedingung, die etwa bei bloßen physiologischen Prozessen nicht erfüllt ist.[47] Statt von Kommunikationsprozessen soll hier deshalb von *Zeichenbeziehungen* die Rede sein. Nur so wird es möglich, das Phänomen des Lebenszeichens in seiner ganzen Breite zu erforschen.

Auch wenn also die Lebenszeichen des Not- und Katastrophenfalls bislang keine umfassende medien- und kulturwissenschaftliche Betrachtung erfahren haben, sind Lebenszeichen *anderen* Typs dennoch intensiv und explizit erforscht werden. Insbesondere wissenschaftshistorische, ethnologische und medizinsoziologische Arbeiten haben in den vergangenen Jahren gezeigt, dass das Phänomen ‚Leben' untrennbar an Zeichenprozesse und mediale Vermittlungsketten gebunden ist. Sie haben sich dabei vor allem auf Schauplätze konzentriert, an denen die Abgrenzung zwischen Leben und Nicht-Leben prekär wird. Gerade wenn ‚Leben' nicht mehr eindeutig von seinem ‚Anderen' – etwa dem Anorganischen, dem Leblosen oder dem Toten – unterschieden werden kann, muss diese Differenz durch spezifische Zeichen- und Medienpraktiken wieder in Kraft gesetzt werden. Beim Blick in die Literatur lassen sich insbesondere *vier* Grenzsituationen ausmachen, in denen die Unterscheidung Leben/Nicht-Leben ihre Selbstverständlichkeit verliert und mit Hilfe von Zeichen und Medien stabilisiert werden muss. Ein Streifzug durch diese Grenzgebiete soll einerseits den bisherigen Forschungsstand zum Lebenszeichen umreißen, andererseits erste Anhaltspunkte für die Untersuchung von Lebenszeichen in Not- und Katastrophensituationen liefern.

In seinen ethnographischen Studien *Sounding the Limits of Life* erkundet der Wissenschaftsforscher Stefan Helmreich verschiedene Grenzzonen biologischer Forschung, in denen die gängige Definition des Lebendigen verschwimmt.[48] Bei der Erforschung ozeanischer Tiefseegräben etwa treffen Meeresbiolog*innen auf minimale Spuren maritimer Kleinstlebewesen, die sich als *„extremophiles"*[49] an die unwirtliche Umgebung angepasst haben und damit überkommene Definitionen des Lebens herausfordern. Im Gestein von Meteoriten entdecken Astrobiolog* innen mutmaßliche Anzeichen organischen Lebens, die sich auf den Bildern des Elektronenmikroskops als winzige Gebilde vom körnigen Hintergrund abheben und dabei unentschieden zwischen „signs of life"[50] und bloßen medialen Artefakten

---

47 Vgl. Luhmann, Niklas (1987): Soziale Systeme. Grundriß einer allgemeinen Theorie. Frankfurt am Main: Suhrkamp, S. 194–195.
48 Vgl. Helmreich, Stefan (2016): Sounding the Limits of Life. Essays in the Anthropology of Biology and Beyond. Princeton, NJ: Princeton University Press.
49 Helmreich (2016), S. 8 [Herv. i. Orig.].
50 Helmreich, Stefan (2006): „The Signature of Life. Designing the Astrobiological Imagination", in: Grey Room, 23 (3), S. 66–95, hier: S. 79.

oszillieren. In beiden Fällen ist die Abgrenzbarkeit von belebter zu unbelebter Materie keineswegs *a priori* gegeben und muss mit großem medientechnischen und epistemischen Aufwand und unter Rückgriff auf so genannte „biosignatures"[51] – also biologische Marker wie das Vorhandensein bestimmter Moleküle, Mineralien oder Isotopen – mühsam hergestellt werden. Das Faktum Leben emergiert hier offenbar erst aus der Konfiguration von bildgebenden Medien und Zeichen.

Trotz des gänzlich anders gelagerten Wissensgebiets lassen sich gewisse Parallelen zum Lebenszeichen des Notfalls ziehen. Auch in Not- und Katastrophenfällen wird die Abgrenzung zwischen anorganischer Materie und lebendigen Entitäten oftmals zum Problem. So müssen etwa Suchkräfte in Trümmerfeldern mit allerlei technischen Hilfsmitteln zwischen dem leblosen Gestein und den belebten, verschütteten Körpern unterscheiden, die sich vom kargen Umfeld als wahrnehmbare Phänomene – etwa als rötliche Leuchtpunkte auf Infrarotkameras – abheben. Gleichwohl richtet sich das Interesse der Suchkräfte – anders als das der Helmreich'schen Meeres- und Astrobiolog*innen – nicht länger auf mikroskopische Biosignaturen, die auf das Vorhandensein von Leben *überhaupt* hindeuten, sondern auf konkrete Indizien *menschlichen* Lebens. Nur wenn sich das gesuchte Leben tatsächlich als menschlich herausstellt, gilt die Suche nach Verschütteten als erfolgreich. Insofern muss die Untersuchung des Lebenszeichens immer auch danach fragen, durch welche Zeichen- und Medienpraktiken menschliches Leben von nicht-menschlichen Entitäten abgegrenzt wird.

Wendet man nun sich nun den menschlichen Lebenszeichen zu, so finden sich auch hier produktive Anknüpfungspunkte in der bisherigen Forschung. Die Bedeutung von Zeichen und Medien für die Definition menschlichen Lebens zeigt sich besonders anschaulich am Beginn des individuellen Lebens. *Wann* man den Beginn eines Menschenlebens ansetzt – so haben zahlreiche Autor*innen argumentiert –, hängt nicht zuletzt von den medialen Apparaturen der Zeichengewinnung und -deutung ab, die zur Sichtbarmachung des werdenden Lebens herangezogen werden. In ihrer Arbeit zur *Ultraschallsprechstunde* zeigt die Soziologin Birgit Heimerl, wie das ungeborene Leben erst durch sonographische Medien und Zeichen als „epistemisches Wissensobjekt der Pränataldiagnostik artikuliert und ,*verkörpert*"[52] wird. Erst durch spezifische Zeichen- und Medienpraktiken gewinnt das werdende Leben an Realität für die pränatale Medizin. Zu ähnlichen Ergebnissen – wenn auch mit anderem Akzent – gelangt die Anthropologin Gavin Steingo in ihrer Untersuchung zur *Hörtrompete*, einem Instrument zum Abhören pränataler

---

51 Helmreich (2006), S. 79.
52 Heimerl, Birgit (2013): Die Ultraschallsprechstunde. Eine Ethnografie pränataldiagnostischer Situationen. Bielefeld: Transcript, S. 8 [Herv. i. Orig.].

Herztöne.[53] Im Unterschied zu Heimerl begreift sie das pränatale Leben nicht so sehr als Wissensobjekt der Medizin, sondern als einen Knotenpunkt von sozialen Beziehungen zwischen Hebammen, Schwangeren und Fötus. Dieses „web of associations"[54] wird durch die Praxis des Abhorchens und das Medium der Hörtrompete auf bestimmte Weise konstituiert: „Listening does not merely detect a life that already exists", „[i]nstead life is established through the relation between the fetus and the midwife who hears that fetus."[55] Leben erscheint hier also nicht primär als ein biologisches Substrat: es emergiert als graduelles Phänomen aus medialen, semiotischen und sozialen Beziehungen.

Dieses *relationale* Verständnis des Lebens ließe sich durchaus auch für das Lebenszeichen des Not- und Katastrophenfalls fruchtbar machen. Auch hier wird kein je schon existierendes, bereits stabilisiertes Leben nachträglich registriert, vielmehr hängt das Leben konstitutiv von den Beziehungsgeflechten ab, in die es durch seine Zeichen eintritt. Nur wenn Leben mit horchenden, suchenden, aufmerksamen und sensiblen Entitäten in Verbindung steht, kann es sich in der Existenz halten. Gleichwohl steht im Not- und Katastrophenfall – anders als in der pränatalen Medizin – weniger das *werdende* Leben im Mittelpunkt, als das gefährdete, sterbliche Leben, das jederzeit zu Ende gehen könnte. Nicht die Schwelle vom *Noch-nicht-Leben* zum *Leben* ist hier entscheidend, sondern die Schwelle vom *Leben* zum *Nicht-mehr-Leben*.

Der prekäre Grenzbereich zwischen Leben und Tod ist in der bisherigen Forschungsliteratur vielfach bearbeitet und auf seine semiotischen und medialen Vermittlungsprozesse hin befragt worden. Dies zeigt sich nirgends so deutlich wie in der reichhaltigen Literatur zur Scheintod-Debatte im ausgehenden achtzehnten Jahrhundert, die von zahlreichen Medizinhistoriker*innen wie Gerlind Rüve, Martina Kessel oder Cornelius Reiber aufgearbeitet worden ist.[56] Unter dem Eindruck der so genannten Lebenskraftlehren verliert um 1800 die bisherige Unterscheidung

---

53 Vgl. Steingo, Gavin (2019): „Listening as Life. Sounding Fetal Personhood in South Africa", in: Sound Studies, 5 (2), S. 155–174. Herzlichen Dank an Friedlind Riedel für den Hinweis auf diesen Aufsatz.

54 Steingo (2019), S. 11.

55 Steingo (2019), S. 11.

56 Vgl. Rüve, Gerlind (2008): Der Scheintod. Zur kulturellen Bedeutung der Schwelle zwischen Leben und Tod um 1800. Bielefeld: Transcript; Kessel, Martina (2001): „Die Angst vor dem Scheintod im 18. Jahrhundert. Körper und Seele zwischen Magie, Religion und Wissenschaft", in: Schlich, Thomas/Wiesemann, Claudia (Hg.): Hirntod. Zur Kulturgeschichte der Todesfeststellung. Frankfurt am Main: Suhrkamp, S. 133–166; Vgl. Reiber, Cornelius (2014): „Die Lebenswissenschaften im Leichenhaus", in: Geimer, Peter (Hg.): UnTot. Existenzen zwischen Leben und Leblosigkeit. Berlin: Kadmos, S. 13–34.

von Leben und Tod an Evidenz. Weil die Ursache des Lebens in einer intrinsischen Kraft vermutet wird, kann nicht länger umstandslos von der äußeren Erscheinung eines Körpers auf seine Lebendigkeit geschlossen werden. Auch wenn ein Körper dem Anschein nach *tot* ist, könnte er – so die Lebenskraftlehre – im Inneren noch immer „gebundene[...]"[57] Lebenskräfte bergen, die unter günstigen Bedingungen wiederaufleben. Eben dieser Schwebezustand zwischen manifestem Tod und latenter Lebensenergie – die Zeitgenossen sprechen auch vom ‚zweifelhaften Leben' (*vitae dubiae*)[58] – kann nur durch sichtbare Lebenszeichen aufgehoben werden. Im ausgehenden achtzehnten Jahrhundert entstehen deshalb aufwändige technische Apparaturen und Architekturen, die dem ‚zweifelhaften Leben' subtile Zeichen entlocken sollen: etwa Gräber mit Sprech- und Atemröhrchen[59] oder Leichenhäuser mit Klingelzügen am Finger des aufgebahrten Leichnams wie in Christoph Maria Hufelands Entwurf für sein „Asyl des zweifelhaften Lebens"[60] in Weimar (1792). Hier wird die Entscheidung zwischen Leben/Nicht-mehr-Leben an ein technisches Dispositiv delegiert, das dem Leichnam die Möglichkeit zur Äußerung von Zeichen und die Rückkehr ins Reich der Lebenden ermöglichen soll. Als *tot* gilt hier erst, wer der Aufforderung zum Lebenszeichen über längere Zeit nicht nachkommt.[61]

Man könnte die Formel vom ‚zweifelhaften Leben' durchaus auf die Situation des Lebens im Not- und Katastrophenfall übertragen. Auch das Leben in Not befindet sich in einem Ungewissheits- und Schwebezustand, der zunächst keine definitive Entscheidung über Leben und Tod zulässt. Auch das unter Trümmern begrabene Leben wird deshalb mit vielfältigen medientechnischen Apparaturen ausgestattet, um die Äußerung von Lebenszeichen zu begünstigen. Neben Klopfzeichen und Rufen kommen dort technische Sensoren und komplexe Kommunikationsnetzwerke zum Einsatz. Dennoch muss ein wesentlicher Unterschied zwischen den Scheintoten des achtzehnten Jahrhunderts und den Verschütteten des Notfalls berücksichtigt

---

57 Hufeland, Wilhelm (1790): „Die Ungewißheit des Todes und das einzige untrügliche Mittel, sich von seiner Wirklichkeit zu überzeugen und das Lebendigbegraben unmöglich zu machen", in: Blätter vermischten Inhalts, 3 (1790), S. 290–321, hier: S. 299.
58 Vgl. Reiber (2014), S. 19.
59 Vgl. Reiber (2014), S. 30.
60 Reiber (2014), S. 19.
61 Diese Auffassung des Todes wird interessanterweise mit der Einführung des Hirntodkriteriums in den 1950er Jahren durch ihr Gegenteil ergänzt. Während der Scheintod dazu auffordert, einen Körper trotz manifester Todeszeichen als potenziell *lebendig* zu betrachten, zwingt der Hirntod dazu, den Körper *trotz* typischer Lebenszeichen – etwa Herzaktivität oder Reflexbewegungen – als *tot* zu klassifizieren, also den Augenschein vorhandener Vitalzeichen temporär zu suspendieren. Auf die interessante Problematik der Todeszeichen kann hier leider nicht näher eingegangen werden, vgl. dazu: Lindemann, Gesa (2001): „Die Interpretation hirntot", in: Schlich/ Wiesemann (Hg.): Hirntod, S. 318–343, hier: S. 339.

werden: die simple, aber folgenreiche Tatsache, dass die Scheintoten an Ort und Stelle aufgebahrt bereitliegen, während die Verschütteten des Notfalls überhaupt erst aufwändig geortet, gesucht und geborgen werden müssen. Nicht allein der *Zustand* des Lebens ist im Notfall zweifelhaft, sondern auch und vor allem sein *Standort*. Lebenszeichen in Notfällen sollen nicht allein zwischen Leben und Tod differenzieren, sie sollen zunächst vor allem ein verschüttetes oder vermisstes Leben *lokalisieren*. Es ist diese Verortungsfunktion, die man bei der Untersuchung des Lebenszeichens unbedingt berücksichtigen muss.

Doch verweist der Begriff des ‚zweifelhaften Lebens' noch auf einen anderen Umstand, der für die Erforschung des Lebenszeichens in Notfällen von Interesse ist. Die Unterscheidung zwischen Leben und Nicht-Leben wird hier nicht länger als scharfe Grenze gefasst, sie kennt vielmehr feine Abstufungen, Schwankungen, Übergänge – kurz: unterschiedliche Intensitätsgrade.[62] Leben kann sich in die Latenz zurückziehen, kann sich plötzlich manifestieren oder aber auf niedrigem Niveau unterschwellig fortexistieren. Ein zentraler Schauplatz, um solche Intensitätswechsel des Lebens anhand medialer Zeichen zu beobachten, ist das physiologische Laboratorium in der Mitte des neunzehnten Jahrhunderts. Wissenschafts- und Medienhistoriker haben materialreich belegt, wie sich ‚das Lebendige' im Labor des neunzehnten Jahrhunderts zunehmend in Gestalt technisch vermittelter Zeichen artikuliert.[63] Ein großes Arsenal aus „inscription devices"[64] – Kymographen, Myographen, Sphygmographen, Kardiographen, Hämodromographen, Pneumographen, Plethysmographen, Thermographen, Polygraphen – soll all jene Lebensäußerungen objektiv aufzeichnen, die bislang der Unzuverlässigkeit des wahrnehmenden Subjektes ausgesetzt oder aber der menschlichen Wahrnehmung gänzlich entzogen waren. Vom Blutdruck über Pulsfrequenz und Herzschlag bis zur muskulären oder neuronalen Elektrizität werden zahlreiche Lebensprozesse in graphische Kurven und Li-

---

62 Bereits Hufeland spricht von einem „stufenweise[n] Übergang" zwischen Leben und Tod, siehe: Hufeland (1790), S. 299.
63 Vgl. dazu exemplarisch die Arbeiten der beiden Forschungsgruppen „Das Leben schreiben. Medientechnologie und die Wissenschaft vom Leben (1800–1900)" (2002–2006) an der Bauhaus-Universität Weimar, URL: http://www.daslebenschreiben.de/ (zuletzt aufgerufen am 8. Dezember 2020); sowie „Die Experimentalisierung des Lebens. Konfigurationen zwischen Wissenschaft, Kunst und Technik" (2000–2011) am Max-Planck Institut für Wissenschaftsgeschichte, Berlin, URL: http://vlp.mpiwg-berlin.mpg.de/exp/index.html (zuletzt aufgerufen am 8. Dezember 2020). Vgl. dazu auch den Band: Hagner, Michael/Rheinberger, Hans-Jörg (Hg.) (1993): Die Experimentalisierung des Lebens. Experimentalsysteme in den biologischen Wissenschaften 1850/1950. Berlin: Akademie.
64 Latour, Bruno/Woolgar, Steve (1979): Laboratory Life: The Construction of Scientific Facts. Beverly Hills, CA: Sage Publications, S. 51.

nienmuster übersetzt.[65] Das lebende Objekt, das sich in diesen schwankenden Zeichen niederschreibt, ist dabei allerdings nicht nur Gegenstand, sondern immer auch *Effekt* seiner Aufschreibesysteme. In der Kopplung mit medialen Artefakten wie Telegraphendrähten oder Telefonanschlüssen treten jeweils neue Erscheinungsformen des Lebendigen zu Tage.[66] So hat etwa der Medienhistoriker Uwe Wippich eindrücklich gezeigt, wie das lebendige Herz in unterschiedlichen medialen Zugriffen auf je unterschiedliche Weise konstituiert wird.[67] Stethoskope, EKGs oder Sonographien bringen je unterschiedliche Figurationen der Herzaktivität und damit zugleich unterschiedliche Äußerungsformen des Lebens zum Vorschein: sei es das „Schlagen"[68] des Herzens im Stethoskop, das rhythmische „Wogen"[69] von EKG-Linien oder das „Flimmern"[70] eines kinematographischen Bildes. In diesen verschiedenen „Existenzweisen" wird das Herz „[...] je neu zwischen Lebenszeichen und technischer Funktionalität hervorgebracht"[71].

Dieser Befund spitzt sich noch zu, wenn man vom physiologischen Labor an einen weiteren Schauplatz wechselt, an dem unterschiedliche Zustände und Intensitäten des Lebens erfasst und differenziert werden: die medizinische Klinik. Spätestens mit der fortschreitenden Technisierung der Medizin im ausgehenden neunzehnten Jahrhundert wandern zahlreiche Artefakte und Apparaturen der Zeichengewinnung aus den physiologischen Laboratorien in die klinische Praxis ein. Schon bald stützen sich ärztliche Eingriffe auf technische Darstellungen, graphische Repräsentationen und bildgebende Verfahren wie Elektrokardiogramme

---

65 „Nicht mehr im Zeichen von Buchstaben, sondern im Zeichen von Kurven erhält das Leben Kontur", schreibt etwa Stefan Rieger über die Konjunktur der Kurve im neunzehnten Jahrhundert, siehe: Rieger, Stefan (2002): Schall und Rauch. Eine Mediengeschichte der Kurve. Frankfurt am Main: Suhrkamp, hier: S. 7. Zur Visualisierung des Lebens in Graphen und Kurven, vgl auch: de Chadarevian, Soraya (1993): „Die ‚Methode der Kurve' in der Physiologie zwischen 1850 und 1900", in: Hagner/Rheinberger (1993), S. 28–49; sowie: Schmidgen, Henning (2009): Die Helmholtz-Kurven. Auf der Spur der verlorenen Zeit. Berlin: Merve.
66 Vgl. Volmar, Axel (2014): „Stethoskop und Telefon. Akustemische Technologien des 19. Jahrhunderts", in: ders./Schoon, Andi (Hg.): Das geschulte Ohr. Eine Kulturgeschichte der Sonifikation. Bielefeld: Transcript, S. 71–94.
67 Vgl. Wippich, Uwe (2016): Wogen und Schlagen. Zur Medialität des ‚lebendigen' Herzens, Dissertation an der Fakultät für Philologie der Ruhr-Universität Bochum, Online-Veröffentlichung, URL: http://hss-opus.ub.ruhr-uni-bochum.de/opus4/frontdoor/index/index/docId/4688 (zuletzt aufgerufen am 8. Dezember 2020).
68 Wippich (2016), S. 43.
69 Wippich (2016), S. 5.
70 Wippich (2016), S. 117.
71 Wippich (2016), S. 9.

oder Elektroenzephalographen.[72] Die verschiedenen Darstellungsweisen treten dabei nicht als sekundäre Repräsentationen zum vorhandenen Leben hinzu; sie ermöglichen überhaupt erst die klinische Behandlung, Überwachung und Aufrechterhaltung des Patientenlebens. Nirgends lässt sich diese Zeichen- und Medienabhängigkeit des medizinischen Lebens anschaulicher studieren als auf Intensivstationen. In ihrer bereits erwähnten medizinsoziologischen Studie *Die Grenzen des Sozialen* schildert Gesa Lindemann, wie der Zustand von Intensivpatient*innen mit Hilfe von allerlei Sonden, Elektroden und Monitoren in einen Strom von „technisch gut sichtbar gemachten Lebenszeichen"[73] übersetzt wird. Die verschiedenen technischen Gerätschaften verleihen den Körpern neue „Oberflächen der Expressivität"[74], also neue Äußerungskanäle, um bestimmte Aspekte der eigenen Existenz auszudrücken, allen voran „die Tatsache, daß sie am Leben und wie sie am Leben sind."[75] Dabei artikuliert sich Leben – abhängig von seinen verschiedenen Äußerungsmitteln – in je unterschiedlichen „Expressivitätsmodi"[76], bringt sich also auf je spezifische Weise zum Ausdruck. Für Lindemann konstituiert jeder Expressivitätsmodus „zugleich ein[en] Existenzmodus"[77], also eine charakteristische Seinsweise der Patient*in; zum Beispiel die Existenzweise des „eigenständig reagierenden Körpers"[78], der auf eingehende Schmerz- oder Lichtreize durch physische Reaktionen antwortet oder aber die Existenzweise der „symbolischen Expressivität"[79], die zur reziproken, sprachlichen Kommunikation in der Lage ist. Auf welche *Weise* Patient*innen existieren, hängt somit maßgeblich davon ab, durch welche Zeichenpraktiken und mit welchen Medientechniken sie sich artikulieren.

Was würde es nun bedeuten, Lindemanns Beobachtungen von der medizinischen Intensivstation in das Milieu des Not- und Katastrophenfalls zu verlegen? Auch im Notfall hinge dann die Seinsweise des Lebens davon ab, durch welche Zeichen- und Medienbeziehungen es zur Darstellung gelangt. Ob Seismographen, Funknetze, Infrarotsensoren, Signalfeuer oder Morsezeichen – all diese Medien bilden dann nicht allein vorgegebene Lebensprozesse ab, sondern artikulieren je unterschiedliche Expressivitäts- und Existenzmodi des Lebendigen. Sie machen

---

72 Vgl. Borck, Cornelius (2005): Hirnströme. Eine Kulturgeschichte der Elektroenzephalographie. Göttingen: Wallstein.
73 Lindemann (2002), S. 235.
74 Lindemann (2002), S. 231.
75 Lindemann (2002), S. 232.
76 Lindemann (2002), S. 337.
77 Lindemann (2002), S. 431.
78 Lindemann (2002), S. 431.
79 Lindemann (2002), S. 299.

das Leben „auf eine Weise sichtbar [...], die es vorher noch nicht gab"[80], wie Lindemann über den Patient*innenkörper schreibt. Somit ginge ‚das Leben' seinen Zeichenbezügen und Mediengefügen nicht als objektive, natürliche Gegebenheit voraus; es emergierte vielmehr erst als *Effekt* seiner speziellen, relationalen Darstellungsformen. Damit erhärtet sich der Verdacht, der bereits einleitend als Leitthese der Arbeit formuliert wurde: Eine Untersuchung des Lebenszeichens darf keine allgemeingültige Definition des Lebens an den Anfang stellen, die allen Ausdrucksformen des Lebenszeichens als Substrat zu Grunde läge. Sie muss stattdessen die vielfältigen Erscheinungsformen und -modi des Lebens in den Blick nehmen, die aus den medialen und semiotischen Vermittlungsketten emergieren.

In Anlehnung an Lindemanns Expressivitäts- und Existenzweisen möchte die vorliegende Arbeit deshalb verschiedene Äußerungsmodi des Lebens in Notsituationen differenzieren und vergleichend herausarbeiten. Zu diesem Zweck wird am Ende des zweiten Kapitels der Begriff der *Artikulationsweisen* als zentrales Untersuchungswerkzeug eingeführt. Leben in Not – so die leitende These – *artikuliert* sich, also *äußert, expliziert, gliedert und verknüpft* sich in Notsituationen auf vielfältige Weise mit Zeichen und Medien. In diesen Artikulationsweisen nimmt Leben je spezifische Formen an, die nicht auf eine unveränderliche Essenz zurückgeführt werden können. In dieser Hinsicht schließt die Arbeit ausdrücklich an bisherige Forschungsansätze zum Lebenszeichen an, die das Leben als eine plurale, situierte und artikulierte Konfiguration von Medien- und Zeichenverhältnissen betrachten. Andererseits jedoch dringt sie auf ein bislang unerschlossenes Terrain vor, in dem völlig andere Konfigurationen zum Vorschein kommen als bisher: auf das Terrain des *Not- und Katastrophenfalls*.

1.3 Scenes of Emergency

Krisen, Katastrophen, Unglücke, Unfälle, Notfälle, Störfälle, Desaster – unsere Sprache ist reich an Begriffen für widrige, abträgliche und destruktive Ereignisse, die gewohnte Ordnungen stören oder außer Kraft setzen. Auch wenn all diese Begriffe auf den ersten Blick wie Synonyme erscheinen mögen, weisen sie doch auf je spezifische Ereignistypen und -semantiken hin. Am weitesten gefasst ist sicherlich der Begriff der *Störung*, der auf jede Irritation eines laufenden Systems bezogen werden kann, etwa die Dysfunktion einer Maschine, die Stockung von Verkehrsflüssen, die Unterbrechung von Nachrichtenübertragungen oder der Schmerzreiz eines le-

---

80 Lindemann (2002), S. 231.

bendigen Organismus.[81] Weil Störungen die gewohnten Abläufe nicht nur unterbrechen, sondern zugleich *ex negativo* sichtbarmachen, nehmen sie von jeher einen zentralen Platz in der Epistemologie der Medientheorie und der Technikforschung ein.[82] Die Erforschung von Störungsmomenten soll dabei Aufschluss über die sonst verborgene Funktionsweise technischer Apparate und Abläufe geben.

Im Vergleich zur Störung zeichnet sich der Begriff der *Krise* durch einen stärkere Zuspitzung aus. Der frühe, medizinische Krisenbegriff beschreibt jene Phase einer länger andauernden Krankheit, in der sich die Entscheidung über Leben und Tod der Patient*in zuspitzt.[83] Daran anschließend werden heute all jene Prozesse als *kritisch* bezeichnet, die mit einer zeitlichen Verdichtung und dramatischen Zuspitzung einhergehen und auf eine finale Entscheidung (griech. *krisis*) hindrängen, etwa politische, wirtschaftliche, zwischenmenschliche oder emotionale Krisen.[84] Für die Dauer der Krise ist der Ausgang des Ereignisses noch nicht endgültig entschieden, vielmehr wird die Zeit in eine seltsame Schwebe versetzt, die sich noch in die eine oder andere Richtung wenden kann.

Vom Schwebezustand der Krise heben sich Unfälle und Unglücke als plötzliche, abrupte, schockhafte Einbrüche und Erschütterungen ab. Beide Begriffe stehen seit dem neunzehnten Jahrhundert für die Erfahrung einer grundlegenden Kontingenz des modernen Lebens, also der ständigen Gefahr, Opfer widriger Ereignisse wer-

---

81 Einen gründlichen und umfassenden Überblick zum Störungsbegriff bietet: Neubert, Christoph (2012): „Störung", in: Bartz, Christina et al. (Hg): Handbuch der Mediologie. Signaturen des Medialen. Paderborn: Wilhelm Fink, S. 272–288.

82 Vgl. Kümmel, Albert/Schüttpelz, Erhard (2003): „Medientheorie der Störung/Störungstheorie der Medien. Eine Fibel", in: dies. (Hg.): Signale der Störung. München: Wilhelm Fink, S. 9–14, hier: S. 10. Die Strategie, von Momenten der Störung auf die Funktionsweise des Gestörten zurückzuschließen, reicht theoriegeschichtlich weit zurück und zieht sich von Freuds Studie zu den Fehlleistungen des Bewusstseins (vgl. Freud, Sigmund (1967): Zur Psychopathologie des Alltagslebens. Über Vergessen, Versprechen, Vergreifen, Aberglauben und Irrtum. Frankfurt am Main: S. Fischer), über Martin Heideggers Analyse aufsässiger Gebrauchsdinge und gestörter Verweisungsbeziehungen (Vgl. Heidegger, Martin (1967): Sein und Zeit. Tübingen: Max Niemeyer, S. 74), bis hin zu jüngeren Techniksoziologien und Infrastrukturtheorien (vgl. z. B. Bowker, Geoffrey/Star, Susan Leigh (2006): „How to Infrastructure", in: Lievrouw, Leah A./Livingstone, Sonia (Hg.): Handbook of New Media. Social Shaping and Social Consequences of ICTs. Los Angeles u. a.: Sage, S. 230–245, hier: S. 231.

83 Vgl. Koselleck, Reinhart (1982): „Krise", in: Brunner, Otto/Conze, Werner/ders. (Hg.): Geschichtliche Grundbegriffe. Bd. 3. Stuttgart: Klett-Cotta, S. 617–650, hier. S. 619.

84 Zur Krise als einer „condensation of temporality" vgl. Doane, Mary Ann (1990): „Information, Crisis, Catastrophe", in: Mellenkamp, Patricia (Hg.): Logics of Television. Essays in Cultural Criticism. Bloomington: Indiana University Press, S. 251–264, hier: S. 252.

den zu können.[85] Dabei erscheinen Unfälle jedoch nicht als das radikal Andere des Alltagslebens, sondern als sein inhärentes Risiko. Unfälle werden statistisch erfasst, versicherungsrechtlich eingehegt[86] und als „normal accidents"[87] in komplexe Systeme einkalkuliert, wie der Organisationssoziologe Charles Perrow in seiner gleichnamigen Studie überzeugend dargestellt hat. Unter Umständen können sich lokale Unfälle oder Störereignisse jedoch durch kaskadenförmige Verkettungen immer auch zu verheerenden *Katastrophen* steigern, die das gesamte betroffene System in Mitleidenschaft ziehen.

Der Begriff der Katastrophe leitet sich ursprünglich aus der antiken Dramentheorie ab, wo er die plötzliche Wendung des Handlungsbogens nach unten (griech. *kata-strophein*) beschreibt, also einen rapiden und unaufhaltsamen Niedergang.[88] Seit der Neuzeit findet der Begriff auf alle plötzlichen, einschneidenden und zerstörerischen „Zäsurereignisse"[89] größeren Ausmaßes Anwendung, von Flugzeugabstürzen über Lawinen bis hin zu Vulkanausbrüchen und Massencrashs. Anders als die Krise besitzt die Katastrophe dabei keinerlei zeitliche Ausdehnung, vielmehr tritt sie als punktuelle, radikal präsentische Zäsur ein, wie Mary Ann Doane argumentiert: „its timing is that of the instantaneous, the moment, the punctual."[90] An die Stelle eines unentschiedenen Schwebezustandes tritt hier der Einbruch eines irreversiblen, verheerenden Ereignisses.

Welche dieser Ereigniskategorien bietet sich nun als Bezugspunkt für die Untersuchung des Lebenszeichens an? Auf den ersten Blick drängt sich die *Katastrophe* als Beschreibungsfigur auf. Schließlich setzt jedes Lebenszeichen den plötzlichen Eintritt eines einschneidenden Ereignisses voraus, mit dem sich die Dinge abrupt zum Schlechteren wenden: den Niedergang einer Lawine, den Einsturz eines Hauses, den Untergang eines Schiffs. Andererseits jedoch erscheint die Suche nach Lebenszeichen nur dann Erfolg versprechend, wenn die Katastrophe sich noch nicht *vollends* realisiert hat, wenn also das Leben der Verschütteten oder Verunglückten noch nicht zu Grunde gegangen ist. Dieser prekäre Schwebezustand scheint eher

---

85 Vgl. zur Kulturgeschichte des Unfalls: Kassung, Christian (Hg.) (2009): „Einleitung", in: ders. (Hg.): Die Unordnung der Dinge. Eine Wissens- und Mediengeschichte des Unfalls. Bielefeld: Transcript, S. 9–15; Bickenbach, Matthias/Stolzke, Michael (2014): Die Geschwindigkeitsfabrik. Eine fragmentarische Kulturgeschichte des Autounfalls. Berlin: Kadmos.

86 Vgl. Horn, Eva (2007): „Unglückliche Verkettung der Umstände. Sicherheitswissenschaft und Unfall", in: Zeitschrift für Kulturwissenschaften, 5 (2), S. 45–52, hier: S. 46.

87 Perrow, Charles (1984): Normal Accidents. Living with High-Risk Technologies. New York: Basic Books.

88 Vgl. Conradi, Tobias (2015): Breaking News. Automatismen in der Repräsentation von Krisen- und Katastrophenereignissen. Paderborn: Wilhelm Fink, S. 39.

89 Conradi (2015), S. 40.

90 Doane (1990), S. 252.

der Zeitlichkeit der *Krise* zu entsprechen: eine instabile und ergebnisoffene Lage, die auf einen Wendepunkt zustrebt, der über Leben und Tod entscheiden kann. Somit sind im Lebenszeichen offenbar *zwei* Ereigniskategorien miteinander verquickt: der abrupte Einschnitt der Katastrophe einerseits und die allmähliche Zuspitzung und akute Entscheidungslage der Krise andererseits. Wie lassen sich diese beiden Aspekte miteinander vermitteln und verbinden?

Die Arbeit geht davon aus, dass ein *dritter* Ereignisbegriff erforderlich ist, um beide zusammenzudenken. Sie stützt sich dazu auf den Begriff des *Notfalls* oder *emergency*, wie ihn der britische Humangeograph und Affekttheoretiker Ben Anderson in verschiedenen Arbeiten entwickelt hat. Für Anderson zeichnen sich *emergencies* durch eine *doppelte* Zeitstruktur aus. Einerseits unterbrechen sie die gewohnten, repetitiven Routinen des Alltags durch ein einschneidendes Ereignis, einen „moment of break"[91], einen „split between a before and an after"[92]. Damit ähneln sie der Logik der Katastrophe, die stets mit einem disruptiven Einschnitt einhergeht: eine Lawine geht ab, ein Vulkan bricht aus, die Erde bebt, ein Haus stürzt ein. Im Unterschied zur Katastrophe jedoch, die sich auf einen punktuellen Jetztpunkt reduziert, muss sich der Notfall erst noch in der Zeit entfalten. Notfälle eröffnen, so Anderson, ein „interval"[93], eine kritische Zeitspanne mit offenem Ausgang, in der sich die Ereignisse noch nicht voll herausgestellt haben. Im Intervall des Notfalls sind die Dinge gerade *dabei*, hervorzutreten, „in the midst of emerging"[94], wie man mit Blick auf die etymologische Nähe von *emergence* und *emergency* sagen könnte.[95] In dieser Hinsicht ähneln Notfälle eher der Zeitlichkeit einer Krise: Ein Ereignis nimmt seinen Lauf, es *emergiert*, ist jedoch in seinen konkreten Auswirkungen noch nicht entschieden. Dieses Ereignis ist „antithetical to life"[96], also lebensbedrohlich für die Betroffenen. Doch welchen Ausgang das Ereignis für das Leben nimmt – ob es sich tatsächlich als „catastrophe"[97] für das Leben herausstellen wird – ist noch offen und hängt von den Maßnahmen ab, die

---

91 Anderson, Ben (2016a): „Emergency/Everyday", in: Burges, Joel/Elias, Amy J. (Hg.): Time. A Vocabulary of the Present. New York: New York University Press, S. 177–191, hier: S. 179.

92 Anderson, Ben (2016b): „Governing Emergencies. The Politics of Delay and the Logic of Response", in: Transactions of the Institute of British Geographers, 41 (1), S. 14–26, hier: S. 20.

93 Anderson (2016b), S. 20; sowie: Anderson (2016a), S. 180.

94 Anderson (2016b), S. 14. Siehe dazu auch ausführlicher: Adey, Peter/Anderson, Ben/Graham, Stephen (2015): „Governing Emergencies. Beyond Exceptionality", in: Theory, Culture and Society, 32 (2), S. 3–17, hier: S. 5.

95 Für den etymologischen Zusammenhang von Emergenz und Emergency, vgl. auch: Siegler, Martin (2017): „Things in Cases. Existenzweisen von Notfalldingen", in: Bartz, Christina et al. (Hg.): Gehäuse. Mediale Einkapselungen. Paderborn: Wilhelm Fink, S. 291–304, hier: S. 296.

96 Anderson (2016b), S. 24.

97 Anderson (2016a), S. 180.

in dieser kritischen Zeitspanne ergriffen werden. Für Anderson eröffnet der Notfall daher einen zeitlich begrenzten Möglichkeitsraum, in dem schnelles Agieren dringend nötig ist – „during which action can still make a difference"[98] – um das Leben zu retten, *bevor* die Katastrophe vollends emergiert.[99]

Es ist genau dieses dramatische Intervall, in dem das Lebenszeichen seinen Auftritt hat. Lebenszeichen emergieren im engen Zeitfenster zwischen dem Eintritt eines kritischen Ereignisses – also der Erschütterung des Lebens durch ein Erdbeben, eine Lawine, einen Schiffbruch – und dem irreversiblen Fortgang der Katastrophe, die in den Untergang des Lebens zu münden droht. In dieser akuten Zeitspanne fällt dem Lebenszeichen die Rolle zu, ein notleidendes Leben gegenüber Suchenden anzuzeigen, Rettungskräfte zum schnellen Eingreifen zu bewegen und das Leben vor dem irreversiblen Ende zu bewahren. Insofern entscheiden Lebenszeichen maßgeblich darüber mit, welchen Ausgang die Situation für das Leben nimmt. Sie markieren genau jene *difference* im Handlungsverlauf, die den Notfall daran hindert, sich vollends zur Katastrophe für das Leben zu entfalten. Somit erlaubt es der Begriff des *emergency*, den zeitlichen Einsatz des Lebenszeichens präzise im prekären Intervall zwischen der Emergenz des Notfalls und dem Eintritt der Katastrophe zu bestimmen. Um diesen Schwellenstatus auch sprachlich sichtbar zu machen, wird im Laufe der Arbeit oftmals von ‚Not- *und* Katastrophenfällen' die Rede sein. Das Wörtchen ‚*und*' soll genau den zeitlichen Zwischenraum zwischen dem abrupten Einschnitt und der vollständigen Entfaltung der Katastrophe markieren, in dem das Lebenszeichen seinen Auftritt hat.[100]

Doch ermöglicht der Notfallbegriff neben der *zeitlichen* Bestimmung auch eine *räumliche* Eingrenzung des Lebenszeichens. Während Krisen und Katastrophen für gewöhnlich als *temporale* Kategorien gedacht werden, verbinden sich

---

[98] Anderson (2016a), S. 180.

[99] Eine ähnliche Zeitlogik des Notfalls hat auch der Literaturwissenschaftler Johannes Lehmann bei seiner Analyse des Rettungsnarrativs identifiziert: „Zwischen dem Eintritt einer Störung, etwa dem Zusammenstoß eines Schiffes mit einem Eisberg, und der Katastrophe, etwa dem Untergang des Schiffes und dem Tod der Passagiere im Eiswasser, liegen einige Stunden. Und es sind diese Stunden, die nun vom Rettungsnarrativ besetzt werden und in denen darüber entschieden wird, für wen es welche Katastrophe gewesen sein wird und wer sich wie doch noch retten kann.", siehe: Lehmann, Johannes (2016): „Von der Störung zur Rettung des Lebens. Überlegungen zum Verhältnis von Narrativ und Politik (vor und um 1800)", in: Behemoth. A Journal on Civilisation, 9 (1), 1, S. 24–37, hier: S. 33. Auch der Soziologe Nils Ellebrecht bestimmt den Notfall als ein „plötzliche[s], synchronisierende[s] und appellative[s]" Ereignis, das einen zeitkritischen Handlungsimperativ erzeugt. Siehe dazu: Ellebrecht, Nils (2019): Organisierte Rettung. Studien zur Soziologie des Notfalls. Wiesbaden: Springer VS, S. 43.

[100] Doch auch wenn hier zuweilen nur von Notfällen oder Katastrophen die Rede ist, gilt es, die jeweils andere Zeitdimension mitzudenken.

im *emergency* immer schon zeitliche *und* räumliche Momente. Dieser raumzeitliche Doppelsinn verdichtet sich am deutlichsten im Begriff der *scene of emergency*, den Ben Anderson an mehreren Stellen seiner Notfalltheorie ins Spiel bringt.[101] Der Begriff der *Szene* scheint im Deutschen zunächst eher zeitlich besetzt: *Szene* meint nach allgemeinem Verständnis „eine strukturierte Abfolge von Ereignissen und Handlungen in einem dramaturgischen Zeitablauf"[102]. Der begrenzte Zeitrahmen einer Szene folgt meist der minimalen narrativen Struktur von „Anfang, Mitte und Ende"[103] und wird durch Auf- und Abtritte von handelnden Akteuren strukturiert, wie Heiko Christians in seiner Medien- und Kulturgeschichte der Szene ausführt. In dieser Lesart würde *scene of emergency* die charakteristische Zeitstruktur des Notfalls beschreiben, wie sie oben dargestellt wurde.

Doch neben der zeitlichen Dimension weist der Begriff der Szene auch einen räumlichen Aspekt auf. Ähnlich wie die *crime scene* beschreibt die *scene of emergency* im Englischen zunächst vor allem den konkreten Schauplatz und Handlungsort, an dem sich das Geschehen des Notfalls zuträgt und sich die Arbeit der Rettungskräfte konzentriert: „A scene of emergency is both the focal point for multiple networks of activation and mobilisation and a site for the coming together of multiple agencies."[104] Unter *mulitple agencies* versteht Ben Anderson dabei keineswegs nur menschliche Rettungskräfte, sondern „complex ensembles"[105] und „material compositions"[106] aus technischen, lebendigen, semiotischen, institutionellen und massenmedialen Akteuren, die den Schauplatz des Notfalls bevölkern und ihn damit überhaupt erst als Schauplatz hervorbringen. Tatsächlich besteht die Arbeit von Rettungskräften nicht selten darin, die *scene of emergency* überhaupt erst herzustellen, einzugrenzen und zu lokalisieren: etwa das Suchgebiet eines verschollenen Schiffs oder eines abgestürzten Flugzeugs. Erst im Laufe dieser Sucharbeit emergiert dann mitunter der räumlich begrenzte *Brennpunkt*, an dem sich der Notfall konzentriert und sich die heterogenen Akteure versammeln.

---

101 Vgl. Anderson (2016b), S. 23.
102 Engell, Lorenz/Krtilova, Katerina/Voss, Christiane (2019): „Einleitung", in: dies. (Hg.): Medienanthropologische Szenen. Paderborn: Wilhelm Fink, S. 1–14, hier: S. 1.
103 Christians, Heiko (2016): Crux Scenica. Eine Kulturgeschichte der Szene von Aischylos bis Youtube. Bielefeld: Transcript, S. 10.
104 Anderson (2016b), S. 23.
105 Anderson (2016b), S. 25.
106 Damit beziehen sich Adey und Anderson vor allem auf die Materialität des Sicherheitsapparats, also jener Institutionen und Akteure, die zur Bewältigung von Notfalllagen bereitstehen, siehe: Adey, Peter/Anderson, Ben (2012): „Anticipating Emergencies. Technologies of Preparedness and the Matters of Security", in: Security Dialogue, 43 (2), S. 99–117, hier: S. 113.

Somit erlaubt es Andersons Begriff der *scene of emergency*, den zeitlichen und räumlichen Rahmen des Lebenszeichens genauer abzustecken. *Zeitlich* ereignet sich das Lebenszeichen im Intervall des Notfalls, räumlich konzentriert es sich am „focal point"[107] von heterogenen Handlungsnetzwerken, die es zugleich selbst mit ins Leben ruft. Damit scheint auch das Untersuchungsgebiet der folgenden Arbeit ausreichend definiert zu sein. Auch die Erforschung von Lebenszeichen muss sich in diesem zeitlichen und räumlichen Koordinatensystem des Notfalls bewegen, muss sich also innerhalb der *scene of emergency* verorten, um Lebenszeichen beobachten zu können. Gleichwohl bringt diese Situierung unweigerlich ein epistemisches Problem mit sich. Wenn sich Lebenszeichen tatsächlich am konkreten Schauplatz und in der begrenzten Zeitspanne des Notfalls vollziehen, wie können sie dann angemessen beobachtet werden? Muss man sich leibhaftig an den Ort des Geschehens begeben und dem Notfall aussetzen, um die Emergenz von Lebenszeichen zu erforschen? Wie können Lebenszeichen untersucht werden, ohne sich selbst in die Lage von Verschütteten, Vermissten oder Verunglückten zu versetzen?

Auf dieses Beobachtungsproblem liefert der Begriff der *Szene* ebenfalls eine produktive Antwort. Schon durch seine Herkunft aus der antiken Theatersprache, wo *skene* den überdachten Schauplatz der dramatischen Darbietung bezeichnet,[108] ist der Szenenbegriff stets eng mit Motiven der Beobachtbarkeit, „Anschaulichkeit"[109] und „Überschaubarkeit"[110] verbunden. Szenen sind prinzipiell auf Wahrnehmung hin orientiert: sie machen etwas anschaulich und stellen etwas zur Schau.[111] Eben deshalb bezieht sich der Begriff der Szene üblicherweise vor allem auf ästhetische Darstellungs- und Gestaltungsformen in unterschiedlichsten Kunst- und Mediengattungen: von dramatischen und literarischen Szenen über szenische Darstellungen in Malerei, Graphik und Photographie bis hin zu Filmszenen.[112] Dabei verdanken sich Szenen jeweils spezifischen Strategien der *In-Szenierung*, also etwa narrativen Verfahren, visuellen Darstellungsmitteln und performativen Aufführungspraktiken, die einem Handlungsablauf erst die Form einer wahrnehmbaren Szene verleihen.

Auf den ersten Blick entfernt sich ein solcher ästhetischer Szenenbegriff allerdings weit von den empirischen *scenes of emergency*, wie sie Anderson im Blick hatte. Gegenüber realen Notfallszenen erscheinen die Inszenierungen von

---

107 Anderson (2016b), S. 23.
108 Vgl. Christians (2016), S. 54.
109 Christians (2016), S. 9.
110 Christians (2016), S. 10.
111 Vgl. Engell/Krtilova/Voss (2019), S. 1.
112 Vgl. Christians (2016), S. 34.

Film, Malerei, Theater und Literatur als bloße imaginäre oder fiktive Konstruktionen ohne hinreichende Verankerung im Realen. Doch übersieht dieser Einwand, dass auch so genannte ‚reale' Notfälle immer schon vielfältige szenische, szenographische und inszenatorische Verfahren voraussetzen und einschließen. Um Handlungsabläufe des Notfalls zu üben, Einsatzbereitschaft zu demonstrieren, wissenschaftliche Daten zu erheben, neuartige Technologien zu erproben oder innovative Produkte zu vermarkten, müssen Notfälle bereits jenseits des ‚eigentlichen Notfalls' auf verschiedenste Weise zur Aufführung gebracht werden. Bei diesem *staging* des Notfalls kommen vielfältige ästhetische Strategien und Materialien zum Einsatz, die sich aus dem Repertoire der oben beschriebenen Künste bedienen: filmische Inszenierungen und narrative Szenarien, theatrale und performative Settings, Visualisierungen, Graphiken und Diagramme.

Eine besondere Rolle spielt dabei die Form des *Szenarios*, die nicht nur etymologisch mit der Szene verwandt ist, sondern auch ein spezifisches szenenbasiertes Wissen vermittelt.[113] Szenarien, so Anderson et al., entwerfen mögliche Ereignisverläufe von künftigen Not- und Katastrophenfällen, um Handlungsoptionen im Modus des Als-ob durchzuspielen.[114] Sie können in den unterschiedlichsten medialen und materiellen Formen Gestalt annehmen. Anderson und Adey etwa interessieren sich für die performative Realisierung von Szenarien in Katastrophenschutz-Übungen, die den Verlauf potenzieller Notfallereignisse unter möglichst realistischen Bedingungen und mit allerlei materiellen Requisiten durchspielen: „Exercises are techniques that stage events in order to make it possible to practise and address particular scenarios – the what-ifs – by rehearsing response to emergencies"[115]. Jedes dieser Übungsszenarien basiert auf einem zuvor ausgearbeiteten Skript, das den narrativen Rahmen für den Ablauf der Ereignisse vorgibt und zugleich Spielraum für unvorhersehbare Entwicklungen und überraschende Wendungen lässt.[116]

Mit dieser narrativen Dimension verweisen Katastrophenübungen bereits auf eine zweite Form der Szenarienbildung, auf die die Literaturwissenschaftlerin Eva Horn hingewiesen hat. In ihrer einschlägigen Studie *Zukunft als Katastrophe* zeigt sie, dass gerade die vermeintlich realitätsfernen, narrativen Entwürfe von Literatur und Film in der Lage sind, hypothetische Szenarien möglicher Notfälle imaginativ auszumalen und damit ein eigenständiges Wissen des Notfalls

---

113 Für das Verhältnis von Szene und Szenario vgl. Christians (2016), S. 248.
114 Vgl. Adey/Anderson/Graham (2015), S. 10.
115 Adey/Anderson (2012), S. 100.
116 Vgl. Adey/Anderson (2012), S. 109–110.

hervorzubringen.[117] Gerade durch ihre Fähigkeit zur raumzeitlichen Verdichtung und lebhaften Veranschaulichung,[118] bieten literarische oder kinematographische Notfallszenen hervorragende heuristische Instrumente oder „epistemic tools"[119] zur Beobachtung gemeinhin unbeobachtbarer Not- und Katastrophensituationen: „Sie bringen etwas aus der Latenz hervor, sie erschaffen etwas Erzähl-, Darstell- und Erlebbares, eine konkrete, modellhafte Situation, in der die ungreifbare und bedrohliche Zukunft greifbar und damit auch affektiv bearbeitbar wird."[120] Für Horn stehen ästhetische und fiktionale Inszenierungen des Notfalls somit keineswegs im strikten Gegensatz zum realen Notfallgeschehen, sondern entwerfen epistemisch äußerst aufschlussreiche Szenarien möglicher Notfälle.

Doch nicht nur mögliche, auch *wirkliche* Notfallereignisse nehmen oftmals die Form von beobachtbaren Szenen an, allen voran in massenmedialen Darstellungen. Zahlreiche Autor*innen haben argumentiert, dass unser alltägliches Notfallwissen „not based on first-hand experience" sei, „but on secondhand information"[121], sich also maßgeblich der Vermittlung durch Massenmedien verdanke. Dabei beschränken sich Massenmedien keineswegs auf die bloße *Repräsentation* medienunabhängiger Katastrophen. Sie wirken vielmehr performativ an der Formatierung und Inszenierung von Ereignissen mit. Katastrophen müssen daher konsequent als „Medienereignisse"[122] gedacht werden, das heißt als Geschehnisse, die erst durch die Darstellung in und durch Medien von einem „Vorkommnis"[123] in den Rang eines beobachtbaren und anschlussfähigen „Ereignisses"[124] erhoben werden, wie der Medienphilosoph Lorenz Engell schreibt. Daran anknüpfend hat Tobias Conradi detail-

---

117 Vgl. Horn, Eva (2014): Zukunft als Katastrophe. Frankfurt am Main: S. Fischer, S. 38.

118 Vgl. Horn (2014), S. 39.

119 Diese Formulierung findet sich nur in der englischen Fassung des Buchs: Horn, Eva (2018): The Future as Catastrophe. Imagining Disaster in the Modern Age. New York: Columbia University Press, S. 10.

120 Horn (2014), S. 35.

121 Bergmann/Egner/Wulf (2012b), S. 252.

122 Der Begriff des Medienereignisses wurde – anknüpfend an Daniel J. Boorstins Begriff des *Pseudo-Ereignisses* – vor allem durch Daniel Dajan und Elihu Katz ausgearbeitet (vgl. Dajan, Daniel/Katz, Eliju (1992): Media Events. The Live Broadcasting of History. Cambridge, MA: Harvard University Press). Während sich Dajan und Katz jedoch vorwiegend auf zeremonielle Großereignisse wie royale Hochzeiten oder Staatsbesuche konzentrieren, schließt ein weiter gefasster Begriff des Medienereignisses auch mediatisierte Katastrophenereignisse mit ein, wie den 11. September 2001 oder den Untergang der Titanic (vgl. dazu: Lenger, Friedrich/Nünning, Ansgar (Hg.) (2008): Medienereignisse der Moderne. Darmstadt: Wissenschaftliche Buchgesellschaft.).

123 Engell, Lorenz (1996): „Das Amedium. Grundbegriffe des Fernsehens in Auflösung: Ereignis und Erwartung", in: montage a/v, 5 (1), S. 129–153, hier: S. 138.

124 Engell (1996), S. 138.

reich untersucht, wie Krisen- und Katastrophenereignisse erst durch mediale „Automatismen"[125] – also strukturierende Selektions- und Darstellungsmechanismen von Massenmedien – diskursiv hergestellt, zubereitet und repräsentiert werden. Gerade das Medium Fernsehen, so Conradi, präge maßgeblich mit „was Krisen- und Katastrophenereignisse sind, worin sie bestehen, welche Auswirkungen sie für Kollektive unterschiedlicher Größenordnung zeitigen [...]"[126]. Besonders, wenn sich das Fernsehen *live* am Ort des Geschehens, also „on the scene"[127], befindet, suggeriert es seinen Zuschauer*innen einen exklusiven Zugang zur *scene of emergency*, der ohne mediale Vermittlungs- und Darstellungsprozesse nicht möglich wäre.

Wenn also Notfälle – wie die genannten Autor*innen auf je unterschiedliche Weise darlegen – zunächst und zumeist in medialen Szenen, Szenarien und Inszenierungen zur Erscheinung kommen, dann eröffnen sich einige vielversprechende Wege für die Erforschung des Lebenszeichens. Als hochgradig flüchtiges und seltenes Phänomen, das sich der direkten Beobachtung weitgehend entzieht, bedarf auch das Lebenszeichen der szenischen Aufbereitung und Ausgestaltung, um als beobachtbarer Untersuchungsgegenstand in Erscheinung zu treten. Lebenszeichen *in Szene zu setzen* würde demnach heißen, sie in konkreten, räumlich und zeitlich begrenzten Handlungszusammenhängen zur Schau zu stellen. Eine solche Inszenierung des Lebenszeichen findet an zahlreichen Schauplätzen, in unterschiedlichsten Medien und zu verschiedensten Zeiten und Zwecken statt: Spielfilme entwerfen dramatische Katastrophen- und Rettungsszenen; Werbe-Clips führen die Wirksamkeit von Leuchtraketen für Seeleute vor; Survival-Handbücher illustrieren *How-tos* für SOS-Zeichen; wissenschaftliche Versuchsanordnungen stellen Szenen des Verschüttet-Seins nach, um die Präzision von technischen Sensoren zu testen; Fernsehnachrichten berichten von der sensationellen Entdeckung von Überlebenden und autobiographische Texte zeugen von Rettungen in letzter Sekunde. Solche Szenen und Szenarien des Lebenszeichens dürfen keineswegs als haltlose imaginäre Gebilde oder bloße mediale Konstruktionen entwertet, sondern müssen als Quellen eines spezifisch *szenischen Wissens* vom Lebenszeichen anerkannt und ernst genommen werden – eines Wissens also, das nur in und durch Szenen des Notfalls Gestalt annimmt.

Es ist dieses Wissen, auf das sich die nachfolgende Untersuchung des Lebenszeichens stützen möchte. Den Ausgangspunkt für die einzelnen Betrachtungen zum Lebenszeichen bilden jeweils ausgesuchte *scenes of emergency*, in denen die Produktion und Rezeption von Lebenszeichen in besonders prägnanter Weise

---

125 Conradi (2015), S. 33.
126 Conradi (2015), S. 12
127 Doane (1990), S. 262.

wahrnehmbar werden. Die jeweiligen Szenen, die mit kurzen narrativen Passagen zu Beginn der einzelnen Abschnitte eingeführt werden, sollen dabei dezidiert als „Theorieszenen"[128] lesbar gemacht werden, um Reflexionen über die semiotischen, medialen und existenziellen Aspekte des Lebenszeichens anzustoßen. Mit diesem *szenographischen* Verfahren schließt die Arbeit ausdrücklich an jüngere Versuche an, das Wissen der Szene für die medienphilosophische Theoriebildung fruchtbar zu machen, zum Beispiel die „Szenographien des Subjekts"[129], die den Prozess der Subjektivierung als einen szenengebundenen Vorgang untersuchen oder an die „medienanthropologischen Szenen"[130], die Szenen als Schauplätze anthropologischer und medialer Formierungen betrachten. Gerade weil das Wissen der Szene nicht in abstrakten Sätzen und allgemeinen Propositionen auftritt, sondern sich in konkreten, anschaulichen und narrativen Handlungszusammenhängen verkörpert, erscheint die Szene als gewinnbringender Schauplatz für eine medien- und kulturwissenschaftliche Untersuchung des Lebenszeichens.

Das szenische Material, auf das sich die folgende Studie stützen möchte, ist dabei in mindestens zweierlei Hinsicht heterogen. Zum einen unterscheiden sich die ausgewählten Szenen in ihren medialen Spezifika. Herangezogen werden gleichermaßen literarische, graphische, photographische, kinematographische und televisuelle Szenen des Lebenszeichens. Statt die medialen Differenzen zu nivellieren, sollen sie ausdrücklich produktiv gewendet werden. Es steht nämlich zu vermuten, dass unterschiedliche mediale Szenen konsequenterweise auch unterschiedliche epistemische Zugänge zum Phänomen des Lebenszeichens eröffnen.[131] Deshalb muss stets danach gefragt werden, welchen Anteil etwa das Medium Film, die Medialität des Fernsehens, die Materialität einer graphischen Skizze oder die Schreibszene einer Postkarte am gewonnenen Wissen über das Lebenszeichen haben.

Andererseits variieren die Szenen stark in ihrer historischen Streuung. Der Korpus der Arbeit umspannt Notfallszenen und -szenarien aus einem Zeitraum von einhundert Jahren – von den Schlachtfeldern des Ersten Weltkriegs 1914 bis zu den sozialen Netzwerken in den Jahren 2014 und folgende. Mit den Zäsuren 1914/ 2014 ist dabei keine in sich abgeschlossene Epoche des Lebenszeichens umschrieben. Zwar haben die technologischen, politischen und ökologischen Umwälzungen und Verheerungen des zwanzigsten Jahrhunderts zu einer nie dagewesenen Eskalation von Not- und Katastrophenszenarien geführt und infolgedessen auch völlig

---

128 So der Titel einer ganzen Sektion im Sammelband: Friedrich, Lars/Harrasser, Karin/Kaiser, Céline (2018): Szenographien des Subjekts. Wiesbaden: Springer VS, S. 154.
129 Friedrich/Harrasser/Kaiser (2018), S. 154.
130 Engell/Krtilova/Voss (2019).
131 Bereits Heiko Christians schreibt, dass die „Leistung der Szene [...] von verschiedenen Medien verschieden realisiert" wird, Christians (2016), S. 36.

neue Praktiken des *disaster management* auf den Plan gerufen, doch reichen die Bewältigung von Notfällen, die Praxis der Lebensrettung und die Suche nach Lebenszeichen weit hinter den Beginn des zwanzigsten Jahrhunderts zurück. Folgt man Historiker*innen des Rettungswesens wie Justus Goldmann[132] oder Johannes Lehmann[133], formiert sich die organisierte Praxis der Lebensrettung und Notfallbekämpfung bereits im ausgehenden achtzehnten Jahrhundert.

Im Zuge biopolitischer Kalküle wird das Leben der Bevölkerung zunehmend als wertvolle, ökonomische Ressource erkannt und zum Gegenstand wohlfahrtsstaatlicher Maßnahmen gemacht.[134] Ab 1770 ergehen europaweit zahlreiche fürstliche „Rettungsedikte"[135], die die Bevölkerung zur aktiven Hilfeleistung, Bergung und Wiederbelebung von In-Not-Geratenen auffordern. Nicht länger sollen leblos scheinende Körper – etwa angespülte Ertrunkene, Erfrorene oder Erstickte – *per se* als „unehrlich"[136] oder *infam* betrachtet und als potenzielle Selbstmörder inkriminiert werden, sondern zum Wohle des Gemeinwesens aus ihrer Notlage befreit werden. In der Folge formieren sich allerorts so genannte „Rettungsgesellschaften"[137] und staatliche Institutionen medizinischer Notfallversorgung, die sich im Laufe des neunzehnten Jahrhunderts zu einem eigenständigen „Rettungswesen"[138] ausdifferenzieren. Erst seit der Etablierung dieses Rettungsregimes wird die organisierte Suche nach Verschütteten, Vermissten und Verunglückten als administratives, institutionelles, logistisches und praktisches Problem bearbeitbar. Das Lebenszeichen wäre insofern Resultat einer spezifischen modernen „Rettungspolitik"[139], die untrennbar an die „biologische Modernitätsschwelle"[140]

---

132 Vgl. Goldmann, Justus (2000): Geschichte der medizinischen Notfallversorgung. Vom Programm der Aufklärung zur systemischen Organisation im Kaiserreich (1871–1914). Dissertation an der Universität Bielefeld, Online-Veröffentlichung, URL: https://pub.uni-bielefeld.de/record/2301553 (zuletzt aufgerufen am 8. Dezember 2020).

133 Vgl. Lehmann, Johannes (2015): „Infamie versus Leben. Zur Sozial- und Diskursgeschichte der Rettung im 18. Jahrhundert und zur Archäologie der Politik der Moderne", in: ders./Thüring, Hubert (Hg.): Rettung und Erlösung. Politisches und religiöses Heil in der Moderne. Paderborn: Wilhelm Fink, S. 45–66.

134 Zur Genealogie der Biopolitik als einer spezifischen Regierungsform, die sich auf die Steigerung und Verwaltung des Lebens der Bevölkerung richtet, vgl. Foucault, Michel (2006): Die Geburt der Biopolitik. Geschichte der Gouvernementalität, Bd. 2. Frankfurt am Main: Suhrkamp.

135 Goldmann (2000), S. 46.

136 Lehmann (2015), S. 53.

137 Lehmann (2015), S. 46.

138 Lehmann (2015), S. 46.

139 Lehmann (2016), S. 27.

140 Foucault, Michel (1983): Der Wille zum Wissen. Sexualität und Wahrheit I. Frankfurt am Main: Suhrkamp, S. 138.

um 1800 gebunden ist, wie sie Michel Foucault in seinen Arbeiten zur Genealogie der Biopolitik beschrieben hat.

Insofern markieren die Jahre 1914/2014 keine historischen Anfangs- oder Endpunkte der Geschichte des Lebenszeichens; sie setzen vielmehr zwei kontingente Zeitschnitte, die einen ausreichend großen Untersuchungsraum für die vergleichende Analyse von unterschiedlichen Szenen und Modi des Lebenszeichens umgrenzen und eröffnen sollen. Die Anordnung der Szenen und die Entfaltung der Artikulationsweisen folgen dabei keiner chronologischen Reihenfolge und suggerieren keine historische Entwicklungslinie. Stattdessen sollen sie eine synchrone, systematische Erschließung verschiedener Artikulationsweisen ermöglichen, die prinzipiell in jeder denkbaren Reihenfolge behandelt werden könnten.

Nach diesen methodischen und strukturellen Vorbemerkungen kann nun der Versuch unternommen werden, das Phänomen des Lebenszeichens auch systematisch genauer einzukreisen. Dazu wird eine dreifache Annäherung erforderlich sein, die exakt den drei eingangs unterschiedenen Dimensionen des Lebenszeichens entspricht: zum ersten eine *lebens- und existenzbezogene* Perspektive, die danach fragt, auf welche *Lebensvollzüge* sich Lebenszeichen beziehen (2.1). Zum zweiten eine *semiotische* Perspektive, die nach den spezifischen *Zeichenbezügen* des Lebenszeichens fragt (2.2); und zum dritten schließlich eine *medientheoretische* Perspektive auf die *Mediengefüge*, die bei der Untersuchung des Lebenszeichens von Interesse sind (2.3). Ein vierter Schritt schließlich soll diese drei Aspekte im übergreifenden Begriff der *Artikulation* zusammenführen und für die weitere Untersuchung operationalisieren (2.4).

2 Leben, Zeichen, Medien

2.1 Leben in Not

Was ,Leben' heißt – so wurde bereits einleitend betont – darf bei der Untersuchung des Lebenszeichens keineswegs *a priori* vorausgesetzt werden. Leben muss sich vielmehr immer erst noch herausstellen, zeigen und zum Vorschein bringen. Trotz dieser Einschränkung lässt sich allerdings doch zumindest *eine* basale Feststellung treffen, die für das Leben des Lebenszeichens grundlegend ist. Leben steht hier immer schon in einer existenziellen Beziehung zum Notfall: es zeigt sich – kurz gesagt –, immer schon als *Leben in Not*. Wie jedoch lässt sich diese Beziehung zwischen Leben und Not denken, ohne bereits einen substanziellen Lebensbegriff vorauszusetzen? Für diese Frage sollen im Folgenden drei prominente Denkfiguren konsultiert werden, die das Leben unter dem Vorzeichen einer prinzipiellen Not und Gefährdung thematisieren: das *nackte Leben*, das *gefährdete Leben* und die *Lebensnot*.

Die Figur des *nackten Lebens* wurde vor allem durch den italienischen Philosophen Giorgio Agamben profiliert und in vielfältigen Teilstudien ausgearbeitet.[1] Agamben geht nicht vom Notfall im Sinne einer akuten Katastrophensituation aus, sondern vom juridischen Dispositiv des *Notstands* oder *Ausnahmezustands*.[2] Mit der Erklärung eines Ausnahmezustands setzt sich das geltende Recht vorübergehend selbst außer Kraft und schafft einen „rechtsfreien Raum, eine Zone der Anomie"[3], in dem rechtliche Schutzgarantien und elementare Grundrechte vorübergehend suspendiert sind. Die schützende Hülle des Rechts zieht sich gleichsam von den Rechtssubjekten zurück und hinterlässt ein bloßes *nacktes Leben*. Im Gegensatz zum politisch anerkennungsfähigen und rechtlich geschützten Leben (griech. *bios*) ist das nackte Leben auf sein bloßes, biologisch-organisches Substrat (griech. *zoe*) reduziert.[4] Als solches ist es „zugleich von der Ordnung ausgeschlossen und von ihr erfasst"[5]: *Ausgeschlossen*, sofern ihm jegliche rechtlichen Schutzgarantien, Bindungen und Zugehörigkeiten entzogen sind. *Eingeschlossen*, sofern es gerade *durch* diesen Entzug zum Gegenstand biopolitischer Maßnahmen werden kann. Nacktes Leben im Ausnahmezustand, so Agamben,

---

1 Vgl. Agamben, Giorgio (2002): Homo Sacer. Die souveräne Macht und das nackte Leben. Frankfurt am Main: Suhrkamp.
2 Vgl. Agamben, Giorgio (2004): Ausnahmezustand. Frankfurt am Main: Suhrkamp.
3 Agamben (2004), S. 62.
4 Zu dieser Unterscheidung vgl. Agamben (2002), S. 11.
5 Agamben (2002), S. 19.

ist dem direkten, willkürlichen Zugriff einer souveränen Macht ausgesetzt, die über Leben und Tod entscheidet.[6] Seine größtmögliche Zuspitzung erfährt diese Konstellation überall dort, wo menschliches Leben auf seine schlichte „Tötbarkeit"[7] reduziert ist, wie Agamben am Paradigma des „Lagers"[8] in der Moderne zeigt.

Schon in dieser gedrängten Darstellung zeichnen sich einige markante Unterschiede zwischen Agambens nacktem Leben und dem Leben im Not- und Katastrophenfall ab. Zwar geht es auch im Notfall buchstäblich um das *nackte Überleben*, also die schlichte Erhaltung der biologischen Substanz. Auch hier findet sich das Leben auf seine bloße, physische und sterbliche Existenz reduziert, auf die „einfache Tatsache des Lebens"[9]. Doch während sich der Ausnahmezustand auf das nackte Leben primär unter dem Aspekt seiner Tötbarkeit bezieht, geht der Notfall – umgekehrt – gerade von der „Rettbarkeit"[10] des Lebens aus, wie Johannes Lehmann in Abgrenzung von Agamben treffend beschrieben hat. Leben in Not erscheint als gefährdete, in erhöhtem Maße *endliche* Entität, die durch rasches und rechtzeitiges Eingreifen vor dem herannahenden Tod bewahrt werden muss. Dabei wird Leben nicht so sehr durch einen Akt der *Unterscheidung* konstituiert, also etwa durch den dezisionistischen Einschnitt des Ausnahmezustands, der das politische Leben (*bios*) vom nackten Leben (*zoe*) abtrennt, sondern vielmehr durch Operationen der *Kopplung und Relationierung*: Nur wenn das Leben in Not Beziehungen mit anderen Entitäten eingeht, kann es sich in der Existenz halten.

Eine solche *relationale* Perspektive hat die Philosophin Judith Butler mit ihrem Begriff des *gefährdeten Lebens* entwickelt.[11] Neben Agambens *nacktem Leben* kann Butlers Ansatz als *zweites* großes Paradigma für die Betrachtung des Lebens unter Bedingungen der Not begriffen werden. Ausgangspunkt von Butlers Essay ist die Vorstellung einer grundlegenden *Verletzbarkeit* menschlichen Lebens, sein prinzipielles „Ausgesetztsein"[12] gegenüber Gewalt und Gefährdungen. Anders als bei Agamben ist das Leben dabei allerdings nicht primär einer souveränen Macht ausgesetzt, die über Leben und Tod entscheidet, sondern den prekären, sozialen Beziehungs- und Bindungsformen, in die es konstitutiv eingelassen ist. Gefährdet ist das Leben, so Butler, sofern es notwendig auf die Fürsorge und den Beistand anderer angewiesen ist, die ihm immer auch versagt werden können. Diese „primäre Hilflo-

---

6 Agamben (2002), S. 100.
7 Agamben (2002), S. 98.
8 Agamben (2002), S. 180.
9 Agamben (2002), S. 11.
10 Lehmann (2015), S. 47.
11 Vgl. Butler, Judith (2005): Gefährdetes Leben. Politische Essays. Frankfurt am Main: Suhrkamp.
12 Butler (2005), S. 42.

sigkeit und Bedürftigkeit"[13] zeigt sich besonders deutlich in der Situation eines Neu-geborenen als einer ursprünglichen „Szene des Ausgesetztseins"[14]. Neugeborenes Leben kann nur existieren, wenn sich anderer seiner annehmen. Diese grundle-gende „Bedingung des Lebens"[15] wird für Butler sogar dort noch implizit vorausge-setzt, wo sie explizit geleugnet oder dem Leben entzogen wird – sei es bei der Aussetzung eines Kleinkindes oder aber bei der Einschließung von Gefangenen unter menschenunwürdigen Bedingungen. Gerade der Entzug existenzieller Bin-dungsgewebe bringt die „grundlegende Abhängigkeit"[16] und „Beziehungsförmig-keit"[17] des Lebens zum Vorschein.

Für die Frage nach dem Lebenszeichen scheint eine solche relationale Kon-zeption des Lebens sehr instruktiv. Denn gerade im Notfall erscheint menschliche Existenz von lebenswichtigen Beziehungen getrennt und elementar auf andere angewiesen, um fortdauern zu können. Nur wenn sich das Leben artikuliert und von anderen bemerkt wird, kann es in der Existenz gehalten werden. Wie Butlers gefährdetes Leben ist also auch das Leben des Lebenszeichens unweigerlich auf andere bezogen und durch andere konstituiert. Doch sind diese *Anderen* im Falle des Lebenszeichens nicht allein menschliche Entitäten. Während Butler vor allem die Abhängigkeit des Lebens vom prekären Gewebe intersubjektiver Bindungen, politischer Gemeinschaften und sozialer Institutionen thematisiert, ist das Leben unter Not- und Katastrophensituationen auch auf den Beitrag *nicht-menschlicher* Entitäten, allen voran auf mediale und semiotische Gefüge angewiesen, die ihm die Äußerung von Lebenszeichen und die Adressierung der menschlichen ‚Ande-ren' überhaupt erst ermöglichen. Wie ließe sich nun diese Abhängigkeit men-schlichen Lebens von medialen Bedingungen angemessen denken?

Einen möglichen Ausgangspunkt hierzu bietet der Begriff der *Lebensnot*, der etwas weniger kanonisiert ist als Agambens *nacktes* und Butlers *gefährdetes Leben*. Ursprünglich von Sigmund Freud profiliert,[18] wurde der Begriff der Leben-snot jüngst von den Medienwissenschaftlerinnen Astrid-Deuber Mankowsky und

---

13 Butler (2005), S. 49.
14 Butler (2005), S. 48.
15 Butler (2005), S. 48.
16 Butler (2005), S. 7.
17 Butler (2005), S. 39.
18 In seiner Traumdeutung spricht Freud etwa von der „Not des Lebens", siehe: Freud, Sigmund (1961): Die Traumdeutung, in: ders.: Gesammelte Werke, Bd. II/III, hg. v. Anna Freud et al. Frank-furt am Main: S. Fischer, S. 570; vgl. dazu ausführlicher das Kapitel „Die Not des Lebens", in: Kirchhoff, Christine (2009): Das psychoanalytische Konzept der Nachträglichkeit. Gießen: Psycho-sozial, S. 39–55. Später taucht der Begriff auch in der Phänomenologie Edmund Husserls auf, um die existenzielle Frage nach „Sinn oder Sinnlosigkeit dieses ganzen menschlichen Daseins" zu be-schreiben, vgl. Husserl, Edmund (2012 [1935]): Die Krisis der europäischen Wissenschaften und

Anna Tuschling wiederentdeckt und als „Schlüsselbegriff der Medienanthropologie"[19] apostrophiert. Wie das *gefährdete Leben* bei Butler geht auch die *Lebensnot* zunächst von der elementaren „Notsituation"[20] am „Beginn des Lebens"[21] aus. In der prekären Lage des Neugeborenen, so die Autorinnen, tritt die konstitutive „Angewiesenheit" des Lebens „auf das Andere und die Anderen"[22] deutlich hervor. Bei diesen ‚Anderen' handelt sich allerdings nicht allein, wie noch bei Butler, um zwischenmenschliche Bezugspersonen, sondern um die Gesamtheit der menschlichen wie nicht-menschlichen Lebensvoraussetzungen, insbesondere die „medialen Bedingungen des Lebens"[23] – angefangen bei elementaren Medien wie „Nahrung, Luft und Wärme"[24] bis hin zu technischen Einrichtungen, die die Not des Lebens lindern – etwa Behausungen oder Werkzeugen. Gerade weil Leben für seine Aufrechterhaltung nicht von sich aus aufkommen kann, ist es konstitutiv auf materielle Grundlagen, mediale Bindungen und technische Erweiterungen angewiesen.

Auf den ersten Blick scheint dieses Argument wie eine Wiederauflage der altbekannten These vom Menschen als „Mängelwesen[...]"[25], die von einer prinzipiellen Hilflosigkeit und Defizienz des menschlichen Lebens ausgeht und daraus ein fundamentales Bedürfnis nach technischen Hilfsmitteln ableitet. Tatsächlich wurde das Konzept der Lebensnot immer wieder mangeltheoretisch ausgelegt und als universelle menschliche „Entwicklungskonstante"[26] gedeutet. Demgegenüber jedoch gehen Deuber-Mankowsky und Tuschling in ihrer *medienanthropologischen* Lesart nicht länger von einem generalisierbaren *Wesen* des Menschen aus. Stattdessen nehmen sie die vielfältigen, situativen Vermittlungs- und Verflechtungsbeziehungen von menschlichem Leben und Medien in den Blick, also all jene „Lebensformen und Existenzweisen, [...] die sich gleichsam vermitteln müssen, um sich entwickeln zu können."[27] Aus diesem Blickwinkel erscheint *Lebensnot* weniger als universale anthropologische Konstante, denn als eine je spezifische, situierte Existenzweise menschlichen Lebens, die existenziell von Vermittlungsbeziehungen abhängt.

---

die transzendentale Phänomenologie. Eine Einleitung in die phänomenologische Philosophie. Hamburg: Felix Meiner, S. 6.
19 Deuber-Mankowsky, Astrid/Tuschling Anna (2017): „Zur Einführung", in: dies. (Hg.): Conatus und Lebensnot. Schlüsselbegriffe der Medienanthropologie. Wien/Berlin: Turia und Kant, S. 7–20, hier: S. 7.
20 Deuber-Mankowsky/Tuschling Anna (2017), S. 13.
21 Deuber-Mankowsky/Tuschling Anna (2017), S. 13
22 Deuber-Mankowsky/Tuschling Anna (2017), S. 8.
23 Deuber-Mankowsky/Tuschling Anna (2017), S. 14.
24 Deuber-Mankowsky/Tuschling Anna (2017), S. 13.
25 Deuber-Mankowsky/Tuschling Anna (2017), S. 14.
26 Deuber-Mankowsky/Tuschling Anna (2017), S. 14.
27 Deuber-Mankowsky/Tuschling Anna (2017), S. 13.

Mit dieser Konzeption schließen die Autorinnen an jüngere Ansätze an, die explizit von der Vermittlungsbedürftigkeit menschlichen Lebens ausgehen. Programmatisch formuliert findet sich eine solche Perspektive bei der Medienphilosophin Christiane Voss. Für Voss kann menschliche Existenz gerade nicht *unabhängig* von medialen Konfigurationen, Artefakten und Erfahrungsräumen beschrieben werden, sondern konstituiert sich erst in *„Existenz bildende[n] Verschränkung[en]"*[28] mit Medien. Je nachdem, in welchen medialen Beziehungsgefügen oder Habitaten sich menschliches Leben bewegt, je nachdem, in welche „anthropomedialen Relationierungen"[29] es verstrickt ist, nimmt es je spezifische Ausprägungsformen oder „Existenzmodalität[en]"[30] an. Als exemplarische Milieus medialer Existenzweisen nennt Voss beispielsweise den Erfahrungsraum des Kinos, mobile Verkehrsmittel wie das Auto oder das Kommunikationsnetz der Post. All diese „medientechnischen Habitate[...]"[31] bringen je spezifische, menschliche Existenzweisen hervor, die an die jeweiligen medialen Umstände ihres Auftretens gebunden sind: im Kino konstituieren sich Menschen als Zuschauer*innen, im Postsystem als Adressat*innen, im Auto als mobile Reisende.[32]

In Fortschreibung und Erweiterung dieser Liste ließe sich nun auch der Not- und Katastrophenfall als ein spezifisches Habitat für menschlich-mediale Beziehungsbildungen erkunden. Gerade unter Notfallbedingungen, so die leitende These dieser Arbeit, tritt die Vermittlungsbedürftigkeit menschlichen Lebens mit besonderer Deutlichkeit und Dringlichkeit in den Vordergrund. Verschüttete, verunglückte und vermisste Menschen müssen nicht nur vielfältige Kopplungen mit Medien eingehen, um ihre Existenz gegenüber anderen anzuzeigen, sie hängen zudem *existenziell* von diesen Relationierungen ab. Nur wenn medientechnische Verbindungen aufrechterhalten werden, kann auch Leben in Not weiter fortbestehen. Damit gewinnen anthropomediale Relationen im Notfall eine brisante, existenzielle Dimension. Erdbeben, Lawinen, Grubenunglücke, Schiffbrüche, Flugzeugabstürze schaffen Bedingungen, unter denen sich menschliches Leben nur noch am Leben erhalten kann, wenn und sofern es in Vermittlungsverhältnisse eintritt.

---

28 Voss, Christiane (2010): „Auf dem Weg zu einer Medienphilosophie anthropomedialer Relationen", in: Zeitschrift für Medien- und Kulturforschung, 1 (2), S. 170–185, hier: S. 171 [Herv. i. Orig.].
29 Voss (2010), S. 171.
30 Voss (2010), S. 178.
31 Graduiertenkolleg Medienanthropologie (2020): Forschungsprogramm, URL: https://www.uni-weimar.de/de/medien/institute/grama/forschungsprogramm/ (zuletzt aufgerufen am 8. Dezember 2020).
32 Vgl. Voss (2010), S. 171.

Insofern artikuliert sich im Lebenszeichen nicht primär das *nackte Leben* im Sinne Agambens, sondern ein konstitutiv beziehungsförmiges und vermittlungsbedürftiges Leben. Diese Beziehungen beschränken sich allerdings nicht – wie noch bei Butlers *gefährdetem Leben* – auf ein soziales Gewebe zwischenmenschlicher Bindungen; sie sind vielmehr konstitutiv mit medialen Konstellationen verstrickt, die auf die elementare *Lebensnot* antworten. Allerdings wird diese Lebensnot nicht mehr, wie noch bei Freud und anderen, als anthropologische Konstante betrachtet, sondern als ein spezifisches, mediales Situiert-Sein menschlichen Lebens in Not- und Katastrophensituationen. Um diesen feinen Unterschied sprachlich zu markieren, soll im Folgenden der Begriff der *Lebensnot* durch den des *Lebens-in-Not* ersetzt werden, wobei die Bindestriche auf die beziehungsförmige, situationsgebundene und vermittlungsabhängige Existenz menschlichen Lebens unter Notfallbedingungen hindeuten. *Leben-in-Not* steht keineswegs isoliert für sich – als bereits konstituierte Entität, sondern bewegt und konstituiert sich in vielfältigen existenzbildenden Verschränkungen.

Diese Verschränkungen bestehen jedoch nicht länger nur – wie in der Medienanthropologie von Christiane Voss – allein zwischen den beiden Polen „Mensch und Medien"[33], vielmehr beziehen sie immer schon den dritten Faktor des *Zeichens* in die Gleichung mit ein: Die Vermittlung und Anzeige durch wahrnehmbare Lebenszeichen ist in Notfällen ein unentbehrliche Voraussetzung für die Fortsetzung menschlichen Lebens. Deshalb ist es ein zentrales Anliegen der Arbeit, das bislang *zweipolig* gedachte Verhältnis der anthropomedialen Relation in eine *triadische* Struktur umzubauen. Einen möglichen Bezugspunkt findet diese Umstrukturierung in einem Vorschlag des Medienanthropologen Erhard Schüttpelz. In seinem Aufsatz zur „medienanthropologischen Kehre der Kulturtechnikforschung"[34] skizziert Schüttpelz ein dreipoliges Modell, das die wechselseitige Verstrickung von *Personen*, *Artefakten* und *Zeichen* veranschaulichen soll. Die drei Terme werden dabei nicht als bereits konstituierte vorausgesetzt; sie emergieren vielmehr erst aus der fortlaufenden operativen Verkettung von spezifischen Handlungssequenzen: „Personen, Artefakte und Zeichen werden durch Operationsketten gebildet, die Personen, Artefakte und Zeichen gleichermaßen in Mitleidenschaft ziehen und dabei transformieren."[35] Schüttpelz veranschaulicht diesen Prozess am Beispiel

---

33 Voss (2010), S. 171.

34 Schüttpelz, Erhard (2006): „Die medienanthropologische Kehre der Kulturtechniken", in: Archiv für Mediengeschichte. Schwerpunkt: Kulturgeschichte als Mediengeschichte (oder vice versa?), 6, S. 87–110.

35 Schüttpelz (2006), S. 98 [i. Orig. kursiv].

australischer Jagdrituale. Die Körper der Jagenden, die Jagdwerkzeuge und die Jagdgesänge bilden während der Jagd einen untrennbaren Zusammenhang. Es ist das situierte Zusammenspiel von Personen, materiellen Artefakten und Zeichenpraktiken, aus denen sich das Gefüge der Jagd zusammensetzt.[36]

Für den Gebrauchszusammenhang des Lebenszeichens muss Schüttpelz' Schema nur geringfügig modifiziert werden. Statt von *Personen, Zeichen* und *Artefakten* soll hier abweichend von *Leben, Zeichen und Medien* die Rede sein. Dabei rückt das *Leben* auf den Platz der Schüttpelz'schen *Personen*. Statt um Prozesse der Personalisierung geht es unter Notfallbedingungen primär um die Erhaltung des Lebens selbst. Die zweite Verschiebung betrifft das Verhältnis von *Zeichen* und *Medien*. Werden die beiden von Schüttpelz weitgehend gleichgesetzt,[37] besetzen sie im Modell des Lebenszeichens zwei verschiedene Positionen. *Medien* treten dabei an den Platz der Schüttpelz'schen *Artefakte*. Als Medien gelten im Folgenden all jene materiellen Werkzeuge, Gerätschaften und Apparaturen, die zur Hervorbringung von Lebenszeichen benötigt werden. Der Begriff des *Zeichens* hingegen steht für die spezifischen Verweisungsbeziehungen, die mittels Medien gestiftet werden, etwa wenn der Ausschlag eines Seismographen als Hinweis auf Klopfzeichen des verschütteten Lebens lesbar wird. Während Schüttpelz also eine Unterscheidung zwischen Zeichen/Medien einerseits und Artefakten andererseits trifft, differenziert die vorliegende Arbeit zwischen *Zeichen* einerseits und Medien/Artefakten andererseits. Um diese beiden Dimensionen genauer voneinander abzugrenzen, sollen in den nächsten beiden Abschnitten zunächst die *Zeichenbezüge* (2.2) und anschließend die *Mediengefüge* des Lebenszeichens (2.3) eingehender thematisiert werden. Abschließend werden die drei Dimensionen – Zeichenbezüge, Mediengefüge und Lebensvollzüge – im übergreifenden Konzept der *Artikulation* gebündelt und in verschiedenen *Artikulationsweisen* des Lebenszeichens ausdifferenziert (2.4).

2.2 Zeichen des Lebens

Unter den verschiedenartigen Zeichenmodellen, die die moderne Semiotik entwickelt hat, scheint dasjenige von Charles Sanders Peirce für die Untersuchung des Lebenszeichens besonders vielversprechend. Dafür lassen sich mindestens drei Gründe anführen. *Erstens* geht Peirce – anders als etwa der französische Linguist

---

36 Vgl. Schüttpelz (2006), S. 99.
37 Vgl. Schüttpelz (2006), S. 99.

Ferdinand de Saussure[38] oder der deutsche Sprachtheoretiker Karl Bühler[39] – nicht vom Primat des *sprachlichen* Zeichens aus, sondern schließt eine Vielfalt nicht-sprachlicher Zeichenformen in seine Semiotik ein, etwa Diagramme, Fußspuren, Körpergesten oder Hinweisschilder. Gerade für die Behandlung des Lebenszeichens – so wurde bereits einleitend betont –, sind solche nicht-sprachlichen Zeichenphänomene von entscheidender Bedeutung. *Zweitens* beruhen Zeichen bei Peirce nicht unbedingt, wie bei Saussure, auf konventionellen, arbiträren Vereinbarungen oder kollektiv geteilten Verwendungsregeln,[40] sondern können auch durch so genannte *natürliche* Zeichenbeziehungen begründet werden.[41] Der Rauch eines Signalfeuers, die Geruchsfährte eines Vermissten oder die Herzschläge eines verschütteten Körpers stehen für ihren Gegenstand nicht aufgrund einer vorausgegangenen Übereinkunft, sondern aufgrund von konkreten, physischen Einwirkungen. *Drittens* schließlich besteht das Zeichen für Peirce nicht allein aus der Verbindung *zweier* Pole, etwa dem *Signifikat* (Vorstellungsbild) und dem *Signifikanten* (Lautbild) bei Saussure,[42] vielmehr geht Peirce von einer *dreiwertigen* Bestimmung des Zeichen aus, die eine etwas genauere Betrachtung verlangt.[43]

Ein Zeichen definiert sich für Peirce zunächst durch die Beziehung zu seinem *Objekt*, also dem Gegenstand oder Sachverhalt, auf den es sich bezieht. Während Saussure den so genannten Referenten, also das Bezugsobjekt des Zeichens, aus der Semiotik ausklammert,[44] wird der Objektbezug bei Peirce zum elementaren Bestandteil der Zeichendefinition.[45] Zweitens erfordert jedes Zeichens ein *Repräsentamen*, also einen Zeichenträger, der stellvertretend für das Objekt einsteht; und drittens schließlich ruft jedes Zeichen einen *Interpretanten* hervor. Der *Interpretant* darf dabei keineswegs mit dem interpretierenden Subjekt verwechselt

---

38 Vgl. de Saussure, Ferdinand (1967): Grundfragen der allgemeinen Sprachwissenschaft. Berlin: De Gruyter.
39 Vgl. Bühler, Karl (1982 [1934]): Sprachtheorie. Die Darstellungsfunktion der Sprache. Stuttgart/ New York: Gustav Fischer.
40 Vgl. de Saussure (1967), S. 80.
41 Zum Begriff des natürlichen Zeichens vgl. Eco, Umberto (1977): Zeichen. Einführung in einen Begriff und seine Geschichte. Frankfurt am Main: Suhrkamp, S. 38.
42 Vgl. de Saussure (1967), S. 78.
43 Vgl. Peirce, Charles Sanders (1983 [1903]): Phänomen und Logik der Zeichen. Frankfurt am Main: Suhrkamp, S. 123.
44 „Das sprachliche Zeichen vereinigt in sich nicht einen Namen und eine Sache, sondern eine Vorstellung und ein Lautbild.", siehe: de Saussure (1967), S. 77.
45 Vgl. de Saussure (1967), S. 77.

werden – etwa den menschlichen Empfänger*innen des Zeichens –, sondern steht für die „Wirkung"[46], die das Zeichen im interpretierenden Subjekt hervorruft. Diese Wirkung ist keineswegs auf mentale Ereignisse begrenzt – „it need not be of a mental mode of being"[47] –, sie kann auch konkrete, physische Handlungen umfassen. Wenn etwa ein Soldat auf den Befehl „Ground arms!"[48] mit einer Armbewegung reagiert, so *interpretiert* er das gegebene Zeichen durch die Geste seines Körpers. Zeichenbeziehungen bestehen für Peirce somit nicht unabhängig von der verkörperten Erfahrung und der physischen Wirklichkeit; sie setzen sich vielmehr immer schon in konkreten Handlungs- und Zeichenketten fort. Peirce hat diese Fortsetzungsdynamik mit dem Begriff der *„semiosis"*[49] beschrieben. Demnach stehen Zeichen niemals isoliert für sich, sondern bilden fortlaufende Verkettungen von triadischen Relationen, bei denen jedes Zeichen ein vorhergehendes interpretiert und ein nachfolgendes generiert: „Dies bedeutet, daß der Interpretant selbst ein Zeichen ist, das ein Zeichen desselben Objekts bestimmt und so fort ohne Ende."[50]

Interessanterweise beschreibt Peirce den Prozess der Semiose zuweilen als einen geradezu lebendigen Fortpflanzungs- und Wachstumsprozess: „Symbole wachsen"[51] heißt es etwa an einer viel zitierten Stelle. Diesen Impuls aufgreifend, hat der brasilianische Anthropologe Eduardo Kohn eine dezidiert vitalistische Interpretation der Peirce'schen Semiose vorgelegt. In seiner ethnographischen Studie *How Forests Think* untersucht Kohn die dynamischen Wirk- und Wechselbeziehungen zwischen den vielfältigen menschlichen und nicht-menschlichen Bewohner*innen des amazonischen Regenwaldes.[52] Für Kohn sind Pflanzen, Tiere und Menschen durch ein

---

46 Peirce, Charles Sanders (1986a[1887]): „Über die Einheit hypothetischer und kategorischer Propositionen", in: ders: Semiotische Schriften, Bd. 1, hg. v. Christian Kloesel und Helmut Pape. Frankfurt am Main: Suhrkamp, S. 230–268, hier: S. 252.

47 CP 5.473. Für Belege aus der achtbändigen Peirce-Ausgabe *The Collected Papers of Charles Sanders Peirce* wird hier die gängige Abkürzung CP mit entsprechender Werknummer verwendet. Die einzelnen Bände sind im Literaturverzeichnis nachgewiesen.

48 CP 8.315.

49 Peirce, Charles Sanders ([1998d[1907]): „Pragmatism", in: Houser, Nathan (Hg.): The Essential Peirce. Selected Philosophical Writings, Vol. 2 (1893–1913). Bloomington: Indiana University Press, S. 398–433, hier: S. 411.

50 Peirce (1983), S. 64.

51 Peirce, Charles Sanders (1986b[1893]): „Die Kunst des Räsonierens", in: ders.: Semiotische Schriften, Bd. 1, S. 191–201, hier: S. 200.

52 Vgl. Kohn, Eduardo (2013): How Forests Think. Toward an Anthropology Beyond the Human. Berkeley/New York/London: University of California Press.

dichtes Gewebe von Zeichenbeziehungen, einem „web of semiosis"[53] aus „living signs"[54] miteinander verbunden. Dieses lebendige Gewebe kommt besonders deutlich in kurzen Augenblicken intensiver Interaktion zwischen heterogenen Entitäten zum Vorschein: Bei der Jagd nach einem Affen etwa entspinnt sich eine wahre Kaskade von Zeichen, die sich vom Knacken im Gebüsch über den Alarmruf des Affen bis zum Angriff der Jäger*innen und zur Fluchtbewegung der Affenhorde fortsetzt.[55] Pflanzen, Tiere und Menschen sind hier in einem dynamischen, semiotischen Kontinuum, einem „ongoing relational process"[56] verflochten, bei dem jedes Zeichen immer schon ein nachfolgendes Zeichen hervorruft, das sich seinerseits in neuen Zeichen fortsetzt. In Anlehnung an Peirce spricht Kohn von einer „living semiotic chain"[57], einem lebendigen Prozess der Zeugung und Fortpflanzung von Zeichen: „In other words signs are alive. [...] It is alive insofar as it will come to be interpreted by a subsequent sign in a semiotic chain that extends into the possible future."[58] In Kohns Lesart verwandelt sich die Peirce'sche Semiose also in einen explizit lebendigen Prozess. Umgekehrt konstituiert sich das Leben im Regenwald selbst als unablässige Folge von Zeichen. Leben und Zeichen bilden einen unauflöslichen Zusammenhang.

Spätestens in dieser Zuspitzung werden deutliche Affinitäten zwischen der Semiose bei Peirce und dem Phänomen des Lebenszeichens erkennbar. Zum einen vollziehen sich auch Lebenszeichen stets in dynamischen Wirkungs- und Wechselbeziehungen. Nur wenn sie sich in konkreten Zeichen- und Handlungsketten fortsetzen, nur wenn sie weitere Zeichen und Reaktionen hervorrufen und weitere Entitäten affizieren, können sie zur effektiven Rettung des Lebens beitragen. Wie bei Kohn sind diese Handlungsketten keineswegs auf menschliche Entitäten begrenzt – „signs are not exclusivley human affairs"[59] – sondern emergieren aus einem komplexen Gewebe heterogener Entitäten. Während Kohn jedoch alle *unbelebten* Entitäten aus dem Prozess der Semiose weitgehend ausschließt und nur lebendige Organismen als vollwertige, semiotische Akteure zulässt,[60] müssen bei der Untersuchung des Lebenszeichens auch anorganische, materielle und technische Artefakte in den Prozess der Semiose einbezogen werden. Lebenszeichen konstitu-

---

53 Kohn (2013), S. 42.
54 Kohn (2013), S. 33.
55 Vgl. Kohn (2013), S. 32–33.
56 Kohn (2013), S. 33.
57 Kohn (2013), S. 33.
58 Kohn (2013), S. 33.
59 Kohn (2013), S. 42.
60 In seiner Rezension des Buches hat Bruno Latour diese Vernachlässigung der nichtlebendigen Akteure bei Kohn ausdrücklich kritisiert: Latour, Bruno (2014a): „On Selves, Forms, and Forces", in: Hau: Journal of Ethnographic Theory, 4 (2), S. 261–266, hier: S. 262.

ieren sich, wie oben bemerkt, erst im triadischen Zusammenhang von *Lebensvoll-zügen, Zeichenbezügen* und *Mediengefügen*.

Daneben muss noch ein weiterer, wichtiger Unterschied hervorgehoben werden. Weil Kohn Leben und Zeichen letztlich miteinander gleichsetzt, beraubt er sich der Möglichkeit, nach der *spezifischen* Verweisungsbeziehung des Lebenszeichens als eines besonderen Zeichentyps zu fragen. Wenn alle Zeichen prinzipiell lebhaft und lebendig sind, worin besteht dann noch die Besonderheit des Lebenszeichens? Gerade diese Frage jedoch wäre für eine semiotische Bestimmung des Lebenszeichens unverzichtbar: Wie genau muss ein Zeichen beschaffen sein, um den Verweis auf Leben zu ermöglichen? Was macht ein gewöhnliches Zeichen überhaupt zu einem Lebenszeichen? Um dies zu beantworten, muss man sich noch etwas weiter in die Verzweigungen der Peirce'schen Zeichentheorie vertiefen.

Ausgehend von seiner triadischen Definition des Zeichens entwickelt Peirce zahlreiche, fein verästelte Zeichen-Trichotomien, die jeweils andere Aspekte des semiotischen Dreiecks zum Ausgangspunkt nehmen.[61] Für das hier verfolgte Anliegen ist besonders die Differenzierung von Zeichen anhand ihrer jeweiligen *Objektbezüge* relevant. Für Peirce können Zeichen auf drei verschiedene Weisen mit ihren Objekten verbunden sein, nämlich *ikonisch, indexikalisch* oder *symbolisch*.[62] Das *Ikon* – in früheren Peirce-Texten auch als „Simile"[63] bezeichnet – repräsentiert sein Objekt aufgrund einer Ähnlichkeitsbeziehung, teilt also bestimmte Eigenschaften mit der bezeichneten Sache, etwa Form und Farbe, wie im Falle eines gemalten Porträts, oder Proportionen und Relationen, wie im Falle eines Diagramms.[64] Das *Symbol* hingegen ist mit seinem Objekt durch Konvention, Vereinbarung und „Verhaltensgewohnheit[en]"[65] verbunden und entspricht daher am ehesten der Arbitrarität oder „Beliebigkeit"[66] des Saussure'schen Zeichens. Sprachliche Zeichen etwa weisen keinerlei Ähnlichkeit mit der von ihnen bezeichneten Sache auf – abgesehen vom Sonderfall lautmalerischer Äußerungen –, vielmehr ist ihre Bedeutung durch allgemeine Konventionen des Sprachgebrauchs geregelt.

Der *Index* schließlich beruht weder auf ikonischen Ähnlichkeitsbeziehungen noch auf symbolischen Konventionen, sondern auf einer so genannten „existenti-

---

61 Vgl. Peirce (1983), S. 123.
62 Vgl. Peirce (1983), S. 124.
63 Peirce (1986b), S. 199.
64 Vgl. Peirce, Charles Sanders (1986c[1895]): „Kurze Logik", in: ders: Semiotische Schriften, S. 202–229, hier: S. 205.
65 Peirce (1986b), S. 198.
66 de Saussure (1967), S. 79. „Beliebigkeit" meint jedoch nicht, dass die Bedeutung eines Zeichens ins Belieben der einzelnen Zeichenverwender*innen gestellt wäre. Sie hängt vielmehr von einer geteilten „Kollektivgewohnheit" ab, siehe: de Saussure (1967), S. 80.

ellen Relation"[67] zwischen Zeichen und Objekt. Eine existenzielle Verbindung besteht für Peirce immer dann, wenn das Zeichen durch das angezeigte Objekt kausal bedingt oder physisch mit ihm verknüpft ist.[68] So kann etwa Rauch als ein Index für Feuer gelesen werden, weil er unmittelbar – aufgrund physikalischer Prozesse – aus seinem Objekt hervorgeht; ganz ähnlich zeigt ein Wetterhahn die Windrichtung an, weil er direkt durch die Einwirkung des Windes beeinflusst ist.[69] Eben diese dynamische Verbundenheit von Zeichen und Objekt garantiert für Peirce, dass der Index die wirkliche „Existenz"[70] seines individuellen Objekts anzeigen kann. Während ikonische oder symbolische Zeichen keinerlei Rückschlüsse auf die konkrete Existenz ihrer Objekte zulassen[71] – weder das Bild eines Einhorns noch das Wort ‚Einhorn' belegen die Wirklichkeit von Einhörnern –, muss das Objekt des Index aufgrund seiner direkten physischen Verbindung notwendig vorhanden sein. Der Index ist, mit anderen Worten, „wirklich und in seiner individuellen Existenz mit dem individuellen Objekt verbunden [...]"[72] und schließt daher die „Existenz seines Objekts ein"[73].

Es ist genau diese existenz-anzeigende Kraft des Index, die ihn für die Untersuchung des Lebenszeichens attraktiv macht. Wenn Lebenszeichen darauf abzielen, die *tatsächliche Existenz* eines verschütteten oder vermissten Lebens in Not anzuzeigen, dann setzen auch sie eine indexikalische Zeichenbeziehung voraus, die über die Existenz des Objekts Auskunft gibt. Doch reicht der bloße Index als solcher nicht aus, um das angezeigte Objekt als definitiv *lebendig* zu identifizieren. Denn über das existierende Objekt, so betont Peirce ausdrücklich, vermittelt der Index keinerlei nähere Informationen, die über die schlichte Feststellung seines Vorhandenseins hinausgingen. Zwar gewähren Indizes, „unbedingte Sicherheit für die Realität und Nähe ihrer Objekte. Doch mit dieser Sicherheit ist keine

---

67 Peirce (1983), S. 65.
68 „Der Index ist physisch mit seinem Objekt verbunden; sie bilden ein organisches Paar.", siehe: Peirce (1986b), S. 199.
69 Vgl. Peirce (1986a), S. 255.
70 Peirce (1983), S. 65.
71 Vgl. Peirce (1983), S. 64.
72 Peirce, Charles Sanders (1990[1906]): „Prolegomena zu einer Apologie des Pragmatizismus", in ders.: Semiotische Schriften, Bd. 2, hg. v. Christian Kloesel und Helmut Pape. Frankfurt am Main: Suhrkamp, S. 132–210, hier: S. 135.
73 Peirce (1983), S. 76. Unter „Existenz" versteht Peirce eine bestimmte Form der „Zweitheit", also ein Verhältnis von Aktion und Reaktion, das besonders an der Widerständigkeit von physischen Objekten erfahrbar wird, vgl. Peirce (1983), S. 55, S. 60.

Einsicht in die Natur der Objekte verbunden."[74] Ob es sich etwa bei einem plötzlichen „Donnern"[75] um den Index eines Gewitters, einer Explosion, einer Lokomotive oder eines Tierlauts handelt, scheint zunächst völlig unklar. Es gehört zu den Grundmerkmalen des Index, dass wir im Moment seines Eintritts „nicht genau wissen, was das für ein Ereignis war"[76]. Nicht das *Was* seines Objekts wird also vom Index vermittelt, sondern nur das schlichte *Dass*, die bloße Faktizität einer Existenz: „The index asserts nothing. It just says ‚There!‘"[77] heißt es bei Peirce – und daran anknüpfend schreibt der Medienphilosoph Lorenz Engell: „Er ‚weiß‘ nichts über das Objekt, außer, dass es ‚da‘ ist."[78]

In genau diesem ‚Da‘ liegt für Peirce nun die vielleicht hervorstechendste Eigenschaft des Index. Sie betrifft nicht so sehr die Beziehung zwischen Objekt und Zeichen, als vielmehr die Beziehung zwischen Zeichen und Interpretant. Mit derselben Kraft, mit der das Zeichen durch sein Objekt bedingt wird, so Peirce, wirkt es seinerseits auf seine Interpret*in ein.[79] Es veranlasst seine Interpret*in dazu, sich unwillkürlich dem Objekt des Zeichens zuzuwenden. Wie die Aufforderung „Schau mal dort!" oder „Horch!"[80] lenkt es die Aufmerksamkeit der Interpret*in auf die Existenz des Objekts und bringt so die Bedeutungsrelation zwischen Zeichen und Objekt, also den *Interpretanten* des Zeichens hervor. Für diese direktionale oder richtungsweisende Kraft des Index gibt Peirce ein ganzes Bündel von Beispielen, etwa den zeigenden Finger,[81] den Wegweiser an einer Straßenkreuzung,[82] das Demonstrativpronomen[83] oder das Klopfen an der Tür[84] – allesamt Phänomene, die „dynamisch auf die Aufmerksamkeit" des Interpreten einwirken „und ihn zu einem besonderen Objekt oder Anlaß hinführ[en]"[85]. Darüber hinaus finden sich unter Peirce' Beispielen auffällig viele Not- und Gefahrensituationen:

---

74 Peirce (1990), S. 136.
75 Peirce (1986b), S. 198.
76 Peirce (1986b), S. 198.
77 Peirce, Charles Sanders (1885): „On the Algebra of Logic. A Contribution to the Philosophy of Notation", in: American Journal of Mathematics, 7 (2), S. 180–196, hier: S. 181.
78 Engell, Lorenz (2012): „Folgen und Ursachen. Über Serialität und Kausalität", in: Kelleter, Frank (Hg.): Populäre Serialität. Narration, Evolution, Distinktion. Bielefeld: Transcript, S. 241–258, hier: S. 246.
79 Oder anders formuliert: „[...] die Kraft, mit der Index auf uns wirkt, ist nur ein Aspekt der Kraft, mit der der Gegenstand auf den Index wirkt.", siehe: Peirce, Charles Sanders (1986d[1902]): „Regeln des richtigen Räsonierens", in: ders.: Semiotische Schriften, Bd. 1, S. 409–430, hier: S. 415.
80 Peirce (1986a), S. 245.
81 Vgl. Peirce (1983), S. 65.
82 Vgl. Peirce (1986b), S. 193.
83 Vgl. Peirce (1986c), S. 207.
84 Vgl. Peirce (1986b), S. 198.
85 Peirce (1986a), S. 244.

Der Ausruf „Dort ist Feuer!"[86] etwa, lenkt die Aufmerksamkeit der Hörer*innen auf die Brandquelle; die Warnung „Heh!"[87] bewahrt eine Fußgänger*in im Straßenverkehr knapp vor dem Überfahrenwerden; und der „scream for help"[88] macht auf die Notlage einer notleidenden Existenz aufmerksam. In all diesen Fällen wirkt der Index als *alarmierendes* Zeichen, das auf bestehende Notlagen hinweist, ja, das im äußersten Fall sogar Leben rettet.

Es ist diese alarmierende, existenzielle Dimension, die den Index zu einer entscheidenden semiotischen Kategorie für die Beschreibung des Lebenszeichens macht. Wie der Index zielen auch Lebenszeichen primär darauf ab, die Aufmerksamkeit ihrer Interpret*innen zu wecken und auf die Ursache des Zeichens zu lenken. Das Klopfen im Trümmerfeld, das Piepen im Funkgerät und das Leuchtsignal am Nachthimmel enthalten zunächst keine nähere Bestimmung über die „Natur der Objekte"[89], sondern sagen nur ‚Schau dort!', ‚Horch!' oder ‚Sieh her!', zeigen also nur auf das schlichte *Dass* einer Existenz, die durch physische Einwirkung mit dem jeweiligen Zeichen verbunden ist. Streng genommen kann hier von ‚Lebenszeichen' noch gar nicht die Rede sein. Ob das Klopfen im Trümmerfeld oder das Leuchten am Nachthimmel auf eine *lebendige*, geschweige denn *menschliche* Ursache zurückzuführen ist, lässt sich vom bloßen Index aus nicht zweifelsfrei feststellen. Nicht ‚das Leben' bildet also den Ausgangspunkt des Lebenszeichens, vielmehr die noch ungewisse *Existenz*, die im Index ihre aktuelle Gegenwart behauptet: *es* klopft, *es* leuchtet, *es* funkt.

Damit sich der Index tatsächlich als *Lebenszeichen* herausstellen kann, bedarf es erst noch einer aufwändigen und langwierigen Interpretationsarbeit. Ausgehend vom bloßen Index müssen Such- und Rettungskräfte auf die Ursache des Zeichens zurückgehen, müssen gleichsam das bloße *Dass* in ein spezifischeres *Was* – ein bestimmtes, menschliches Leben-in-Not – zurückverwandeln: Bei dieser Arbeit sind Suchkräfte maßgeblich auf die *direktionale* Kraft von indexikalischen Zeichen angewiesen, die ihnen den Weg zum verschütteten Leben weisen. Klopfzeichen führen Grubenretter*innen durch labyrinthische Stollensysteme; Leuchtsignale machen Rettungspilot*innen auf einsame Inseln aufmerksam; Geruchswolken lenken die Witterung von Spürhunden im Trümmerfeld. Dabei darf sich die dirigierende Kraft des Index allerdings keineswegs im bloßen „Lenken der Aufmerksamkeit"[90] erschöpfen, sondern muss zugleich die physische Bewegung von Körpern und Gerät-

---

86 Peirce, Charles Sanders (1986e [1898, 1899, 1901/02]): „Grundbegriffe der Semiotik und formalen Logik", in: ders.: Semiotische Schriften, Bd. 1, S. 336–375, hier: S. 349.
87 Peirce (1986c), S. 207.
88 CP 8.368, Fußnote 23.
89 Peirce (1990), S. 136.
90 Peirce (1983), S. 157.

schaften in Gang setzen. Man könnte diese mobilisierende Wirkung des Lebenszeichens mit einer Anleihe aus der Biologie als *taxisches* Vermögen bezeichnen. Der Begriff *Taxis* beschreibt in der Verhaltensforschung die Ausrichtung von beweglichen Lebewesen an bestimmten Umgebungsreizen wie Licht, Nahrung, Geruch, also etwa die Bewegung hin zu oder weg von einer anziehenden oder abstoßenden Reizquelle.[91] Wenn biologische Lehrbücher die Ausrichtung an Lichtreizen als *Phototaxis* und die Ausrichtung an chemischen Gradienten als *Chemotaxis* bezeichnen, dann ließe sich die Ausrichtung am Lebenszeichen ganz analog als *Semiotaxis* fassen – als Orientierung von Such- Rettungskräften an auffälligen Zeichenphänomenen.[92]

Gleichwohl erfolgt diese Zuwendung zur Zeichenquelle im Falle des Lebenszeichens keineswegs automatisch und unwillkürlich, wie bei den taxischen Reflexen im Tier- und Pflanzenreich. Zwar beschreibt Peirce die Ausrichtung der Interpret*innen am Index meist als eine reflexhafte und quasi-naturgesetzliche Reaktion. Indizes lenken die Interpret*in „durch blinden Zwang"[93] auf ihre Objekte, sie wirken „ganz automatisch"[94] auf die „natürlichen Reaktionsweisen"[95], auf das „Nervensystem"[96] oder die „Gesetzmäßigkeit unseres Geistes."[97] Doch haben zahlreiche Peirce-Interpret*innen auf die Nicht-Notwendigkeit der Ausrichtungsreaktion hingewiesen. Ein indexikalisches Zeichen, so etwa der Philosoph und Peirce-Forscher Goudge, „*may* have this effect, but they need not have it. They may be unnoticed, deliberately disregarded, etc., by the person in whose presence they are uttered."[98] Es ist genau diese Möglichkeit der Nicht-Beachtung, die man auch für das Lebenszeichen in Rechnung stellen muss: Kein Lebenszeichen kann garantieren, dass es tatsächlich von anderen bemerkt, wahrgenommen und als Lebenszeichen erkannt wird. Immerzu besteht die Gefahr einer versehentlichen oder sogar absichtlichen Missachtung des Zeichens durch Such- und Rettungs-

---

91 Vgl. Toepfer, Georg (2011): [Art.] „Selbstbewegung", in: ders. (Hg.): Historisches Wörterbuch der Biologie. Geschichte und Theorie der biologischen Grundbegriffe, Bd. 3. Stuttgart/Weimar: J. B. Metzler, S. 231–245, hier: S. 240.
92 In ihrer Theorie der Anthropomedialität hat Christiane Voss vorgeschlagen, den Begriff der Taxis auch für die wechselseitige Ausrichtungsdynamik zwischen Menschen und Medien fruchtbar zu machen, vgl. Voss (2010), S 176.
93 Peirce (1986e), S. 351.
94 Peirce (1986d), S. 428.
95 Peirce (1986d), S. 428.
96 Peirce (1986c), S. 207.
97 Peirce (1986c), S. 207.
98 Goudge, Thomas A. (1965): „Peirce's Index", in: Transactions of the Charles S. Peirce Society, 1 (2), S. 52–70, hier: S. 57 [Herv. i. Orig.]; vgl. auch mit ähnlicher Argumentation: Atkin, Albert (2005): „Peirce on the Index and Indexical Reference", in: Transactions of the Charles S. Peirce Society, 41 (1), S. 161–118, hier: S. 168.

kräfte, die sich gerade nicht der Zeichenquelle zuwenden und das Lebenszeichen nicht auf seine Quelle zurückverfolgen.[99] Doch welche Folgen ergeben sich aus dieser Möglichkeit zur Nicht-Beachtung, die dem Lebenszeichen prinzipiell eingeschrieben ist?

An dieser Stelle tritt ein markanter Unterschied zwischen dem Peirce'schen Index und dem Lebenszeichen zu Tage. Für Peirce nämlich ändert die Nicht-Beachtung eines Index nichts an seiner semiotischen Beziehung zum Objekt. Die *existenzielle Relation* zwischen Zeichen und Objekt bestehe, so Peirce, gänzlich *unabhängig* von der Interpretation des Index – bleibt also auch dann noch erhalten, wenn niemand bereitsteht, um das Zeichen zu interpretieren:[100] „Aber der interpretierende Geist hat mit dieser Verbindung nichts zu tun, außer daß er sie bemerkt, nachdem sie sich herausgebildet hat."[101] Im Falle des Lebenszeichens hingegen hat die Nicht-Beachtung oder Nicht-Interpretation des Index weitreichende Folgen für das angezeigte Objekt und die spezifische Verweisungsrelation des Zeichens. Werden Lebenszeichen nicht rechtzeitig wahrgenommen und interpretiert, so droht auch das angezeigte Objekt ‚Leben' zu verschwinden, also seiner Notlage zum Opfer zu fallen. Schiffbrüchige ertrinken, Lawinenopfer erfrieren, Verschüttete ersticken unter den Trümmern. Mit dem Tod des angezeigten Lebens bricht notwendig auch die charakteristische Verweisungsrelation des Lebenszeichens zusammen. Ohne Verweis auf ein aktuelles Leben verliert das Zeichen seinen Wert als Lebenszeichen.

Lebenszeichen sind somit existenziell auf die Zuwendung ihrer Interpret*innen angewiesen, um ihre Zeichenbeziehung aufrechterhalten zu können. Nur wenn Zeichen von Rettungskräften registriert und interpretiert werden, besteht die Chance, das Objekt des Zeichens *lebend* aufzufinden. Nur, wenn jemand aktiv der Verweisungsrelation folgt, verweist das Zeichen tatsächlich auf *Leben*. Insofern verschärft sich beim Lebenszeichen die *existenzielle Relation*, die Peirce als Grundmerkmal des Index herausgestellt hatte. Während Peirce darunter nur die dynamische, physische oder kausale Beziehung zwischen Objekt und Index versteht, bezieht sie sich im Falle des Lebenszeichens auf die buchstäblich *existenzielle*, also unentbehrliche Bedeutung des Zeichens für die Existenz des Objekts ‚Leben'. *Existenziell* ist diese Be-

---

99 Auf einen solchen Fall hat die Gruppe *Forensic Architecture* in ihrer detaillierten Untersuchung zum ignorierten Notruf eines Flüchtlingsbootes im Mittelmeer aufmerksam gemacht, vgl. Heller, Charles/Pezzani, Lorenzo/Studio, Situ (2012): Forensic Oceanography. Report on the ‚Left-to-Die-Boat'", URL: https://content.forensic-architecture.org/wp-content/uploads/2019/06/FO-report.pdf (zuletzt aufgerufen am 8. Dezember 2020). Charles Heller, Lorenzo Pezzani and Situ Studio.
100 Vgl. Peirce (1983), S. 65.
101 Peirce (1986b), S. 199.

ziehung, weil und insofern das Leben konstitutiv von seiner Anzeige im Zeichen abhängt. Das Leben existiert nur *im* und *durch* den Prozess der Semiose, also durch die fortlaufende Interpretation der Zeichen durch eine Vielzahl von Entitäten, die für die Existenz des Lebens aufkommen.

Will man das Lebenszeichen als indexikalisches Zeichen beschreiben, dann müssen also gleichermaßen Übereinstimmungen wie Unterschiede zum klassischen Index beachtet werden. Im Rückblick auf die bisherigen Ausführungen lassen sich insgesamt drei zentrale indexikalische Aspekte des Lebenszeichens herausstellen. *Erstens* vermitteln Indizes zunächst kaum positives Wissen über ihr Objekt, sondern verweisen nur auf seine bloße *Existenz*, die durch physische Wirkungen mit dem Zeichen verbunden ist. Damit fordern sie ihre Interpret*innen *zweitens* dazu auf, sich der Ursache des Zeichens aktiv zuzuwenden und dem Vektor des Index physisch zu folgen, um das mit ihm verbundene Leben aufzufinden. Dieses Leben existiert schließlich *drittens* – im Unterschied zum Objekt des klassischen Index – keineswegs unabhängig von der Interpretation seiner Zeichen, sondern ist konstitutiv auf sie angewiesen. Es *gibt* das Objekt des Lebenszeichens nur durch und dank der semiotischen Aktivitäten, die das Zeichen interpretieren. Insofern steht das Leben in einer wahrhaft *existenziellen*, das heißt *lebenswichtigen* Relation zu seinem Zeichen.

Auch wenn mit diesen Ausführungen bei weitem noch keine erschöpfende semiotische Charakterisierung des Lebenszeichens geleistet ist, liefert die Kategorie des Indexikalischen dennoch einen wichtigen Wegweiser für die weitere Arbeit. Mit ihrer Hilfe können die verschiedenen Formen des Lebenszeichens auf ihre je spezifischen Zeichenbezüge hin befragt werden. Im Laufe der Arbeit wird sich die Kategorie des Index in zahlreiche weitere feingliedrigere Unterscheidungen verzweigen, die immer wieder neue Arten des Indexikalischen ins Spiel bringen, etwa die Unterscheidung von genuinen und degenerierten Indizes,[102] die Differenz von Kausalitäts- und Kontiguitätsbeziehungen[103] oder das Verhältnis von Index und Spur.[104] Zugleich wird sich zeigen, dass der Index immer auch enge Beziehungen zu *anderen* Zeichenkategorien unterhält. Bereits Peirce hatte den „reinen Index"[105] als eine bloße theoretische Abstraktion betrachtet, der kein empirisch auffindbares Zeichen entspricht.[106] Niemals treten indexikalische, iko-

---

102 Vgl. das 4. Kapitel „Emissionen".
103 Vgl. das 5. Kapitel „Assoziationen"
104 Vgl. das 7. Kapitel „Informationen".
105 Peirce (1986e), S. 351.
106 „Doch es wäre schwierig, wenn nicht gar unmöglich, wollte man einen völlig reinen Index aufzeigen oder irgendein Zeichen finden, dem die indexikalische Eigenschaft völlig fehlte.", siehe: Peirce (1986e), S. 351.

nische oder symbolische Zeichen in „absoluter Reinheit"[107] auf, vielmehr bilden sie immer schon heterogene „Mischungen der drei Elemente"[108].

Auch bei der Untersuchung des Lebenszeichens muss mit solchen Mischungsverhältnissen gerechnet werden. In den Beispielen der Arbeit wird sich kaum ein indexikalisches Zeichen finden, das nicht zugleich gewisse ikonische oder symbolische Anteile aufweist. Bereits das einleitend zitierte Schriftstück der 33 Bergleute von San José verbindet die indexikalische Dimension der Einschreibung – die materielle Spur und Inschrift des Rotstifts auf dem Blatt Papier – mit der symbolischen Codierung des sprachlichen Zeichens, also den Bedeutungskonventionen der spanischen Sprache. Auch Peirce selbst hat explizit darauf hingewiesen, dass sich Lebenszeichen stets aus der Überlagerung verschiedener Zeichengattungen ergeben.[109] Wenn der Schiffbrüchige Robinson Crusoe im gleichnamigen Defoe-Roman am Strand seiner einsamen Insel einen Fußabdruck bemerkt und von diesem Fußabdruck auf die „Gegenwart eines Menschen"[110] schließt, dann – so Peirce –, weil sich im Fußabdruck zweierlei Zeichentypen vermischen: Während der bloße Abdruck *indexikalisch* auf die Existenz seiner Ursache zurückverweist, ohne die Ursache näher zu charakterisieren, steht die markante *Form* des Abdrucks in einer ikonischen Beziehung zum menschlichen Fuß. Erst in der Überlagerung der beiden Zeichen, erst durch den Einschluss eines ikonischen Zeichens, wird der Index zum Zeichen eines spezifisch *menschlichen* Lebens.

Wenn sich die Ausführungen in der Arbeit dennoch immer wieder auf den *indexikalischen* Aspekt des Lebenszeichens konzentrieren werden, dann nicht, um ihre Verflechtung mit ikonischen oder symbolischen Zeichen abzustreiten, sondern um diejenige Zeichendimension hervorzuheben, die für die existenzielle Wirksamkeit des Lebenszeichens in Not- und Katastrophensituationen mehr als jede andere entscheidend ist: das schlichte ‚Dort!', das die Aufmerksamkeit der Interpret*innen auf eine notleidende Existenz lenkt.

2.3 Medien der Existenz

In den bisherigen Ausführungen zur Semiotik wurde ein essenzieller Aspekt des Zeichens weitgehend außer Acht gelassen. Folgt man Peirce, so besteht die elementare Operation eines Zeichens darin, zwischen zwei getrennten Termen *Verbindungen* zu stiften, also zu *vermitteln*. Das Zeichen tritt stets als ein *Mittleres* – Peirce spricht

---

107 Peirce (1986d), S. 428.
108 Peirce (1986d), S. 428.
109 Vgl. Peirce (1983), S. 161–162.
110 Peirce (1983), S. 162.

auch von einer „Drittheit"[111] – zwischen Objekt und Interpretant, um „ein Wissen von einem anderen Ding zu vermitteln, das es, wie man sagt, *vertritt* oder *darstellt*."[112] Mit anderen Worten: „[...] a sign is anything, of whatsoever mode of being, which *mediates* between an object and an interpretant"[113]. Diese vermittelnde Funktion des Zeichens ist nun gerade für ein Verständnis des Lebenszeichens unabdingbar. Bereits einleitend wurde betont, dass Lebenszeichen aufs engste mit Operationen der Vermittlung verbunden sind. Deshalb wurde vorgeschlagen, Lebenszeichen in einem *Dreiecksverhältnis* aus Leben, Zeichen und Medien zu untersuchen, statt in der schlichten Dyade aus Leben und Zeichen. *Medien* bilden demnach das erforderliche dritte, vermittelnde Glied im Prozess des Lebenszeichens.

Wenn jedoch das Zeichen selbst bereits als vermittelnder oder *medialer* Term fungiert, worin besteht dann noch die Differenz zwischen Zeichen und Medien? Welchen Mehrwert bringt die Rede von der *Medialität* des Lebenszeichens mit sich? Dazu scheint es sinnvoll, sich dem Verhältnis von Zeichen und Medien etwas genauer zuzuwenden. Hierzu hat vor allem die Medienphilosophin Sybille Krämer aufschlussreiche Überlegungen angestellt.[114] Krämer schlägt vor, Zeichen und Medien nicht als kategorial getrennte Entitäten zu verstehen, sondern als zwei verschiedene Betrachtungsweisen desselben Sachverhalts. Beide Lesarten verhalten sich dabei gleichsam spiegelbildlich zueinander. Etwas als ein *Zeichen* zu lesen, so Krämer, bedeutet, ein sinnlich wahrnehmbares Phänomen auf den dahinterliegenden Sinngehalt zu beziehen.[115] Wer das Klopfen im Trümmerfeld als Zeichen für ein verschüttetes Leben betrachtet, der verbindet ein sinnliches Phänomen – das Klopfen – mit einem verborgenen Sinn – dem verschütteten Leben. Der Perspektive des *Zeichens* stellt Krämer nun die zweite, genau gegenläufige Perspektive des *Mediums* gegenüber. Statt auf den verborgenen Sinn hinter dem sinnlichen Zeichen zielt die mediale Perspektive – umgekehrt – auf die „verborgene Sinnlichkeit, Materialität und Körperlichkeit"[116] hinter dem Sinngehalt des Zeichens. Etwas *als Medium* zu adressieren, bedeutet insofern, nach den physisch-materiellen Bedingungen der Sinn- und Zeichengebung zu fragen. Nicht das Klopfen als Zeichen-

---

111 „Was ein Drittes ist, hängt von den beiden anderen Dingen ab, zwischen denen es vermittelt. Erstheit ist Gefühlsqualität, Zweiheit ist nackte Reaktion, Drittheit ist Vermittlung.", siehe: Peirce (1986e), S. 346–347.

112 Peirce (1986c), S. 204 [Herv. i. Orig.].

113 Peirce (1998), S. 410 [Herv. M. S.].

114 Vgl. Krämer, Sybille (2008): Medium, Bote, Übertragung. Eine kleine Metaphysik der Medialität. Frankfurt am Main: Suhrkamp, S. 33–36.

115 Vgl. Krämer (2008), S. 34.

116 Krämer (2008), S. 35.

phänomen steht dann im Fokus, sondern die Materialität des Gesteins oder die Sinnlichkeit des Klangs, die das Klopfen hervorbringen: *„In der semiologischen Perspektive ist das ‚Verborgene‘, der Sinn hinter dem Sinnlichen; in der mediologischen Perspektive dagegen ist das ‚Verborgene‘ die Sinnlichkeit hinter dem Sinn."*[117]

Diese sinnlich-materielle Perspektive deutet sich implizit bereits in der Semiotik von Charles Sanders Peirce an. Wie oben bemerkt, existieren Zeichen für Peirce keineswegs in einer ideellen Sphäre außerhalb der physischen Welt, sondern kommen überhaupt nur als sinnlich verkörperte und materialisierte Vermittlungsprozesse vor. Die Verweisungs- und Vermittlungsfunktion von Zeichen gründet stets in den sinnlichen Eigenschaften und physischen Beschaffenheiten ihres Trägers, etwa stofflichen Qualitäten wie Farben, Formen, Klänge oder Gerüche, die Peirce auch „Qualizeichen"[118] nennt. Jedes Zeichen setzt somit einen sinnlich wahrnehmbaren Grund voraus, eine unhintergehbare *„Materialität"*[119], die seine Bedeutungsbeziehungen erst ermöglicht. Doch geht die *Medialität* des Zeichens, wie Krämer und andere sie im Blick haben, noch einen entscheidenden Schritt über seine bloße Materialität hinaus. Sie betrifft neben dem sinnlich-physischen „‚Körper‘ der Zeichen"[120] auch die *technischen* und *apparativen Bedingungen* der Zeichengebung, die den semiotischen Vermittlungsprozess möglich machen. Eben jene Bedingungen lassen sich treffend unter dem Begriff der *Medien* fassen.

Unter den vielfältigen, konkurrierenden Medienkonzepten – Medien als Ausweitungen des menschlichen Körpers,[121] als Bedingungen von Wahrnehmung und Wissen,[122] als Kulturtechniken[123] oder Akteur-Netzwerke[124] – scheint für Le-

---

117 Krämer (2008), S. 34 [Herv. i. Orig.].
118 Peirce (1983), S. 123.
119 Pape, Helmut (2004): Charles S. Peirce zur Einführung. Hamburg: Junius, S. 125 [Herv. i. Orig.]. Für Pape verweist Peirce mit dem Begriff des Qualizeichens auf die materielle Beschaffenheit eines jeden Zeichens.
120 Pape, S. 160.
121 Vgl. dazu Ernst Kapps Theorie der „Organprojektion": Kapp, Ernst (2015): Grundlinien einer Philosophie der Technik. Zur Entstehungsgeschichte der Kultur aus neuen Gesichtspunkten. Hamburg: Felix Meiner, S. 40–49; sowie McLuhans Konzept der „extensions of man", vgl. McLuhan, Marshall (1994 [1964]): Understanding Media. The Extensions of Man. London/Cambridge, MA: MIT Press.
122 Vgl. Engell, Lorenz/Vogl, Joseph (1999): „Vorwort", in: dies. et al. (Hg.): Kursbuch Medienkultur. Die maßgeblichen Theorien von Brecht bis Baudrillard. Stuttgart: Deutsche Verlagsanstalt, S. 8–12, hier: S. 10.
123 Vgl. Krämer, Sybille/Bredekamp, Horst (2003): „Kultur, Technik, Kulturtechnik. Wider die Diskursivierung der Kultur", in: dies. (Hg.): Bild, Schrift, Zahl. München: Wilhelm Fink, S. 11–24.
124 Vgl. Schüttpelz, Erhard/Thielmann, Tristan (Hg.) (2013): Akteur-Medien-Theorie. Bielefeld: Transcript.

benszeichen zunächst ein *semiotisches* Medienverständnis geeignet. Seine einschlägige Formulierung findet man bei Hartmut Winkler, der das Semiotische als „die unverrückbar-zentrale Bestimmung des Medialen"[125] postuliert und Medien konsequent als „Zeichenmaschinen"[126] ausbuchstabiert hat. Medien zeichnen sich für Winkler dadurch aus, dass sie „ein Biotop für die Semiose, für die Artikulation und für die Herausbildung von Zeichen bereitstellen"[127]. Während Winkler dabei jedoch ausschließlich *symbolische*, also code-abhängige Zeichenprozesse im Blick hat, müssen bei der Untersuchung des Lebenszeichens auch und vor allem *indexikalische* Zeichen einbezogen werden. Unter den Begriff des Mediums fallen dann sämtliche Artefakte, Apparate und Netzwerke, die indexikalische Zeichenbeziehungen technisch ermöglichen.

Das Spektrum dieser *Medien des Lebenszeichens* reicht dann vom elementaren Medium des menschlichen Körpers mit seinem breiten Repertoire an Gesten der Zeichen- und Signalgebung – Winken, Klopfen, Rufen –, über Techniken der Sichtbar- und Hörbarmachung – etwa Signalfeuer, spiegelnde Oberflächen oder leuchtende Farbflächen – bis hin zu komplexen technischen Netzwerken und Infrastrukturen zur Detektion, Registrierung und Lokalisierung von Lebenszeichen, etwa den sensiblen Seismographen in Trümmerfeldern oder den weltumspannenden Übertragungsnetzen des Funkverkehrs auf hoher See. All diese technischen Gefüge haben gemeinsam, dass sie – mit Winkler gesprochen – „ein Biotop für die Semiose, für die Artikulation und für die Herausbildung"[128] von Lebenszeichen bereitstellen und damit die „Artikulationen" des Lebens in Not „allererst ermöglich[en]"[129].

Gleichwohl geht die Rolle von Medien in Notsituationen noch weit über die bloße semiotische Vermittlungsfunktion hinaus. Denn ohne Medien, ohne existenzielle Artikulationsmittel, wären Verunglückte, Verschüttete und Verschollene von ihren potenziellen Rettungskräften abgeschnitten und weitgehend hilflos der eigenen Notlage ausgesetzt. Insofern sind Medien in Notsituationen nicht nur Bedingungen der Zeichengebung, sondern immer auch *Bedingungen der Existenz*. Wie jedoch lässt sich diese existenzielle Funktion der Medien denken? Eine mögliche

---

125 Winkler, Hartmut (2008): „Zeichenmaschinen. Oder warum die semiotische Dimension für eine Definition der Medien unerlässlich ist", in: Münker, Stefan/Roesler, Alexander (Hg.): Was ist ein Medium?. Frankfurt am Main: Suhrkamp, S. 211–221, hier: S. 211.
126 Winkler (2008), S. 211.
127 Winkler (2008), S. 213.
128 Winkler (2008), S. 213.
129 Winkler (2008), S. 214.

Antwort auf diese Frage liefert der amerikanische Medientheoretiker John Durham Peters in seinem jüngsten Buch *The Marvelous Clouds*.[130] Für Peters stellen Medien kein bloßes „Biotop für die Semiose, für die Artikulation und für die Herausbildung von Zeichen bereit [...]", wie noch für Winkler,[131] vielmehr formen sie zugleich „habitats and materials through which we act and are"[132], bilden also unverzichtbare Lebens- und Handlungsbedingungen menschlicher Existenz. „Media are more than the audiovisual and print institutions that strive to fill our empty seconds with programming and advertising stimulus; they are our condition, our fate, and our challenge. Without means, there is no life."[133] In dieser dramatischen Zuspitzung werden Medien nicht nur als Mittel zum Zeichengebrauch begriffen, sondern als regelrechte *Lebensmittel*, als obligatorische „conditions for existence"[134].

Doch welche Medienkonstellationen hat Peters vor Augen, wenn er Medien als Lebensbedingungen beschreibt? Der Etymologie des Medienbegriffs folgend, geht er zunächst von den physischen Umgebungen menschlichen Daseins aus: Luft, Wasser oder Erde können als *elementare Medien* begriffen werden, sofern sie die existenziellen Grundlagen und Umgebungen für menschliches Leben bereitstellen.[135] Zugleich sind solche Elementarmedien für Peters immer schon in *technische* Dispositive verstrickt. Spätestens mit der Expansion weltumspannender technischer Netze hat sich die strenge Unterscheidung von natürlichen und technischen Medien aufgelöst.[136] Im globalen Schiffsverkehr etwa verbinden sich Ozeane, Funknetze, Schiffskörper und der Sternenhimmel zu einem Mediengefüge, das weder allein technischer noch allein natürlicher Herkunft ist.[137] Peters versteht elementare Medien daher nicht als naturwüchsige Gegebenheiten, sondern als „infrastructures of being"[138], als komplexe und heterogene Netzwerke zur Sicherung menschlichen Daseins.

---

130 Vgl. Peters, John Durham (2015): The Marvelous Clouds. Toward a Philosophy of Elemental Media. Chicago/London: University of Chicago Press.
131 Peters erkennt ausdrücklich die Bedeutung von Winklers Mediensemiotik an, möchte mit seiner Theorie elementarer Medien jedoch zugleich darüber hinausgehen, vgl. Peters (2015), S. 48.
132 Peters (2015), S. 15.
133 Peters (2015), S. 52.
134 Peters (2015), S. 14.
135 Vgl. Peters (2015), S. 3.
136 Vgl. Peters (2015), S. 49. Für die zunehmende wechselseitige Durchdringung von natürlichen und künstlichen Umgebungen, vgl. auch das rasant wachsende Forschungsfeld der Medienökologie, einführend dazu: Löffler, Petra/Sprenger, Florian (2016): „Medienökologien. Einleitung in den Schwerpunkt", in: Zeitschrift für Medienwissenschaft. Schwerpunktthema Medienökologie, 8 (14), S. 10–18.
137 Vgl. Peters (2015), S. 105.
138 Peters (2015), S. 15.

Mit dem Begriff der *Infrastrukturen* weist Peters jedoch zugleich darauf hin, dass diese elementaren Bedingungen menschlicher Existenz im Alltagsleben zumeist nicht eigens thematisiert werden. Infrastrukturen – so ein gängiger Topos der Technikforschung – neigen bekanntlich dazu, sich im alltäglichen Gebrauch in den Hintergrund der Wahrnehmung zurückzuziehen.[139] Gerade durch ihr stummes Vorhandensein und ihr routiniertes, reibungsarmes Funktionieren verschwinden sie aus dem Blickfeld ihrer Nutzer*innen und machen ihren Beitrag zum Gelingen alltäglicher Lebensvollzüge weitgehend unsichtbar. Erst in Momenten der *Störung* – bei Ausfällen, Krisen oder Unglücken – treten die sonst vernachlässigten Trägermedien schlagartig in den Vordergrund und werden einer direkten Beobachtung zugänglich – ein Effekt, der auch als „infrastructural inversion"[140] konzeptualisiert wird: „The normally invisible quality of working infrastructure becomes visible when it breaks: the server is down, the bridge washes out, there is a power blackout."[141] Schreiben etwa Geoffrey Bowker und Susan Leigh Star. Statt als implizite Voraussetzungen erscheinen Infrastrukturen in solchen Momenten als explizite Bedingungen menschlicher Lebensvollzüge.

Auch für John Durham Peters bedarf es eines solchen Stör- und Notfalls, um alltägliche Medien und Techniken als ‚infrastructures of being' zu enthüllen. Bei einem Störfall auf hoher See beispielsweise, so Peters, wird das Schiff nicht mehr als selbstverständliches Transportmittel vorausgesetzt, sondern tritt als prekäres Trägermedium in Erscheinung, das die einzige, fragile Schutzschicht zwischen den Passagier*innen und dem Ertrinken im Meer bildet.[142] Nicht länger können die Passagier*innen *unabhängig* von ihrem Trägermedium gedacht werden; sie existieren vielmehr nur noch *aufgrund* des technischen Mediums, das ihnen das Meer vom Leib hält.[143] Ein zuvor für selbstverständlich genommenes Objekt wird im Notfall somit als unentbehrliches Mittel zur Lebenserhaltung erkennbar. Während sich Menschen im alltäglichen Gebrauch von ihren technischen Hilfsmitteln distanzieren und die eigene Existenz für unabhängig von medialen Bedingungen erklären können, stellen Notfälle diese Distanzierungs- und Relativierungsstrategien fundamental in Frage. Der Notfall legt gleichsam die im Alltag zumeist ver-

---

139 Vgl. Schabacher, Gabriele (2013): „Medium Infrastruktur. Trajektorien soziotechnischer Netzwerke in der ANT", in: Zeitschrift für Medien- und Kulturforschung, 4 (2), S. 129–148, hier: S. 139.
140 Bowker, Geoffrey (1994): Science on the Run. Information Management and Industrial Geophysics at Schlumberger (1920–1940). Cambridge, MA: MIT Press, S. 104.
141 Bowker /Star (2006), S. 231.
142 Vgl. Peters (2015), S. 104.
143 Vgl. Peters (2015), S. 104.

gessene *existenzielle Tragweite* von technischen Artefakten und Infrastrukturen offen: „Disaster reveals the existential plight of infrastructure."[144]

Dieser Enthüllungseffekt zeigt sich laut Peters auch jenseits von großtechnischen Infrastrukturen und Transportmitteln, etwa bei kommunikativen Medien der Zeichenübermittlung. Auch sie verlieren unter den Bedingungen des Notfalls den Status instrumenteller Hilfsmittel und treten als existenzielle Medien in Erscheinung. Schon ein einfaches Medium wie das Telefon kann sich als regelrechte „lifeline"[145] entpuppen, sobald es Menschen in Notlagen dazu dient „to assure themselves that they were still alive [...]."[146]. Kommunikation erschöpft sich dann nicht mehr in der Übertragung semantischer Mitteilungen, sondern wird zur „disclosure of being"[147], zur Mitteilung, Anzeige und Offenbarung menschlicher Existenz durch und mit Medien. Gerade in der Artikulation von *Lebenszeichen* tritt für Peters also eine existenzielle Dimension des Mediengebrauchs ans Tageslicht, die im gewöhnlichen Lebens zumeist latent und unthematisch bleibt: die Tatsache nämlich, dass menschliches Leben auf elementare Weise mit Medien verstrickt ist: „without means, there is no life"[148].

Diese *existenzielle Wende* der Medientheorie, die Peters hier skizziert, ließe sich auch für zahlreiche andere Medienkonfigurationen durchspielen. Wie verändert sich unser Verhältnis zum Medium Brief, sobald schriftliche Nachrichten nicht nur als Zeichenträger fungieren, sondern als Träger von lebenswichtigen Botschaften – etwa in der Flaschenpost einer verschollenen Seefahrer*in? Was bedeutet es für die Telegraphie, wenn Menschenleben von Morsezeichen abhängen, wie im berühmten CQD- und SOS-Notruf der *Titanic*? Was wird aus sozialen Medien, sobald *Facebook*- oder *Twitter*-Meldungen nichts anderes übermitteln als die Lebendigkeit ihrer Nutzer*innen? Wie müssen Konzepte der Übertragung, des Signals oder der Information neu gedacht werden, sobald es bei ihnen buchstäblich um Leben und Tod geht? In all diesen Fragen eröffnet sich eine genuin *existenzielle* Perspektive auf Medienkonstellationen. Lebenszeichen fordern dazu auf – so die These –, herkömmliche Gegenstände und Konzepte der Medientheorie unter existenziellen Gesichtspunkten neu zu perspektivieren und zu reformulieren: Medien wären dann nicht allein als materiell-technische Dispositive oder semiotische Zeichenmaschinen, sondern auch und vor allem als existenzielle Artikulationsmittel des Lebens zu begreifen.

---

144 Peters (2015), S. 104.
145 Peters (2015), S. 14.
146 Peters (2015), S. 13–14.
147 Peters (2015), S. 14.
148 Peters (2015), S. 52.

2.4 Artikulationsweisen

Die drei Dimensionen des *Lebens*, des *Zeichens* und der *Medien* – so hat sich gezeigt – dürfen bei der Untersuchung des Lebenszeichens nicht unabhängig voneinander betrachtet werden; sie bilden vielmehr ein eng verflochtenes Bedingungs- und Beziehungsgefüge. *Leben* kann sich unter Notfallbedingungen nur aufrechterhalten, wenn es existenzielle Relationen mit *Medien* eingeht, die ihm die Äußerung von lebenswichtigen *Zeichen* erlauben. Somit muss Leben-in-Not als Effekt eines doppelten Vermittlungsprozesses beschrieben werden: Nur durch die Vermittlung von medialen Verbindungsgliedern und semiotischen Zeichenketten kann sich das verunglückte, verschüttete oder verschollene Leben in der Existenz halten. Wie aber lässt sich dieser Vermittlungsprozess begrifflich fassen und in seiner ganzen Vielfalt erforschen?

Die Arbeit geht davon aus, dass der Begriff der *Artikulation* für diesen Zweck geeignet ist. Als Verbindungsglied oder -gelenk (lat. *articulus*) verknüpft der Artikulationsbegriff nicht nur äußerst heterogene Disziplinen und Theoriegebiete miteinander – etwa Linguistik und Zeichentheorie,[149] Anthropologie,[150] Lebensphilosophie,[151] politische Ökonomie und marxistische Theorie,[152] *cultural studies*,[153] Arbeits- und Praxissoziologie,[154] Akteur-Netzwerk-Theorie[155] und Kulturtechnikforschung[156]; er

---

[149] Etwa bei so unterschiedlichen Sprach- und Zeichentheoretikern wie Jean-Jacques Rousseau, Wilhelm von Humboldt, Ferdinand de Saussure und Louis Hjelmslev die Rede. Einen konzisen Überblick dazu bietet das Kapitel „Artikulieren", in: Trabant, Jürgen (1998): Artikulationen. Historische Anthropologie der Sprache. Frankfurt am Main: Suhrkamp, S. 67–87.

[150] Vgl. Jung, Matthias (2009): Der bewusste Ausdruck. Anthropologie der Artikulation. Berlin/New York: De Gruyter, S. 33.

[151] „Das Leben artikuliert sich" lautet etwa eine berühmte Losung Wilhelm Diltheys für die Ausdrucksqualität menschlichen Daseins, siehe dazu: Jung, Matthias (2003): „‚Das Leben artikuliert sich'. Diltheys Performativer Begriff der Bedeutung. Artikulation als Fokus hermeneutischen Denkens", in: Association Revue Internationale de Philosophie, 226 (4), S. 439–454.

[152] Etwa bei Louis Althusser, Etienne Balibar und in der Hegemonietheorie von Chantal Mouffe und Ernesto Laclau, vgl. als Überblick: Foster-Carter, Aiden (1978): „Can We Articulate ‚Articulation'?", in: Clammer, John (Hg.): The New Economic Anthropology. London: Palgrave Macmillan, S. 210–249.

[153] Vgl. Slack, Jennifer Daryl (1996): „The Theory and Method of Articulation in Cultural Studies", in: Morley, David/Chen, Kuan-Hsing (Hg.): Stuart Hall. Critical Dialogues in Cultural Studies. London: Routledge, S. 112–127.

[154] Vgl. Strauss, Anselm: (1988): „The Articulation of Project Work. An Organizational Process", in: The Sociological Quarterly, 29 (2), S. 163–178.

[155] Vgl. Latour, Bruno (2002): Die Hoffnung der Pandora. Untersuchungen zur Wirklichkeit der Wissenschaften. Frankfurt am Main: Suhrkamp, S. 228.

[156] Vgl. Siegert, Bernhard (2015): Cultural Techniques. Grids, Filters, Doors, and Other Articulations of the Real. New York: Fordham University Press.

knüpft auch ein dichtes semantisches Bedeutungsnetz, das es erlaubt, *Zeichenbezüge*, *Mediengefüge* und *Lebensvollzüge* miteinander zu verschränken. Die Vielseitigkeit dieser Bezüge soll im Folgenden für die systematische Artikulation des Lebenszeichens produktiv gemacht werden. Daraus wird sich in einem zweiten Schritt die Gliederung des Hauptteils, also die buchstäbliche *Artikulation* dieser Arbeit ergeben.

Modi der Artikulation

Wie können *Zeichen*, *Medien* und *Leben* gleichermaßen unter dem Begriff der Artikulation versammelt werden? Um diese Frage zu beantworten, muss man sich zunächst das Bedeutungsspektrum des Artikulationsbegriffs vor Augen führen. Im alltäglichen Sprachgebrauch bezieht sich Artikulation zumeist auf den Akt der *Äußerung*. Wer sich artikuliert, drückt sich aus, macht sich bemerkbar, verschafft sich Gehör. Allerdings bezeichnet Artikulation nicht jede beliebige Form von Äußerung, sondern nur jene, die eine gewisse *Gliederung* aufweist (lat. *articulus* für Glied oder Gelenk). Etwas Gegliedertes unterscheidet sich vom Ungegliederten durch seine charakteristische Struktur. Gliedern heißt, ein gegebenes, homogenes Kontinuum mit signifikanten Einschnitten zu versehen. In genau diesem Sinne hat der Medientheoretiker Bernhard Siegert den „Primärvorgang der Artikulation"[157] als einen Differenzierungsprozess beschrieben, der in einem ungegliederten Kontinuum signifikante Einschnitte vornimmt, etwa zwischen „Signal und Rauschen, Botschaft und Medium, Form und Materie, Kommunikation und Kakographie, Figur und Grund [...]"[158]. Eine *artikulierte* Äußerung hebt sich demnach von einem gleichförmigen Hintergrund als gegliedertes Phänomen ab.

Als Inbegriff einer solchen gegliederten Äußerungsform gilt traditionell die menschliche Sprache. Beim Sprechen wird der ungegliederte, homogene Luft- und Lautstrom der Stimme durch phonetische Einschnitte sinnhaft unterteilt, also buchstäblich *artikuliert*. Auch philosophisch wurde die Sprache daher immer wieder als das „Medium der Artikulation schlechthin"[159] beschrieben, etwa bei Jean-Jacques Rousseau, der den Ursprung der Sprache in einer zunehmenden

---

157 Siegert, Bernhard (2017): „Öffnen, Schließen, Zerstreuen, Verdichten. Die operativen Ontologien der Kulturtechnik", in: Zeitschrift für Medien- und Kulturforschung, 8 (2), S. 95–114, hier: S. 99.
158 Siegert (2017), S. 99.
159 Niklas, Stefan (2013): „Einleitung. Ein etwas rabiater Versuch, den Begriff der Artikulation zu artikulieren", in: ders./Roussel, Martin (Hg.): Formen der Artikulation. Philosophische Beiträge zu einem kulturwissenschaftlichen Grundbegriff. Paderborn: Wilhelm Fink, S. 15–34, hier: S. 29.

Gliederung des frei fließenden „Gesang[s] des Ursprungs"[160] durch Konsonanten sieht. Auch Ferdinand de Saussure bezeichnet die Sprache prominent als das „Gebiet der Artikulation"[161], bezieht sich dabei allerdings weniger auf den Akt der Äußerung als vielmehr auf die strukturelle Gliederung von Lautmaterial und Gedankenstrom in diskrete, miteinander gelenkig verbundene Einheiten, die das sprachliche Zeichen überhaupt erst hervorbringen: „jeder Bestandteil der Sprache ist ein kleines Glied, ein *articulus*, wo ein Gedanke sich in dem Laut festsetzt und wo ein Laut das Zeichen eines Gedankens wird."[162] Auch wenn sich die vorliegende Arbeit nicht am Saussure'schen Zeichenmodell orientiert, teilt sie doch seine Intuition, das Zeichen als eine Artikulation, das heißt als Gliederung, Kopplung und Äußerung zu betrachten.

Doch wie bereits oben bemerkt, schränkt Saussure den Prozess der Artikulation allein auf das Medium der Sprache ein. Demgegenüber muss eine Untersuchung des Lebenszeichens ausdrücklich über die Sphäre der Sprache hinausgehen. Gerade in jüngerer Zeit haben Autor*innen aus der Kulturtheorie, Wissenschafts- und Technikforschung für eine Ausweitung des Artikulationsbegriffs auf nicht-sprachliche Äußerungs- und Zeichenpraktiken plädiert. So wendet sich der Kulturphilosoph Stefan Niklas ausdrücklich gegen die „Reduktion von Artikulation auf Sprache"[163] und tritt dafür ein, jede „strukturelle Kopplung von Sinnstrukturen an materielle Zeichen"[164] als einen Akt der Artikulation anzusehen, ganz gleich in welchen „materialen Formen"[165] sie sich vollzieht. An die Stelle einer sprachfixierten Artikulation tritt dann eine „Pluralität der Artikulationsformen"[166], die weit über das Medium sprachlicher Zeichen hinausweisen. Doch in welchen außersprachlichen und nicht-diskursiven Modi finden Artikulationsprozesse statt?

Einen ersten Hinweis darauf gibt bereits die Etymologie des Artikulationsbegriffs. So verweist das lateinische *articulus* weniger auf den gegliederten Ausdruck der Sprache als auf die anatomische und motorische Gliederung des menschlichen Körpers, also die Beweglichkeit der miteinander verbundenen Gelenke. Dank seiner „Gelenkigkeit"[167] verfügt der Körper über Äußerungsmöglichkeiten, die deutlich über den sprachlichen Ausdruck hinausgehen. Bereits durch die schlichte Bewegung der Gliedmaßen – etwa beim Winken, Klatschen oder Tanzen – können

---

160 Trabant (1998), S. 67.
161 de Saussure (1967), S. 134.
162 de Saussure (1967), S. 134.
163 Niklas (2013), S. 31.
164 Niklas (2013), S. 21.
165 Niklas (2013), S. 28.
166 Niklas (2013), S. 29.
167 Jung (2009), S. 16.

rhythmisch gegliederte und damit *artikulierte* Äußerungen hervorgebracht werden. „Denn nur wer Glieder hat, kann auch etwas gliedern, nur wer einen Körper hat, kann sich oder etwas artikulieren"[168]. Selbst sprachliche Äußerungen setzen noch die physische Gliederung des Körpers voraus: Denn nur wenn der Lautstrom der Stimme durch die „Stimmorgane des Vokaltrakts"[169] gegliedert wird, kommen artikulierte Äußerungen zustande.

Doch ist der menschliche Körper keineswegs das einzige Medium, das durch seine „Gelenkstellen"[170] einen Prozess der Artikulation ermöglicht. Insbesondere in der jüngeren Technik- und Wissenschaftssoziologie lässt sich eine Ausweitung der Artikulation auf *technische* Gefüge und Ensembles beobachten. „Trotz ihrer linguistischen Herkunft", schreibt etwa der Wissenschaftsforscher Bruno Latour „bleibt Artikulation keineswegs auf die Sprache beschränkt und läßt sich nicht nur auf Worte, sondern ebenso auf Gesten, Forschungspapiere, experimentelle Anordnungen, Instrumente, Feldforschungsstätten oder Versuche anwenden."[171] In dieser Lesart umfasst Artikulation die gesamte Kette von miteinander verknüpften und ineinandergreifenden Artefakten, Anordnungen, Praktiken und Instrumenten, die zur Generierung einer wissenschaftlichen Aussage erforderlich sind. Das Vermögen zur Artikulation ist dabei kein exklusives Privileg menschlicher Akteure. Vielmehr sind – umgekehrt – menschliche Äußerungsakte konstitutiv auf die Verknüpfung mit technischen Artikulationsmitteln angewiesen, um gegliederte Zeichenketten hervorbringen zu können.

Zu einem ganz ähnlichen Schluss gelangen die Techniksoziolog*innen John Law und Ingunn Moser in ihrer Studie *Making Voices*. Anders als Bruno Latour interessieren sie sich nicht für die Genese wissenschaftlicher Aussagen, sondern für das elementare stimmliche Äußerungsvermögen menschlicher Körper.[172] Am Beispiel von Sprachcomputern für *disabled persons* zeigen sie, dass die Fähigkeit zur Artikulation – also zur Hervorbringung gegliederter Äußerungen – konstitutiv von technischen Gefügen abhängt. Im Verbund aus menschlichen Körpern, technischen Sprachassistenten und graphischen Interfaces erscheint die menschliche Stimme nicht länger als natürlicher Äußerungskanal, sondern als Ergebnis einer fragilen, technischen Artikulation: „[...] ‚voices' do not exist in and of themselves. [...] Rather

---

168 Niklas (2013), S. 21.
169 Jung (2009), S. 17.
170 Niklas (2013), S. 17.
171 Latour (2002) S. 172.
172 Vgl. Law, John/Moser, Ingunn (2003): „‚Making Voices'. New Media Technologies, Disabilities, Articulation", in: Liestøl, Gunnar/Rasmussen, Terje/Morrison, Andrew (Hg.): Digital Media Revisited. Theoretical and Conceptual Innovations in Digital Domains. Cambridge, MA: MIT Press, S. 491–520.

they are constituted or ‚articulated‘ into being in material arrangements which include social, technological and corporeal relations.“[173] Äußerungsvermögen kommt
den beteiligten Körpern also nicht *a priori* zu – als Teil einer natürlichen Grundausstattung. Es muss vielmehr durch spezifische materielle Äußerungsgefüge oder
Artikulationsmittel hergestellt werden.

Von hier aus lassen sich interessante Parallelen zur Situation des Not- und
Katastrophenfalls ziehen. Denn auch im Notfall sind menschliche Körper nicht
ohne Weiteres äußerungsfähig. Erdbeben, Schiffbrüche oder Lawinenunglücke
schneiden Subjekte oftmals von ihren gewohnten stimmlichen Äußerungsmöglichkeiten ab. Das Tosen der Wellen übertönt die Hilferufe der Schiffbrüchigen,
menschliche Stimmen werden unter Lawinenbergen erstickt oder verhallen un-
gehört in Trümmerfeldern. Verschüttete, Verschollene und Verunglückte sehen
sich also einem dramatischen *Artikulationsproblem* gegenüber: Ihr Leben hängt
davon ab, dass sie sich von der ungegliederten Umgebung des Notfalls – den Trümmerfeldern, Lawinenbergen oder Überschwemmungsgebieten – durch rhythmisch
gegliederte Äußerungen abheben. Sich zu artikulieren heißt hier, die unterschieds-
lose Katastrophenlandschaft durch wahrnehmbare Einschnitte zu *gliedern*. Eben
diese Gliederung leisten Lebenszeichen: Rhythmische Klopflaute durchdringen die
Stille des Trümmermeers, Leuchtsignale punktieren den dunklen Nachthimmel,
Morsezeichen gliedern das Rauschen des Funkkanals. All diese Artikulationen
jedoch – so hat sich oben gezeigt – sind nur durch die Vermittlung technischer Äußerungsgefüge möglich, die ihrerseits *artikuliert*, also zusammengesetzt, gegliedert
und miteinander verkettet sein müssen, um die Äußerung von Zeichen zu bewerk-
stelligen: Feuerstellen müssen aufgeschichtet, Seismographen miteinander gekoppelt, Funknetzwerke eingerichtet werden, damit Zeichen emergieren können. Die
Artikulation des Lebenszeichens ist, mit anderen Worten, notwendig an die Artikulationsketten technischer Medien gebunden.

Somit erlaubt der Artikulationsbegriff eine enge Verzahnung zwischen dem
Zeichenaspekt und dem Medienaspekt des Lebenszeichens. Aus Sicht des Artikulationsbegriffs erscheinen Medien als artikulierte Gefüge, die die Äußerung oder
Artikulation von Zeichen ermöglichen, indem sie disparate Elemente miteinander
verknüpfen oder artikulieren. Medien sind – mit anderen Worten – *Kopplungen,
die Äußerungen herstellen*. Zeichen hingegen erscheinen als artikulierte Äußerungen, die darauf hinwirken, Verknüpfungen zwischen disparaten Termen herzustellen, also etwa zwischen den aufeinanderfolgenden Zeichen einer Verweisungskette,
oder dem Objekt, dem Repräsentamen und dem Interpretanten. Zeichen sind – mit
anderen Worten – *Äußerungen, die Kopplungen herstellen*. Erst aus der wechselseiti-

---

173 Law/Moser (2003), S. 494.

gen Verschränkung dieser beiden spiegelbildlichen Aspekte, erst aus der Kreuzung semiotischer Äußerungs- und medialer Verknüpfungsketten tritt das Phänomen des Lebenszeichens als gegliedertes Zeichen hervor.

Doch fehlt in dieser Bestimmung unübersehbar noch ein *drittes* Glied, um die Artikulation des Lebenszeichens zu vervollständigen. Lebenszeichen, so wurde einleitend betont, bewegen sich stets in einem *Dreiecksverhältnis* von Zeichenbezügen, Mediengefügen und Lebensvollzügen. Während Zeichen und Medien bereits gut miteinander artikuliert sind, ist der Stellenwert des *Lebens* bislang noch offen. Bereits zu Beginn der Arbeit war angedeutet worden, dass das Leben keineswegs als selbstverständliche Bezugsgröße des Lebenszeichens vorausgesetzt werden darf. Leben-in-Not – so die These – geht dem Lebenszeichen nicht als gegebenes Objekt voraus, vielmehr nimmt es erst im dynamischen Zusammenspiel von semiotischen und medialen Artikulationsketten Gestalt an. Wie aber ließe sich das Leben selbst als Ergebnis von Artikulationsprozessen beschreiben?

In dieser Frage könnte eine dezidiert *existenzielle* Wendung des Artikulationsbegriffs von Nutzen sein, wie sie Bruno Latour vollzogen hat. In seinem langjährigen Forschungsprojekt *An Inquiry into Modes of Existence* begreift er ‚Existenz‘ nicht als schlichtes Gegeben-sein oder stumme Präsenz, sondern als eine unablässige „Äusserungs-Aktivität [sic!]"[174] von Entitäten: „it is the nature of a being to utter itself, to exist, to transit, to throw itself forward through the hiatus of existence or expression"[175]. Damit sind keineswegs bloß sprachliche oder symbolische Äußerungen gemeint, sondern schlechthin alle Aktivitäten, mit denen Entitäten ihre Anwesenheit bekunden: Feuer artikuliert sich im Rauch, Gewitter entladen sich im Blitz, das Meer gliedert sich in Wellen.[176] Solche Äußerungsprozesse verlau-

---

174 Latour, Bruno (2014b): Existenzweisen. Eine Anthropologie der Modernen. Berlin: Suhrkamp, S. 398.

175 AIME (ca. 2012): [Art.] „enunciation", in: AIME – An Inquiry into Modes of Existence, URL: http://modesofexistence.org/inquiry/?lang=en#a=SET+VOC+LEADER&c[leading]=VOC&c[slave]=TEXT&i[id]=#vocab-135&i[column]=VOC&s=0 (zuletzt aufgerufen am 8. Dezember 2020). Mit diesem Zitat bezieht sich Bruno Latour auf den Begriff der *énonciation* (frz. für Äußerung oder Aussage), dessen linguistischer Gebrauch sich vom Artikulationsbegriff unterscheidet. In der strukturalen Linguistik bezeichnet der Enunziator seit Émile Benveniste und Algirdas Julien Greimas die virutelle Äußerungsinstanz, die sich durch den Prozess der Enunziation in konkreten Äußerungen aktualisiert und so den sprachlichen Diskurs erst ermöglicht (vgl. Benveniste, Émile (1974): Problèmes de linguistique générale, Tome II. Paris: Gallimard, S. 79). Ungeachtet dieser Differenz verwendet Latour die Begriffe Enunziation und Artikulation im Existenzweisenprojekt weitgehend synonym, weshalb die beiden Begriffe hier im Folgenden nicht näher differenziert werden. Zum Beleg für diese Gleichsetzung, vgl. Latour (2014), S. 362, 398.

176 Vgl. Latour (2014b), S. 362.

fen für Latour nicht in kontinuierlichen, linearen Bewegungen; sie sind vielmehr immer schon durch eine Serie von Einschnitten, Diskontinuitäten oder „Hiatus"[177] geprägt. An jedem dieser Einschnitte besteht für Latour zumindest potenziell das Risiko des Abbruchs. Jeden Moment könnte die Äußerungsaktivität einer Entität zum Erliegen und die Existenz an ihr Ende kommen. Die Kontinuität einer Existenz kann somit nur durch die permanente Überbrückung von Diskontinuitäten aufrechterhalten werden. Eben diesen Prozess nennt Latour *Artikulation*:

> Artikuliert findet sich alles, um noch einmal daran zu erinnern, was Kontinuität gewinnen muß durch Diskontinuitäten, von denen jede von den anderen durch ein Gelenk, eine Abzweigung, ein einzugehendes Risiko getrennt ist, was man ja gerade als Artikulation, als Gliederung bezeichnet.[178]

Begreift man Existenz in diesem Sinne als einen Artikulationsprozess, so ist jede Entität konstitutiv auf „Verbindungsglieder"[179] und „Gelenk[e]"[180] angewiesen, die ihm über die Brüche seiner Existenz hinweghelfen. Die Leitfrage der Artikulation lautet für Latour daher, „welche anderen Wesen" man „passieren muß, um zu subsistieren, um seine Subsistenz zu gewinnen."[181] Es geht – mit anderen Worten – darum, die jeweiligen „Subsistenzmittel[...]"[182] zu bestimmen, die für die Aufrechterhaltung eines bestimmten Wesens unverzichtbar sind und die „miteinander *verkettet bleiben* müssen, damit es subsistieren kann."[183] Wenn diese Verkettungen einmal abreißen, wenn also der fortlaufende Prozess der Artikulation aussetzt, so kommt die Äußerungsaktivität zum Erliegen und Entitäten scheiden aus der Existenz.

In Latours Beschreibung erhält der Artikulationsbegriff somit eine unverkennbar existenzielle Färbung. Er betrifft nicht länger nur die Gliederung von Zeichenketten oder die Verknüpfung technischer Medien, sondern die fortlaufende Aufrechterhaltung prekärer Existenzen. Ohne Artikulation, ohne die fortlaufende Arbeit der Äußerung, Gliederung und Verknüpfung, scheint die Fortsetzung von Existenz schlechthin unmöglich. Vor diesem Hintergrund lässt sich auch der Not- und Katastrophenfall als ein spezifisches Artikulationsproblem beschreiben. Gerade bei Erdbeben, Lawinen oder Wirbelstürmen ist die Kontinuität der Existenz keineswegs mehr selbstverständlich gesichert. Von einem Moment auf den anderen steht der Fortbestand der Existenz auf dem Spiel und muss von neuem herge-

---

177 Latour (2014b), S. 398.
178 Latour (2014b), S. 397.
179 Latour (2014b), S. 217.
180 Latour (2014b), S. 218.
181 Latour (2014b), S. 611.
182 Latour (2014b), S. 502.
183 Latour (2014b), S. 584. [Herv. i. Orig.].

stellt werden. Dabei sind Notleidende auf spezifische technische und semiotische Verbindungsglieder oder ‚Subsistenzmittel‘ angewiesen, die die Kontinuität ihrer Existenz über die Diskontinuität des Notfalls hinweg sicherstellen. So wird Leben-in-Not als ein doppelter *Artikulationseffekt* erkennbar: es *existiert*, sofern es sich durch Medien und Zeichen *artikuliert*.

Allerdings wurde bereits einleitend betont, dass Artikulationsprozesse keineswegs immer auf dieselbe Weise, im selben Medium und mit denselben Zeichenformen vor sich gehen. Man muss deshalb immer schon von einer „Pluralität der Artikulationsformen"[184] ausgehen, wie der Kulturphilosoph Stefan Niklas formuliert hatte. Latour gibt dieser Vielfalt von Artikulationsformen nun eine existenzielle Wendung: Je nachdem, auf welche Weise sich eine Entität *artikuliert*, je nachdem, wie sie sich äußert, gliedert und mit welchen anderen Entitäten sie sich verkettet, kommt für Latour eine je spezifische *Existenzweise* zustande. Existenz ist demnach kein univoker Begriff, der von sämtlichen Entitäten auf dieselbe Weise ausgesagt wird, sie multipliziert sich vielmehr in eine Pluralität unterschiedlicher Artikulationstypen. Latour unterscheidet in seiner Studie insgesamt fünfzehn verschiedene Existenzweisen, die sich durch ihr je spezifisches Artikulationsprofil unterscheiden: von wissenschaftlichen Fakten über Lebewesen bis hin zu technischen Objekten.[185] Die Vielfalt der Artikulationsformen verweist für Latour also zugleich auf einen „Pluralismus der Existenzweisen"[186] – auf unterschiedliche Weisen, sich im Sein zu halten.

Ein solcher „ontologische[r] Pluralismus"[187] könnte nun für die Analyse des Lebenszeichens von großem Nutzen sein. Denn was Latour über die ‚Existenz‘ im Allgemeinen sagt – dass sie nicht *eine einzige ist*, sondern *mehrere Modi* kennt – ließe sich auch vom Leben in Not- und Katastrophensituationen vermuten. Je nachdem, auf welche Weise und mit welchen Medien sich ‚Leben‘ in Notfällen artikuliert, je nachdem, wie es sich äußert und mit materiellen Gefügen verknüpft, müsste man dann womöglich unterschiedliche Artikulations- und Existenzweisen des Lebens selbst unterscheiden. Nicht ‚das Leben‘ im Singular wäre dann der vorrangige Bezugspunkt des Lebenszeichens, sondern das Leben in der Pluralität seiner verschiedenen *Artikulationsmodi*, die sich aus einer spezifischen Kopplung von Zeichen und Medien ergeben.

Um diese Modi zu ermitteln, müsste man bei jedem Auftritt eines Lebenszeichens von neuem die Frage stellen: „In welchen Formen, Modi und Medien vollzieht

---

184 Niklas (2013), S. 29.
185 Vgl. die synoptische Tabelle bei Latour (2014b), S. 654–655.
186 Latour (2014b), S. 28.
187 Latour (2014b), S. 57.

sich der jeweilige Artikulationsprozess? Oder einfach: *Wie* wird artikuliert?"[188] Zum Beispiel: Wie artikuliert sich Leben, wenn Herzschläge von Verschütteten mit sensiblen Seismographen hörbar gemacht werden? Wie artikuliert sich Leben, wenn es sich mit leuchtenden Signalfeuern vom dunklen Umfeld abhebt? Wie artikuliert sich Leben, wenn es sein Wohlbefinden in einer fortlaufenden Serie von Postkarten mitteilt? In all diesen Medien- und Zeichen-Konstellationen kommt nicht immer wieder *ein und dasselbe Leben* als mit sich selbst identische Einheit zum Vorschein, vielmehr zeigen sich je spezifische Figurationen oder *Artikulationen des Lebens*, die nicht ohne Weiteres auf eine einzige, selbstidentische „Substanz hinter den Äußerungen"[189] reduziert werden können.

Es sind diese *Artikulationsweisen*, die im Zentrum der folgenden Untersuchung stehen. Ausgehend von konkreten Szenen des Not- und Katastrophenfalls möchte die Arbeit nach den vielfältigen Modi fragen, in denen sich Leben, Zeichen und Medien miteinander wechselseitig artikulieren. Dabei dient der Begriff der Artikulation – wie die zurückliegenden Ausführungen gezeigt haben – als Bindeglied und heuristischer Dreh- und Angelpunkt, um die Verflechtungen von Zeichen, Medien und Leben zu fassen und in ihren vielfältigen Modalitäten auszuformulieren. *Zeichen* sind artikuliert, weil sie semiotische Verknüpfungen durch Äußerungen herstellen; *Medien* sind artikuliert, weil sie Äußerungen durch technische Verknüpfungen hervorbringen; und das *Leben* ist artikuliert, weil es sich durch Äußerungen und Verknüpfungen über Diskontinuitäten hinweg in der Existenz hält. Es ist dieses dreigliederige Artikulationsgeschehen, das auf den folgenden Seiten anhand konkreter Szenen des Not- und Katastrophenfalls studiert werden soll.

Gliederung der Artikulationsweisen

Um sich den verschiedenen Artikulationsweisen des Lebenszeichens nähern zu können, muss jedoch auch die Untersuchung selbst auf bestimmte Weise *artikuliert* sein, muss – mit anderen Worten – eine bestimmte *Gliederung* ihres Materials vornehmen. Dabei folgt die Gliederung der folgenden Arbeit weder einer historischen oder genealogischen Erzählung noch einer geographischen Verteilung von Not- und Katastrophenereignissen, sondern ordnet ihr Material entlang von verschiedenen Modalitäten des Lebenszeichens. Jedes der fünf Hauptkapitel nimmt sich vor, ausgehend von konkreten Szenen des Not- und Katastrophenfalls, eine charakteristische Artikulationsweise des Lebenszeichens freizulegen.

---

188 Niklas (2013), S. 33. [Herv. i. Orig.].
189 Latour (2014b), S. 380.

Die Abfolge der Artikulationsweisen gehorcht keinem hierarchischen oder deduktiven Prinzip. Weder geht es darum, die Vielfalt des Lebenszeichens aus einem einzelnen Modus axiomatisch abzuleiten, noch darum, von der Mannigfaltigkeit der Modi Schritt für Schritt zu einer allgemeingültigen Synthese aufzusteigen.[190] Vielmehr repräsentiert jeder Modus eine irreduzible Weise, *Leben, Zeichen* und *Medien* miteinander zu artikulieren. Folglich muss jeder Modus zu seinen eigenen Bedingungen erforscht und in seinem eigenen Idiom ausformuliert werden. Abgesehen von den Grundbegriffen, die sich als Leitfaden durch die gesamte Untersuchung ziehen – *scene of emergency*, Leben-in-Not, indexikalisches Zeichen, Medien der Existenz, Artikulationsweisen –, müssen für jeden Modus *eigene* Analysekategorien entwickelt werden. Dazu greift die Arbeit auf insgesamt fünf Leitkonzepte zurück, die sich auch in den Überschriften der fünf Hauptkapitel wiederfinden: *Exposition, Emission, Assoziation, Transmission* und *Information*. Die Begriffe gehören keiner einheitlichen Theoriesprache an, sondern erlauben es, unterschiedliche Disziplinen, Diskurstypen und Begriffsfelder, etwa Medien- und Kulturtheorie, Semiotik, Ästhetik, Akteur-Netzwerk-Theorie sowie Technik- und Lebenswissenschaften, zu durchqueren und miteinander zu verschränken.

Insofern folgt die Arbeit einer konsequent *pluralistischen* Versuchsanordnung, die die Vielfalt ihres Gegenstands nicht *a priori* reduzieren, sondern die Eigenlogik der verschiedenen Konstellationen nachvollziehen möchte. Begriffe dienen dabei weniger als selbstgenügsame Konzepte, sondern als epistemische Instrumente oder *Ortungsmittel*, um den je spezifischen Erscheinungsformen des Lebenszeichens nachzuspüren. Ähnlich, wie die Ortungsmittel des Notfalls – Spürhunde, Infrarotsensoren, Lawinensonden – nur für *bestimmte* Notfallsituationen nützlich, für andere hingegen ungeeignet sind, muss auch die folgende Untersuchung angesichts neuer Not- und Katastrophenszenarien auf je verschiedene begriffliche Suchwerkzeuge zurückgreifen. Daher verpflichtet sie sich ganz bewusst nicht auf eine einzige, übergreifende Leittheorie, sondern macht sich Begriffe situativ und pragmatisch zu Nutze, um spezifische Problemlagen des Lebenszeichens zu adressieren, ohne die Verwendungskontexte der jeweiligen Begriffe aus den Augen zu verlieren.

Dabei verfolgt die Arbeit das erklärte Ziel, die partikularen Beobachtungen in einen größeren Vergleichsrahmen zu integrieren. Das Konzept der *Artikulationsweisen* soll dabei helfen, vom Gewimmel der singulären Zeichenphänomene zu

---

190 Gegen eine solche Hierarchisierung der Modi hat sich bereits der französische Philosoph Etienne Souriau in seiner Existenzweisen-Studie ausgesprochen, die als wichtige Inspiration für Bruno Latours AIME-Projekt gedient hat: „Weisen wir daher jede Versuchung zurück, die Modi, indem wir sie dialektisch erklären, zu strukturieren und zu hierarchisieren", siehe: Souriau, Etienne (2015): Die verschiedenen Modi der Existenz. Lüneburg: Meson Press, S. 160. Wir werden am Ende der Arbeit noch einmal auf diesen Gedanken zurückkommen.

einer übergreifenden Gliederung des Phänomens Lebenszeichen zu gelangen. Statt also nur einige verstreute Lebenszeichen aus den Trümmern des Not- und Katastrophenfalls zu bergen, sollen im Folgenden fünf genuine Modi gewonnen werden, die den existenziellen Zusammenhang von Lebensvollzügen, Zeichenbezügen und Mediengefügen systematisch zu beschreiben erlauben. Diese *Artikulationsweisen* sollen hier bereits kurz skizziert werden, um die Gliederung der Arbeit anzudeuten.

Die Arbeit eröffnet mit dem Modus der *Exposition*, also ganz buchstäblich mit der einführenden Darstellung oder Darbietung des Lebenszeichens (lat. *expositio*). Leben-in-Not – so der Leitgedanke des Kapitels – muss sich gegenüber anderen auffällig darstellen und hervorheben, um von Rettungskräften entdeckt werden zu können (3.1). Das Kapitel schlägt vor, den Darstellungsakt gestalttheoretisch als Heraushebung einer *Figur* aus dem *Hintergrund* zu fassen. Dabei ist die Unterscheidung von Figur und Grund keineswegs vorgegeben, sondern muss mit Hilfe spezifischer Darstellungsmittel hergestellt werden, etwa Pyrotechniken, Flaggen oder Signalspiegeln (3.2). Zugleich setzt sich das dargebotene Leben immer auch gewissen Risiken aus, die seine Existenz gefährden: es *exponiert* sich gegenüber anderen, die potenziell feindselig sein könnten (3.3). Vor allem aber droht das Leben, von anderen *übersehen* zu werden: Leben-in-Not ist konstitutiv darauf angewiesen, dass seine Zeichen wahrgenommen werden. Der letzte Abschnitt des Kapitels fragt danach, was aus dem Leben wird, wenn diese Wahrnehmung und Zuwendung ausbleibt oder nachlässt (3.4).

Doch Leben-in-Not artikuliert sich nicht allein durch sinnlich wahrnehmbare Phänomene wie Signalfeuer oder Hilferufe. Lebendige Körper produzieren permanent unterschwellige Lebenszeichen, die sich der menschlichen Sinneswahrnehmung entziehen und aus der unwillkürlichen Aktivität des Lebens selbst hervorgehen: Wärmestrahlen, Geruchswolken, Atemluft, Herzschläge (4.1). Bleiben solche *Emissionen* im Alltag zumeist unbemerkt, werden sie in Not- und Katastrophenfällen mit großem technischem Aufwand wahrnehmbar gemacht. Das Kapitel nimmt daher verschiedene sensorische Medien in den Blick, die feinste Emissionen registrieren: Suchhunde in Trümmerfeldern wittern Geruchswolken (4.2) und Sensoren erfassen minimale Vibrationen oder Temperaturveränderungen. Allerdings können sensorische Medien nicht nur zur Lokalisierung verunglückten Lebens dienen, sondern potenziell auch zur gewaltsamen Ergreifung versteckter Subjekte (4.3). Zum Abschluss des Kapitels werden deshalb verschiedene Taktiken der *Emissionsvermeidung* untersucht, mit denen sich gefährdetes Leben der sensorischen Erfassung zu entziehen versucht (4.4).

Der Übergang zum dritten Modus geht mit einer Perspektivverschiebung einher: Während *Ex-positionen* und *E-missionen* primär den *Äußerungsaspekt* der Artikulation betonen, verlagert sich der Akzent nun auf den Aspekt der *Kopplung* oder *Verknüpfung*. Unter dem Leitbegriff der *Assoziation* geraten Lebenszeichen in den Blick, die dem lebendigen Körper physisch angehängt und angegliedert sind. Nur wenn lebendige Körper enge Bindungen mit materiellen Zeichenträgern eingehen – so der Leitgedanke des Kapitels –, können sie in Notfällen lokalisiert und gerettet werden (5.1). Das Spektrum solcher Assoziationen reicht von materiellen Ausrüstungsteilen, Kleidungsstücken oder dinglichen Accessoires (5.2) bis hin zu technischen Signalgebern und Funkzellen, die die Lokalisierung lebendiger Körper in Not ermöglichen sollen (5.3). In all diesen Fällen ist die Assoziation allerdings immer auch vom Ereignis der *Dissoziation* bedroht: Immer, wenn sich die assoziierten Dinge vom lebendigen Körper lösen, droht auch die Verweisungsbeziehung zu zerbrechen, von der der Körper existenziell abhängig ist.

Die Leitoperationen des Trennens und Verbindens, die den Modus der Assoziationen prägen, spielen auch im vierten Modus der *Transmissionen* eine entscheidende Rolle. Doch steht hier weniger das Näheverhältnis zwischen Körpern und anhänglichen Dingen im Mittelpunkt, als vielmehr die Fernverbindung zwischen räumlich getrennten Sendern und Empfängern. Ausgehend vom Shannon-Weaver'schen Kommunikationsmodell sollen Lebenszeichen hier als *Übertragungsphänomene* beschrieben werden, die sich als distinkte Signale vom Rauschen des Kanals abheben und technische Verbindungen herstellen (6.1). Um solche Übertragungsverhältnisse zu beobachten, widmet sich das Kapitel zwei Grubenunglücken der jüngeren Bergbaugeschichte, in denen das verschüttete Leben existenziell von Prozessen der Transmission abhängt, sei es von der Übertragungstechnik der Massenmedien (6.2) oder von der Versorgung durch einen obligatorischen Nachschubkanal (6.3). Leben – so die These – wird dabei letztlich selbst zu einem Übertragungsphänomen.

Das letzte Kapitel schließlich weicht in einer wichtigen Hinsicht von den vorangegangenen Modi ab. Waren alle anderen Lebenszeichen bislang Ausdruck eines akut gefährdeten Lebens in Not, so sollen Lebenszeichen im Modus der *Information* bloß noch bestätigen, dass das Leben weiterhin wohlauf und unbeschadet ist (7.1). Es handelt sich um Lebenszeichen, die nicht so sehr *während*, sondern typischerweise *nach* einem Katastrophenfall artikuliert werden. Sie richten sich deshalb auch nicht primär an Rettungskräfte, sondern an besorgte Angehörige, die über den Verbleib eines bestimmten Lebens in Ungewissheit sind. *Informativ* sind solche Lebenszeichen, weil sie die Ungewissheit ihrer Empfänger*innen durch kurze Signale beseitigen und Auskunft über den Verbleib des Lebens geben sollen. Allerdings beseitigen Informationen nicht nur, sondern *erzeugen* oftmals erst jene Ungewissheit, die sie eigentlich aufheben sollen (7.2). Davon ausgehend fragt der letzte Abschnitt der Arbeit nach den informationstheoretischen Grenzen eines Lebenszeichens, das sich dem Zustand maximaler Ungewissheit annähert (7.3).

Bereits dieser kursorische Durchgang macht deutlich, dass die fünf Modi der *Exposition, Emission, Assoziation, Transmission* und *Information* auf je unterschiedliche Weise die drei Pole *Leben, Zeichen* und *Medien* miteinander artikulieren. Gleichwohl wäre es ein aussichtsloses Unterfangen, jedes Lebenszeichen exklusiv einem dieser fünf Modi zuordnen zu wollen. Schnell würde man feststellen, dass sämtliche Beispiele der Arbeit in mehreren Artikulationsweisen eingeordnet werden könnten. Ähnlich wie die Peirce'schen Zeichentypen dürfen die Modi daher nicht als trennscharfe und sortenreine Kategorien missverstanden werden; vielmehr geht es darum, anhand prägnanter Szenen des Notfalls den jeweils *dominanten* Modus eines Lebenszeichens zu bestimmen, etwa so, als würde man aus einem vielschichtigen Akkord den jeweiligen Leitton heraushören.

Die Entfaltung der verschiedenen Modi soll dabei nicht nur ein breites Spektrum des Phänomens ,Lebenszeichen' liefern, sondern auch grundlegendere Einsichten in die wechselseitige Artikulation von Lebensvollzügen, Zeichenbezügen und Mediengefügen ermöglichen, die über das Feld des Not- und Katastrophenfalls hinausweisen. Könnte es nicht sein, – so die Leitfrage des Schlussteils (8.) – dass die am Lebenszeichen gewonnenen Modi auch für Konstellationen jenseits des Notfalls, jenseits des Lebenszeichens, ja womöglich sogar jenseits menschlichen Lebens fruchtbar gemacht werden können? Wie artikuliert sich menschliches Leben in den technisierten Lebenswelten des hochvernetzten Alltags? Wie artikuliert sich *nicht-menschliches* Leben unter den Bedingungen der fortschreitenden technischen Durchdringung und existenziellen Gefährdung der natürlichen Umwelt? Und wie artikulieren sich die technischen Medien selbst? Es sind diese Perspektiven, die sich am Horizont der Arbeit abzeichnen. Um diesen Horizont zu erreichen, muss die Arbeit jedoch zunächst die zerklüfteten Landschaften des Not- und Katastrophenfalls durchqueren, muss sich in Schiffbrüche und Lawinen, Erdbeben und Grubeneinstürze vertiefen, muss sich einen Weg durch das Dickicht von Regenwäldern, die Dunkelheit von Bergwerkstollen und die Ödnis von Schlachtfeldern bahnen, um inmitten von kargen Katastrophengebieten den schwachen Widerschein des Lebenszeichens zu entdecken.

3 Expositionen

3.1 Lebendige Darstellung

Über den Wipfeln des Regenwaldes gerät eine Propellermaschine der *US Air Force* ins Straucheln. Der Motor stottert und qualmt, die Maschine verliert an Höhe. Sie steuert auf eine Waldlichtung zu, setzt unsanft auf dem Boden auf und kommt inmitten dichter Vegetation zum Stillstand. Sobald sich die Rauchschwaden gelegt, die schwankenden Bäume wieder aufgerichtet und die aufgeschreckten Tiere wieder beruhigt haben, wird man die Maschine aus der Vogelperspektive kaum noch am Boden ausmachen können. Dank ihrer grün-braunen Lackierung verschmilzt sie mit der Umgebung des Regenwaldes und wird vom dschungelgrünen Waldboden geschluckt. Sie ist „by design [...] a good match to the ground"[1].

Das hier beschriebene Notfallszenario stammt aus einem Handbuch der *US Air Force*. Die kleine Broschüre wurde ab dem Jahr 1943 vom US-Büro für Flugsicherheit an Luftwaffenpilot*innen herausgegeben, zunächst unter dem Titel „Jungle and Desert Emergencies"[2], später dann erweitert um „Arctic"[3] und „Ocean Emergencies"[4]. Jahrelang gehörten die Handbücher zur Standardausstattung von Fallschirmsets und Notfallkits der *US Air Force*, um abgestürzte Pilot*innen mit grundlegenden Überlebensstrategien vertraut zu machen. „Für Piloten", so die Kulturwissenschaftlerin Uta Kornmeier über das Survival-Wissen der *US Air Force*, „waren diese Techniken seit dem Ersten Weltkrieg besonders relevant, denn mit der Zunahme militärischer Flüge wurde es immer wahrscheinlicher, dass sie einen Absturz meistern, sich im Feindesland zurechtfinden und zu ihren Leuten zurückfinden mussten."[5] Im Falle

---

1 United States Army Air Forces (Hg.) (1944): Survival. Jungle, Desert, Arctic, Ocean. Office of Flying Safety, hg. v. Office of Flying Safety, Safety Education Division, S. 14, online verfügbar unter: U.S. National Library of Medicine (Digital Collections), https://collections.nlm.nih.gov/ext/dw/13821040R/PDF/13821040R.pdf (zuletzt aufgerufen am 8. Dezember 2020).
2 United States Army Air Forces (Hg.) (1943a): Jungle and Desert Emergencies, hg. v. Directorate of Air Traffic and Safety, And Directorate of Safety Education, online verfügbar unter: U.S. National Library of Medicine (Digital Collections), https://collections.nlm.nih.gov/ext/dw/13821020R/PDF/13821020R.pdf (zuletzt aufgerufen am 8. Dezember 2020).
3 United States Army Air Forces (Hg.) (1943b): Jungle, Desert, Arctic Emergencies, hg. v. Flight Control Command, Safety Education Division, online verfügbar unter: U.S. National Library of Medicine (Digital Collections), https://collections.nlm.nih.gov/ext/dw/13821030R/PDF/13821030R.pdf (zuletzt aufgerufen am 8. Dezember 2020).
4 United States Army Air Forces (1944).
5 Kornmeier, Uta (2011): „Fit für den Ernstfall. Überleben als Hobby", in: Schmieder, Falko (Hg.): Überleben. Historische und aktuelle Konstellationen. München: Wilhelm Fink, S. 395–409, hier: S. 403.

eines Absturzes jedoch mussten nicht nur klassische Überlebensprobleme bewältigt werden – etwa die Beschaffung von Nahrung, die Orientierung in unbekanntem Terrain oder der Umgang mit Einheimischen – sondern auch ein elementares, ästhetisches Problem: Der Umstand nämlich, dass das Leben durch sein Verschwinden im Regenwald für mögliche Suchkräfte radikal *unsichtbar* geworden war.

Das notgelandete Flugzeug hebt sich nämlich – wie das oben zitierte Handbuch schreibt – *nicht* länger vom Hintergrund des Regenwaldes ab, sondern geht unterschiedslos im Raum auf: „Remember, your plane is a green-brown that by design is a good match for the ground."[6] Üblicherweise würde man eine solche Angleichung an den Raum als strategischen Schutzmechanismus beschreiben, um sich feindlichen Angriffen zu entziehen, etwa Abfangjägern, die aus größerer Höhe nach möglichen Zielen Ausschau halten. Mit der Notlandung im Regenwald allerdings ändern sich die Vorzeichen: Statt dem Überleben zu dienen, verwandelt sich die Tarnung selbst in ein Risiko für das Leben der Besatzung. Wenn die Silhouette des Flugzeugs vollständig in der dschungelgrünen Umgebung aufgeht, wenn keinerlei Differenz mehr zwischen Maschine und Regenwald besteht, werden auch die Überlebenden für Suchmannschaften schlechthin unauffindbar. Die Tarnung hätte das verunglückte Leben gleichsam zum Verschwinden gebracht.

Die Angleichung an den Raum wäre insofern mit einer existenziellen Gefährdung verbunden. Auf das Risiko der mimetischen Anähnelung hat bereits der Soziologe und Surrealist Roger Caillois in seinem Aufsatz „Mimese und legendäre Psychasthenie"[7] hingewiesen. Für Caillois hängt die Existenz eines Lebewesens konstitutiv an der Unterscheidung „zwischen Organismus und Umgebung"[8]. Nur wenn sich das Lebewesen gegen seine Umgebung behauptet und von ihr trennscharf abgrenzt, kann es sich seine Eigenständigkeit bewahren. Mit der Mimese sei für das Lebewesen daher immer auch die Gefahr verbunden, genau jenen essenziellen Unterschied einzubüßen, auf dem seine Existenz als individuiertes Wesen beruht. So berichtet Caillois etwa vom fatalen Schicksal der Blattschrecke, die durch die Verwechslung mit einem Blatt zur unfreiwilligen Nahrung für ihre Artgenoss*innen zu werden droht.[9] Gerade durch die Ähnlichkeit zur Umgebung ist dieses Wesen also einer existenziellen Gefahr ausgesetzt. So verliert die Mimese bei Caillois den Status eines funktionalen Überlebensmechanismus und verwandelt sich in ein lebensgefährliches Risiko. Im Prozess der Angleichung wird

---

6 United States Army Air Forces (1944), S. 14.
7 Vgl. Caillois, Roger (2007): „Mimese und legendäre Psychasthenie" in: ders.: Meduse & Cie. Berlin: Brinkmann und Bose, S. 25–44.
8 Caillois (2007), S. 27.
9 Vgl. Caillois (2007), S. 33.

das Leben regelrecht zur Beute seiner Umgebung. *„Der Raum"* – so Caillois – *„ver-allgemeinert"* sich „auf Kosten des Individuums"[10] und verleibt sich alle partikularen Unterschiede ein.

Mit der *Verallgemeinerung des Raums* liefert Caillois eine instruktive Figur für die Beschreibung von Not- und Katastrophensituationen. Bereits in der zitierten Eingangsszene des Flugzeugabsturzes drohte das notgelandete Leben mit dem umgebenden Raum zusammenzufallen und seine elementare Differenz einzubüßen. Doch auch andere Katastrophenszenarien stellen die Abgrenzung zwischen Leben und Umgebung fundamental in Frage: Inmitten von Lawinenbergen, Wassermassen oder Trümmerfeldern hebt sich menschliches Leben gerade nicht länger von seinem Umraum ab, sondern fällt unterschiedslos mit seinem Hintergrund zusammen, wird gleichsam von der Umgebung geschluckt. Unter diesen Umständen muss die lebenswichtige „Grenze zwischen Organismus und Umgebung"[11] durch spezifische Maßnahmen und Mittel wiederhergestellt werden. Leben muss sich – mit anderen Worten – *exponieren*, also hervorheben, darbieten und darstellen, um sich gegen die anorganische oder nicht-menschliche Umgebung als lebendig abzugrenzen.

Aber wie bringt man das Leben zur Darstellung? Wie kommt das Leben zum Vorschein, wie tritt es in Erscheinung? Um diese Fragen zu beantworten, könnte es hilfreich sein, noch etwas länger im Reich des nicht-menschlichen, animalischen Lebens zu verweilen, bevor wir auf die eingangs geschilderte Szene des Handbuchs zurückkommen. Denn gerade in der theoretischen Biologie sind zu Beginn des zwanzigsten Jahrhunderts einige interessante Arbeiten entstanden, die das Leben explizit von seiner sinnlichen *Darstellung, Gestalt* und *Erscheinung* her denken. Unter dem Titel *Die Tiergestalt*[12] etwa, entwirft der Basler Biologe Adolf Portmann eine „Biologie der Erscheinung"[13], die ausdrücklich dafür plädiert, Darstellungsfragen als Kerngebiet der biologischen Forschung zu behandeln. Für Portmann liegt das Charakteristikum des Lebendigen nicht so sehr in seinen physiologischen Funktionen, sondern auf der sichtbaren Oberfläche des Lebewesens und in der „Eigenart der sichtbaren Erscheinung"[14], das heißt in den Farben, Mustern und Zeichnungen, in den Gesten des Imponierens, Aufplusterns und Darbietens, aber auch den Strategien des Verbergens, Tarnens und Verschwindens. Es müsse, so Portmann, neben

---

10 Caillois (2007), S. 38. [Herv. i. Orig.].
11 Caillois (2007), S. 39.
12 Portmann, Adolf (1960 [1948]): Die Tiergestalt. Studien über die Bedeutung der tierischen Erscheinung. Basel: Friedrich Reinhardt.
13 Berz, Peter: (2010): „Die Lebewesen und ihre Medien", in: Brandstetter, Thomas/Harrasser, Karin/Friesinger, Günther (Hg.): Ambiente. Das Leben und seine Räume. Wien: Turia und Kant, S. 23–50, hier: S. 43.
14 Portmann (1960), S. 11.

den funktionalen Aspekten der Lebensvorgänge immer auch ein eigenständiger „Darstellungswert"[15] des Lebens berücksichtigt werden, also eine inhärente Tendenz zur „Selbstdarstellung der lebendigen Gestalten"[16].

Mit dem *Darstellungswert* des Lebens knüpft Portmann an die Arbeiten des niederländischen Verhaltensforschers Frederik Buijtendijk an, der bereits 1928 in seiner Untersuchung über die „Anschaulichen Kennzeichen des Organischen"[17] die Theorie eines „demonstrative[n] Seinswert[s]"[18] formuliert hatte. Zu den charakteristischen Kennzeichen des Organischen zählt Buijtendijk insbesondere das Verhältnis zu seinem „Hintergrund"[19]. Die Besonderheit des Organischen bestehe darin, sich durch eine „scharfe, geschlossene Begrenzung"[20] vom „homogenen oder chaotischen"[21] Grund des Anorganischen *abzuheben*. Organisch-Sein heißt demnach, *hervorzustechen* – sich von einem leblosen, ungeordneten Umraum durch „Begrenzung und Hintergrund"[22] zu unterscheiden und so als eigenständiges Wesen zu profilieren.[23] Durch die „Abhebung"[24] vom Hintergrund kommt das organische Wesen zum Vorschein. Dabei kommuniziert es nichts anderes als seine bloße Existenz: „Ich bin"[25] – so Buijtendijks Kurzformel für den demonstrativen Seinswert.

Die Darstellung des Lebens vollzieht sich für Buijtendijk somit als ein Akt der Hervorhebung, Heraussetzung oder *Exponierung*. Durch die Exponierung hebt sich das Leben von einem diffusen, chaotischen Hintergrund ab und bringt sich als eine markante, klar konturierte Gestalt zum Vorschein. Mit dieser Operation der Abhebung greift Buijtendijk implizit eine Facette des Darstellungsbegriffs auf, die heute weitgehend in Vergessenheit geraten ist und sich nur noch in einigen Fachjargons erhalten hat. Wenn im Sprachgebrauch der Chirurgie von einer *Darstellung* die Rede ist, dann genau im Sinne einer solchen Operation der exponierenden Herauslösung und Zurschaustellung. Die chirurgische *Darstellung* eines

---

15 Portmann (1960), S. 245.
16 Portmann (1960), S. 255.
17 Buijtendijk, Frederik J. J. (1928): „Anschauliche Kennzeichen des Organischen", in: Philosophischer Anzeiger, 2 (4), S. 391–402.
18 Buijtendijk (1928), S. 400.
19 Buijtendijk (1928), S. 400.
20 Buijtendijk (1928), S. 399.
21 Buijtendijk (1928), S. 399.
22 Buijtendijk (1928), S. 398.
23 Dabei geht das Organische bei Buijtendijk noch über das Reich der Lebewesen hinaus und schließt etwa auch die organische Formensprache in Kunst und Architektur ein, vgl. Buijtendijk (1928), S. 400.
24 Buijtendijk (1928), S. 400.
25 Buijtendijk (1928), S. 400.

Nervenstrangs zum Beispiel, ist gleichbedeutend mit dem „Herauspräparieren"[26], das heißt mit der *Hervorhebung* des gewünschten Gewebes oder Organs aus seinem Umfeld, wie Eva Schürrmann in ihrer Studie über *Vorstellen und Darstellen* bemerkt. Auch im Vokabular der Chemie bedeutet Darstellung die Herauslösung eines bestimmten Stoffs aus der Vermengung mit einer anderen Substanz, zum Beispiel bei der Darstellung von reinem Silber durch die Läuterung von Erzen.[27] Auch hier wird ein Stoff durch spezifische Verfahren aus einem Gemisch hervorgehoben und in seiner eigenständigen Existenz *freigestellt*.

Der medizinische und chemische Hintergrund des Darstellungsbegriffs verweist jedoch noch auf einen anderen Aspekt, der bei Buijtendijk nicht eigens reflektiert wird. Die Scheidung eines Materials von einem anderen stellt nämlich den dargestellten Stoff nicht nur *dar*, sondern in gewissem Sinne überhaupt erst *her*. ‚Reines Silber' besitzt keine vollwertige Existenz, solange es nicht vom Erz gelöst worden ist. Das Darstellen erweist sich in diesem Sinne als ein performativer Akt, der seinen Gegenstand keineswegs nur *repräsentiert*, sondern ihn in gewisser Weise erst *produziert*, also durch die Hervorhebung *hervorbringt*.[28] Dieser generative Aspekt des Darstellens lässt sich auch etymologisch gut belegen, denn „[i]n älteren Sprachstufen des Deutschen konnte der Begriff der Darstellung noch als Synonym für Herstellung gebracht werden"[29], wie der Philosoph Andreas Hetzel mit Verweis auf den Darstellungsbegriff der Chemie schreibt. Wenn Darstellen und Herstellen, Hervorheben und Hervorbringen tatsächlich konvergieren, so ist das Dargestellte nicht nur *Ursache* der Darstellung, sondern auch deren *Folge*: es wird durch die Darstellung erst *hergestellt*.

Für die Frage nach der Darstellung des Lebens hätte dieser Befund weitreichende Konsequenzen. Das dargestellte Leben existierte dann nämlich nicht *jenseits* seiner Darstellung, weil es sich erst durch den Akt der Darstellung konstituiert. Diese generative Kraft der Darstellung wurde insbesondere auf dem Gebiet der ästhetischen Darstellungstheorie hervorgehoben, wie Nicola Gess et al. Anhand der Darstellungs- und Lebenstheorien um 1800 herausgearbeitet haben.[30] Gerade in den performativen Künsten, etwa der theatralen Darbietung oder den *tableau vivants*,

---

26 Schürmann, Eva (2018): Vorstellen und Darstellen. Szenen einer medienanthropologischen Theorie des Geistes. Paderborn: Wilhelm Fink, S. 32, Fußnote 12.

27 Vgl. Schürmann (2018), S. 32, Fußnote 12.

28 Vgl. Schürmann (2018), S. 32, Fußnote 12.

29 Hetzel, Andreas (2001): Zwischen Poiesis und Praxis. Elemente einer kritischen Theorie der Kultur. Würzburg: Königshausen & Neumann, S. 258–259.

30 Vgl. Gess, Nicola/Hoffmann, Agnes/Kappeler, Annette (2019): „Einleitung. Praktiken lebendiger Darstellung um 1800", in: dies. (Hg.): Belebungskünste. Praktiken lebendiger Darstellung in Literatur, Kunst und Wissenschaft um 1800. Paderborn: Wilhelm Fink, S. 1–24.

erscheint das Darstellen als ein schöpferischer Akt, der dem Dargestellten überhaupt erst Leben einhaucht. Leben wird dabei nicht als „naturgegebene Qualität"[31] der Dinge betrachtet, die nur repräsentiert werden müsste, sondern wird „durch spezifische Praktiken erst erzeugt und zur Anschauung gebracht."[32] Die Darstellung bildet kein Leben ab, das unabhängig von seiner Darstellung existierte; sie „aktualisiert" das Leben „in komplexen interrelationalen Aktionen"[33] immer wieder aufs Neue.

Die jeweilige Form, in der sich Leben dabei aktualisiert, hängt maßgeblich von den medialen Praktiken und Artefakten ab, mit denen sich die „lebendige Darstellung"[34] vollzieht. Jede ästhetische Darstellung, so schreibt bereits die Medienphilosophin Eva Schürmann, setzt bestimmte „Darstellungsmedien, -techniken und -praktiken"[35] voraus, ohne die keine sinnlich wahrnehmbare Erscheinung des Lebens zustande käme, etwa „Farbe, Klang, Rhythmus, Tanz, Mimik und Gestik", aber auch „optisch[e] Instrumente oder neuartig[e] museal[e] Inszenierungsstrategien"[36]. Die unterschiedlichen Darstellungsmittel sind dabei nicht indifferent gegenüber dem dargestellten Leben, sondern verleihen „der Zielgröße ‚Leben'/‚Lebendigkeit' in unterschiedlichen Formen Gestalt"[37]. Darstellungsmedien – so ließe sich in Begriffen dieser Arbeit sagen – *artikulieren* also das Leben auf je spezifische Weise. Anders als bei Buijtendijk beruht die Darstellung des Lebens nicht nur auf seiner unmittelbaren Erscheinungsform; vielmehr muss ihm diese Form allererst durch bestimmte Mittel *verliehen* werden. Nur durch den Gebrauch medialer Artefakte kann sich Leben erfolgreich zur Darstellung bringen und seine lebendige Existenz *exponieren*.

Damit zeichnet sich eine Auffassung des Darstellungsbegriffs ab, die für die Untersuchung des Lebenszeichens aus mindestens dreierlei Gründen produktiv scheint. Erstens geht sie primär von der sinnlichen Hervorhebung, Freistellung oder *Exponierung* des Lebens aus: Als lebendig gilt, was sich als markante und distinkte Gestalt vom homogenen Hintergrund abhebt, exponiert und für andere sinnlich wahrnehmbar wird. Zweitens setzt der so verstandene Akt der Exponierung gerade *kein* bereits konstituiertes Leben voraus, vielmehr stellt sich Leben in und durch den Akt der Darstellung überhaupt erst *her*: Leben *existiert*, sofern es sich *exponiert*. Drittens schließlich vollzieht sich diese Dar- und Herstellung nicht allein durch natürliche Vorgänge, sondern ist konstitutiv an mediale Dar-

---

31 Gess/Hoffmann/Kappeler (2019), S. 8.

32 Gess/Hoffmann/Kappeler (2019), S. 8.

33 Gess/Hoffmann/Kappeler (2019), S. 8.

34 Gess/Hoffmann/ Kappeler (2019), S. 1.

35 Schürmann (2018), S. 9.

36 Gess/Hoffmann/Kappeler (2019), S. 2.

37 Gess/Hoffmann/Kappeler (2019), S. 5.

stellungsmittel gebunden, die dem Leben auf spezifische Weise Gestalt verleihen, Form geben und Sichtbarkeit verschaffen. Leben ist – kurz gesagt – existenziell auf Medien der Exponierung angewiesen, die die Differenz zwischen Figur und Grund, zwischen Organismus und Umgebung wiederherstellen und das Leben zur Darstellung bringen.

Doch welche Medien kommen dafür überhaupt in Frage? Mit welchen Mitteln, Artefakten und Praktiken exponiert sich Leben in Not- und Katastrophensituationen? In dieser Frage kann das eingangs zitierte Handbuch der *US Air Force* weiterhelfen. Handbücher zeichnen sich dadurch aus, dass sie implizite Praktiken, Routinen und Wissensbestände anschaulich darstellen, hervorheben und somit *exponieren*. Indem das Handbuch konkrete Anweisungen und Anleitungen für die Darstellung des Lebens in Not formuliert – so die These des folgenden Abschnitts – kann es als eine aufschlussreiche Szene des Notfalls, eine *scene of emergency* gelesen werden, die den Akt der Exponierung selbst noch einmal explizit macht, darstellt und vorführt.

3.2 Eine Szene machen

Eine der ersten Anweisungen des Handbuchs an die abgestürzten Piloten lautet ganz schlicht: „Do everything you can to make your plane stand out against Priorität background."[38] Oberste Priorität soll für das verunglückte Leben also genau jene „Abhebung"[39] vom Hintergrund haben, die Buijtendijk und Caillois als zentrale Existenzbedingung des Lebens identifiziert hatten. Weil das Flugzeug nicht mehr vom Grund *abheben* und in den Himmel aufsteigen kann, muss zumindest das Leben *zur Abhebung gebracht*, also von seinem Untergrund erkennbar abgesetzt werden. Doch wie gelingt dieser Akt der Absetzung und Sichtbarmachung? Welche Mediengefüge und Zeichenbezüge sind daran beteiligt?

Antworten auf diese Fragen gibt das *Survival*-Handbuch auf einer reich illustrierten Doppelseite (Abbildung 2). Dort entfaltet sich rund um das notgelandete Flugzeug eine geschäftige Choreographie. In allen Ecken und Winkeln des Bildes eilen, klettern und marschieren Besatzungsmitglieder umher, schaffen Bauteile heran und hantieren am Flugzeugkörper. Besonders fällt eine Gruppe ins Auge, die sich an der Außenhülle des Flugzeugs zu schaffen macht und einer, auf den ersten Blick völlig zweckfreien, Tätigkeit nachgeht. Die Crew-Mitglieder sind gerade dabei, Blechteile der Flugzeugverkleidung abzuschrauben und anschließend umgekehrt,

---

38 United States Army Air Forces (1944), S. 14.
39 Buijtendijk (1928), S. 400.

mit der Innenseite nach oben, auf den Flügeln der Maschine auszulegen. Welche Bewandtnis es mit dieser merkwürdigen Geste hat, lässt sich am besten verstehen, wenn man die Handgriffe der Piloten mit den Darstellungsaktivitäten eines anderen, nicht-menschlichen Regenwaldbewohners in Beziehung setzt.

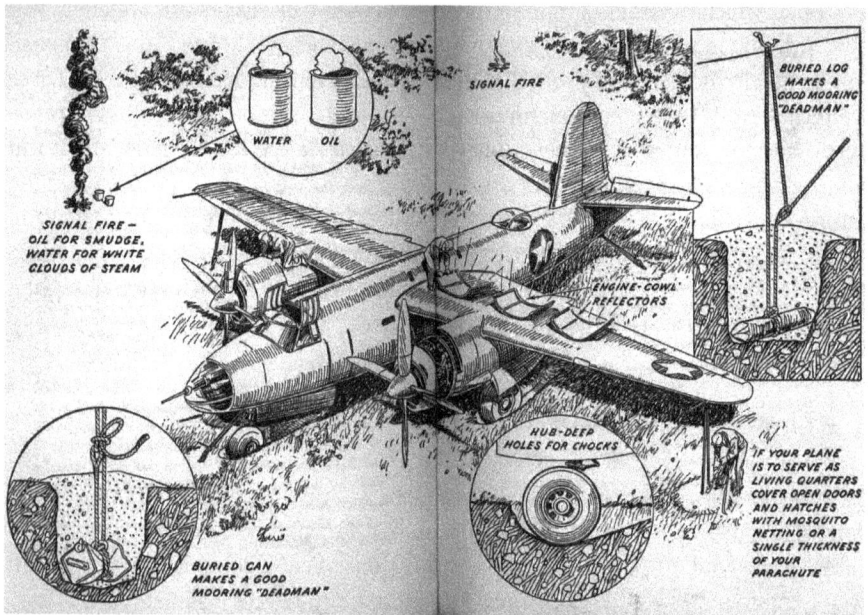

Abbildung 2: „Jungle Emergency", aus: United States Army Air Forces (1944), S. 12/13.

Die Handgriffe der Besatzung erinnern bei näherem Hinsehen frappierend an das Verhalten des so genannten *Zahnlaubenvogels* – mit lateinischem Namen *Scenopoeetes* –, der in den Regenwäldern von Neuguinea beheimatet ist. Einige Bekanntheit hat der Vogel durch seinen Auftritt im Werk *Tausend Plateaus* erlangt, dem zweiten Band des philosophischen Hauptwerks von Gilles Deleuze und Félix Guattari. Das viel zitierte Kapitel „Zum Ritornell"[40] umkreist anhand vielfältiger Phänomene aus Ethologie, Biologie und Musik die Frage, wie bestimmte ästhetische Darstellungsformen – etwa der Gesang der Vögel, barocke Tanzschritte oder die Malerei von Paul Klee – Territorien abgrenzen und Milieus herstellen, also neue Beziehungsgefüge zwischen Entitäten und ihrer Umgebung stiften. Dabei erscheint der Zahnlaubenvogel als Beispiel für ein Lebewesen, das

---

40 Deleuze, Gilles/Guattari, Felix (1992): Tausend Plateaus. Kapitalismus und Schizophrenie II, Berlin: Merve, S. 423–479.

sich besonders trickreicher Strategien bedient, um seine Existenz gegenüber anderen zur Darstellung zu bringen.

Die hervorstechendste und daher auch namensgebende Eigenschaft des *Scenopoeetes* ist es, dass er zur Balzzeit jeden Morgen, eine „Szene"[41] vorbereitet, indem er die Blätter eines bestimmten Strauchs abpflückt und mit der blassen Rückseite nach oben auf dem dunklen Waldboden platziert.[42] Damit, so Deleuze und Guattari, überführe der Vogel die verschiedenen „Bestandteile des Milieus"[43] – also Blätter, Waldboden und Lichtverhältnisse – in eine neue Konfiguration, in der sie „nicht mehr funktionell sind, sondern expressiv"[44] werden und zu veritablen *Darstellungsmitteln* avancieren. Mit zwei simplen Operationen – der Abtrennung des Blatts und seiner Umkehrung auf dem Waldboden – erreicht der *Scenopoeetes* einen markanten, farblichen Kontrast, der seinen Standort von der gleichförmigen Umgebung abhebt und ihn für Artgenossen, insbesondere für vorüberfliegende Weibchen, sichtbar macht. Die auffälligen „Markierungen"[45] des Vogels dienen dabei, so Deleuze und Guattari, als „Indizes"[46], das heißt als Zeichen, die ihre Interpret*innen dazu bewegen, sich dem Objekt des Zeichens zuzuwenden: „Gib acht!" oder „Schau nach dort!"[47].

Das Objekt des Zeichens ist dabei niemand anderes als der Urheber des Zeichens selbst, der die Aufmerksamkeit der Interpret*innen auf die eigene Äußerungsposition zu lenken versucht. Mit dem Sprachtheoretiker Karl Bühler gesprochen, vollzieht der *Scenopoeetes* damit eine „Hic-Deixis"[48], also eine Zeigegeste, die auf den Standort des Äußernden selbst verweist. Im Gegensatz zur „Dér-Deixis"[49], die als „Hin-Lenkung"[50] auf ein fernes Verweisungsobjekt zielt – wie etwa die Zeigegeste bei der Anklage eines Täters: *„dér ist es gewesen"*[51] –, geht es bei der Hic-Dexis um eine „Her-Lenkung"[52] der Aufmerksamkeit auf das *Hier* der Sprecherposition. In genau diesem Sinne dienen auch die hellen Markierungen des *Szenopoeetes* als *„Positionssignal[e]"*[53], um den eigenen Standort gegenüber anderen anzuzeigen. Durch die Operation der Umkehrung

---

41 Deleuze/Guattari (1992), S. 451.
42 Vgl. Deleuze/Guattari (1992), S. 430.
43 Deleuze/Guattari (1992), S. 430.
44 Deleuze/Guattari (1992), S. 429.
45 Deleuze/Guattari (1992), S. 430.
46 Deleuze/Guattari (1992), S. 429.
47 Peirce (1986c), S. 211.
48 Bühler (1982), S. 92.
49 Bühler (1982), S. 88.
50 Bühler (1982), S. 92.
51 Bühler (1982), S. 88.
52 Bühler (1982), S. 92.
53 Bühler (1982), S. 95. [Herv. i. Orig.].

verwandeln sich die abgepflückten Blätter in „optisch wahrnehmbare Deutehilfen", die es dem Vogel erlauben, sich und seine Position „besonders energisch, dauerhaft, eindeutig bemerklich und auffindbar [zu] machen"[54].

Je genauer man das *display*-Verhalten des *Scenopoeetes* studiert, desto mehr drängen sich Parallelen zu den Anweisungen des *Air Force*-Handbuchs auf. Tatsächlich ähneln sich beide Darstellungspraktiken bis in die konkreten Details ihrer Ausführung: Genau wie der *Scenopoeetes* mit seinen zweifarbigen Blättern, unterscheidet nämlich auch die notgelandete Mannschaft zwei verschiedene Seiten der abmontierten Motorenbleche: die lackierte, matte Außenseite und die nicht-lackierte und daher glänzende Innenseite. Durch die Umkehrung verwandelt sich das Blech von einem tarnenden Gehäuseteil in eine spiegelnde Oberfläche, die das einfallende Sonnenlicht bricht und glitzernde Reflexionen erzeugt, die sich vom grün-braunen Umraum gut sichtbar abheben. Ein Bauteil, das eben noch seinen festen Platz im Gefüge der Maschine besaß und dessen Außenseite bislang zur Tarnung und *Unsichtbarkeit* des Flugzeugs beigetragen hatte, wird durch zwei gezielte Handgriffe von seinen bisherigen Funktionen freigestellt und in einen ästhetischen Ausdrucksträger verwandelt, der die *Sichtbarkeit* des Lebens steigern soll. Sein bisheriger „Wirkungswert"[55] – also die funktionale Beziehung zur Maschine – wird in einen expressiven „Darstellungswert"[56] konvertiert. Das Handbuch bringt diese Verwandlung pointiert zur Sprache:

> Place bright-colored or reflecting objects on the wings and around the plane. Cowl panels removed from the engine nacelles and placed upside-down with their unpainted surfaces pointing up form good reflectors. Line them up side-by-side on the wings where they can reflect the sun and will be readily visible from the air.[57]

Durch einen subtilen Eingriff soll die Flugzeugbesatzung einen möglichst scharfen Kontrast zum Hintergrund herstellen. Genau wie der Zahnlaubenvogel den Waldboden in einen *„display ground"*[58] verwandelt hatte, entsteht auch auf den Tragflächen des Flugzeugs eine auffällige Bühne für die Selbstdarstellung des Lebens. Auch hier ist ein ganzes Ensemble von *Sceno-poeten* oder *Szenenmachern* am Werk, die das Leben durch deiktische Zeichen sichtbar hervorheben. Nur wenn das Leben eine *Szene macht* kann es von anderen bemerkt und entdeckt werden. Doch während die Szene des Zahnlaubenvogels darauf abzielt, paarungsbereite Weibchen anzulocken, steht bei der Flugzeugbesatzung die nackte Existenz der *Sze-*

---

54 Bühler (1982), S. 92.
55 Buijtendijk (1928), S. 400.
56 Portmann (1960), S. 245.
57 United States Army Air Forces (1944), S. 14.
58 Deleuze/Guattari (1992), S. 451 [Herv. i. O.].

nopoeten auf dem Spiel. Es geht nicht um das *Imponieren* von Artgenoss*innen, sondern um das *Exponieren* eines notleidenden Lebens gegenüber möglichen Rettungskräften. Der Akt der Exponierung ist dabei kein zweckfreier „Luxus"[59] des Lebens mehr, keine verschwenderische, sinnliche Verausgabung, wie Portmann und Buijtendijk vermutet hatten, sie dient vielmehr unmittelbar zur Erhaltung des Lebens selbst. Nur wenn sich Leben mit Zeichen und Medien *exponiert*, kann es weiter *existieren*.

Gleichwohl sind die glitzernden Gehäuseteile keineswegs die einzigen Medien, die zur Exponierung des Lebens beitragen sollen. Bereits Deleuze und Guattari sprechen von einem komplexen „Äußerungsgefüge des *Szenopoeites*"[60], also einer heterogenen Anordnung unterschiedlichster expressiver Materialien und Effekte, die erst in ihrem Zusammenspiel die Existenz des Vogels *zur Szene machen*: etwa Waldboden, Sonnenstrahlen, Vogelgesang und choreographische Tanzbewegungen. Auch im Handbuch der *US Air Force* bilden die Blechteile ein komplexes Ensemble mit vielfältigen anderen Medien der Exponierung, etwa den qualmenden Signalfeuern an den Rändern der Lichtung, aus denen dunkler, kontrastreicher Rauch aufsteigt: „The smudge formed will be visible from the air as a message"[61]. In der näheren Umgebung des Flugzeuges sollen zusätzlich weitere „[o]bjects whose colors contrast with that of the trees and grass [...]"[62] ausgelegt werden, um die Aufmerksamkeit von Vorüberfliegenden auf sich zu ziehen, etwa orangefarbene Schwimmwesten oder auffällige Signalflaggen. Neben weiteren optischen Medien wie Signalspiegeln[63] werden auch akustische Exponierungen empfohlen, etwa der Schuss aus einer Signalpistole.[64] Ähnlich, wie sich die farbigen Objekte vom dunklen Untergrund abheben sollen, können sich auch akustische Phänomene als prägnante „Vordergrundgeräusche"[65] vom stillen oder gleichförmigen „Grund"[66] unterscheiden, wie der Klangforscher R. Murray Schafer treffend schreibt. Auch sie verweisen dann als deiktische Zeichen auf den Ort des Lebens.

All diese visuellen und akustischen Operationen haben gemeinsam, dass sie einen möglichst markanten Kontrast zum Grund – sei es zum Himmel, zum Waldboden oder zur Stille – herstellen. Dabei darf der *Grund* nicht als bloß passive und

---

59 Buijtendijk (1928), S. 402; vgl. auch Portmann (1960), S. 255.

60 Deleuze/Guattari (1992), S. 452.

61 United States Army Air Forces (1944), S. 82.

62 United States Army Air Forces (1944), S. 14.

63 Vgl. United States Army Air Forces (1944), S. 19–20.

64 Vgl. United States Army Air Forces (1944), S. 21.

65 Schafer, R. Murray (2010): Die Ordnung der Klänge. Eine Kulturgeschichte des Hörens. Berlin: Schott, S. 46.

66 Schafer (2010), S. 46.

stumme Kulisse, sondern muss als konstitutive Bedingung der Darstellung behandelt werden. Es gehört zu den klassischen Lektionen der Gestalttheorie, dass die Wahrnehmung einer Figur – also einer markant herausgehobenen Form – notwendig auf den „*Widerpart*"[67] eines Grundes angewiesen ist, der als „Bedingung ihres Erscheinenkönnens"[68] fungiert. Nur weil sich der Grund aus der Wahrnehmung zurückzieht, kann die Figur als distinkte Erscheinung hervortreten.[69] Wenn Figur und Grund also immer schon reziprok aufeinander bezogen sind, dann hängt auch die figurative Darstellung des Lebens konstitutiv von ihrem Verhältnis zum Grund ab. Der Kontrasteffekt von Reflektoren, Rauchwolken, Farbfeldern bedarf einer „materielle[n] Oberfläche als Erscheinungsort dargestellter Szenen"[70], wie der Bildtheoretiker Gottfried Boehm über den Grund des Bildes schreibt. Waldlichtungen, Wasseroberflächen, Sandstrände, Schneelandschaften – all diese Oberflächen bieten Bühnen und Erscheinungsorte für die Exponierung des Lebens.

Doch sind Figur und Grund nicht nur konstitutiv aufeinander bezogen, sondern verhalten sich auch *reversibel* zueinander. Ihre Umkehrbarkeit zeigt sich besonders deutlich im Vergleich zweier verschiedener Darstellungssituationen aus dem Handbuch der *US Air Force*. Wechselt man nämlich vom Milieu des Regenwaldes ins *arktische* Milieu, das einige Seiten später im Handbuch skizziert wird, lässt sich eine interessante Inversion der Figur-Grund-Verhältnisse beobachten.[71] Während es im Regenwald darum ging, sich *von* der grünen Vegetation durch kontrastreiche Objekte abzuheben – „objects whose colors contrast with that of the trees and grass"[72] –, werden die Bäume in vegetationsarmen Gebiet *selbst* zu möglichen Objekten der Abhebung: „In snow country where there are trees, distress messages can be written in the snow by forming 200-foot-high letters with evergreen boughs."[73] Was also im ersten Milieu noch als *Grund* gedient hatte – der Baumbestand des Regenwaldes –, wird im zweiten zur *Figur* – und umgekehrt. Als Figur oder Grund qualifizieren sich Objekte folglich nicht durch intrinsische Eigenschaften, sondern aufgrund situativer Bedingungen und relativer Seltenheitswerte. Daher scheint es unmöglich, ein universelles Inventar aller möglichen Darstellungsmittel des Lebens anzufertigen, weil ihre Wirksamkeit stets an

---

67 Boehm, Gottfried (2012): „Der Grund. Über das ikonische Kontinuum", in: ders./Burioni, Matteo (Hg.): Der Grund. Das Feld des Sichtbaren. München: Wilhelm Fink, S. 29–94, hier: S. 29 [Herv. i. Orig.].

68 Boehm (2012), S. 64.

69 Vgl. Boehm (2012), S. 30.

70 Boehm (2012), S. 32.

71 Vgl. United States Army Air Forces (1944), S. 93.

72 United States Army Air Forces (1944), S. 14.

73 United States Army Air Forces (1944), S. 104.

die Spezifik eines Milieus mit seinen je spezifischen Figur-Grund-Verhältnissen gebunden ist.

Gleichwohl ist der Grund bei genauerer Betrachtung nicht allein Bedingung der Möglichkeit der Exponierung, sondern immer auch Bedingung ihrer *Unmöglichkeit*. Zum einen besteht die Gefahr, dass der Grund sich genau jene Figuren einverleibt, die sich eigentlich von ihm absetzen und unterscheiden sollen.[74] Besonders bei extremen Witterungs- und Umweltbedingungen scheint sich der Grund maßlos auszubreiten oder alle distinkten Formen zu verschlucken. In arktischen Gefilden etwa bringt der unablässige Schneefall alle signifikanten Unterschiede zum Verschwinden und lässt die Zeichen unterschiedslos mit dem Grund zusammenfallen. Die riesenhaften Buchstaben, die dem Handbuch zufolge als Lebenszeichen in Schneegebieten ausgelegt werden sollen, fallen dann einem Prozess der „Ausweißung"[75] zum Opfer, wie ihn Sabine Frost in ihrer literaturwissenschaftlichen Studie *Whiteout* beschrieben hat: Wie verblassende Schriftzeichen auf einem Stück Papier, werden sie von einem bildfüllenden Weiß geschluckt. Angesichts dieser Gefahr werden die Leser*innen des Survival-Handbuchs explizit dazu aufgefordert, zumindest die Tragflächen des Flugzeugs frei von Schneefall zu halten, um die Silhouette der Maschine inmitten der weißen Landschaft nicht zu gefährden: „Remove all snow and frost from your plane – it will stand out better against the snow."[76] Offenbar müssen die exponierten Figuren also durch eine permanente Reinigungsarbeit vor der restlosen „Angleichung an den Raum"[77] bewahrt werden.

Andererseits sind die Figuren jedoch auch einer genau entgegensetzten Gefahr ausgesetzt: nicht nur der Vereinnahmung durch den Grund, sondern auch der *Ablösung* vom Grund. Schwere Windböen, Regengüsse oder Erdrutsche können dafür sorgen, dass die Zeichenträger – die Zweige, Reflektoren oder farbigen Objekte – von ihrem bisherigen Ort weggetragen oder weggespült werden. Meilenweit vom ursprünglichen Schauplatz des Lebens entfernt, verweisen die driftenden Zeichenträger dann nicht länger auf den momentanen Standort der Vermissten, sondern haben sich von jeglicher Referenz abgelöst. Um das *displacement* des Lebenszeichens zu verhindern, müssen die sichtbaren Figuren möglichst fest an ihren Grund gekoppelt werden. Im Handbuch findet sich deshalb der Ratschlag, das Flugzeug gleich nach der Landung fest im Untergrund zu verankern. Ein in der Erde vergrabener Holzpflock soll über ein Tau mit der Tragfläche verbunden werden, um das

---

74 Ein solches Aufgehen von distinkten Figuren im formlosen Grund deutet auch Boehm an, vgl. Boehm (2012), S. 66.

75 Frost, Sabine (2011): Whiteout. Schneefälle und Weißeinbrüche in der Literatur ab 1800. Bielefeld: Transcript, S. 43.

76 United States Army Air Forces (1944), S. 104.

77 Caillois (2007), S. 37.

Flugzeug vor Sturmböen, Erdrutschen oder Wassereinbrüchen an Ort und Stelle festzuhalten.[78] Dank seiner materiellen Verankerung im Grund wird das Flugzeug zu einem stabilen Fix- und Referenzpunkt für mögliche Suchkräfte: Als ein ortsfestes, riesenhaftes Zeichen verweist es konstant auf die Absturzstelle der Überlebenden: „your plane will be much easier for searchers to locate than you will be."[79] Deshalb sind die Abgestürzten ausdrücklich dazu angehalten, sich in der Nähe des Flugzeugs aufzuhalten: „stay with it"[80]. Nur wenn sich also Leben und Zeichen an Ort und Stelle verankern, geht die Verweisungsbeziehung des Lebenszeichens auf.

Damit wird der Grund als eine ambivalente Bedingung der Exponierung erkennbar. Einerseits bietet er dem Leben eine feste Bühne für die Demonstration und Darstellung seines Standorts, andererseits sabotiert er diese Darstellung jedoch immer auch durch seine Eigenaktivität, etwa indem er den Figuren ihren Grund *entzieht* oder aber sich die Figuren restlos *einverleibt*. Man könnte diese Ambivalenz mit dem doppelsinnigen Begriff der *Exponierung* fassen: Exponieren bedeutet nämlich nicht allein, sich darzustellen, zu zeigen und hervorzutun, sondern immer auch, sich möglichen Gefahren und Widrigkeiten auszusetzen. Wann immer sich Zeichen vom Grund abheben oder exponieren, sind sie zugleich den Abgründen des Grundes ausgeliefert. Diese Ambivalenz gilt jedoch nicht allein für das Schicksal des Zeichens. Bei näherem Hinsehen betrifft sie auch das exponierte Leben selbst. Auch das Leben ist im Akt seiner Zeichengebung – so die These des folgenden Abschnitts – immer schon im doppelten Sinne *exponiert*.

3.3 Exponiert-Sein

Vom dunklen Dickicht des Regenwaldes hebt sich eine helle, menschliche Silhouette ab. Energisch schwenkt sie ein weißes Leintuch hin und her und springt dabei aufgeregt auf und ab. Der Mann scheint mit allen Mitteln die Aufmerksamkeit eines Hubschraubers erregen zu wollen, der über der Waldlichtung kreist und sich allmählich zu ihm herabsenkt.

Wie in der Szene des *Survival*-Handbuchs hebt sich auch hier eine helle Figur vom dunklen, diffusen Hintergrund des Regenwaldes ab. Doch findet die Exponierung nicht länger im Medium des Handbuchs statt, sondern in der Szene eines Films, ja sogar in einer Filmszene *innerhalb* eines Films. In der Eröffnungssequenz von Werner Herzogs Rescue Dawn[81] hat sich eine Gruppe von Soldaten in einem

---

78 Vgl. United States Army Air Forces (1944), S. 12.
79 United States Army Air Forces (1944), S. 11.
80 United States Army Air Forces (1944), S. 11.
81 Rescue Dawn (USA/LUX 2006, Werner Herzog, 120 min.).

abgedunkelten Vorführsaal versammelt, um der Projektion eines Lehrfilms beizu-
wohnen, der den Kampfpiloten elementare Überlebenstechniken für den Absturz
im Regenwald vermitteln soll. Neben Instruktionen zur Tarnung, Selbstverteidi-
gung und Nahrungsbeschaffung enthält der Film-im-Film auch einen kurzen Ausschnitt über die Signalisierung gegenüber möglichen Such- und Rettungskräften.
Darin kommt genau jene gestikulierende Figur zur Erscheinung, die eingangs beschrieben wurde.

Unter den Zuschauer*innen des Lehrfilms findet sich auch der Protagonist
von Rescue Dawn: der Kampfpilot Dieter Dengler, verkörpert von Christian Bale.
Dengler, auf dessen Biographie die Erzählung von Rescue Dawn beruht, war im
Jahr 1966 bei einem Kampfeinsatz im Vietnamkrieg mit seinem Flugzeug abge-
schossen worden und anschließend in laotische Kriegsgefangenschaft geraten,
aus der er sich nach mehreren Monaten Hunger und Folter selbstständig befreien
konnte.[82] Werner Herzog hatte sich bereits in seinem Dokumentarfilm Little Dieter Wants to Fly[83] mit dem Schicksal Denglers auseinandergesetzt. Schon damals
hatte er den kurzen Lehrfilm als Archivmaterial einmontiert und mit einem iro-
nischen Voice-Over-Kommentar unterlegt, der sich über die Naivität der Darstellung amüsiert: „What for god's sake is our man signaling so frantically to the
helicopter right above him?"[84] heißt es da, als der Soldat mit dem weißen Tuch
wedelt. Ganz ähnlich machen sich auch die Soldaten in der Szene aus Rescue
Dawn über den gestikulierenden Soldaten lustig und brechen immer wieder in
spöttisches Gelächter aus.

Tatsächlich scheint die Geste des Soldaten zunächst völlig zweck- und wir-
kungslos. In Gegenwart des rettenden Hubschraubers besteht keinerlei Veranlas-
sung mehr, sich durch auffällige Lebenszeichen sichtbar zu machen. Der Soldat
exponiert sich gewissermaßen zum falschen Zeitpunkt, wenn die Rettung bereits
in Aussicht und die Gefahr gebannt ist. Daher erscheint seine Exponierung nicht
länger als dramatisches Lebenszeichen mit existenzieller Dringlichkeit, sondern
als überflüssige und geradezu lächerliche Geste. Doch bei genauerer Betrachtung
ist es gerade die Unangemessenheit seiner Geste, die eine wichtige Dimension der
Exponierung sichtbar macht. Damit die Exponierung gelingt und als Lebenszeichen erkannt und anerkannt wird, muss nämlich eine Reihe von Bedingungen erfüllt sein, zu denen etwa das passende Timing, die geeigneten Darstellungsmittel
oder die Aufmerksamkeit der Beobachter*innen zählen. Wo diese Bedingungen
fehlen oder verfehlt werden, wie beim Soldaten im Lehrfilm, droht die Exponie-

---

82 Vgl. Denglers autobiographischen Bericht über die Erlebnisse in Laos: Dengler, Dieter (1979):
Escape from Laos. San Rafael, CA: Presidio Press.
83 Little Dieter Needs to Fly (D/UK/FR 1997, Werner Herzog, 80 min.).
84 Little Dieter Needs to Fly, Timecode: 00:38:24.

rung schiefzugehen. Doch während dem Soldaten im Lehrfilm keine ernsthaften Folgen drohen, hängt das Leben in anderen Fällen existenziell vom Gelingen der Exponierung ab. Wird seine Exponierung missverstanden oder missachtet, tritt sie zum falschen Zeitpunkt auf oder verfehlt sie ihr Ziel, so verschärft sich mitunter die Notlage des Lebens. Im Akt der Exponierung stellt sich Leben-in-Not also nicht nur für andere dar, sondern setzt sich immer auch dem Risiko des Missglückens aus. „Sich-Darstellen[...] und Sich-Aussetzen[...]"[85] sind im Akt der Exponierung untrennbar miteinander verbunden, wie Hans Blumenberg einmal treffend formuliert hat. Es sind diese Risiken der Exponierung, die im Folgenden anhand verschiedener Szenen aus RESCUE DAWN genauer erforscht werden sollen.

Dazu wollen wir dem Schicksal des Protagonisten Dieter Dengler etwas weiter folgen. Hatte sich Dengler anfangs noch über die Darbietungen des gestikulierenden Soldaten im Schulungsfilm amüsiert, findet er sich wenige Szenen später selbst in einer ähnlich exponierten Lage wieder. Nach dem Abschuss seiner Maschine über dem Regenwald muss er sich mit allen Mitteln für mögliche Suchmannschaften sichtbar machen. Dazu erklimmt er den höchsten Punkt eines Felsens, der sich aus dem dicht bewaldeten Dschungel wie ein natürlicher Aussichtspunkt hervorhebt und das gesamte Tal überragt. Auf der Spitze des Felsens richtet Dengler einen Signalspiegel ins Sonnenlicht und sendet grelle Lichtblitze in den Himmel, um mögliche Suchkräfte auf sich aufmerksam zu machen. Ähnlich wie der Soldat des Lehrfilms nutzt also auch Dengler eine Reihe auffälliger Medien und Manöver, um sich sichtbar hervorzuheben. Während aber im Lehrfilm bereits ein Hubschrauber zur Stelle war, um das exponierte Leben aufzunehmen, findet sich Dengler allein auf weiter Flur. Damit deutet sich bereits ein erstes, elementares Risiko jeder Exponierung an, auf das später noch zurückzukommen sein wird: das Risiko nämlich, dass die eigene Exponierung unbemerkt und unerhört bleibt, dass also die eigenen Zeichen keine Interpret*innen finden.[86]

Darüber hinaus ist Denglers Exponierung noch einem zweiten, existenziellen Risiko ausgesetzt. Je länger er mit dem Spiegel auf der Felskuppe ausharrt, desto stärker brennt das Sonnenlicht auf seinen ungeschützten Körper: „God, how can it get this hot?"[87] klagt er schon nach kurzer Zeit. Der Punkt der größtmöglichen Sichtbarkeit ist hier also zugleich der Punkt der höchsten *Exposition*: der Aussetzung gegenüber schädlichen Einflüssen, die dem Leben zusetzen, es auszehren und ihm lebenswichtige Ressourcen entziehen. Dieselben Bedingungen, die die *Erscheinung* des Lebens ermöglichen – das strahlende Licht der Sonne und die

---

85 Blumenberg, Hans (2006): Beschreibung des Menschen. Frankfurt am Main: Suhrkamp, S. 809. Auf Blumenbergs Gedanken werden wir weiter unten noch zurückkommen.
86 Vgl. dazu ausführlich den Abschnitt 3.4.
87 RESCUE DAWN, Timecode: 00:16:22.

herausgehobene Position – treiben also zugleich die *Erschöpfung* des Lebens voran.

Damit deckt Dengler ein Dilemma auf, das in jedem Akt der Exponierung am Werk ist. Um sichtbar zu werden, muss sich das Leben-in-Not bestimmten prekären Bedingungen aussetzen, die seine eigenen Kräfte vermindern. Wann immer sich das Leben exponiert, setzt es sich zugleich der Erschöpfung durch den Akt der Zeichengebung selbst aus. Die winkenden Hände werden lahm, die rufende Stimme heiser, die verbleibende Luft knapper: „Rufen und Schreien verbrauchen in verstärktem Maße den meist knappen Sauerstoff"[88] heißt es beispielsweise in einem Handzettel für die Kölner Zivilbevölkerung aus der Zeit des Luftkriegs für den Fall des Verschüttet-Seins. Verschüttete werden so ausdrücklich daran erinnert, dass der Akt der Exponierung von genau jenem Leben zehrt, das er exponieren soll. Im selben Maße, indem sie zur Sichtbar- oder Hörbarmachung des Lebens beitragen, schwächen Lebenszeichen die Kräfte des Lebens. Diese Erschöpfungstendenz gilt nicht allein für den physischen Kräfte- und Energiehaushalt des Lebens, sondern auch für die materiellen Darstellungsmittel. Lebenszeichen verbrauchen oftmals genau jene Ressourcen, von denen die Darstellung des Lebens abhängt: Signalfeuer brennen herunter, Signalraketen verglühen, Batterien von Funkgeräten schwächeln. Sobald die Ressourcen des Lebens erschöpft sind, sobald sich das Leben also nicht länger *darstellen* kann – im doppelten Sinne des Sichtbarmachens und des Aufbringens von materiellen Ressourcen –, steht auch seine Existenz auf dem Spiel.

Um sich vor dieser *Verausgabung* der eigenen Darstellungsmittel und -ressourcen zu bewahren, muss Leben eine spezifische Ökonomie der Darstellung beachten und seine Kräfte schonend einsetzen. Deshalb findet sich in zahlreichen *Survival*-Handbüchern der Hinweis, den Akt der Exponierung auf jene seltenen Momente zu begrenzen, in denen tatsächlich Hilfe in Sicht- oder Hörweite ist: „Fire your signal pistol only when planes are heard approaching."[89] „This will conserve your signal-pistol ammunition or flares for the more important job of signalling a rescue plane when it is actually heard or sighted."[90] So macht die Ressourcenknappheit des Lebens eine gewisse Rationierung der Zeichengebung erforderlich, die den Energie- und Materialaufwand der Exponierung für den opportunen Augenblick aufbewahrt. Die Exponierung wäre demnach in erhöhtem Maße zeitpunktgebun-

---

88 zitiert nach: Friedrich, Jörg (2002): Der Brand. Deutschland im Bombenkrieg 1940–1945. München: Propyläen, S. 424.

89 Ethnogeographic Board/The Smithsonian Institution (1944): Survival on Land and Sea. Publications Branch, Office of Naval Intelligence, United States Navy, S. 133, online verfügbar unter: U.S. National Library of Medicine (Digital Collections), https://collections.nlm.nih.gov/bookvie wer?PID=nlm:nlmuid-13820890R-bk#page/1/mode/2up (zuletzt aufgerufen am 8. Dezember 2020).

90 United States Army Air Forces (1944), S. 21.

den. Sie ist auf das kleine Zeitfenster eines günstigen Augenblicks begrenzt, in dem das Leben für andere sichtbar zum Vorschein kommen kann: „Even on a clear day you will have only a few minutes for signalling a rescue plane from the time you first see it on the horizon until it is out of sight."[91]

Gleichwohl stehen dem Leben-in-Not bestimmte Strategien zur Verfügung, um die Zeitökonomie und Energiebilanz des Lebenszeichens zu seinen Gunsten zu manipulieren. Man vergleiche dazu nur den Signalspiegel von Dengler in RESCUE DAWN mit den spiegelnden Blechteilen aus dem Handbuch der *US Air Force* aus dem vorherigen Abschnitt. Beide erzielen ähnliche Darstellungseffekte, allerdings mit äußerst verschiedenen Energiebilanzen. Auf den ersten Blick steht der immense Aufwand der Flugzeugbesatzung – die Öffnung der Karosserie, die Demontage der Blechstücke, die Platzierung der Reflektoren im Sonnenlicht – in einem erheblichen Missverhältnis zum handlichen Taschenspiegel Denglers, der die langwierigen Handlungsketten des Handbuchs auf eine winzige, bereitliegende Geste verkürzt. Während jedoch Dengler nach wenigen Minuten im stechenden Sonnenlicht erschöpft aufgeben muss, delegiert die Besatzung die Arbeit der Zeichengebung dauerhaft an ein materielles Ensemble, das keiner unmittelbaren Erschöpfung ausgesetzt ist. In derselben Zeit, in der die Blechteile im Sonnenlicht glitzern, können sich die menschlichen Urheber an einen schattigen Ort zurückziehen, um ihre Kräfte zu schonen.

Der Aufwand des Lebenszeichens wird hier also – mit Bruno Latour gesprochen – an ein materielles Ensemble *delegiert*, das auch dann noch die Stellung hält, wenn die menschlichen Kräfte bereits erschöpft sind.[92] Nicht der Mensch setzt sich hier unmittelbar dem Risiko der Sonnenstrahlen aus, sondern die *ausgelagerten* Objekte, die die Arbeit der Exponierung stellvertretend für das Leben übernehmen und genau in dieser Stellvertretung als *Zeichenträger* wirksam werden. Dennoch ist mit dem Delegationsakt nicht der gesamte Aufwand der Zeichengebung an das materielle Dispositiv ausgelagert. An die Stelle des Produktionsaufwands tritt vielmehr die kontinuierliche Wartungs- und Erhaltungsarbeit des Lebenszeichens: Reflektoren müssen regelmäßig poliert, gereinigt und im richtigen Winkel zur wandernden Sonne neu ausgerichtet werden, Signalfeuer bedürfen fortlaufender Bewachung und Befeuerung.[93] Wenn das Zeichen nicht ständig aktualisiert wird, wenn

---

91 United States Army Air Forces (1944), S. 157.

92 Für den Prozess der Delegation, Stellvertretung und Verschiebung, vgl. Latour (2002), S. 228. An anderer Stelle entwickelt Latour die Figur des „lieu-tenant", also des Stellen-halters oder Stell-Vertreters in: ders. (1994): „Where Are the Missing Masses?' The Sociology of a Few Mundane Artifacts", in: Bijker, Wiebe E./Law, John (Hg.): Shaping Technology/Building Society. Studies in Sociotechnical Change. Cambridge, MA: MIT Press, S. 225–258, hier: S. 239.

93 Vgl. United States Army Air Forces (1944), S. 21.

das Leben nicht unablässig in seine Zeichen *investiert*, verliert es früher oder später die exponierende Funktion. So muss die Darstellung des Lebens selbst *am Leben gehalten* werden.

Auch Dengler in RESCUE DAWN muss sein Lebenszeichen unablässig in Bewegung halten. Erst durch die ständige Oszillation des Handspiegels entsteht ein rhythmisch gegliedertes Spiel von Lichtsignalen, das auf die Aktivität eines lebendigen Körpers hindeutet. Dabei ist Dengler auf keine anderen Ressourcen angewiesen als auf die physische Ausdauer seines Körpers, einen möglichst wolkenfreien Himmel und auf die Verfügbarkeit des kleinen Taschenspiegels. Dass die letztgenannte Bedingung keineswegs notwendig erfüllt sein muss, zeigt ein erneuter Blick auf das Handbuch der *US Air Force*. In einem archivierten Exemplar des Handbuchs von 1945 findet sich der mit Bleistift an den Rand gekritzelte Hinweis eines abgestürzten Piloten: „note to intelligence officer: inspect all emergency kits for signal mirrors, mine didnt have any, i forgot to mention"[94]. Das Leben-in-Not ist also nicht nur durch die Abnutzung oder den Verbrauch des Materials bedroht, sondern unter Umständen auch durch den schlichten Mangel an Medien, um seine Existenz mitzuteilen.

Dengler hingegen scheitert in RESCUE DAWN weniger an den Mängeln des Materials als an der begrenzten Ausdauer seines Körpers. Unter der stechenden Sonne muss er die Aktivitäten auf dem Felsvorsprung schon nach kurzer Zeit abbrechen und eine nahegelegene, schattige Wasserstelle aufsuchen. Beim Trinken kehrt er dem Dickicht des Regenwaldes unweigerlich den Rücken zu, begibt sich also erneut in eine höchst *exponierte* Stellung, die ihn für mögliche Gefahren anfällig macht. Als er sich nach einigen Schlucken Wasser wieder umdreht, gerät er in einen Hinterhalt bewaffneter Guerilla-Kämpfer, die ihn – so suggeriert es der Film – durch seine auffällige Darbietung auf dem Felsvorsprung entdeckt und seitdem verfolgt hatten.[95] Die Lichtreflexe des Signalspiegels sind offenbar nicht vollkommen unbemerkt geblieben, doch haben sie ganz andere Akteure auf den Plan gerufen als ursprünglich intendiert: Akteure nämlich, die das exponierte Leben nicht retten, sondern ergreifen und gefangen nehmen, vielleicht sogar töten wollen. Statt möglichen Rettungskräften hat sich Dengler unabsichtlich dem Zugriff seiner Gegner ausgesetzt.

---

94 Es handelt sich um das Exemplar des US Air Force-Piloten S/Sgt. Nicolas M. Sanchez, der nach einem Absturz über chinesischem Hochland am 25. Juli 1945 auf den Seiten und zwischen den Zeilen seines Survival-Handbuchs einen Bericht über die darauffolgenden Ereignisse verfasst hat, siehe: Sanchez, Nicolas M. (1945): Walkout Diary, hg. v. Carl Warren Weidenburner, Bild Nr. 3, online verfügbar unter: http://www.cbi-theater.com/walkout/walkout.html (zuletzt aufgerufen am 8. Dezember 2020).
95 Vgl. RESCUE DAWN, Timecode: 00:16:40.

Diese paradoxe Wendung darf keineswegs als unglücklicher Zufall verstanden werden, sondern verweist auf ein weiteres, grundlegendes Dilemma der Exponierung, das sich sowohl anthropologisch wie medientechnisch ausbuchstabieren lässt. Auf die *anthropologische* Dimension der Exponierung hat am deutlichsten der Philosoph Hans Blumenberg hingewiesen. Für Blumenberg muss menschliches Leben im doppelten Sinne als *exponiert* betrachtet werden: Zum einen führt er die Exponiertheit auf die herausgehobene Sichtbarkeit des aufrechten Körpers zurück. Die Aufrichtung zum Zweibeiner biete dem Menschen völlig neue Möglichkeiten der (Selbst-)Darstellung und Zeichengebung – etwa den mimischen Ausdruck des Gesichts, den gestischen Gebrauch der Hände oder – wie im Falle von Dengler – die Verwendung von Zeigemedien. Zum anderen jedoch sei menschliches Leben gerade aufgrund seiner Sichtbarkeit völlig neuen Risiken ausgesetzt: Aufgrund seiner Eigenschaft, ein „Lebewesen mit ‚viel Rücken‘"[96] zu sein, müsse der aufrechte Mensch permanent vor möglichen Attentaten auf der Hut sein. Die besondere „Visibilität"[97] des Menschen biete ein buchstäblich hervor-ragendes Ziel für feindselige Akte jeglicher Art. So ist der Akt der Exponierung konstitutiv zwischen „Sich-Darstellen[...] und Sich-Aussetzen[...]"[98] gespannt: das „explodierte Sehenkönnen" ist untrennbar mit dem „exponierte[n] Gesehenwerdenkönnen"[99] verbunden.

Genau dieser Exponiertheit fällt Dieter Dengler zum Opfer, wenn die Guerilla-Kämpfer seine Sichtbarkeit auf dem Felsbrocken für einen Hinterhalt ausnutzen und ihm buchstäblich *in den Rücken fallen*. Neben dieser anthropologischen Dimension jedoch verweist die missglückte Exponierung von Dengler noch auf ein medientheoretisches Dilemma. Weil exponierte Lebenszeichen stets auf größtmögliche Sichtbarkeit ausgerichtet sind, wenden sie sich nie exklusiv an spezifische Empfänger*innen, sondern an jedes beliebige Subjekt, das die Zeichen bemerken könnte: Ihre Adresse lautet gleichsam „to whom it may concern"[100]. Eine solche pauschale Adressierung hat der Kommunikationswissenschaftler John Durham Peters treffend mit dem Begriff des *broadcasting* beschrieben. Wird der Begriff heute zumeist auf die Ausstrahlung von Rundfunksendungen und technische Übertragungsverhältnisse bezogen, meint *broadcasting* ursprünglich die breitflächige Ausstreuung von Saatgut auf Ackerflächen.[101] Damit ist gerade keine zielgerichtete Übermittlung von Botschaften an definierte Empfänger*innen gemeint, sondern die offene Verbreitung von Samen-

---

96 Blumenberg (2006), S. 785.
97 Blumenberg (2006), S. 809.
98 Blumenberg (2006), S. 809.
99 Blumenberg (2006), S. 777.
100 Peters, John Durham (1999): Speaking into the Air. A History of the Idea of Communication. Chicago/London: University of Chicago Press, S. 35.
101 Vgl. Peters (1999), S. 207.

körnern, die den Kontingenzen von Wind-, Wetter- und Bodenverhältnissen ausgesetzt sind, also „addressed to no one in particular, and open in its destiny"[102]. Botschaften, die nach diesem Streuungsmodell verbreitet werden, entziehen sich der Kontrolle des Aussendenden und können völlig andere Effekte zeitigen als ursprünglich intendiert.

Es ist diese offene Aussendung, die auch den Akt der Exponierung kennzeichnet. Weil Exponierungen buchstäblich *ins Blaue* zielen, also eine unbestimmte Zahl von Empfänger*innen adressieren, sind sie immer schon der Gefahr ausgesetzt, von unerwünschten Adressat*innen auf nicht-intendierte Weise empfangen oder abgefangen zu werden. Jede Exponierung wird gleichsam von einem irreduziblen Überschuss begleitet, der die Absichten der Urheber*in zu unterlaufen droht. Deshalb raten militärische Survival-Handbücher dringend, sich nur dann mit Lebenszeichen wie Signalfeuern zu exponieren, „[i]f you are reasonably sure that you are not within, or dangerously near, enemy-held territory"[103]. Stets muss das Leben besorgt sein, sich gegenüber feindlichen Akteuren zu exponieren und damit die eigene Existenz aufs Spiel zu setzen. Demnach wäre Dieter Dengler in RESCUE DAWN in gleich doppelter Weise gefährdet: Einerseits durch die physische Exponiertheit des aufrechten, menschlichen Körpers, der sich als „Lebewesen mit ‚viel Rücken'"[104] von seiner Umgebung abhebt, andererseits durch die pauschale, breitflächige Adressierung des Lebenszeichens, die sich unterschiedslos an alle und jeden richtet. Die Guerilleros machen sich genau jene doppelte Exponierung Denglers zu Nutze, wenn sie ihn an der Wasserstelle aufgreifen und gefangen nehmen.

Gleichwohl sind Lebenszeichen nicht nur feindlich gesinnten Kräften ausgesetzt, sondern unter Umständen auch jenen Akteuren, die eigentlich zur Rettung des Lebens heraneilen. Genau dieses Risiko erlebt Dengler bei seinem vorletzten Exponierungsversuch. Nach der Flucht aus der Kriegsgefangenschaft der Guerilleros bemüht er sich abermals, für mögliche Suchmannschaften sichtbar zu werden. Als er völlig ausgezehrt in einem verlassenen Dorf Unterschlupf sucht, entdeckt er heranfliegende Hubschrauber am Horizont, die er schon nach wenigen Augenblicken als US-amerikanische Fliegerstaffel identifiziert. Um die Aufmerksamkeit seiner Kameraden auf sich zu ziehen, setzt er die leerstehenden Hütten des Dorfes in Brand, so dass bald schon taghelle Flammen aus dem abendlichen Dschungel auflodern, die seinen Standort deutlich von der Umgebung abheben. Daraufhin ändern die Hubschrauber ihre Flugrichtung und nähern sich

---

102 Peters (1999), S. 35.
103 United States Army Air Forces (1944), S. 21.
104 Blumenberg (2006), S. 785.

dem lichterloh brennenden Dorf, wo Dengler bereits wild gestikulierend auf sich aufmerksam macht. Doch als die Hubschrauber den Standort Denglers erreicht haben, nehmen sie das brennende Dorf unter Beschuss, überziehen es mit heftigen Maschinengewehrsalven und lassen Dengler völlig verängstigt, aber unverletzt zurück.

Für die Hubschrauber erscheint das lodernde Feuer offenbar nicht als Notsignal eines hilfsbedürftigen Lebens, sondern – im Gegenteil – als Provokation eines feindlichen Kombattanten, der bekämpft und ausgelöscht werden muss. Dengler hat augenscheinlich die falsche Kulisse für seine Exponierung gewählt. Durch die Entzündung des Dorfs hat er die eigene Umgebung in einen regelrechten Kriegsschauplatz verwandelt, einen Ort also, in dem das Leben nicht primär unter dem Aspekt der „Rettbarkeit"[105] betrachtet wird, sondern der „Tötbarkeit"[106] ausgesetzt ist, wie es Giorgio Agamben formuliert hat. Statt in eine *scene of emergency* hat sich Dengler unwillkürlich in einen *state of exception* versetzt, einen Ausnahmezustand, in dem sein *nacktes Leben* zur Tötung freigegeben ist. Bei der Entfachung des Feuers ist Dengler also gleichsam die Regie über seine Szene entglitten: das Feuer, das zur Rettung des Lebens dienen sollte, hat sich gegen das Leben selbst gewendet und in ein *friendly fire* verwandelt – einen tödlichen Beschuss durch die eigenen Verbündeten.

Wie jedoch kann das Leben diesem *friendly fire*, dieser aggressiven Wendung des Lebenszeichens entgehen? Eine mögliche Antwort findet sich abermals im Survival-Handbuch der *US Air Force*. Wie oben bereits erwähnt, fordert das Handbuch die notgelandete Besatzung dazu auf, die Tragflächen der Maschine frei von Verunreinigungen zu halten.[107] Grund dafür ist nicht zuletzt, dass das Signet der *US Air Force* durchgehend sichtbar gehalten werden muss, um möglichen Suchflugzeugen die Zugehörigkeit der Mannschaft zur *US Air Force* zu signalisieren.[108] Die Lebenszeichen der Notgelandeten müssen hier also von einem weiteren Zeichen flankiert werden, das – gleichsam als Leseanweisung – die korrekte Interpretation des Lebenszeichens sicherstellen sollen. Durch das *Air Force*-Signet wird das angezeigte Leben als befreundetes Leben markiert und vor den Gefahren des *friendly fire* geschützt. Es gehört natürlich zur Ironie der Exponierung, dass dieses Meta-Zeichen seinerseits feindseligen Kräften dazu dienen kann, mögliche Angriffsziele zu identifizieren. Die Zeichen, die zum Schutz des Lebens dienen sollen, können also immer auch zu seiner Vernichtung beitragen, weil auch sie *an alle und jeden* gerichtet sind.

---

105 Lehmann (2015), S. 47.
106 Agamben (2002), S. 98.
107 Vgl. United States Army Air Forces (1944), S. 104.
108 So zeigt eine Abbildung des Handbuchs, wie ein Crew-Mitglied das *Air Force*-Logo auf der Tragfläche des Flugzeugs von Schneeresten befreit, vgl. United States Army Air Forces (1944), S. 103.

Nach der drastischen Erfahrung des *friendly fire* wird Dieter Dengler nur noch einen einzigen, letzten Exponierungsversuch wagen. Einige Zeit später, an einem Flusslauf im Regenwald, hört er abermals das Geräusch eines Hubschraubers, der schon bald über den Baumkronen sichtbar wird. Energisch schwenkt Dengler einen rasch herbeigeholten Palmwedel über seinem Kopf, während sich der Hubschrauber langsam herabsenkt. Er bemüht sich mit allen Mitteln, sich vom felsigen Flussbett abzuheben und die Aufmerksamkeit der Suchmannschaften auf sich zu ziehen. Mit seinen ausladenden Gesten erinnert er auf frappierende Weise an jene gestikulierende Figur aus dem eingangs gezeigten Lehrfilm der *US Air Force*. Wie die Gestalt im Lehrfilm macht sich auch Dengler mit frenetischen Signalen für einen Hubschrauber sichtbar, der bereits unmittelbar über seinem Kopf schwebt und ihn kurz darauf per Seilwinde an Bord holt. Dengler wiederholt hier fast identisch die Geste jener Filmfigur, die er in der Eingangsszene noch belächelt hatte. Durch diese überraschende Anähnelung gibt sich Dengler in gewisser Weise selbst als jene Filmfigur zu erkennen, die er immer schon ist: Gerettet wird Dengler letztlich nicht so sehr als leibhaftiger Soldat im Regenwald, sondern als *kinematographische Erscheinung*, die sich wie die Filmfigur zu Beginn demonstrativ für andere in Szene setzt. Seine Existenz geht ganz in der Exponierung auf.

Angesichts dieser Schlusspointe erscheint es durchaus passend, dass sich der zurückliegende Abschnitt ausgerechnet auf *kinematographische* Szenen gestützt hat, um den Modus der Exponierung zu erkunden. Das Medium Film ist nämlich selbst in hohem Maße *exponiert*. Erst durch den Vorgang der Belichtung, der auf Englisch *exposure* und auf Französisch *exposition* genannt wird, gelangen filmische Figuren und Szenen überhaupt erst zur Darstellung. Beim „*ins Licht setzen*"[109] laufen filmische Figuren allerdings immer auch Gefahr, durch *over-exposure*, also Überbelichtung, unwiederbringlich entstellt oder zerstört zu werden, so dass sie konstitutiv „der Gefahr ausgesetzt [sind], zu verschwinden"[110], wie Didi-Huberman schreibt.[111] Insofern zeigt sich am Medium Film bereits auf technischer Ebene jene konstitutive Ambivalenz von „*Erscheinen*" und „*Gefährdung*"[112], die den Begriff der

---

109 Didi-Huberman, Georges (2017): Die Namenlosen zwischen Licht und Schatten. Das Auge der Geschichte IV. Paderborn: Wilhelm Fink, S. 19. [Herv. i. Orig.].

110 Didi-Huberman (2017), S. 16.

111 In seiner Studie bezieht sich Didi-Huberman vor allem auf die (Un)Möglichkeit, das so genannte „einfache Volk" kinematographisch ins Bild und ins Licht zu setzen, vgl. Didi-Huberman (2017), S. 24.

112 So schreibt Didi-Huberman im Anschluss an Jean-Luc Nancy: „Die Exponierung *ist* diese Verwirklichung, die sowohl das *Erscheinen* einer Mit-Teilung (,dar-/ausgestellte Gemeinschaft') als auch die *Gefährdung* (also ,ausgesetzte/exponierte Gemeinschaft') dieser Mit-Teilung selbst zum Ausdruck bringt.", siehe: Didi-Huberman (2017), S. 116. [Herv. i. Orig.].

Exponierung durchgehend prägt. Es ist diese Ambivalenz, die auf den vergangenen Seiten exponiert wurde.

Exponiert zu sein – so haben die Szenen aus Rescue Dawn gezeigt – bedeutet gleichermaßen sichtbar und verwundbar, herausgehoben und ausgesetzt zu sein. Dabei sind mindestens drei Risiken zu Tage getreten, denen sich das Leben im Akt seiner Exponierung aussetzt: erstens das Risiko der *energetischen Verausgabung*: Lebenszeichen zehren oftmals die Ressourcen und Kräfte jenes Lebens auf, das sich in ihnen artikuliert. Zweitens das Risiko der *ungewissen Adressierung*: weil sich Lebenszeichen an alle möglichen Empfänger*innen richten, also ihren Adressat*innenkreis nicht im Vorhinein eingrenzen, können sie immer auch auf feindselige Interpret*innen treffen, die das Zeichen für missbräuchliche Zwecke ausbeuten und sich gegen das Leben wenden. Drittens schließlich das Risiko der *unsicheren Bedeutung*: Wenn Lebenszeichen nicht von weiteren, kontextualisierenden Zeichen begleitet werden, sind sie mitunter folgenschweren Missverständnissen und Fehldeutungen ausgesetzt, die im äußersten Fall sogar zur Tötung des angezeigten Lebens führen können.

Natürlich sind mit diesen drei Konstellationen nicht alle Risiken der Exponierung benannt. Insbesondere ein weiteres Risiko war in den bisherigen Ausführungen zwar kurz angeklungen, aber unbeachtet geblieben. Gleich zu Beginn des Films, bei seinen ersten Exponierungen auf dem Felsplateau, hatte Dengler erlebt, dass Zeichen immer auch ohne Resonanz und Reaktion bleiben können, also keine Interpret*innen erreichen. Es handelt sich dabei um die vielleicht größte Gefahr, der sich das Leben im Moment der Exponierung aussetzt: nicht so sehr der Missbrauch der Zeichen durch mögliche Empfänger*innen, sondern die *Abwesenheit* von jeglichen Empfänger*innen. Dieser Grenzfigur eines *Zeichens ohne Zuschauer* möchte sich das abschließende Teilkapitel anhand einer letzten Szene des Lebenszeichens widmen.

3.4 Zeichen ohne Zuschauer?

Irgendwo im nördlichen Atlantik liegt ein Ozeandampfer reglos im nächtlichen Meer. Vom Deck des Schiffs, dessen Bug bereits zur Hälfte unter Wasser gesunken ist, steigt eine Leuchtrakete in den Himmel und verglüht als winziger Lichtpunkt in der pechschwarzen Nacht. Weit und breit ist kein Schiff in Sicht, das von diesem kurzen Vorkommnis Notiz nehmen könnte – nach allen Seiten erstreckt sich gleichgültig das Meer.

Auch wenn niemand zugegen ist, um das Signal zu registrieren, hat die Szene dennoch mindestens eine Beobachter*in: nämlich die Zuschauer*in des Films Tita-

NIC von James Cameron, aus dem die beschriebene Szene entnommen ist.[113] Kurz vor der Zündung der Leuchtrakete ist die *Titanic* mit einem dahintreibenden Eisberg kollidiert. Ab diesem Moment hängt das Überleben der Passagier*innen existenziell davon ab, dass sie von anderen gesichtet werden: „Voraussetzung für jede nautische Rettungsaktion", schreibt der Medienhistoriker Christian Kassung in seinem Aufsatz über die Genese des SOS-Signals, „ist der ‚Schiffbruch mit Zuschauer': Ein anderes Schiff muss das Unglück gesehen haben oder davon in Kenntnis gesetzt werden."[114] Abgesehen jedoch von den Filmzuschauer*innen fehlen in der Szene jegliche Beobachter*innen, die das Unglück bemerken und dem Schiff zu Hilfe eilen könnten. Das Leuchtsignal im Nachthimmel bleibt vollkommen unbemerkt.

Damit weicht die Szene zweifellos von den historischen Berichten des *Titanic*-Unglücks ab: Tatsächlich wurden die hellen Leuchtsignale der sinkenden *Titanic* vom nahegelegenen Schiff *SS Californian* bemerkt, aber nicht als Notrufe interpretiert.[115] Doch interessiert im Folgenden weniger die historische Akkuratesse des Films TITANIC als vielmehr sein möglicher Beitrag zur Untersuchung des Lebenszeichens. Denn gerade mit der kleinen, historischen Ungenauigkeit – dem völlig vergeblichen und unbemerkten Leuchtsignal – bringt die Szene einen interessanten Grenzfall des Lebenszeichens zum Vorschein: ein Zeichen das von niemandem wahrgenommen und interpretiert wird. Ein Zeichen „das niemals verstanden wird", so hat bereits Charles Sanders Peirce formuliert, „kann kaum ein Zeichen genannt werden"[116]: „Kein Zeichen fungiert nämlich als ein Zeichen, bevor es einen tatsächlichen Interpretanten hat [...]"[117]. Doch was bleibt vom Lebenszeichen, wenn ihm diese zentrale Bestimmung entzogen wird? Und viel wichtiger noch: Was wird aus dem *Leben*, wenn seine Zeichen von jeglichen Interpret*innen unbemerkt bleiben? Existiert das Leben – zugespitzt gefragt – auch dann noch, wenn es von niemandem bemerkt wird?

Diese Frage erinnert bei näherem Hinsehen an ein klassisches Problem der Philosophiegeschichte, das sich konzise in der Problemstellung zusammenfassen

---

113 TITANIC (USA/MEX/AUS/CAN 1997, James Cameron, 194 min.), Timecode: 02:01:43.
114 Kassung (2013), S. 60.
115 Ein möglicher Grund für das Missverständnis könnten die unregelmäßigen Intervalle zwischen den Signalen gewesen sein. Ein Notsignal musste nach damaligen Seenot-Konventionen in möglichst kurzen Abständen mehrfach wiederholt werden. Für eine forensische Rekonstruktion der Leuchtsignale der TITANIC, vgl. Halpern, Samuel (o. J.): „Signals of Distress. What Color Were They?", URL: http://www.titanicology.com/Californian/WhatColorWereThey.pdf (zuletzt aufgerufen am 8. Dezember 2020).
116 Peirce (1986d), S. 424.
117 Peirce (1983), S. 64.

lässt: „What becomes of the things of the world when no one perceives them?"[118] Die vermeintlich triviale Frage nach dem Schicksal der Dinge in Abwesenheit eines wahrnehmenden Subjekts hat in der Philosophiegeschichte eine Vielzahl von Antworten provoziert, die sich – holzschnittartig gesprochen – zwei entgegengesetzten Lagern zuordnen lassen: Während *realistische* Positionen auf einer wahrnehmungs-unabhängigen Existenz der Dinge beharren, also die Gegenwart eines wahrnehmenden Subjekts für keine notwendige Existenzbedingung der Dinge halten, gehen *konstruktivistische* Positionen umgekehrt von der Unverzichtbarkeit der Wahrnehmung für die Existenz der Dinge aus. Ohne diesen Streit hier in all seinen Verästelungen nachvollziehen zu können, scheint doch eine *bestimmte* Lesart des Problems aufschlussreich für das Verständnis des Lebenszeichens der *Titanic*.

Die prominenteste und radikalste Position zur Frage der Wahrnehmungsabhängigkeit vertritt der irische Sensualist George Berkeley mit seiner kanonischen Formel „*esse est percipi*"[119] (Sein ist Wahrgenommen-Werden). Für Berkeley kommt den Dingen, die man gemeinhin als materielle Gegenstände der äußeren Wirklichkeit zuschlägt, keine Realität jenseits der Empfindungen zu, die sie im wahrnehmenden Geist auslösen: „die Dinge, die wir sehen und tasten – was sind sie denn anderes als mancherlei Empfindungen, Vorstellungen, Ideen oder Sinneseindrücke; und ist es möglich, irgend etwas [sic!] dergleichen auch nur in Gedanken vom Wahrgenommenwerden zu trennen?"[120] Ein Ding von seinem Wahrgenommenwerden trennen zu wollen, würde für Berkeley bedeuten, es seiner Existenz zu berauben: Wenn die Dinge ihr Vorhandensein erst in der Verknüpfung von Sinnesdaten durch einen wahrnehmenden Geist erhalten, dann fällt ihre Existenz – *esse* – unmittelbar mit ihrem Wahrgenommen-Werden – *percipi* – zusammen. Ein Ding, das in keiner Wahrnehmung gegeben ist, muss demnach als schlechthin inexistent betrachtet werden.

Diese von Immanuel Kant bis Bertrand Russell vielfach kritisierte These hat in jüngerer Zeit eine interessante Rehabilitierung durch den Philosophen Michel Serres erfahren. In seinem Essay *Feux et signaux de brume*, der sich vor allem einer Lektüre von Virgina Woolfes Erzählung *To the lighthouse* widmet, gibt er

---

118 Serres, Michel (2008): „Feux et signaux de brume. Virginia Woolf's Lighthouse", in: SubStance, 37 (2), S. 110–131, hier: S. 113.

119 „Denn die Rede von der absoluten Existenz nichtdenkender Dinge ohne alle Beziehung auf ihr Wahrgenommenwerden scheint schlechthin unverständlich zu sein. Ihr *esse* ist *percipi*, und es ist nicht möglich, daß ihnen irgendein Dasein außerhalb der Geister oder denkenden Dinge, die sie wahrnehmen, zukäme.", siehe: Berkeley, George (2004 [1710]): Eine Abhandlung über die Prinzipen der menschlichen Erkenntnis. Hamburg: Felix Meiner, S. 26.

120 Berkeley (2004), S. 27.

dem Berkeley'schen Satz eine überraschende Wendung. Berkeleys Gleichsetzung von Sein und Wahrnehmung möchte Serres nicht im Sinne eines schlichten Sensualismus verstanden wissen, der die Existenz der Dinge von der direkten Sinneswahrnehmung abhängig macht. Vielmehr versteht er unter Wahrnehmung eine bestimmte affektive Haltung zur Welt, die sich den Dingen gegenüber aufmerksam und empfänglich zeigt. Dinge *wahrzunehmen* heißt für Serres nicht nur, sie zum Gegenstand von Perzeptionen zu machen, sondern sich ihnen auf bestimmte Weise *zuzuwenden*, für ihr Dasein aufzukommen und sie aus der Gleichgültigkeit der übrigen Welt herauszuheben.[121] Wahrnehmung in diesem Sinne *sorgt* sich *um* und *für* die Existenz ihres Objekts. Indem sie sich ihnen zuwendet, verhilft die Wahrnehmung den Dingen zur fortgesetzten Existenz.

Für Serres muss Berkeleys Frage daher modifiziert werden: Was wird aus den Dingen, wenn man sie ignoriert, übersieht, vernachlässigt oder sich selbst überlässt? Was fehlt den Dingen, wenn man ihnen keine Beachtung und Zuwendung schenkt? Was zum Beispiel „happens to a house when no one inhabits it, keeps it up, perceives it, has feelings for it, or paints a picture of it? Answer: winds and rats, leaks and cracks necessarily bring on decadence, demolition, destruction, wear, decrepitude, all accompanied by deaths.“[122] Entzieht man den Dingen die Aufmerksamkeit der wahrnehmenden Subjekte, so verschwinden sie zwar nicht augenblicklich aus der Wirklichkeit, erliegen aber einer Tendenz, die Serres mit einem aus der Thermodynamik entlehnten Begriff „Entropie“[123] nennt. Darunter versteht er den fortschreitenden Verfall von Ordnung und Struktur, die zunehmende Angleichung der Dinge an einen energieärmeren und undifferenzierten Zustand. Ganz ähnlich hat bereits der Physiker Erwin Schrödinger Entropie als „das natürliche Streben der Dinge" bezeichnet, „sich dem chaotischen Zustand anzunähern"[124]: „Der Physiker nennt ihn den thermodynamischen Gleichgewichtszustand oder den Zustand ‚maximaler Entropie'"[125]. Es ist genau dieser Zustand, dem die Dinge für Serres zustreben, sobald

---

121 Vgl. Serres (2008), S. 118.

122 Serres (2008), S. 114.

123 Serres (2008), S. 115 [„entropy"]. Während der Entropiebegriff bei den Physikern Rudolf Clausius und Ludwig Boltzmann die irreversible Tendenz physikalischer Systeme bezeichnet, dem Zustand mit der gleichmäßigsten Durchmischung zuzustreben, versteht ihn Serres – im Anschluss an die populärwissenschaftlichen Entropie-Diskurse des ausgehenden neunzehnten Jahrhunderts – als Synonym für die Abnahme von Ordnung und den schleichenden Verfall der Dinge, vgl. zur Wissenschaftsgeschichte des Entropiebegriffs auch: von Herrmann, Hans-Christian (2014): Literatur und Entropie. Berlin: Duncker und Humboldt, S. 28.

124 Schrödinger, Erwin (1989): Was ist Leben? Die lebende Zelle mit den Augen des Physikers betrachtet. München/Zürich: Piper, S. 105.

125 Schrödinger (1989), S. 101.

man ihnen die Wahrnehmung entzieht. Die Dinge von ihrem *Percipiertwerden* zu trennen, hieße dann, sie der Entropie zu überlassen.

Bei Serres sind also die Dinge aus ganz anderen Gründen auf ein wahrnehmendes Subjekt angewiesen als noch bei Berkeley: nicht, weil sie ihre Existenz erst in der mentalen Verknüpfung von Sinnesempfindungen erhielten, sondern weil sie durch die kontinuierliche Aufmerksamkeit vor dem entropischen Verfall bewahrt werden müssen. Wer sich der Welt aufmerksam zuwendet, so Serres, der wirkt ihrer Tendenz zur Degradierung entgegen und trägt so zu ihrer Erhaltung bei: „To perceive beings fills them with being."[126], „[...] perception also protects the things of the world."[127] Akte der Wahrnehmung sind für Serres somit keine akzidenziellen Begleiterscheinungen, die spurlos an den Dingen vorübergehen würden. *Percipieren* heißt vielmehr, die Dinge aktiv in der Existenz zu halten, sie vor dem Schicksal der Entropie zu bewahren: „Ja, die Wahrnehmung rettet die Welt"[128], wie Serres an anderer Stelle emphatisch schreibt.

Wenn Serres der Wahrnehmung ausdrücklich ein Vermögen zur *Rettung* zuspricht, dann drängt sich eine notfalltheoretische Adaption seiner Überlegungen geradezu auf. Tatsächlich sind die *Dinge* – im weitesten Sinne aller existierenden Körper – wahrscheinlich nirgends so sehr auf die Zuwendung ihrer Beobachter* innen angewiesen wie in Not- und Katastrophenfällen. Man rufe sich dazu nur das eingangs evozierte Leuchtsignal der sinkenden *Titanic* in Erinnerung. Was – so ließe sich im Fahrwasser von Serres fragen – was wird aus dem sinkenden Schiff, seiner Fracht und seinen Passagier*innen, wenn niemand auf die Leuchtsignale eingeht? Der Film TITANIC beantwortet diese Frage wenige Szenen später mit einer einzigen Einstellung. Wo eben noch der hell erleuchtete und belebte Ozeandampfer im Wasser lag, erstreckt sich nun – nach der ausgebliebenen Sichtung des Lebenszeichens – ein Bild maximaler *Entropie*: Hunderte Körper treiben kalt und reglos zwischen Trümmerteilen und Gepäckstücken im stillen Wasser, ihre Silhouetten heben sich kaum noch von der kontrastarmen Umgebung ab, jegliche Farbe, Wärme und Bewegung ist aus den Dingen gewichen, alles verschwimmt mit dem blauen Einerlei zu einem entropischen Gleichgewichtszustand:[129] „The ocean is the maximum entropy of all articulations, the ground that has absorbed all figures"[130], hat der Medienhistoriker Bernhard Siegert einmal geschrieben und damit eine treffende Beschreibung

---

126 Serres (2008), S. 124.
127 Serres (2008), S. 123.
128 Serres, Michel (2009): Das eigentliche Übel. Verschmutzen, um sich anzueignen?. Berlin: Merve, S. 79.
129 TITANIC, Timecode: 02:45:11
130 Siegert (2015), S. 124–125.

der Szenerie von TITANIC geliefert. Tatsächlich hat der Ozean hier sämtliche *Artikula-tionen*, also alle Äußerungen des Lebens restlos geschluckt: keine markante Figur, kein gegliedertes Zeichen hebt sich noch vom dunklen Grund des Meeres ab, kein Laut durchdringt mehr die Stille der Szene, alles ist fahl und verlassen – das Leben ist einer umfassenden, entropischen Angleichung an den Grund zum Opfer gefallen.

In dieser leblosen Szenerie scheint sich Serres' Hypothese zu bestätigen, dass der Verlust der Wahrnehmung nicht spurlos an den Dingen vorübergeht, sondern sie früher oder später ihrer Existenzbedingungen beraubt. Ein kurzer Moment der Unaufmerksamkeit genügt – das übersehene Leuchtsignal am Nachthimmel –, damit der Gegenstand der Wahrnehmung im Einerlei der Umgebung versinkt. Das Schiff wird vom Meer verschluckt, die Passagier*innen treiben erfroren auf der Wasseroberfläche, die Unterschiede zwischen Menschen und Material verschwimmen in der Dunkelheit. Zumindest unter Not- und Katastrophenbedingungen muss daher die *realistische* Lesart des Berkeley-Problems verworfen werden. Für die Existenz von Schiffbrüchigen, Verschütteten oder Vermissten ist es keineswegs unerheblich, ob sie zum Gegenstand einer Wahrnehmung werden oder nicht. Nur wenn es ihnen gelingt, die Aufmerksamkeit von Beobachter*innen auf sich zu ziehen, besteht Hoffnung auf Rettung. Werden ihre Zeichen hingegen ignoriert oder übersehen, wird die Suche eingestellt oder erst gar nicht aufgenommen, dann steht die Existenz des Zeichenobjekts in Frage.

Für das Überleben im Notfall genügt es folglich nicht, sich durch einen Akt der Darstellung emphatisch hervorzuheben und vom eigenen Hintergrund markant zu unterscheiden, wie in den bisherigen Beispielen des Kapitels; vielmehr muss diese Unterscheidung *selbst* wiederum für jemanden *einen Unterschied machen*, muss also von jemandem wahrgenommen werden, der diesen Unterschied als relevantes Zeichen interpretiert. Erst durch die *Wahrnehmung* ihrer Zeichen erhalten Notleidende jene Sichtbarkeit, von der mitunter die Fortsetzung ihres Lebens abhängt. Das Leben-in-Not ist somit nicht nur, wie in den vergangenen Abschnitten herausgearbeitet, ein *darstellungsabhängiges* Leben – ein Leben also, das sich exponiert und hervorhebt; es ist mindestens ebenso sehr ein eminent *wahrnehmungsbedürftiges* Leben, für das der Satz *esse est percipi* zur obersten Existenzbedingung wird. Während die Darstellungspraktiken des Lebens hier bereits eingehend untersucht wurden, bleibt zum Abschluss die Frage offen, wie und mit welchen Mitteln sich die *Wahrnehmung* des Lebens-in-Not vollzieht. Dazu bietet die Szene aus TITANIC einige interessante Anhaltspunkte.

Im schwimmenden Trümmerfeld der *Titanic* behält der entropische Verfall keineswegs das letzte Wort. Schon kurze Zeit später gleitet ein kleines Ruderboot durch den dunklen Ozean, das mit seinen leuchtenden Scheinwerfern einen markanten, farblichen Kontrast zur Umgebung bildet. An Bord sind alle Augen wachsam in die Dunkelheit gerichtet, die hellen Lichtkegel der Taschenlampen wandern suchend über die Körper, dirigiert von den eindringlichen Befehlen des obersten

Offiziers: „Keep Looking!" „Keep checking!"[131], „Do you see any moving?"[132] Statt die Trümmerlandschaft dem Schicksal der Entropie zu überlassen und sich gleichgültig abzuwenden, arbeiten die Suchkräfte aktiv gegen die Nivellierung der Dinge an. Durch die warmen Lichtkegel, die über die kalten Körper im Eismeer wandern, gewinnt das eintönige Gemenge allmählich wieder markante Kontraste zurück: einzelne Körper und Objekte lösen sich plastisch aus dem Wasser heraus, Gesichtszüge werden erkennbar, Personen unterscheidbar. Das Licht reichert die bis eben noch kontrastarme Szene von neuem mit feinen Unterschieden an und verleiht den Dingen Konturen vor dem homogenen Hintergrund.

Besonders auffällig zeigt sich dies am leichenblassen Körper einer Frau, der in einiger Entfernung vom Rettungsboot reglos auf einer hölzernen Tür im Meer treibt und im fahlen Mondlicht fast völlig mit der Umgebung verschmilzt. Als jedoch der Lichtstrahl des Scheinwerfers ihre Wange streift, leuchtet ihr Gesicht für einen kurzen Moment auf, tritt plastisch aus dem dunklen Hintergrund hervor und gewinnt an Farbe, Sättigung und Kontrast. Als ob sie die kurze Berührung durch das Streiflicht erweckt und mit neuem Leben erfüllt hätte, dreht sie sich langsam zur Seite und blickt in die Richtung des Scheinwerfers. Der Lichtkegel hat offenbar einen *belebenden* Effekt: er löst die Erstarrung des Körpers, weckt ihn aus dem Dämmerzustand und lässt ihn als lebendiges Wesen und identifizierbare Figur – nämlich als *Rose Dawson*, die Hauptfigur des Films Titanic – hervortreten. Durch die Suchbewegungen der Rettungskräfte hebt sich das Leben durch klare Konturen und plastische Formen vom homogenen Hintergrund des nächtlichen Ozeans ab und tritt als distinkte Gestalt hervor.[133]

Man könnte angesichts dieser Verlebendigung mit Michel Serres von einem geradezu *neg-entropischen* Effekt der kreisenden Suchscheinwerfer sprechen, also einem Effekt, der die entropische Tendenz der unbelebten Umgebung umkehrt: „Perception reveres the entropy of the word"[134], schreibt Serres, „*perception, I maintain, is negentropy*"[135]. Mit dem Konzept der *Negentropie* bezieht sich Serres indirekt auf den bereits erwähnten Physiker Erwin Schrödinger. Im Rahmen seiner populärwissenschaftlichen Vorlesungsreihe „Was ist Leben?"[136] verwendet Schrödinger den Begriff der „negative[n] Entropie"[137], um die Fähigkeit

---

131 Titanic, Timecode: 02:46:19.

132 Titanic, Timecode: 02:45:23.

133 Titanic, Timecode: 02:47:19.

134 Serres (2008), S. 123.

135 Serres (2008), S. 123 [Herv. i. Orig.].

136 Schrödinger (1989).

137 Schrödinger (1989), S. 102. Der Begriff wurde erstmals geprägt von: Brillouin, Leon (1953): „Negentropy Principle of Information", in: Journal of Applied Physics, 24 (9), S. 1152–1163.

von lebendigen Organismen zu beschreiben, sich dem „raschen Verfall"[138] von Ordnung zu entziehen und inmitten der unbelebten Materie stabile Formen und Strukturen aufzubauen. Leben erscheint damit als ein Prozess, der sich gegen die Tendenz zur Entropie wendet und sich vom allgemeinen Verfall als gegliedertes, strukturiertes Phänomen abhebt. Leben erzeugt in den Worten von Serres, eine „Insel der Negentropie im Meer der Entropie"[139].

In genau diesem Sinne ließe sich auch die Figur von Rose im Licht der Scheinwerfer als ein *negentropisches* Phänomen betrachten. Wenn sich ihre Konturen immer deutlicher in der Dunkelheit abzeichnen und allmählich wieder Leben in den kalten Körper zurückkehrt, dann hebt auch sie sich als ‚Insel der Negentropie im Meer der Entropie' ab, das heißt als eine lokale Zunahme von Leben, Bewegung, Gliederung und Wärme inmitten des erkalteten Ozeans. Diese Verlebendigung geschieht primär durch das Medium des kreisenden Suchscheinwerfers, der Rose aus dem Dämmerzustand weckt und ihre Gesichtszüge aufleuchten lässt, also einen dezidiert *negentropischen* Effekt erzielt. Passenderweise hatte auch Serres das Licht als zentrales Medium der Negentropie beschrieben. Er vergleicht den Effekt der Negentropie mit dem Scheinwerfer eines Leuchtturms, dessen rotierender Lichtkegel sich als markantes Ordnungsmuster von der gleichförmigen Dunkelheit abhebt und Seefahrer*innen vor dem Untergang bewahrt.[140] Entsprechend könnte man auch den kreisenden Scheinwerfer aus TITANIC als negentropisches Medium beschreiben, das die Blicke der Rettungskräfte auf mögliche Regungen des Lebens lenkt. Im Scheinwerferlicht bündelt sich dann ein Wahrnehmungsmodus, der die Dinge aus der formlosen Dunkelheit heraushebt und damit buchstäblich erst *hervorbringt*: „Might our perception, then, oppose the entropy of things? *Might we exist as lighthouses?*"[141]

Bei genauerem Hinsehen fällt jedoch auf, dass die leuchtende Silhouette von Rose von den Rettungskräften zwar deutlich sichtbar *hervorgehoben*, zunächst aber gerade nicht eigens *wahrgenommen* wird. Sichtbar wird Rose vorerst nur für eine *andere* Gruppe von Beobachter*innen, die in der bisherigen Analyse weitgehend übersehen wurde, obgleich die gesamte Szene letztlich für ihre aufmerksamen Augen bestimmt ist: die Zuschauer*innen des Films TITANIC. Nicht der Blick der Rettungskräfte, sondern das mitfiebernde Publikum ist es, das zuerst die schwachen Regungen der angestrahlten Rose bemerkt. Womöglich richten sich also die Appelle

---

138 Schrödinger (1989), S. 102.
139 Serres, Michel (1993): Verteilung. Hermes IV. Berlin: Merve, S. 276–277.
140 Vgl. Serres (2008), S. 123.
141 Serres (2008), S. 117 [Herv. i. Orig.].

„Keep looking!", „Do you see any moving?" weniger an die Suchkräfte *innerhalb* der Szene und vielmehr an die Zuschauer*innen *außerhalb* der Szene. Dann wären *wir alle* explizit dazu aufgefordert, dem Geschehen mit größter Aufmerksamkeit und Anteilnahme zu folgen und Rose nicht aus den Augen zu verlieren, um sie vor dem Untergang in der Dunkelheit zu bewahren. Doch warum sollte die Existenz von Rose am Ende von der Wahrnehmung der Filmzuschauer*innen abhängen?

Dazu muss man sich etwas näher mit der spezifischen Existenzweise von Rose befassen. Als fiktionale Figur innerhalb einer filmischen Erzählung unterliegt sie eigentümlichen Existenzbedingungen, die frappierend mit den bisherigen Ausführungen zum *esse est percipi* übereinstimmen. Was nämlich Berkeley und Serres als Existenzbedingung für die innerweltlichen Dinge reklamiert hatten – die Abhängigkeit vom *Percipiertwerden* – wurde vielfach auch für fiktionale Wesen konstatiert. Zahlreiche Fiktionstheorien gehen davon aus, dass fiktionale Wesen konstitutiv der Wahrnehmung durch ihre Rezipient*innen bedürfen, um sich in der Existenz zu halten.[142] Der französische Philosoph Etienne Souriau etwa beschreibt es als Charakteristikum „imaginäre[r]"[143] Wesen, für ihre Existenz nicht aus eigener Kraft aufkommen zu können, sondern von ihren Betrachter*innen regelrecht *getragen* und im Sein *gehalten* werden zu müssen. Als „fürsorgebedürftige"[144] Entitäten seien Filmfiguren oder Romanheld*innen davon abhängig, dass ihnen durch Akte der aufmerksamen Wahrnehmung Wirklichkeit verliehen wird. Weil ihr ganzes Dasein auf der Umsicht und Sorge anderer beruht, so Souriau, schwanke ihre Existenz mit der „Intensität unserer Aufmerksamkeit"[145] und sei permanent in Gefahr, bei der geringsten Unachtsamkeit abzureißen.

Versteht man Film- und Romanfiguren mit Souriau als existenziell gefährdete und konstitutiv wahrnehmungsbedürftige Entitäten, springen unweigerlich Parallelen zur existenziellen Situation von Menschen in Not ins Auge. Auch wenn der Ernst des Notfalls auf den ersten Blick weit vom fiktionalen *Als-Ob* entfernt scheint, kommt doch für Menschen-in-Not wie für fiktionale Entitäten der Verlust des Wahrgenommen-Werdens einer existenziellen Krise gleich. Zwar droht fiktiven Wesen nur der Absturz in die Inexistenz, wenn ihnen die Aufmerksamkeit

---

142 So beschreibt etwa Etienne Souriau fiktionale und imaginäre Wesen als „fürsorgebedürftig[...]" (vgl. Souriau (2015), S. 133); für Bruno Latour hängt die Realität eines fiktionalen Werks von der Intensität unserer Erfahrung ab (vgl. Latour (2014b), S. 351); und für Christiane Voss bedürfen Filme stets der Resonanzinstanz einer Zuschauer*in, die ihnen ihr Empfindungsvermögen als „Leihkörper" zur Verfügung stellt, vgl. Voss, Christiane (2013): Der Leihkörper. Erkenntnis und Ästhetik der Illusion. Paderborn: Wilhelm Fink.

143 Souriau (2015), S. 131.

144 Souriau (2015), S. 133.

145 Souriau (2015), S. 133.

entzogen wird, während notleidende Menschen im schlimmsten Falle ihr Leben verlieren – dennoch teilen beide das entscheidende Kriterium, existenziell von der Subvention durch Wahrnehmungsleistungen abzuhängen.

Aus diesem Blickwinkel eröffnet sich eine interessante Lesart für die Szene aus TITANIC: einerseits ist Rose – verstanden als Person innerhalb der filmischen Handlung – konstitutiv auf die Wahrnehmung durch die diegetischen Rettungskräfte angewiesen. Nur wenn sie von den Suchenden bemerkt wird, kann sie aus der lebensbedrohlichen Lage gerettet werden. Andererseits aber hängt Rose als *fiktionales Wesen* existenziell von der Wahrnehmung durch die Filmzuschauer*innen ab: Sobald die Aufmerksamkeit der Rezipient*innen nachlässt, versinkt auch Rose in der Inexistenz – und mit ihr die gesamte vom Film geschaffene Welt, die erst in der Wahrnehmung der Zuschauer*innen ihre volle Realität gewinnt. Sogar die Such- und Rettungskräfte, die in der Szene nach Lebenszeichen Ausschau halten, benötigen konstitutiv die Wahrnehmung durch die Zuschauer*innen. Auch ihr Dasein ist darauf angewiesen, dass das Publikum dem Geschehen der Szene aufmerksam und sensibel folgt. Die Aufforderung „Keep looking!" lässt sich somit als direkter Appell an die Zuschauer*innen verstehen, ihre gespannte Wahrnehmung fortzusetzen, um die Szene am Leben zu halten und die Rettung von Rose zu ermöglichen: „Ja, die Wahrnehmung rettet die Welt."[146]

Doch auch wenn Rose' Rettung existenziell von der Aufmerksamkeit der Suchkräfte und dem Interesse der Filmzuschauer*innen abhängt, auch wenn sich ihre Existenz ganz dem Wahrgenommen-Werden zu verdanken scheint, darf sie dennoch nicht als gänzlich passive Figur betrachtet werden. Vielmehr wirkt sie bei näherem Hinsehen auf entscheidende Weise an ihrem eigenen Wahrgenommen-Werden mit. Als sich das Boot der Rettungskräfte bereits anschickt, den Schauplatz zu verlassen und die Szene wieder in der bläulichen Nacht zu versinken droht, lässt sich Rose ins Wasser gleiten, schwimmt zitternd zu einer benachbarten, an eine Planke geklammerten Wasserleiche und greift nach deren Signalpfeife. Mit letzter Kraft stößt sie Luft in das Mundstück und bringt einige schrille Pfiffe hervor, die sich von der gleichförmigen Stille des Ozeans als gegliederte, artikulierte Signale abheben.[147] Als die Pfiffe ertönen, horcht die gesamte Suchmannschaft auf, wendet sich in die Richtung der Geräuschquelle und richtet alle Scheinwerfer in die Dunkelheit hinter sich. Rose' Pfiff wirkt somit als ein *deiktisches Zeichen*, das seine eigene Herkunftsrichtung anzeigt, die Aufmerksamkeit neu ausrichtet und die Scheinwerfer buchstäblich nach ihrer Pfeife tanzen lässt. Mit jedem neuen Pfiff gewinnt Rose' Gesicht sichtlich an Farbe, Kontrast und Kontur: mehr und mehr hellen sich ihre Züge im gebündelten

146 Serres (2009), S. 79.
147 TITANIC, Timecode: 02:50:14.

Licht der Scheinwerfer auf und gelangen von einer schemenhaften Erscheinung im Halbdunkel zur einer intensiven, kontrastreichen, warmen Präsenz, die sich dem Auge der Suchkräfte und dem Blick der Zuschauer*innen sichtbar darbietet.

Rose' Existenz hängt also nicht allein vom Wahrgenommen-Werden durch andere ab, sondern ganz maßgeblich auch von ihrem eigenen Akt der Wahrnehmbarmachung oder *Exponierung*. Mit ihrem akustischen Lebenszeichen hebt sie sich vom Hintergrund ab und lenkt jene Lichtkegel auf sich, die ihr Sichtbarkeit und Existenz verleihen. Ihr hell erleuchtetes, exponiertes Gesicht in der letzten Einstellung der Szene steht dabei in fundamentalem Kontrast zu einem genau gegenläufigen Bild, das wenige Augenblicke zuvor sichtbar wird. Bevor sich Rose nämlich mit ihrem Lebenszeichen an die Rettungskräfte wendet, muss sie feststellen, dass ihr Geliebter Jack, der sich ebenfalls an die schwimmende Tür geklammert hatte, keinerlei Lebenszeichen mehr von sich gibt und im Eiswasser erfroren ist. Als sie mit dem Versprechen „Never let go"[148] seine starrgewordene Hand von der Holzplanke löst, sinkt sein lebloser Körper langsam in die dunklen Tiefen des Meeres hinab, bis er schließlich ununterscheidbar mit der schwarzen Fläche verschwimmt und vollends verschwindet. Der Tod wird hier als das exakte Gegenteil der Exponierung ins Bild gesetzt: als vollständige *Immersion*, als endgültige Auflösung der Figur im Grund und die Auslöschung aller Distinktionen. Die reine Schwärze, von der Jack verschluckt wird, gehört dabei sowohl zum dunklen Meer, als auch zum schwarzen Filmbild selbst, in dem keine distinkte Form oder Figur mehr unterscheidbar ist. Es ist jener dunkle Grund des Bildes, von dem sich die hell erleuchtete Silhouette von Rose kurz darauf abhebt und damit zugleich ihre Existenz und die des Films als ein lebendiges Bild behauptet.

Mit diesem Schlussbild nähert sich auch die Analyse der Exponierung ihrem Ende. Rückblickend hat Titanic den Akt der Exponierung als einen mehrgliedrigen Prozess präsentiert, bei dem insgesamt drei Ebenen ineinanderwirken. Zum einen hebt sich Rose vom Hintergrund des Meeres durch ein gegliedertes Zeichen ab. So stellt Rose den *Darstellungsaspekt* der Exponierung in den Vordergrund, also die „Abhebung"[149] des Lebens von einem „chaotischen oder homogenen Hintergrund"[150]. Diese Abhebung hat einen deiktischen Effekt, das heißt, sie lenkt die Aufmerksamkeit und Wahrnehmung auf die angezeigte Existenz. Dabei ist das Wahrgenommen-Werden keineswegs unerheblich für das Überleben: Es verleiht dem Leben erst jene sichtbare Gestalt, von der seine Existenz im Notfall abhängt. Insofern

---

148 Titanic, Timecode: 02:49:40.
149 Buijtendijk (1928), S. 400.
150 Buijtendijk (1928), S. 399.

bildet der *Wahrnehmungsaspekt* die zweite entscheidende Dimension der Exponierung. *Drittens* schließlich setzt sich Rose beim Akt der Exponierung aber auch dem existenziellen Risiko aus, im Wasser zu erfrieren oder zu ertrinken, also in jenem eiskalten Milieu unterzugehen, von dem sie sich eigentlich abheben muss, um zu existieren. Damit bringt sie die *Gefährdung* zum Ausdruck, die jedem Akt der Exponierung eingeschrieben ist.

Im Lebenszeichen von Rose verdichten sich somit drei wesentliche Aspekte, die im zurückliegenden Kapitel als charakteristische Merkmale der Exponierung herausgearbeitet wurden: die Darstellung als Abhebung vom Grund, die Wahrnehmung als aufmerksame Zuwendung von Beobachter*innen, und die Aussetzung als notwendige Gefährdung der Existenz im Akt der Darstellung. Bei allen diesen Operationen ist das Leben-in-Not existenziell mit Medien- und Zeichenprozessen verquickt, wie sich in den Einzelanalysen des Kapitels immer wieder gezeigt hat: Die Abhebung vom Grund etwa gelingt nur mit Hilfe spezifischer Darstellungsmedien und -praktiken, die das Leben für andere demonstrativ in Szene setzen: seien es die Reflektoren auf dem Regenwaldboden, die Rauchschwaden am Himmel, das helle Leintuch auf der Waldlichtung, die riesenhaften Schriftzeichen in der Schneelandschaft oder die schrille Trillerpfeife im Ozean. All diese Phänomene wirken zugleich als *deiktische* Zeichen darauf hin, den Standort des Lebens gegenüber anderen anzuzeigen und die Wahrnehmung anderer auf das Leben zu lenken. Allerdings ist auch die Wahrnehmung der Rettungskräfte ihrerseits auf Medien- und Zeichenprozesse angewiesen. Man denke nur an die kreisenden Scheinwerfer der Suchmannschaft, die als Medien der Sichtbarmachung konstitutiv zur Hervorhebung des Lebens beitragen, ja sogar das Leben überhaupt erst dazu bringen, sich mit artikulierten Zeichen zu äußern. Der Effekt der Exponierung entsteht somit erst aus dem wechselseitigen Zusammenspiel von Leben, Zeichen und Medien. Nur wenn das Leben in existenzielle Beziehungen mit Medien und Zeichen tritt, nur wenn es sich mit Medien und Zeichen *artikuliert*, kann es sich *exponieren* und aus seiner Notlage gerettet werden.

Gerade in dieser Zuspitzung deutet sich jedoch auch ein gewisser blinder Fleck der Exponierung an. Denn wenn Leben nur in und durch den Akt der Exponierung existiert, wie ist es dann um jene Vermissten, Verschütteten oder Verunglückten bestellt, die zur Exponierung nicht länger in der Lage sind? Gerade unter Not- und Katastrophenbedingungen stehen die Darstellungsmöglichkeiten des Lebens oftmals fundamental in Frage: Nicht nur fehlen dem Leben mitunter allerlei materielle und semiotische Ressourcen. Oftmals mangelt es ihm auch an ganz elementaren, physischen Voraussetzungen zur Exponierung. Leben-in-Not ist verschüttet, verletzt, benommen, bewusstlos, reglos, paralysiert, traumatisiert,

nicht ansprechbar. Nicht länger kann sich Leben unter diesen Umständen selbstständig vom Hintergrund des Notfalls abheben und seine Existenz für andere in
Szene setzen. Auf welche Weise artikuliert sich Leben unter diesen prekären Bedingungen? Um diese Frage zu beantworten, muss man den Modus der Expositionen hinter sich lassen und zu einer neuen Artikulationsweise des Lebenszeichens
überwechseln, in der sich das Leben auch dann noch artikuliert, wenn die Möglichkeiten zur Exponierung erschöpft sind.

4 Emissionen

4.1 Verschüttetes Leben

Im Jahr 2011 veröffentlicht eine zwanzigköpfige Forschungsgruppe aus Chemiker*innen, Informatiker*innen und Umweltwissenschaftler*innen die Ergebnisse einer ungewöhnlichen Versuchsreihe. In einem präparierten Laborraum werden Trümmerteile aus verschiedensten Materialien aufeinander getürmt – Beton, Gipskarton, Glas und Holzfaserplatten. Unter dem künstlichen Trümmerberg wird ein kleiner, belüfteter Hohlraum von nur wenigen Kubikmetern Größe eingerichtet, in der genau eine erwachsene Versuchsperson in liegender Haltung Platz findet.[1] Die Teilnehmer*innen der Studie sollen volle sechs Stunden möglichst reglos unter dem künstlichen Schuttberg ausharren.

Das so genannte „trapped human experiment"[2] verfolgt das Ziel, den Zustand des Verschüttet-Seins, also die Einschließung von lebendigen Körpern unter Trümmern, möglichst realitätsecht zu simulieren. Davon erhoffen sich die Wissenschaftler*innen Erkenntnisse für die Entwicklung neuartiger Technologien zur Verschüttetensuche, die bei realen Erdbeben- und anderen Katastrophensituationen Einsatz finden könnten. Das Trümmerfeld im Labor dient somit als eine *scene of emergency*, ein materialisiertes Notfallszenario, um das Aufspüren Verschütteter probeweise durchzuspielen. Dazu werden die Teilnehmer*innen während der gesamten Versuchsdauer von einem komplexen Netz aus Sensoren überwacht. Messpunkte am Körper der Proband*innen erheben in regelmäßigen Abständen Vitalzeichen – Blutdruck, Körpertemperatur, Blutsauerstoffsättigung, Herzfrequenz.[3] Zudem sind an verschiedenen „sampling points"[4] im Trümmerfeld empfindliche Sensoren installiert, die kleinste Veränderungen in der Umgebungsluft des Feldes registrieren: Spektrometer erfassen die Konzentration von Gasen wie Sauerstoff, Kohlenstoffdioxid oder Ammoniak; Chromatographen messen die Verbreitung von flüchtigen organischen Verbindungen; Hygrometer registrieren Variationen der Luftfeuchtigkeit und Thermometer die Veränderungen der Raumtemperatur.[5] Das Trümmerfeld verwandelt sich so in ein umfassendes Sensor-Netzwerk, das sämtliche Umweltveränderungen in Echtzeit erfasst.

---

1 Vgl. Huo, Ran et al. (2011): „The Trapped Human Experiment", in: Journal of Breath Research, 5 (4), S. 1–12, hier: S. 2, URL: https://iopscience.iop.org/article/10.1088/1752-7155/5/4/046006/pdf (zuletzt aufgerufen am: 8. Dezember 2020).

2 Huo et al. (2011), S. 2.

3 Vgl. Huo et al. (2011), S. 4.

4 Huo et al. (2011), S. 3.

5 Vgl. Huo et al. (2011), S. 3.

Mit Hilfe der Sensoren können die Forscher*innen genau beobachten, wie sich Gase und Stoffverbindungen bei ihrer Diffusion durch die Trümmerlandschaft ausbreiten. Sie stellen fest, dass aus der Kammer des Verschütteten eine Wolke aus Gasen und Schwebstoffen aufsteigt und sich – abhängig von Temperatur und Luftfeuchtigkeit – mal rascher, mal langsamer ihren Weg durch die Trümmer bahnt. Das Verhalten und die Zusammensetzung der Wolke deuten dabei eindeutig auf ihren Ursprung hin: Es handelt sich um „metabolite plumes"[6], also Stoffwechselwolken, die aus der unablässigen Produktion von Atemluft, Schweiß und anderen Ausdünstungen des Verschütteten hervorgehen und durch das Trümmerfeld treiben: „If the air is replenished and the void is ventilated, then volatile metabolites from the casualty will form a plume that will travel through the building debris."[7] Diese Wolken werden von den Forscher*innen ausdrücklich als Anzeichen für Leben, als „life's signatures"[8] gelesen: „The preliminary findings confirmed that NH3, acetone and CO2 are reliable indicators of active metabolism and that these compounds travel rapidly with a metabolite plume through building debris."[9] Allein durch seine Stoffwechselaktivitäten weist also das Leben inmitten der Trümmer auf seine Anwesenheit hin.

Für die Frage nach den Artikulationsweisen des Lebens sind diese Befunde durchaus bemerkenswert. Sie zeigen, dass sich der verschüttete Körper selbst noch im gänzlich ruhenden Zustand auf markante und messbare Weise *äußert*. Auch wenn das verschüttete Leben keinerlei *bewusste* Äußerungen mehr von sich gibt und keinerlei Anstrengungen zur *Exponierung* der eigenen Existenz mehr unternimmt, ja, sogar wenn es – wie einige Proband*innen des Experiments[10] – nach einiger Zeit in Tiefschlaf verfällt, artikuliert es sich dennoch ununterbrochen auf der Ebene seiner elementaren Vital- und Stoffwechselfunktionen: Atmen, Schwitzen, Ausscheiden – diese essenziellen Vorgänge des Organischen produzieren einen kontinuierlichen Strom von Ausstößen, Ausstrahlungen, Absonderungen oder „emanations"[11], wie die Autor*innen der Studie schreiben oder *Emissionen*, wie sie im Folgenden heißen sollen. Diese *Emissionen* unterscheiden sich frappierend von jenen Lebenszeichen, die im vorangegangenen Kapitel unter dem Leitbegriff der *Exposition* behandelt wurden. Schon bei einem oberflächlichen Vergleich fallen mindestens *drei* markante Unterschiede zwischen den beiden Artikulationsweisen ins Auge, die im Folgenden genauer herausgearbeitet werden sollen, um die Grundlagen

---

6 Huo et al. (2011), S. 1.
7 Huo et al. (2011), S. 2.
8 Huo et al. (2011), S. 2.
9 Huo et al. (2011), S 11.
10 Vgl. Huo et al. (2011), S. 5–6.
11 Huo et al. (2011), S. 11.

für die weiteren Analysen zu schaffen. Sie betreffen erstens die *Lebensvollzüge*, zweitens die *Mediengefüge* und drittens die *Zeichenbezüge* der Artikulation. Durch diese drei Kontraste, so die These, lässt sich der Modus der *Emission* als eine zweite, genuine Artikulationsweise des Lebenszeichens entfalten.

Der erste, markante Unterschied betrifft die jeweiligen Lebensvollzüge. Im Modus der Exponierung, so hatte sich im vorangegangenen Kapitel gezeigt, hebt sich das Leben mit auffälligen Darstellungsakten als klar umgrenzte Figur von einem homogenen Hintergrund ab, etwa durch Leuchtfeuer über der Meeresoberfläche oder durch rote Signalflaggen im grünen Dschungel. Die Exponierung des Lebens vollzieht sich als eine Operation der sichtbaren Hervorhebung, Aussetzung und Abgrenzung. Im Falle des *trapped human* hingegen, hebt sich Leben nicht länger als klar konturierte Gestalt von der Umgebung ab: es breitet sich als diffuse Wolke in der Umgebung des Trümmerfeldes aus. Nicht die trennscharfe Abgrenzung oder Absetzung vom Hintergrund scheint für diese Artikulationsweise charakteristisch, sondern Prozesse der Entgrenzung, Ausdehnung und Expansion.

Mit dem Philosophen Gernot Böhme ließe sich hier von einer „ekstatische[n]"[12] Tendenz des Lebens sprechen. In seinen Studien zur Ästhetik der Atmosphäre fragt Böhme, wie ein wahrnehmbares Ding seine „Präsenz spürbar macht"[13], wie es also für die Betrachter*in in Erscheinung tritt. Dabei nimmt er ausdrücklich Abstand von einer aristotelischen Ontologie, die die Dinge als geschlossene Substanzen mit angehängten Eigenschaften begreift. Anstelle von abgedichteten Einheiten, die durch trennscharfe Grenzen von ihrer Umgebung unterschieden sind, plädiert Böhme für einen offenen oder *ekstatischen* Dingbegriff. Ein alltägliches Objekt wie eine blaue Tasse etwa, darf nicht als ein monolithischer Block betrachtet werden, der sich durch das Attribut des Blauseins auszeichnet; vielmehr erscheint das Blau als *Ekstase*, das heißt ein Aus-sich-heraus-treten der Tasse. Die Farbe haftet nicht am Objekt, sondern „[strahlt] auf die Umgebung der Tasse aus"[14] und wirkt ekstatisch in den umgebenden Raum hinein: „Das Ding wird so nicht mehr durch seine Unterscheidung gegen anderes, seine Abgrenzung und Einheit gedacht, sondern durch die Weisen, wie es aus sich heraustritt"[15]. Böhme beschreibt das Austreten und Ausstrahlen ganz explizit als eine *Artikulationsweise* der Dinge: als „eine Weise der Tasse, da zu sein, eine Artikulation ihrer Präsenz."[16] Entitäten äußern,

12 Böhme, Gernot (2013): Atmosphäre. Essays zur neuen Ästhetik. Berlin: Suhrkamp, S. 243.
13 Böhme (2013), S. 32.
14 Böhme (2013), S. 32.
15 Böhme (2013), S. 32–33.
16 Böhme (2013), S. 32.

oder besser noch: entäußern sich, indem sie ihr Dasein in die Umgebung hinein erweitern und den Raum mit ihrer Präsenz erfüllen.

Analog zu den ekstatischen Dingen bei Böhme ließe sich auch der lebendige Körper als ein Phänomen begreifen, das permanent aus sich heraustritt – allerdings nicht nur durch atmosphärische Qualitäten wie Farben oder Klänge, sondern auch durch konkrete, physiologische Prozesse und materielle Ausstöße. Weil Organismen in permanentem Stoffwechsel mit ihrer Umgebung stehen – sei es durch Atmung, Schweiß oder Verdauung –, sind sie durch eine fortlaufende Tendenz zur Äußerung und Ausstrahlung bestimmt. Der Anthropologe Tim Ingold hat lebendige Körper deshalb treffend als „undicht"[17] beschrieben: Das unablässige Aus- und Abfließen in die Umgebung sei unverzichtbar für die Existenz des Lebendigen: „in der Tat hängt ihr Leben davon ab, dass sie undicht sind."[18] Mit dieser existenziellen Zuspitzung nähert sich Ingold bereits der Notlage des Trümmerfeldes an, wie sie im *trapped human experiment* entworfen wird. Denn auch im Trümmerfeld hängt das Leben existenziell davon ab, dass es immer schon über sich hinausgeht und mit Gasen und Stoffpartikeln in die Umgebung diffundiert. Nur durch *Emissionen* kann das verschüttete Leben von Suchkräften aufgespürt werden. Verschüttete sind also immer auch *Ver-Schüttete* oder *Ausgeschüttete* – das heißt in den umgebenden Raum hinein ausgegossene Entitäten – wie jene undichte, blaue Tasse bei Böhme, die sich ekstatisch in die Umgebung ergießt. Böhme paraphrasierend ließe sich sagen, dass das verschüttete Leben nicht länger – wie noch im Modus der Exponierung – „durch seine Unterscheidung gegen anderes, seine Abgrenzung und Einheit gedacht [wird], sondern durch die Weisen, wie es aus sich heraustritt."[19] Dieser *ekstatische* Charakter des Lebens markiert ein erstes, zentrales Merkmal der neuen Artikulationsweise.

Gleichwohl darf man einen wesentlichen Unterschied zwischen Böhmes Modell und den Emissionen des Trümmerfeldes nicht aus den Augen verlieren. So begreift Böhme die Ausstrahlungen der Dinge ausdrücklich als *aisthetische*, das heißt wahrnehmungsbezogene Phänomene.[20] Die Dinge gewinnen ihre Präsenz erst in der sinnlichen Auffassung eines wahrnehmenden Subjekts, das für ihre Ekstasen empfänglich ist. In ganz ähnlicher Weise waren auch die Exponierungen des Lebens im vorherigen Kapitel durchgängig auf *sinnliche Wahrnehmbarkeit* hin ausgelegt – man denke nur an die visuellen und akustischen Spektakel von Leuchtfeuern, Signalfarben und Lichtblitzen, mit denen sich das Leben von sei-

---

17 Ingold, Tim (2014): „Eine Ökologie der Materialien", in: Witzgall, Susanne/Stakemeier, Kerstin (Hg.): Macht des Materials/Politik der Materialität. Berlin/Zürich: Diaphanes, S. 65–73, hier: S. 73.
18 Ingold (2014), S. 73.
19 Böhme (2013), 32–33.
20 Böhme (2013), S. 242–243.

nem Umfeld abgehoben hatte. Demgegenüber sind die *Emissionen* des Lebens gerade nicht ohne Weiteres der sinnlichen Wahrnehmung zugänglich. Wie sich im *trapped human experiment* zeigt, werden sie erst durch zahlreiche komplexe mediale Vermittlungsketten zum Gegenstand menschlicher Wahrnehmung. Zwischen das emittierende Leben und das wahrnehmende Subjekt müssen allerlei sensorische Instrumente treten – Spektrometer, Hygrometer, Thermometer –, auf denen sich die unsichtbaren Emissionen als sichtbare Messwerte niederschlagen. Insofern unterscheiden sich die beiden Artikulationsweisen nicht allein in ihren *Lebensvollzügen*, sondern auch in ihren *Mediengefügen*. Emissionen offenbaren sich nicht, wie noch bei Böhme, der sinnlich affizierten Betrachter*in: sie manifestieren sich in einem komplexen Setting aus *sensorischen Medien*.

Solche sensorischen Medien sind in jüngerer Zeit zunehmend in den Fokus der medienwissenschaftlichen Forschung getreten.[21] Mit der wachsenden Verbreitung vernetzter, smarter und digitaler Objekte werden technische Geräte zunehmend in die Lage versetzt, Merkmale ihrer Umgebung zu erfassen, die sich der menschlichen Sinneswahrnehmung entziehen, etwa den Kohlenstoffdioxidgehalt der Atemluft oder die unmerkliche Belastung mit Infraschall. Durch die medientechnische, automatisierte Registrierung von Umweltdaten wird das menschliche Wahrnehmungsvermögen auf völlig neue Regionen und Objekte ausgeweitet. Dabei stellen Sensoren allerdings nicht allein – wie man zunächst meinen könnte – gegebene Zustände passiv fest, vielmehr *konstituieren* sie in gewisser Weise sogar erst jene Phänomene, die sie erfassen, wie insbesondere die Medientheoretikerin Jennifer Gabrys überzeugend herausgearbeitet hat.

In ihrer Studie *Program Earth* widmet sich Gabyrs den vielfältigen Techniken des *environmental sensing*, also der sensorischen Erfassung und Vermessung von Umwelten wie Wäldern, Ozeanen oder Vulkanen.[22] Diese Umwelten werden, so Gabrys, von Sensoren nicht allein erfasst, sondern auch aktiv transformiert und konstituiert.

---

21 Vgl. dazu exemplarisch folgende Arbeiten: Gabrys, Jennifer (2019): „Sensors and Sensing Practices. Reworking Experience across Entities, Environments, and Technologies", in: Science, Technology, & Human Values, 44 (5), S. 723–736; Hansen, Mark B. N. (2011): „Medien des 21. Jahrhunderts, technisches Empfinden und unsere originäre Umweltbedingung", in: Hörl, Erich (Hg.): Die technologische Bedingung. Beiträge zur Beschreibung der technischen Welt. Berlin: Suhrkamp, S. 365–409; Parisi, Luciana (2009): „Technoecologies of Sensation", in: Herzogenrath, Bernd (Hg.): Deleuze/ Guattari & Ecology. Basingstoke: Palgrave, S. 182–199; sowie: Schneider, Birgit/Zemanek, Eva (2020): Spürtechniken. Von der Wahrnehmung der Natur zur Natur als Medium. Sonderausgabe der Online-Zeitschrift *Medienobservationen*, URL: https://www.medienobservationen.de/sonderausgaben/ spuertechniken-2020/ (zuletzt aufgerufen am 8. Dezember 2020).
22 Vgl. Gabrys, Jennifer (2016): Program Earth. Environmental Sensing Technology and the Making of a Computational Planet. Minneapolis: University of Minnesota Press.

Environmental sensing technologies entail a transformation of the ,objects' that are turned into information; to produce information is a technological intervention that generates distinct types of realities, rather than simply mirroring them.[23]

So entsteht etwa durch die sensorische Erfassung von Wäldern eine spezifische Formatierung des Ökosystems ,Wald', das sich von der sinnlichen Erfahrung eines Waldspaziergangs markant unterscheidet. Der Wald zeigt sich jetzt als ein komplexes Arrangement von Daten, die über vielfältige, für Menschen unwahrnehmbare Vitalparameter des Ökosystems Auskunft geben.[24] In dieser Hinsicht müssen Sensoren als generative Entitäten verstanden werden, die durch den Akt der Erfassung neuartige Realitäten und Relationen hervorbringen.

Entsprechend müsste man auch den Sensortechniken im Trümmerfeld des *trapped human experiment* ein generatives Vermögen zuerkennen. Indem sie die minimalen, für menschliche Sinne nicht wahrnehmbaren Signaturen des Lebens in der Umgebungsluft des Trümmerfeldes aufspüren, erheben Sensoren nicht nur vorhandene Zustände, sondern konstituieren das Phänomen ,Leben' auf eine spezifische Weise. Erst im Zusammenspiel mit sensorischen Medien kommt das verschüttete Leben als eine *emittierende* Entität zum Vorschein. Emissionen dürfen folglich nicht als unmittelbare Äußerungen eines bereits gegebenen Lebens betrachtet werden; vielmehr emergiert Leben als Emissionsprozess erst durch das *sensing* der Messgeräte. Dies korrespondiert mit der eingangs formulierten These, dass unterschiedliche Medienkonfigurationen jeweils unterschiedliche Artikulationen menschlichen Lebens ins Werk setzen. Während sich Leben im Modus der Exponierung mit Hilfe von expressiven Darstellungsmedien als sinnlich wahrnehmbare Gestalt präsentiert, manifestiert sich Leben durch sensorische Medien als ein Prozess der Emission. In dieser *sensorischen* Vermittlung des Lebens liegt der zweite wesentliche Unterschied zwischen den beiden bisherigen Modi.

Doch ist damit noch nicht geklärt, auf welche Weise Emissionen als *Zeichen* des Lebens begriffen werden können und welche Rolle den sensorischen Medien dabei zufällt. In dieser Frage könnte es hilfreich sein, auf die Kategorie des *Index* zurückzukommen, die bereits im vergangenen Kapitel herangezogen wurde. Dort war vor allem die *deiktische* Qualität des Index von Interesse, also seine Fähigkeit, durch Verweisungsakte auf das angezeigte Objekt hinzudeuten. Wenn indexikalische Zeichen mit ihrem Objekt durch einen solchen Verweisungsakt verbunden sind, spricht Charles Sanders Peirce auch von einem „degenerierte[n] Index"[25]. Als

---

23 Gabrys (2016), S. 22.
24 Vgl. Gabrys (2016), S. 29, 31.
25 Peirce (1983), S. 158.

Beispiele nennt er den „Zeigefinger"[26], der durch eine deiktische Geste auf sein Objekt hinweist; oder auch das Denkmal, das den Ort eines historische Ereignisses markiert.[27] In solchen Fällen bezieht sich der Index durch einen Akt der „Referenz"[28] oder „designation"[29] auf sein Objekt, das heißt er wird „künstlich', ‚absichtlich' gesetzt und dann möglichst unauflöslich mit dem Objekt der Aufmerksamkeit verbunden"[30], wie Lorenz Engell in seiner Peirce-Lektüre schreibt. Genau diese Logik des ‚degenerierten Index' findet sich auch im Modus der *Exponierungen*, wie im vorangegangenen Kapitel gezeigt: Leuchtfeuer, Flaggenzeichen, Klopfzeichen, Trillerpfeifen oder Winkgesten deuten deiktisch auf den Standort des Lebens und stiften eine Beziehung der Referenz durch „künstlich erzeugte"[31] Zeigegesten.

Neben den degenerierten Indizes kennt Peirce jedoch noch eine zweite Gattung indexikalischer Zeichen, die er als „genuine"[32] Indizes bezeichnet. Sie verdanken ihr Zustandekommen gerade nicht künstlich und absichtlich gesetzten Zeigegesten, sondern gehen aus schlichten, kausalen Verursachungsverhältnissen hervor, die sich ohne das direkte Zutun eines Subjekts vollziehen.[33] Interessanterweise veranschaulicht Peirce diesen Prozess am Beispiel von ganz ähnlichen Messgeräten, wie sie auch im *trapped human experiment* zum Einsatz kommen: etwa Thermometern,[34] Barometern,[35] Hygrometern[36] oder Wetterfahnen[37]. All diese Artefakte haben gemeinsam, dass sie auf bestimmte kausale Außeneinflüsse mit wahrnehmbaren Veränderungen reagieren: der Wind bewegt die Wetterfahne, die Temperatur lässt das Thermometer ansteigen, der Luftdruck verändert den Barometerstand. Doch sind die Instrumente den Kausalprozessen nicht nur passiv ausgesetzt; sie zeigen sie zudem sichtbar *an*, machen sie *wahrnehmbar* und verleihen ihnen damit Zeichenwert, etwa durch die Stellung der Wetterfahne

---

26 Peirce, Charles Sanders (1991): Vorlesungen über Pragmatismus. Hamburg: Felix Meiner, S. 49.
27 Vgl. Peirce (1991), S. 49.
28 Peirce (1983), S. 158.
29 CP 8.368, Fußnote 23.
30 Engell (2012), S. 247.
31 Engell (2012), S. 247.
32 Peirce (1983), S. 158.
33 Vgl. zu dieser Unterscheidung auch: Wirth, Uwe (2007): „Zwischen genuiner und degenerierter Indexikalität. Eine Peircesche Perspektive auf Derridas und Freuds Spurbegriff", in: Grube, Gernot/Kogge, Werner/Krämer, Sybille (Hg.): Spur. Spurenlesen als Orientierungstechnik und Wissenskunst. Frankfurt am Main: Suhrkamp, S. 55–81, hier: S. 61–63.
34 Vgl. CP 5.473.
35 Vgl. Peirce (1986c, S. 206.
36 Peirce (1991), S. 48.
37 Vgl. Peirce (1986c), S. 206.

oder die Höhe der Quecksilbersäule. Die Messgeräte sind also einerseits in Kausal-verhältnisse eingebunden – empfangen physikalische Wirkungen – machen diese Kausalverhältnisse jedoch andererseits auch für andere *als Zeichen* sichtbar. Wenn ein Zeichen sein *Verursacht-Sein* für andere anzeigt und somit „Verursa-chungsverhältnisse thematisiert"[38], spricht Peirce von einem *genuinen* Index.

Es scheint nun durchaus plausibel, auch die Emissionen im *trapped human ex-periment* als genuine Indizes zu betrachten, sobald sie sich auf den Messgeräten der Forscher*innen als wahrnehmbare Zeichen manifestieren. Ähnlich wie Wind-stöße, Druckschwankungen oder Temperaturveränderungen verdanken sich auch die Emissionen keiner deiktischen Zeigegeste, sondern einem gleichsam automati-schen Entstehungsprozess, nämlich den physiologischen Vorgängen des lebendigen Körpers, der sich permanent in seine Umgebung entäußert. Atemgase, Schweiß und Partikel treten ohne bewusstes Zutun des Lebens unwillkürlich in die Umge-bung aus. Sie spielen sich auf einer Ebene *jenseits* bewusster Steuerung ab, die mit der Reproduktion des organischen Lebens selbst zusammenfällt und daher *obliga-torischen* Charakter hat. In dieser Hinsicht unterscheiden sie sich markant von den Lebenszeichen im Modus der Exponierung. Exponierungen strömen gerade nicht als automatische Vorgänge aus dem lebendigen Körper, sondern müssen künstlich gesetzt und punktuell hervorgebracht werden, um als Lebenszeichen wirksam zu werden: Leuchtfeuer werden entzündet, Flaggen geschwenkt. Während also Expo-nierungen unverkennbar der Logik des abgeleiteten Index folgen, neigen Emissio-nen der Logik des genuinen Index zu.

Doch so trennscharf dieser Gegensatz auch scheint, so sehr muss er doch in einem zweiten Schritt relativiert werden. Bereits am Versuchsaufbau des *trapped human experiment* wird erkennbar, dass sich die Emissionen des Lebens keineswegs als vollkommen automatische Indizes manifestieren: Vielmehr durchlaufen sie ein komplexes Arrangement technischer Geräte, das künstlich eingerichtet und gezielt ausgerichtet werden muss, um Emissionen zu registrieren. Auch wirken sich Emissio-nen nicht unmittelbar kausal auf die Messgeräte aus. Tatsächlich müssen die mecha-nischen oder chemischen Stimuli zunächst in elektrische Impulse übersetzt, digital codiert und schließlich in symbolische Darstellungen konvertiert werden.[39] Diese Darstellungen wiederum dienen erst als Indizes, wenn sie von den Forscher*innen als solche *interpretiert* werden. Bereits Lorenz Engell hat auf die Interpretationsbe-dürftigkeit des Index explizit hingewiesen. Ihm zufolge ist „die Qualifikation eines Zeichens als Index eine Sache der Interpretation (oder der Zuschreibung)"[40]. Nur

---

38 Engell (2012), S. 244.
39 Für die technischen Verarbeitungsschritte bei der sensorischen Erfassung von Umweltdaten, vgl. Gabrys (2016), S. 8.
40 Engell (2012), S. 248.

wenn Zeichen als kausale Folgen *gedeutet* und auf ihre Ursachen zurückbezogen werden, können sie als genuine Indizes wirksam werden.

Statt einer strikten Gegenüberstellung von genuin-natürlichen und künstlich-absichtsvollen Indizes muss man den Unterschied von Emissionen und Exponierung also etwas präziser fassen. Dazu bietet sich eine Dimension an, die bislang relativ unbeachtet geblieben ist, nämlich die *Gerichtetheit* oder *Direktionalität* des Index.[41] Dieser Aspekt lässt sich besonders deutlich an den Exponierungen des vorangegangenen Kapitels veranschaulichen. Als deiktische Zeichen mussten Exponierungen stets eine *Richtung* aufweisen und sich *an jemanden richten*: Signalspiegel mussten zum Licht der Sonne ausgerichtet werden, um die Aufmerksamkeit von Suchflugzeugen zu erregen; Signalraketen mussten gezielt in die Höhe schießen und sich an mögliche Rettungskräfte wenden. Selbst wenn sich Exponierungen, wie oben ausgeführt, an *alle und jeden* richten und an keine *spezifischen* Empfänger*innen adressiert sind, weisen sie doch noch eine grundlegende Form der Gerichtetheit oder *Adressierung* auf (lat. *adressicare* für ausrichten): „Selbst wenn Kommunikation nicht an jemanden gerichtet ist, wenn sie sich also als Broadcasting an alle wendet, hat sie, weil Kommunikation eine Verbindung zwischen A und B herstellt, Adressen"[42], schreibt der Medientheoretiker Florian Sprenger.

Demgegenüber scheint den Emissionen jegliches Moment der Adressierung und Gerichtetheit zu fehlen. Der Ausstoß von Atemgasen, Partikeln oder Wärmestrahlen wendet sich gerade nicht *an jemanden* – und sei es nur an *irgendjemanden* –, sondern strahlt ungerichtet als freie *Radiation* in die Umgebung aus. Nicht das emittierende Subjekt, sondern allein die kontingenten Umweltbedingungen – etwa die Wind- oder Wetterverhältnisse – entscheiden darüber, in welche Richtung sich die Wolken ausbreiten und wem sie zugetragen werden. Erst den Interpret*innen fällt dann die Aufgabe zu, den ungerichteten Zeichen einen spezifischen Richtungssinn zu verleihen. Durch den Akt der *Deutung*, der bereits sprachlich ein deiktisches Moment enthält, beziehen die Interpret*innen das Zeichen auf seinen Ausgangspunkt, seine *Emissionsquelle* zurück. Erst durch die Deutungsarbeit der Interpret*innen erhalten Emissionen also jene Verweisungsrichtung, die auf die Ursache des Lebens hindeutet. Die Differenz zwischen Exponierungen und Emissionen besteht folglich nicht so sehr im strikten Gegensatz von kausal verursachten Zeichen einerseits und absichtlich gesetzten Zeichen an-

41 Vgl. Peirce (1986e), S. 350.
42 Sprenger, Florian (2018): „Zehn Elemente einer Mediengeschichte der Adressierung", in: Ruf, Oliver (Hg.): Smartphone-Ästhetik. Zur Philosophie und Gestaltung mobiler Medien. Bielefeld: Transcript. S. 243–268, hier: S. 250.

dererseits, sondern auch und vor allem in den verschiedenen Graden des Gerichtet- bzw. Ungerichtet-Seins.

Somit haben sich auf den vergangenen Seiten mindestes drei Dimensionen herauskristallisiert, die es erlauben, den Modus der *Emissionen* deutlich vom Modus der *Expositionen* abzuheben. Hatte der Modus der Exponierung *erstens* die gestalthafte Abgrenzung und Absetzung des Lebens vor einem homogenen Hintergrund betont, stehen im Modus der Emissionen nun gerade die Ausstrahlungen, Diffusionen und Entgrenzungen des Lebens im Mittelpunkt, die sich *ekstatisch* in die Umgebung des Lebens ergießen. Zielten Exponierungen *zweitens* auf größtmögliche sinnliche Wahrnehmbarkeit, die mit Hilfe auffälliger Darstellungsmittel erreicht werden sollte, können Emissionen nur durch *sensorische Medien* in sichtbare Indizes übersetzt werden. Und beruhten Exponierungen *drittens* maßgeblich auf den deiktischen, also klar gerichteten Zeigegesten, treten Emissionen als *ungerichtete* Zeichen auf, die sich als genuine Indizes auf den sensorischen Medien niederschlagen und ihre Ausrichtung erst im Akt der Deutung erhalten. Mit diesen drei Motiven, den *ekstatischen* Lebensvollzügen, den *sensorischen* Mediengefügen und den *genuinen, ungerichteten Zeichenbezügen* sind drei erste Koordinaten der neuen Artikulationsweise des Lebens abgesteckt. Sie können als Ausgangspunkte dienen, um sich in den folgenden Abschnitten schrittweise konkreten Szenen, Schauplätzen und Medien der Emission in Not- und Katastrophenfällen zu nähern.

4.2 Spüren und Wittern

Wendet man sich von der kontrollierten Versuchsanordnung des *trapped human experiment* der Szenerie eines echten Trümmerfeldes zu, wie es nach Erdbeben, Hauseinstürzen oder Gasexplosionen zurückbleibt, so bietet sich zunächst ein völlig anderes, weitaus chaotischeres Bild: Nicht länger finden sich Trümmerteile fein säuberlich aufgeschichtet, sondern in unkontrollierten, zufälligen Konstellationen verstreut. Nicht länger halten sich Verschüttete an zuvor definierten Punkten auf und stehen in regelmäßigem Funkkontakt mit der Außenwelt, sondern sind an völlig fraglichen Orten verschüttet und von jeglicher Verbindung mit der Oberfläche abgeschnitten. Und nicht länger ist im Trümmerfeld ein komplexes Netzwerk aus sensorischen Medien installiert, vielmehr müssen sensorische Verhältnisse überhaupt erst wieder mit Hilfe allerlei sensibler Medien eingerichtet werden. Doch welche Medien sind in der Lage, Leben im Trümmerfeld aufzuspüren?

Das gängigste sensorische Medium, das in Trümmerfeldern zum Einsatz kommt, ist auf den ersten Blick gar nicht als solches zu erkennen: der *Trümmersuchhund*.[43] Die Gründe für seine ungebrochene Beliebtheit bei Rettungskräften sind zahlreich: Suchhunde sind schneller einsatzbereit als technische Suchgeräte, sie benötigen keine aufwändigen technischen Infrastrukturen, durchsuchen auch weitläufige Gebiete mit großer Schnelligkeit, sind auch in unwegsamem Gelände bewegungsfähig und bewahren so menschliche Rettungskräfte davor, sich selbst dem gefährlichen Terrain aussetzen zu müssen.[44] Vor allem aber schätzt man Trümmersuchhunde für ihre außergewöhnlichen *sensorischen* Fähigkeiten, insbesondere für ihr ausgeprägtes Geruchsvermögen. Die so genannte „makrosmatische"[45] Nase des Hundes mit ihrer hohen Dichte an olfaktorischen Rezeptoren übersteigt das menschliche Geruchsvermögen um ein Vielfaches und ist zur Wahrnehmung von feinsten, für Menschen nicht wahrnehmbaren Unterschieden in der Lage. Weil Suchhunde das menschliche Geruchsvermögen um entscheidende Dimensionen erweitern, könnte man sie durchaus als sensorische Medien bezeichnen. Im Jargon der Rettungskräfte werden Suchhunde sogar als „biologische[s]" „Ortungsgerät"[46] klassifiziert und damit unter die sensorischen Technologien eingereiht. Doch beruht ihr Spürvermögen nicht auf einer technischen Sensorik, sondern auf der Sensibilität des Lebendigen selbst: Nur weil Hunde als lebendige Wesen selbst im permanenten Austausch mit ihrer Umgebung stehen, nur weil sie – wie das verschüttete Leben – selbst umwelt-offen, undicht und reizbar sind, sind sie auch für subtile Lebenszeichen empfänglich.

Doch worauf richtet sich das sensorische Vermögen des Suchhundes im Trümmerfeld? Und welche Artikulation des Lebenszeichens kommt darin zum Vorschein? In seiner aufschlussreichen Studie *Fährte und Geruch* unterscheidet der amerikanische Autor William Syrotuck verschiedene Modalitäten, in denen Suchhunde ihre sensorischen Fähigkeiten ausüben können. Auf der einen Seite steht

---

43 Vgl. Bäckström, Carl-Johan/Christoffersson, Niclas (2006): Urban Search and Rescue. An Evaluation of Technical Search Equipment and Methods. Lund: Department of Fire Safety Engineering, Lund University, Online-Veröffentlichung, S. 38, URL: https://lup.lub.lu.se/luur/download?fileOId= 1765885&func=downloadFile&recordOId=1688941 (zuletzt aufgerufen am 8. Dezember 2020).
44 Vgl. Bäckström/Christoffersson (2006), S. 19.
45 [engl. „macrosmatic"], siehe: Fenton, Vikki (1992): „The Use of Dogs in Search, Rescue and Recovery", in: Journal of Wilderness Medicine, 3, S. 292–300, hier: S. 293.
46 Bundesanstalt Technisches Hilfswerk (THW) (o. J.): „Biologische Ortung. Das Ortungsgerät auf vier Pfoten", URL: https://www.thw.de/SharedDocs/Ausstattungen/DE/Geraete/Biologische%20Ortung.html (zuletzt aufgerufen am 8. Dezember 2020).

der Modus des *Spürens*, auf den sich vor allem der so genannte „Spürhund"[47] spe-zialisiert. Der spürende Hund zeichnet sich, ähnlich wie der „Fährtenhund"[48], durch eine abwärts gerichtete Orientierung aus: „Er schnüffelt mit gesenktem Kopf auf dem Boden, während er nach Hinweisen sucht."[49] Wie die Bezeichnung des Spürens schon etymologisch nahelegt, richtet sich seine Aufmerksamkeit auf die *Spur*, also die entlang der Fußabdrücke am Boden sedimentierten Hautschuppen des Gesuchten, die sich mit den Geruchsstoffen des Bodens verbinden.[50] Eine Spur, so hat die Medienwissenschaftlerin Sybille Krämer herausgestellt, deutet stets auf das „Vorübergegangensein"[51] ihrer Ursache, steht also in einem Verhältnis der Nachträglichkeit zu dem, was sie anzeigt. Insofern folgt auch der Spürhund den Überresten einer vergangenen Bewegung, die vom Startpunkt des Gesuchten bis zum Endpunkt seiner Bewegung verläuft. Aus diesem Grund eignen sich Spür-hunde vor allem für die Rückverfolgung und Ortung von vermissten Personen in weitläufigen Suchgebieten.

Dem Modus des Spürens stellt Syrotuck einen zweiten Wahrnehmungsmodus gegenüber, den er mit dem Begriff des *Witterns* – im englischen Original *scen-ting* – bezeichnet.[52] Statt auf den Erdboden, richtet der „witternde Hund"[53] seine ganze Aufmerksamkeit in die Höhe: Für ihn ist kennzeichnend, „daß er den Kopf hoch trägt und eine Haltung einnimmt, die ihm das Abschnüffeln der Luftströ-mungen ermöglicht."[54] Im Gegensatz zur Spuren- und Fährtensuche ist die Witte-rung also strikt *umweltlich* ausgerichtet. Sie macht sich für alles empfänglich, was im Milieu des Hundes vor sich geht, in der „Mikrometeorologie"[55] mit ihren je ei-genen Windverhältnissen, Temperaturunterschieden und Turbulenzen. Nicht zu-fällig kann ‚Witterung' im Deutschen gleichermaßen den Geruchssinn wie die

---

47 Vgl. Syrotuck, William (1981): Fährte und Geruch. Walldorf: Dr. Eigner, S. 79.
48 Vgl. Syrotuck (1981), S. 79. Die feinere Differenzierung zwischen Spür- und Fährtenhund, die Syrotuck am unterschiedlich großen Suchradius festmacht, ist für unsere Zwecke nicht erforder-lich. Entscheidend ist die in beiden Fällen ähnliche, bodenwärts gerichtete Suchhaltung.
49 Syrotuck (1981), S. 79.
50 Vgl. Syrotuck (1981), S. 63–64.
51 Krämer, Sybille (2007): „Immanenz und Transzendenz der Spur. Über das epistemologische Doppelleben der Spur", in: dies./Grube, Gernot/Kogge, Werner (Hg.): Spur. Spurenlesen als Orien-tierungstechnik und Wissenskunst. Frankfurt am Main: Suhrkamp, S. 155–181, hier: S. 159.
52 Vgl. Syrotuck (1981), S. 83.
53 Syrotuck (1981), S. 83.
54 Syrotuck (1981), S. 89.
55 Syrotuck (1981), S. 49.

Wetterverhältnisse bedeuten.[56] Es sind genau diese atmosphärischen Witterungen, die dem Suchhund bei der Trümmersuche entgegenkommen. Anders als bei der Suche nach Vermissten führt im Trümmerfeld keine durchgängige Bodenfährte zum Standort der Verschütteten, vielmehr verteilen sich Geruchsstoffe hier weiträumig in der Atmosphäre.

Um diesen Ausbreitungsprozess in seinen Feinheiten zu verstehen, könnte es hilfreich sein, eine Skizze heranzuziehen, die William Syrotuck seinen Erläuterungen zur Seite stellt. Es handelt sich um die simple, geradezu kindliche Darstellung eines Strichmännchens in ebener Landschaft (Abbildung 3). Auf dem Untergrund ist bereits die so genannte *Bodenfährte* zu erkennen, an der sich der *spürende* Hund orientieren würde. Zugleich jedoch wird die Figur von unzähligen winzigen Partikeln umweht, die offenbar gerade von einer Bö aufgewirbelt und davongetragen werden. Das Teilchengestöber steht dabei in einem deutlichem Kontrast zur klar begrenzten Gestalt des Strichmännchens. Während die Figur deutlich umrissen ist, bilden die mannigfachen Pünktchen eine diffuse Wolke, die sich weitläufig in der Umgebung verteilt. Was hat es mit dieser merkwürdigen *Emission* auf sich?

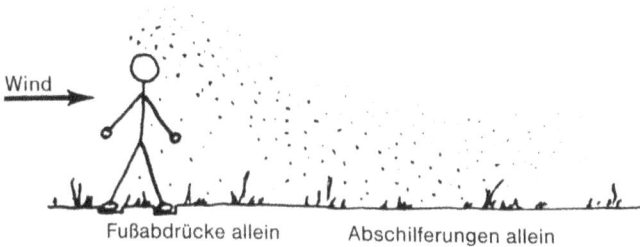

Abbildung 3: „Geruchsverhältnisse am Boden", aus: Syrotuck (1981), S. 66 (Abb. 18a).

Jede Minute, so Syrotuck, lösen sich mehr als 40.000 winzige, für das bloße Auge unsichtbare Schuppen von der menschlichen Hautoberfläche.[57] Das Wachstum neuer und die Entsorgung alter Zellen produziert einen ununterbrochenen Ausstoß von winzigen Partikeln, die – getragen von Luftströmungen – den menschlichen Körper als unsichtbare Wolke umhüllen:[58] „The cumulative debris, also known as ‚rafts‘, envelops each person in an invisible cloud that constantly drifts

---

56 Für den engen Zusammenhang von Wittern, Wetter und Atmosphäre vgl.: Böhme, Gernot (2011): „Das Wetter und die Gefühle", in: Andermann, Kerstin/Eberlein, Undine (Hg.): Gefühle als Atmosphären. Neue Phänomenologie und philosophische Emotionstheorie. Berlin: Akademie, S. 151–166.
57 Vgl. Syrotuck (1981), S. 41.
58 Vgl. Syrotuck (1981), S. 44.

or disperses"[59]. Die Bezeichnung *rafts* – englisch für *Flöße* – ist treffend gewählt, weil die kleinen Partikel tatsächlich als Transportmedien fungieren. Auf jeder Hautschuppe, so Syrotuck, reisen durchschnittlich vier „mikrobielle Passagiere"[60], die ununterbrochen an der chemischen Zersetzung ihres eigenen Luftfahrzeugs arbeiten. Aus diesem Abbauprozess entstehen gasförmige Ausdünstungen, die als Emissionswolke um die Flocke zirkulieren und sich mit den anderen Wolken zur Geruchssignatur eines menschlichen Körpers verbinden.

Wenn Syrotuck winzige Partikel als Träger der Geruchswahrnehmung identifiziert, knüpft er implizit an eine lange Tradition an, die den Geruch als einen charakteristischen Prozess der *Emission* beschreibt. Bereits die antiken Atomisten haben Geruchseindrücke und andere Sinneswahrnehmungen durch die Ausströmung kleinster Fragmente erklärt. Als Ursache der Sinneseindrücke vermutet etwa der epikureische Philosoph Lukrez unsichtbare „Häutchen"[61], die sich unablässig von den Gegenständen ablösen, als Partikel in der Luft umherschweifen und von Zeit zu Zeit auf empfindliche Sinnesorgane treffen: Es gibt etwas, „was wir *simulacra* nennen, Bildchen der Dinge. Eine Art Haut sind sie, die sich von den Dingen löst, dann umherfliegt in der Luft"[62] Lukrez veranschaulicht die Ausbreitung der Simulakren immer wieder an „Gerüche[n]", die unaufhörlich den Dingen „entströmen"[63]. Dabei ist der Geruch kein beliebiges Beispiel, er liefert „geradezu das Modell der Lukrez'schen Welt"[64], wie der Kulturwissenschaftler Hartmut Böhme schreibt: „Bei Lukrez sind die Dinge wahrnehmbar in der Weise, wie sie sich dem Riechen präsentieren"[65], nämlich als ein „Wittern der Dinge"[66]

Wie bei Syrotuck erscheint die *Witterung* also auch hier als ein Wahrnehmungsmodus, der sich für den unablässigen, atmosphärischen Ausstoß der Dinge sensibilisiert. Nicht die „Geschlossenheit der Dinge"[67] bildet den zentralen Bezugspunkt der Witterung, sondern ihr „fortwährendes Sich-Zeigen"[68] im Modus der

---

59 Fenton (1992), S. 292.

60 Syrotuck (1981), S. 41.

61 Lukrez (2017): Über die Natur der Dinge, übersetzt von Klaus Binder. München: dtv, S. 137 (= Buch IV 30–33).

62 Lukrez (2017), S. 137. (= Buch IV 30–33) [Herv. i. Orig.].

63 Lukrez (2017), S. 141 (= Buch IV, 218–229).

64 Böhme, Hartmut (1993): „Welt aus Atomen und Körper im Fluss. Gefühl und Leiblichkeit bei Lukrez", in: Großheim, Michael/Waschkies, Hans-Joachim (Hg.): Rehabilitierung des Subjektiven. Festschrift für Hermann Schmitz. Bonn: Bouvier, S. 413–439, hier: S. 435.

65 Böhme (1993), S. 437.

66 „Das Wind- und Wetterhafte der sinnlichen Welt bei Lukrez ist seiner Form nach eine Art Wettern und Wittern der Dinge.", Böhme (1993), S. 438 [Herv. M. S.].

67 Böhme (1993), S. 429.

68 Böhme (1993), S. 429.

Emission. Während Syrotuck jedoch nur den menschlichen Körper als Quelle von Emissionen in den Vordergrund stellt, betont Böhme im Anschluss an die antiken Atomisten, dass *sämtliche* Dinge „immer schon über sich hinaus"[69] sind und sich der Wahrnehmung als atmosphärische Ekstasen darbieten: „Alle Körper sind in der Weise eines ständig sich um sie herum Mitteilens – die *simulacra, figurae, imagines* sind die Ekstasen der Dinge."[70] Daraus ergibt sich ein interessantes Problem für den Prozess der Witterung im Trümmerfeld: Denn auch dort entäußern sich keineswegs nur menschliche Körper in die Umgebung, vielmehr mischen sich anthropogene Emissionen mit unzähligen anderen Emissionsquellen. Dämpfe von geschmolzenen Materialien, Ausdünstungen von schwitzenden Körpern, Staubwolken aus pulverisiertem Geröll, Gerüche von Lebensmitteln, Abgase von Motoren und Rauchschwaden bilden eine konfuse, olfaktorische Kakophonie. Nirgends löst sich die „Geschlossenheit der Dinge"[71] stärker in eine Wolke aus Emissionen auf als im Dunst des Trümmerfeldes.

Die größte Herausforderung des witternden Hundes besteht nun darin, aus diesem heterogenen Gemenge spezifisch *menschliche* Emissionen heraus zu wittern, also jene Spurenelemente, die vom Körper der Verschütteten ausgehen. Damit diese Witterung gelingt, bedarf es einer langwierigen Übungs- und Unterscheidungsarbeit, bei der das olfaktorische Differenzierungsvermögen des Suchhundes fortlaufend verfeinert wird.[72] In Anlehnung an den Soziologen Bruno Latour könnte man hier von einem Prozess der zunehmenden „articulation"[73] sprechen. In seinem Aufsatz *How To Talk About the Body* beschreibt Latour einen Prozess der progressiven Gliederung und Verfeinerung von Sinnes- und Wahrnehmungsorganen durch wiederholte Vergleichsübungen. Als zentrales Beispiel dient Latour ein so genanntes „odour kit"[74], eine Sammlung fein abgestimmter Geruchsproben, wie sie in der Parfümerie Anwendung finden. Durch fortlaufende Geruchsvergleiche soll sich die Nase für immer feinere olfaktorische Differenzen sensibilisieren. Damit verwandelt sie sich in ein zunehmend differenziertes, gegliedertes, also *artikuliertes* Wahrnehmungsorgan: „she learned to have a nose that allowed her to inhabit a (richly differentiated odoriferous) world."[75]

---

69 Böhme (1993), S. 436.
70 Böhme (1993), S. 434.
71 Böhme (1993), S. 429.
72 Zum Training von Suchhunden vgl. auch: Fenton (1992) S. 294.
73 Latour, Bruno (2004): „How to Talk About the Body. The Normative Dimension of Science Studies", in: Body & Society, 10 (2–3), S. 205–229, hier: S. 209. [Herv. i. Orig.].
74 Latour (2004), S. 206.
75 Latour (2004), S. 207.

Auf ähnliche Weise muss auch die Nase des Suchhundes zur Vorbereitung auf die Trümmersuche mit neuen Gliederungen angereichert werden. In wiederholten Probedurchgängen begegnen Suchhunde einer Vielzahl von unterschiedlichen Stimuli, unter denen es jeweils den spezifisch menschlichen Geruch herauszufinden gilt. Als besonders effektiv haben sich dabei so genannte *Differenzierungs-* oder *Suchboards* erwiesen – unterteilte Holzstege mit Geruchsproben unterschiedlichster Herkunft, an denen ein breites Spektrum von Unterschieden erprobt und verglichen werden kann.[76] Ganz ähnlich wie Latours *odour kit* könnte man auch das Board als Medium der *Artikulation* beschreiben, das zur zunehmenden Feingliederung der Hundenase beiträgt. Der Schwierigkeitsgrad lässt sich dabei beliebig steigern. William Syrotuck etwa empfiehlt zur „Schärfung des Unterscheidungsvermögens"[77] die Geruchsübungen „in einem Raum voller Zwiebeln oder gebratener Steaks"[78] durchzuführen, um den Hund unter immer widrigeren Bedingungen darauf zu trainieren „den Schlüsselgeruch vom Hintergrund unterscheiden"[79], also die spezifisch *menschliche* Note aus der Kakophonie der Gerüche herauszufiltern. Das menschliche Leben erscheint hier somit als ein Prozess der zunehmenden Differenzierung von nicht-menschlichen Gerüchen.

Allerdings geht es bei diesem Artikulationsprozess nicht allein darum, die *menschliche* Geruchssignatur gegenüber *nicht*-menschlichen Gerüchen abzugrenzen, vielmehr müssen auch *innerhalb* des Menschlichen präzisere Abgrenzungen getroffen werden. Denn nicht nur *lebende* Menschen emittieren unablässig, „auch bei einem toten Körper werden Geruchsstoffe freigesetzt"[80], wie Syrotuck erinnert. Auch und gerade im Zustand der Dekomposition gibt der menschliche Körper noch Geruchswolken ab, die teils leicht mit denen von lebenden Menschen zu verwechseln sind.[81] Emissionen dürfen also nicht *per se* als Äußerungen eines lebenden Körpers gedeutet werden, sondern müssen zunächst von den Äußerungen der *Toten* unterschieden werden. Deshalb wird empfohlen, bei der Ausbildung von Suchhunden mit Leichenteilen oder organischen Abfällen zu arbeiten, um die Kon-

---

76 Vgl. dazu exemplarisch: Spürhundesport.de (o. J.): „SHS-Geruchsdifferenzierung", URL: http://www.spürhundesport.de/Differenzierung (zuletzt aufgerufen am 8. Dezember 2020).
77 Syrotuck (1981), S. 89.
78 Syrotuck (1981), S. 90.
79 Syrotuck (1981), S. 89.
80 Syrotuck (1981), S. 92.
81 Dieser Verwechslungsgefahr sahen sich bereits die Sanitätshunde im Ersten Weltkrieg ausgesetzt, wie die Historikerin Julia Klan bemerkt: „Die Realität zeigte aber, dass Hunde frisch Verstorbene mit Verwundeten gleichsetzten.", siehe: Klan, Julia (2009): Der ‚Deutsche Verein für Sanitätshunde' und das Sanitätshundewesen in Deutschland (1893–1946). Gießen: Laufersweiler, S. 70.

traste zum lebendigen Körper besonders deutlich herauszustellen.[82] Das Ergebnis dieser Übung ist eine Eingrenzung des Suchobjekts auf *lebende* Menschen: „The definition of victims in the research does not include deceased victims [...]."[83] Die Witterung von Lebenszeichen wird also paradoxerweise erst durch die Einbeziehung von Toten möglich, die in den Prozess der Witterung zugleich ein- und von ihm ausgeschlossen sind: *eingeschlossen*, sofern ihre Emissionen zur Verfeinerung der Hundenase beitragen, *ausgeschlossen*, sofern sie nicht als signifikante Zeichen gewertet werden, sondern als insignifikante Phänomene in den Hintergrund treten.

So evident dieser Ausschluss der Toten bei der Suche nach Überlebenden auch scheint – schon allein, weil jede Suche nach Toten notwendig von der Zeit der Lebenden abgeht[84] –, so problematisch erweist er sich in bestimmten, kulturellen Kontexten, in denen Tote prinzipiell gleichrangig mit Lebenden behandelt werden. So heißt es in einer vergleichenden Studie über verschiedene Suchmethoden im Trümmerfeld: „On the other hand, there are cultures that value their deceased as high as the living. Therefore, based on cultural factors, the teams must decide for each operation whether or not they should perform an active search for deceased victims."[85] Unter diesen Bedingungen wird deutlich, dass die Artikulation des Lebenszeichens selbst wiederum von basalen kulturellen Gliederungen und Leitunterscheidungen abhängt, die immer auch anders ausfallen können: allen voran von der hierarchischen Abgrenzung der Lebenden von den Toten. Solche grundlegenden kulturellen Artikulationen bestimmen maßgeblich mit, was als relevantes Zeichen im Trümmerfeld gelten kann und was nicht.

Es ist somit ein komplexer und mehrschichtiger Artikulationsprozess, aus dem sich das menschliche Leben im Trümmerfeld herauskristallisiert. Zusätzlich jedoch muss noch ein zweiter, gegenläufiger Prozess bei der Ausbildung des Trümmerhundes am Werk sein, den man vielleicht *Desartikulation* nennen könnte. Hier geht es nicht länger um die Verfeinerung des Unterscheidungsvermögens, sondern um die gezielte *Vergröberung* oder *Ausblendung* von vorhandenen Unterschieden. Mit ihrem subtilen Geruchssinn wären Suchhunde nämlich in der Lage, weit feinere Unterschiede zu erfassen, als es die Suche in Trümmerfeldern verlangt, zum Beispiel individuelle Geruchsmarken von „bestimmten Personen"[86]. Während die Indi-

---

82 Vgl. Fenton (1992), S. 298.
83 Bäckström/Christoffersson (2006), S. 59.
84 Vgl. Bäckström/Christoffersson (2006), S. 59.
85 Bäckström/Christoffersson (2006), S. 59.
86 Syrotuck (1981), S. 89. [Herv. i. Orig.].

vidualisierung bei der Suche nach einzelnen Vermissten – dem so genannten *man-trailing*[87] – ausdrücklich erwünscht ist, muss sie bei der Trümmersuche kategorisch ausgeschlossen werden. Hier richtet sich die Aufmerksamkeit gerade *nicht* auf die singuläre Geruchsmarke *dieses einen* Menschenlebens, vielmehr auf „jedes menschliche Lebewesen"[88] – unter Abzug aller individuellen Besonderheiten. Die Frage an den Trümmerhund lautet nicht, wie Syrotuck schreibt, „Ist Herr Jonas hier?"[89] – im Sinne eines personalisierten Suchauftrags –, sondern pauschal: „Ist irgendjemand hier?"[90], wobei die Vorsilbe *-irgend* die maximale Unbestimmtheit und Allgemeinheit markiert.

Daher besteht das erklärte Ziel der Ausbildung zur Trümmersuche darin, die Nase des Hundes von der Spezifik individueller Menschen abzulenken, sie gleichsam für die feinen Unterschiede *zwischen* einzelnen Menschen zu *de-sensibilisieren:* Durch die Vorführung einer möglichst breiten Palette menschlicher Geruchsvarianten – einer hohen „variety of victims"[91] –, geht es darum, von den individuellen Charakteristika der Geruchswolken zu abstrahieren und eine Art generisches Geruchsbild, ein „total model of fragrance from humans"[92] herauszudestillieren, das „auf den Menschen allgemein"[93] verweist. Der ‚Mensch allgemein' ist hier also nicht bereits gegeben, sondern entsteht erst durch die Überlagerung unzähliger menschlicher Geruchsbilder. Ähnlich wie bei der so genannten „Kompositfotografie"[94], bei der ein Durchschnittsgesicht durch die Überlagerung einzelner Porträts erzeugt wird, ist auch der durchschnittliche Menschengeruch die Summe zahlreicher Einzelgerüche. Daran zeigt sich, dass die Ausbildung des Suchhundes gerade nicht nur auf eine zunehmende Differenzierung und Distinktion ausgerichtet ist, sondern auch eine *Ent-differenzierung* und *In-distinktion* von Unterschieden erfor-

---

87 Vgl. Babian, Carsten/Dreßler, Jan/Woidtke, Leif (2018): „Individual Human Scent as a Forensic Identifier Using Mantrailing", in: Forensic Science International, 282, S. 111–121.
88 Syrotuck (1981), S. 92.
89 Syrotuck (1981), S. 91.
90 Syrotuck (1981), S. 91.
91 Fenton (1992), S. 295.
92 Bäckström/Christoffersson (2006), S. 18.
93 Syrotuck (1981), S. 89.
94 Die Technik der Kompositfotografie wurde ursprünglich Mitte des neunzehnten Jahrhunderts von Francis Galton zur Identifizierung typischer physiognomischer Merkmale von bestimmten Personengruppen entwickelt, allen voran von Straftäter*innen. Galtons Anliegen war also nicht die Hervorhebung eines ‚allgemein Menschlichen', sondern die physiognomische und rassistisch grundierte Differenzierung von verschiedenen Menschentypen (vgl. Galton, Francis (1879): „Composite Portraits, Made by Combining Those of Many Different Persons Into a Single Resultant Figure", in: The Journal of the Anthropological Institute of Great Britain and Ireland, 8, S. 132–144, hier: S. 140). Auch bei William Syrotuck finden sich Einlassungen über „rassische Unterschiede" im menschlichen Geruchsbild, siehe: Syrotuck (1981), S. 24.

dert. Nur wenn die Differenzen zwischen Einzelgerüchen verschwimmen, taucht das Menschliche als „unscharfe Allgemeinheit"[95] eines generischen Geruchsbildes auf.

Gleichwohl scheint dieses verallgemeinerte Geruchsbild noch nicht ausreichend, um verschüttete Menschen in Notsituationen tatsächlich zu wittern. Vielmehr muss das Geruchsbild im Verlauf der Trümmersuche als ein *gerichteter* Index wahrgenommen werden, der auf ein konkretes verschüttetes Leben-in-Not hindeutet. Bereits einleitend war betont worden, dass sich Emissionen zunächst als *ungerichtete* Phänomene in der Umgebung ausbreiten und erst durch die Arbeit der Interpretation eine gewisse Direktionalität erhalten. Genau diese Deutungsarbeit fällt im Trümmerfeld der Witterung des Suchhundes zu. Wittern bedeutet nicht allein, einen „Schlüsselgeruch vom Hintergrund"[96] zu unterscheiden, sondern auch „dem ansteigenden Pegel der Geruchsintensität"[97] in Suchrichtung zu folgen und die Geruchsquelle zu orten. Dieser Prozess lässt sich deutlich an der zunehmenden *Direktionalität* der Suchbewegungen des witternden Hundes beobachten. Von einer eher ungerichteten, unstrukturierten Bewegung im Feld verändert sich sein Bewegungsmuster unter dem Einfluss der Witterung zunehmend in ein orientiertes Geschehen.[98] Die vormals freischwebenden Geruchsemissionen erhalten einen dezidiert *indexikalischen* Sinn: sie weisen *in die Richtung* des Objekts, von dem sie ausgegangen sind.

In diesem Prozess erfüllt der witternde Hund eine doppelte semiotische Funktion: einerseits verleiht er den ungerichteten Emissionen eine Richtung, interpretiert sie also durch seine Bewegungsabläufe als Indizes, andererseits jedoch wird er selbst zu einem Index. Denn gerade an seinen subtilen Richtungsänderungen erkennen die menschlichen Such- und Rettungskräfte, die die Bewegungsmuster ihres Hundes zu „lesen"[99] gelernt haben, in welcher Richtung Verschüttete zu finden sein könnte. Indem der Hund also die Witterung nicht nur aufnimmt, sondern auch für andere anzeigt, wird er selbst zu einem Index, der die Aufmerksamkeit

---

95 Richtmeyer, Ulrich (2014): „Die unscharfe Allgemeinheit des Bildes. Wittgensteins Begriff der Familienähnlichkeit und das biometrische Kompositbild", in: ders. (Hg.): PhantomGesichter. Zur Sicherheit und Unsicherheit im biometrischen Überwachungsbild. Paderborn: Wilhelm Fink, S. 107–128.

96 Syrotuck (1981), S. 89.

97 Syrotuck (1981), S. 89.

98 Zum genauen Vorgehen bei der Hundesuche und den verschiedenen möglichen Suchmustern, vgl. Syrotuck (1981), S. 97. sowie Bäckström/Christofferson (2006), S. 25.

99 So lautet eine der wichtigsten Aufforderungen an Hundeführer*innen: „Learn to watch and read your dog.", vgl. Graham, Hatch/Graham, Judy (1990): „Watch your Dog! Search and Rescue Dogs", in: Dog Sports, April 1990, online verfügbar unter: http://www.somersetsunset.net/pdf/Watch.pdf (zuletzt aufgerufen am 8. Dezember 2020), S. 2.

des Rettungsensembles neu ausrichtet und auf die Ursache seiner Bewegungen lenkt. Die zunehmende Ausrichtung des Hundes kulminiert schließlich im so genannten *Anzeigeverhalten*, also im lauten Gebell und intensiven Kratzen am Fundort,[100] womit er deiktisch auf die verschüttete Person weist.

Die Witterungsarbeit im Trümmerfeld lässt sich folglich als ein Prozess der zunehmenden *Ausrichtung* beschreiben: Nach und nach wird die anfangs diffuse, ungerichtete Emissionswolke der Verschütteten *vektorisiert*, bis sie schließlich auf einen einzigen, konzentrierten Punkt zuläuft, nämlich den „Punkt der höchsten Geruchskonzentration"[101], an dem die gesuchte Person mutmaßlich verschüttet ist. Die weitläufige Ausbreitung der Emissionen wird durch die Witterungsarbeit gleichsam rückgängig gemacht. In der graduellen Annäherung an die Geruchsquelle gewinnt der verschüttete Körper mehr und mehr an Dichte zurück, als ob sich die disperse Wolke wieder zur kondensierten Gestalt eines Menschen zusammenzieht. Wenn Rettungskräfte schließlich einen staubbedeckten, leibhaftigen Überlebenden aus dem Trümmerfeld bergen, dann ist dieser opake Körper letztlich das Ergebnis einer zunehmenden *Verdichtung* unzähliger weit verstreuter Zeichenpartikel, die sich im Milieu des Trümmerfeldes verstreut hatten.

Diese Verstreuung ist – so zeigt sich im Rückblick auf die Arbeit des Suchhundes – keineswegs ein akzidenzieller Nebeneffekt verschütteter Körper, vielmehr hängt ihre Existenz von diesem Verstreut-Sein ab. Nur weil Leben „immer schon über sich hinaus"[102] ist, nur weil es sich durch unwillkürliche und ungerichtete Emissionen in der Umgebung verbreitet, kann es in Not- und Katastrophenfällen geortet und gerettet werden. Solange man lebendige Körper als geschlossene, abgedichtete und ortsfeste Entitäten deutet, scheint es unmöglich, sie im Trümmerfeld erfolgreich aufzuspüren. Sobald man jedoch Existenz als fortlaufende Ekstase, als Expansion und Emission begreift, sobald man den Radius des Lebens über die Körpergrenzen hinaus erweitert, lässt sich Leben unter Trümmern wittern und aus seiner Notlage befreien.

Doch ist der Modus der Witterung keineswegs auf das Milieu des Trümmerfeldes begrenzt, sondern erstreckt sich auf vielfältige andere Not- und Katastrophenszenarien. Auch nach Lawinenunglücken beispielsweise stellt sich die Frage „Ist irgendjemand unterm Schnee begraben?"[103], die mit der Hilfe von witternden Hunden meist präzise beantwortet werden kann. Dabei verlaufen die Praktiken der

---

100 Vgl. Syrotuck (1981), S. 89.
101 Syrotuck (1981), S. 89.
102 Böhme (1993), S. 429.
103 Syrotuck (1981), S. 91.

Witterung weitgehend analog zu denen des Trümmerfeldes: „es handelt sich hierbei lediglich um eine Änderung der Umgebung"[104], wie William Syrotuck schreibt. Gegen Ende seines Buches macht Syrotuck jedoch noch auf ein anderes Anwendungsgebiet von Suchhunden aufmerksam, bei dem sich die Vorzeichen fundamental verkehren: „Ein Polizist, der eine Gebäudedurchsuchung vornimmt"[105], um einen flüchtigen Verdächtigen zu stellen, wird ebenfalls auf die Witterung von Suchhunden zurückgreifen, die auf das Geruchsbild *irgendeines* Menschen trainiert sind. Dieses Szenario weist auf eine brisante Kehrseite der hier untersuchten Artikulationsweise hin. Offenbar können Emissionen nicht nur dazu dienen, verschüttetes Leben-in-Not zu wittern, sondern auch versteckte, verborgene und verfeindete Subjekte aufzuspüren, die sich der sensorischen Erfassung gerade zu entziehen versuchen. Auch sie sind immer schon *über sich hinaus*, verflüchtigen sich durch mannigfache Emissionen in die eigene Umgebung und können auf diesem Wege aufgespürt, *erfasst* und *gefasst* werden. Emissionen wirken in diesen Fällen nicht zu Gunsten des Lebens: vielmehr verraten sie das Leben an die Suchenden.

Diese *verräterische* Dimension rückt die Artikulationsweise der Emissionen in ein seltsames Zwielicht. Wie verändert sich der Modus, sobald Emissionen zum Aufspüren versteckten und verborgenen Lebens erfasst werden, statt zur Suche und Ortung von Verschütteten? Welche Verhältnisse ergeben sich zwischen Leben, Zeichen und Medien, wenn Lebende „ohne ihr Wissen, häufig gegen ihren Willen und in einigen Fällen gegen ihren expliziten Widerstand"[106] erfasst werden? Diese Fragen möchte der folgende Abschnitt anhand eines sensorischen Mediums untersuchen, das durch eine eigentümliche Ambivalenz geprägt ist: Einerseits dient es dazu – wie die Suchhunde –, verschüttetes Leben in Trümmerfeldern aufzuspüren, erfüllt also durchaus eine existenzielle Funktion für das Leben in Not- und Katastrophensituationen. Andererseits kommt dasselbe Medium auch zum Einsatz, wenn mit dem aktiven Widerstand des Lebens gegen die sensorische Erfassung zu rechnen ist. Genau diesem Spannungsfeld zwischen Erhaltung und Ergreifung des Lebens soll sich der folgende Abschnitt widmen.

---

104 Syrotuck (1981), S. 91.

105 Syrotuck (1981), S. 91.

106 Diese eingängige Formel verwendet der Medienhistoriker Stephan Gregory in Bezug auf den Akt der Klassifizierung, siehe: Gregory, Stephan (2021): Class Trouble. Eine Mediengeschichte der Klassengesellschaft. Paderborn: Wilhelm Fink, S. 437.

4.3 Verräterische Zeichen

Wenn die Arbeit der Spürhunde im Trümmerfeld abgeschlossen ist und mögliche Verschüttete aufgespürt wurden, kommt nicht selten – zur präziseren Ortung – ein zweites sensorisches Medium zum Einsatz. Das so genannte *Geophon* erfasst keine unsichtbaren Geruchspartikel, sondern seismische Vibrationen des Untergrunds.[107] Allerdings nicht jene verheerenden, maximalen seismischen Erschütterungen, die überhaupt erst zur Entstehung von Trümmerfeldern führen: „[...] the single most common and devastating cause of collapse of man-made structures is earthquake.“[108] Vielmehr können auch *nach* dem Abklingen eines Erdbebens zuweilen noch subtile, seismische Vibrationen in Trümmerfeldern aufgespürt werden, die womöglich auf verschüttetes Leben hindeuten.

Um diese Vibrationen aufzuspüren, müssen zunächst einige technische Vorkehrungen getroffen werden, die in der einschlägigen Literatur ausführlich beschrieben sind.[109] Allen voran müssen sämtliche Vibrationsquellen in der näheren Umgebung des Feldes – etwa Presslufthämmer, Bagger oder Generatoren – abgeschaltet werden, um jegliche „interference of signals from other sources“[110] auszuschließen. Daraufhin werden kleine Sonden oder *Geophone*, auf der Oberfläche platziert und mit einer zentralen Auswertungseinheit verbunden. Jede der Sonden besteht aus einem Gehäuse mit einem magnetischen Metallplättchen im Inneren. Schon bei minimalen Erschütterungen des Untergrunds wird das Plättchen in Schwingung versetzt. Induktionsschleifen übersetzen die Schwingungen in elektrische Spannungsunterschiede, die wiederum als Signale in den Kopfhörern der Rettungskräfte hörbar und auf visuellen Anzeigen sichtbar werden.[111] Sobald eines der Geophone ein Signal erfasst, werden die übrigen kreisförmig um das stärkste aus-

---

107 Eine frühe Beschreibung des Funktionsprinzips der Geophonie findet sich bei: Waetzmann, Erich (1927): „Zur Ausbreitung elastischer Schallwellen in der Erdoberfläche“, in: Die Naturwissenschaften, 15 (18), S. 401–403, hier: S. 403. Wir werden weiter unten noch detaillierter auf die Frühgeschichte der Geophonie eingehen.

108 Nezirovic, Amer (2010): Trapped-Victim Detection in Post-Disaster Scenarios Using Ultra-Wideband Radar. Dissertation an der Delft University of Technology, Online-Veröffentlichung, S. 1, URL: https://repository.tudelft.nl/islandora/object/uuid:4416dd48-9829-4af0-b678-8fcd8e87788a/datastream/OBJ/download (zuletzt aufgerufen am 8. Dezember 2020).

109 Vgl. Bäckström/Christoffersson (2006), S. 38.

110 Bäckström/Christoffersson (2006), S. 21.

111 Vgl. Bäckström/Christoffersson (2006), S. 21. Für das detaillierte technische Konstruktionsprinzip des Geophons vgl. Kumar, Arvid et al. (2003): „Trapped Miners Detection, Location and Communication System“, in: Minetech, 24 (6), S. 1–13, hier: S. 4, 6.

gerichtet. Dieser Vorgang wiederholt sich in rekursiven Schleifen, bis das Epizentrum der seismischen Aktivität gefunden ist.[112]

Es handelt sich beim Geophon also unverkennbar um ein *indexikalisches* Medium, das in physischen Kausalbeziehungen zu seiner Umgebung steht. Jedes Ereignis, das die Oberfläche des Trümmerfeldes in Resonanz versetzt, schlägt sich als Index auf den Oberflächen der Sensoren nieder. Dabei muss jedoch nicht allein das Geophon, sondern auch das Trümmerfeld selbst als indexikalisches Medium fungieren. Das Geophon, so der Audio-Kommentar eines Herstellervideos, „effectively turns the entire collapse into a powerful amplifier"[113], verwandelt also das Feld selbst in ein Medium zur Weiterleitung und Verstärkung minimaler seismischer Effekte. Gleichwohl entspricht die Topographie von Trümmerfeldern nur selten dem idealisierten Bild eines perfekten Verstärkers. Bereits die heterogene materielle Zusammensetzung von Trümmerfeldern sorgt dafür, dass sich Vibrationen keineswegs geradlinig und zielgerichtet, sondern auf völlig ungerichtete und unvorhersehbare Weise im Feld ausbreiten:[114] Verschüttete Schallschutz- oder Dämmmaterialien beispielsweise schlucken jede Erschütterung und verhindern eine weiträumige Ausbreitung. Metallische Rohre wie Wasserleitungen hingegen, lassen Geräusche in chaotischen Streuungsmustern kreuz und quer durch das Feld mäandern und – ähnlich wie die vom Wind verwehten Geruchswolken – weit jenseits ihres Ursprungsorts auftreten.[115]

Doch welcher Art sind die seismischen Effekte, die sich derart im Feld ausbreiten und vom Geophon als Indizes erfasst werden? Üblicherweise richtet sich die Aufmerksamkeit des Geophons auf rhythmische Aktivitäten von Verschütteten, etwa Klopfen, „Kratzen und Schaben"[116] oder Rufen. Bereits während des Zweiten Weltkriegs wurde die Zivilbevölkerung mit Handzetteln dazu aufgefordert, im Falle einer Verschüttung „mit einem Hammer oder mit einem anderen harten Gegenstand gegen die Wand oder gegen den Fußboden [zu] klopfen"[117], um sich gegenüber den Geophonen der Suchkräfte bemerkbar zu machen. Das verschüttete

---

112 „By always moving the sensor or sensors that have no or weaker signals, the operator can, as previously, encircle a specific area in the rubble where the victim is probably located.", siehe. Bäckström/Christoffersson (2006), S. 31.
113 Leader Group (2012): „LEADER Wired Audio ResQ life detetor for detection and location of buried victims", YouTube-Video vom 29. August 2012, URL: https://www.youtube.com/watch?v=qOP3jpplLTU (zuletzt aufgerufen am: 8. Dezember 2020), Timecode: 00:01:30.
114 Vgl. Bäckström/Christoffersson (2006), S. 21.
115 „Steel strucutres or pipes conduct sound very well. However these often meander through a building in many directions, taking the sound along its length, which can give an incorrect location", Audio-Kommentar in: Leader Audio ResQ (2012), Timecode: 00:02:20.
116 Friedrich (2002), S. 424.
117 Zitiert nach: Friedrich (2002), S. 424.

Leben soll sich mit gerichteten Zeichen von seiner Umgebung abheben und deiktisch auf seinen Standort aufmerksam machen. Doch neben solchen gerichteten Indizes sind Geophone auch für eher zufällige Vibrationen und Geräusche empfänglich. Schon ein unwillkürliches Husten oder schweres Atmen des Verschütteten kann sich als schwache Resonanz im Trümmerfeld ausbreiten und die Geophone in Schwingung versetzen. Und auch die verzweifelten Befreiungsversuche eines Erdbebenopfers, das sich mit aller Kraft gegen die Trümmerdecke stemmt oder mit Fingernägeln kratzt,[118] ruft ein ganz ähnliches „Kratzen und Schaben"[119] hervor, wie die deiktischen Klopfzeichen. In all diesen Fällen sind es gerade keine gerichteten Exponierungen, sondern ungerichtete, diffuse oder zufällige Nebeneffekte, die als winzige Nachbeben des Lebens zur Rettung der Verschütteten führen können.

Gerade weil das Geophon in der Lage ist, auch unterschwellige und ungewollte Vibrationen hörbar zu machen, kann es zu völlig anderen Zwecken eingesetzt werden als zur Detektion und Ortung des Lebens in Not. Geophone können das Leben auch dann noch anhand minimaler Emissionen aufspüren, wenn es sich mit allen Mitteln zu verbergen sucht. Ohne es zu wollen, teilen sich versteckte oder verborgene Subjekte durch ihre unwillkürlichen, seismischen oder akustischen Vibrationen ihrer Umgebung mit und verraten sich gegenüber sensorischen Medien. Um diese heimliche und unheimliche Dimension der Emissionen genauer zu erforschen, muss man sich vom Schauplatz des Trümmerfeldes entfernen und tiefer in die Frühgeschichte der Geophonie vordringen.

Untergraben

Tatsächlich liegt der Ursprung des Geophons weit unter den Trümmerfeldern, in den Tiefen des Erdreichs, genauer: im Graben- und Stollenkampf des Ersten Weltkriegs. Der Grabenkrieg hat eine ganze Reihe von technischen Innovationen auf dem Gebiet sensorischer Medien hervorgebracht. Besonders die „Identifikation, Klassifikation und Lokalisation von Geräuschen"[120] erhielt unter den eingeschränk-

---

118 „Sogar das Kratzen mit einem Fingernagel [ist] im Horchgerät wahrzunehmen", siehe: Friedrich (2002), S. 424.
119 Friedrich (2002), S. 424.
120 Volmar, Axel (2013): „In Stahlgewittern. Mediale Rekonstruktionen der Klanglandschaft des Ersten Weltkriegs in der Weimarer Republik", in: Binczek, Natalie/Epping-Jäger, Cornelia (Hg.): Das Hörbuch. Audioliteralität und akustische Literatur. München: Wilhelm Fink, S. 47–63, hier: S. 48.

ten Sichtverhältnissen der Schützengräben eine wahrhaft „existenzielle Bedeutung"[121], so der Medienhistoriker Axel Volmar. Ingenieure aller Kriegsparteien konzentrierten ihre Bemühungen darauf, die Sensibilität des menschlichen Ohrs durch neuartige akustische Horch- und Ortungstechniken zu steigern.[122] Neben Richtungshörern zur Lokalisierung von Fliegerschall und Artilleriefeuer,[123] wurde auch das „Erdreich zum Hörraum"[124] gemacht, wie Julia Encke in ihrer Studie *Der Krieg und die Sinne* schreibt. Die ständige Gefahr, im Schützengraben von gegnerischen Einheiten untertunnelt und aus dem Untergrund heraus in die Luft gesprengt zu werden, machte es nötig, geringste Geräusche zu erfassen, die auf feindliche Minier-Arbeiten hindeuten könnten.

Auf genau diese Herausforderung antworten die ersten Geophone, die auf deutscher Seite insbesondere von den Akustikern und Physiologen Erich Waetzmann und Ralf Edelmann entwickelt wurden.[125] Anders als die heutigen Geophone ähneln sie weniger der Bauweise eines Seismographen als der eines empfindlichen Mikrophons: Im Metallgehäuse der Sonde ist eine Membran eingefasst, die feinste Schwingungen im Untergrund aufnimmt, elektroakustisch übersetzt und über Stethoskop-Kabel an die Ohren der militärischen „Horchposten"[126] weiterleitet. Durch das zeitlich versetzte Eintreffen der Geräusche in den beiden Hörmuscheln soll dann die Richung der Klänge bestimmt werden. Das Geophon begünstigt somit eine Hörpraxis, die Volmar „*lokalisierende[s] Hören*"[127] nennt, also den Einsatz von Klängen „zur Bestimmung von Richtungen, Orten, Ausdehnungen und anderen räumlichen Parametern."[128] Eine solche Hörpraxis wird besonders dann erforderlich, wenn sich die Klangquelle – wie im Grabenkrieg – einer direkten visuellen Anschauung entzieht.

Bereits in der Verschüttetensuche hatte das Geophon zur Lokalisierung einer unsichtbaren Geräuschquelle gedient. Im Unterschied jedoch zu den Verschütteten im Trümmerfeld, die im günstigsten Fall mit auffälligen Klopfzeichen auf ihre Notlage aufmerksam machen, werden die Mineure im Grabenkrieg jede Äußerung

---

121 Volmar, Axel (2015a): Klang-Experimente. Die auditive Kultur der Naturwissenschaften. Frankfurt am Main/New York: Campus, S. 113.
122 Volmar (2015a), S. 93–94.
123 Ab 1915 etwa entwickeln die Akustiker Erich Moritz Hornbostel und Max Wertheimer den so genannten „Richtungshörer": zwei große, paarweise angeordnete Hörtrichter zur Ortung von Fliegerschall, vgl. Volmar (2015a), S. 94–95.
124 Encke, Julia (2006): Augenblicke der Gefahr. Der Krieg und die Sinne. München: Wilhelm Fink, S. 118.
125 Vgl. Encke (2006), S. 119.
126 Encke (2006), S. 117.
127 Volmar (2015a), S. 18. [Herv. i. Orig.].
128 Volmar (2015a), S. 18.

unterlassen, die dem Gegner ihre Anwesenheit verraten könnte: „Stille ist das Gebot des Minenkriegs."[129] Deshalb kann sich die Aufmerksamkeit der Horchdienste nicht länger auf gezielte und gerichtete Zeichen stützen, sondern muss sich für beiläufige Geräusche sensibilisieren, die ungewollt bei feindlichen Grabungsarbeiten anfallen: Hämmer treffen auf Gestein, Spitzhacken klopfen im Kalk, Stiefel treten auf Holzdielen.[130] Diesen subtilen Anzeichen kommt im Grabenkrieg eine zentrale taktische Bedeutung zu. Weil sie den Standort des Gegners unbemerkt verraten, können sie seine Angriffspläne buchstäblich *untergraben*. Die Horchenden können dann heimlich eigene Stollensysteme *unter* denen des Feindes anlegen und sich so in eine günstige Position für einen Präventivschlag bringen. Der Wahrnehmungsvorsprung des Geophons wird so unmittelbar in einen taktischen Vorteil übersetzt: am Leben bleibt, wem es gelingt, die Anwesenheit des anderen früher zu registrieren: „Jeden Moment kann unter der Erde die Sprengung erfolgen, kann der Gegner, dessen unmittelbare Nähe festgestellt wird, den eigenen Zerstörungsabsichten zuvorkommen."[131]

In diesem taktischen Kalkül erfüllen Geophone eine völlig andere Funktion als noch im eingangs beschrieben Szenario der Trümmersuche. Nicht länger horchen Geophone nach einem Leben, das sich durch gerichtete Zeichen aus der Stille hervorhebt, sondern nach einem Leben, das sich durch unwillkürliche Fehltritte versehentlich zu erkennen gibt. Damit verändert sich zugleich der Status der registrierten Zeichen auf fundamentale Weise: Zwar werden die aufgespürten Klopfgeräusche weiterhin – wie noch im Trümmerfeld – als indexikalische Zeichen für die Anwesenheit eines verborgenen Lebens gedeutet, aber nicht mehr, um das angezeigte Leben vor dem Tod zu retten, sondern um ihm möglichst schnell ein gewaltsames Ende zu bereiten.[132] Die Praxis der Geophonie verschiebt sich somit von der *Rettung* des Lebens hin zu seiner *Vernichtung*.

Entsprechend verlagern sich auch die Bemühungen des gesuchten Lebens von der aktiven Erzeugung der Zeichen hin zur aktiven *Vermeidung* und *Unterdrückung* von Zeichen. Wenn jedes Geräusch, das aus dem Stollen dringt, den eigenen Tod bedeuten kann, dann muss sich das Leben um größtmögliche semiotische Zurückhaltung bemühen und die eigene Anwesenheit so gut wie möglich kaschieren. So werden die Stollen mit Stroh ausgekleidet, die Schritte mit Filzpantoffeln gedämpft und der Lehm mit Spaten ausgestochen, statt ihn zu behauen.[133] Zuweilen wird man die Grabungsarbeiten sogar ganz einstellen, um die Suchenden im Glauben zu

---

129 Encke (2006), S. 117.
130 Vgl. Encke (2006), S. 117.
131 Encke (2006), S. 121.
132 Vgl. Encke (2006), S. 117.
133 Vgl. Encke (2006), S. 117.

lassen, es sei niemand in der Nähe. Umgekehrt setzen die Horchenden ihre Grabungen oftmals auch dann noch fort, wenn sie ihren Gegner bereits geortet haben. Beim so genannten „[M]arkieren"[134] werden Grabungsarbeiten mit Hämmern und Spitzhacken vorgetäuscht, um die feindlichen Horchdienste in Sicherheit zu wiegen. Statt auf ein verschüttetes Leben zu verweisen, dienen Klopfzeichen hier als strategische Täuschungsmanöver und fingierte Indizes, die den Fortgang der Grabungsarbeiten simulieren sollen.

Verglichen mit den bisherigen Konstellationen des Lebenszeichens markiert der Grabenkrieg somit eine radikale Zäsur, die einige Grundprämissen des Lebenszeichens in Frage stellt. Bislang beruhten Lebenszeichen auf der stillschweigenden Übereinkunft, dass die Suchenden an der *Rettung* des Lebens und die Gesuchten an der *Entdeckung* interessiert waren. Wenn nun aber die Suchenden auf die *Eliminierung* des Lebens abzielen und sich die Gesuchten ihrer Entdeckung aktiv *entziehen* und ihre Anwesenheit zum Verschwinden bringen, dann wird dieser unausgesprochene Kontrakt hinfällig. An die Stelle der Lebensrettung tritt ein *antagonistisches* oder *aggressives* Verhältnis zwischen Suchenden und Gesuchten, in denen sich Lebenszeichen gleichsam gegen das Leben selbst richten: Ihre Funktion besteht nurmehr darin, mögliche Schwachstellen des Gegners offenzulegen und günstige Gelegenheiten zu seiner Bekämpfung anzuzeigen.

Diese antagonistische Wendung des Lebenszeichens könnte nun auf den ersten Blick wie eine bloße historische Anomalie erscheinen, die höchstens im Ausnahmezustand des Grabenkriegs von Bedeutung ist. Ihre Reichweite wäre dann auf die lokale Konstellation des Ersten Weltkriegs begrenzt und spätestens mit der Verwandlung des Geophons in ein ziviles Ortungsgerät abgeschlossen. Tatsächlich wechselt das Geophon unmittelbar nach Kriegsende zunächst vom militärischen Grabenkampf auf das Gebiet der zivilen Grubenrettung, wie sich einer Annonce der US-amerikanischen Bergbaubehörde von 1919 entnehmen lässt:

The geophone, a listening instrument invented by the French during the war to detect enemy sapping and underground mining operations and for the location of enemy artillery,

---

134 So schreibt der Schriftsteller und Publizist Bernhard Kellermann in seiner Reportage „Der Krieg unter der Erde" über die Täuschungsmanöver im Minenkrieg: „Sie markieren die Arbeit, aber es muß verdammt geschickt gemacht werden. Die Art des Schlagens und Schabens, obwohl nur markiert wird, darf sich um nichts von der wirklichen Arbeit unterscheiden, denn er drüben in den Stollen ist listig wie ein Fuchs. Er wird sich in den Bart lachen und sagen: Sie markieren jetzt, aber fünf Minuten früher werde Ich sprengen. Dann lebt wohl, Pioniere, Offizier und Mann!", siehe: Kellermann, Bernhard (1915): „Der Krieg unter der Erde", in: ders.: Der Krieg im Westen. Berlin: Fischer, S. 159–165, hier S. 162–163.

is now being used by the Bureau of Mines, Department of the Interior, as a possible aid in locating miners who have been entombed after a disaster.[135]

Dasselbe Gerät, das kurz zuvor für die Ortung und Tötung von feindlichen Mineuren entwickelt wurde, wird kurz darauf für die zivile Rettung verunglückter Mineure eingesetzt.[136] Offenbar lässt sich die Operationsweise des Geophons – ohne größere technische Anpassungen – von der Ortung des *Feindes* auf die des *Freundes* umstellen. Auch im Zweiten Weltkrieg findet man Geophone nicht mehr an der Front zum Aufspüren des Feindes, sondern an der Heimatfront zur Suche nach Verschütteten in Trümmerfeldern nach Luftangriffen.[137] Damit erweist sich das Geophon als ein exemplarischer Fall des „Mißbrauch[s] von Heeresgerät"[138], wie Friedrich Kittler ihn als medienhistorische Konstante identifiziert hat: die Genese einer zivilen Medientechnik aus der Zweckentfremdung militärischer Technologie. Dennoch markiert die zivile Aneignung des Geophons keineswegs einen fundamentalen Bruch mit seiner vormaligen militärischen Nutzung. Auch nach seiner vermeintlichen *Zivilisierung* steht das Geophon weiterhin für Gebrauchs- und Missbrauchsformen offen, die statt auf die *Rettung* von Leben auf die *Ergreifung* von gegnerischen, widerständigen oder unerwünschten Subjekten abzielen. Dies manifestiert sich auf besonders zugespitzte Weise in der jüngeren Gebrauchsgeschichte des Geophons.

Grenzgänge

In jüngerer Zeit finden sich Geophone nicht mehr nur im Arsenal von Bergleuten und Rettungsmannschaften, sondern auch im Sortiment von Sicherheitsunternehmen, die Grenzschutz- und Zolleinheiten mit sensorischen Technologien beliefern.[139] Auf Hersteller-Webseiten werden die Sensoren als effiziente Mittel beworben, um

---

135 o. A. (1919): „Use of the Geophone by the Bureau of Mines", in: The Scientific Monthly, 9 (3), S. 286–288, hier: S. 286.

136 Diese Nutzungsweise des Geophons dauert bis heute fort, vgl. Kumar (2003).

137 Vgl. Friedrich (2002), S. 424.

138 Kittler, Friedrich (1986): Grammophon, Film, Typewriter. Berlin: Brinkmann & Bose, S. 149; vgl. zum Hintergrund und Kontext dieser Formel ausführlicher: Pias, Claus (2015): „Friedrich Kittler und der ‚Mißbrauch von Heeresgerät'. Zur Situation eines Denkbildes 1964, 1984, 2014", in: Merkur. Deutsche Zeitschrift für europäisches Denken, 69 (791), S. 31–44.

139 Vgl. gängige Sensor-Modelle wie das *MicroSearch*-System von ENSCO, siehe: ENSCO MicroSearch (o.J), URL: www.ensco.com/microsearch (zuletzt aufgerufen am 8. Dezember 2020) oder den *Avian Heartbeat Detector* von Geovox, siehe: Geovox Security Inc (o. J.): „Avian Heartbeat Detector", URL: https://www.geovox.com/ (zuletzt aufgerufen am 8. Dezember 2020).

Fahrzeuge an Grenzübergängen, Containerhäfen oder Checkpoints nach blinden Passagier*innen abzuhorchen, die sich zwischen der Fracht versteckt halten, um unbemerkt in sensible Bereiche hinein oder aus ihnen hinaus zu gelangen.[140]

Dabei stützen sich Sicherheitskräfte – wie bereits die Horchposten im Ersten Weltkrieg – nicht auf gezielte, deiktische Klopfzeichen, sondern auf subtile, seismische Vibrationen. Doch sind die Vibrationen bei Grenzkontrollen auf weitaus elementarere Weise mit dem gesuchten Leben verbunden als noch im Grabenkrieg. Statt auf versehentliche Bewegungen achten die Horchdienste hier auf das Klopfen des menschlichen *Herzschlags* selbst. Bereits Erich Waetzmann – der Erfinder des Geophons – hatte seinen Apparat zur Hörbarmachung von Herztönen erprobt und vor Publikum demonstriert: „Überhaupt ist das Problem, irgendwelchen Schall aus dem Erdboden oder aus dem menschlichen Körper aufzunehmen, grundsätzlich das gleiche"[141]. Konsequenterweise wurde auch die Abhörpraxis in den Minen des Ersten Weltkriegs immer wieder mit der Auskultation eines pochenden Herzens oder „Pulsschlag[es]"[142] verglichen: Wie im Stethoskop des Arztes manifestieren sich auch im Geophon die konstanten Klopfgeräusche aus dem verborgenen Untergrund. Dennoch bleibt ein wesentlicher Unterschied zwischen dem Klopfen der Mineure und dem Klopfen des lebendigen Herzens bestehen. Konnten die Mineure ihre Tätigkeit noch jederzeit aussetzen und nach Belieben ruhen lassen, so dulden Herzschläge keinerlei Unterdrückung oder willentlichen Aufschub, weil sie mit dem Vollzug des organischen Lebens selbst zusammenfallen. Sie verdanken sich einem Prozess, der „nicht gewusst und nicht willentlich gesteuert"[143] werden kann und sich der Verfügungsmacht des Subjekts vollständig entzieht. Es ist dieser unkontrollierbare Prozess, der dank des Geophons zum Kontrollinstrument für die Ortung des Lebens wird.

Um das Herzklopfen der Gesuchten zu registrieren, muss – wie bereits im Grabenkrieg – eine ganze Reihe von sensorischen Vorkehrungen getroffen werden, die der Medienwissenschaftler Uwe Wippich in seiner Studie zur *Medialität des lebendigen Herzens* detailliert ausgeführt hat:

> Voraussetzung für die Suche ist ein Verschlusszustand des Fahrzeugs, das heißt jede Aktivität von Lebewesen oder Maschinen (zum Beispiel Kühlaggregaten) am und im Fahrzeug

---

140 ENSCO Headquaters (2018): „MicroSearch. Human Presence & Intrusion Detection", YouTube-Video vom 23. Februar 2018, URL: https://www.youtube.com/watch?v=-AYYRJPoFVk&feature=emb_title (zuletzt aufgerufen am 8. Dezember 2020), Timecode: 00:02:45.
141 Watzmann (1927), S. 401.
142 Vignes Rouges, Jean des (1930): „The War Underground", in: Löhrke, Eugene (Hg.): Armageddon. The World War in Literature. New York: Cape & Smith, S. 399, zitiert nach der Übersetzung von: Encke (2006). S. 119.
143 Wippich (2016), S. 365 .

wird eingestellt. Als Umgebungsvariable müssen Windgeschwindigkeiten über 5 Meilen pro Stunde (ca. 8 Km/h) ausgeschlossen werden [...][144]

Sind diese Voraussetzungen erfüllt, kann die Außenhülle des Fahrzeugs mit Geophonen versehen werden.[145] Dabei scheint das metallische Gehäuse von Containern und LKWs für den Einsatz von Geophonen geradezu prädestiniert. Das magnetische, vom Boden angehobene, frei schwingende Gestell eines Fahrzeugs bildet einen idealen Resonanzkörper, den bereits kleinste Vibrationen im Inneren in Schwingung versetzen können. Die Impulse des pochenden Herzens übertragen sich dann von der Oberfläche des Körpers auf das Gehäuse des Fahrzeugs und auf die sensiblen Membranen des Geophons, wo sie in elektrische Signale umgewandelt und auf den Displays der Recheneinheit als indexikalische Alarm- oder Entwarnungszeichen angezeigt werden.[146] Ähnlich wie bei den Stollenwänden im Erdreich oder den Schuttbergen im Trümmerfeld, macht sich das Geophon also auch hier die Schwing- und Leitungsfähigkeit der direkten Umgebung des Lebens zu Nutze. „Der LKW selbst wird zur zufühlenden [sic!] Umgebung kardialer Aktivität, auf dessen Oberfläche das Geophon andockt."[147] Genau jener Raum, in dem sich das Leben aufhält, um sich vor dem Aufgespürt-Werden zu verbergen, wird so zum Medium seines Aufspürens.

Das Kalkül, das dieser Ortungstechnik zu Grunde liegt, hat Wippich in seiner Analyse des Geophons treffend herausgearbeitet: Beim Aushorchen des Containers wird das schlagende Herz listenreich gegen die Absichten des versteckten Subjekts „ausgespielt"[148]. Indem man das Herz dazu verleitet, den Standort des Subjekts gegen dessen Willen preiszugeben, wird „das, was das Leben erhält, zum Verräter an dem gemacht [...], was das Leben erhalten soll."[149] Die existenzielle Bedingung des Lebens – also die kontinuierliche Fortsetzung des Herzschlags – wird hier zur Bedingung seiner sensorischen Erfassung. Dabei fehlt dem versteckten Subjekt jede Möglichkeit, sich der Entdeckung durch andere zu entziehen. Es scheint unmöglich, den kontinuierlichen Takt des Herzens durch bewusste Einwirkungen zu pausieren – im Gegenteil: die Stress- und Bedrohungssituation am Grenzübergang und die Angst vor Entdeckung lässt die Frequenz und Lautstärke der eigenen Herzschläge sogar noch ansteigen. Gerade die affektive Anspannung des Versteckten erhöht die Intensität der Lebenszeichen und damit die Wahrscheinlichkeit seiner Entdeckung. Die *Emotionen* steigern die *Emissionen* des Lebens.

---

144 Wippich (2016), S. 363.
145 Vgl. Wippich (2016), S. 362.
146 Vgl. ENSCO Headquaters (2018), Timecode: 00:03:38.
147 Wippich (2016), S. 362.
148 Wippich (2016), S. 364.
149 Wippich (2016), S. 364.

Möglich sind diese verräterischen Zeichen jedoch nicht nur, weil das schlagende Herz sich der Kontrolle des Subjekts entzieht, sondern auch, weil das Herz, wie Uwe Wippich schreibt, „sowohl innerhalb und außerhalb des Körpers schlägt"[150]: Während die blinde Passagier*in alles daran setzt, ihre Anwesenheit im Inneren des Lastwagens zu kaschieren, weitet sich das Herz mit jedem Schlag seismisch über den geschlossenen Raum hinaus in die umgebende Welt aus. Insofern macht sich das Geophon eine *ekstatische* Qualität des schlagenden Herzens zu Nutze, also seine Tendenz, immer schon über den vermeintlich geschlossenen Körper und den vermeintlich geschlossenen Container *hinaus zu sein*. Aus Sicht des Geophons erscheint die blinde Passagier*in nicht länger als ein starrer Körper, der sich inmitten von opaken Objekten versteckt hält, sondern eher als fortlaufende *Ekstase*, die in unaufhörlicher Resonanz mit der eigenen Umgebung steht. Gerade weil es konstitutiv zum Leben gehört, seine räumlichen Grenzen zu überschreiten, kann es sensorisch aufgespürt und am Grenzübertritt gehindert werden.

Damit kehrt am Geophon eine Bestimmung des Lebendigen wieder, die weiter oben anhand ganz anderer Szenarien, nämlich am Beispiel des Trümmerfeldes und der emittierenden Geruchspartikel, herausgearbeitet wurde. Das verschüttete Leben, so hatte sich gezeigt, kann nur deshalb aufgespürt werden, weil es sich auf vielfältige Weise in die eigene Umgebung entäußert und ergießt. Nur weil Leben *emittiert*, kann es von Sensoren *registriert* werden. Diese Grundbedingung jedoch erweist sich mit Blick auf das Geophon als äußerst ambivalent: Sie bildet einerseits – wie bei der Verschüttetensuche im Trümmerfeld – die existenzielle Bedingung des Überlebens. Selbst blinde Passagier*innen in Schiffscontainern können oftmals nur anhand ihrer Emissionen entdeckt und vor dem drohenden Erstickungstod bewahrt werden. Andererseits aber sind versteckte Subjekte gerade *durch* ihre Emissionen existenziell bedroht: In einer Situation, in der das Subjekt unter allen Umständen verborgen bleiben muss und sich keinerlei Anzeichen des eigenen Daseins leisten kann, wird es von den eigenen Emissionen gegen seinen Willen verraten. Die Entdeckung der Emissionen hat dann nicht mehr die Rettung des Lebens zur Folge, sondern seine Verhaftung, Verletzung oder im äußersten Falle sogar Vernichtung, wenn man an das Schicksal zahlreicher blinder Passagier*innen auf hoher See denkt, die bei ihrer Entdeckung über Bord geworfen oder im Meer ausgesetzt werden.[151] Dieselbe Emissionsaktivität führt also im einen Fall zur Rettung des Lebens, im anderen zu seiner existenziellen Gefährdung.

---

150 Wippich (2016), S. 362.
151 Vgl. dazu: Walters, William (2008): „Bordering the Sea. Shipping Industries and the Policing of Stowaways", in: Borderlands E-Journal, 7 (3), S. 1–25, hier: S. 5, URL: http://www.borderlands. net.au/vol7no3_2008/walters_bordering.pdf (zuletzt aufgerufen am 8. Dezember 2020).

Auch wenn sich diese Ambivalenz im Herzschlag des Geophons besonders deutlich niederschlägt, lässt sie sich bei näherem Hinsehen doch auf den gesamten Artikulationsmodus der Emission ausweiten. Alle vitalen Vorgänge, die sich der bewussten Steuerung des Subjekts entziehen – seien es Gerüche, Gase oder Geräusche – können das Leben auch gegen seinen Willen verraten. Die flüchtigen Geruchswolken etwa, die im Trümmerfeld zur Rettung des Lebens beitragen, eignen sich mindestens ebenso gut zur Verfolgung von flüchtigen Verdächtigen, die auf Schritt und Tritt von den eigenen Emissionen verfolgt werden. Auch die schlichte Tatsache, dass menschliche Körper unaufhörlich *atmen* müssen, um sich am Leben zu erhalten, lässt sich sensorisch ausnutzen. An zahlreichen Containerhäfen kommen inzwischen stabförmige CO_2-Messsonden, so genannte *Human Occupancy Detectors*, zum Einsatz, um die Präsenz von blinden Passagier*innen im Inneren von Containern nachzuweisen.[152] Der unentwegte Ausstoß von Kohlenstoffdioxid, der – genau wie das Herzklopfen oder die Absonderung von Geruchspartikeln – zu den elementaren Funktionen des lebendigen Körpers zählt, wird hier zur *undichten Stelle*, durch die sich das versteckte Leben selbst verrät. Ausgerechnet jene Ressource, die im Inneren von Containern notorisch knapp ist – die Atemluft – erscheint damit als Gradmesser für die Anwesenheit des prekären Lebens.

Die Liste dieser Emissionen ließe sich noch beliebig um ein ganzes Spektrum weitere Lebensäußerungen verlängern. Es scheint kaum eine Form der Ausstrahlung, Absonderung und Ausweitung zu geben, die sich der Vereinnahmung durch sensorische Medien und Regime der Überwachung entziehen kann. *Alles, was wir emittieren, kann gegen uns verwendet werden.* Inzwischen befasst sich sogar ein eigenes Forschungsfeld mit den mannigfaltigen Weisen, menschliche Körper anhand ihrer Emissionen zu erfassen. Einen Überblick dazu liefert die Studie „A Survey of Human Sensing"[153], die sich an einer Gesamtschau sämtlicher „human traits"[154] versucht, also aller Merkmale, die zur sensorischen Erfassung menschlicher Subjekte geeignet sind. In einem Schaubild, das an Syrotucks oben skizziertes Strichmännchen erinnert, erscheint die Silhouette eines Menschen von allerlei Wellen, Linien und Pfeilen durchkreuzt (Abbildung 4). Sie sollen die „myriad

---

152 Vgl. Brown, David A. (1994): „Human Occupancy Detection", in: Lawrence, Andre H. (Hg.): Cargo Inspection Technologies. Proceedings SPIE 2276. Washington: The International Society for Optical Engineering, S. 268–278.

153 Teixeira, Thiago/Dublon, Gershon/Savvides, Andreas (2010): „A Survey of Human Sensing. Methods for Detecting Presence, Count, Location, Track, and Identity", in: ENALAB Technical Report, 1 (1), S. 1–41, URL: http://thiagot.com/papers/teixeira_techrep10_survey_of_human_sensing.pdf (zuletzt aufgerufen am 8. Dezember 2020).

154 Teixiera/Dubon/Savvides (2010), S. 6.

ways humans impact their environments"[155] repräsentieren, also alle möglichen Effekte menschlicher Anwesenheit auf die Umgebung: Geruchswolken, Wärmestrahlen, Atemgase, elektromagnetische Wellen oder akustische Vibrationen. Jede dieser Äußerungen kann mit geeigneten sensorischen Medien zur Detektion einer lebendigen Person eingesetzt werden: Gas-Chromatographen erfassen Geruchspartikel, Infrarotsensoren messen Wärmestrahlen, Seismographen verzeichnen Vibrationen von Schritten oder Schallereignissen.

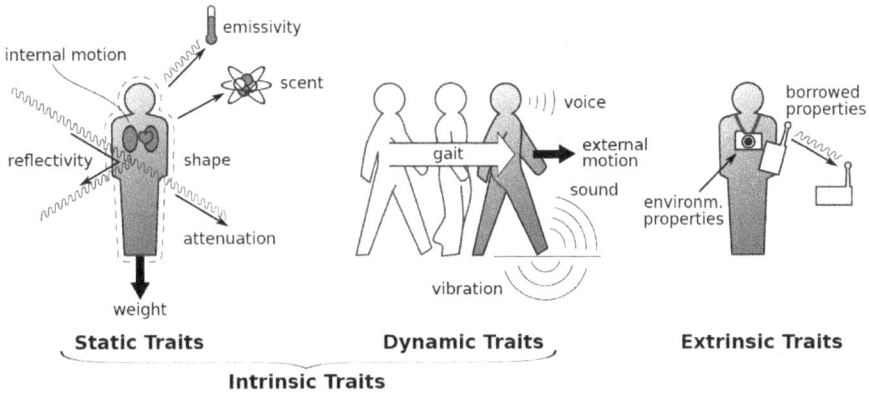

Abbildung 4: „Physical traits that may be used to measure the spatio-temporal properties", aus: Teixeira/Dublon/Savvides (2010), S. 6 [Fig. 3].

Es überrascht nicht, dass die Autoren als Anwendungsgebiete solcher Sensortechniken explizit auch „adverserial scenarios"[156] anführen – Situationen also, in denen sich Subjekte gerade *nicht* freiwillig zu erkennen geben, sondern sich der sensorischen Erfassung zu entziehen versuchen: „where people may be actively trying to fool the system."[157] Vor allem solche Sensoren, die sich auf „intrinsic traits"[158] der Subjekte stützen – darunter verstehen die Autoren unwillkürliche, physiologische Emissionsprozesse wie Atmung, Wärme oder Vibrationen – seien dazu geeignet, Subjekte auch unfreiwillig und unbemerkt zu erfassen. Die Erfassungsmöglichkeiten steigern sich noch, wenn man bedenkt, dass auch die Sensoren selbst zunehmend *unwahrnehmbar werden* und als winzige Bestandteile in allerlei alltägliche Artefakte und Umgebungen – von Kaufhaustüren über Kühlschränke bis hin zu

---

155 Teixiera/Dubon/Savvides (2010), S. 6.
156 Teixiera/Dubon/Savvides (2010), S. 9.
157 Teixiera/Dubon/Savvides (2010), S. 9.
158 Teixiera/Dubon/Savvides (2010), S. 9.

Flughafenterminals – integriert werden können. Als „umweltliche (Medien-)Tech-
nologien"[159] sind sie in der Lage, „ohne aktive Beteiligung, Initiative oder auch nur
Bewusstsein unsererseits"[160], die Aktivitäten des Lebens kontinuierlich zu vermes-
sen und auszuwerten. Die sensorische Erfassung ist dann nicht länger auf existenzielle Ausnahmesituationen wie Kriegsszenarien oder selektive Kontrollpunkte
begrenzt, sie weitet sich vielmehr als „ubiquitous sensing"[161] auf sämtliche Lebensbereiche aus. Gerade weil sich Körper unwillkürlich und unablässig als lebendig
offenbaren, können sie auch unablässig sensorisch erfasst werden.

Für die Erforschung des Lebenszeichens kann diese Expansion sensorischer
Medien und ihre zunehmende Ausnutzung durch Überwachungs- und Kontrollap-
parate keineswegs folgenlos bleiben. Sie konfrontiert das Leben mit einer Problem-
lage, die die bisherige Leitfrage des Lebenszeichens nachgerade auf den Kopf stellt.
Bestand das drängendste Anliegen des Lebens im Trümmerfeld oder im Bergwerk-
unglück darin, sich gegenüber anderen wahrnehmbar zu artikulieren und aufgespürt zu werden, so wirft die umfassende sensorische Überwachung des Lebens
die umgekehrte Frage auf. Wenn beinahe jede Äußerung des Lebens zu seiner unfreiwilligen Erfassung ausgenutzt werden kann, wenn das Leben aufgrund seiner
Emissionen potenziell gewaltförmigen Zugriffen und Übergriffen ausgesetzt ist,
welche Praktiken bleiben ihm dann noch, um sich der Erfassung zu entziehen?
Welche Nischen eröffnen sich dem Leben, um sich gegenüber sensorischen Medien
abzuschirmen? Wie lässt sich das Aufgespürt-Werden durch die eigenen Lebenszeichen verhindern? Diese Fragen sollen zum Abschluss dieses Kapitels behandelt
werden.

4.4 Null-Emission

Auf den letzten Seiten seines Werks *Fährte und Geruch* beantwortet William Syrotuck einige häufig gestellte Fragen zum Themenfeld des Buches, darunter auch, ob
Menschen „verhindern [können], daß sie durch Hunde aufgespürt werden?"[162] Die
zunächst positive Antwort „Technisch ist dies möglich"[163] wird jedoch zugleich

---

159 Hörl, Erich (2016): „Die Ökologisierung des Denkens", in: Zeitschrift für Medienwissenschaft
14 (1), S. 33–45, hier: S. 42; vgl. zum Umweltlich-Werden der Medien auch: Hansen (2011), S. 409.
160 Hansen (2011), S. 372.
161 Gabrys, Jennifer (2018): „Becoming Planetary", in: e-flux Architecture, Collection: Accumulation, URL: https://www.e-flux.com/architecture/accumulation/217051/becoming-planetary/ (zuletzt
aufgerufen am 8. Dezember 2020).
162 Syrotuck (1981), S. 115.
163 Syrotuck (1981), S. 115.

durch eine geradezu aberwitzige Beschreibung des nötigen Aufwands *ad absurdum* geführt:

> Ein nichtporöses Material wie ein Plastikanzug, der wie ein Raumfahreranzug hergestellt ist, ist dafür brauchbar. Eine Atemmaske wäre auch notwendig, da der Atem eines Menschen ebenfalls identifizierbare Geruchsstoffe beinhaltet (schlechter Geruch). Die Person müßte völlig mit dem oben genannten Material bekleidet sein und müßte sich vorwärtsbewegen können, ohne auf dem Boden irgendwelche Veränderungen zu hinterlassen [...].[164]

Diese Vision eines zugleich hermetisch abgeschlossenen und schwerelosen Menschen erscheint wie ein konträrer Gegenentwurf zu jener weiträumig verteilten Entität, die Syrotuck in der eingangs zitierten Skizze des Strichmännchens entworfen hatte. Nicht länger geht es hier um die maximale Verstreuung und Ausweitung der Existenz, sondern, im Gegenteil, um die vollständige Abkapselung einer Entität, die keinerlei nennenswerte Emissionen mehr von sich gibt und keinerlei Spuren mehr in der Umgebung hinterlässt. Mit einem Begriff aus dem Umwelt- und Klimadiskurs ließe sich dieses Ideal als Zustand der *Null-Emission* beschreiben. Emissionsfreie Entitäten wie Nullemissionshäuser oder Nullemissionsautos stoßen keinerlei oder nur geringfügige Schadstoffmengen in die Umgebung aus, verfügen also über eine neutrale Emissionsbilanz.[165] Während die Neutralisierung von Emissionen jedoch üblicherweise darauf abzielt, die negativen Folgen für Umwelt und Atmosphäre einzudämmen, geht es bei Syrotuck ausdrücklich darum, negative Folgen für das emittierende Leben selbst abzuwenden: Weil das Leben aufgrund seiner Emissionen immer schon auffindbar und angreifbar ist, muss es seine Emissionsbilanz reduzieren, um der sensorischen Erfassung zu entgehen. Es muss gleichsam seinen ökologischen *Fußabdruck* reduzieren oder gänzlich tilgen, also die Gesamtheit aller Emissionen, die in seine direkte und weitere Umgebung ausstrahlen.[166]

Mit der Metapher des ‚ökologischen Fußabdrucks‘ ist zugleich eine interessante, *semiotische* Dimension aufgerufen: Bereits Charles Sanders Peirce behan-

---

164 Syrotuck (1981), S. 116.

165 Für medientheoretische Überlegungen zum Emissionsbegriff, vgl. Meerhoff, Jasmin (2016): „Versuch über den Straßenverkehrslärm und seine Dämpfung", in: Zeitschrift für Medienwissenschaft, 14 (1), S. 59–71, hier: S. 67–69.

166 Das Konzept des *ecological footprint* wurde erstmals 1994 von Mathis Wackernagel formuliert. Nach seinem Vorbild wurde auch der *carbon footprint*, also das Maß für die CO_2-Bilanz von emittierenden Entitäten modelliert, vgl. Wackernagel, Mathis (1994): Ecological Footprint and Appropriated Carrying Capacity. A Tool for Planning towards Sustainability. Dissertation an der University of British Columbia, online verfügbar unter: https://web.archive.org/web/20110717034651/https://circle.ubc.ca/bitstream/handle/2429/7132/ubc_1994-954027.pdf?sequence=1 (zuletzt aufgerufen am 8. Dezember 2020).

delt den Fußabdruck als exemplarischen Fall eines indexikalischen Zeichens, das sich der direkten kausalen Einwirkung seines Objekts verdankt. Die konkrete, physische Krafteinwirkung macht den Abdruck im Sand zum Zeichen für die „Gegenwart eines Menschen"[167]. Genau diesen indexikalischen Fußabdruck gilt es nun zu verwischen oder zu vermeiden, um das Ideal der Emissions-Neutralität oder der *Null-Emission* zu erreichen. Es geht darum, wie Syrotuck geschrieben hatte, „sich vorwärtsbewegen [zu] können, ohne auf dem Boden irgendwelche Veränderungen zu hinterlassen [...]"[168], ohne sich also auf signifikante Weise bemerkbar zu machen. Wie jedoch ist es möglich, den eigenen Fußabdruck zu reduzieren und gänzlich emissionsneutral zu werden? Wie kann das Leben verhindern, durch sensorische Medien aufgespürt zu werden? Diesen Fragen möchte der folgende Abschnitt mit Hilfe zweier Filmszenen nachgehen, in denen das Leben jeweils mit seinen eigenen Emissionen in Konflikt gerät und existenziell auf die Emissionsvermeidung angewiesen ist.

Eines der prototypischen Szenarien für die ungewollte sensorische Erfassung lebender Körper ist die polizeiliche Fahndung nach Verdächtigen. Bereits Syrotuck hatte die polizeiliche „Gebäudedurchsuchung"[169] als einen Fall für die Witterung verborgenen Lebens angeführt. Ein ganz ähnliches Szenario präsentiert auch der Science-Fiction-Film MINORITY REPORT[170] von Steven Spielberg. Auf der Suche nach einer flüchtigen Zielperson durchkämmen Polizeieinheiten ein marodes Mietshaus im Washington D.C. der Zukunft.[171] Noch bevor sie das Gebäude betreten, unterziehen sie es von außen einem detaillierten Infrarot-Screening – einer sensorischen Erfassung aller auffindbaren Wärmequellen. Auf den Bildschirmen der Beamten erscheint schon nach kurzer Zeit die *Emissionsbilanz* des Gebäudes: Laut Anzeige befinden sich im Inneren „27 warm bodies", die sich als gelb-rote *hot spots* vom dunklen Grundriss abheben. Die Teilnahme an dieser thermographischen Hausdurchsuchung ist für die Bewohner*innen keineswegs optional. Die Polizeikräfte machen sich vielmehr die Tatsache zu Nutze, dass lebendige Körper permanent Wärme an die eigene Umgebung abgeben und somit – ob sie wollen oder nicht – mit Hilfe thermischer Sensoren erfasst werden können.[172] Jede Bewohner*in des Hauses muss sich, sofern sie dort nicht nur *wohnt*, sondern auch *lebt*, den Polizeikräften zu erkennen geben.

---

167 Peirce (1983), S. 162.
168 Syrotuck (1981), S. 116.
169 Syrotuck (1981), S. 91.
170 MINORITY REPORT (USA 2002, Steven Spielberg, 145 min.).
171 MINORITY REPORT, Timecode: 01:14:50.
172 Vgl. Bäckström/Christoffersson, S. 16–17.

Einer der *warm bodies* ist der Gesuchte John Anderton, der sich in einer verlassenen Wohnung des Mietshauses vor den Polizeikräften versteckt hält. Auch wenn ihn sein Versteck vor direktem Sichtkontakt schützt, ist er durch die Abgabe von Wärmestrahlen dennoch immer schon *über sein Versteck hinaus*, teilt sich also unfreiwillig den Sensoren der Suchkräfte mit. In dieser Lage behilft sich John mit einer Maßnahme, die auf den Emissionshaushalt seines Körpers Einfluss nimmt. Er füllt eine Wanne mit kaltem Wasser, gibt Eiswürfel hinzu und taucht im eisigen Bad unter. Im selben Moment verschwindet einer der leuchtenden Wärmepunkte von der Bildfläche der Polizeikräfte: „We lost one"[173] quittiert der Kommandant den plötzlichen Verlust. Durch die schlagartige Absenkung seiner Körpertemperatur hat John das thermische Gefälle nivelliert, das seinen Körper von der Umgebung abhebt. John wechselt gleichsam von einer emittierenden, undichten Existenz, die sich in die Umgebung ergießt und daher mit thermischen Sensoren aufgespürt werden kann, in den Zustand eines kalten, stummen, passiven, geschlossenen Objekts, dem keinerlei signifikante Ausstrahlungen mehr entweichen. Dank der *Immersion* im Eiswasser, unterbricht er die *Emissionen* seines Körpers.

Zugleich jedoch verdeutlicht die Szene, um welchen Preis die Neutralisierung der Emissionen erreicht wird, welchen Aufwand also ein lebendiger Körper auf sich nehmen muss, um das eigene Emissionsaufkommen zu senken. Im Eisbad setzt sich John einem extremen Milieu aus, das dem Organismus elementare Lebensbedingungen entzieht. Mit einem Begriff des Physiologen Kurt Goldstein ließe sich hier von einer regelrechten *„Katastrophenreaktion"*[174] des Körpers sprechen, also einer existenziellen Notlage, in dem das Verhältnis zwischen Organismus und Umgebung fundamental gestört und aus dem Gleichgewicht geraten ist. Beim Tauchgang im Eiswasser drohen gleich zwei elementare Stoffwechselprozesse des Lebens zu kollabieren: die Regulation des Wärmehaushalts und die Aufrechterhaltung der Sauerstoffzufuhr. Beim Versuch, sich den Sensoren zu entziehen, bringt sich der Organismus hier also letztlich selbst in Lebensgefahr.

Damit legt MINORITY REPORT ein zentrales Dilemma offen, das für die Artikulationsweise der Emission in ihrer Gesamtheit zutrifft. Weil Emissionen untrennbar mit obligatorischen Aktivitäten des Lebens verbunden sind – Atmen, Wärmeproduktion, Herzschlag, Wachstum von Hautzellen – muss jeder Versuch ihrer Eindämmung zugleich essenzielle Lebensvollzüge in Mitleidenschaft ziehen, etwa den Sauerstoffkreislauf anhalten oder die Körperwärme absenken. Zwar mag es

---

173 MINORITY REPORT, 01:18:09.
174 Goldstein, Kurt (2014): Der Aufbau des Organismus. Einführung in die Biologie unter besonderer Berücksichtigung der Erfahrungen am kranken Menschen. Paderborn: Wilhelm Fink, S. 103.

für eine gewisse Zeitspanne möglich sein, die eigenen Emissionsprozesse durch spezifische Körpertechniken oder Milieuwechsel zu unterdrücken, doch droht mit fortschreitender Unterdrückung der Emissionen unweigerlich auch eine Unterdrückung der Lebensfunktionen selbst. Früher oder später wird das Leben gegen die erzwungene Neutralisierung aufbegehren.

Es verwundert daher nicht, dass Johns Strategie der Null-Emission schon bald an ihre Grenzen stößt. Mit fortschreitender Zeit unter Wasser steigt der Druck, seinen Lebensäußerungen wieder freien Lauf zu lassen. Ausgerechnet als eine kleine, spinnbeinige Drohne in die Wohnung eindringt und den Raum nach kleinsten Anzeichen menschlicher Präsenz absucht, entweicht ein Luftbläschen aus Johns Nasenflügel, steigt auf und bleibt an der Wasseroberfläche unter praller Spannung stehen.[175] Es ist diese winzige Emission, mit der sich der Körper als konstitutiv *undicht* herausstellt. Selbst im Zustand maximaler Zurückhaltung kann der Körper nicht anders, als minimale Äußerungen in die Umwelt zu entlassen, die seine neutrale Emissionsbilanz durchkreuzen. Wenn man, wie der Kommunikationstheoretiker Paul Watzlawick formuliert hat, „nicht nicht kommunizieren"[176] kann, weil selbst die Unterlassung von Kommunikation noch als kommunikativer Beitrag gelesen werden kann, dann scheint für lebendige Wesen ebenso zu gelten, dass sie *nicht nicht emittieren* können, weil die Unterlassung von Emissionen – die Unterdrückung der Atmung, die Abkühlung der Körpertemperatur – früher oder später dem Äußerungsdruck des Lebens nachgeben muss.

Als das Luftbläschen schließlich platzt, zerreißt auch die gespannte Stille im Raum. Ausgelöst vom plötzlichen Geräusch, macht die Drohne auf der Schwelle kehrt, folgt der Herkunftsrichtung des akustischen Zeichens und ruft zugleich einen Schwarm weiterer Drohnen auf den Plan, die sich gemeinsam der Badewanne nähern. Dort beginnen die Drohnen, das Wasser, in dem John untergetaucht ist, mit Stromstößen zu elektrisieren und so auf die Gegenwart eines lebendigen Körpers zu testen. Traktiert von den schmerzhaften Impulsen kann John nicht anders, als nach Luft schnappend aus der Wanne hochzuschrecken und sich als lebendig zu erkennen zu geben. Im selben Moment erscheint auf der *heat map* der Polizeikräfte der vermisste Wärmepunkt von neuem. Das vermeintlich neutrale, emissionsfreie und abgedichtete Objekt hat sich mit einem Mal wieder als warmer, ausstrahlender, lebendiger Körper entpuppt.

Johns Versuch, vorübergehend *nicht zu emittieren* und sich der sensorischen Erfassung zu entziehen, scheitert also an gleich zwei elementaren Tatsachen und

---

175 Vgl. Minority Report, Timecode: 01:18:35.
176 Watzlawick, Paul/Beavin, Janet H./Jackson, Don D. (2011 [1969]): Menschliche Kommunikation. Formen, Störungen, Paradoxien. Bern: Hans Huber, S. 60.

Tendenzen des Lebendigen. Zum einen am obligatorischen *Äußerungszwang* des Körpers, der sich im Austritt des Luftbläschens manifestiert. Gerade weil Emissionen aus elementaren Lebensfunktionen hervorgehen, können sie nur auf Kosten dieses Lebens unterdrückt werden. Zum anderen jedoch erliegt John dem obligatorischen *Antwortzwang* des lebendigen Körpers, also dem unwiderstehlichen Impuls, eintreffende Reize mit Reflexen zu beantworten. Die Stromstöße der Drohnen zielen auf die konstitutive Reizbarkeit oder *Irritabilität* des lebendigen Körpers,[177] die keinerlei „expressive Zurückhaltung"[178] zulässt, wie Gesa Lindemann über die Schmerzreflexe von Intensivpatient*innen schreibt. Gerade weil der Körper, sofern er lebt, für Umweltreize sensibel ist, muss er unwillkürlich auf die elektrische „Inquisition"[179] reagieren und seine Lebendigkeit gestehen. Es sind somit gleich zwei Tendenzen des Lebens, – die unausgesetzte *Emission* des Lebens und die unwiderstehliche *Affizierbarkeit* – die Johns Emissionsvermeidung vereiteln.

Während John also das Ziel der Null-Emission knapp verfehlt, findet sich derselbe Darsteller – Tom Cruise – einige Jahre zuvor in einer durchaus ähnlichen Situation wieder. Im Film MISSION IMPOSSIBLE[180] dringt der von Cruise gespielte Agent Ethan Hunt in das Hauptquartier des US-amerikanischen Geheimdienstes CIA ein, um sensible Datensätze aus einem wohlgehüteten Großrechner zu entwenden. Den Namen MISSION IMPOSSIBLE trägt dieses Vorhaben zurecht, wenn man sich die komplexen Überwachungs- und Kontrollsysteme vor Augen führt, die in den Wänden des achteckigen, weiß gekachelten Hochsicherheitsraums verbaut sind. Unzählige Sensoren registrieren alle nur denkbaren Zustandsveränderungen in der Umgebung: Thermometer erfassen minimale Temperaturschwankungen, Mikrophone registrieren Geräusche und selbst der Boden ist empfindlich für kleinste Vibrationen.[181] Fast scheint der Raum wie die Summe aller bisher behandelten sensorischen Medien. Es gibt kaum eine Emission des lebendigen Körpers, die hier nicht zum Gegenstand sensorischer Erfassung werden könnte.

Wer in diesem Raum unbehelligt agieren will, müsste sich, genau wie Syrotucks eingangs zitierter Raumfahrer gleichsam „vorwärtsbewegen können, ohne auf dem Boden irgendwelche Veränderungen zu hinterlassen"[182]. Als hätte sich Ethan Hunt diese Devise zu eigen gemacht, schwebt er an einer ausgeklügelten Seilkonstruktion am Lüftungsschacht des Tresorraums und steht in keinerlei physi-

---

177 Vgl. zur Genealogie dieses Konzepts ausführlich: Sarasin, Philipp (2001): Reizbare Maschinen. Eine Geschichte des Körpers 1765–1914. Frankfurt am Main: Suhrkamp.

178 Lindemann (2002), S. 234.

179 Lindemann (2002), S. 234.

180 MISSION IMPOSSIBLE (USA 1996, Brian de Palma, 110 min.).

181 MISSION IMPOSSIBLE, Timecode: 00:54:28.

182 Syrotuck (1981), S. 116.

schem Kontakt zu Boden und Wänden des Raums.[183] Wie bereits John in MINORITY REPORT wechselt also auch Ethan das Milieu, um sich der sensorischen Erfassung zu entziehen und seinen indexikalischen Fußabdruck zu verwischen. Gleichwohl beschränkt sich Ethan nicht auf die negative *Vermeidung* von indexikalischen Zeichen, sondern macht zugleich aktiven, geradezu exzessiven Gebrauch von indexikalischen Medien. Mit Hilfe von Dezibelmessern und Thermometern überwacht Ethan während des Aufenthalts im Tresorraum kontinuierlich seine eigene Emissionsbilanz, also etwa die Lautstärke seiner Bewegungen oder den Temperaturanstieg im Raum. Immer, wenn sich die dynamischen Anzeigen seiner Geräte dem roten, also kritischen Bereich nähern, hält er inne oder passt sein Verhalten entsprechend an. Durch die ständige Rückkopplung mit den indexikalischen Messgeräten kann er sich somit in eine prekäre Balance einpendeln, die ihn vor der Erfassung durch die Sensoren bewahrt.

Mit diesem Vorgehen geht Ethan in mehrfacher Hinsicht über Johns Strategie hinaus: Zum einen ist er nicht nur *passives Objekt* von sensorischen Medien, sondern selbst aktiver Bestandteil von sensorischen Rückkopplungsschleifen. Er sensibilisiert sich für seine eigenen, bislang unwahrnehmbaren Emissionen und erwirbt so eine spezifische, technisch vermittelte Achtsamkeit. Zum anderen kann er damit in subtiler Weise auf die eigenen Emissionen Einfluss nehmen. Statt sämtliche Emissionen restlos unterdrücken zu müssen, kann er sich darauf beschränken, die Emissionsbilanz im verträglichen Rahmen der Sensoren zu halten. Ethan bewegt sich behutsam knapp unterhalb der „Schwelle" der „Merklichkeit"[184], also unter jenem kritischen Punkt, an dem ein auftretender Reiz einen „merklichen Empfindungsunterschied begründe[n]"[185] würde, wie der Physiologe Gustav Theodor Fechner über die Wahrnehmungsschwelle menschlicher Sinnesorgane schreibt. Ethan verhält sich also nicht völlig *emissions-neutral*, er emittiert vielmehr *unterschwellig*. So gewinnt er neue Handlungsspielräume, die im Modus der Emissionen bislang ausgeschlossen waren. Während John im Eiswasser zur absoluten Reglosigkeit verurteilt war, kann Ethan den Toleranzbereich der Sensoren als Handlungsspielraum ausnutzen. Er wird genau in dem Maße handlungsfähig, indem er sich in einer prekären Balance zu den Sensoren hält.

Wie labil diese Balance ist, zeigt sich, als mit der wachsenden Anstrengung der Hochseilakrobatik ein kleiner Schweißtropfen auf Ethans Stirn austritt, am

---

183 MISSION IMPOSSIBLE, Timecode: 01:01:40.
184 Fechner, Gustav Theodor (1860): Elemente der Psychophysik. Leipzig: Breitkopf und Härtel, S. 238.
185 Fechner (1860), S. 238.

Rande seiner Brille entlanggleitet und schließlich nur wenige Zentimeter über dem berührungsempfindlichen Boden stehen bleibt.[186] Genau wie in MINORITY REPORT tritt auch hier eine winzige Emission aus dem vermeintlich geschlossenen Körper aus. Angsterfüllt fixiert Ethan den Tropfen, der unmittelbar vor seinen Augen anschwillt und dem Moment der Ablösung immer näherkommt. Während dieser quälend langen Zeitspanne wird die hauchdünne Schwelle spürbar, die den Tropfen von einem signifikanten Zeichen trennt: Noch hat er die kritische Schwelle nicht überschritten, noch bleibt er buchstäblich *in der Schwebe.* Im Tropfen staut sich gleichsam das latente Potenzial eines *möglichen* Zeichens oder einer *möglichen Emission,* die sich noch nicht vollständig verwirklicht hat. In Umkehrung des Filmtitels MISSION IMPOSSIBLE könnte man hier von einer *possible emission* sprechen, also einer Emission, deren Realisierung als Zeichen noch aussteht. Eben diese *mögliche Emission* droht zugleich die *Mission* von Ethan – also den Einbruch in das CIA-Hauptquartier –, *unmöglich* zu machen. Denn sobald sich der Tropfen löst und auf den sensiblen Boden fällt, würde Ethan als Eindringling enttarnt und die Mission unmöglich – MISSION IMPOSSIBLE. Die *Mission* hängt hier also am seidenen Faden der *Emission.*

Eben diese prekäre Lage spitzt sich zu, als sich ein zweiter Schweißtropfen auf Ethans Stirn bildet, der Bahn des ersten folgt und mit ihm verschmilzt. Unter dem wachsenden Gewicht dehnt sich der neue Tropfen aus, zittert und löst sich vom Brillenrand: es tropft. Einen kurzen Moment lang scheint die Mission unwiederbringlich gescheitert. Doch tritt in letzter Sekunde – gedehnt durch eine filmische Zeitlupensequenz – eine Hand ins Bild, die den Tropfen kurz vor seinem Auftreffen auf dem Boden abfängt und zum Zerplatzen bringt.[187] Auch wenn diese Hand von niemand anderem stammen kann als von Ethan selbst, scheint ihr Eintreten kausallogisch *unmöglich.* Ethans Position wenige Zentimeter über dem Boden lässt eigentlich keinerlei Spielraum für das gewagte Manöver. Auch die Reaktionszeit reicht nicht aus, um den Tropfen bei seinem kurzen Fall aufzuhalten. Wenige Momente später starrt Ethan deshalb völlig ungläubig auf seine Hand, als könne er sich das Ereignis selbst nicht logisch erklären.

Doch was im Rahmen der narrativen Logik unmöglich scheint, klärt sich, sobald man die Möglichkeiten des Mediums Film hinzudenkt. Die Filmkamera, so haben zahlreiche Theoretiker*innen immer wieder herausgestellt, ist in der Lage, Phänomene zu erfassen, die sich der menschlichen Sinneswahrnehmung konstitutiv entziehen.[188] Durch Techniken der Zeitlupe oder Großaufnahme dringt sie,

---

186 Vgl. MISSION IMPOSSIBLE, Timecode: 01:08:55.

187 MISSION IMPOSSIBLE, Timecode: 01:09:24.

188 Zur enthüllenden Funktion der Filmkamera, vgl. Kracauer, Siegfried (1985): Theorie des Films. Die Errettung der äußeren Wirklichkeit. Frankfurt am Main: Suhrkamp, S. 77–78.

wie Walter Benjamin an einer berühmten Stelle seines Kunstwerk-Aufsatzes schreibt, ins „Optisch Unbewußt[e]"[189] ein, also in die Sphäre jener unterschwelligen und latenten Prozesse, die für das menschliche Sensorium zu klein sind oder zu schnell ablaufen, etwa den „Sekundenbruchteil des Ausschreitens"[190] beim menschlichen Gang. In genau diese Sphäre des optisch Unbewussten fällt nun auch der winzige Tropfen aus MISSION IMPOSSIBLE im Moment seines Abtropfens. Während er Ethans Wahrnehmungs- und Handlungsvermögen entgeht, kann er durch die filmische Zeitlupe und Großaufnahme im ‚Sekundenbruchteil des Ausschreitens' erfasst und durch eine blitzschnelle Reaktion aufgefangen werden. Wenn Ethan wenig später verwundert auf seine Hand blickt, dann wird deutlich, dass sich die Reaktion *unterhalb* seiner Wahrnehmungsschwelle und *jenseits* seiner bewussten Steuerung abgespielt hat, in einer gleichsam latenten Zeit, die nur durch das Sensorium des Films zugänglich und gestaltbar gemacht werden kann. Nicht Ethan selbst ist es, der den Tropfen an seinem Fall hindert, sondern der unbewusste Prozess des filmischen Aufzeichnungsapparats.

Die Filmkamera erweist sich damit selbst als ein feinsinniges, sensorisches Medium, um die geringsten Emissionen des Lebens einzufangen. Im Unterschied jedoch zu all den anderen Sensoren, die im Laufe des zurückliegenden Kapitels ausführlich behandelt wurden – etwa den Spürhunden, Geophonen, Seismographen und Infrarotsensoren – erfasst sie nicht allein aktuell gegebene Emissionen, sondern auch – wie bei Ethans Schweißtropfen – *potenzielle* Emissionen *vor* ihrer Verwirklichung, vor ihrem Eintritt als wahrnehmbare Zeichen. MISSION IMPOSSIBLE zeigt uns das Stadium eines möglichen oder werdenden Zeichens, das noch nicht vollständig eingetreten ist und noch keinen Unterschied für eine Interpret*in begründet hat. Mit Charles Sanders Peirce könnte man hier von einem *would-be* sprechen – einem Zeichen also, dessen Interpretant noch aussteht: „its interpretant is a ‚would be,' i. e., is what it would determine in the interpreter if there were one"[191]. Erst wenn dieses Zeichen eine konkrete Wirkung auf seine Interpret*innen ausübt – erst also, wenn der Tropfen den sensiblen Boden berührt und Alarm auslöst – verwandelt er sich in ein effektives Lebenszeichen. Vorher bewegt er sich im Feld des Möglichen, in jener unterschwelligen Sphäre, aus der die Emissionen erst emergieren.

Bei genauerer Betrachtung könnte man durchaus sagen, dass sämtliche Emissionen, die auf den vergangenen Seiten untersucht wurden, zunächst und zumeist

---

189 Benjamin, Walter (1991): „Das Kunstwerk im Zeitalter seiner technischen Reproduzierbarkeit" [Dritte Fassung], in: ders.: Gesammelte Schriften, Bd. I.2, hg. v. Rolf Tiedemann und Herrmann Schweppenhäuser. Frankfurt am Main: Suhrkamp, S. 471–508, hier S. 500.
190 Benjamin (1991), S. 500.
191 Peirce (1998d), S. 409 [Herv. i. Orig.].

in genau diesem Modus des *would-be* rangieren: Unterschwellige Herzschläge und mikroskopische Geruchspartikel, unsichtbare Wärmestrahlen und Atemluft existieren *vor* ihrer sensorischen Erfassung gleichsam nur als potenzielle oder *latente* Zeichen, die erst noch einer Interpret*in bedürfen, um als Lebenszeichen wirksam und wahrnehmbar zu werden. Erst durch den Prozess der sensorischen Erfassung, also etwa durch die Witterung der Suchhunde, durch das Abhorchen des Geophons im Trümmerfeld oder das Scannen des Infrarotsensors, werden die unterschwelligen, unmerklichen, ungerichteten Prozesse als effektive Indikatoren des Lebens wirksam. Der Prozess des *sensing* – so lässt sich im Rückblick auf die behandelten Beispiele zeigen – lässt das Lebenszeichen aus dem Modus der bloßen Möglichkeit in den eines wirklichen Effekts übergehen, hebt es über die „Schwelle" der „Merklichkeit"[192], so dass es einen tatsächlichen „Empfindungsunterschied begründet"[193], wie Fechner schreibt. Mit dieser Schwelle erscheint jedoch zugleich die Möglichkeit ihrer *Unterschreitung*, wie Ethan Hunt unter Beweis gestellt hat: Solange sich das Leben knapp *unterhalb* des kritischen Punkts bewegt, solange es *subliminal* existiert, bleibt es für die Sensoren ungreifbar. Es bewegt sich selbst im *Bereich des Möglichen* – in jener schmalen Zone der Latenz, in der die Emissionen noch möglich, nicht aber wirklich geworden sind.

Man könnte diese Figur des unterschwelligen, emissionsarmen Lebens als das genaue Gegenstück zum maximalen *exponierten* Leben betrachten, das am Anfang des vorangegangenen Kapitels gestanden hatte. Im Modus der Exponierung war alles darauf ausgerichtet, das Leben so deutlich wie möglich von seiner Umgebung abzuheben, es durch sichtbare und hörbare Effekte *unübersehbar* zu machen. Nur wenn sich Leben explizit zum Vorschein bringt, kann es sich in der Existenz halten. Genau umgekehrt verhält es sich nun im Falle der Emissionsvermeidung. Hier kann sich Leben nur in der Existenz halten, wenn es implizit, unauffällig und unterschwellig bleibt. Gegen die *maximale* Sichtbarkeit der Exponierung steht – gleichsam am anderen Ende des Spektrums – die *minimale* Sichtbarkeit des emissionsarmen Lebens. Die beiden Modi der Exponierung und Emission markieren somit zwei Extreme auf einem Kontinuum des Lebenszeichens. Aus diesem Grund wurden sie auf den vergangenen Seiten auch in vielfacher Hinsicht einander gegenübergestellt. Die sinnliche Wahrnehmung des einen stand gegen die sensorische Erfassung des anderen; die gerichtete Deixis des einen stand gegen die ungerichtete Radiation des anderen; und die abgegrenzte Figur-Grund-Beziehung des einen stand gegen die ekstatische Ausstrahlung des anderen. Es scheint fast, als hätte man es hier mit zwei vollkommen gegensätzlichen Modi zu tun.

---

192 Fechner (1860), S. 238.
193 Fechner (1860), S. 238.

Gleichwohl teilen beide Modi dennoch einen entscheidenden Aspekt, der bislang nicht eigens reflektiert wurde. Beide Artikulationsweisen begreifen die Artikulation des Lebenszeichens primär als einen Prozess der *Äußerung*, wie sich schon an der gemeinsamen Vorsilbe *ex* ablesen lässt: entweder als eine *Exponierung* des Lebens, die sich aus dem homogenen Hintergrund heraushebt (lat. *exponere*), oder aber als eine *E-mission*, die unablässig in die Umgebung des Lebens ausstrahlt. Beide Modi stellen also den *Äußerungsaspekt* der Artikulation in den Mittelpunkt: Wenn sich das Leben artikuliert, dann drückt es sich aus, äußert sich, bringt sich zum Ausdruck. Mit dieser *expressiven* Dimension ist der semantische Spielraum des Artikulationsbegriffs allerdings noch bei weitem nicht erschöpft. Vor allem in romanischen Sprachen – etwa im Englischen wie im Französischen – weist *articulation* einen interessanten Doppelsinn auf, der deutlich über den Äußerungsaspekt hinausgeht. Der Sozialwissenschaftler Stuart Hall hat in seinen Ausführungen zum Artikulationsbegriff auf diese beiden Bedeutungsebenen aufmerksam gemacht.

> In England the term has a nice double meaning because ‚articulate'; means to utter, to speak forth, to be articulate. It carries that sense of language-ing, of expressing, etc. But we also speak of an ‚articulated'; lorry (truck): a lorry where the front (cab) and back (trailer) can, but need not necessarily, be connected to one another.[194]

Für Hall verbinden sich im Artikulationsbegriff also zwei Grundbedeutungen: zum einen die *expressive* Dimension der Äußerung – *to utter, to speak, language-ing, expressing* – zum anderen aber auch eine Dimension der Verknüpfung, Verbindung und Kopplung: „An articulation is thus the form of the connection that can make a unity of two different elements, under certain conditions."[195] Auch andere Autor*innen haben auf diesen Doppelaspekt des Artikulationsbegriffs hingewiesen. Für den marxistischen Soziologen Ken Post meint *to articulate* gleichermaßen „give expression to'"[196] und „join together'"[197]. John Law und Ingunn Moser verstehen unter Artikulation einen „act of speaking" und einen „act or mode of jointing"[198]. Und ein Sammelband aus dem Feld der *cultural studies* schreibt: „articulation carries within it the twin concepts of joining and enuncia-

---

194 Grossberg, Lawrence (1986): „Postmodernism and Articulation. An Interview with Stuart Hall", in: Journal of Communication Inquiry, 10 (2), S. 45–60, hier: S. 53. Halls Artikulationsbegriff lehnt sich stark an die post-marxistisch und poststrukturalistisch geprägte Hegemonietheorie von Ernesto Laclau und Chantal Mouffe an, die hier nicht weiter entfaltet werden kann. Zentral ist hier nur Halls semantische Beobachtung über den Doppelsinn des Artikulationsbegriffs.
195 Grossberg (1986), S. 53.
196 Post, Ken (1978): Arise Ye Starvelings. The Jamaican Labour Rebellion of 1938 and its Aftermath. The Hague/Boston: Nijhoff, S. 27, zitiert nach: Foster-Carter (1978), S. 215.
197 Post (1978), S. 215.
198 Law/Moser (2003), S. 491.

tion. An articulation both brings together disparate elements and, in the process of assemblage, gives that constellation a particular form and potential force.“[199]

Offenbar kann also die *expressive* Dimension der Artikulation nicht von einer zweiten, *konnektiven* Dimension getrennt werden. Doch während die Äußerungsdimension auf den vergangenen Seiten intensiv behandelt und ausdifferenziert wurden – von der *Exponierung* mit Signalfeuern und Trillerpfeifen bis hin zur *Emission* von Schweißtopfen und Atemgasen – wurden die Verknüpfungsprozesse des Lebenszeichens bislang nur am Rande thematisiert. Zwar setzen auch Exponierungen und Emissionen stets gewisse Kopplungen von „disparate elements“[200] voraus – Geophone müssen verkabelt, Flugzeugteile verschraubt, Sensoren ausgerichtet werden; doch wurden diese Verknüpfungen bisher gerade *nicht* als genuine Artikulationsformen des Lebens betrachtet, sondern nur als notwendige Voraussetzungen der Äußerung. Demgegenüber möchte das folgende Kapitel explizit den Akzent vom Äußerungs- auf den Verknüpfungsaspekt der Artikulation verlagern und dezidiert nach den Kopplungs- und Verbindungsprozessen des Lebenszeichens fragen. Dazu muss man allerdings die Vorsilbe *Ex* von *Ex-ponierung* und *E-mission* hinter sich lassen und eine neue ins Spiel bringen: das *Ad* oder *A* (lat. hinzu) der *Assoziation*.

199 Moore, Donald S./Kosek, Jake/Pandian, Andan (2003): „Introduction. The Cultural Politics of Race and Nature. Terrains of Power and Practice“, in: dies. (Hg.): Race, Nature, and the Politics of Difference. Durham/London: Duke University Press, S. 1–70, hier: S. 3.
200 Moore/Kosek/Pandian (2003), S. 3.

5 Assoziationen

5.1 Woran das Leben hängt

Am Fuße eines steilen Berghangs türmen sich aufgestaute Schneemassen. Kurz zuvor hat sich eine Lawine gelöst und die umliegende Landschaft unter einer weißen Schneedecke begraben. Auf den ersten Blick sind nirgends Anzeichen von verschüttetem Leben zu erkennen. Erst bei genauerem Hinsehen wird man auf dem Boden eine dünne, rote Linie entdecken, die sich mäandernd durch den weißen Schnee schlängelt, sich streckenweise gut sichtbar vom Untergrund abhebt, dann wieder spurlos unter der Schneedecke verschwindet.

Dieser merkwürdige rote Faden gehört zu den ältesten Medien der Lawinenrettung. Bevor im Laufe der 1980er Jahre zunehmend technische Ortungsgeräte Einzug hielten, waren Rettungskräfte jahrzehntelang auf ein weitaus simpleres Instrument angewiesen: die so genannte Lawinenschnur. Das zwischen 16 und 30 Meter lange, rot gefärbte Seil, dessen Einsatz mindestens seit Anfang des zwanzigsten Jahrhunderts bei Gebirgsjäger*innen und später auch im Skisport belegt ist,[1] sollte bei Touren in unsicherem Gelände um die Hüfte gebunden und wie eine Schleppe „nachgeschleift"[2] werden, wie es in einem Schnee- und Lawinenführer von 1938 heißt:

> Gerät ein Skiläufer in eine Lawine, so wird zwar der schwere Körper in die Tiefe gezogen, die leichte rote Schnur wird aber nach oben gewirbelt, und es liegt die größte Wahrscheinlichkeit vor, daß mindestens ein Teil für die Suchenden sichtbar bleibt, so daß die Retter durch Verfolgen der Schnur den Körper rasch finden können.[3]

Zur besseren Orientierung der Rettungskräfte waren an vielen Lawinenschnüren kleine Messingplaketten mit eingravierten Richtungspfeilen und Meterangaben befestigt, die in die Richtung der Verschütteten weisen sollen.[4] Entlang dieser indexikalischen Zeichenkette konnten sich die Retter*innen Schritt für Schritt bis zu den Verschütteten vorarbeiten.

---

1 Vgl. Kaiserliches und Königliches Landesverteidigungs-Kommando (ca. 1915): Alpine Weisungen für den Gebirgskrieg. Innsbruck: Verlag des k. u. k-Landesverteidigungskommandos in Tirol, S. 4, online verfügbar unter: https://kramerius.army.cz/search/i.jsp?pid=uuid:0e420c1c-b018-4374-b139-521857f5618a#monograph-page_uuid:c6431e19-99ad-11e9-872e-005056b73ae5 (zuletzt aufgerufen am 8. Dezember 2020).
2 Paulcke, Wilhelm (1938): Praktische Schnee- und Lawinenkunde. Berlin: Springer, S. 182.
3 Paulcke (1938), S. 182.
4 Vgl. Rätisches Museum Chur (2016): „Die Lawinenschnur (1930). Objekt des Monats", URL: https://raetischesmuseum.gr.ch/de/sammlung/objektdesmonats/Seiten/feb_16_lawinenschnur.aspx (zuletzt aufgerufen am 8. Dezember 2020).

Inwiefern lässt sich dieser rote Faden nun als ein Medium des Lebenszeichens beschreiben? Welchen Artikulationsmodus bringt er zum Vorschein? Zunächst erinnert seine auffällige Farbgebung frappierend an den Modus der *Exponierung*: Wie die Exponierung hebt sich auch die rote Schnur gut sichtbar vom weißen Untergrund ab und verweist – dank der eingravierten Richtungspfeile – *deiktisch* auf den Standort des verschütteten Lebens. Doch zeichnet sich die Lawinenschnur noch durch eine weitere Eigenschaft aus, die über die bloße Exponierung hinausgeht, ja die sogar noch „bei völliger Eindeckung der Lawinenschnur"[5], also beim gänzlichen Verlust des Exponiert-Seins, erhalten bleibt: nämlich die direkte, physische Anbindung an den verschütteten Körper. Dank ihrer materiellen Befestigung am Körper der Skifahrenden deutet die Lawinenschnur nicht einfach auf die Verschütteten hin: sie hängt ihnen buchstäblich an.[6] Man hat es hier offenbar mit einer Artikulationsweise des Lebenszeichens zu tun, die nicht primär – wie noch die Modi der Exponierung und Emission – aus einem Prozess der *Äußerung* hervorgeht, sondern aus Operationen der *Kopplung* und *Verbindung* zwischen Körpern und materiellen Artefakten.

Diese Verschiebung zieht jedoch umgehend noch eine zweite nach sich, die den Zeichencharakter der Lawinenschnur betrifft. In den bisherigen Modi beruhte die Indexikalität des Lebenszeichens nämlich stets auf einem Akt der *Verursachung*. Nur weil das Zeichen direkt oder indirekt vom Leben bewirkt, ausgesendet, erzeugt oder lanciert wurde – sei es durch einen Akt der Exponierung oder durch die fortlaufende Äußerung von Emissionen –, konnte es als Index seines Objekts fungieren. Demgegenüber lässt sich die Lawinenschnur nur schwerlich auf einen direkten Vorgang der Verursachung zurückführen. Zwar muss sie von Skifahrer*innen eigens angelegt werden, um überhaupt eine Verweisungsbeziehung herstellen zu können – doch einmal befestigt, gründet sich ihre Zeichenfunktion nicht so sehr auf einen Akt der Verursachung, sondern auf die bloße physische *Verbundenheit* mit dem verschütteten Körper. Inwiefern aber kann die bloße Verbundenheit, die schlichte Zusammengehörigkeit bereits einen wirksamen Zeichenbezug begründen?

Dazu könnte ein genauerer Blick in die Theorie des indexikalischen Zeichens helfen. Wenn Peirce eine Bestimmung des Index vornimmt, dann greift er überraschend selten explizit auf kausale Kategorien zurück.[7] Viel wichtiger scheint, dass

---

5 Paulcke (1938), S. 182.

6 Die Verbindung zur Lawinenschnur muss jedoch auch über Sollbruchstellen verfügen: „[S]ie soll nicht zu dick sein, damit sie reißen kann, wenn ein Skiläufer, der aus einer feuchten Lawine herausfahren will, nicht von Knollen, die sich um die Schnur gewickelt haben, zurückgerissen wird, etwa 5 mm.", siehe: Paulcke (1938), S. 182.

7 Dies hat bereits Thomas Goudge in seiner Studie zum Peirce'schen Index bemerkt, vgl. Goudge (1965), S 55.

der Index „kraft einer wirklichen Verbindung"[8] für sein Objekt steht und dass er „in seiner individuellen Existenz mit dem individuellen Objekt verbunden"[9] ist. Damit sind Kausalverhältnisse natürlich keineswegs ausgeschlossen – auch sie stiften schließlich wirkliche Verbindungen zwischen Ursache und Wirkung – allerdings bilden sie offenbar nur *einen* möglichen Fall einer größeren Gattung von Zeichen. Zahlreiche Peirce-Kommentator*innen haben deshalb nicht Kausalität als Grundmerkmal des Index angeführt, sondern *Kontiguität*, also räumliche Nähe, physische Berührung und Zusammengehörigkeit (lat. *contiguus* für nah, benachbart, angrenzend): „the index relies upon physical contiguity between it, as a sign, and its object in order generate an interpretant"[10] definiert Albert Atkin. Und für Thomas Sebeok steht fest: „Thus indexicality hinges upon association by contiguity [...]"[11]. Sogar Peirce selbst schreibt an einer Stelle: „Psychologically, the action of indices depends upon association by contiguity and not on resemblence or intellectual operations [...]"[12].

Mit dieser Formulierung lehnt sich Peirce an den empiristischen Philosophen David Hume an, der drei verschiedene *Assoziationsprinzipien* des menschlichen Geistes unterschieden hat, also drei Prinzipien, nach denen der Geist Verknüpfungen zwischen unverbundenen Vorstellungen herstellt: *resemblance, cause and effect* sowie *contiguity*.[13] Dabei bezieht sich das Prinzip der *contiguity* auf räumlich oder zeitlich benachbarte und angrenzende Vorstellungen. Wenn etwa die Erwähnung von St. Denis sogleich den Gedanken an das angrenzende Paris hervorruft, dann weil beide sich in direkter räumlicher Nachbarschaft zueinander befinden – und nicht etwa weil eine Beziehung der Ähnlichkeit (*resemblance*) oder Verursachung (*cause and effect*) zwischen ihnen bestünde.[14] Mit Peirce ließe sich in diesem Fall durchaus sagen, dass St. Denis zum *Index* für die Stadt Paris wird, sofern beide durch eine „wirkliche[...] Verbindung"[15] – nämlich die Beziehung der räumlichen Kontiguität – miteinander verknüpft sind.

---

8 Peirce (1986c), S. 206.
9 Peirce (1990), S. 135.
10 Atkin (2005), S. 164.
11 Sebeok, Thomas A. (2001): Signs. An Introduction to Semiotics. Toronto/Buffalo/London: University of Toronto Press, S. 87. Auch Umberto Eco und Roman Jakobson bringen den Index mit dem Konzept der Kontiguität in Verbindung: vgl. Eco (1977), S. 61, 67; vgl. Jakobson, Roman (1965): „Quest for the Essence of Language", in: Diogenes, 13 (51), S. 21–37, hier: S. 23.
12 CP 2.306.
13 Vgl. Hume, David (1978a [1739]): A Treatise of Human Nature. Oxford: Clarendon Press, S. 11.
14 Vgl. Hume, David (1978b [1740]): „An Abstract of A Book Lately Published Entitled A Treatise of Human Nature", in: ders.: A Treatise of Human Nature. Oxford: Clarendon Press, S. 641–662, hier: S. 662.
15 Peirce (1986c), S. 206.

Daran anknüpfend könnte man auch die Verweisungsbeziehung der Lawinen-schnur in Begriffen der Kontiguität beschreiben. Wenn Rettungskräfte beim Fund der Schnur auf die Anwesenheit von Verschütteten schließen, dann assoziieren sie Körper und Zeichen nicht aufgrund von Ähnlichkeits- oder Kausalbeziehungen, son-dern aufgrund ihrer physischen Nähe und Verbundenheit. Anders als bei Hume je-doch hängt diese Assoziation nicht allein von den mentalen Verknüpfungsleistungen des menschlichen Geistes ab – also von der „thread, or chain of thought"[16] –, er ver-dankt sich vielmehr einer konkreten, materiellen Verknüpfung zwischen Körpern und Dingen, also der Anhänglichkeit des Seils am verschütteten Körper. Nur weil Körper und Dinge physisch verbunden sind und buchstäblich *aneinanderhängen*, können sie miteinander gedanklich assoziiert und zeichenhaft aufeinander bezogen werden. Doch nicht nur die Zeichenfunktion der Lawinenschnur hängt von dieser materiellen Kopplung zum Körper ab, sondern letztlich auch die *Lebendigkeit* des Körpers selbst: Verschüttete können nur dann im Lawinenkegel gefunden werden, wenn Körper und Schnur faktisch miteinander verknüpft sind und bleiben. Würde sich die Schnur vom Körper lösen und andernorts zum Vorschein kommen, bräche die Verweisungsbeziehung der Kontiguität zusammen, der verschüttete Körper wäre unauffindbar und damit seiner Notlage hilflos ausgeliefert.[17] Insofern muss die Kate-gorie der Kontiguität aus Sicht des Lebenszeichens noch um zweierlei Aspekte er-gänzt werden: einerseits um die *Materialität* der Verknüpfung, die sich außerhalb des Geistes in konkreten Medien realisiert; andererseits um die *existenzielle Qualität* der Verknüpfung, von der die Erhaltung eines lebendigen Körpers in Not abhängt.

Um diese doppelte, materielle und existenzielle Verknüpfung genauer zu fas-sen, könnte man den Begriff des *Attachments* hinzuziehen, wie ihn der französi-sche Soziologe Antoine Hennion gemeinsam mit Emilie Gomart ausgearbeitet hat.[18] Der Begriff hat den besonderen Vorzug, zwei verschiedene Bedeutungsebe-nen miteinander zu verbinden. Im Französischen wie im Englischen beschreibt *attachment* einerseits Verfahren der materiellen Befestigung und Fixierung: *Atta-cher* oder *to attach* meint Anheften, Anbringen, Anfügen, Verknüpfen, Verbinden, Beilegen und Beifügen von physischen Elementen. Daneben jedoch verweist das Attachment auch auf affektive Bindungskräfte, also auf Formen der Anhänglich-

---

16 Hume (1978b), S. 662.

17 Umgekehrt jedoch kann die Kopplung zwischen Schnur und Körper auch nach dem Tod der Verschütteten noch andauern – ein Aspekt auf den weiter unten noch ausführlicher einzugehen sein wird.

18 Vgl. Gomart, Emilie/Hennion, Antoine (1999): „A Sociology of Attachment. Music Amateurs, Drug Users", in: The Sociological Review, 47 (1), S. 220–247; sowie: Hennion, Antoine (2011): „Of-fene Objekte, Offene Subjekte? Körper und Dinge im Geflecht von Anhänglichkeit, Zuneigung und Verbundenheit", in: Zeitschrift für Medien- und Kulturforschung, 2 (1), S. 93–109.

keit und Zuneigung gegenüber geschätzten Menschen und Dingen. Jemandem oder etwas *verbunden* zu sein, bedeutet immer auch, in eine bedeutsame, affektive Bindung verwickelt zu sein, die für das eigene Dasein vielleicht sogar existenziellen Wert besitzt.

Diese beiden Aspekte – die materielle Verknüpfung und die affektiv-existenzielle Bindung – hat Hennion in der Leitfrage „Woran hängen wir?"[19] zusammengeführt. Sie bedeutet einerseits: mit welchen Dingen sind wir physisch verbunden? Aber auch: von welchen Dingen hängen wir existenziell ab, welche Dinge bedeuten uns etwas, bedeuten mitunter sogar das Leben für uns? Während diese Frage im Alltag zumeist implizit bleibt, wird sie für Hennion immer dann akut, sobald lebenswichtige Bindungen abreißen oder in die Brüche gehen: „Unglücklicherweise gibt es nichts, was uns besser bewusst macht, was, unter all den Dingen, Personen oder Situationen, die wir zu lieben glauben, wirkliches Gewicht hat, als ein Unfall, eine Trennung, der Zwang eine schwierige Wahl zu treffen."[20] In Not- und Krisensituationen werden Attachments radikal „auf die Probe"[21] gestellt, wie Hennion schreibt. Einerseits sind Menschen gezwungen, liebgewonnene Dinge, Personen und Orte loszulassen und preiszugeben, um das eigene Leben festhalten zu können, etwa das eigene Hab und Gut, das brennende Zuhause, das sinkende Schiff. Andererseits jedoch sind sie mehr denn je auf spezifische Artefakte angewiesen, an denen buchstäblich *ihr Leben hängt*: Schiffbrüchige klammern sich an Rettungsringe, Bergsteiger*innen werden von Karabinerhaken in der Existenz gehalten, Seeleute in Not sind mit *lifelines* und Sorgleinen verbunden. Die Frage ‚Woran hängen wir?' erhält unter Notfallbedingungen also ein *buchstäbliches* Gewicht.

Auch beim Abgang einer Lawine stehen die materiellen und existenziellen Bindungen des Lebens schlagartig zur Disposition. Die Wucht der Lawine trennt die Betroffenen abrupt von unzähligen, lebenswichtigen Anhänglichkeiten und Habseligkeiten – Menschen werden aus ihren zwischenmenschlichen Bindungen gerissen, von ihren Skibindungen abgelöst, von Kommunikationsverbindungen abgeschnitten. Unter diesen Umständen dient die Lawinenschnur als buchstäbliches *Attachment*, das auch nach dem Bindungsverlust noch mit dem Körper als existenzielles Anhängsel verbunden bleibt. Es scheint kein Zufall, dass Hennion immer wieder auf textile Metaphern zurückgreift, um seine Theorie des Attachments zu veranschaulichen, etwa „Bindung oder Band"[22], „Verknotungen"[23] und

---

19 Hennion (2011), S. 93.
20 Hennion (2011), S. 93–94.
21 Hennion (2011), S. 93.
22 Hennion (2011), S. 96.
23 Hennion (2011), S. 100.

„verschlungen[e] Bindungen"[24]. Wie um diese Metaphern wörtlich zu nehmen, knüpft und knotet die Lawinenschnur ein tatsächliches Band, von dem das Überleben des Verbundenen im Lawinenfall abhängt. Allerdings ist dieses Band im Falle der Lawinenschnur konstitutiv *einseitig*: Zum einen ist die Schnur nur auf der Seite der Verschütteten fest mit dem Körper verknotet; das andere Ende hingegen liegt frei in der Umgebung. Erst wenn jemand an dieses offene Ende anknüpft und es bis zu den Verschütteten zurückverfolgt, erst wenn also die Schnur als richtungsweisendes *Zeichen* gelesen wird, kann Leben in der Existenz gehalten werden.

Zum anderen ist die Bindung auch in existenzieller Hinsicht *einseitig*. Denn während das Leben der Verschütteten zweifellos existenziell an der Lawinenschnur hängt, ist die Lawinenschnur umgekehrt kaum auf das Leben ihrer Träger*in angewiesen. Sie hält auch dann noch an ihrer Anhänglichkeit fest, wenn der zugehörige Körper längst nicht mehr am Leben ist. Mit dem Eintritt des Todes löst sich zwar umgehend die *existenzielle* Bindung zwischen dem Leben und der Lawinenschnur auf. Die Schnur verliert ihren Status als Lebenszeichen und verweist bloß noch auf ein ehemaliges, längst verblichenes und erfrorenes Leben. Gleichwohl dauert die *materielle* Bindung der Lawinenschnur am Körper auch nach dem Ableben der Verschütteten weiterhin unbeirrt an. Als bloßes, physisches Anhängsel scheint die Schnur *indifferent* gegenüber der Unterscheidung zwischen lebenden und toten Körpern. Sie verweist auch dann noch auf den Standort der Verschütteten, wenn diese bereits verstorben sind. Ihre Zeichenfunktion reicht offenbar immer schon über den Einschnitt des Todes hinaus.

Eine solche *posthume* Tendenz des Lebenszeichens hatte sich auf unterschwellige Weise bereits in den vorangegangenen Artikulationsweisen angedeutet. Auch Emissionen und Expositionen konnten unter Umständen länger andauern als das angezeigte Leben selbst. So emittieren Verschüttete auch dann noch Geruchswolken, wenn sie bereits verstorben sind und Signalfeuer glühen noch, wenn das Leben bereits erloschen ist. Bislang jedoch schien dieses Nachleben weitgehend vernachlässigbar: Stets wurden Emissionen und Exponierungen als Zeichen eines *aktuellen* Lebens gedeutet, das sich fortlaufend in seine Umgebung entäußert. Solange Leben emittiert oder sich exponiert – so die leitende Annahme – musste es auch *existieren*. Diese Annahme scheint im Modus der Anhänglichkeit nicht länger haltbar. Die bloße Verbindung zwischen dem Körper und seinen Anhängseln lässt keinerlei Rückschluss auf die Aktualität des mit ihnen verbundenen Lebens zu. Gerade weil Zeichen hier als materielle Objekte am Körper fixiert sind, kann ihre Anhänglichkeit immer schon über die Dauer des Lebens hinausreichen. Sie zeichnen

---

24 Hennion (2011), S. 108.

sich durch eine eigentümliche Beharrungskraft oder Persistenz aus, die sie deutlich von den ephemeren Lebenszeichen der anderen Modi – den Geruchswolken, Wärmestrahlen, Lichtblitzen und Hilferufen – abhebt.

Somit sind in den bisherigen, einleitenden Ausführungen mindestens drei charakteristische Merkmale einer neuen Artikulationsweise sichtbar geworden. Zum einen verschiebt sie den Akzent von den *Äußerungsvorgängen* des Lebens – den Expositionen oder Emissionen – hin zu Operationen der *Verknüpfung* und *Kopplung*. Nicht das, was Körper ausstrahlen, abgeben oder entäußern ist maßgebend für die Artikulation des Lebenszeichens, sondern was ihnen anhängt, anhaftet und mit ihnen *assoziiert* ist, also jegliche Art von materiellen Anhängseln, Attachments, Attributen, Accessoires, Applikationen und Artefakten, die als Zeichen gelesen werden können. Zweitens stehen diese Zeichen nicht primär in einem *Kausalverhältnis* zum Leben, wie noch Exponierungen und Emissionen, vielmehr sind sie ihm durch *Kontiguität* verbunden, also durch Beziehungen der räumlichen Nähe und Berührung zwischen Zeichenobjekt und Körper. Aus der bloßen Nähe jedoch, lässt sich nicht zwingend die aktuelle Lebendigkeit des Körpers folgern. Während Expositionen und Emissionen zumeist auf aktuelle Äußerungen des Lebens zurückgehen und mit dessen Ende früher oder später zum Erliegen kommen, reichen Assoziationen über das Lebensende hinaus, besitzen eine eigentümliche *Persistenz*. Es sind diese drei Aspekte der *Anhänglichkeit*, der *Kontiguität* und der *Persistenz*, die zusammen die Artikulationsweise der *Assoziationen* aufspannen und die am Beispiel der Lawinenschnur besonders anschaulich hervortreten.

Gleichwohl ist die Lawinenschnur bei weitem nicht das einzige Medium der Anhänglichkeit, mit dem sich Leben-in-Not assoziiert. Schon im Repertoire von Skifahrer*innen finden sich zahlreihe weitere Anhängsel, die im Notfall auf den Standort des verunglückten Körpers verweisen sollen.[25] Angefangen bei simplen Artefakten wie Skistöcken, die nach dem Lawinenabgang aus dem Schnee herausragen und als Indizes der Verschütteten gelesen werden können, über den so genannten Lawinenball,[26] der beim Sturz der Fahrer*in automatisch aus dem Rucksack geschleudert wird und als eine Art Boje an der Oberfläche auf das verschüttete

---

25 Für einen kursorischen Überblick über die gängigen Technologien, vgl. Etter, Hans-Jürg/Schweizer, Jürg/Stucki, Thomas (2009): „Nicht ohne mein LVS. Lawinennotfallsysteme im Vergleich", in: Die Alpen, 2, S. 24–29, online verfügbar unter: https://www.slf.ch/fileadmin/user_upload/WSL/Mitar beitende/schweizj/Etter_etal_Notfallausrustung_DieAlpen_2009.pdf (zuletzt aufgerufen am 8. Dezember 2020).

26 Vgl. Etter/Schweizer/Stucki (2009), S. 26; sowie die Hersteller-Website: Lawinenball.com (o. J.): „Avalanche Ball ... sofort sehen und retten", URL: https://www.lawinenball.com/ (zuletzt aufgerufen am 8. Dezember 2020).

Leben verweisen soll, bis hin zu elektronischen Komponenten, die Skifahrer*innen
stets nahe am Leib tragen müssen, um von Rettungskräften geortet werden zu können, wie das Lawinenverschütteten-Suchgerät (LVS) oder der in Ski-Monturen ein-
genähte *Recco*-Reflektor, die beide an späterer Stelle dieses Kapitels eingehender
untersucht werden sollen. Trotz vielfältiger Unterschiede haben all diese Artefakte
gemeinsam, dass sie auf die eine oder andere Weise in die materielle Ausrüstung
von Skifahrer*innen integriert sind, also dem Körper angehängt und hinzugefügt
werden müssen, um als Zeichenträger fungieren zu können. Es ist also nicht der
nackte, menschliche Körper, der als Träger von Assoziationsbeziehungen gilt, sondern ein mit vielfältigen Attributen, Accessoires und Applikationen ausstaffierter, ge-
wappneter und gerüsteter Körper.

Solche Assoziationen aus Menschen und Objekten finden sich keineswegs
nur auf dem Gebiet des Wintersports, wo Ski- und Snowboardfahrer*innen als
„human technology hybrids"[27] oder gar „cyborg entities"[28] auftreten, es gibt sie
auch in zahlreichen weiteren Praxisfeldern, in denen Menschen sich mit materiellen „Monturen"[29] ausrüsten. Man denke etwa an die Ausrüstung von Taucher-
*innen oder das Equipment von Bergsteiger*innen, die jeweils von einer Vielzahl
anhänglicher Objekte abhängen.[30] Die vielleicht exemplarische Verkörperung
eines gerüsteten Subjekts ist jedoch, – darauf deutet bereits die militärhistorische
Herkunft von Begriffen wie Montur, Equipment oder Armierung hin[31] –, die
Figur der *Soldat*in* mit ihren unzähligen materiellen Rüstungen und Attributen.
Deshalb möchte der folgende Abschnitt vom Lawinenfeld auf das Schlachtfeld
des Ersten Weltkriegs wechseln, um dort spezifische Anhänglichkeiten zwischen
Leben, Zeichen und Medien zu studieren.

27 So schreibt der Tourismussoziologe Mark Stoddart: „Skiers' abilities to interact with moun-
tain environments depend upon an array of technologies, including boots, bindings, snow-
boards, and specialized ski clothing. To speak of skiers is always to speak of human-technology
hybrids that engage with mountainous nature.", siehe: Stoddart, Mark C. J. (2012): Making Meaning out of Mountains. The Political Ecology of Skiing. Vancouver: University of British Columbia Press, S. 100.
28 Stoddart (2012), S. 71.
29 Eine instruktive Medientheorie und -geschichte der Montur entwickelt: Cuntz, Michael (2020):
„Monturen/montures. On Riding, Dressing, and Wearing. Nomadic Cultural Techniques and (the
Marginalization) of Asian Clothing in Europe", in: Dünne, Jörg et al. (Hg.): Cultural Techniques.
Assembling Spaces, Texts, and Collectives. Berlin/Boston: De Gruyter, S. 141–164.
30 Zu den materiellen Attachments von Bergsteiger*innen vgl. Kaufmann, Stefan (2013): „Friends. Über die ambivalente Beziehung von Bergsteigern zu ihren Objekten", in: Schüttpelz, Er-
hard/Thielmann, Tristan (Hg.): Akteur-Medien-Theorie. Bielefeld: Transcript, S. 483–501.
31 Vgl. Cuntz (2020), S. 143.

5.2 Anhängliche Zeichen

Mitten im Dickicht des Waldes liegt ein Mann in Uniform ausgestreckt auf einem Baumstamm (Abbildung 5): Er scheint geschwächt, hat sein Gewehr schräg an die Brust gelehnt und lässt den Arm schlaff nach unten hängen. Sein Kopf ist einem Schäferhund zugewandt, der mit erhobenem Schwanz in der Nähe der ausgestreckten Hand steht. Der Hund trägt einen Gegenstand aus hellem Stoff im Fang, womöglich eine Kopfbedeckung oder der Fetzen eines Kleidungsstücks. In welcher Beziehung Hund, Stoffstück und Soldat zueinander stehen, scheint auf den ersten Blick schwer zu entschlüsseln. Die Szene wirkt wie aus dem Zusammenhang gerissen, wie eine Momentaufnahme aus einem längeren Handlungsablauf.

Abbildung 5: „One of Uncle Sam's Dogs discovering the missing man", Photographie von E. A. Muller Jr., aus: Jager (1917), S. 80.

Doch nicht nur das Bild, auch die gezeigten Figuren sind buchstäblich *aus dem Zusammenhang gerissen*. Es handelt sich um die – wahrscheinlich zu Demonstrationszwecken arrangierte – Photographie eines verwundeten Soldaten im Ersten Weltkrieg, der von seinem Truppenverband getrennt und nach der Schlacht allein zurückgelassen wurde. Er verkörpert damit einen jener zahllosen „missing men"[32], die zu Tausenden und Zehntausenden auf den Schlachtfeldern des Weltkriegs versprengt wurden. Abgeschnitten von medizinischer Versorgung, erlagen die geschwächten Soldaten oftmals schon nach kurzer Zeit ihren Verletzungen. Angesichts dieser dramatischen Verluste wurden im Laufe des Ersten Weltkriegs unterschiedliche Strategien und Artefakte ersonnen, um die vermissten Soldaten wieder mit ihren Einheiten in Verbindung zu bringen, also lebenswichtige Beziehungsgefüge, Assoziationen und Attachments wiederherzustellen. Eine Schlüsselrolle bei dieser Verbindungsarbeit kam dem so genannten „Sanitätshund"[33] zu.

Bereits im Modus der *Emissionen* waren Suchhunde als entscheidende Akteure des Lebenszeichens aufgetreten. Sie sollten verunglücktes Leben anhand seiner unmerklichen Geruchsmarken wittern und unter den Trümmern aufspüren. Auch der folgende Abschnitt fragt nach dem Beitrag von Suchhunden zur Artikulation des Lebens-in-Not, wechselt jedoch vom Modus der *Emission* zu dem der *Assoziation*. Damit verschiebt sich der Akzent von der Witterung des verschütteten Lebens hin zur Herstellung von Verbindungen zwischen dem Vermissten und seinen möglichen Retter*innen. Die Sanitätshunde des Ersten Weltkriegs – so die leitende These – wirken in ganz entscheidender Weise daran mit, ein abgeschnittenes, unverbundenes Leben mit neuen, lebenswichtigen Verbindungen auszustatten. Dazu bedienen sie sich vielfältiger materieller Anhängsel und Attachments, die in existenzieller Beziehung zum vermissten Körper stehen. Diese komplexen Verwicklungen zwischen verwundeten Menschen, trainierten Hunden, materiellen Objekte und indexikalischen Zeichen sollen im Folgenden am Beispiel der Verwundetensuche im Ersten Weltkrieg detailliert erforscht werden. Dabei wird sich zeigen, dass die Artikulationsweise der *Assoziation* immer schon mit ihrem Gegenstück, dem Prozess der *Dissoziation* verbunden sein muss, um Lebenszeichen hervorzubringen.

Freie Assoziation

Unter dem Eindruck der immensen Vermissten- und Verwundetenzahlen des Deutsch-Französischen Kriegs hatte man bereits im Jahr 1893 die Gründung des *Deutschen Vereins für Sanitätshunde* in Angriff genommen, der die Ausbildung von Hunden zur Verwundetensuche vorantreiben sollte.[34] Doch erst mit Ausbruch des Weltkriegs im August 1914 erfuhr das Sanitätshundewesen eine rasante, flächendeckende Verbreitung und wurde von beinahe allen europäischen

---

32 Jager, Theo F. (1917): Scout, Red Cross, and Army Dogs. New York: Arrow Printing, S. 33.
33 Vgl. Klan (2009).
34 Vgl. Klan (2009), S. 11

Streitkräften als eigenständige Truppengattung institutionalisiert, wie Julia Klan in ihrer materialreichen Studie zur Geschichte des Sanitätshundes dargestellt hat.[35] Besonders im ersten Kriegsjahr, in dem die Gefechtsbewegungen noch nicht in den Schützengräben zum Erliegen gekommen waren und die Kriegsschauplätze noch in rascher Folge wechselten, fiel den Sanitätshunden die lebenswichtige Aufgabe zu, die zurückgelassenen Schlachtfelder nach verwundeten Soldaten abzusuchen und den Hundeführern[36] den Ort der Gefundenen anzuzeigen.[37]

Dabei wurden insbesondere *drei* Eigenschaften der Sanitätshunde für wertvoll erachtet, die auf je unterschiedliche Weise das Motiv des *Verbunden-Seins* ins Spiel bringen. Einerseits schätzte man ihre ausgeprägte „Anhänglichkeit an den Menschen"[38], also die affektive Verbundenheit und Zuneigung der Hunde gegenüber ihren menschlichen Begleitern. Das *Attachment* zwischen Tier und Mensch sollte sicherstellen, dass die Sanitätshunde auf dem Schlachtfeld nie allzu weit von ihren Herrchen entfernt agierten und nach eigenständigen Streifzügen verlässlich zu ihnen zurückkehrten. Doch darf diese Treue und freundschaftliche Verbundenheit der Sanitätshunde, von der zahlreiche Pioniere des Sanitätshundewesens pathetisch zu berichten wissen,[39] keineswegs als eine schlichte Naturgegebenheit idealisiert werden, sondern verdankt sich maßgeblich der „bürgerlichen Hundehaltungs- und Abrichtungskultur"[40] des neunzehnten Jahrhunderts, wie die Kulturwissenschaftlerin Iris Därmann überzeugend nachgewiesen hat. Dass Hunde und Menschen sich „anhänglich zugetan"[41] sind, muss mit spezifischen Mitteln der Anhänglichkeit zuallererst hergestellt werden. Anhänglichkeit, so ließe sich sagen, ist stets der Effekt bestimmter *Anhängsel* – Leinen, Halsbänder, Ge-

---

35 Vgl. Klan (2009), S. 77–78.
36 Da im Ersten Weltkrieg – nach Kenntnis des Autors – fast ausschließlich Männer als Soldaten und Sanitätshundeführer im Einsatz waren, wird im folgenden Abschnitt im historischen Kontext durchgehend die männliche Form verwendet.
37 Vgl. Klan (2009), S. 147.
38 Lutz, Karl (1920): Beiträge zur Psychologie, Abrichtung und Verwendung des Diensthundes. Dissertation an der Philosophischen Fakultät der Julius-Maximilians-Universität Würzburg, S. 260.
39 Vgl. Klan (2009), S. 108–109.
40 Därmann, Iris (2017): „Haustiere und Tierfreunde Über Nähe und Ferne von Menschen und Tieren", in: dies./Sezgin, Hilal/Wischermann, Clemens (Hg.): Tierisch beste Freunde. Über Haustiere und ihre Menschen. Berlin: Matthes und Seitz, S. 12–48, hier: S. 48. Ich danke Iris Därmann für wertvolle Anregungen zu diesem Kapitel.
41 Därmann (2017), S. 12.

schirre und Erkennungsmarken[42] –, die das „unzerreißbar[e] Freundschaftsban[d]"[43] zwischen Mensch und Hund als physische Verbindung konsolidieren.

Mindestens ebenso schätzte man jedoch eine zweite Eigenschaft des Sanitätshundes, die gleichfalls die Stiftung von Verbindungen zum Ziel hatte: ihre „Fähigkeit in großem Umfange Assoziationen zu bilden und diese zu reproduzieren"[44]. Während sich die *Anhänglichkeit* auf affektive Verbundenheiten zwischen menschlichen und nicht-menschlichen Gefährten bezieht, kommt mit den *Assoziationen* eine zweite Ebene der Relationierung ins Spiel, die stärker *kognitive* Verknüpfungsleistungen betrifft: das Vermögen, mentale Zusammenhänge zwischen unverbundenen Eindrücken herzustellen und diese Komplexe situationsgerecht wachzurufen.[45] Hatte David Hume dieses Vermögen noch als exklusiv menschliche Eigenschaft betrachtet, zeigt sich beim Sanitätshund nun ein dezidiert nicht-menschliches Assoziationsvermögen. Seine besondere Befähigung zur Assoziation kam dem Sanitätshund vor allem bei einem besonders kritischen Punkt der Verwundetensuche zugute, nämlich beim so genannten Vorgang der *Verweisung*.

Tatsächlich beschäftigte kaum ein Problem die Sanitätshundeführer zu Kriegsbeginn so intensiv, wie die Frage nach der richtigen „Verweisungsart"[46] des Sanitätshundes, also der am besten geeigneten Methode zur Anzeige eines erfolgreichen Fundes. Bei den ersten Einsätzen auf dem Schlachtfeld stellte sich schnell heraus, dass die gängigen Verweisungsmethoden aus Friedenszeiten nicht ohne weiteres übernommen werden konnten: Anders als im Polizei- oder Rettungsdienst etwa, wo Hunde einen Fund üblicherweise durch lautes „Verbellen"[47] anzeigten, war auf dem Schlachtfeld größtmögliche Stille geboten. Besonders in Frontnähe bestand die Gefahr, dass das Gebell als indexikalisches Zeichen nicht nur die Aufmerksamkeit der Suchkräfte auf sich zog, sondern unter Umständen auch das Feuer feindlicher Spähtrupps: „Das Verbellen erwies sich im Stellungskriege als unpraktisch und gefährlich, weil es das feindliche Feuer auf den Fundplatz lenkte."[48] Tatsächlich kam es durch die Praxis des Verbellens immer wieder zu tödlichen Zwischenfällen, bei denen Hundeführer, Verwundete, am häufigs-

---

42 „Jeder Hund erhielt ein Halsband, das gleichzeitig verschiedene Abzeichen des Roten Kreuzes, eine Erkennungsmarke und ein kleines Glöckchen trug", siehe: Klan (2009), S. 113.

43 Därmann (2017), S. 48.

44 Lutz (1920), S. 260.

45 Vgl. Klan (2009), S. 16.

46 Klan (2009), S. 121.

47 Klan (2009), S. 119.

48 Kalkschmidt, G. (1916): „Der Sanitätshund im Kriege", in: Frankfurter Zeitung, 8. Mai 1916, online verfügbar unter: http://www.faz.net/-i18-8bv94 (zuletzt aufgerufen am 8. Dezember 2020); vgl. dazu auch Klan (2009), S. 33.

ten aber die Hunde selbst ihren verräterischen Lautzeichen zum Opfer fielen.[49] So erließ die Heeresleitung im April 1915 zum Schutz aller Beteiligten die strikte Anweisung: „Die Sanitätskompanien dürfen im ‚Verbellen' eingerichtete Hunde nicht mehr verwenden und müssen in dieser Dressurart arbeitende Tiere auf das lautlose ‚Verweisen' abrichten."[50]

Im Gegensatz zum Verbellen sollte das stille Verweisen ohne jede Lautäußerung auskommen. Statt am Fundort auszuharren und den Hundeführer durch lautes Gebell herbeizurufen, wurden die Hunde nun zur stummen Rückkehr vom Fundort erzogen. Beim Hundeführer angekommen, sollte das Tier sein Suchergebnis möglichst diskret vermelden – etwa durch „Gebärden"[51] wie Pfötchen geben, Schwanzwedeln oder Hochspringen – und die Sanitäter zuverlässig zum Fundort des Verwundeten zurückführen. Dieses Verfahren beanspruchte nun in besonders hohem Maße die Fähigkeit des Hundes, „Assoziationen zu bilden und zu reproduzieren"[52]. Damit die Zeichengebung gelingen konnte, musste der Hund den verletzten Soldaten mit seinem Fundort assoziativ verknüpfen, sich diese Verknüpfung verlässlich einprägen und über den gesamten Rückweg bis zum Hundeführer im Gedächtnis behalten. Anschließend musste der Hundeführer seinerseits das Anzeigeverhalten des Hundes mit dem Fund eines Verwundeten in Beziehung setzen und die Assoziationskette gewissermaßen rückwärts zum Fundort zurückverfolgen.

In der Praxis der Verwundetensuche erwies sich diese Assoziationskette allerdings als hochgradig instabil und anfällig für allerlei Fehlschläge, „Falschmeldung[en]"[53] und Missverständnisse zwischen den beteiligten Akteuren. So waren Hunde von langen Märschen zuweilen so erschöpft und entkräftet, dass ihnen der nötige Antrieb zur Zeichengebung fehlte,[54] oder aber sie verliehen ihrer Freude über das Wiedersehen mit dem Hundeführer derart überschwänglich Ausdruck, dass dieser irrtümlich von einem erfolgreichen Fund ausging.[55] Auch konnte es vorkommen, dass die Nachricht auf dem Weg in Vergessenheit geriet oder der Hund sich durch allerlei konkurrierende Eindrücke – etwa durch Begegnungen mit anderen Tieren, die seine Neugierde auf sich zogen – von seiner eigentlichen Assoziationsaufgabe

---

49 Vgl. Klan (2009), S. 120.
50 Deutscher Verein für Sanitätshunde (1915): Merkblatt Nr. 10, S. 1, zitiert nach: Klan (2009), S. 120.
51 Berdez, Adrien (1903): Anleitung zur Dressur und Verwendung des Sanitätshundes. Bern: L.A. Jent, online verfügbar unter: http://www.rhz-bibertal.eu/wp-content/uploads/2018/05/1903. pdf (zuletzt aufgerufen am 8. Dezember 2020), S. 19 [pdf].
52 Lutz (1920), S. 260.
53 Kalkschmidt (1916).
54 Vgl. Klan (2009), S. 145.
55 Vgl. Klan (2009), S. 121.

abbringen ließ.[56] Bereits geringfügige Zwischenfälle und Ablenkungen genügten also, um die Assoziationsbildungen des Sanitätshundes zu stören und zu *dissoziieren*, die Interpret*innen zu verunsichern und den Erfolg der Verweisungsoperation zu gefährden.

Um diese Unwägbarkeiten auszuräumen, besann man sich im Laufe des ersten Kriegsjahres schließlich auf ein *drittes*, bislang nicht berücksichtigtes Bindungsvermögen des Sanitätshundes, das weder – wie noch die Tendenz zur *Anhänglichkeit* – die affektive Bindung an die menschlichen Begleiter betrifft, noch – wie die Fähigkeit zur *Assoziation* – die kognitive Verknüpfung von Eindrücken, sondern die ausgeprägte Affinität zu materiellen Objekten. Die Hunde zeigten eine große Lust am *Apportieren*, also an der Suche und Wiederbeschaffung von umherliegenden oder ausgeworfenen Objekten. Diese Vorliebe erlaubte es, die bisherige, fehleranfällige Methode der stillen Verweisung um ein entscheidendes Detail zu erweitern. Das so genannte „Verweisen mit Gegenstand"[57] sollte die unbeständigen Assoziationen des Hundes durch die Einführung eines materiellen Verweisungsobjekts, eines „Fundzeichen[s]"[58], ergänzen und stabilisieren. Nicht länger mussten die Hunde den Fund auf dem gesamten Rückweg im Gedächtnis behalten, sondern konnten ein gegenständliches Beweisstück vom vermissten Soldaten mitbringen.

Bei der Auswahl des tragbaren Fundzeichens kam den Sanitätshunden die schlichte Tatsache entgegen, dass Soldaten immer schon mit einer Vielzahl von materiellen Objekten und Ausrüstungsgegenständen ausstaffiert, gerüstet und assoziiert sind. „A soldier is not just a man, but a man with a gun", hat der Anthropologe Alfred Gell einmal treffend formuliert: „The soldier's weapons are parts of him which make him what he is."[59] Die Existenzweise des Soldaten setzt sich demnach aus menschlichen und dinglichen Anteilen zusammen, bildet eine regelrechte *Assoziation* aus Körpern und Objekten. Neben den von Gell erwähnten Waffen sind es jedoch noch zahllose weitere Dinge, die dem Soldaten als „parts of him which make him what he is"[60] angehören: Helme, Uniformjacken, Stiefel, Handschuhe, Koppeln, Tornister und vieles mehr bilden mit dem physischen Körper des Soldaten einen komplexen Gesamtzusammenhang. Es ist dieser Assoziationskomplex, aus dem sich der Sanitätshund bei der ‚Verweisung mit Gegenstand' bedient. Indem er am Fund-

---

56 Vgl. Henck, Wilhelm (1915): Der Hund auf dem Schlachtfelde. Briefe über seine Geschichte, Erziehung und Verwendung im Felde. Cassel: Weber und Weidemeyer, S. 89.

57 Klan (2009), S. 121–122.

58 Kalkschmidt (1916).

59 Gell, Alfred (1998): Art & Agency. An Anthropological Theory. Oxford: Clarendon Press, S. 20–21.

60 Gell (1998), S. 20–21.

ort des Verletzten ein einzelnes Teil – wie beispielsweise die tragbare Kopfbedeckung in der eingangs beschriebenen Photographie – aus dem Gesamtkomplex des Soldaten herauslöst und den Suchkräften als Fundzeichen überbringt, stiftet er eine neue Assoziation.

Doch auf welchem semiotischen Zusammenhang beruht diese Assoziation? Wie kann das apportierte Fundstück tatsächlich als ein *Zeichen* für den vermissten Soldaten gelesen werden? Wenn die Suchkräfte das apportierte Objekt als Index ihres gesuchten Kameraden deuten, dann offenbar, weil der Fund des Objekts die Entdeckung des dazugehörigen Körpers auf bestimmte Weise *impliziert*. Nur weil Infanteristen gemeinhin im Verein mit ihren Artefakten auftreten, weil sie mit ihrer Ausrüstung physisch und habituell verbunden sind, scheint es plausibel, vom Fund des einen auf den des anderen zu schließen. Somit machen sich die Soldaten ganz offensichtlich das Prinzip der *Kontiguität* zu Nutze, also die Assoziation zwischen räumlich und zeitlich benachbarten oder physisch verbundenen Entitäten: Wo Feldmützen, Gewehre oder Helme zu finden sind, können auch Soldaten nicht weit sein. Doch geht der Zusammenhang sogar noch über die gewöhnliche Kontiguitätsbeziehung hinaus. Wenn Alfred Gell damit Recht hat, die Ausrüstungsstücke des Soldaten als ‚parts which make him what he is‘ zu begreifen, das heißt als konstitutive Bestandteile eines komplexen Ganzen, dann stehen Soldat und Fundobjekt nicht nur in einer Relation der räumlichen Nähe und Verbundenheiten, sondern in einer regelrechten Teil-Ganzes-Beziehung. Weil die Ausrüstungsstücke an der Gesamtheit des Soldaten partizipieren, weil sie ihm als wirkliche Elemente seiner Existenz als Soldat angehören, können sie ihn – so zumindest die Suggestion – als *pars pro toto* vertreten.[61]

Doch so plausibel dieser Zusammenhang auch scheinen mag, so sehr übersieht er doch eine entscheidende Voraussetzung. Denn als indexikalische Zeichen des Soldaten fungieren die Ausrüstungsteile nur, sobald sie dem Soldaten gerade *nicht* länger als Teile angehören: Erst im Zustand der *Ablösung*, als abgetrennte Fragmente werden sie indexikalisch wirksam und treten in ein Assoziationsverhältnis zum Verwundeten. Darin unterscheiden sie sich deutlich von anderen anhänglichen Dingen, wie etwa der Lawinenschnur vom Beginn des Kapitels, die nur dann als Zeichen wirksam wurden, wenn sie dem Körper durchgängig anhaften. Demge-

---

61 Schon für Peirce realisiert sich die Assoziation durch Kontiguität exemplarisch in der Beziehung zwischen Teilen und Ganzem. Demnach seien partikulare Ideen unter gewissen Umständen in der Lage, den gesamten Ideenkomplex, dem sie angehören, ins Bewusstsein zu rufen: „Suggestion by contiguity means that when an idea is familiar to us as part of a system of ideas, that idea may call the system to our minds [...].“ Peirce veranschaulicht diesen Zusammenhang am Beispiel eines Messers: „Mention a knife-blade and the whole knife will be thought of, and thence a knife-handle.“, siehe: CP 7.391.

genüber lenken die Fundzeichen des Soldaten den Blick gerade auf den Prozess der Ablösung: Zugespitzt ließe sich sagen, dass die *Assoziation* zwischen Körper und Zeichen notwendig auf einer *Dissoziation* beruht, also einer Herauslösung des Objekts aus der Gesamtheit des gerüsteten Soldaten. Man müsste hier womöglich treffender von einem Prozess der *Dis/Assoziation* sprechen, bei dem jede Assoziation zugleich die Abtrennung des assoziierten Objekts voraussetzt. Nur wenn es dem Sanitätshund gelingt, ein partikulares Stück aus dem Gesamtzusammenhang des Soldaten herauszulösen, kommt das *pars pro toto* des Fundzeichens zustande. Die Fähigkeit der Sanitätshunde „Assoziationen zu bilden"[62] muss demnach noch um das symmetrische Vermögen ergänzt werden, *Dissoziationen* einzuführen.

Dissoziationen

Um den Vorgang der Dissoziation zu verstehen, muss man zunächst die konkreten Bindungsverhältnisse genauer untersuchen, die den Körper des Soldaten mit seinen Ausrüstungsteilen verbinden. Nicht alle Elemente, die zur Menge des ,Soldaten' hinzugerechnet werden können, sind nämlich auf dieselbe *Weise* und in derselben *Hinsicht* Teil der übergreifenden Gesamtheit, vielmehr muss man verschiedene Grade der Anhänglichkeit und Zugehörigkeit zwischen Körper und Dingen unterscheiden. Abhängig von der Intensität der Anbindung wird der Prozess der *Dis/Assoziation* einen jeweils anderen Verlauf nehmen und jeweils andere Zeichenbeziehungen ermöglichen oder verhindern.

Weitgehend reibungslos verläuft die Ablösung des Fundzeichens immer dann, wenn zwischen dem Körper des Soldaten und seinen Artefakten ein eher loser, variabler und reversibler Zusammenhang besteht. So finden sich im Umkreis von Verwundeten oftmals zahlreiche Utensilien, die der verwundete Körper abgestreift, beiseitegelegt und fallengelassen hat und die daher ohne Weiteres vom Sanitätshund aufgegriffen werden können, etwa Mützen, Halstücher, Tragegurte oder Handschuhe.[63] Objekte dieses Anbindungstyps lassen sich mühelos aus dem Umfeld des Verwundeten herauslösen und setzen der Verwandlung in Verweisungsobjekte kaum Widerstände entgegen. Systematischer gesprochen ließe sich sagen, dass diese Dinge in einem *akzidenziellen*, also nicht-notwendigen, unwesentlichen und beigeordneten Verhältnis zum anhänglichen Körper stehen. Genau wie die aristotelischen *Akzidenzien*, das heißt, die nicht-notwendigen Eigenschaften einer Sache –

---

62 Lutz (1920), S. 260.
63 Vgl. Jager (1917), S. 31.

etwa die Größe, die Farbe oder die Relationen eines Dings[64] –, können auch die *Accessoires* des Soldaten bequem abgelöst, verändert oder entfernt werden, ohne damit bereits die Integrität der *Substanz*, an der sie haften, wesentlich zu beeinträchtigen.

Die Kehrseite dieser akzidenziellen Beziehung liegt in ihrer relativen *Unverbindlichkeit*: Gerade, weil die Dinge nur in einem losen, eher nebensächlichen Bindungsverhältnis zu ihrem Träger stehen – ihm also ohne Weiteres auch fehlen oder abhandenkommen könnten – besteht immer die Gefahr, dass sie gänzlich *unabhängig* vom Vermissten, als frei flottierende Objekte umherliegen und von Suchhunden zufällig aufgegriffen werden: „Eine mögliche Fehlerquelle bestand nun darin, dass der Hund, auch wenn er keinen Verwundeten gefunden hatte, seinem Führer auf dem Boden herumliegende Ausrüstungsgegenstände brachte."[65] Dies konnte dazu führen, dass Hundeführer vom überbrachten Accessoire irrtümlich auf den Fund eines Kameraden schlossen, der sich in Wahrheit schon lange zuvor von seinen Objekten losgesagt hatte. Die Kontiguitätsbehauptung des Fundstücks erweist sich dann als hochgradig fragwürdig. Noch unsicherer wird der Zeichenbezug, wenn der Sanitätshund dazu übergeht, rein zufällige Fundstücke in der natürlichen Umgebung aufzugreifen und „in seinem Eifer vor dem Ausreißen von Grasbüscheln nicht halten macht"[66]. In diesem Fall steht das überbrachte Zeichen in keinem erkennbaren Provenienz- oder Berührungsverhältnis mehr zum gesuchten Soldaten und reduziert sich auf eine rein „zufällig[e]"[67], buchstäblich *akzidenzielle* (engl. *accidental*) Beziehung.

Die genau entgegengesetzte Komplikation ergibt sich bei einer zweiten Gruppe von anhänglichen Objekten. Das traditionelle Gegenstück zu den *Akzidenzien* bilden nämlich – philosophisch gesprochen – die so genannten *Attribute*, also die wesentlichen oder notwendigen Eigenschaften einer Entität, die nicht von ihr abgezogen werden können, ohne die Entität selbst wesentlich zu verändern

---

64 Unter die nicht-substanziellen Eigenschaften zählt Aristoteles interessanterweise auch Habseligkeiten wie die Kleidung oder Bewaffnung einer Person: „er ist beschuht, bewaffnet", siehe: Aristoteles (1995): Kategorien, in: ders.: Philosophische Schriften in Sechs Bänden, Bd. 1, übers. v. Eugen Rolfes. Hamburg: Felix Meiner, S. 3. Für einen umfassenden Überblick über die Philosophiegeschichte des Begriffspaars Substanz/Akzidenz, vgl. Halfwassen, Jens (1999): [Art.] „Substanz; Substanz, Akzidenz I", in: Ritter, Joachim/Gründer, Karlfried (Hg.): Historisches Wörterbuch der Philosophie, Bd. 10 (St-T). Basel/Stuttgart: Schwabe, Sp. 495–507, hier: Sp. 497.

65 Klan (2009), S. 122.

66 Klan (2009), S. 123.

67 Klan (2009), S. 123.

oder zu beeinträchtigen.[68] Definiert man etwa den ‚Menschen' über sein intrinsisches Vermögen zur Vernunft, so wird man ein Wesen ohne jegliche Anzeichen von Vernunftbegabung nur schwerlich als einen ‚Menschen' klassifizieren. ‚Vernunft' wird in diesem Falle nicht als akzidenzielle Eigenschaft des Menschseins behandelt, sondern als ein unentbehrliches *Attribut* des Menschlichen, das heißt als notwendiges Bestimmungsstück, das den Menschen zum Menschen macht.

Neben seiner philosophischen Bedeutung steht der Begriff des Attributs jedoch noch in einem zweiten Verwendungszusammenhang, der sich weniger auf die Zuschreibung von *Eigenschaften* als auf die Zuordnung von *Objekten* bezieht und daher in besonderer Weise für das hier behandelte Verhältnis von Körper und Dingen instruktiv scheint. In der Kunstgeschichte nämlich versteht man unter ‚Attribut' jedes Objekt, das einer dargestellten Figur fest zugeordnet ist und ihre eindeutige ikonographische Bestimmung ermöglicht, wie etwa die Schlüssel des Heiligen Petrus, die Waffen des Kriegsgottes Ares oder der Schild des Halbgottes Perseus.[69] Während das Attribut in der Kunstgeschichte lange Zeit als bloßes Beiwerk, als *parergon*, marginalisiert wurde,[70] hat der Kunsthistoriker Nikolaus Dietrich auf dem *notwendigen* Bezug zwischen Attribut und Figurenkörper insistiert. Er definiert Attribute als Dinge, die von einer Figur nicht abgelöst werden können, „ohne ihr die Identität zu nehmen und ohne die Integrität ihres Körpers zu gefährden"[71]: Stiehlt man Petrus seinen Schlüssel, verliert er umgehend seine heilsgeschichtliche Stellung, beraubt man Ares seiner Rüstung, degradiert man ihn zu einem gewöhnlichen Sterblichen: „Der bloße Körper und seine Ausstattung bilden, wenn man so möchte, eine physische Einheit, deren Integrität man verletzen würde, wenn man die Figuren ihrer – dem Körper vermeintlich nur angefügten – Attribute entkleiden würde."[72] Durch die Erhebung der Attribute in den Stand „notwendige[r] Hilfsmittel"[73] führt Dietrich auf originelle Weise die philosophische und die kunsthistorische Bedeutung des Be-

---

68 So definiert Spinoza das Attribut als etwas, das die „Wesenheit" der Substanz ausmacht, vgl. Spinoza, Baruch de (1994): Ethik nach geometrischer Methode dargestellt. Hamburg: Felix Meiner, S. 3.

69 Vgl. Wentzel, Hans (1937): [Art.] „Attribut", in: Reallexikon zur Deutschen Kunstgeschichte, Bd. I, Sp. 1212–1220, online verfügbar unter: RDK Labor, http://www.rdklabor.de/w/?oldid=8996ß0 (zuletzt aufgerufen am 8. Dezember 2020).

70 Vgl. zur Dekonstruktion dieser Marginalisierung auch: Degler, Anna (2015): Parergon. Attribut, Material und Fragment in der Bildästhetik des Quattrocento. Paderborn: Wilhelm Fink, S. 117–118.

71 Dietrich, Nikolaus (2018): Das Attribut als Problem. Eine bildwissenschaftliche Untersuchung zur griechischen Kunst. Berlin: De Gruyter, S. 32.

72 Dietrich (2018), S. 25.

73 Dietrich (2018), S. 21. Hier bezieht sich Dietrich auf Lessings Ausführungen zum Attribut in der Kunst.

griffs zusammen: Das Attribut wird zum materiellen Objekt, das eine Figur *notwendig* begleiten muss, um sie in ihrer Integrität zu erhalten; es bildet „parts of him which make him what he is"[74].

Eine ganz ähnliche „Zusammengehörigkeit des Körpers und seiner Ausstattung"[75], wie sie Dietrich für die Attribute der Kriegsgötter und Heldenfiguren geltend macht, charakterisiert nun auch das Verhältnis des Infanteristen zu einigen seiner Ausrüstungsteilen. Auch der Soldat auf dem Schlachtfeld ist mit allerlei Objekten und Insignien ausgestattet, die sich nicht ablösen lassen „ohne ih[m] die Identität zu nehmen und ohne die Integrität [seines] Körpers zu gefährden"[76]. Welche Dinge aber zu den notwendigen Attributen des Soldaten zählen – und nicht zu den leicht ablösbaren Akzidenzien –, lässt sich nicht *a priori* entscheiden, sondern muss sich erst noch im konkreten Prozess der Dissoziation zwischen Körpern, Hunden und Dingen herausstellen.

Dieser Prozess lässt sich als eine regelrechte Zerreißprobe beschreiben: Immer wieder kommt es vor, dass die Sanitätshunde bei der ,Verweisung mit Gegenstand' an verschiedensten Artefakten und Anhängseln des Soldaten ziehen, reißen und zerren. In ihrem Bestreben, sich um jeden Preis „irgend eines Gegenstands"[77] zu „bemächtigen"[78], der als Zeichen des Verwundeten dienen könnte, gehen die Hunde nicht selten so weit, „an den Verwundeten zu zerren, ihnen Sachen vom Körper abzureißen"[79]. Sie verbeißen sich gewaltsam in der Kleidung,[80] in den Haaren oder in Körperteilen des Verwundeten,[81] reißen an Ausrüstungsteilen, die ihm angehängt sind, und stellen so die existenziellen Bindungsverhältnisse des Soldaten erheblich auf die Probe. Nicht wenige Objekte erweisen sich dabei als schwer ablösbare Attribute. Beim Versuch etwa, den Helm fortzureißen, schneidet – so die Berichte zahlreicher Hundeführer – immer wieder die Schuppenkette ins Fleisch des Behelmten. Auch kommt es vor, dass der Kinnriemen dem Verwundeten „den Atem nimmt"[82] und die Luft abschnürt, wenn allzu beherzt daran gezogen wird. Überdies „bestand für den Verwundeten durch direkte Bisswirkung am Kopf oder durch ein mehr oder weniger gewaltsames Aufnehmen der Mütze vom Kopf die Gefahr weiterer

---

74 Gell (1998), S. 20–21.
75 Dietrich (2018), S. 34.
76 Dietrich (2018), S. 32.
77 Klan (2009), S. 46, Abbildung 6: „Kriegsbilder: Sanitätstruppe beim Aufsuchen von Verwundeten mit Hilfe von Sanitätshunden".
78 Klan (2009), S. 46.
79 Kalkschmidt (1916).
80 Vgl. Jager (1917), S. 25.
81 Vgl. Jager (1917), S. 31.
82 Henck (1915), S. 63.

Verletzungen wie die Skalpierung."[83] Die vermeintlich akzidenzielle Beziehung zwischen Soldatenhelm und -kopf stellt sich dabei als eine unzertrennliche Verbindung von Mensch und Attribut heraus, die nur um den Preis von schweren Verletzungen gelöst werden kann.

Noch einschneidendere Folgen hatte der vielfach bezeugte Versuch der Hunde, sich Bandagen, Mullbinden oder den „selbstangelegten Notverband"[84] des Verwundeten anzueignen und dabei die bereits versorgten Wunden wiederaufzureißen und erheblich zu verschlimmern.[85] Dem Körper des Soldaten drohte in solchen Momenten der Verlust von kostbaren Attributen, die ihm nicht nur, wie die Helme oder Stiefel, als fest verschnürte Bestandteile zugehörten, sondern seine physische Integrität bewahren und seine Überlebenschancen erhöhen sollten. Bei der Ablösung des Verbandszeugs wird nicht ein beliebiges Teil aus dem Gesamtverbund des Soldaten herausgetrennt und als ein *pars pro toto* herangezogen. Die Ablösung bedroht vielmehr existenziell den lebenden Zusammenhang des Körpers, der nur noch von provisorischen Flicken und notdürftigen Verbänden zusammengehalten wird und konstitutiv auf die „notwendige[n] Hilfsmittel"[86] des Verbandszeugs angewiesen ist. Ein Verlust dieser Hilfsmittel führt im äußersten Fall zum Verlust jenes Lebens, das durch die Zeichen bewahrt werden sollte.

Sobald sich also die ‚Verweisung mit Gegenstand' auf elementare Attribute des Soldaten stützt statt auf bloße verstreute Akzidenzien, gerät die Herstellung von Lebenszeichen zu einem Akt der Amputation, die mitunter schmerzhafte Lücken im Körper hinterlässt und die angezeigte Existenz selbst in Mitleidenschaft ziehen kann. Unter Umständen bestand sogar akute Lebensgefahr, falls sich Sanitätshunde etwa das geladene Gewehr des Soldaten als Fundzeichen aneigneten und versehentlich Schüsse auslösten.[87] Angesichts dieser Gefahren wird es nicht verwundern, dass sich die verletzten und vom unerwarteten Zugriff der Sanitätshunde überrumpelten Soldaten oftmals mit aller Kraft gegen die Übergriffe zu erwehren versuchten. Immer wieder wird von Verwundeten berichtet, die nach Sanitätshunden schlagen, austreten oder sie mit Stockhieben von ihren Zielen ab-

---

83 Klan (2009), S. 121–122.
84 Henck (1915), S. 63.
85 Vgl. Klan (2009), S. 122. Jager (1917) schreibt dazu: „The trouble with the method was that the dogs, in their abundant zeal, never returned without something from the injured man, and usually they took that which first struck their eyes. This was most often a bandage, which the dog would tear off" (S. 31).
86 Dietrich (2018), S. 21.
87 Vgl. Henck (1915), S. 63.

zubringen versuchen, statt sich – wie eigentlich erwünscht – „hundgerecht zu verhalten"[88] und dem Hund freiwillig ein entbehrliches Objekt auszuhändigen.[89]

So entspinnt sich nicht selten ein regelrechtes Tauziehen zwischen einem Körper, der existenziell an seinen Dingen festhält und einem Hund, der an den Dingen zerrt, um sie als Fundzeichen davonzutragen. Je nach Ausgang dieses Zweikampfes wird die eine oder die andere Seite Schaden nehmen. Setzt sich der Soldat durch, bleiben die Dinge dem Körper verhaftet und der physische Zusammenhalt gewahrt, aber kein Fundzeichen kommt zustande, das auf die prekäre Lage des Vermissten verweisen könnte. Ohne Zeichenbezug droht dem Leben früher oder später der Tod. Setzt sich hingegen der Hund durch, löst sich zwar ein Fundzeichen vom Körper und die Verweisungsbeziehung kommt zustande, gleichwohl verweist das Zeichen dann auf einen lebensgefährlich verletzten oder sogar bereits toten Körper, der dem Akt der Zeichengebung selbst zum Opfer gefallen ist. Es verliert dann früher oder später jeglichen Wert als verlässliches Lebenszeichen.

Das verwundete Leben findet sich somit in einen regelrechten *double-bind* verstrickt, eine Situation widersprüchlicher Bindungsverhältnisse, in der zwei konkurrierende Anhänglichkeiten miteinander in Konflikt geraten.[90] Einerseits die materielle Anhaftung an den eigenen Dingen, die sich nur unter großen Einbußen, zum Teil sogar nur unter Lebensgefahr lösen lässt; andererseits die affektive Anhänglichkeit am eigenen Leben, das gerade auf die schmerzhafte Ablösung von Zeichenträgern angewiesen ist, um von anderen gefunden und versorgt werden zu können. Jede der beiden Anhänglichkeiten droht die jeweils andere zu sabotieren. Wer an seinem Leben hängt – so die paradoxe Logik – muss sich ausgerechnet von jenen Dingen lösen, an denen sein Leben hängt. Wie kann man diesem *double bind* entkommen? Wie lässt sich das Verhängnis der *Dis/Assoziation* auflösen?

Im Anhang

Die weitere Geschichte der Verwundetensuche im Ersten Weltkrieg kann als Versuch betrachtet werden, diesen *double-bind* mit Hilfe neuartiger Verweisungsmethoden aufzulösen. So werden die Sanitätskompanien im Jahre 1916 auf eine neue

---

88 Klan (2009), S. 124.

89 Vgl. Kalkschmidt (1916).

90 Das Konzept des *double-bind* hat der Anthropologe und Philosoph Gregory Bateson erstmals im Zusammenhang mit seinen Studien zur Schizophrenie entwickelt, siehe dazu: Bateson, Gregory et al. (1956): „Toward a Theory of Shizophrenia", in: Behavirol Science, 1 (4), S. 251–254.

„einheitliche Ausbildungsrichtlinie"[91] verpflichtet, die vorschreibt, sich von der ‚Verweisung mit Gegenstand' zu trennen und auf die so genannte „Bringsel"[92]-Methode umzustellen. Auch sie greift auf materielle Anhängsel zurück, jedoch mit einer entscheidenden Modifikation: Nicht länger soll das apportierte Objekt aus dem Umfeld des Verwundeten entnommen werden, sondern bereits von Anfang an am Hals des Hundes befestigt sein. Dazu wurde am Halsband des Sanitätshundes eine „kleine ‚Lederwurst'"[93] angebracht – ein längliches, mit Filz gepolstertes, leichtes Objekt von einigen Zentimetern Länge – das der Hund immer dann in den Fang nehmen sollte, wenn er auf einen Verwundeten gestoßen war. Mit dem Bringsel im Maul konnte er anschließend zum Hundeführer zurückkehren und den geglückten Fund vermelden.

Bei der Bringsel-Methode ist der Hund also nicht mehr auf die Verfügbarkeit geeigneter Fundobjekte angewiesen, sondern kann unabhängig von den jeweiligen Gegebenheiten auf das mitgebrachte Fundzeichen zurückgreifen: er hat „sozusagen sein Handwerkszeug immer bei sich"[94], wie es in einem zeitgenössischen Bericht heißt. Musste das Fundzeichen zuvor noch gewaltsam durch den Hund entwendet und dem Soldaten entrissen werden, hat es sich hier immer schon vom Körper des Soldaten entkoppelt: An die Stelle der schmerzhaften Zerreißprobe tritt ein weitgehend kontaktloses Verfahren, das den Soldatenkörper nicht in Mitleidenschaft zieht und keinerlei physische Auseinandersetzung mehr zwischen Mensch und Hund erforderlich macht. Damit scheint der oben beschriebene *double-bind* auf den ersten Blick gelöst. Der Soldat kann gleichzeitig an seinem Leben und an seinen dinglichen Attributen festhalten, weil sich der Zeichenprozess unabhängig von seinen Anhänglichkeiten abspielt.

Zugleich jedoch geht mit dieser Ablösung eine erhebliche Veränderung des Zeichenbezugs einher. Anders als die Ausrüstungsteile des Soldaten steht das Bringsel auf den ersten Blick in keiner „wirklichen Verbindung"[95] mehr zum Körper des Soldaten. Es kann völlig losgelöst vom Fund eines Vermissten aufgegriffen oder auch grundlos wieder fallengelassen werden. Darin ähnelt es den fehleranfälligen Assoziationen *vor* der Einführung des materiellen Fundzeichens, die jederzeit vom Hund vergessen oder vernachlässigt werden konnten. Dem Bringsel mangelt es offenbar an jener *Kontiguitätsbeziehung*, die für den Zeichencharakter der Assoziationen konstitutiv war: also die räumliche und physische Nähe zwi-

---

91 Klan (2009), S. 87.
92 Klan (2009), S. 87.
93 Klan (2009), S. 87.
94 Deutscher Verein für Sanitätshunde: Jahres-Bericht für 1915/17, S. 79, zitiert nach: Klan (2009), S. 125.
95 Peirce (1986c), S. 206.

schen Soldat und Fundstück. An die Stelle der Kontiguität scheint hier eine bloße Beziehung der *Gewohnheit* zu treten. Nur weil der Sanitätshund in wiederholten Übungsdurchgängen gelernt hat, das Bringsel beim Fund eines Vermissten aufzunehmen, statt sich an den Ausrüstungs- oder Körperteilen des Soldaten zu vergreifen, und nur weil die Herrchen gewohnt sind, das Bringsel als Hinweis auf einen Vermissten zu deuten, kommt die Verweisung zustande.

Ein solches Zeichen, das auf keiner tatsächlichen Verbindung zum Objekt beruht, sondern „von einer Verhaltensgewohnheit abhängt"[96], nennt Peirce ein *Symbol*. Während Ikons durch Ähnlichkeit und Indizes durch Kontiguität oder Kausalität charakterisiert sind, stützt sich das Symbol auf konventionelle Verwendungsregeln und Interpretationsgewohnheiten. Es dient nur deshalb als Zeichen seines Objekts, weil es gemäß bestimmter Regeln, Konventionen oder Gewohnheiten als solches interpretiert wird.[97] Aus diesem Grund kann es auch nicht mehr – wie das indexikalische Zeichen – für die tatsächliche Existenz *dieses* individuellen Objekts bürgen, sondern bezieht sich nur auf die gewohnheitsmäßige „Verbindung allgemeiner Vorstellungen"[98]. Auf ähnliche Weise ist auch das Bringsel – anders als das materielle Fundstück – mit keinem konkreten, individuellen Soldaten verknüpft; es dient vielmehr als allgemeines Symbol, dem nicht notwendig ein tatsächlicher, individueller Fund entsprechen muss.

Doch betont Peirce, dass jedes Symbol immer auch ikonische und indexikalische Anteile einschließen muss, um als solches fungieren zu können.[99] Diese These lässt sich am Beispiel des Bringsel plausibel belegen. Genau genommen steht das Bringsel nämlich nicht nur symbolisch für den Vermissten, sondern ist ihm zugleich durch ikonische und indexikalische Momente verbunden. Zum einen *ähnelt* es jenen Objekten, die zuvor als Fundzeichen verwendet wurden, etwa den Stofffetzen, Bandagen und Lederriemen des Soldaten. Nicht nur gleicht es ihnen in Größe und Beschaffenheit, es nimmt auch strukturell dieselbe Position im Fang des Hundes ein. Dank dieser Ähnlichkeit kann das Bringsel relativ mühelos an die Stelle des ursprünglichen Verweisungsobjekts treten. Es nimmt genau jenen Platz ein, der zuvor von den Ausrüstungsteilen des Soldaten besetzt war. In Anlehnung an Roman Jakobson könnte man hier auch von einer *metaphorischen Ersetzung* sprechen, also

---

96 Peirce (1986b[1893]), S. 198.
97 Vgl. Peirce (1983), S. 65.
98 Peirce (1983), S. 125.
99 Für Peirce schließt jedes Symbol einen Index und jeder Index ein ikonisches Zeichen ein, vgl. Peirce (1983), S. 124–125.

einer Ersetzung, die sich auf die *Ähnlichkeit* zwischen dem ersetztem und dem ersetzenden Objekt stützt und deshalb einer *ikonischen* Zeichenlogik folgt.[100]

Damit das Bringsel jedoch den Platz des vorherigen Fundstücks einnehmen kann, muss noch eine zweite Operation hinzutreten. Dies lässt sich anschaulich bei der Schulung der Sanitätshunde beobachten. Um die Bringselmethode zu erlernen, muss der Hund zunächst dazu gebracht werden, das lose Bringsel wie jedes andere Fundstück beim Soldaten aufzunehmen und als tragbares Objekt zu apportieren.[101] Im Laufe der Übungen wird die Aufmerksamkeit des Hundes dann allmählich vom losen Bringsel auf das Bringsel an seinem Halsband verschoben, bis dieses schließlich unabhängig vom Fundstück als Zeichen verwendet wird. Die Bringselmethode wird also durch eine allmähliche *Verschiebung* erlernt, bei der sich das umherliegende Bringsel schrittweise vom apportierten Objekt in ein Anhängsel am Hals des Hundes verwandelt, also gleichsam vom Attribut des Soldaten zum Attribut des Hundes wird. Im Rückgriff auf Jakobson ließe sich hier von einer *metonymischen Verschiebung* sprechen, die sich auf die Kontiguität zwischen den beiden, assoziierten Objekten stützt.[102] Gerade weil Soldat, Fundstück und Bringsel bei der Ausbildung im direkten raumzeitlichen Zusammenhang vorkommen, kann sich das Bringsel von der Situation ablösen und zum Attribut des Hundes selbst werden.

Nimmt man diese beiden Prozesse zusammen, so erscheint das Bringsel nicht länger als bloßes abstraktes Symbol ohne jede faktische Verbindung zum vermissten Soldaten. Vielmehr ist es durch konkrete Operationen der *Ersetzung* und *Verschiebung* immer schon mit seinem Objekt verknüpft. Während die Operation der *Ersetzung* ein ikonisches Zeichen hervorbringt, das sich auf die Ähnlichkeit von Bringsel und Fundstück stützt, geht aus der Operation der *Verschiebung* ein indexikalisches Zeichen hervor, das auf der Kontiguität zwischen den beiden Entitäten beruht. In diesem Sinne schließt das Bringsel als Symbol notwendig ikonische und indexikalische Verweisungsmodi mit ein. Wenn die Suchkräfte das Bringsel als Verweis auf einen vermissten Soldaten deuten, dann nicht nur aufgrund einer

---

100 Für den Vorgang der metaphorischen Ersetzung vgl. Jakobson, Roman (1956): „Two Aspects of Language and Two Types of Aphasic Disturbances", in: ders./Halle, Morris: Fundamentals of Language. 'S-Gravenhage: Mouton Press, S. 55–82, hier: S. 60; vgl. für Jakobsons Auffassung des Peirce'schen Ikons auch: Jakobson (1965), S. 23.

101 Ein Video-Beitrag der Deutschen Jagdzeitung erläutert diesen Lernprozess sehr anschaulich und detailliert, vgl. Deutsche Jagdzeitung TV (2014): „Bringselverweiser", YouTube-Video vom 20. August 2014, URL: https://www.youtube.com/watch?v=iB49Ay3JhEg (zuletzt aufgerufen am 8. Dezember 2020).

102 Den Begriff der Ersetzung („displacement") übernimmt Jakobson aus Sigmund Freuds Traumdeutung, vgl. Jakobson (1956), S. 81.

schlichten „Verhaltensgewohnheit"[103], sondern aufgrund konkreter, physischer Operationen der Verschiebung und Ersetzung, die das Bringsel mit seinem Objekt verbinden.

Doch verlaufen diese Verschiebungen keineswegs einseitig vom Soldaten zum Hund, sondern auch in die entgegengesetzte Richtung. Dies zeigt sich besonders deutlich am Beispiel eines letzten Anhängsels, das man als das exakte Gegenstück zum Bringsel beschreiben könnte. In vielen Truppenverbänden des Ersten Weltkriegs tragen nämlich auch die Soldaten kleine Anhängsel um den Hals, die landläufig *Hundemarken* oder *dog tags* genannt werden.[104] Ihren Spitznamen verdanken sie den kleinen, metallischen Erkennungsmarken, die der preußische Staat bereits 1810 verpflichtend zur eindeutigen Identifizierung und Besteuerung von Hunden eingeführt hatte.[105] Mit der Übertragung des Hundemarken-Prinzips auf die Plaketten der Soldaten findet ein ganz ähnlicher Prozess der metaphorischen Ersetzung und metonymischen Verschiebung statt, wie im Falle des Bringsel, allerdings in umgekehrter Richtung. Während sich das Bringsel einer Verschiebung vom Soldaten zum Hund verdankt, beruhen die *dog tags* auf einer Verschiebung vom Hundekörper zum Soldaten. Nicht nur hat also der Hund materiellen Anteil am Soldaten, auch der Soldat partizipiert immer schon an den Anhänglichkeiten des Hundes.

Genauer betrachtet stehen die beiden Anhängsel jedoch in einem fundamentalen Gegensatz zueinander. Hatte das Bringsel dazu gedient, auf einen *lebenden* Soldaten zu verweisen, sind die Hundemarken für die Anzeige eines *toten* Körpers vorgesehen. Auf den runden, metallischen Plaketten findet sich der Name und die Dienstnummer des Trägers zweifach eingraviert: einmal in der oberen, ein zweites Mal in der unteren Hälfte der Scheibe. Beim Fund eines Gefallenen wird die Plakette an einer vorgestanzten Perforation in zwei Hälften zerbrochen. Während die eine Hälfte beim Körper des Toten verbleibt und spätere Identifizierungen ermöglichen soll, wird die andere zur Dokumentation des Toten aufbewahrt.[106] Anders als die Bringsel des Sanitätshundes sind die Hundemarken also nicht untrennbar mit ihrem Träger verknüpft, sondern müssen vielmehr mit dem

---

103 Peirce (1986b[1893]), S. 198.

104 Vgl. O'Mara, David (o. J.): „Identifying the Dead. A Short Study of the Identification Tags of 1914–1918", in: The Western Front Association, URL: https://www.westernfrontassociation.com/world-war-i-articles/identifying-the-dead-a-short-study-of-the-identification-tags-of-1914-1918/ (zuletzt aufgerufen am 8. Dezember 2020).

105 Vgl. Stadtmuseum Berlin (o. J.): „Preußische Hundesteuermarke von 1817. Objekt des Monats Februar", URL: https://www.stadtmuseum.de/objekt-des-monats/hundesteuermarke (zuletzt aufgerufen am 8. Dezember 2020). Auch während des Ersten Weltkriegs wurde auf die „ordnungsgemäße Befestigung der Erkennungsmarke" Wert gelegt, siehe: Klan (2009), S. 113.

106 Anfangs waren die Marken unteilbar. Die Naht hielt erst in den Jahren 1915 und 1916 Einzug, vgl. O'Mara (o. J.), Abbildung „German ID Tags".

zugeordneten Körper *brechen*, um als Zeichen fungieren zu können. Dieser Bruch wird jedoch nicht erst im Moment der Zerteilung vollzogen; er ist durch die perforierte Naht immer schon vorweggenommen. Der Soldatenkörper trägt das Zeichen seines Todes jederzeit als *ready-made* bei sich. Aus diesem Grund wurden die *dog tags* von den Soldaten anfangs nur sehr widerwillig angelegt und vielfach als böses Omen gedeutet, das bereits zu Lebzeiten auf den eigenen Tod vorausweist.[107] Unablässig erinnert die Sollbruchstelle der Hundemarke daran, wie leicht das Leben buchstäblich *abbrechen* und sich vom Körper *ablösen* kann.

Doch auch, wenn dieser Todesbezug in den Hundemarken besonders deutlich zu Tage tritt, haftet er in gewissem Sinne auch den anderen Anhängseln des Soldaten unterschwellig an. Interessanterweise sind auch zahlreiche weitere Ausrüstungsgegenstände – etwa Helme, Stiefel, Jacken oder Handschuhe – zu Identifizierungszwecken mit dem Namen ihres Trägers versehen: „each and every one of which has the name, and unit identification of the soldier attached."[108] Dank dieser Etikettierung können die Objekte bei Verlust ihrem rechtmäßigen Besitzer zugeordnet werden. Zugleich jedoch übernehmen sie im Todesfall des Soldaten eine ganz ähnliche Aufgabe wie die *dog tags*: gerade weil sie ihrem menschlichen Träger physisch verbunden sind, können sie als verlässliche Zeichen zu seiner posthumen Identifizierung dienen. Insofern ist der Soldat nicht allein durch seine *dog tags*, sondern durch sämtliche Anhängsel indirekt auf den eigenen Tod verwiesen. Jedes Anhängsel könnte den Soldaten prinzipiell *überleben* und als Zeichen seiner fundamentalen *Abwesenheit* dienen. In Anspielung auf den britischen Anthropologen Edward Tylor ließe sich sagen, dass in jedem Anhängsel bereits ein „Überlebsel"[109] steckt, ein Objekt also, das seinen ursprünglichen Gebrauchszusammenhang überdauert und sich posthum in das Zeugnis eines ehemaligen Lebens verwandelt.

Als *Überlebsel* jedoch können nicht allein die einzelnen Objekte gelten, die den Tod des assoziierten Körpers überdauern, sondern auch die mit ihnen verbundenen Praktiken, die heute allesamt merkwürdig obsolet scheinen: Sowohl die eingangs beschriebene Lawinenschnur als auch die Anhängsel und Bringsel der Verwundetensuche des Ersten Weltkriegs erscheinen heute wie Relikte einer früheren Epoche, die sich in ihrer konkreten Praxis längst überlebt haben und

---

107 Vgl. Capdevila, Luc/Voldman, Danièle (2006): War Dead. Western Societes and the Casualties of War. Edinburgh: Edinburgh University Press, S. 23.

108 Jager (1917), S. 26.

109 Tylor, Edward B. (1873): Die Anfänge der Cultur. Untersuchungen über die Entwicklung der Mythologie, Philosophie, Religion, Kunst und Sitte, Bd. 1. Leipzig: C. F. Inter'sche Verlagsbuchhandlung, S. 70. Im englischen Original von 1871 ist an der entsprechenden Stelle vom „survival" die Rede, siehe: Tylor, Edward B. (1871): Primitive Culture. Researches Into the Development of Mythology, Philosophy, Religion, Language, Art and Custom. Vol. 1. London: John Murray, S. 63.

nur noch von historischem oder musealem Interesse sind. Man könnte sogar so weit gehen, den gesamten Modus der Assoziation, der auf den vergangenen Seiten entfaltet wurde, selbst als bloßes *Überlebsel*, als anachronistischen Überrest einer vergangenen Praxis des Lebenszeichens zu beschreiben, der spätestens mit dem Auftritt neuer, technisch avancierter Zeichenpraktiken und -medien hinfällig geworden sei. Um diesen Eindruck zu entkräften, sollen im folgenden Abschnitt einige zeitgenössische Medien der Anhänglichkeit zur Sprache kommen, in denen der Modus der Assoziation *überlebt* und sich in neuartigen Objekten artikuliert. Dazu scheint es passend, an den Ausgangspunkt dieses Kapitels zurückzukehren: in die Lawinenlandschaft.

5.3 Du bist, was du trägst

Auch wenn auf modernen Schlachtfeldern keine Sanitätshunde mit Fundzeichen und Bringseln hantieren und sich moderne Skifahrer*innen nicht länger mit roten Signalschnüren für den Lawinenfall wappnen, ist das Zeitalter der anhänglichen Zeichen keineswegs an sein Ende gelangt. Auch heute noch stützt sich die Suche nach Vermissten und Verunglückten oftmals – insbesondere auf dem Gebiet der Lawinenrettung – auf vielfältige semiotische Anhängsel, Attachments, Accessoires und Attribute des verschütteten Lebens. Allerdings operieren zeitgenössische Anhänglichkeiten meist nach einem ganz anderen Prinzip als ihre frühen Vorläufer. Sie erschöpfen sich nicht – so zumindest die These des folgenden Abschnitts – im bloßen Assoziiert-Sein mit ihrer Träger*in, sondern gehen überraschende Verbindungen mit anderen Artikulationsmodi des Lebenszeichens ein. Exemplarisch beobachten lässt sich diese Vermischung von Artikulationsweisen an der materiellen Ausstattung von Wintersportler*innen in Lawinengefahr.

Neben den klassischen Attributen wie Helmen, Skibrillen, Protektoren oder Jacken umfassen die Monturen von Ski- und Snowboardfahrer*innen heute oftmals auch elektronische Komponenten, an denen buchstäblich das Leben hängen kann. Insbesondere bei riskanteren Touren abseits der Piste gilt die Mitnahme eines *Lawinenverschüttetensuchgerät (LVS)* oder *avalanche beacon* als obligatorische Vorkehrung zum Schutz des eigenen Lebens. Dabei handelt es sich um einen handlichen, batteriebetriebenen Signalgeber, der von Skifahrer*innen zumeist in Innentaschen von Skianzügen mitgeführt wird.[110] Das Gerät sendet in periodischen Intervallen

---

[110] Vgl. Ferrara, Vincenzo (2017): „Pervasive Technologies for the Reduction of Disaster Consequences. Opportunities and Questions", in: International Journal of Safety and Security Engineering, 7 (3), S. 303–312, hier: S. 304.

schwache Funkwellen in die Umgebung aus, die von baugleichen Geräten empfangen und geortet werden können. Im Falle eines Lawinenabgangs stellen die Überlebenden ihre Geräte vom Sende- auf den Empfangsmodus, um die Funksignale ihrer verschütteten Kamerad*innen aufspüren zu können. Dazu schreiten sie das Gelände des Lawinenkegels im Zickzack-Kurs ab und folgen der Anzeige des LVS-Geräts bis zum Punkt der größten Signalstärke, an dem mit Grabungen begonnen werden kann.[111]

Vergleicht man die Funktionsweise des LVS-Geräts mit den bisherigen Anhängseln des Lebens, etwa der Lawinenschnur oder den Fundstücken des vermissten Soldaten, so springt ein markanter Unterschied ins Auge. Bislang hing der Zeichencharakter der Anhängsel stets an ihrer bloßen Dinglichkeit. Um als Zeichen dienen zu können, mussten sie keinerlei weitere Eigenschaften besitzen, als ihre schlichte materielle Beschaffenheit. Zeichen und Dinge waren letztlich identisch. Das LVS-Gerät hingegen besitzt nicht bereits von sich aus Zeichenwert, es bildet vielmehr nur das Trägermedium oder die Quelle für den eigentlichen Zeichenprozess, nämlich die Funkwellen, die vom Gerät ausgehen und die Ortung der Verschütteten ermöglichen. Nicht die bloße Materialität des Geräts fungiert hier bereits als Zeichen, sondern seine permanente, unsichtbare Ausstrahlung in die Umgebung. Aus diesem Grund könnte man versucht sein, das LVS-Gerät einer ganz anderen Artikulationsweise des Lebenszeichens zuzuschlagen, die nicht von Beziehungen der *Anhänglichkeit* getragen wird, sondern von Prozessen der *Ausstrahlung*: dem Modus der *Emission*.[112]

Tatsächlich scheinen alle drei charakteristischen Merkmale, die weiter oben für den Emissionsmodus dargelegt wurden, auch auf die Ausstrahlungen des LVS-Geräts zuzutreffen. Sie begrenzen sich nicht auf den aktuellen Standort der Verschütteten, sondern dehnen sich *ekstatisch* in die Umgebung aus. Sie beruhen zweitens auf keiner gezielten und gerichteten Äußerung, sondern senden *ungerichtet* und ohne das bewusste Zutun der Verschütteten in die Umgebung. Drittens schließlich können sie von den suchenden Kamerad*innen nur mit Hilfe von *sensortechnischen* Hilfsmitteln – nämlich mit weiteren LVS-Geräten – und nicht allein mit den nackten, menschlichen Sinnesorganen erfasst werden. Wie die Emission müssen also auch die Strahlen des LVS als ungerichtete, ekstatische und sensorgebundene Artikulationen bestimmt werden.

Diese oberflächlichen Ähnlichkeiten können jedoch nicht über einen tiefgreifenden Unterschied hinwegtäuschen, der die beiden Artikulationsformen voneinander trennt. Während die klassischen Emissionen aus dem Stoffwechsel des Organismus

---

111 Vgl. Ferrara (2017), S. 306.
112 Siehe Kapitel 4.

hervorgegangen waren, liegt die Quelle der Funkstrahlung in einem technischen Artefakt, mit dem sich der Körper vorübergehend *assoziiert* hat. Statt auf genuinen Entäußerungen des lebenden Körpers, beruhen LVS-Geräte auf so genannten „borrowed traits"[113], auf *geliehenen Merkmalen* also, die dem verschütteten Körper nur durch Anleihen bei technischen Instrumenten zukommen. Als solche sind sie nicht, wie die Emissionen, unmittelbares Erzeugnis des verschütteten Körpers, sondern „belong to devices placed on the person or people of interest"[114], sind ihm also auf bestimmte Weise physisch angehängt oder assoziiert. Der Körper *entlehnt* gleichsam die semiotischen Besonderheiten eines bestimmten technischen Objekts und fügt sie vorübergehend seinem eigenen Inventar als *geliehenes Attribut* hinzu.

Die Verleihung von Eigenschaften zwischen Menschen und Dingen mag zwar auf den ersten Blick befremdlich anmuten, findet jedoch einigen Rückhalt in prominenten Ansätzen der Techniksoziologie. Insbesondere Bruno Latour hat gezeigt, dass menschliches Handeln in vielfältiger Weise auf „properties borrowed from nonhumans"[115] angewiesen ist, sich also gewisse Eigenschaften von technischen Objekten borgen muss, um in bestimmten Situationen handlungsfähig zu werden. Beim Gebrauch einer Schusswaffe etwa – Latours berühmtestes Beispiel – leiht sich der menschliche Schütze vorübergehend die Feuerkraft seiner Waffe und wird so zu völlig neuen Handlungen fähig. Im selben Zug jedoch leiht sich auch die Waffe die Handlungsmacht des Schützen, ohne die sie nicht zum Einsatz kommen könnte. Aus diesem symmetrischen „Austausch von Eigenschaften zwischen Menschen und nichtmenschlichen Wesen"[116] geht ein neuer, hybrider Akteur hervor, den Latour „Bürger-Waffe" oder „Waffen-Bürger"[117] nennt und damit schon typographisch als eine „Assoziation"[118] aus heterogenen Entitäten ausweist, die über völlig andere Eigenschaften verfügt als ihre Ausgangsprodukte. Insofern ist das Eigenschaftsprofil eines Akteurs keineswegs ein für alle Mal durch seine natürliche Ausstattung festgelegt; es variiert vielmehr in Abhängigkeit von den wechselnden Attributen, Assoziationen und Anleihen des Körpers.

Vor diesem Hintergrund lässt sich auch die Verknüpfung von Skifahrer*innen und LVS-Gerät als ein „Austausch von Eigenschaften"[119] zwischen Menschen und

---

113 Teixeira (2010), S. 7.
114 Teixeira (2010), S. 7.
115 Latour, Bruno (1999): Pandoras Hope. Essays on the Reality of Science Studies. Cambridge, MA: Harvard University Press, S. 204.
116 Latour (2002), S. 237.
117 Latour (2002), S. 218.
118 Der Begriff der Assoziation steht bei Latour für jede Verknüpfung zwischen Akteuren, seien sie menschlich oder nicht-menschlich, vgl. Latour (2002), S. 221.
119 Latour (2002), S. 237.

Nichtmenschen beschreiben. Durch die Assoziation mit dem technischen Objekt erhalten Skifahrer*innen die zuvor ungekannte Fähigkeit, Funkwellen in die Umgebung zu emittieren und sich so auf neue Weise gegenüber möglichen Retter*innen zu artikulieren. Doch wie bereits bei Latour verläuft dieses Verhältnis keineswegs einseitig vom technischen Objekt zum menschlichen Subjekt, sondern ebenso in die Gegenrichtung. Auch das LVS-Gerät muss sich gewisse Fähigkeiten seiner Träger*innen ausleihen, um als wirkungsvoller Signalgeber agieren zu können. Denn nur wenn Skifahrer*innen tatsächlich dafür Sorge tragen, dass das Gerät gut gewartet und nah am Körper befestigt ist, verfügen sie auch über die Fähigkeit zur Emission von Ortungssignalen. Das LVS-Gerät muss – mit anderen Worten – tatsächlich am Körper *getragen* werden, um als *Zeichenträger* fungieren zu können. Es stützt sich nicht auf die organischen Emissionen, die den Körper ohne jedes bewusstes Zutun bei all seinen Verrichtungen begleiten – etwa Atemgase, Schweißausbrüche oder Herzschläge –, vielmehr ist es ausdrücklich auf die „Disziplin"[120] ihrer Träger*innen angewiesen, das Gerät kontinuierlich bei sich zu tragen.

Mit der Disziplin seiner Nutzer*innen jedoch stützt sich das LVS-Gerät auf eine äußerst unbeständige und unzuverlässige Ressource, die keineswegs selbstverständlich vorausgesetzt werden kann. So zeigt sich bei der Ortung technischer Geräte in Not- und Katastrophensituationen oftmals, dass „victims do not always carry these electronic devices or that objects are distant from them."[121] Wenn LVS-Geräte vergessen, verloren oder verlegt werden, wenn also die Assoziation mit ihren Träger*innen abbricht, dann ist zugleich auch die Verweisungsbeziehung des LVS-Geräts gefährdet. Zwar zeigt das Gerät dann weiterhin seinen eigenen Standort an, aber ohne jede Referenz auf ein assoziiertes Leben. Damit also ein wirksames Lebenszeichen zustande kommt, muss die Assoziation zwischen Körper und LVS-Gerät unter allen Umständen gewahrt bleiben und jegliche Dissoziation unterbunden werden.

In dieser Hinsicht unterscheidet sich das LVS markant von anderen Konstellationen der Anhänglichkeit, etwa den Fundstücken des vermissten Soldaten im Ersten Weltkrieg. Dort nämlich ging das Lebenszeichen gerade aus der *Dissoziation* vom Soldatenkörper hervor. Erst durch die Ablösung der Ausrüstungsteile

---

120 Eckert, Bodo/Keith, Carsten (2011): „Der RECCO-Reflektor als Low Cost-High Tech-Experiment", in: Praxis der Naturwissenschaften – Physik in der Schule, 60/8, S. 42–47, hier: S. 42, online verfügbar unter: http://www.lowcost-hightech.de/images/docs/Recco-Reflektor.pdf (zuletzt aufgerufen am 8. Dezember 2020).
121 Ferrara, Vincenzo (2015): „Technical Survey About Available Technologies for Detecting Buried People Under Rubble or Avalanches", in: Sener, Sinan M./Brebbia, Carlos A./Ozcevik, Ozlem (Hg.): Disaster Management and Human Health Risk IV. Reducing Risk, Improving Outcomes. Ashurst: WIT Press, S. 91–101, hier: S. 94, 98.

verwandelten sich die Anhängsel des Soldaten in disponible Zeichen für die Sanitäter. Es scheint, als müsse man hier zwei unterschiedliche Spielarten einer einzigen Artikulationsweise unterscheiden. Während sich die eine auf *subtraktive* Operationen stützt – also auf die Entkopplung von Zeichen und Körpern, wie im Falle des Fundzeichens – hängt die andere von *additiven* Operationen ab, ergänzt den Körper also um neue Attribute, wie im Falle des LVS-Geräts. Stand der subtraktive Modus vor dem Problem, die Zeichen vom Körper zu trennen, ohne den Körper zu verletzen, besteht das Problem des additiven Modus darin, Körper und Objekte vor unfreiwilligen Dissoziationen zu bewahren.

Ein interessanter Versuch, Körper und Zeichen-Objekt möglichst dauerhaft und fest aneinander zu binden, findet sich in einem relativ jungen Attachment für Skifahrer*innen. Der so genannte „Recco-Reflektor"[122] wird seit 1983 als nützliche Ergänzung zum LVS-Gerät beworben, um Wintersportler*innen ein „zusätzliches Gefühl der Sicherheit"[123] zu vermitteln. Von außen betrachtet ist der Reflektor an einem kleinen, unscheinbaren Anhängsel an Kleidungsstücken und den Ausrüstungsgegenständen von Skifahrer*innen zu erkennen. Zahlreiche Helme, Jacken, Stiefel und andere Ausrüstungsteile weisen mit dem aufgenähten Label *Recco Inside* darauf hin, dass sich im Innenleben des Objekts ein winziges, technisches Bauteil von wenigen Millimetern Größe verbirgt, das im Lawinenfall die Ortung der Verschütteten ermöglichen soll. Herzstück dieses Bauteils bildet ein Schaltkreis, der durch elektromagnetische Wellen in Schwingung versetzt werden kann.[124] Mit Hilfe des so genannten *Recco*-Detektors – einem handlichen Suchgerät, das zumeist von professionellen Rettungskräften mitgeführt wird[125] – können hochfrequente Radarstrahlen auf den Reflektor geschickt werden. Der Reflektor moduliert das eintreffende Signal und strahlt es in doppelter Frequenz – als *modulated backscatter* – zurück.[126] Der Detektor wiederum erkennt die Frequenzmodulation und zeigt seinen Nutzer*innen die Präsenz eines Reflektors an. Anschließend können die Ret-

---

122 Vgl. Atkins, Dale (2007): White Book. Lawinenbewusstsein von und mit Recco. Broschüre hg. v. Recco, S. 28; vgl. auch die Website: Recco (o. J.a): „Recco Technology", URL: https://recco.com/technology/ (zuletzt aufgerufen am 8. Dezember 2020).

123 Vgl. Atkins (2007), S. 17 (Testimonial von Karina Hollekim).

124 Vgl. Eckert/Keith (2011), S. 43.

125 „In über 600 Wintersportregionen weltweit und nahezu allen Skigebieten der Alpen sind sie [die Detektoren] bei den Rettungskräften und Hilfsorganisationen vorhanden.", vgl. Eckert/Keith (2011), S. 42.

126 Das Grundprinzip des Recco-Reflektors entspricht der so genannten RFID-Technologie (Radio Frequency Identification Technology), deren Mediengeschichte Christoph Rosol umfassend aufgearbeitet hat. Die Funktionsweise eines RFID-Chips erläutert Rosol wie folgt: „Ein Reader sendet ein Abfragesignal, welches im Transponder eine Spannung induziert (ihn ‚aufweckt') und ihn anschließend veranlasst, seine Daten der reflektierten energiereichen Welle aufzuprä-

tungskräfte das Signal bis zum verschütteten Körper zurückverfolgen und mit der Grabungs- und Bergungsarbeit beginnen.

Wie bereits beim LVS-Gerät hängt das Leben also auch hier an einem kleinen, elektronischen Attachment, das der verschütteten Skifahrer*in die neue, lebenswichtige Eigenschaft verleiht, eintreffende Radarwellen zu modulieren und zurückzustrahlen. Doch ist der Reflektor nicht länger als separates, lose verbundenes Objekt in Jackentaschen verstaut, sondern bildet einen integralen Bestandteil der Ski-Montur. Statt nachträglich zur Ausrüstung hinzuzutreten, wird er bereits im Produktionsprozess in das Gewebe von Kleidungsstücken „eingebaut oder eingenäht"[127], ist also – wie es von Herstellerseite heißt –, „permanently attached"[128]. Medientheoretisch ließe sich dies als Wechsel von *portablen* oder tragbaren Medien, hin zu *wearables*, das heißt am Leib getragenen Medien beschreiben. Während *portable Medien*, wie etwa das LVS-Gerät, noch als separate Instrumente mitgeführt werden müssen, fügen sich *wearables* in Gestalt kleinster Sensoren oder RFID-Tags in die Garderobe ihrer Träger*innen ein:

> A wearable may hang on your belt like an old pocket calculator, or it may take the form of clothing or jewellery, residing in your shoes, hat, gloves, spectacles, ring, or other accessories, providing a variety of kinds of physical contact beyond the traditional paradigm of fingertips touching only a keyboard and a mouse.[129]

Wearables sind also gleichsam ‚saumlos'[130] ins Material alltäglicher Kleidungsstücke und Monturen eingelassen. Dadurch gewinnen sie, so der Medienwissenschaftler Stefan Rieger, eine „Qualität des Un-Aisthetischen"[131]: Sie entziehen sich der bewussten Aufmerksamkeit ihrer Träger*innen und können unmerklich und unaufdringlich in alltägliche Handlungsvollzüge eingebunden werden.

Auch das „kleine[...] und unscheinbare[...] Feature"[132] des *Recco*-Reflektors verschmilzt saumlos mit dem Material der Ski-Ausrüstung und macht sich weder

gen", vgl. Rosol, Christoph (2007): RFID. Vom Ursprung einer (all)gegenwärtigen Kulturtechnologie. Berlin: Kadmos, S. 36.

127 Eckert/Keith (2011), S. 42.

128 ReccoRescueTechnology (2012a): „Recco Product Involvement", YouTube-Video vom 14. Juni 2012, URL: https://www.youtube.com/watch?v=5uYsJtNt4RM (zuletzt aufgerufen am 8. Dezember 2020), Timecode: 00:00:30.

129 Healey, Jennifer/Picard, Rosalind W. (1997): „Affective Wearables", in: Personal Technologies, 1 (4), S. 231–240, hier: S. 231.

130 Zum Begriff der Saumlosigkeit im Kontext der *wearable technology* vgl. Rieger, Stefan (2018): „Anthropophilie. Der Medien neue Kleider", in: Bennke, Johannes et al. (Hg.): Das Mitsein der Medien. Prekäre Koexistenzen von Menschen, Maschinen und Algorithmen. Paderborn: Wilhelm Fink, S. 147–173, hier: S. 160.

131 Rieger (2018), S. 165.

132 Atkins (2007), S. 11 (Testimonial von Joel Gomez).

durch Größe noch Gewicht bemerkbar. Eben diese unauffällige Einbindung verschafft dem Reflektor einen strategischen Vorteil gegenüber herkömmlichen Signalsystemen. War das portable LVS noch auf die Umsicht, Disziplin und Sorgfalt der Skifahrer*innen angewiesen und daher immer auch der Gefahr des Verlusts ausgesetzt, kann der Reflektor „nicht vergessen werden, da [er] immer in der Ausrüstung integriert bleibt."[133] Ohne sich des Reflektors bewusst zu sein, nehmen ihn die Skifahrer*innen bei jeder Abfahrt mitsamt ihrer gewohnten Montur mit. Man könnte sagen, dass sich der Reflektor durch die Einbindung ins Gewebe zugleich in den Gewohnheiten seiner Träger*innen einnistet. Er profitiert gewissermaßen von den unbewussten Routinen, mit denen Menschen ohnehin an ihren Monturen hängen.[134] Oder anders gesagt: Er *leiht* sich die Anhänglichkeit des Menschen an jene Objekte, an denen er selbst hängt.[135]

Gleichwohl sind die Gewohnheiten der Träger*innen nicht die einzigen Anleihen, die der *Recco*-Reflektor bei seinem Umfeld machen muss, um als Zeichenquelle fungieren zu können: Technisch betrachtet handelt es sich beim Reflektor nämlich – ganz im Gegensatz zum LVS-Gerät – um ein so genanntes *passives* Bauteil, das über keine eigene Energiezufuhr oder Batterie verfügt und daher auf externe Versorgungsleistungen angewiesen ist.[136] Aus diesem Grund muss sich der Reflektor bei der Signalabfrage die nötige Energie aus dem elektromagnetischen Feld des Detektors *leihen*: Mittels Induktion gewinnt er aus den Impulsen des Detektors genügend Energie, um das eintreffende Signal zu modulieren und zurückzustrahlen. Nicht aufgrund eigener, intrinsischer Ressourcen zeigt er folglich den verschütteten Körper an, sondern nur dank eines energetischen Darlehens des Detektors.[137]

Weil er die Energie zur Verweisung nicht selbst aufbringen muss, unterliegt der Reflektor allerdings auch keiner beschränkten Akku- oder Batterielaufzeit: Er kann jederzeit durch eintreffende Radarstrahlen von neuem aktiviert und zur Anzeige seines Standorts animiert werden. Die Hersteller bescheinigen ihm des-

---

133 Atkins (2007), S. 28.

134 Die enge Beziehung zwischen Kleidern und Gewohnheiten lässt sich auch etymologisch belegen – etwa im Zusammenhang von *costumes* und *Kostümen*, oder von *habit* und *Habit*, also dem monastischen Ordensgewand.

135 Selbstverständlich ist diese Anhänglichkeit keineswegs unerschütterlich: Es genügt bereits, dass Skifahrer*innen die mit dem Recco-Reflektor versehenen Ausrüstungsgegenstände vergessen, verlieren oder tauschen, um das Anhängsel einzubüßen.

136 Vgl. Ferrara (201), S. 97.

137 Dieses Prinzip deckt sich mit der Funktionsweise passiver RFID-Chips, vgl. Rosol (2007), S. 29.

halb eine praktisch „unlimited lifespan"[138]: „Its life is practically unlimited"[139] heißt es in einem *Recco*-Marketingvideo. Auch wenn vom ‚Leben' des Reflektors hier nur metaphorisch die Rede sein kann, drängt sich doch der Vergleich zum Leben-in-Not auf. Die *unbegrenzte* Lebensspanne des Reflektors steht nämlich im größtmöglichen Kontrast zur drastisch *verkürzten* Lebensspanne des lawinenverschütteten Körpers, der mit dem Reflektor physisch verbunden ist. Unter den kritischen Bedingungen des Verschüttet-Seins – der eisigen Kälte und geringen Sauerstoffzufuhr unter dem Lawinenschnee – sinkt die Überlebenswahrscheinlichkeit der Verschütteten mit jeder Viertelstunde rapide ab.[140] Die Lebenszeit des Reflektors und die Überlebenszeit der Verschütteten klaffen also in eklatanter Weise auseinander.

Diese Ungleichzeitigkeit von Leben und Zeichenträger wird noch durch ein zweites Zeitproblem verschärft, das mit den praktischen Umständen der Lawinenrettung zusammenhängt. Während die Suche mit LVS-Geräten bereits an Ort und Stelle durch die Kamerad*innen der Verschütteten durchgeführt werden kann, müssen *Recco*-Detektoren nämlich erst von Rettungskräften zeitaufwändig an den Schauplatz verbracht werden. Die Wahrscheinlichkeit, die Träger*innen des Reflektors dann noch lebend zu finden, ist in vielen Fällen eher gering. Deshalb hegen Lawinenretter*innen gewisse Zweifel, ob *Recco*-Reflektoren tatsächlich für die rechtzeitige Rettung von Lawinenverschütteten geeignet sind.[141] Hinter vorgehaltener Hand heißt es zuweilen sogar, *Recco*-Signale seien kaum zur Ortung Überlebender, sondern höchstens zur nachträglichen Bergung von erfrorenen „Leichen"[142] in Lawinengebieten geeignet. Gerade weil die Lebensspanne des Reflektors erheblich über die der menschlichen Träger*in hinausgeht, markiert er auch nach deren Ableben noch die Grabstätte des verschütteten Körpers. Das

---

138 ReccoRescueTechnology (2012b): „The Recco-System", YouTube-Video vom 14. Juni 2012, URL: https://www.youtube.com/watch?v=SeNPMokOFEo (zuletzt aufgerufen am 8. Dezember 2020), Timecode: 00:01:56.

139 Recco (o. J.b): „Avalanche. Be Aware", YouTube-Video vom 22. Februar 2010, hochgeladen von cbaer1000, URL: https://www.youtube.com/watch?v=5Fx2kEXvK6I (zuletzt aufgerufen am 8. Dezember 2020), Timecode: 00:03:55.

140 „The probability of survival is estimated to decrease from 90 to 40 and 30 per cent, if the buried person is removed from the snow within 15, 30 and 60 minutes, respectively.", siehe: Ferrara (2015), S. 92.

141 Vgl. Rottenberg, Thomas (2015): „Draußen sein mit dem ins Gewand eingenähten Recco-Reflektor", in: Der Standard.at, 8. Februar 2015, URL: https://www.derstandard.at/story/2000011371772/draussen-sein-mit-dem-ins-gewand-eingenaehten-recco-reflektor (zuletzt aufgerufen am 8. Dezember 2020).

142 „Ein einziges Mal – vor Jahren – hörte ich einen Bergretter, das System loben: ‚Da brauchen wir nimmer warten, bis die Leichen im Frühjahr rausapern.'", Rottenberg (2015).

permanent attachment, mit dem der Reflektor beworben wird, muss also beim Wort genommen werden: seine Permanenz oder Persistenz ist weit beständiger als das Leben, dem er anhaftet.

Mit dieser fundamentalen Nachträglichkeit reiht sich der *Recco*-Reflektor unter die bisherigen Medien der Anhänglichkeit ein. Wie ein roter Faden hatte sich das Motiv der *posthumen Anhänglichkeit* durch die Beispiele dieses Kapitels und der gesamten Artikulationsweise gezogen. Angefangen bei der roten Lawinenschnur, die dem verschütteten Körper auch nach seinem Tod noch anhängt, über die Fundzeichen des Sanitätshundes und die *dog tags,* die als Zeugnisse eines ehemaligen Lebens dienen, bis hin zur unendlichen Lebensspanne des *Recco*-Reflektors, die seine Träger*innen um ein Vielfaches überlebt. Diese posthume Dimension der Anhänglichkeit ist gleichsam die Kehrseite einer anderen, grundlegenden Eigenschaft, die allen Beispielen gemeinsam war: die Tatsache nämlich, dass Assoziationen dem Leben nicht durch direkte kausale Effekte entspringen – etwa durch Akte der Exponierung oder durch einen Prozess der Emission –, sondern ihm durch materielle Kontiguitätsbeziehungen verbunden sind. Nicht der *Äußerungsaspekt* der Artikulation war für den hier diskutierten Modus maßgeblich, vielmehr die physische *Kopplung* zwischen Körper und Zeichen.

Trotz dieser Gegenüberstellung weist der Modus der Assoziationen zugleich diverse Überschneidungen mit den anderen Artikulationsweisen auf. So kann man die Wirkungsweise der Lawinenschnur keineswegs allein aus dem Modus der Assoziation heraus verstehen, sondern muss immer auch Anleihen am Modus der *Exposition* nehmen. Nur wenn sich die rote Schnur als sichtbares Objekt prägnant vom weißen Hintergrund der Schneelandschaft abhebt, kann sie die Suchkräfte zu den Verschütteten leiten. Entsprechend muss man auch gewisse Aspekte der *Emission* einbeziehen, um die Artikulationsweise des LVS-Geräts angemessen zu fassen. Es ist die ungerichtete, radiale Ausstrahlung von Funkwellen, die seinen Zeichenbezug begründet – nicht allein seine physische Assoziation mit dem verschütteten Körper. In beiden Fällen sind die Assoziationen des Lebens also auf Anleihen anderer Modi angewiesen, mit denen sie auf bestimmte Weise assoziiert sind. Nicht nur Menschen und Nichtmenschen können offenbar untereinander Eigenschaften austauschen, wie Bruno Latour weiter oben formuliert hatte, vielmehr ließe sich auch sagen, dass „die Modi sich gegenseitig manche ihrer Tugenden ausleihen"[143], dass also auch die Artikulationsweisen selbst untereinander Verknüpfungen eingehen und Assoziationen bilden.

Dies zeigt sich nicht nur am Zusammenspiel von *Assoziationen-mit-Expositionen* oder *Assoziationen-mit-Emissionen,* sondern auch an einer *dritten* Verknüpfung, die

---

143 Latour (2014b), S. 353.

auf eine neue, noch unbekannte Artikulationsweise vorausweist. Sie tritt besonders deutlich im Bespiel der Fundzeichen des Ersten Weltkriegs hervor. Der Zeichenwert der Fundstücke beruhte nämlich nicht allein darauf, dass sie dem Körper physisch *assoziiert* waren. Als Zeichen fungierten sie hingegen erst, nachdem sie von ihm abgelöst und im Fang des Hundes zu den Sanitätern gebracht wurden. Anders gesagt: Nicht allein das *Getragen-Werden* der Objekte am Körper des Soldaten – ob in Gestalt von Kleidungsstücken, Ausrüstungsteilen oder anderen Monturen – reicht aus, um ein Lebenszeichen zu begründen; die Objekte müssen immer auch noch *übertragen* werden, das heißt, über kürzere oder längere Distanzen hinweg zwischen einem Sender- und einem Empfängerpol übermittelt werden. Das *Portable* bedarf stets noch des *Trans-ports*, des *Trans-fers*, der *Trans-mission*. Mit dieser Blickverschiebung vom Tragen zum Über-Tragen gerät ein neuer Artikulationsmodus in den Blick, der eine deutlich größere Reichweite besitzt als der Modus der Assoziationen. Auch dort beruhen Lebenszeichen auf Operationen der Kopplung, doch beziehen sich diese Kopplungen nicht länger nur auf die physische Kontiguität zwischen Körpern und Dingen, sondern auf die Konnektivität zwischen räumlich getrennten Kommunikationspartner*innen. Diesen Modus möchte das folgende Kapitel unter dem Leitbegriff der *Transmissionen* behandeln.

6 Transmissionen

6.1 Übertragungen

Ein Ohr lauscht in die Tiefe. Zweimal trifft der Hammer auf ein rostiges Stahlrohr, das kniehoch aus der Erde ragt. Umstehende Männer in orangefarbenen Warnwesten und staubigen Overalls blicken erwartungsvoll auf die zylindrische Öffnung im Boden. Ringsum herrscht Dunkelheit; nur der Lichtkegel eines Scheinwerfers erhellt die nächtliche Szene.[1]

Es handelt sich um Archiv-Aufnahmen des Hessischen Rundfunks aus der Nacht des 3. Juni im Jahr 1988.[2] Zwei Tage zuvor hat eine schwere Kohlestaubexplosion den nördlichen Abschnitt der Braunkohlegrube Stolzenbach im nordhessischen Borken erschüttert. Aufgrund der hohen Kohlenmonoxid-Konzentration im Stollen nimmt man an, dass alle 57 diensthabenden Bergleute dem Unglück zum Opfer gefallen sind.[3] Um die Bergung der Leichen zu ermöglichen, bohrt man in der Nacht einen vertikalen, 170 Meter tiefen Entlüftungsschacht in den Ost-Abschnitt der Grube, durch den sauerstoffreiche Luft in die Tiefe gepumpt werden soll. Zur allgemeinen Überraschung treten bei Messungen am Bohrloch keinerlei giftige Gase aus. Offenbar ist man auf eine Luftblase im Untergrund gestoßen, in der sich möglicherweise Überlebende des Unglücks aufhalten könnten. Energisch klopfen die Suchkräfte mit schweren Hammerschlägen gegen das Rohr an der Oberfläche, um Kontakt mit möglichen Verschütteten herzustellen und Lebenszeichen aus der Tiefe hervorzurufen.[4]

Das aufragende Rohr, das eine Verbindung zwischen Oberfläche und Untergrund stiften und die Klopfzeichen der Rettungskräfte in die Tiefe leiten soll, veranschaulicht ein elementares Konzept der klassischen Kommunikationstheorie:

---

1 Die Szene findet sich im TV-Dokumentarfilm: DER TAG, ALS DIE GRUBE EXPLODIERTE (D 2008, Oliver Schmid/Nick Pietzonka, 90 min.), Timecode: 00:23:56.

2 Die tagesaktuelle Berichterstattung fand damals vor allem in drei verschiedenen TV-Sendungen statt: DREI AKTUELL (Hessischer Rundfunk, 4. Juni 1988, 53 min.); HESSENSCHAU (Hessischer Rundfunk, 4. Juni 1988, 35 min.); sowie in einer ausführlichen ARD-Sondersendung: PROTOKOLL DER RETTUNG (ARD/HR, 4. Juni 1988, 30 min.). Zum zwanzigsten Jahrestag des Ereignisses sendete das Erste den bereits erwähnten Rückblick: DER TAG, ALS DIE GRUBE EXPLODIERTE.

3 Vgl. DREI AKTUELL, Timecode: 00:31:53 min.

4 Die Literaturlage zum Grubenunglück von Stolzenbach ist spärlich. Das einzige Buch zum Thema ist die Rekonstruktion des Amateurhistorikers Ulf Hempler (vgl. Hempler, Ulf (2016): Das Grubenunglück von Stolzenbach. Die angekündigte Katastrophe und das fast verhinderte Wunder, Book on Demand). Die folgenden Analysen stützen sich jedoch vor allem auf zeitgenössisches TV-Material, das für die medienwissenschaftliche Forschungsfrage der Arbeit besonders aufschlussreich ist.

den *Kanal.* Als Zwischenglied des Kommunikationsvorgangs vermittelt der Kanal zwischen einem *Sender-* und einem *Empfängerpol,* indem er die Signale des ersteren dem letzteren zuträgt. Die sicherlich einflussreichste Formulierung dieses Schemas stammt vom Informationstheoretiker Claude Shannon, der im Rahmen seiner Ingenieurstätigkeit beim Telefonunternehmen *Bell Laboratories* ein Modell zur Berechnung der maximalen Übertragungskapazität von Telekommunikationskanälen entwickelt hat. Seine immense Wirkung verdankt Shannons Studie *The Mathematical Theory of Communication*[5] nicht zuletzt der allgemeinverständlichen Einleitung von Warren Weaver und ihrer übersichtlichen, diagrammatischen Darstellung in Gestalt eines oft reproduzierten Schaubildes (Abbildung 6):

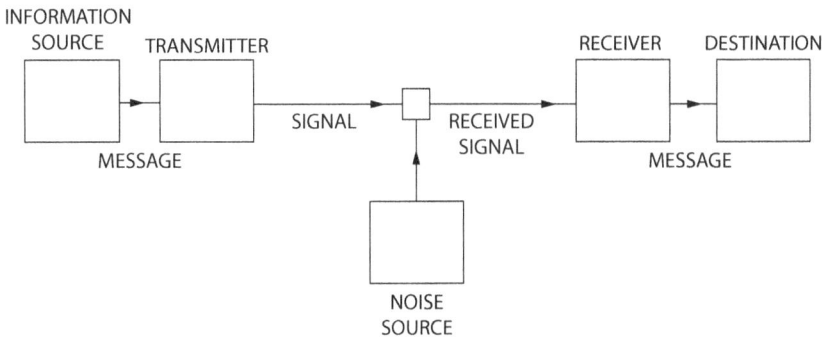

Abbildung 6: „Communication System", aus: Shannon/Weaver (1998), S. 7.

Damit eine Botschaft vom Ausgangspunkt des Kommunikationsmodells, hier als *source* bezeichnet, zur *destination* am anderen Ende gelangen kann, muss sie eine ganze Kaskade von Vermittlungsinstanzen durchlaufen: Ein *transmitter* übersetzt die zu übermittelnde Nachricht in ein technisch übertragbares *Signal,* das am anderen Ende vom *receiver* decodiert wird. Als Signal kann dabei jedes kommunikative Ereignis im Kanal gelten, egal, ob es einen decodierbaren Bedeutungsgehalt übermittelt oder nicht. Nicht die semantischen Aspekte des Kommunikationsvorgangs sind für Shannon von Interesse, sondern nur die „physikalische Materialität"[6] des Zeichens, also sein schlichter *Signalcharakter.* Auf seinem Weg vom *transmitter* zum *receiver* passiert das Signal den *channel,* also den Kanal der Übertragung – im

---

5 Shannon, Claude/Weaver, Warren (1998 [1949]): The Mathematical Theory of Communication. Urbana/Chicago: University of Illinois Press.
6 Siegert, Bernhard (2001): „Kakographie oder Kommunikation? Verhältnisse zwischen Kulturtechnik und Parasitentum", in: Archiv für Mediengeschichte. Schwerpunkt: Mediale Historiographien, 1, S. 87–99, hier: S. 98.

Schaubild nicht eigens beschriftet –, der je nach Kommunikationsmedium die Gestalt von Drähten, Kabeln, Leitungen, Röhren oder Luftbewegungen annehmen kann und durch seine materiellen Eigenschaften die Übertragungskapazität maßgeblich mitbestimmt.

Trotz seiner prominenten Platzierung in der Mitte des Kommunikationsmodells und seiner elementaren Bedeutung für das Gelingen der Übertragung, wird der Kanal jedoch in zahlreichen Kommunikationstheorien als bloßer, neutraler Durchgangspunkt begriffen und weitgehend aus der Betrachtung ausgeklammert. Schon die verbreitete Bezeichnung ‚Sender-Empfänger-Modell‘ geht stillschweigend über den Kanal hinweg und privilegiert allein die beiden symmetrischen Endpunkte der Kommunikation. So erscheint der Kommunikationsprozess als unmittelbarer Austausch zweier Pole, die nicht länger auf verbindende Mittler und Zwischenglieder angewiesen sind. Das Idealbild dieser kanal-vergessenen Kommunikation ist zweifellos das persönliche Zwiegespräch unter Anwesenden, das auf „Verständigung"[7] ausgerichtet ist, also auf den Abbau von Differenzen und die „Vereinigung und Übereinstimmung"[8] der beteiligten Sinnhorizonte, wie die Medienphilosophin Sybille Krämer herausgestellt hat. In diesem Kommunikationsmodell muss jeder zwischengeschaltete Kanal als überflüssig, ja sogar als störendes Hindernis betrachtet werden. Es besteht kein „Platz mehr für ein Mittleres, kein Zwischenraum mehr für ein Medium"[9].

Demgegenüber geht Shannons Modell gerade nicht vom Primat des persönlichen Zwiegesprächs aus, sondern vom Problem technischer Signalübertragung über räumliche Distanzen hinweg, etwa im Kommunikationsnetz der Telefonie. Kommunikation setzt hier immer schon eine Kluft voraus, die nur durch mediale Zwischenglieder überbrückt werden kann, wie Krämer treffend herausarbeitet: „Erst ein stark ausgeprägter Unterschied, ein Ungleichgewicht, eine Heterogenität bilden jenes ‚Gefälle‘, das den Sog eines Übertragungsgeschehens auszulösen vermag."[10] Der Begriff des *Gefälles* scheint besonders glücklich gewählt, wenn man bedenkt, dass die beiden Enden des Kommunikationskanals im Deutschen oftmals als *Quelle* und *Senke* bezeichnet werden. Mit diesen Begriffen wird das horizontale Modell von Shannon und Weaver gleichsam in die Vertikale gekippt: Kommunikation fließt – im Bild gesprochen – als senkrechter Strom von der

---

7 Krämer (2008), S. 14.
8 Krämer (2008), S. 14.
9 Krämer (2008), S. 17. Auch Florian Sprenger hält es für problematisch „Medien vornehmlich als Mittel der Vereinigung, der Verbindung und damit als Agenten von Unmittelbarkeit" zu beschreiben, siehe: Sprenger, Florian (2012): Medien des Immediaten. Elektrizität, Telegraphie, McLuhan. Berlin: Kadmos, S. 216.
10 Krämer (2008), S. 264.

Quelle bis zur Senke, ohne dabei das Gefälle zu nivellieren, das diesen Fluss überhaupt erst möglich macht.[11]

Mit dieser vertikalen Drehung nähert sich das Shannon'sche Modell durchaus der senkrechten Kommunikationssituation des Grubenunglücks in Stolzenbach an. Das Gefälle zwischen Nachrichtenquelle und Nachrichtensenke kehrt dort im zweihundert Meter großen Höhenunterschied wieder, der die Suchkräfte an der Oberfläche und die Verschütteten im Stollen voneinander trennt. Weil die „Kluft"[12] zwischen Sender und Empfänger jede direkte, kommunikative „Vereinigung"[13] *a priori* ausschließt, ist jeder Kontaktversuch auf die Vermittlungsleistung eines technischen Übertragungsmediums angewiesen. Dabei präsentiert Stolzenbach allerdings eine stark reduzierte, geradezu rudimentäre Version des Shannon'schen Schemas: An die Stelle eines komplexen, technischen Kanals mit *transmitter* und *receiver* tritt hier ein schlichtes Metallrohr, das als Kanal zwischen Oberfläche und Untergrund vermittelt. Jedes Signal, das nach unten oder oben gesendet wird, muss diesen Durchgang passieren, um zum anderen Ende durchdringen zu können. Mit den Hammerschlägen gegen das Stahlrohr senden die Grubenretter akustische Signale durch den Kanal, um die am anderen Ende vermuteten Bergleute zu adressieren. Im Unterschied zu Shannons Modell findet die Codierung und Decodierung der Nachricht dabei nicht in eigens dafür vorgesehenen technischen Bauteilen statt, sondern in den Signalisierungs- und Interpretationspraktiken der menschlichen Kommunikationsteilnehmer*innen und ihrer materiellen Artefakte.

Doch so primitiv dieser Übertragungskanal auch scheinen mag, so sehr bildet er dennoch die essenzielle, mediale Voraussetzung für das Gelingen der Kommunikation. Er ist das, „was zwischen Sender und Empfänger platziert ist und es überhaupt erst möglich macht, dass der Sender etwas ‚aufgeben' kann, was dann beim Empfänger auch ankommt."[14] Angesichts der Notsituation von Stolzenbach ist der Kanal jedoch noch weitaus mehr als bloße Kommunikationsbedingung; bei genauerer Betrachtung erweist er sich sogar als *Existenzbedingung* der Verschütteten: Nur wenn ein resonanzfähiges Medium zwischen den Grubenrettern an der Oberfläche und den mutmaßlichen Überlebenden in der Grube vermittelt, können Lebenszeichen als Antworten nach oben gelangen und die Rettung der Verschütteten in Gang setzen. Anders als bei Shannon und Weaver ist es hier also nicht nur der Kommunikationsprozess, der vom dazwischentretenden Kanal ab-

---

11 So formuliert Krämer: „Das Medium hebt den Abstand zwischen Sender und Empfänger nicht auf, führt auch zu keiner unmittelbaren ‚Berührung' zwischen beiden, sondern schafft eine Verbindung trotz und in der Entfernung.", siehe: Krämer (2008), S. 16.
12 Krämer (2008), S. 262.
13 Krämer (2008), S. 15.
14 Krämer (2008), S. 16.

hängt, sondern die Existenz der Kommunizierenden selbst. Es gibt Sender und Empfänger im Stollen von Stolzenbach nur, wenn es einen Kanal gibt, der ihnen die Kommunikation von Lebenszeichen ermöglicht.

Gleichwohl muss dieser Kanal nicht unbedingt eine so buchstäbliche Form annehmen, wie das handgreifliche Metallrohr. Das Shannon'sche Übertragungsmodell scheint vielmehr abstrakt genug, um gänzlich heterogene Konstellationen des Zeichenverkehrs unter sich zu fassen. Wann immer Lebenszeichen versendet und empfangen werden sollen, müssen auch Medien und Kanäle der Übertragung am Werk sein. Man könnte daher beinahe sämtliche bisher betrachtete Szenarien des Lebenszeichens problemlos in das Schema aus Sendern, Empfängern und Kanälen übersetzen. Die Sanitätshunde des Ersten Weltkriegs etwa dienen dann als Übertragungsmedien, um Fundzeichen von den vermissten Soldaten zu den wartenden Suchkräften zu überbringen. Auch die Windböen im Trümmerfeld tragen Geruchswolken zu den Nasen der Spürhunde, die der Verweisungsrichtung folgen. Und selbst die Entzündung eines Leuchtfeuers oder die Reflexionen eines Signalspiegels übertragen unverkennbar optische Signale an räumlich weit entfernte Empfänger*innen. Offenbar beschreibt das Übertragungsmodell der Kommunikation also nicht bloß einen partikularen Fall des Lebenszeichens; vielmehr liefert es eine regelrechte Blaupause für alle bisherigen Modi des Lebenszeichens. Ob *Expositionen*, *Emissionen* oder *Assoziationen*, sämtliche Artikulationsweisen scheinen letztlich der Logik der *Transmission* zu gehorchen.

Nimmt man diesen Gedanken ernst, müsste die gesamte, auf den vergangenen Seiten aufgefächerte Vielfalt des Lebenszeichens letztlich in eine universelle Theorie der Transmission münden. Doch so verführerisch diese Verallgemeinerung auch scheint, so unvorsichtig wäre es, den Modus der Transmission vorschnell als Metasprache all den anderen Artikulationsweisen überzustülpen. Man liefe Gefahr, die feinen Differenzen zwischen den Modi – ihren jeweiligen Mediengefügen, Lebensvollzügen und Zeichenbezügen – kollabieren zu lassen. Auch wenn sich also die enorme Reichweite des Übertragungsmodells nicht leugnen lässt, muss man sein Verhältnis zu den anderen Modi doch etwas differenzierter fassen. Womöglich trifft es eher zu, dass sich der Modus der Transmission aus all den anderen Artikulationsweisen bestimmte Motive *entleiht*, jedoch nur, um ihnen eine je spezifische Wendung zu geben. Diese Motive sollen im Folgenden kursorisch herausgearbeitet werden, um einen ersten Überblick über den neuen Artikulationsmodus zu gewinnen, bevor wir im folgenden Abschnitt an den Notfallschauplatz von Stolzenbach zurückkehren. Welche Aspekte sind es also, die der Modus der Transmission den anderen Artikulationsweisen entnimmt?

Schon auf den ersten Blick wird man eine gewisse Affinität zwischen dem Modus der *Transmission* und dem der *Assoziation* erkennen können. In beiden Modi zielen Lebenszeichen primär auf die Herstellung von Verknüpfungen und

Kopplungen zwischen heterogenen Entitäten. Dabei stützten sich Assoziationen vor allem auf physisch-leibliche Beziehungen zwischen Körpern und materiellen Zeichenträgern: seien es die Monturen des Soldaten im Ersten Weltkrieg oder die portablen Objekte von Lawinenopfern. Demgegenüber liegt der Schwerpunkt der *Transmissionen* stärker auf kommunikativen Fernverbindungen zwischen räumlich separierten Teilnehmer*innen. Medien verwandeln sich hier von *tragbaren* Artefakten in ausgedehnte technische Kanäle, die die Über-*tragung* von Signalen ermöglichen. Darunter fallen sowohl einfache lineare Übertragungsmedien, die eine Direktverbindung zwischen Retter*innen und Verunglückten herstellen sollen, wie etwa das Metallrohr von Stolzenbach, als auch komplexe technische Netzwerke, die auf eine Vielzahl von Orten und Akteuren verteilt sind. Zur Übermittlung von Notsignalen auf hoher See etwa müssen Verbindungen zwischen Notfunkbaken auf Schiffen, Satelliten in der Erdumlaufbahn, Auswertungszentren an Land und Rettungshubschraubern hergestellt werden, bis ein Funksignal als Notruf interpretiert und lokalisiert werden kann.[15] Wie im Modus der Assoziation hängt das Leben also auch hier existenziell von Medien des *Verbunden-Seins* ab. Doch an die Stelle des intimen, physischen Kontakts mit materiellen Artefakten treten weiträumige, konnektive Verbindungen zwischen Sendern und Empfängern.

Darüber hinaus weisen Transmissionen auch gewisse Gemeinsamkeiten mit dem Modus der *Emission* auf: angefangen natürlich beim gemeinsamen Wortbestandteil -*mission* (lat. *missio* für Sendung). Tatsächlich beruhen beide Artikulationsweisen auf einem Prozess der Aussendung und Ausstrahlung von Zeichenphänomenen in die weitere Umgebung.[16] Während sich jedoch Emissionen als ungerichtete und unwillkürliche Ausstrahlungen ausbreiten – etwa bei der Diffusion von Wärmestrahlen, Gaswolken oder seismischen Vibrationen –, versenden Transmissionen gerichtete, das heißt *adressierte* Sendungen: gezielte Klopfzeichen, adressierte Funksprüche, telefonische Notrufe. Übertragung, so hat bereits Florian Sprenger argumentiert, „braucht eindeutige Adressierungen, um operieren zu können, indem sie sich an bestimmte Adressen oder an alle im Akt der Übertragung Adressierten wendet."[17] Diese Adresse kann entweder durch ein bereits etabliertes Zuordnungssystem vorgegeben sein, wie im Telefonnetz oder im Emailverkehr, sie

---

15 Vgl. dazu etwa die Funktionsweise des internationalen See-, Luft- und Land-Notruf-Systems COSPAS-SARSAT, siehe: COSPAS-SARSAT.int (2014): „System Graphics", URL: https://cospas-sarsat.int/en/search-and-rescue/system-graphics-en (zuletzt aufgerufen am 8. Dezember 2020).
16 Für diesen Zusammenhang vgl. Meerhoff (2016), S. 67–68.
17 Sprenger (2018), S. 250.

kann dem Übertragungsgut sogar physisch aufgeprägt sein, wie bei der Zustellung von Briefen; sie kann aber auch radikal offen und unbestimmt bleiben, wie im Fall der Flaschenpost eines Schiffbrüchigen, „der nicht wissen kann, wen er adressiert"[18] und seine Botschaft den unvorhersehbaren Strömungen des Meeres überantworten muss. Auch in solchen Fällen von völlig *unbestimmter* Adressierung – *to whom it may concern* –, ist der Akt der Übertragung dennoch auf bestimmte Weise *ausgerichtet* und zielt auf einen, wenn auch noch so vage umrissenen, Endpunkt der Kommunikation.[19]

Das Motiv der Ausrichtung und Adressierung wiederum rückt den Modus der Transmission in die Nähe der *Exposition*, die sich ebenfalls gezielt an andere richtet, beispielsweise durch Leuchtsignale, Signalflaggen oder Rauchzeichen. Doch während sich Expositionen als expressive Phänomene und sinnliche Figuren von einem homogenen Hintergrund abheben – ein grelles Feuer in der Dunkelheit, schwarzer Rauch vor hellem Himmel, orangefarbene Flaggen im grauen Ozean –, geht es im Modus der Transmissionen primär darum, technische Signale vom *Rauschen* des Kanals zu unterscheiden. In Shannons Kommunikationsschema dringt das Rauschen (engl. *noise*) als irreduzible Störgröße in den Übertragungsprozess ein und überlagert Signale durch allerlei unerwünschte Nebeneffekte und Verzerrungen.[20] Je größer der Anteil des Rauschens, desto mehr wächst auf Seiten des Empfängerpols die Unsicherheit, was zum Signal zählt und was externen Einflüssen auf die Übertragung geschuldet ist.[21] Im Extremfall wird das Signal sogar vollständig von Störgeräuschen verschluckt und fällt ununterscheidbar mit dem Rauschen zusammen. Gerade in Notfällen müssen sich Signale daher unbedingt von der gleichförmigen Kulisse des Rauschens abheben. So dient etwa das berühmte SOS-Signal im Schiffsverkehr zunächst nur dazu, den laufenden Funkverkehr durch seinen markanten Rhythmus aus drei kurzen, drei langen und drei kurzen Morsezeichen zu unterbrechen.[22] Es erscheint nicht als bedeutungsvolle „Nachricht", sondern als auffälliger „Sound"[23], der sich deutlich von der Kakophonie im Äther abhebt. Auch Signale müssen sich somit, ähnlich wie die Figur der Gestalttheorie, wahrnehmbar *exponieren*.[24] Doch während die Figur-Grund-Differenz primär durch Praktiken der

---

18 Struck (2014).

19 Vgl. Sprenger (2018), S. 250.

20 Vgl. Shannon/Weaver (1998), S. 18–19.

21 Die informationstheoretischen Implikationen dieses Ansatzes können an dieser Stelle aus Kapazitätsgründen nicht weiter entfaltet werden. Die Rolle des Informationsbegriffs für die Bestimmung des Lebenszeichens wird ausführlicher im 6. Kapitel der Arbeit erörtert.

22 Vgl. Kassung (2013) S. 62.

23 Kassung (2013) S. 62.

24 Vgl. für die Parallelisierung von Signal/Rauschen und Figur/Grund auch: Schafer (2010), S. 46.

Darstellung und performative Gesten der Zurschaustellung erreicht wurde, ist die Differenzierung zwischen Signal und Rauschen das Ergebnis von technischen Verfahren der Signalverstärkung und Rauschunterdrückung, wie sich im weiteren Verlauf des Kapitels noch zeigen wird.

Bereits an diesem kursorischen Überblick wird erkennbar, dass der Modus der Transmission an allen drei bisher behandelten Modi *partizipiert*, ohne sie jedoch einem allgemeinen Modell der Übertragung subsumieren zu können. Er entlehnt den Assoziationen das Element der *Verbundenheit*, den Emissionen das Motiv der *Aussendung* und den Expositionen das Motiv der *Hervorhebung*. Zugleich übersetzt er jedes der drei Motive in sein charakteristisches Idiom, das ihn von den anderen drei Artikulationsweisen markant unterscheidet: So verwandeln sich Verbundenheiten in *connections*, Aussendungen in *Adressen* und Figur-Grund-Beziehungen in den „Signal-Rausch-Abstand"[25]. Damit sind mindestens drei Ansatzpunkte versammelt, um den Modus der Transmission als eine eigenständige, nunmehr vierte Artikulationsweise des Lebenszeichens eingehender zu erforschen. Doch erst in konkreten Szenen des Notfalls wird sich zeigen, wie die hier entwickelten Dimensionen zusammenwirken und welche spezifischen Übertragungsverhältnisse des Lebenszeichens sie stiften. Dazu scheint es naheliegend, auf jenen Kanal zurückkommen, auf den sich in der Nacht des 3. Juni 1988 in Stolzenbach alle Augen und Ohren richten.

6.2 Der dritte Kanal

Am Bohrloch von Stolzenbach horchen die Grubenretter noch immer angestrengt nach möglichen Antworten aus dem Untergrund. Doch kein Signal dringt aus dem totenstillen Rohr nach oben; alle Klopfzeichen der Retter bleiben unbeantwortet. Als die Männer kurz davor sind, jede Hoffnung zu verlieren, meldet sich plötzlich eine unsichtbare Stimme aus dem Off der Fernsehaufzeichnung zu Wort: „Entschuldigen Sie, ich könnte ihnen vielleicht weiterhelfen beim Hören!" ruft jemand aus dem Hintergrund an die Adresse der Rettungskräfte: „Mit dem Richtmikrophon und 'nem Kopfhörer, da geht das tausendmal besser!"[26]. Die überraschten Rettungskräfte sehen sich suchend nach dem Zwischenrufer um. Bemerkenswerterweise handelt es sich nicht um ein Mitglied der Rettungsmannschaft, sondern um einen Redakteur des *Hessischen Rundfunks*, der sich hinter

---

25 Vgl. Kittler, Friedrich (1995): „Signal-Rausch-Abstand", in: Gumbrecht, Hans Ulrich/Pfeiffer, K. Ludwig (Hg.): Materialität der Kommunikation. Frankfurt am Main: Suhrkamp, S. 342–359.
26 Der Tag, als die Grube explodierte, Timecode: 00:23:56.

der Kamera postiert hat und den Grubenrettern ein ungewöhnliches Angebot unterbreitet. Er schlägt vor, das Richtmikrophon des Fernsehteams an einem Kabel in das Bohrloch hinabzulassen und mit Hilfe der Kopfhörer nach Signalen im Untergrund zu lauschen.

Nachdem die Grubenretter am Bohrloch ihre erste Irritation überwunden haben, willigen sie in das unerwartete Angebot des Redakteurs ein und winken das Fernsehteam heran. Mit einem Mal drängen zahlreiche Akteure ins Fernsehbild, die üblicherweise *außerhalb* des Bildes verbleiben: Tonangeln, Aufnahmeleiter, Kabeltrommeln, Sendewagen, Mikrophone, Redakteure, Kopfhörer und Mehrspurrekorder mischen sich unter die Rettungskräfte und gruppieren sich um das enge Bohrloch. All diese Akteure sind normalerweise nicht Gegenstand der Fernsehübertragung, sondern ihre stummen Voraussetzungen, sie sind – mit Niklas Luhmann gesprochen – „Bedingung der Möglichkeit" der Übertragung, die selbst „nicht mitgeteilt"[27] werden. Sobald jedoch das Fernseh-Ensemble ins Bild eintritt und sich an der Rettungsmission beteiligt, über die es währenddessen berichtet, wirkt es gleichzeitig an *zwei* Transmissionen mit: einerseits an der Übertragung von Fernsehsendungen im Kanal des Hessischen Rundfunks, andererseits an der Übertragung von potenziellen Lebenszeichen im Bohrkanal der Rettungskräfte.

Beide Übertragungskanäle unterscheiden sich nicht nur hinsichtlich ihrer technischen und institutionellen Bedingungen, sondern auch in ihrer jeweiligen *Übertragungsrichtung*: So ist der Kanal der Grubenretter offenkundig auf einen *wechselseitigen*, reziproken Austausch ausgelegt. Nur wenn die Klopfzeichen aus dem Untergrund erwidert werden, nur wenn also die Empfänger ihrerseits zu Sendern werden, kommt ein geglücktes Lebenszeichen zustande. Demgegenüber steht der Fernsehkanal des HR prototypisch für einen *einseitigen* und nicht-reziproken Übertragungsmodus. Rundfunksendungen wenden sich – zumindest in ihrer klassischen Form – unidirektional an ein unbestimmtes, räumlich disperses Massenpublikum, ohne eine Erwiderung der Empfänger zu erfordern, zu erwünschen oder zu erlauben.[28]

Indem das Fernsehteam sein Richtmikrophon in den Bohrkanal einführt, kommt es nun zu einer eigentümlichen Verschränkung der beiden Übertragungsrichtungen. Genau genommen nämlich partizipiert das Mikrophon immer schon

---

27 Luhmann (1996), S. 13.

28 Eine klassische Analyse und Kritik der Unidirektionalität von Massenmedien findet sich bei: Enzensberger, Hans Magnus ([1970] 1999): „Baukasten zu einer Theorie der Medien", in: Pias, Claus et al. (Hg.): Kursbuch Medienkultur. Die maßgeblichen Theorien von Brecht bis Baudrillard. Stuttgart: Deutsche Verlagsanstalt, S. 264–278, hier: S. 265. Vgl. zur Unterscheidung der verschiedenen Überragungsrichtungen auch: Engell, Lorenz/Siegert, Bernhard (2015): „Editorial", in: Zeitschrift für Medien- und Kulturforschung. Schwerpunkt: Sendung, 6 (2), S. 5–12, hier: S. 9.

an beiden Kanälen: Einerseits soll es die *wechselseitige* Übertragung zwischen Untergrund und Oberfläche ermöglichen, indem es als verlängertes Ohr der Rettungskräfte Antworten von Überlebenden im Bohrkanal empfängt und hörbar macht. Zugleich jedoch steht das Mikrophon weiterhin im Dienste der *einseitigen* Fernsehübertragung, beliefert also die Tonspur des Fernsehens fortlaufend mit Originaltönen aus dem Inneren des Rohrs. Jedes Geräusch, das aus der Tiefe nach oben dringt, ist dank des Mikrophons immer schon Teil der Fernsehübertragung, die ihre Sendung einseitig an ein räumlich disperses Publikum verbreitet. Somit gehört das Mikrophon im selben Moment dem reziproken Kanal der Rettungskräfte und dem einseitigen Kanal des Fernsehens an, bildet gleichsam den Schnittpunkt zwischen beiden Kanälen.

Doch auch wenn das Richtmikrophon an beiden Kanälen Anteil hat, muss es selbst als ein konstitutiv *einseitiges* Medium betrachtet werden: Technisch betrachtet fungiert es nämlich gerade nicht als Sender von ausgehenden, sondern ermöglicht nur den asymmetrischen Empfang von *eingehenden* Signalen. Diese Einseitigkeit ist jedoch kein Hindernis für seinen Gebrauch in der Rettungsaktion; sie schafft sogar überhaupt erst die Möglichkeit für einen wechselseitigen Kontakt mit den Verschütteten. Ohne Mikrophon wären die Rettungskräfte zwar weiterhin in der Lage, Klopfzeichen in die Tiefe zu senden, nicht aber, mögliche Antworten aus dem Stollen zu empfangen. Erst wenn das Richtmikrophon in den Bohrkanal eingeführt wird und mögliche Antwortsignale registriert, kann ein reziproker Austausch zwischen Grubenrettern und möglichen Überlebenden zustande kommen. Offenbar ist also die *Einseitigkeit* des Mikrophons eine konstitutive Voraussetzung für den *reziproken* Austausch.

Ein Kommunikationsmodell, das in der Lage ist, dieses komplexe Verhältnis zu fassen, hat der Philosoph Michel Serres unter dem Titel des *Parasiten* ausgearbeitet.[29] Für Serres verläuft Kommunikation niemals allein zwischen zwei Endpunkten, sondern schließt immer schon einen *Dritten* ein, der sich zwischen Sender und Empfänger platziert, sich auf den Kanal aufpfropft und sich gleichsam am „Schnittpunkt der Beziehungen"[30] niederlässt. Dieser Dritte zeichnet sich für Serres durch ein radikal einseitiges Verhältnis zum Kanal aus. Statt sich in den kommunikativen Austausch einzubringen, beschränkt er sich auf den bloßen Empfang: „Stets nehmen, niemals geben, sich eine günstige Position in der einseitigen Logik verschaffen."[31] Für Serres jedoch liegt darin keine Deformation einer ursprünglich wechselseitigen Kommunikationssituation, sondern die Bedingung

---

29 Vgl. Serres, Michel (1987): Der Parasit. Frankfurt am Main: Suhrkamp.
30 Serres (1987), S. 71.
31 Serres (1987), S. 45.

jedes reziproken Austauschs. Der *Dritte* kommt für Serres keineswegs nachträglich zum bereits bestehenden Übertragungskanal hinzu, er konstituiert überhaupt erst das Verhältnis, in das er sich einschaltet: „Notwendige Bedingung des Kanals ist der Dritte. [...] Der Dritte geht also dem Austausch voraus. Geht ihm voraus und ist dessen Bedingung."[32]

Damit liefert Serres ein produktives Modell für die komplexe Übertragungssituation von Stolzenbach. Denn auch beim Grubenunglück drängt sich mit dem Richtmikrophon ein *Dritter* zwischen die beiden Enden des Rohrs und nistet sich am *Schnittpunkt der Beziehung* ein. Auch das Mikrophon zeichnet sich, wie oben erläutert, durch eine *einseitige* Beziehung des reinen Empfangs aus – *nur nehmen, niemals geben*. Seine Einseitigkeit jedoch verhindert keineswegs das Zustandekommen eines wechselseitigen Austausches zwischen Grubenrettern und Verschütteten, sondern ermöglicht erst die Herstellung eines Kontakts: Wie in Serres' Parasitenmodell ist auch die Übertragung im Bohrkanal auf einen *Dritten* angewiesen, der dem „Austausch voraus[geht]"[33].

Für Serres jedoch ist dieser *Dritte*, der sich zwischen Sender und Empfänger einschaltet, niemals nur ein neutrales Durchgangsmedium, denn er profitiert auf bestimmte Weise von seiner „günstige[n] Position"[34] im Kanal. Serres beschreibt ihn ausdrücklich als einen *Parasiten* im biologischen Sinne des Wortes:[35] als eine Entität also, die sich im Körper eines Wirts einnistet, um ihn zu seinen Gunsten anzuzapfen und sich einen Teil der Stoffwechselprodukte abzuzweigen. Abstrakter gesprochen unterhält der Parasit eine „Beziehung zur Beziehung"[36], pfropft sich also gleichsam auf einen bestehenden Kanal auf und nutzt seine vorteilhafte Position im Kanal, um inmitten eines wechselseitigen Austauschs ein einseitiges Verhältnis der *Nutznießerschaft* einzurichten, ein „Verhältnis des einfachen, nicht umkehrbaren Pfeils"[37].

Eine solche parasitäre Beziehung lässt sich auch in Stolzenbach beobachten, nachdem das Richtmikrophon in den Bohrkanal eingedrungen ist. Doch ist es weniger das Richtmikrophon selbst, das von seiner Schlüsselstelle im Kanal profitiert, als vielmehr das Fernsehteam des Hessischen Rundfunks, das mit ihm verbunden ist. Weil das Fernsehen die „Engstelle"[38] des Kanals mit seinem Mikrophon besetzt hält, kann es sich immer schon seinen Anteil des Signals abzweigen, also exklusive

---

32 Serres (1987), S. 122.
33 Serres (1987), S. 122.
34 Serres (1987), S. 45.
35 Vgl. Serres (1987), S. 15–16.
36 Serres (1987), S. 65.
37 Serres (1987), S. 14.
38 Serres (1987), S. 69.

Originaltöne aus der Tiefe des Stollens gewinnen. Jedes Signal, das durch den Kanal nach oben wandert, fließt entlang eines „einfachen, nicht umkehrbaren Pfeils"[39] in die Übertragung des Hessischen Rundfunks, der seine Sendung einseitig an ein räumlich disperses Publikum verbreitet. Auch das Fernsehteam von Stolzenbach *parasitiert* also in gewissem Sinne am Bohrkanal der Rettungskräfte. Es bedient sich des Mikrophons, um seine Berichterstattung bis in die Tiefen des Bohrkanals auszuweiten und sich einen exklusiven Zugang zum Rettungsgeschehen zu verschaffen.

So betrachtet, erscheint das ursprüngliche Angebot des HR-Teams – „Entschuldigen Sie, ich könnten Ihnen vielleicht weiterhelfen beim Hören" – nicht allein als uneigennützige Hilfestellung, sondern auch als geschicktes, parasitäres Manöver. Durch die Einführung des Mikrophons ermöglicht das Fernsehteam einerseits den wechselseitigen Austausch zwischen Oberfläche und Untergrund, andererseits etabliert es einen „irreversible[n] Pfeil"[40], um die Signale aus der Tiefe im Rundfunk zu übertragen. Dieser einseitige Pfeil setzt die reziproke Übertragung zwischen Grubenrettern und Bergleuten keineswegs außer Kraft, sondern ermöglicht sie sogar erst. Erst das einseitig gerichtete Medium des Hessischen Rundfunks mitsamt seiner technischen Ausstattung, Infrastruktur und Expertise, stiftet die Möglichkeit eines reziproken Austauschs. Wenn Übertragung immer schon eines *Dritten* bedarf, dann ist es hier der *dritte Kanal* des Hessischen Rundfunks.

Doch besitzt der Dritte bei Michel Serres noch eine Dimension, die hier bislang vernachlässigt wurde. Neben dem Nutznießer steht das französische Wort *parasite* auch für die *Störquelle* in der Nachrichtentechnik, also das *Rauschen* im Übertragungskanal.[41] Im Kommunikationsschema von Shannon und Weaver trifft das Rauschen – genau wie der Serres'sche Parasit – als Eindringling auf den Kanal und überlagert ihn durch allerlei „unwanted additions"[42]. Auch in Stolzenbach ist der Bohrkanal von vornherein mit solchen unerwünschten Störquellen belegt. Schon bei seinem Eintritt ins Rohr produziert das Richtmikrophon zunächst nichts als *Lärm*. Mit ohrenbetäubendem Scheppern schlägt es gegen das Blech und kratzt beim Abspulen der Kabeltrommel am Rand des Bohrlochs. Es tritt also zunächst ganz buchstäblich als *parasite* auf, als Störquelle, die die Stille im Kanal unterbricht und jede Signal-Übertragung unmöglich macht. Und selbst als das Mikrophon zur Ruhe kommt, bleibt die Übertragung weiterhin von allerlei

---

39 Serres (1987), S. 14.
40 Serres (1987), S. 255.
41 Vgl. Serres (1987), S. 15.
42 Shannon/Weaver (1998), S. 7.

„Fremdgeräusche[n]"[43] gestört, bei denen nicht sicher ist, ob sie „von Dritten verursacht"[44] worden sind, wie es der Sprecher des Rundfunkbeitrags formuliert: Mal ist ein dumpfes Pochen zu hören, mal ein unspezifisches Glucksen, dann wieder tieftöniges Brummen und Dröhnen. Von allen Seiten dringen also unerwünschte Parasiten in den Übertragungskanal ein.

Damit aus dieser Kakophonie von Geräuschen tatsächlich distinkte Signale emergieren, die auf mögliches Leben zurückgeführt werden können, muss das Rauschen möglichst weit zurückgedrängt, muss der störende Parasit so weit wie möglich aus dem Kanal vertrieben werden: „Der Akt der Beseitigung der Kakographie, also der Versuch, das Rauschen zu eliminieren, ist [...] *die Voraussetzung für das Gelingen der Kommunikation*"[45], schreibt Serres. Auch in Stolzenbach bemüht man sich deshalb schon bald intensiv, „[d]ie Parasiten aus dem Kanal vertreiben, damit die Nachricht optimal hindurchgelangt."[46] Rund um den Bohrkanal werden sämtliche geräuschintensiven Aktivitäten eingestellt, alle Bohrungen gestoppt, alle Anwesenden zur Stille aufgefordert und die Öffnung des Kanals mit schweren Sandsäcken abgedichtet, um jegliches Eindringen von Fremdgeräuschen Dritter zu vermeiden. Jedes Geräusch, das nach dieser Abdichtung noch im Kanal und in den Kopfhörern der Lauschenden zurückbleibt, kann dann – so die Hoffnung – als *Signal* identifiziert werden.

Tatsächlich ist nach Abzug aller Fremdeinflüsse schon bald nur noch ein schwaches, aber stetiges „Scharren und Klopfen"[47] auf der Tonspur des Fernsehbeitrags zu vernehmen, das sich als distinktes Signal von der Stille abhebt und die Aufmerksamkeit der Rettungskräfte auf sich zieht. Um dieses Signal jedoch von zufälligen, unwillkürlichen Geräuschen im Bohrkanal zu unterscheiden, müssen noch weitere Maßnahmen ergriffen werden: „Einer gibt jetzt gezielte Signale [... .] und wir wollen darauf achten, ob wir auf die gezielten Signale dann gezielteres Klopfen kriegen"[48] beschreibt der Bergdirektor das Vorgehen. Das diffuse Geräusch im Kanal soll sich also als ein *gerichtetes* oder *adressiertes* Signal herausstellen. Dazu müssen die Rettungskräfte selbst eine gerichtete Aufmerksamkeitshaltung einnehmen. Am deutlichsten verkörpert sich diese Haltung wiederum im Medium des Richtmikrophons, das als *direktionales* Objekt *par excellence* auf den Empfang gezielter Signale ausgerichtet ist. Aber auch die vielen deutenden Finger, gerichteten

---

43 Drei Aktuell, Timecode: 00:05:45.
44 Drei Aktuell, Timecode: 00:05:45.
45 Serres, Michel (1991): „Der Platonische Dialog und die intersubjektive Genese der Abstraktion", in: ders.: Hermes I. Kommunikation, S. 47–56, hier: S. 52.
46 Serres (1987), S. 88.
47 Protokoll der Rettung, Timecode 00:10:23.
48 Protokoll der Rettung, Timecode: 00:11:20.

Blicke und gespitzten Ohren, die sich auf den Bohrkanal konzentrieren, machen sich für direktionale Zeichen aus dem Untergrund empfänglich. Während einer der Retter gespannt am Kopfhörer lauscht, schlägt der andere mit dem Hammer gezielt gegen das Stahlrohr. Dank dieser Arbeitsteilung ist das Rettungsteam in der Lage, gleichzeitig als Sender und als Empfänger gerichteter Zeichen zu agieren. Kurz darauf folgt ein erneutes, rhythmisches Geräusch aus der Tiefe: „Sie antworten!"[49], ruft einer der Techniker voller Aufregung.

Kurz darauf entspinnt sich zwischen den beiden Seiten des Kanals ein regelrechter Dialog aus Frage- und Antwortsequenzen, bei dem der Klopfrhythmus der Gegenseite jeweils im selben Rhythmus beantwortet und gespiegelt wird. Hier dienen die Klopfzeichen vorerst nicht zur semantischen Verständigung, sondern zur Herstellung eines ersten, kommunikativen Kontakts. Als *phatische* Signale im Sinne Roman Jakobsons sollen sie die herrschende Stille im Kanal überwinden und die Kommunikationsbereitschaft und -fähigkeit der Gegenseite überprüfen.[50] Dabei wird bereits die bloße Fähigkeit, phatische Signale auszusenden und zu beantworten als hinreichender Beleg für die *Lebendigkeit* der Gegenseite akzeptiert. Wer auf die Signale der anderen Seite reagiert und sich am Klopfrhythmus des anderen mimetisch ausrichtet, gibt sich damit zugleich als responsive Entität zu erkennen, die für eintreffende Signale empfänglich ist und ihr eigenes Verhalten an diesen Signalen orientiert. ‚Leben' erscheint hier also zunächst als Fähigkeit, in einen reziproken, kommunikativen Austausch von technisch vermittelten Signalen zu treten. Leben ist zunächst nichts anderes als der kommunikative Austausch von Lebenszeichen in einem technischen Kanal.

Letzte Gewissheit über die Lebendigkeit der Adressaten kann jedoch nicht durch weitere Zeichen, sondern nur durch leibhaftige Rettungsanstrengungen gewonnen werden. An einem gewissen Punkt wird das Frage-Antwort-Spiel abrupt unterbrochen und geht in praktisches Rettungshandeln über: „Wir schicken jetzt drei Trupps hintereinander los"[51], lautet die entschlossene Anweisung des Rettungsleiters nach dem Empfang der Lebenszeichen. Nicht länger sollen also nur ‚gezielte Signale' in die Tiefe geschickt, sondern Menschen und Rettungsgerät entsandt und in die Richtung der Signale gewiesen werden, um die Quelle der Klopfgeräusche ausfindig zu machen. In den Morgenstunden vermelden die Suchkräfte tatsächlich den Fund von sechs Überlebenden, die in einer Luftblase ausgeharrt hatten und umgehend auf den Tragen des Rettungsdienstes aus der Grube gebor-

---

49 Der Tag, als die Grube explodierte, Timecode: 00:26:19.
50 Vgl. Jakobson (1960), S. 355–356.
51 Der Tag, als die Grube explodierte, Timecode: 00:26:26.

gen werden – ein sensationelles Ereignis, das angesichts der geringen Überlebens-chancen als „Wunder von Stolzenbach"[52] in das kollektive Gedächtnis eingeht.

Allerdings neigt die Rede vom Wunder dazu, die konkreten medientechnischen Bedingungen auszublenden, denen sich die Emergenz des Lebenszeichens in Stol-zenbach verdankt. Es sind mindestens *drei* Operationen, die das Wunder ermöglicht haben und die exakt den eingangs formulierten drei Aspekten der *Transmission* ent-sprechen: Erstens die Hervorhebung eines distinkten *Signals* aus dem Rauschen des Kanals, zweitens die Stiftung einer kommunikativen *Verbindung* über ein räumliches Gefälle hinweg und drittens die wechselseitige *Adressierung* der Kommunikationspartner*innen durch gerichtete Zeichen. Diese Operationen je-doch sind letztlich nur erfolgreich – so hat sich am Beispiel von Stolzenbach ge-zeigt – wenn ein *weiterer* Akteur dazwischentritt, der sich als *Parasit* zwischen den Polen des Kanals einklinkt. Erst durch das Richtmikrophon des Hessischen Rundfunks, das sich parasitär auf den Kanal aufgepfropft hat, wurde es möglich, distinkte Geräusche zu erfassen, gerichtete Signale auszutauschen und eine Verbin-dung zwischen Oberfläche und Untergrund herzustellen. Das Wunder von Stolzen-bach ist also – wie man mit einer Formulierung von Michel Serres sagen könnte – letztlich ein „Parasitenwunder"[53], das Wunder eines *Dritten*, der dem Austausch von Lebenszeichen vorausgeht.

Doch reicht die bloße Übertragung von Lebenszeichen nicht aus, um die Ret-tungsaktion tatsächlich zu einem erfolgreichen Ende zu bringen. Wie sich oben gezeigt hat, muss die Übertragung von Zeichen ab einem gewissen Punkt durch ganz andere Übertragungsketten ergänzt werden, um das Leben aus seiner Not-lage zu befreien. Nur wenn Rettungskräfte mit allerlei Ausrüstung in den Stollen vordringen und die Verschütteten an die Oberfläche *tragen*, kann die Rettung ge-lingen. ‚Übertragen', daran hat bereits Sybille Krämer erinnert, „heißt in seiner ursprünglichen Bedeutung so viel wie ‚Hinübertragen': Eine Last wird aufgenom-men, und diese wird ‚über etwas hinweg' getragen, über eine Brücke oder einen Steg"[54]. Genau diese handgreifliche Bedeutung des Über-Tragens kommt in den physischen Rettungsakten zum Vorschein, die sich an den Zeichenverkehr von

52 Thonicke, Frank (2013): „Das Wunder von Stolzenbach", in: Hessische Niedersächsische Allge-meine (HAN), 1. Juni 2013, URL: https://www.hna.de/lokales/fritzlar-homberg/borken-hessen-ort305278/wunder-stolzenbach-grunbenunglueck-jaehrt-sich-2933848.html (zuletzt aufgerufen am 8. Dezember 2020).
53 Serres (1987), S. 151.
54 Krämer (2008), S. 262.

Stolzenbach anschließen. Die Transmission von Nachrichten weicht dann dem Transport von Dingen und dem Transfer von Körpern.

Solche materiellen Transportvorgänge fallen auf den ersten Blick aus der Betrachtung des Lebenszeichens heraus. Sie überschreiten die „obere Schwelle"[55] der Semiotik, wie Umberto Eco sie beschrieben hat: Für Eco nämlich endet das Zuständigkeitsgebiet der Zeichentheorie genau dort, wo zeichenhafte Phänomene in bloße Materialitäten übergehen. Während beispielsweise ein Auto als Statussymbol seiner Besitzer*in eindeutig Zeichencharakter besitzt, gehört es als Fortbewegungsmittel, das keine Bedeutungen transportiert, sondern leibhaftige Personen, nicht länger zum Gebiet der Semiotik.[56] In genau diesem Sinne überschreiten auch die Rettungskräfte von Stolzenbach die ,semiotische Schwelle', sobald sie den Signalverkehr am Bohrloch aufgeben und leibhaftig in den Schacht vordringen. Ist nun mit dieser Schwelle auch die Grenze des Lebenszeichens und seiner Artikulationsweisen erreicht? Endet die Reichweite der Transmissionen genau dort, wo der Austausch von Zeichen in den Verkehr von Dingen und die Bewegung von Körpern übergeht?

So plausibel diese Grenzziehung auf den ersten Blick auch erscheinen mag, so sehr widerspricht sie doch dem Grundcharakter der hier verfolgten Artikulationsweise. Gerade der Modus der *Transmissionen* nämlich zwingt uns dazu – so die These des folgenden Abschnitts – den intrinsischen Zusammenhang von zeichenhaften und nicht-zeichenhaften Übertragungsvorgängen zu denken. Er fordert dazu auf, die *Transmissionen* von Zeichen stets im Zusammenspiel mit dem *Transfer* von Körpern und dem *Transport* von Dingen zu betrachten. Dieser Trias möchte sich der folgende Abschnitt anhand eines zweiten, exemplarischen Grubenunglücks eingehend widmen.

6.3 Transmission, Transport, Transfer

Auf den ersten Blick gehören Transmission-, Transfer- und Transportprozesse völlig unvereinbaren Ordnungen an. In modernen Übertragungsnetzen verkehren Nachrichten, Personen und Objekte üblicherweise in getrennten Kanälen und mit radikal ungleichen Geschwindigkeiten. Zwischen ihnen scheint es ebenso wenig Austausch zu geben, wie zwischen den Passagier*innen eines Flugzeugs, den Funkgesprächen im Cockpit und den Gepäckstücken im Frachtraum. Diese Dreiteilung lässt sich besonders deutlich an der Ausdifferenzierung dreier Disziplinen

---

55 Eco, Umberto (2002): Einführung in die Semiotik. München: Wilhelm Fink, S. 32.
56 Vgl. Eco (2002), S. 32.

ablesen, die das Spektrum des Übertragbaren unter sich aufgeteilt haben: die *Kommunikationstheorie* für den Versand von Nachrichten, die *Logistik* für den Transport von Gütern und die *Verkehrswissenschaft* für die Beförderung von Personen.[57]

Die Medienwissenschaftlerin Gabriele Schabacher hat diese Dreiteilung auf ein wirkmächtiges Deutungsmuster zurückgeführt, das Kommunikationstheorien bis heute prägt. Es begreift Modernisierung als einen Prozess der zunehmenden Ausdifferenzierung von autonomen Funktionssystemen, die nach ihrer eigenen Rationalität operieren und entsprechend ihrer Eigenlogik beforscht werden müssen.[58] Auch die Mediengeschichtsschreibung scheint sich in weiten Teilen an dieses Narrativ anzulehnen. Oftmals wird die Genese der modernen Kommunikationsmedien als ein Prozess der Autonomisierung von drei vormals eng verschränkten Übertragungssystemen beschrieben. Als Schlüsselmoment gilt dabei zumeist die Kommunikations- und Verkehrsrevolution des ausgehenden neunzehnten Jahrhunderts. Während im Postsystem noch die „Dreiheit der Kommunikate"[59], also Nachrichtentransfer, Personenverkehr und Gütertransport eng verzahnt waren und sogar in „denselben Kutschen"[60] verkehrten, wie Friedrich Kittler schreibt, gehen sie spätestens mit der Durchsetzung der elektrischen Telegraphie getrennte Wege.[61] Mit der Telegraphie – so das gängige Narrativ – löse sich die Sphäre der Nachrichtenübermittlung vom Netz der Verkehrs- und Transportwege ab und emanzipiere sich von ihrer Verflechtung mit der materiellen Welt.[62] Seitdem zirkulieren Signale unabhängig vom Güter- und Personenverkehr.

Gegen dieses Standardnarrativ plädiert Schabacher dafür, nicht die Ausdifferenzierung und Aufspaltung, sondern gerade die Verflechtungen, Interdependenzen und „ungetrennten Gemengelagen"[63] von Personen-, Güter- und Nachrichtenübertragung in den Blick zu nehmen. Dabei kann sie sich sowohl auf die Etymologie des

---

57 Vgl. Schabacher, Gabriele (2013): „Medien und Verkehr. Zur Genealogie des Übertragungswissens zwischen Personen, Gütern und Nachrichten im 19. Jahrhundert", in: Tumult. Schriften zur Verkehrswissenschaft, 39, S. 39–55, hier: S. 52.

58 Vgl. Schabacher (2013), S. 52.

59 Kittler, Friedrich (1993): „Geschichte der Kommunikationsmedien", in: Huber, Jörg/Müller, Alois Martin (Hg.): Raum und Verfahren. Stroemfeld: Basel, S. 169–188, hier: S. 170.

60 Kittler (1995), S. 343.

61 Vgl. Schabacher (2013), S. 51.

62 Prominent findet sich dieses Argument auch bei Marshall McLuhan: „It is only since the telegraph that information has detached itself from such solid commodities as stone and papyrus, much as money had earlier detached itself from hides, bullion, and metals, and has ended as paper", siehe: McLuhan (1994), S. 89.

63 Schabacher (2013), S. 52.

Übertragungsbegriffs stützen, der ursprünglich auf materielle Transportvorgänge verweist,[64] als auch auf medienhistorische Ansätze, die die Geschichte der Übertragungsmodi nicht als Trennungs-, sondern als Verflechtungsgeschichte erzählen, etwa am Beispiel der engen Verzahnung von Telegraphie, Post und Eisenbahn.[65] Eine solche integrative oder „holistisch[e]"[66] Perspektive scheint nun auch für das Phänomen des Lebenszeichens produktiv. Die bisherige Fixierung auf Prozesse der Zeichenübertragung darf nicht darüber hinwegtäuschen, dass auch und gerade in Not- und Katastrophensituationen alles vom Zusammenspiel der drei Übertragungsmodi abhängt. Leben-in-Not ist konstitutiv darauf angewiesen, dass neben Zeichen auch Dinge und Menschen in Bewegung gesetzt und übertragen werden. Fast immer zielen Lebenszeichen darauf ab, Menschen und Dinge für die Rettung des Lebens-in-Not zu mobilisieren. Nur wenn Rettungskräfte dazu veranlasst werden, Verunglückten aktiv zu Hilfe zu eilen, sie mit Materialien, medizinischen Gütern und Lebensmitteln zu versorgen und aus der Notlage zu bergen, haben Lebenszeichen ihre Aufgabe erfüllt. Gerade in Notfällen lässt sich also die Übertragung von Zeichen unmöglich vom Güter- und Personentransport abspalten. Sie muss vielmehr in einen komplexen Zusammenhang mit anderen Übertragungsarten eingebettet werden.

Um diese Verflechtungen zu studieren, scheint unter allen denkbaren Notfalltypen das *Grubenunglück* besonders instruktiv. Der Bergbau steht immer schon vor der Herausforderung, gleichermaßen Personen, Dinge und Nachrichten durch schmale Übertragungskanäle zu transportieren. Im Untertagebau werden *Menschen* – namentlich Bergleute –, materielle *Güter* – zum Beispiel Abbauprodukte wie Kohle, Kupfer oder Erz, aber auch schwere Maschinen und Gerätschaften – und *Nachrichten* – nämlich Kommandos, Sprengsignale und Notrufe –, in allerlei Übertragungsprozesse involviert und oftmals sogar durch dieselben Kanäle transportiert. Wenn Gruben einstürzen und Bergleute verschüttet werden, stehen deshalb nicht selten gleich alle *drei* Übertragungsmodi auf dem Spiel. Bereits beim Unglück von Stolzenbach hatte sich gezeigt, dass die Signal-Übertragung allein nicht ausreicht, um Leben-in-Not zu retten und deshalb von physischen Rettungsakten begleitet werden muss. An diese Beobachtung anknüpfend, soll im Folgenden ein zweites Grubenunglück aus der jüngeren Bergbaugeschichte erforscht werden, bei dem Nachrichten-, Güter- und Personenübertragung auf komplexe Weise ineinandergreifen.

---

64 Vgl. Krämer (2008), S. 262.
65 Vgl. Thrift, Nigel (1991): „Transport and Communication 1730–1914", in: Dodgshon, Robert A./ Butlin, Robin A. (Hg.): An Historical Geography of England and Wales. London: Academic Press, S. 453–486, hier S. 453.
66 Schabacher (2013), S. 53.

Die räumlichen und zeitlichen Ausmaße dieses Unglücks gehen weit über die Katastrophe von Stolzenbach hinaus. Es nimmt seinen Anfang mit dem Einsturz der Kupfermine von San José am 5. August 2010, nahe der chilenischen Kleinstadt Copiapó in der Atacama-Wüste, und erstreckt sich räumlich bis in 700 Meter Tiefe, zeitlich über eine Dauer von 69 Tagen. Im Verlauf der komplizierten Rettungsaktion, die bereits in mehreren Sachbüchern akribisch rekonstruiert[67] und in mehreren Filmen dramatisch aufbereitet wurde,[68] hängt die Übertragung von Lebenszeichen aufs engste mit der Übertragung von Dingen und Personen zusammen. Dabei jedoch stehen die drei Übertragungsformen nicht nur in produktiven Wechselbeziehungen zueinander, sondern treten immer wieder in Konkurrenz- und Konfliktverhältnisse. Insofern darf die saubere Aufteilung der folgenden drei Abschnitte nicht darüber hinwegtäuschen, dass hier vorwiegend von *Interferenzen* die Rede sein wird: von Überlagerungen und Überschneidungen zwischen Lebenszeichen, lebenswichtigen Gütern und lebendigen Personen.

More than letters

In der Kupfermine von San José münden alle Übertragungen in einen einzigen Kanal: ob Bergleute, Gesteinsbrocken oder Informationsflüsse – jedes Übertragungsgut, das hinein- oder hinausgetragen werden soll, muss einen einzigen Tunnel passieren, der sich, ausgehend vom breiten Mundloch an der Oberfläche, spiralförmig in die Tiefe des Berges hinabwindet und zu einem labyrinthischen Geflecht aus Kanälen, Stollen, Schächten und Hohlräumen verzweigt.[69] Man könnte den Eingang der Mine, in dem alle Leitungen, Transportsysteme und Fluchtwege zusammenlaufen, schematisch als *obligatorischen Passagepunkt* bezeichnen.[70] Mit diesem Begriff aus dem Militärwesen beschreibt der Technikforscher Michel Callon

---

67 Die folgenden Analysen beziehen sich vor allem auf den Augenzeugenbericht des US-amerikanischen Journalisten Jonathan Franklin (2011), der die Rettungsanstrengungen exklusiv „from behind the police lines" (Franklin (2011), S. 302) begleitet hat. Ergänzend werden die Schilderungen des chilenischen Schriftstellers Hector Tobar hinzugezogen (vgl. Tobar, Héctor (2014): Deep Down Dark. London: Sceptre.), die auf Originalzeugnissen der verschütteten Bergleute beruhen.
68 Zum einen die Dokumentation: 33 (CHL 2011, Reinaldo Sepúlveda/Bertrán, Eduardo, 75 min.), zum anderen der Hollywood-Spielfilm THE 33 (CHL/USA 2015, Patricia Riggen, 127 min.).
69 Vgl. Franklin (2011), S. 18.
70 Vgl. Callon, Michel (2006): „Einige Elemente einer Soziologie der Übersetzung. Die Domestikation der Kammmuscheln und der Fischer der St. Brieuc-Bucht", in: Belliger, Andréa/Krieger, David J. (Hg.): ANThology. Ein einführendes Handbuch zur Akteur-Netzwerk-Theorie. Bielefeld: Transcript, S. 135–174, hier: S. 149.

eine Engstelle in Handlungsnetzwerken, die von allen Akteuren notwendig passiert werden muss, um ein bestimmtes Handlungsziel zu erreichen. Aufgrund seiner zentralen Stellung hängen alle Transaktionen von diesem Verteilerzentrum ab. Jede Störung oder Fehlfunktion an diesem neuralgischen Punkt bedroht zugleich das ganze System.

Genau dieses Nadelöhr bricht am Nachmittag des 5. August 2010 in sich zusammen.[71] Bei einem schwerem Beben im Inneren des Berges lösen sich tonnenschwere Gesteinsbrocken von der Stollendecke: der Schacht füllt sich mit Staubwolken, eine Welle von Bohrwasser ergießt sich in den Kanal, ein Dauerregen aus Steinen verstopft fast alle freien Durchgänge. Bevor die Bergleute durch den dunklen und vernebelten Schacht zum Eingang der Grube gelangen können, werden sie abrupt gestoppt. Mit ohrenbetäubendem Lärm und einer gewaltigen Druckwelle – so berichten es die Verschütteten später – schiebt sich ein Felsbrocken von mehreren hunderttausend Tonnen Gewicht vor den einzigen Ausweg aus der Mine.[72] Auf einen Schlag ist der obligatorische Passagepunkt des Bergwerks verschlossen und versiegelt: Kein Mensch, kein Ding, kein Zeichen dringt mehr nach draußen.

Auch von außen ist es den Rettungskräften unmöglich, in das Innere der Grube vorzudringen. Um Kontakt zu möglichen Überlebenden aufzubauen, muss ein neuer Zugang gebahnt werden – ein Vorhaben, das sich angesichts einer Verschüttungstiefe von über 700 Metern als ein langwieriges und aufwändiges Unterfangen erweist. Erst 17 Tage nach dem Einsturz der Grube bricht die Sondierungsbohrung in der Nähe eines kleinen Schutzraums durch.[73] Die Hoffnung, dort unten noch auf Überlebende zu treffen, scheint derart gering, dass man bereits ein weißes, steinernes Gedenkkreuz anfertigen und aufstellen lässt.[74] Doch als die Retter*innen das Bohrgestänge aus dem Loch nach oben ziehen, entdecken sie am Bohrkopf ein durchnässtes, vom Schlamm verschmutztes Bündel, aus dem ein zerknittertes Papier mit leuchtend roten Druckbuchstaben hervorsticht: *„Estamos bien en el refugio los 33“*[75]. Aufmerksame Leser*innen werden hier jenes Lebenszeichen wiedererkennen, das am Beginn dieser Arbeit gestanden hatte: die sensationelle Nachricht, dass alle 33 vermissten Bergleute wohlauf im Schutzraum der Mine überlebt haben.

Die überraschende Meldung wird sogleich im ganzen Land verbreitet, tagelang bejubelt und zum nationalen Symbol Chiles stilisiert. Grund für diese kollektive Euphorie könnte neben dem Schicksal der 33 Bergleute womöglich auch die

---

71 Für eine detailreiche Beschreibung des Zusammenbruchs der Mine, vgl. Franklin (2011), S. 20–23.
72 Vgl. Franklin (2011), S. 23.
73 Vgl. Franklin (2011), S. 119.
74 Vgl. Franklin (2011), S. 298.
75 Franklin (2011), S 124 [Herv. i. Orig.].

Geschichte des Fundorts selbst sein. Denn die Atacama-Wüste gilt im kollektiven Gedächtnis Chiles gemeinhin gerade nicht als Ort des Lebenszeichens, sondern ist bis heute mit Spuren des Todes übersät. Während der Militärdiktatur hatte das Pinochet-Regime zahllose so genannte *Desaparecidos* in der Wüste verschwinden lassen – also heimlich entführte und ermordete politische Häftlinge, deren sterbliche Überreste oft bis heute noch nicht gefunden wurden.[76] Angesichts dieses nationalen Traumas erscheint die Überlebensnachricht aus dem Bergwerk wie ein irreales Lebenszeichen der verloren geglaubten *Desaparecidos*. Es ist, als meldeten sich die Verschwundenen nach jahrzehntelanger Verschüttung aus dem Erdreich zurück und warteten dort noch immer auf ihre Rettung. So betrachtet, hätte das kleine Schriftstück nicht nur den *Raum* durchquert, sondern auch die *Zeit*: wie eine Sonde verbindet es die Gegenwart mit den Tiefenschichten der traumatischen Vergangenheit.

Doch neben der historischen Tiefenzeit stößt die Nachricht in San José noch auf ein ganz anderes, nämlich *medientechnisches* Zeitproblem. Dieses Problem ergibt sich unmittelbar aus der Beschaffenheit des neuen Übertragungskanals: War der bisherige Eingang zum Bergwerk gleichermaßen für Zeichen, Dinge und Personen befahrbar, hat sich der Zugang nun auf ein schmales Bohrloch verengt, das alle Entitäten ausschließt, die den Durchmesser von genau 16 Zentimetern überschreiten. Eine unverzügliche Bergung der verschütteten Kumpel aus dem Stollen scheitert damit schon an der geringen Bandbreite des Kanals und muss bis zur Bohrung eines breiteren Durchgangs aufgeschoben werden. Die *Verengung* des Kanals hat also unweigerlich eine *Dehnung der Zeit* zur Folge: Sie produziert einen erheblichen Aufschub, eine Verzögerung von mehreren Wochen, bis ein Versuch zur Rettung der Bergleute unternommen werden kann.[77]

Um den langen Zeitraum bis zur Rettung zu überbrücken, wird in Windeseile ein ausgeklügeltes Übertragungssystem aus der Taufe gehoben, das die geringe Bandbreite des Bohrkanals auf effiziente Weise ausnutzt. Es besteht aus einer biegsamen PVC-Röhre, die – ins Bohrloch eingeführt – von beiden Enden aus mit schmalen Plastikkapseln beschickt werden kann.[78] Die länglichen Behälter werden

---

76 Die Trauer um die Verschwundenen und die Suche nach ihren Überresten in der Atacama-Wüste verarbeitet der chilenische Regisseur Patrizio Guzmán in seinem poetischen Essayfilm NOSTALGIA DE LA LUZ (CHL 2010, Patrizio Guzmán, 90 min.), der ausgerechnet im Jahr des Grubenunglücks von San José erschienen ist.

77 Medientheoretisch betrachtet, ist der Aufschub eine notwendige Bedingung jeder Übertragung, wie Florian Sprenger herausgestellt hat: „Keine Kommunikation kann in unmittelbarer Echtzeit geschehen, weshalb es immer einen Abstand und einen Aufschub geben muss. Dieser Aufschub ist die Zeit des Kanals und dieser Abstand der Raum des Kanals.", in: Sprenger (2018), S. 254.

78 Vgl. Franklin (2011), S. 85–86.

entlang einer Führungsleine in beiden Richtungen durch den Tunnel gezogen und erlauben so den gleichmäßigen Durchlauf des Transportguts und einen regelmäßigen Pendeltakt in beide Richtungen. Dieses provisorische und auf den ersten Blick recht primitive Transportsystem wird im Laufe der folgenden 69 Tage nicht nur die einzige effektive Verbindung zwischen den Verschütteten und der Oberfläche darstellen, sondern – so soll sich zeigen – auch sukzessive alle drei klassischen Übertragungsformen – die Beförderung von Nachrichten, Gütern und Personen – in sich integrieren. Es scheint daher vielversprechend, dem Verlauf dieser Röhre, ihren Windungen und Abzweigungen, zu folgen, um den Modus der Transmissionen weiter zu vertiefen.

Auch wenn das Rohrsystem von San José als spontane Erfindung einfallsreicher, chilenischer Ingenieure präsentiert wird, schließt es – medienhistorisch betrachtet – an jene Tunnel- und Röhrensysteme an, die in der Mitte des neunzehnten Jahrhunderts zahlreiche Gebäude durchzogen und die noch heute mancherorts als *Rohrposten* in Betrieb sind.[79] Wenngleich in der klassischen Rohrpost Druckluft an Stelle von Seilzügen zum Einsatz kommt und somit weit höhere Übertragungsgeschwindigkeiten erreicht werden können, teilen beide doch ein eng verwandtes Transportkonzept: Wie die Kapseln von San José wandern auch Rohrpostsendungen in länglichen, verschlossenen Behältern – so genannten *Büchsen* oder *Bomben* – durch ein verzweigtes Tunnelsystem von einem Sender- zu einem Empfängerpol. Und wie die historische Rohrpost dient auch das Röhrensystem von San José als ein postalischer Übertragungsweg für alle schriftlichen Mitteilungen zwischen den 33 Bergleuten und ihren Angehörigen.

Schon bald kursieren die kleinen, mit gefalteten Briefen gefüllten Behälter unter dem Spitznamen *palomas messajeros* oder kurz *palomas* – in Anspielung auf das spanische Wort für Brieftaube.[80] Im stetigen Pendeltakt der *palomas* entsteht zwischen Oberfläche und Untergrund ein reger, wechselseitiger Nachrichtenverkehr mit mehrmaligen täglichen Lieferungen. Zu den Hochzeiten treffen Lieferungen im Vierzig-Minuten-Takt ein und müssen innerhalb von 90 Sekunden entleert und zurückgeschickt werden, um den Nachrichtenfluss nicht abreißen zu lassen.[81] Unter den Bergleuten formiert sich deshalb schnell das Berufsbild der „palomeros"[82], oder ‚Taubenfänger'. Bis zu acht Stunden täglich verwenden sie darauf, die ankommenden Behälter entgegenzunehmen, zu entleeren, zu sortie-

---

79 Vgl. Schabacher, Gabriele (2012): „Rohrposten. Zur medialen Organisation begrenzter Räume", in: dies./Neubert, Christoph (Hg.): Verkehrsgeschichte und Kulturwissenschaft. Analysen an der Schnittstelle von Technik, Kultur und Medien. Bielefeld: Transcript, S. 189–222.

80 Vgl. Franklin (2011), S. 86.

81 Vgl. Franklin (2011), S. 147.

82 Franklin (2011), S. 147.

ren und wieder in die Zirkulation einzuspeisen. Somit diktiert das *paloma*-System den Bergleuten von Anfang an den Takt seiner Zustellungen: „It could be there for ten minutes, but we give them less than two minutes so they have to complete routines"[83] fasst der Gesundheitsminister Mañalich die arbeitspsychologische Strategie zusammen, die zur Aufrechterhaltung eines geregelten Alltags disziplinieren soll. Noch vor jeder inhaltlichen Mitteilung überträgt das *paloma*-System also zunächst nur sich selbst und seine eigene Taktung.

Doch auch schon die erste, schriftliche Nachricht der Bergleute – „estamos bien en el refugio los 33" – hatte in gewissem Sinne nur ihre eigenen Kommunikationsbedingungen zum Inhalt. Sie dient nicht allein als Lebenszeichen, sondern zugleich als *phatisches* Signal, um den Kanal zu eröffnen und den kommunikativen Austausch überhaupt erst in Gang zu setzen. Bedingung dieses Austausches ist dabei nicht zuletzt die Einführung einer Adresse, unter der die Bergleute erreichbar sind. Der Zusatz „en el refugio, los 33", „im Schutzraum, die 33" fungiert gleichsam als erste, rudimentäre Anschrift mit Ortsangabe und Empfängerkennzeichen, „an die Übertragung gerichtet sein kann"[84]. Mit der zunehmenden Etablierung des *paloma*-System verzweigt sich diese Einheitsadresse zunehmend in ein Netz aus 33 individuellen Anschriften. Durch die Beschriftung der Behälter kann jeder Bergmann persönlich als Knotenpunkt im Postsystem adressiert werden: „Regular mail now reached the miners. Each man waited hopefully for a paloma delivery with his name on it and a letter inside."[85] Aus der singulären Nachricht erwächst somit ein weit verzweigtes Übertragungssystem mit individuellen Adressen und einer eigenen Taktung.

Trotz der individuellen Erreichbarkeit geht der Nachrichtenverkehr allerdings keineswegs reibungslos und störungsfrei vor sich. Schon kurz nach der Errichtung des Systems mehren sich die Klagen, dass Nachrichten mit erheblicher Verzögerung eintreffen, verloren gehen oder aber Bearbeitungsspuren aufweisen. Unter den Bergleuten regt sich deshalb schnell der Verdacht, dass im Kanal *zwischen* Sender- und Empfänger-Pol ein zusätzlicher, unerwünschter Akteur am Werk ist, ein Störenfried oder Parasit, der in den Übertragungsprozess eingreift, und ihn – wie das Rauschen bei Shannon und Weaver – mit allerlei „unwanted additions"[86] korrumpiert: „Sometimes they would add words or they would rewrite the letters"[87] beklagt etwa der Bergmann Carlos Barrios.[88] Offenbar gelan-

---

83 Zitiert nach: Franklin (2011), S. 147.
84 Sprenger (2018), S. 245.
85 Franklin (2011), S. 178.
86 Shannon/Weaver (1998), S. 7.
87 Zitiert nach: Franklin (2011), S. 152.
88 Vgl. Franklin (2011), S. 178.

gen die Nachrichten nicht „rein, unverändert und stabil zum Empfänger"[89], sondern fallen einem parasitären Akteur zum Opfer, der sie abfängt oder abändert. Doch welcher Parasit ist es, der sich im *paloma*-Kanal eingenistet hat?

In unmittelbarer Nähe des Bohrlochs an der Oberfläche hat Alberto Iturra, der leitende Psychologe der Rettungsmission, eine Art Verteilerzentrum einrichten lassen, in dem die *paloma*-Post sortiert und distribuiert, vor allem aber kontrolliert und zensiert wird.[90] Jede eingehende und ausgehende Nachricht wird hier akribisch durchleuchtet und in der Folge oftmals gekürzt, verändert oder verfälscht, bevor sie den Empfänger*innen zugestellt wird. Itturas Büro fügt dem Kanal also genau jene „unwanted additions"[91] hinzu, die den sauberen Empfang von Botschaften verunreinigen. In diesem Sinne entspricht Ittura geradezu idealtypisch dem Serres'schen Bild des Parasiten. Wie der Parasit besetzt auch das Zensurbüro eine „günstige Position"[92] im Übertragungskanal, eine strategische Engstelle am „Knotenpunkt der Regulation"[93], die ihm die Macht verleiht, nach Belieben Nachrichten abzuzweigen, ohne selbst aktiv am wechselseitigen Austausch teilzunehmen.

Gleichwohl muss dennoch ein wichtiger Unterschied zwischen Itturas Büro und der Figur des Parasiten berücksichtigt werden: Wenn Ittura einzelne Nachrichten abzweigt, dann nicht so sehr „zu eigenem Nutzen"[94], wie es für den Serres'schen Parasiten typisch wäre, sondern zum Wohlergehen der verschütteten Bergleute. Oberste Aufgabe seines Büros ist es – zumindest seinem Selbstverständnis nach –, sämtliche Nachrichten abzufangen, die das Wohlbefinden, den sozialen Zusammenhalt, die Moral oder die psychische Konstitution der Bergleute gefährden könnten, etwa Todesanzeigen naher Verwandter, Scheidungsgesuche von Ehefrauen oder erschütternde Zeitungsberichte über andere Grubenunglücke.[95] Dahinter steht die Annahme, dass schlechte Nachrichten unmittelbar auf die körperliche und seelische Verfassung ihrer Empfänger*innen einwirken können. Zeichen werden hier nicht als bloße Träger von Informationen betrachtet, sondern als potenziell ansteckende Überträger von Affekten, die das Leben, an das sie adressiert sind, aus dem Gleichgewicht bringen und existenziell gefährden

---

89 Serres (1987), S. 70.
90 Vgl. Franklin (2011), S. 152.
91 Shannon/Weaver (1998), S. 7.
92 Serres (1987), S. 45.
93 Serres (1987), S. 71.
94 Serres (1987), S. 13.
95 So wurden etwa einzelne Zeitungsseiten mit brisanten Nachrichten vor dem Versand herausgetrennt, vgl. Franklin (2011), S. 181. Auch kritische Äußerungen über die Zensur selbst fielen der Zensur zum Opfer, vgl. Franklin (2011), S. 152.

können. Während Lebenszeichen zur Erhaltung des Lebens beitragen sollen, steht der fortlaufende Nachrichtenaustausch im Verdacht, den Fortbestand des Lebens zu gefährden und den Erfolg der Bergungsaktion zu sabotieren. Um also das Leben zu bewahren, muss – so zumindest Itturas Erwägung – gerade der freie Verkehr der Zeichen eingeschränkt werden.

Doch was Ittura als fürsorgliche Maßnahme verstanden wissen möchte, erscheint aus Sicht der Bergleute als illegitimer und manipulativer Eingriff in die Freiheit des Nachrichtenverkehrs. Ittura wird keineswegs als nützlicher Filter wahrgenommen, sondern als parasitäre Störquelle im Kanal, die den offenen Austausch behindert, den Sinn der Mitteilungen korrumpiert und deshalb mit allen Mitteln aus dem *paloma*-Kanal vertrieben werden muss. Mit einem wahren Feldzug aus Briefen, Petitionen, Hilfsgesuchen und Protestaktionen zielen die Bergleute darauf ab, Ittura aus dem Amt und seine Behörde aus dem Kanal zu drängen. Die Widerstandsstrategien der Kumpel reichen von Bestechungsbriefen an das Sicherheitspersonal über Tage[96] bis hin zur Androhung eines Streiks der *palomeros*.[97] Sollte Ittura nicht umgehend von seiner Position entfernt werden, so die Forderung der Bergleute, werden sie den Empfang weiterer *paloma*-Sendungen verweigern und den Kontakt zur Oberfläche abbrechen, bis das Ideal eines „noiseless channel"[98] verwirklicht und der Parasit in die Flucht geschlagen ist.

Tatsächlich gelingt es den Bergleuten, Itturas Kontrollregime zu Fall zu bringen: „They went from strict controls to suddenly no controls"[99] berichtet eine Angehörige der Bergleute über den abrupten Wegfall des Kontrollsystem nach der Absetzung Itturas. Mit diesem Triumph stellt sich jedoch keineswegs das Ideal eines vollkommen störungsfreien Kanals ein, vielmehr tritt an die Stelle des bisherigen Parasiten eine ganze Legion neuer Parasiten, wie Serres bereits vorhergesehen hatte: „Vertreibt den Parasiten, er wird im Galopp zurückkehren und mit ihm, wie die Dämonen beim Exorzismus, Tausende seinesgleichen, die noch wilder und hungriger sind als er."[100] So floriert nach dem Ende der Zensur eine Art deregulierter Austausch zwischen Oberfläche und Mine, der sich auf parasitäre Weise das bisherige Nachrichtensystem zu Nutze macht. Viele Angehörige der Bergleute beginnen, ihren Nachrichten kleine Beigaben für die Bergleute hinzuzufügen und als „secret gifts"[101] in die Grube zu schleusen – darunter zahlreiche,

---

96 Vgl. Franklin (2011), S. 178.
97 Vgl. Franklin (2011), S. 183–184.
98 Shannon/Weaver (1998), S. 36.
99 Zitiert nach: Franklin (2011), S. 186.
100 Serres (1987), S. 35–36.
101 Franklin (2011), S. 185.

von der Rettungsleitung verbotene Substanzen, die das Leben in der Grube zunehmend aus den Fugen geraten lassen, ja in regelrechtes „chaos"[102] stürzen:

> With the relaxation of the rules, more than just letters were making their way down to the miners. Valdivia described how the families started inserting cigarettes, pills, even drugs into the paloma. ‚It should not have been so free. Some miners became angry and bad feelings developed.' Amphetamines were reportedly sent to the men.[103]

Wieder gelangen also zahlreiche „unwanted additions"[104] im Gefolge der Nachrichten in die Mine. Anders als zuvor sind die Beigaben jedoch nicht semantischer Art, wie noch bei Itturas heimlich ergänzten Wörtern und entstellten Formulierungen. An die Stelle des semantischen Rauschens treten vielmehr konsumierbare Rauschmittel, die als „contraband"[105] in den Kanal geschleust werden. Auch wenn diese Schmuggelware – im Gegensatz zu Itturas Zensur – von den Bergleuten zunächst begrüßt wird, beschwört sie zugleich schwerwiegende medizinische, psychische und soziale Probleme in der Mine herauf: von infektiösen Zähnen und diabetischen Notfällen über ausgeprägte Abhängigkeiten bis hin zu Spannungen und Verteilungskämpfen unter den Kumpeln:[106] „The opening of the gates created conflict below in the mine, among the men"[107], sagt die Ehefrau eines Bergmanns. Der Nachrichtenverkehr greift somit unmittelbar in den sozialen und physiologischen Haushalt der Bergleute ein und wird zur Stör- und Gefahrenquelle für das Überleben im Untergrund.

Aus übertragungstheoretischer Sicht interessieren nun vor allem die Veränderungen, die der *paloma*-Kanal durch die Einführung der geschmuggelten Substanzen erfährt. Das *paloma*-System dient jetzt nämlich nicht mehr nur zur Übermittlung von kommunikativen Botschaften, sondern wird zunehmend als klandestiner Transportweg für materielle Güter verwendet. Hatte Itturas Behörde noch alle Beigaben in den Briefen sorgfältig konfisziert und damit die Kontamination der Nachrichten durch kommunikationsfremde Anteile unterbunden,[108] vermischen sich nun zunehmend Zeichenträger und Konsumartikel im selben Kanal. Der *paloma*-Kanal erfüllt offenbar nicht länger das Ideal eines lupenreinen Nach-

---

102 Franklin (2011), S. 186.
103 Franklin (2011), S. 185–186.
104 Shannon/Weaver (1998), S. 7.
105 Franklin (2011), S. 186.
106 Vgl. Franklin (2011), S. 187.
107 Zitiert nach: Franklin (2011), S. 186.
108 Zwischenzeitlich wurde sogar erwogen, mit Spürhunden gegen den Drogenschmuggel vorzugehen: „Officials from the Chilean government became so concerned that they discussed putting a drug-sniffing dog at the paloma station. ‚We'll turn it into a border crossing,' said one official, only half in jest.", siehe: Franklin (2011), S. 187.

richtenmediums, das frei von anderen Übertragungsarten allein einer einzigen Funktion verpflichtet ist. Er operiert stattdessen im Modus der permanenten Vermischung von Übertragungsgütern.

Ein genauerer Blick jedoch verrät, dass diese Vermischung von Zeichen und Dingen auf implizite Weise schon in der Grundstruktur des Kanals enthalten war. Im Unterschied zu anderen modernen Kommunikationsmedien nämlich – etwa Telegraphie oder Telefonie –, versenden Rohrposten niemals bloße, immaterielle Signale, sondern stets physisch fixierte Nachrichten auf materiellen Zeichenträgern.[109] Oftmals werden Rohrpostsendungen sogar noch mit allerlei dinglichen Anhängseln, Zugaben und Beilagen versehen, etwa Blumen, Bargeldbündeln oder Blutproben.[110] Jede Rohrpostnachricht bildet also immer schon ein Konglomerat aus zeichenhaften und dinglichen Anteilen. Mit dieser Amalgamierung unterläuft sie die übliche Vorstellung einer zunehmenden Aufspaltung und Ausdifferenzierung der drei Übertragungsarten. Die Rohrpost stellt gleichsam „die Idee einer pauschalen Entkopplung von Transport und Information in Frage"[111] und verlangt nach einer Auffassung von Kommunikation, die gerade nicht die Trennung, sondern die Hybridisierung von Zeichen- und Dingverkehr zur Prämisse hat.

Wenn es also zur charakteristischen Funktionsweise der Rohrpost gehört, den Transfer von Nachrichten mit dem Transport von Gütern zu amalgamieren, dann darf auch der Waren- und Drogenschmuggel von San José keineswegs als irreguläre Abweichung, Anomalie oder Missbrauch des regulären Übertragungssystems betrachtet werden. Vielmehr liegen die Möglichkeiten zum Missbrauch bereits konstitutiv in der Struktur der Rohrpost begründet. Der Versand der Schmuggelware bricht nicht über einen ursprünglich unverfälschten, homogenen Nachrichtenkanal herein, sondern macht sich die konstitutive Offenheit des *paloma*-Kanals für jegliche materielle Beigaben zu Nutze. Weil jede Nachricht, die in den Kanal eintritt, notwendig materiellen Trägermedien verhaftet sein muss, weil also immer schon „more than just letters"[112] – im doppelten Sinne von Buchstaben und Briefen – nach unten wandern, können sich auch andere Objekte parasitär auf die Nachrichten aufpfropfen und im Schlepptau des Lebenszeichens nach unten reisen.

Wurden diese Beigaben bislang vor allem als Störungen der geordneten Nachrichtenübertragung, als „unwanted additions"[113] behandelt, erweisen sie sich im weiteren Verlauf zunehmend als unverzichtbare Bedingungen für das Gelingen der

---

109 Vgl. Schabacher (2012), S. 207.
110 Vgl. Schabacher (2012), S. 207.
111 Schabacher (2012), S. 217.
112 Franklin (2011), S. 185.
113 Shannon/Weaver (1998), S. 7.

Rettungsaktion. Denn würde man den *paloma*-Kanal ausschließlich auf einen puren Zeichenverkehr beschränken, würde man früher oder später das Leben der Bergleute und damit den Erfolg der Rettungsmission selbst riskieren. Grund dafür ist die zunehmend prekäre Versorgungslage der 33 Verschütteten, die sich bereits früh im Verlauf der Rettungsaktion abzeichnet. Während die Kumpel anfangs noch auf Verpflegung aus dem unterirdischen Schutzraum zurückgreifen konnten, neigen sich die Vorräte mit fortschreitender Wartezeit dem Ende zu. Zuletzt reichen die täglichen Rationen nicht einmal mehr für ein halbes Gramm Thunfisch und wenige Milliliter H-Milch pro Bergmann.[114] Als 17 Tage nach dem Bergschlag schließlich die Suchbohrung durchbricht und das erste Lebenszeichen nach oben dringt, stehen die meisten Kumpel bereits am Rande der Auszehrung und klagen über Hunger, Gewichtsverluste und massive Mangelerscheinungen.

Angesichts dieser physischen Entbehrungen ist leicht ersichtlich, warum das Übertragungssystem von San José unmöglich nur auf den bloßen Zeichenverkehr begrenzt bleiben darf und immer schon *more than letters* in die Tiefe transportieren muss. Würde man auf die Übertragung von Lebenszeichen ausschließlich mit Lebenszeichen antworten, würde man den Kanal nur für den bloßen Zeichenverkehr freigeben, so würde man früher oder später das Leben selbst aufs Spiel setzen. Der Erhalt des Lebens hängt konstitutiv davon ab, dass auf Lebenszeichen etwas *anderes* folgt als bloße Zeichen; dass Übertragungskanäle stets *mehr* übertragen als Nachrichten: nämlich existenzielle Ressourcen, die zur fortlaufenden Erhaltung des Lebens beitragen. Mit dieser Erweiterung der Übertragungsfunktion, so möchte der folgende Abschnitt zeigen, verwandelt sich der Kanal von San José von einem bloßen Durchgangsort des Lebenszeichens zu einem regelrechten Lebenserhaltungssystem.

Life support systems

Schon kurze Zeit nach der Einrichtung des *paloma*-Systems wird der Kanal um einen wesentlichen Übertragungsmodus erweitert. Zur Versorgung der 33 Bergleute werden *paloma*-Kapseln mit Nahrungsmitteln gefüllt, luftdicht verpackt und durch den Kanal nach unten geschleust[115] – anfangs nur flüssige Glukoselösungen, um die entwöhnten Mägen nicht durch das „re-feeding syndrome"[116] zu überfordern, später zunehmend feste Nahrung, bis schließlich mehrmals täglich

---

114 Vgl. Franklin (2011), S. 98.
115 Franklin (2011), S. 137.
116 Franklin (2011), S. 137.

frisch gekochte Mahlzeiten ihren Weg nach unten finden.[117] Wie bereits der Drogenschmuggel macht sich auch der improvisierte Catering-Service die Offenheit des *paloma*-Kanals für materielle Transportgüter zu Nutze: In denselben Behältern und auf derselben Route wie die Lebenszeichen verkehren nun Lebensmittel im *paloma*-Kanal.

Doch obwohl sich Nahrung und Nachrichten denselben Kanal teilen, gehen sie bei der Ankunft im Stollen getrennte Wege. Während die Zustellung der Briefe mit der Lektüre der Zeichen endet, münden die Essenslieferungen in den Verzehr der Botschaft. Durch einen Akt der Einverleibung geht der Inhalt der *palomas* unmittelbar in den Stoffwechsel der Bergleute über und trägt so zur Aufrechterhaltung der Lebensfunktionen bei. Es scheint, als stünden sich hier zwei verschiedene Funktionen desselben Übertragungskanals gegenüber: auf der einen Seite die *kommunikative* Funktion, wobei der Kanal als Vehikel der Nachrichtenübertragung fungiert; auf der anderen Seite eine Funktion, die man vielleicht *kommensal* nennen könnte. Ein *Kommensale* – wörtlich Tischgenosse oder Mitesser (lat. *commensalis*) – bezeichnet ein Lebewesen, das konstitutiv auf die Ernährung durch andere angewiesen ist, ohne jedoch, wie der Parasit, seinen Wirt dabei zu schädigen.[118] In ganz ähnlichem Sinne ernähren sich auch die Bergleute aus dem stetigen Nachschub des Kanals, der sie fortlaufend mit Nährstoffen versorgt. Während im Zeichenverkehr eine einzige Sendung, ein singuläres Lebenszeichen ausgereicht hatte, um die Rettungsaktion in Gang zu setzen, müssen Nahrungsmittel in stetiger Wiederholung bereitgestellt werden, um die Verschütteten bis zum Ende der Rettungsaktion kontinuierlich am Leben zu halten.

Um diese lebenserhaltende Funktion des Kanals zu umschreiben, greifen die Rettungskräfte auf eine interessante Metapher zurück. Hatte der Spitzname *paloma* (spanisch für Brieftaube) noch auf die kommunikative Funktion des Kanals angespielt, so wird seine nahrungsspendende Funktion als „umbilical chord[...] [sic!]"[119], also *Nabelschnur* umschrieben. Wie die Nabelschnur, die das pränatale Leben im Mutterbauch an den Stoffwechselkreislauf der Mutter anschließt und

---

117 Vgl. Franklin (2011), S. 148; vgl. zur Ernährung der Bergleute auch: o. A. (2010b): „Nahrung kommt per Schlauch zu Verschütteten", in: DiePresse.com, 24. August 2010, URL: http://diepresse.com/home/panorama/welt/589549/Chile_Nahrung-kommt-per-Schlauch-zu-Verschutteten (zuletzt aufgerufen am 8. Dezember 2020).
118 Vgl. Toepfer, Georg (2011b): [Art.] „Symbiose", in: ders. (Hg.): Historisches Wörterbuch der Biologie. Geschichte und Theorie der biologischen Grundbegriffe, Bd. 3. Stuttgart/Weimar: J. B. Metzler, S. 426–442, hier: S. 430.
119 Penhaul, Karl (2010): „A Day in the Life of Trapped Chile Miners", in: CNN Online, 22. September 2010, URL: http://edition.cnn.com/2010/WORLD/americas/09/22/chile.miners.day/index.html (zuletzt aufgerufen am 8. Dezember 2020).

als „innige Fernverbindung"[120] zwischen Fötus und Plazenta vermittelt, wie Peter Sloterdijk einmal formuliert hat, wird auch der *paloma*-Kanal zum existenziellen Medium, der zugleich Nährstoffe bereitstellt und mögliche Schadstoffe selektiv herausfiltert. Alles, wovon sich die Bergleute ernähren, muss zunächst den obligatorischen Passagepunkt des Kanals durchlaufen, um zum Leben zu gelangen. Würde man diese Lebensader kappen, würden die Verschütteten früher oder später verhungern und verdursten. Insofern hängt das Leben nicht nur am kommunikativen Zeichenverkehr des *paloma*-Kanals, sondern auch an der kommensalen Ernährung durch die unterirdische Nabelschnur.

Neben der Lieferung von verzehrbaren Lebensmitteln sind die Bergleute aber noch auf eine ganze Reihe weiterer Alimente und Subventionen angewiesen, die weit über die bloße Ernährung hinausgehen. Der Kanal stellt nicht nur eine nährende Nabelschnur dar, er dient zugleich, wie James Franklin und andere treffend schreiben, als regelrechtes „life support system"[121]. Während die Metapher der Nabelschnur auf biologische Ursprünge zurückverweist, ist das *life support system* eng mit dem technischen Vokabular der Raumfahrt verknüpft.[122] Lebenserhaltungssysteme ermöglichen Menschen den Aufenthalt in lebensfeindlichen Milieus, allen voran an Bord von Raumkapseln im Weltall.[123] Im All, so der Philosoph Peter Sloterdijk im dritten Buch seiner Sphären-Trilogie, finden Menschen keine bewohnbare Umwelt mit allen nötigen Lebensbedingungen vor, vielmehr muss die Gesamtheit der Lebensbedingungen erst technisch eingerichtet werden, muss eigens ein „Weltmodell"[124] konstruiert und ins ‚Vakuum implantiert'[125] werden, um den Aufenthalt des Menschen zu gewähren. Dabei, so Sloterdijk, gerät das Dasein des Menschen „restlos in die Abhängigkeit von technischen Weltgebern [...]."[126] Oder anders gesagt: Welt *gibt* es nicht, sondern muss *gegeben* werden.

Obwohl sich die unterirdische Welt der 33 Bergleute auf den ersten Blick radikal von der extraterrestrischen Umgebung des Weltalls unterscheidet, gibt es

---

120 Sloterdijk, Peter (1998): Sphären I. Blasen. Frankfurt am Main: Suhrkamp, S. 369.
121 Franklin (2011), S. 137; ebenso bei: Kofman, Jefrey (2010): „Trapped. Inside the Chilean Mine Collapse", in: ABC News, URL: https://abcnews.go.com/International/inside-chilean-mine-33-trapped-men/story?id=11622729 (zuletzt aufgerufen am 8. Dezember 2020).
122 Allerdings werden auch die Kabelverbindungen zwischen den Raumanzügen von Astronaut*innen und technischen Versorgungssystemen – etwa bei Außeneinsätzen außerhalb der Raumstation – als „umbilical cables" oder kurz „umbilicals" bezeichnet, siehe: Thomas, Kenneth S./McMann, Harold J. (2006): US Spacesuits. Berlin/Chichester: Springer VS/Praxis Publishing, S. 134.
123 Vgl. NASA (o. J.a): „Life Support Systems. Sustaining Humans Beyond Earth", URL: https://www.nasa.gov/content/life-support-systems (zuletzt aufgerufen am 8. Dezember 2020).
124 Sloterdijk, Peter (2004): Sphären III. Schäume. Frankfurt am Main: Suhrkamp, S. 319.
125 Sloterdijk spricht von der „Implantation ins Vakuum", siehe: Sloterdijk (2004), S. 319.
126 Sloterdijk (2004), S. 321.

doch interessante Analogien zur Situation von Astronaut*innen. Immer wieder wurde die Lage der Verschütteten mit der Isolation von Astronaut*innen auf Raumstationen verglichen: „They are like men on a mission inside a stone space station, or castaways on a lifeless planet [...]"[127] schreibt etwa Héctor Tobar über die Situation der 33. Dazu passt, dass die Umgebung des Bergwerks – die trockene *Atacama*-Wüste – aufgrund ihrer extremen klimatischen Bedingungen als „Mars on Earth"[128] bezeichnet und als bevorzugtes Testgelände für Raumfahrzeuge aller Art verwendet wird – allen voran für so genannte *signs of life detectors*, also Messgeräte für mikrobielle Lebenszeichen im unterirdischen Gestein.[129] In gewissem Sinne dient auch das Grubenunglück von San José als eine Art Versuchsanordnung für die Weltraumforschung. Zur Beratung der Grubenretter*innen trifft ein ganzes Bataillon an Expert*innen der US-Raumfahrtbehörde *NASA* in San José ein, um bei medizinischen, verhaltenspsychologischen und ernährungsbezogenen Fragen behilflich zu sein und mögliche Erkenntnisse über das Verhalten von Menschen in Extremsituationen und „confined environments"[130] zu erlangen. So wird etwa der Ernährungsplan der Verschütteten ausdrücklich an der Diät eines NASA-Astronauten orientiert, dessen Organismus nach der Rückkehr aus dem All zunehmend wieder an feste Kost gewöhnt werden muss.[131]

Doch neben der Nahrungsaufnahme muss auch der gesamte *life support* in San José technisch her- und bereitgestellt werden. Wie im Weltall ist auch in 700 Metern Tiefe eine bewohnbare Welt mit ihren gewohnten „Aufenthaltsmöglichkeit[en]"[132] nicht einfach gegeben, sondern muss mit Hilfe von ‚technischen Weltgebern' geliefert und zugestellt werden. Die Rolle des *Weltgebers* fällt in San José erwartungsgemäß dem Übertragungskanal des *paloma*-Systems zu. In seiner Funktion als *life support system* wird er zur universellen Service-Architektur für

---

127 Tobar (2014), S. 194. Passenderweise heißt das entsprechende Kapitel „Astronauts", Tobar (2014), S. 187.
128 MASE (= Mars Analogues for Space Exploration) (2017): Mars on Earth. Seeking Martian Landscapes Close to Home, Online-Publikation, S. 6, URL: http://mase.esf.org/fileadmin/ressources_conferences/Mase/user_ressources/Files/MASE_Booklet_EPM_Edit_20170327.pdf (zuletzt aufgerufen am 8. Dezember 2020).
129 Vgl. Waller, Darryl (2017): „Mars Rover Tests Driving, Drilling and Detecting Life in Chile's High Desert", in: NASA.gov, 13. März 2017, URL: https://www.nasa.gov/feature/ames/mars-rover-tests-driving-drilling-and-detecting-life-in-chile-s-high-desert (zuletzt aufgerufen am 8. Dezember 2020).
130 Franklin (2011), S. 157.
131 Vgl. o. A. (2010b), sowie Franklin (2011), S. 156.
132 Sloterdijk (2004), S. 330.

alle Bestandteile der unterirdischen Lebenswelt. Neben Wasserleitungen und Frischluftzufuhr, die in einem zusätzlichen *paloma*-Schacht installiert werden,[133] muss auch jedes noch so basale Element, das in der Welt der Bergleute vorkommen soll, durch ein schmales Rohr nach unten befördert und von den Bergleuten in Empfang genommen werden. Dies bedeutet, dass sich der gesamte Weltbestand den Beförderungsbedingungen des *paloma*-Transports anpassen muss, wie der chilenische Gesundheitsminister zusammenfasst: „Anything that was to be delivered had to fit the minuscule dimension of 3.5. Mañalich formed a circle with his hands the size of a lemon and said, ‚A whole world reduced to this size.‘"[134] Mit dieser Geste veranschaulicht Mañalich die kosmologische Schrumpfung, die der *paloma*-Kanal erforderlich macht. Die Situation der Bergleute verlangt nichts geringeres, *als eine ganze Welt* auf den geringen Umfang eines schmalen Kanals zu komprimieren.

So wird tatsächlich beinahe der gesamte Objektbestand des täglichen Lebens auf das Miniaturformat des Kanals verkleinert, gefaltet, gepresst, gerollt, gestaucht oder anderweitig komprimiert, um auf direktem Wege in die Tiefe zu wandern. Bald schon ergießt sich aus dem Kanal ein ganzer Wasserfall aus verkleinerten Objekten, eine wahre Flut aus „gadgets, goods and [...] incoming packages"[135], die von den *palomeros* in regelrechter Akkordarbeit entpackt, zusammengesetzt und montiert werden: Medikamente, Kleidungsstücke, Feldbetten, Wolldecken, Lampen, Klapptische, Kopfkissen, Konservendosen, Kruzifixe, Zahnbürsten, Batterien, Besteck, Gebetbücher, Spielkarten, Handtücher, Verbandszeug, Werkzeug, Waschzeug und unzählige weitere Gegenstände des täglichen Lebens schießen allesamt im Dauerregen aus dem Rohr. Mit jedem gelieferten Objekt erhalten die Bergleute neue Handlungsoptionen, die bislang in Ermangelung der notwendigen Ressourcen nicht oder nur eingeschränkt möglich waren.

Neben der materiellen Grundausstattung mit Dingen des täglichen Lebens stellt der *paloma*-Kanal zugleich auch die *mediale* Grundversorgung der Bergleute sicher. Unter den ersten Dingen, die auf ausdrücklichen Wunsch der Bergleute in die Tiefe wandern, sind „pens and paper"[136], um die konstante Produktion von *paloma*-Briefen aufrechtzuerhalten. Der *paloma*-Kanal dient somit nicht allein als Übertragungsmedium für den Zeichenverkehr, er stellt zugleich die medientechnischen *Bedingungen* für die Zeichenproduktion bereit. Neben elementaren medi-

---

133 Vgl. Franklin (2011), S. 172.
134 Franklin (2011), S. 137. [Herv. M. S.].
135 Franklin (2011), S. 148.
136 Franklin (2011), S. 158.

alen Artefakten wie Schreibzeug passieren auch komplexere, technische Medien den Kanal, etwa ein improvisiertes Telefon[137] oder eine endoskopische Miniatur-kamera, die das Leben unter Tage dokumentieren sollen.[138] Die ersten körnigen Schwarz-Weiß-Bilder der Kamera zeigen zunächst nur das gespenstische Innenleben des *paloma*-Rohrs und einige schemenhafte Gesichter, die sich aus der Dunkelheit lösen. Wenig später geben die Bergleute längere, mehrminütige Kamera-Einblicke in die unterirdische Lebenswelt. Im Stil einer *home story* führt der telegene Bergmann Mario Sepúlveda durch das kärgliche, unterirdische Zuhause und sammelt Grußbot-schaften der geschwächten Bergleute an ihre Familien.[139] In der Folgezeit werden die Bergleute eine Vielzahl solcher Clips produzieren, die den Alltag unter Tage als eine Art Reality TV-Sendung begleiten.[140]

Wenn diese Clips im chilenischen Nationalfernsehen TVCN ausgestrahlt werden, können sie nicht nur von Millionen von TV-Zuschauer*innen gesehen werden, son-dern schon bald auch von den 33 Bergleuten selbst.[141] Denn nach wenigen Tagen erhalten die Bergleute auch einen eigenen Fernsehanschluss durch den *paloma*-Kanal. Verteilt auf mehrere Kapseln werden Kabel, Receiver, Mini-Boxen, Fernbedie-nungen und zu guter Letzt ein „miniature projector“[142] nach unten befördert und in der Grube zu einem vollständigen Fernseh-Setting zusammengesetzt, das den Berg-leuten den Empfang ausgewählter Unterhaltungs- und Nachrichtenprogramme er-laubt. Ab diesem Moment sind die Bergleute gleichsam Rezipient*innen zweier verschiedener Kanäle. Während sie aus dem *paloma*-Rohr den gesamten Weltbe-stand ihres täglichen Lebens erhalten, werden sie aus der *Röhre* des Fernsehens mit allerlei täglichen Ereignissen von der ganzen Welt beliefert.

Ähnlich wie der *paloma*-Kanal wurde auch das Fernsehen immer wieder als Medium zur „Weltlieferung“[143] beschrieben, wie der Philosoph Günther An-ders in seinem Hauptwerk über die *Antiquiertheit des Menschen* ausgeführt hat. Fernsehzuschauer*innen werden, so Anders, auf dieselbe Weise mit Weltereignis-sen beliefert wie mit „Gas oder Elektrizität“[144]. Dabei empfangen die Fernsehenden

---

137 Vgl. Franklin (2011), S. 133.
138 Vgl. Franklin (2011), S. 142.
139 Vgl. Associated Press (2010): „Video Tour of Trapped Chilean Miners Refuge“, YouTube-Video vom 27. August 2010, URL: https://www.youtube.com/watch?v=A3moxr_E7aA (zuletzt aufgerufen am 8. Dezember 2020).
140 Vgl. Franklin (2011), S. 193.
141 Franklin (2011), S. 176.
142 Franklin (2011), S. 175.
143 Anders, Günther (2010 [1956]): Die Antiquiertheit des Menschen. Bd. 1. Über die Seele im Zeit-alter der zweiten industriellen Revolution. München: C.H. Beck, S. 111.
144 Anders (2010), S. 110.

keineswegs nur bloße *Abbilder* oder *Repräsentationen* der Welt, „sondern die wirklichen Geschehnisse"[145] selbst – allerdings in eigentümlicher „Verkleinerung"[146]. Sämtliche Ereignisse der Außenwelt – von Fußballspielen bis zu Atomwaffentests – werden für die Übertragung im Fernsehkanal auf „Miniaturformat"[147] zurechtgeschrumpft und auf kleine, leicht konsumierbare Portionen aufgeteilt, um bequem zum Subjekt „ins Haus geliefert"[148] zu werden und „Leitungswasser gleich [...] aus dem Rohr zu schießen."[149] So verwandelt sich das fernsehende Subjekt in ein „mit Welt beliefertes Wesen"[150].

Folgt man Anders' Beschreibung, so leistet das Fernsehen für die Welt der Ereignisse etwas ganz Analoges wie der *paloma*-Kanal für die Welt der Dinge: nämlich die Komprimierung und Konvertierung des gesamten Weltbestands in einen unablässigen Strom aus miniaturisierten, konsumierbaren Sendungen. Es ist daher eine geradezu ironische Pointe, wenn sich das Medium Fernsehen selbst noch einmal in die Sendungen des *paloma*-Kanals einreiht – zunächst als technisches Gerät, dann als kontinuierlicher Programmfluss. Durch den Eintritt des Fernsehens in den *paloma*-Kanal wiederholt und spiegelt sich die Weltlieferung des *paloma*-Kanals noch einmal rekursiv in sich selbst.[151] Mit einem Begriff aus der Heraldik könnte man hier von einer *mis-en-abyme* sprechen, also dem Wiedereintritt einer Form in sich selbst. Ursprünglich bedeutet *mis-en-abyme*, etwas *in den Abgrund zu schicken* (frz. *mettre en abyme*). In genau diesem Sinne wird das Fernsehen in San José als Kanal-im-Kanal in den Abgrund geschickt. Ihren Höhepunkt findet diese Abgründigkeit, wenn die Bergleute sich schließlich im Fernsehen selbst noch einmal betrachten: In einer schwindelerregenden *mis-en-abyme* blicken sie durch den Fernsehkanal in jenen Abgrund, in den sie das Unglück geschickt hat.

Mit dieser merkwürdigen *mis-en-abyme* kündigt sich jedoch zugleich eine folgenreiche Umwandlung des Übertragungssystems an. Bislang nämlich waren die Verschütteten nur als Sender oder Empfänger des Übertragungskanals aufgetreten. Doch in der Feedback-Schleife der Fernsehbilder werden sie schließlich auch selbst zu *Sendungen*, die im Kanal übertragen werden. Sie treten gleichsam als

---

145 Anders (2010), S. 110.
146 Anders (2010), S. 153.
147 Anders (2010), S. 152.
148 Anders (2010), S. 129.
149 Anders (2010), S. 110.
150 Anders (2010), S. 111.
151 Einen solchen rekursiven Eintritt von Kanälen in Kanäle beschreiben auch: Schabacher (2012), S. 211; sowie am Beispiel des Suez-Kanals: Krajewski, Markus (2006): Restlosigkeit. Weltprojekte um 1900. Frankfurt am Main: S. Fischer, S. 38.

Gesendete in jenen Fernsehkanal ein, den sie bislang nur rezipiert hatten. Damit zeichnet sich eine interessante Wendung ab, die für den weiteren Verlauf der Rettungsaktion von entscheidender Bedeutung ist. Denn was wäre, wenn die Bergleute nicht nur in den Fernsehkanal eintreten, sondern auch als leibhaftige Körper in den *paloma*-Kanal? Was wäre, wenn sie nicht mehr nur als Sender oder Empfänger von *paloma*-Lieferungen auftreten würden, sondern selbst *auf Sendung gehen* würden, um als „men on a mission"[152] aus der Mine nach oben ans Tageslicht aufzusteigen?

Live-Sendungen

Der leibhaftige Eintritt in den *paloma*-Kanal erscheint zunächst nur als irrealer Tagtraum der Bergleute. Beim Anblick der *paloma*-Röhre überkommt den Bergmann Pedro Roja die Phantasie, sich von einem Kabel durch den Kanal hinauf ziehen zu lassen: „I wanted to hang on to it and have it pull me out", beschreibt er seinen Wunsch – jedoch nur, um kurz darauf resigniert festzustellen: „but I didn't fit."[153] Rojas Aufstiegstraum zerplatzt also am geringen Durchmesser des Übertragungskanals. Es ist diese fehlende Passung zwischen dem menschlichen Körperumfang und dem engen Durchmesser des Kanals, die der Übertragung der Bergleute im Wege steht. In den folgenden Wochen richten sich deshalb alle Anstrengungen der Rettungskräfte darauf, die größtmögliche Kompatibilität zwischen Kanal und Bergleuten herzustellen. Das oberste Ziel der Mission besteht darin, die Bedingungen zu schaffen, unter denen der *paloma*-Kanal Personen genauso mühelos übertragen kann, wie zuvor schon Zeichen und Dinge.

Schon bald beginnen deshalb Vergrößerungsarbeiten an einem zweiten *paloma*-Bohrloch, das zwischenzeitlich als Wasserleitung für die Bergleute gedient hatte. Der Rettungsplan sieht vor, die Öffnung mit einem größeren Bohrkopf auszuweiten, um die Bandbreite des Kanals auf den Mindestumfang eines menschlichen Körpers zu vergrößern. Anschließend soll eine längliche, zigarrenförmige Stahlkapsel an einem Gewinde in das Rohr hinabgesenkt werden und einen Bergmann nach dem anderen ans Tageslicht befördern.[154] Diese Bergungsmethode, die sich bereits bei zahlreichen Grubenunglücken bewährt hatte und ursprünglich für eine

---

152 Tobar (2014), S. 194.
153 Zitiert nach: Franklin (2011), S. 129.
154 Vgl. Franklin (2011), S. 127, S. 172.

Rettungsaktion aus der Zeche Dahlbusch in Gelsenkirchen konstruiert worden war,[155] erscheint in San José wie eine direkte Ausweitung des *paloma*-Prinzips auf die Bedürfnisse der Personenbeförderung: Nicht nur verdankt sie sich der Vergrößerung eines bestehenden *paloma*-Kanals, auch der Einsatz von länglichen Kapseln in einem röhrenförmigen Schacht und der regelmäßige Pendeltakt[156] erinnern frappierend an das Vorbild der *paloma*-Lieferungen. Insofern folgt die Rettungsmission exakt dem bisherigen Übertragungsmodell des *paloma*-Kanals – mit der einzigen, wenngleich entscheidenden Neuerung, dass die 33 Bergleute dieses Mal nicht die Rolle von Sendern oder Empfängern einnehmen sollen, sondern den Platz der Sendung selbst.[157]

Wenn Menschen anstelle von Nachrichten oder Dingen den Platz des Übertragungsguts einnehmen, dann ist alltagssprachlich von *Passagier*innen* die Rede. Eine Passagier*in zu sein, scheint auf den ersten Blick eine recht triviale Angelegenheit, die keiner weiteren Erläuterung bedarf. Dagegen haben zahlreiche, medien- und kulturwissenschaftliche Arbeiten in den vergangenen Jahren gezeigt, dass ein erheblicher Aufwand vonnöten ist, um gewöhnliche Menschen in Passagier*innen zu verwandeln, sie also in die Form beförderbarer Subjekte zu bringen. Dies gilt nicht erst für so außergewöhnliche Übertragungssysteme wie den *paloma*-Kanal, sondern bereits für alltägliche Verkehrsmittel wie U-Bahnen, Schiffe oder Flugzeuge. So zeigt der Kulturwissenschaftler Stefan Höhne am Beispiel der New Yorker *Subway*, wie der „urbane Passagier"[158] erst durch langwierige Prozesse der räumlichen Verdichtung und der moralischen Umerziehung hergestellt werden musste. Die „Subjektform des Passagiers"[159] sei das Ergebnis einer mühsamen Disziplinierung der menschlichen Fahrgäste. Ähnlich argumentiert bereits Bernhard Siegert in seiner Studie über *Passagiere und Papiere*, dass der Subjekttypus des *pasajero* auf spanischen Auswandererschiffen im fünfzehnten Jahrhundert erst durch eine Fülle

---

155 1955 wurden drei Bergleute in der Zeche Dahlbusch eingeschlossen und mit Hilfe einer neuartigen, länglichen Kapsel gerettet, die seitdem „Dahlbuschbombe" genannt wird. Größere Bekanntheit erlangte die Dahlbuschbombe erstmals durch die Grubenrettung beim „Wunder von Lengede". Vgl.: o. A. (1963): „Die Dahlbuschbombe", in: Der Spiegel, 17 (46), S. 33.
156 Vgl. Franklin (2011), S. 236.
157 Auch darin setzen sich die Parallelen zwischen *paloma*-Post und Rohrpost fort, denn in der Geschichte der Rohrpost wurde schon früh neben dem Nachrichten- und Gütertransport auch die Verschickung von Menschen in Röhren erwogen, vgl. Schabacher (2012), S. 207.
158 Höhne, Stefan (2017): New York City Subway. Die Erfindung des urbanen Passagiers. Köln/Weimar/Wien: Böhlau.
159 Höhne (2017), S. 33.

von bürokratischen und räumlichen Regulierungen zur Existenz gelangt.[160] Offenbar stehen Menschen nicht immer schon als fertige Passagier*innen zur Beförderung bereit, sondern müssen eine Reihe von „Prozeduren [...] durchlaufen"[161], um buchstäblich *passabel* zu werden.

Auch die 33 Bergleute müssen sich einer umfangreichen Transformation unterziehen, um die ‚Subjektform des Passagiers' anzunehmen. Die Rede von der *Form* des Subjekts kann in San José sogar wörtlich genommen werden: Tatsächlich geht es bei der Transformation in Passagiere zunächst darum, die physische Gestalt der Bergleute an das Übertragungssystem der *palomas* anzupassen. Hatte der Bergmann Pablo Roja angesichts des schmalen Kanals noch resignierend festgestellt – „I wanted to [...] but I didn't fit"[162] – gilt es nun, die Passung zwischen Mensch und Übertragungskanal durch geeignete Fitness-Maßnahmen zu optimieren. Dies kann jedoch nur gelingen, wenn die inzwischen wohlgenährten Bergleute sukzessive zu fitten Körpern *umgeformt* werden, die den maximalen Durchmesser und die maximale Traglast der Rettungskapsel nicht überschreiten.[163] Für diese Formungs- und Verschlankungsarbeit wird eigens ein *personal trainer* beauftragt, um die Männer mit einem speziellen Übungsprogramm in „the best shape possible"[164] zu bringen.

Er kann sich dabei auf ein ganzes Arsenal von medientechnischen Hilfsmitteln stützen, das in unzähligen *paloma*-Sendungen zu den Bergleuten hinab befördert wird: Maßbänder zur Ermittlung des Körperumfangs,[165] Waagen für regelmäßige Gewichtskontrollen,[166] Tragegeschirre zur Messung der Pulsfrequenz bei körperlichen Anstrengungen,[167] orthopädische Korsagen zur Verschlankung der Linie, gesunde Diätnahrung und pharmakologische Präparate zum Aufbau der Muskulatur. Ein ganzer Apparat aus disziplinarischen Technologien wird in Stellung gebracht, um die Körper der Bergleute für die Passage in Passform zu bringen. Weil sich die

---

160 „Der Passagier [...] ist eine mit großem bürokratischem Aufwand durch den Ausschluß aller anderen Formen nichtseßhaften Lebens hergestellte Konstruktion", siehe: Siegert, Bernhard (2006): Passagiere und Papiere. Schreibakte auf der Schwelle zwischen Spanien und Amerika. München: Wilhelm Fink, S. 20. Diesem Impuls folgend hat Sarah Sander die Medien und Praktiken untersucht, mit denen Passagiere auf Ellis Island subjektiviert werden, vgl. dazu: Sander, Sarah (2021): „Subjektivation im Gegenlicht. Szenen der Evidenzproduktion, Ellis Island 1908", in: Harrasser, Karin/Friedrich, Lars/Kaiser, Céline (2018): Szenographien des Subjekts. Wiesbaden: Springer VS, S. 99–124.
161 Siegert (2006), S. 23, Fußnote 34.
162 Zitiert nach: Franklin (2011), S. 129.
163 Vgl. Penhaul (2010).
164 Franklin (2011), S. 198.
165 Vgl. Franklin (2011), S. 150.
166 Vgl. Franklin (2011), S. 136.
167 Vgl. Franklin (2011), S. 199.

Subjekte dabei aber dem direkten Zugriff der Trainer entziehen, werden einzelne Bergmänner dazu angehalten, die Fortschritte ihrer Kameraden regelmäßig zu überprüfen.[168] In fortlaufenden Datenreihen sollen die Vitalzeichen der Kumpel erfasst und an die Oberfläche gesendet werden. Bevor also leibhaftige Körper durch den *paloma*-Kanal nach oben reisen können, müssen zunächst allerlei Vitalparameter und Gesundheitsdaten versendet werden: die Sendung von Lebenszeichen geht der Sendung der lebendigen Körper voraus.

Parallel zu dieser physischen Umformungsarbeit durchlaufen die Bergleute noch ein zweites Trainingsproramm, das sie in ganz anderer Hinsicht in *Sendungen* verwandeln soll. Denn beim Transfer an die Oberfläche sind die Verschütteten einerseits Passagiere des *paloma*-Kanals, andererseits aber auch Protagonisten einer Live-Sendung im chilenischen Nationalfernsehen TVN, das die Ankunft der Bergleute an der Oberfläche aus dutzenden Perspektiven *live* in alle Welt überträgt.[169] Schon lange vor dem geplanten Bergungstermin haben sich rings um das *paloma*-Loch Reporter*innenteams in Stellung gebracht, um sich einen bestmöglichen Blickwinkel auf die Szenerie zu sichern. Kommentator*innen beschreiben das Camp als einen regelrechten „media circus"[170] aus Kameras, Mikrophonen, Sendemasten und Übertragungswagen. Dabei beschränkt sich die Rolle der Medien nicht auf die Position bloßer Beobachter*innen; vielmehr wird das Skript der Rettungsmission durch die Transmission des Fernsehens mitstrukturiert. Von der räumlichen Anordnung der Bühnenbauten über die Ausleuchtung des Bohrlochs bis zur Platzierung der Kameras und zur Gestaltung des Zeitplans, sind – so zumindest die Einschätzung mancher Beobachter*innen – zahlreiche Umstände der Rettungsmission auf die medialen Bedürfnisse des Fernsehkanals abgestimmt.[171]

Dies gilt jedoch nicht allein für die äußeren Rahmenbedingungen der Übertragung, sondern auch für den Status ihrer zentralen Protagonisten: Ähnlich wie der *paloma*-Kanal verlangt auch der Kanal des Fernsehens eine spezifische Formatierung jener Subjekte, die in seine Übertragungsprozesse eintreten. Daher müssen die Bergleute neben der gymnastischen Übungsreihe noch eine zweite, mediale Verwandlung durchlaufen. Während die erste auf die Herstellung von reisetaugli-

---

168 Vgl. Penhaul (2010).

169 Vgl. Franklin (2011), S. 254.

170 Franklin (2011), S. 190, vgl. auch S. 203.

171 „Iturra sagt, die Regierung habe pro Bergmann eine Zeitspanne von einer Stunde veranschlagt, viel mehr, als das Herab- und Heraufwinden der Kapsel jeweils benötigte –,die Politiker wollten sich eben möglichst lange vor den Kameras zeigen!'", siehe: Kunath, Wolfgang (2019): „Überlebt und vergessen. Minenunglück von Chile", in: Frankfurter Rundschau, 5. August 2013 URL: https://www.fr.de/panorama/ueberlebt-vergessen-11279874.html (zuletzt aufgerufen am 8. Dezember 2020).

chen Passagieren abzielt, hat die letztere die Produktion von medientauglichen *Images* für die Bedürfnisse der Fernsehsendung zum Ziel. Diese Verwandlung setzt keineswegs erst mit der nahenden Bergungsaktion ein, sondern hat bereits mit den zahlreichen Amateurvideos begonnen, die das Leben der Bergleute im Untergrund dokumentieren. Bereits dort waren die 33 Verschütteten als Medienakteure in Erscheinung getreten und zu landesweiter Popularität gelangt. Daran anschließend begreift es der PR-Coach Alejandro Pino als seine persönliche Mission „to turn the shy and confused miners into media stars"[172]. In einem mehrtägigen Videoseminar kurz vor der Rettungsaktion vermittelt er ihnen grundlegende Fähigkeiten zur medialen Selbstinszenierung und Selbstvermarktung, etwa zur Interviewführung, zur Körpersprache, aber auch zur Aushandlung von Exklusivverträgen für Presse-, Film- und Buchangebote.[173] Bevor also die Bergleute als lebendige Körper an der Oberfläche eintreffen, müssen sie sich zunächst in mediale und markttaugliche *Images* verwandeln: Auch in dieser Hinsicht geht die Sendung von Zeichen der Sendung von Körpern voraus.

Tatsächlich arbeiten die 33 Männer mit großem Eifer an der eigenen Umschulung in professionelle Medienakteure. In Akkordarbeit beantworten sie die unzähligen Zusendungen, Fanbriefe und Anfragen von Fans, Journalist*innen und Medienagenturen, die sie täglich durch den *paloma*-Kanal erreichen und signieren pausenlos Autogramme, Flaggen, Plakate und andere Souvenirs aus der Mine, die durch den *paloma*-Kanal nach oben wandern.[174] Sogar die erste schriftliche Überlebensnachricht – der rote Schriftzug „estamos bien ..." – wird weltweit zur vielfach reproduzierten Ikone auf Tassen, T-Shirts und Postern. Angesichts der unkontrollierten Vervielfältigung und Vermarktung des Lebenszeichens entschließt sich der Schriftsteller Pablo Huneeus, den Satz im Namen seines Urhebers – des Bergmanns José Ojeda – im chilenischen Verzeichnis für geistiges Eigentum zu registrieren und als Marke anzumelden.[175] Als geschütztes Werk soll das Lebenszeichen dann nicht länger die Existenz der 33 Verschütteten gegenüber Rettungskräften anzeigen, sondern vielmehr ihre ökonomische Existenz *nach* dem Verlassen der Mine sichern. Für den Fall, dass ihnen keine finanzielle Entschädigung durch den Minen-

---

172 Franklin (2011), S. 191.
173 Vgl. Franklin (2011), S. 190.
174 Vgl. Franklin (2011), S. 222.
175 Vgl. Río, J. del/Piñeiro, J. (2010) „Parte batalla legal por propiedad de mítica frase de los mineros", in: El Mercurio, 20. Oktober 2010, S. C5, online verfügbar unter: http://www.bibliotecacacio naldigital.gob.cl/bnd/633/w3-article-354793.html (zuletzt aufgerufen am 8. Dezember 2020); vgl.. auch: o. A. (2010c): „Message Which Brought Hope Now Copyright of Chile Miner", in: BBC.com, 22. Oktober 2010, URL: http://www.bbc.com/news/world-latin-america-11605409 (zuletzt aufgerufen am 8. Dezember 2020); .

betreiber zugesprochen wird, setzen einige Kumpel große Hoffnungen auf die Hono-
rare, Gagen und Tantiemen aus dem Verkauf von Interview-, Bild- und Filmrechten,
Medienauftritten und auf die Monetarisierung ihres ersten, ikonischen Lebenszeichens.[176] Für die Bergleute verbindet sich mit dem Aufstieg aus der Grube somit zugleich ein veritables ökonomisches Aufstiegsversprechen. Die vertikale Mobilität des
paloma-Kanals suggeriert einen Vektor der sozialen Mobilität, der aber schon bald
auf die sozialen Härten des Lebens über Tage treffen wird.[177]

Als sich in der Nacht vom 13. Oktober 2010 die längliche, in den Farben der
chilenischen Flagge getünchte Transportkapsel in Bewegung setzt, um die 33 Bergleute nach oben zu befördern, beginnt für die Verschütteten somit ein doppelter
Übertragungsvorgang: Zum einen der physische Transfer durch den Kanal an die
Oberfläche, für den sich die Kumpel über mehrere Wochen hinweg mental, körperlich und konditionell in Form gebracht haben. Gekleidet in enge Korsagen und
schützende Overalls, verkabelt mit Kommunikationstechniken und Elektroden, die
eine permanente „wireless transmission of vital signs"[178] ins Lagezentrum an der
Oberfläche übertragen und ein durchgehendes *monitoring* sämtlicher physiologi-
scher Daten erlauben, treten sie die einstündige Reise nach oben an.[179] Doch im
selben Moment finden sich die Bergleute in ein zweites, massenmediales Übertra-
gungsgeschehen involviert: Dank einer Phalanx aus Kameras, die an der Oberfläche und in der Tiefe des Stollens installiert wurde, kann der gesamte Verlauf der
Rettungsaktion – vom Einstieg in die *paloma*-Kapseln bis zum Ausstieg an der Oberfläche –, in aller Welt in annähernder Echtzeit und voller Länge verfolgt werden.[180]
Im mehrstündigen Livestream ist zu sehen, wie ein Bergmann nach dem anderen
unter dem Jubel der Menge aus dem Schacht auftaucht und aus der Kapsel in das
Flutlicht der Fernsehscheinwerfer tritt, um nach 69 Tagen wieder seine Familie in

---

176 Vgl. Franklin (2011), S. 243.

177 Darauf wird am Ende des Abschnitts noch zurückzukommen sein.

178 Franklin (2011), S. 236.

179 Franklin gibt eine ausführliche Beschreibung des technischen Settings zum kontinuierlichen
Monitoring von Lebenszeichen: „Avalos was ready. [...] On his right wrist a monitor measured
his pulse and sent wireless updates to the rescue team on the surface. His left index finger was
inserted into a device that measured oxygen levels in his blood. Tightly wrapped around his
chest, a sophisticated electronic monitor transmitted another half dozen vital signs to the techni-
cians and doctors above ground.", vgl. Franklin (2011), S. 260.

180 Allerdings war der Livestream um 30 Sekunden verzögert, um auf unvorhergesehene Ereig-
nisse reagieren zu können, vgl. Longbottom, Will/Gurrin, Graham (2010): „'That Was a Long
Shift'. Foreman Is the Last of the 33 Trapped Chilean Miners to Be Delivered to Freedom", in:
Mail Online, 14. Oktober 2010, URL: https://www.dailymail.co.uk/news/article-1320045/CHILEAN-
MINERS-RESCUE-Back-dead-69-days-trapped-underground.html (zuletzt aufgerufen am 8. Dezem-
ber 2020).

die Arme zu schließen. Die Begeisterung des Fernsehpublikums richtet sich dabei nicht allein auf den Rettungsakt selbst, sondern ebenso auf die schlichte Tatsache seiner medialen Übertragung: „I am amazed by the technology used in the rescue but I am just as amazed by the technology that allows me to see it live,“[181] wird ein TV-Zuschauer zitiert.

Diese kontinuierliche, mehrstündige Live-Sendung, die schon bald als „mileston[e] of television history“[182] apostrophiert wird, weckt bei den Zuschauer*innen vielfach Assoziationen zu einem anderen legendären Fernseherereignis. „To many viewers, the drama and collective excitement was reminiscent of the first Apollo landing in 1969, when Neil Armstrong took those famous first steps on the surface of the moon.“[183] Auch bei der Mondlandung rührte die Faszination der Zuschauer*innen mindestens ebenso von den übertragenen TV-Bildern wie vom Ereignis selbst. In seinem Aufsatz über die „Mondmission“[184] legt Lorenz Engell deshalb nahe, den Apollo-Flug weniger als Ereignis der Raumfahrt, denn als eine Zäsur der Fernsehgeschichte zu begreifen. Das eigentliche Ereignis der Mondmission sei nicht so sehr die erstmalige Beförderung von Menschen auf die Mondoberfläche, die bereits zuvor in unzähligen Probedurchläufen und Demonstrationen antizipiert wurde, sondern die erstmalige Übertragung eines Fernsehbildes vom Mond, „[...] ganz so, als sei das Ziel des Experiments gewesen, nicht etwa einen Menschen, sondern eine Kamera auf den Mond zu bringen.“[185]

Ließe sich womöglich etwas Ähnliches auch über die TV-Übertragung von San José sagen? Bereits an früherer Stelle wurde auf die engen Verflechtungen zwischen dem Grubenunglück und der Raumfahrt hingewiesen – nicht zuletzt wegen der marsähnlichen Gesteinswüste der *Atacama*-Region und der aktiven Beteiligung von NASA-Expert*innen. Auch die raketenförmige Transportkabine des Rettungskanals, die so genannte *Fénix*-Kapsel, wurde unter Mitarbeit der NASA entworfen und kann daher als Produkt der Raumfahrttechnik betrachtet werden.[186] Besonders jedoch die Livebilder aus der Kupfermine, die während der Rettungsaktion überraschend in die Sendung eingespeist werden, erinnern viele Fernsehzuschauer*innen

---

181 Zitiert nach: Basu, Moni (2010): „Live from Chile. A Camera Made the World a Bit Smaller“, in: CNN Online, 14. Oktober 2020, URL: http://edition.cnn.com/2010/WORLD/americas/10/13/chile. miner.television.moment/index.html (zuletzt aufgerufen am 8. Dezember 2020).
182 Basu (2010).
183 Franklin (2011), S. 267; denselben Vergleich zieht auch Basu (2010).
184 Vgl. Engell, Lorenz (2008): „Das Mondprogramm. Wie das Fernsehen das größte Ereignis aller Zeiten erzeugte“, in: Lenger, Friedrich/Nünning, Ansgar (Hg.): Medienereignisse der Moderne. Darmstadt: Wissenschaftliche Buchgesellschaft, S. 150–171.
185 Engell (2008), S. 154.
186 Vgl. Franklin (2011), S. 198. Sie trägt außerdem das Sternbild Phoenix als Wappen.

an Aufnahmen aus dem All: „The grainy video footage from underground seemed like a live shot from another planet."[187] Wie die „Ankunft des Fernsehbildes von der Mondoberfläche"[188] erscheinen also auch die Livebilder aus der Kupfermine als spektakuläre Aufnahmen eines außerweltlichen Ortes. Als solche übermitteln sie nicht so sehr einen bestimmten Informationsgehalt, vielmehr *beglaubigen* sie, dass die Fernsehkamera *tatsächlich* an jenem fremdartigen Schauplatz gewesen ist. Sie fungieren in gewissem Sinne als Lebenszeichen des Fernsehens, das seine eigene, lebendige Anwesenheit an Ort und Stelle unterstreicht: ‚Ich bin hier, ich bin jetzt, ich bin *live*'.

Es ist also nicht allein die Lebendigkeit der Bergleute, die die Rettungsaktion von San José zur Sensation macht, sondern auch und vor allem die *Liveness* des Fernsehens[189] Für diese These liefert das Schlussbild der Live-Übertragung einen letzten, eindrücklichen Beleg. Statt mit dem Aufstieg des letzten Bergmannes endet die Übertragung nämlich interessanterweise mit einem Livebild aus dem Stollen selbst. Kurz vor der letzten Auffahrt der *paloma*-Kapsel enthüllen die sechs Rettungskräfte, die zur Bergung der 33 in die Grube hinabgefahren waren, ein Stoffbanner vor der TV-Kamera mit der Aufschrift „Mision Cumplida Chile"[190]. Auf den ersten Blick bezieht sich die ‚abgeschlossene Mission' natürlich auf die erfolgreiche Bergungsaktion der 33. Zugleich aber markiert das Bild auch den Höhe- und Schlusspunkt der Live-Sendung und -Mission des Fernsehens: Jetzt, wo es dem Fernsehen gelungen ist, ein Lebenszeichen aus 700 Metern Tiefe um den gesamten Erdball zu senden, jetzt, wo seine Mission erfolgreich abgeschlossen ist, kann es seine *Trans-mission* einstellen: *transmisión cumplida.*

Mit dem Abschluss der Rettungsmission geht jedoch nicht allein die Fernsehübertragung zu Ende, sondern das gesamte Übertragungssystem des *paloma*-Kanals. Nach der Auffahrt der letzten Passagiere wird das Rohr versiegelt und – ähnlich wie das Eingangstor der eingestürzten Kupfermine – für jeden weiteren Übertragungsvorgang von Dingen, Zeichen oder Personen gesperrt. Der zuvor so rege befahrene Übertragungskanal verwandelt sich schon bald selbst in ein *Zeichen*: ein historisches Monument, das den Ort der erfolgreichen Rettungsaktion markieren soll. Heute findet sich die Gedenkstätte mit allerlei indexikalischen,

---

187 Franklin (2011), S. 267.

188 Engell (1996), S. 144.

189 Für den etymologischen und semantischen Zusammenhang zwischen Lebendigkeit und Liveness vgl. auch: Peters (1999), S. 218.

190 Vgl. o. A. (2010d): „33 von 33. ‚Mision cumplida'. Rettungsaktion in Chile abgeschlossen", in: Süddeutsche Zeitung Online, 14. Oktober 2010, URL: https://www.sueddeutsche.de/panorama/grubenunglueck-in-chile-das-wunder-ist-vollbracht-alle-kumpel-gerettet-1.1011845 (zuletzt aufgerufen am 8. Dezember 2020).

ikonischen und symbolischen Zeichen versehen: ein weißes Kreuz, das ursprünglich für das Gedenken an die toten Bergleute gedacht war, eine maßstabsgetreue Nachbildung der *Fénix*-Kapsel, 33 chilenische Flaggen stellvertretend für die 33 Bergleute und schließlich eine marmorne Replik des legendären Lebenszeichens „Estamos bien en el refugio. Los 33"[191]. Das fragile Dokument der Bergleute hat sich damit in ein Monument verwandelt.

Doch auch wenn die Botschaft „etamos bien ..." in Stein gemeißelt ist, geht es den 33 Bergleuten nach der Rettung keineswegs vollends „gut". Mit der Ausfahrt aus dem Stollen endet ihre existenzielle Notlage nicht, sondern verschlimmert sich in gewisser Weise sogar noch: „A Year Out of the Dark in Chile, but Still Trapped"[192] titelt etwa die *New York Times* zum Jahrestag des Grubenunglücks. Nicht nur klagen die Bergleute in den Monaten und Jahren nach der Rettung über traumatische Angststörungen, schlaflose Nächte und körperliche Gebrechen, sondern auch über finanzielle Engpässe, Arbeitslosigkeit, Armut und mangelnde staatliche Alimentierungen.[193] Hatten die Bergleute während des Grubenunglücks noch sämtliche Notwendigkeiten des täglichen Lebens – wie Nahrungsmittel, medizinische Versorgung, zwischenmenschliche Betreuung, psychologische Unterstützung, Medienkonsum etc. – durch einen einzigen, nie versiegenden Kanal erhalten, müssen sie nach der Rettung erfahren, wie die existenziellen Versorgungskanäle versiegen, wie Leistungen gekürzt, Entschädigungen verweigert und Renten nur spärlich ausgezahlt werden. Es könnte kaum einen größeren Kontrast geben als zwischen dem Überfluss des *paloma*-Rohrs einerseits und der radikalen Unterversorgung der Bergleute nach ihrer Rettung aus der Grube andererseits. Sobald das Leben der Bergleute nicht länger medienwirksam *übertragen* wird, sobald die Übertragung von Zeichen, Dingen und Körpern endet, scheint auch die existenzielle Versorgung des Lebens abzubrechen. Es gibt offenbar kein Leben jenseits der Übertragung.

---

191 Vgl. dazu die Fotogalerie auf TripAdvisor.de, wo die Mine von San José inzwischen als Sehenswürdigkeit geführt wird: TripAdvisor.de (o. J.): „San Jose Mine (Los 33)", URL: https://www.tripadvisor.de/Attraction_Review-g488175-d8498448-Reviews-San_Jose_Mine_Los_33-Copiapo_Atacama_Region.html (zuletzt aufgerufen am 8. Dezember 2020).
192 Barrionuevo, Alexei (2011): „A Year Out of the Dark in Chile, but Still Trapped", in: New York Times, 12. Oktober 2011, URL: http://www.nytimes.com/2011/10/12/world/americas/chiles-rescued-miners-face-major-struggles-a-year-later.html?pagewanted=2&_r=0&rref=collection/timestopic/Chile%20Mining%20Accident%20%282010%29 (zuletzt aufgerufen am 8. Dezember 2020).
193 Vgl. Barrionuevo (2011). Ein ähnlich düsteres Bild bietet sich auch noch zehn Jahre nach dem Unglück, vgl. Kunath (2019), sowie: Herrberg, Anne (2020): „So geht es den Bergleuten heute", in: Tagesschau.de, 13. Oktober 2020, URL: https://www.tagesschau.de/ausland/chile-33-gruben-drama-101.html (zuletzt aufgerufen am 13. Oktober 2020).

Mision Cumplida?

Die zurückliegende Analyse der Übertragungsverhältnisse von San José hat darauf aufmerksam gemacht, dass die Übertragung von Lebenszeichen niemals getrennt von der Beförderung von Gütern und der Bergung von Menschenleben betrachtet werden darf. Am *paloma*-System hat sich gezeigt, wie Zeichen-, Ding- und Personenverkehr unter Notfallbedingungen aufs engste miteinander verzahnt und artikuliert sind: Angefangen beim ersten schriftlichen Lebenszeichen der Bergleute, über den andauernden *paloma*-Verkehr, der gleichermaßen Nachrichten, Nahrungsmittel und eine Fülle von Dingen des täglichen Lebens in die Grube transportiert hatte – inklusive Medien der Zeichenproduktion –, bis hin zur finalen Auffahrt der lebendigen Körper selbst, die wiederum von allerlei (massen-)medialen Zeichenprozessen begleitet wurde. In immer neuen Mischungsverhältnissen kombiniert und artikuliert die Rettungsaktion von San José *Zeichen mit Dingen*, *Dinge mit Personen* und *Personen mit Zeichen*.

Auch wenn diese Vermischung im *paloma*-Kanal von San José besonders deutlich hervortritt, macht sie zugleich eine allgemeine Grundbedingung der Lebensrettung in Not- und Katastrophensituationen sichtbar. Leben-in-Not, so ließe sich verallgemeinern, situiert sich stets am Schnitt- und Kreuzungspunkt dreier Übertragungsarten, von denen sich keine folgenlos von den anderen beiden abkoppeln lässt: Ohne die Übertragung von *Lebenszeichen* blieben Verschüttete und Verunglückte schlichtweg unbemerkt; ohne die Versorgung mit *Lebensmitteln* – seien es Nahrungsmittel, Medikamente, Sauerstoff, Wärme oder Klimatisierung – fiele das Leben mit fortschreitender Zeit der Auszehrung zum Opfer; und ohne den leibhaftigen Transfer der *Überlebenden* selbst würde die Bergung von Verschütteten und Verunglückten niemals zu einem glücklichen Ende kommen. Leben-in-Not vollzieht sich somit stets in der fortgesetzten Artikulation von *Lebenszeichen*, *Lebensmitteln* und *Lebewesen*. Erst wenn alle drei Übertragungsmodi produktiv ineinander greifen, kann die Mission erfolgreich beendet werden: *mision cumplida*.

Fast könnte es scheinen, als wäre damit auch die Mission der hier verfolgten Arbeit erfolgreich abgeschlossen. Es wäre verführerisch, den Modus der Transmissionen als logischen Schluss- und Kulminationspunkt der bisherigen Artikulationsweisen des Lebenszeichens zu präsentieren. Bereits einleitend wurde gezeigt, dass er sich aus Elementen aller drei bisherigen Modi speist, sich also genau am Schnittpunkt der bisherigen Modi situiert: Er verwandelt die körpernahen *Assoziationen* des Lebens in Fernverbindungen; er übersetzt die ungerichteten *Emissionen* des Lebens in adressierte Sendungen; und er transformiert die Figur-Grund-Beziehungen der *Expositionen* in den Abstand zwischen Signal und Rauschen. Darüber hinaus – so ließe sich jetzt mit Blick auf San José hinzufügen – bettet er die Artikulation von

Lebenszeichen in den größeren Zusammenhang physischer Übertragungsprozesse von Körpern und Dingen ein, geht also stets von einer „Dreiheit der Kommunikate"[194] aus. Damit schließt er konsequent an die Grundprämisse dieser Arbeit an, dass jedes Lebenszeichen aus der Artikulation von *drei* Elementen, nämlich *Leben*, *Zeichen* und *Medien* hervorgeht. Alle drei – so hat das Beispiel San José gezeigt – können ihrerseits zu Gegenständen der Übertragung werden: als lebendige Passagiere, als übertragbare Nachrichten oder als transportable Güter.

Man könnte also durchaus den Eindruck gewinnen, dass alle bisherigen Artikulationsformen im Modus der Transmissionen konvergieren und kulminieren. Dennoch sollte man sich hüten, die Mission dieser Arbeit vorschnell für beendet zu erklären. Bei näherem Hinsehen nämlich bleibt noch eine drängende Frage offen, die in der bisherigen Betrachtung von San José weitgehend vernachlässigt wurde. Sie artikuliert sich in jenem ersten Zeichen, mit dem sich die 33 Bergleute erstmals als lebendig gemeldet hatten und das auch am Anfang dieser Arbeit gestanden hatte: „estamos bien en el refugio los 33". Bei genauerer Lektüre fällt auf, dass hier – anders als in allen bisherigen Lebenszeichen – gerade keine Notlage verkündet, kein Hilferuf abgesetzt, keine Katastrophe ausgerufen wird. Das Lebenszeichen dient hier weniger zur Alarmierung seiner Empfänger*innen, sondern zu deren Beruhigung und Vergewisserung. Seinem Wortlaut nach zeugt es nicht von einer existenziellen Notlage des Lebens, im Gegenteil: es bestätigt in knappen Worten die Gesundheit und Sicherheit des Lebens: „Es geht uns gut im Schutzraum, die 33". Wenn jedoch das Lebenszeichen explizit das Wohlbefinden seiner Absender*innen beteuert, statt eine Notlage anzuzeigen oder um Hilfe zu ersuchen, welche Funktion kommt ihm dann noch zu? Welche Artikulationsweise verkörpert es dann noch? Das folgende Kapitel möchte sich diesem fünften und letzten Modus des Lebenszeichens unter dem Leitbegriff der *Informationen* widmen.

---

194 Kittler (1993), S. 170.

7 Informationen

7.1 „Ich lebe noch ..."

„Ich lebe noch, bin heil u. gesund. Gruß! Hein."[1] – lautet die knappe Nachricht, die in sauberer, leicht vorwärts geneigter Handschrift auf die rot umrandete Postkarte notiert wurde (Abbildung 7). In der Kopfzeile über dem Text ist fetten Buchstaben die vorgedruckte Aufschrift platziert: „Lebenszeichen von ...", gefolgt vom handschriftlichen Eintrag „Heinrich Berlekamp", dem mutmaßlichen Verfasser der Postkarte.

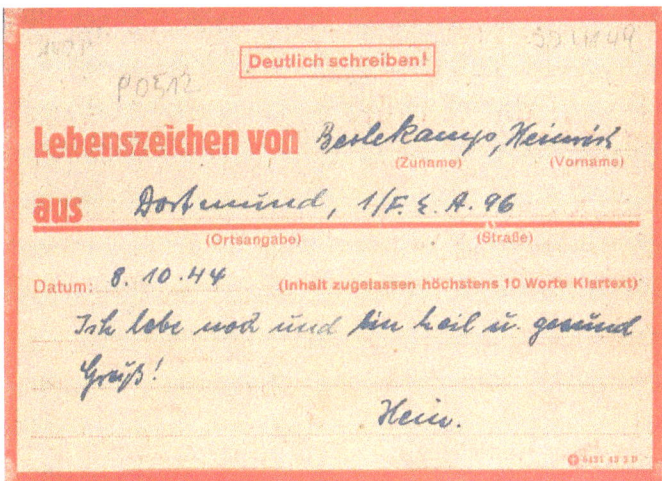

Abbildung 7: „Lebenszeichen von Heinrich Berlekamp (Dortmund, 8. Oktober 1944)", aus: Bestand des Autors.

Es kann kaum Zweifel bestehen, dass es sich bei dieser kurzen Mitteilung um ein veritables Lebenszeichen handelt: Einerseits, weil der Verfasser hier ausdrücklich seine Lebendigkeit bekräftigt; andererseits, weil die Postkarte selbst bereits unmissverständlich als *Lebenszeichen* gekennzeichnet ist. Dennoch fällt es schwer, die Nachricht ins Spektrum der bisherigen Modi des Lebenszeichens einzuordnen. Vor allem in einer Hinsicht bricht sie mit den gewohnten Erwartungen. In beinahe allen bisherigen Beispielen hatten Lebenszeichen dazu gedient, die Notlage eines hilfsbedürftigen Lebens anzuzeigen und ihre Empfänger*innen zu un-

---

1 Lebenszeichen von Heinrich Berlekamp (Dortmund, 8. Oktober 1944).

verzüglichen Rettungsanstrengungen zu bewegen. Ob Leuchtfeuer, Peilsender, Fundstücke, Klopfzeichen oder Schriftstücke – stets war das Lebenszeichen auf die Rettung und Bergung des angezeigten Lebens gerichtet. Demgegenüber muss die eingangs zitierte Postkarte als hochgradig atypisches Lebenszeichen erscheinen. Nicht länger präsentiert sich das Leben hier als versehrt, verunglückt, verletzt und rettungsbedürftig, sondern – im Gegenteil – als gesund, wohlbehalten und unversehrt. Die Nachricht artikuliert keinen akuten, existenziellen Notstand, sie formuliert keinen dringenden Appell, alarmiert nicht, aktiviert nicht, sie *informiert* höchstens – erschöpft sich in der schlichten Information: „Ich lebe noch".

Gleichwohl wird diese Information durch ein kleines, aber bedeutsames Detail in Frage gestellt, das den Sinn der Karte erheblich verkompliziert: das unscheinbare Wörtchen ‚noch‘. Alltagssprachlich bedeutet ‚noch‘, dass ein Zustand weiterhin andauert und nach wie vor Bestand hat. ‚Noch‘ hebt die ungebrochene Kontinuität einer Sache hervor. Zugleich jedoch weist ‚noch‘ daraufhin, dass diese Kontinuität keineswegs selbstverständlich ist. Wenn etwa ein Haus nach einem schweren Sturm ‚noch steht‘, dann ist es *trotz* der widrigen Kräfte erhalten geblieben, hat also seine Existenz über einen drastischen Einschnitt hinweg bewahrt. Insofern verweist ‚noch‘ auf den Fortbestand einer Sache trotz eines existenzbedrohenden Ereignisses. Analog dazu ließe sich auch der Satz ‚Ich lebe noch‘ als Bekräftigung eines Lebens lesen, das *nach* einer einschneidenden Zäsur weiterhin lebt, also *immer noch* vorhanden ist. Der Satz wäre dann als Äußerung eines *Überlebenden* lesbar, sofern man Überleben als „Noch-am Leben-Sein[...]"[2] begreift: als eine prekäre „Kontinuität"[3], die über eine existenzielle „Zäsur"[4] hinausreicht.

Allerdings verweist ‚noch‘ nicht allein auf ein überstandenes Ereignis in der Vergangenheit, sondern ebenso auf eine unsichere Zukunft. Ein Zustand, der momentan ‚noch‘ andauert, kann jederzeit an sein Ende kommen. Wenn das sturmgeschüttelte Haus ‚noch steht‘, bedeutet dies auch, dass es vielleicht schon beim nächsten Windstoß in sich zusammenbrechen könnte. ‚Noch‘ trägt hier den Sinn von ‚vorerst‘ oder ‚bis auf weiteres‘. In diesem Sinne wäre die Nachricht ‚Ich lebe noch‘ nicht nur Zeichen eines Überlebenden, der eine Lebensgefahr ‚heil und gesund‘ überstanden hat, sondern auch Zeichen eines ungewissen, vorläufigen, prekären Lebens, das womöglich mit seinem baldigen Ende rechnen muss, also gleichsam nur *unter Vorbehalt* existiert. Während das Lebenszeichen im ersten

---

2 Schmieder, Falko/Weigel, Sigrid (2011): „Überleben. Geschichte und Aktualität eines neuen Grundbegriffs", in: ders. (Hg.): Überleben. Historische und aktuelle Konstellationen. Paderborn: Wilhelm Fink, S. 9–29, hier: S. 15.

3 Schimeder/Weigel (2011), S. 15.

4 Schimeder/Weigel (2011), S. 15.

Fall als Bekräftigung und (Rück-)Versicherung des Lebens nach einer Verunsicherung dient, weist es im zweiten Fall auf eine unsichere Zukunft voraus, in der das momentan unversehrte Leben einen radikalen Einschnitt erleiden *könnte*.

Die Differenz zwischen den beiden Lesarten der Nachricht lässt sich mit einer leichten Verschiebung des Akzents hervorheben. Im ersten Fall liegt die Betonung eindeutig auf dem Verb *leben*: „Ich lebe noch!“, betont die Kontinuität des Lebens gegen jegliche Widrigkeiten und über einen existenziellen Einschnitt hinweg. Im zweiten Fall hingegen verschiebt sich der Akzent auf das Wörtchen „noch“: „Ich lebe noch ...“ betont die Vorläufigkeit und Unsicherheit des Lebens angesichts drohender Katastrophen. In beiden Varianten ist der Effekt des Lebenszeichens geradezu gegenläufig: Während es im ersten Fall eine bestehende Ungewissheit beseitigt, trägt es im zweiten gerade zur Verunsicherung bei. Der Satz „Ich lebe noch“ changiert somit unablässig zwischen den Polen der Versicherung einerseits und der Verunsicherung andererseits.

Wie ließe sich diese Ambivalenz genauer fassen? Womöglich könnte hier ein Begriff von Nutzen sein, dem eine ganz ähnliche Zweideutigkeit eingeschrieben ist, nämlich dem der *Information*. Besonders der Soziologe Niklas Luhmann hat immer wieder auf der intrinsischen „Zweiteiligkeit“[5] und „Ambivalenz“[6] des Informationsbegriffs beharrt: „[E]inerseits“, so Luhmann, „klärt die Information etwas, sie transformiert Nichtwissen in Wissen.“[7] Demnach wäre Information gleichzusetzen mit der *Verringerung* oder *Beseitigung* von Ungewissheit. Jemanden zu informieren, bedeutet, eine bestehende Wissenslücke auszuräumen und einen Zustand der Ungewissheit aufzuheben. Dazu muss der Sender, so Luhmann in Rückgriff auf Claude Shannon, eine bestimmte Nachricht aus seinem „Repertoire von Möglichkeiten“[8] zur Mitteilung auswählen. Durch diese Auswahl wird auf Seiten des Empfängers die Ungewissheit ausgeräumt, *welche* Nachricht aus dem Spektrum der vielen möglichen Nachrichten zu erwarten ist. Es ist *diese* und keine andere Information, die übermittelt werden sollte: „Ich lebe noch, bin heil und gesund“ und nicht etwa: „Ich bin verletzt“ oder „Ich liege im Sterben“. In diesem Sinne ist Information „identified with choices that reduce uncertainty [...]“[9], wie es die Philosophin N. Katherine Hayles zusammenfasst.

---

5 Luhmann (1996), S. 47.

6 Luhmann, Niklas (2005): „Entscheidungen in der Informationsgesellschaft“, in: Esposito, Elena/ Corsi, Giancarlo (Hg.): Reform und Innovation in einer unstabilen Gesellschaft. Stuttgart: Lucius & Lucius, S. 27–40, hier: S. 29.

7 Luhmann (2005), S. 29.

8 Luhmann (1987), S. 195.

9 Hayles, N. Katherine (1999): How We Became Posthuman. Virtual Bodies in Cybernetics, Literature and Informatics. Chicago/London: Chicago University Press, S. 31.

Doch macht die Beseitigung der Ungewissheit nur die *eine*, nämlich die positive Hälfte des Informationsbegriffs aus. Für Luhmann erschöpft sich die Funktion von Informationsprozessen nicht allein in der Auflösung von Unsicherheit, sondern umfasst immer noch einen zweiten, gegenläufigen Effekt:

> [E]inerseits klärt die Information etwas, sie transformiert Nichtwissen in Wissen. Aber andererseits geschieht dies in der Form einer Überraschung, einer Auswahl aus anderen Möglichkeiten. Die Bestimmtheitsgewinne ergeben sich nur in einem Horizont anderer Möglichkeiten. Was immer Gegenstand von Information werden kann, wird damit zugleich als kontingent markiert.[10]

Folgt man Luhmann, so übermitteln Informationen niemals allein die Gewissheit, dass es sich genau *so* verhält, sondern immer zugleich die Möglichkeit, dass es sich *auch anders* verhalten könnte. Gerade weil jede Mitteilung aus einem ‚Repertoire von Möglichkeiten' ausgewählt wird, hätte sie prinzipiell auch anders ausfallen können oder wäre sogar gänzlich „unterlaßbar"[11] gewesen. Deshalb wirft jede Mitteilung die Frage auf, warum gerade *diese* Nachricht ausgewählt wurde und nicht etwa eine andere: „In dem Maße, wie die unwahrscheinliche Information ausgezeichnet und für Meldung [sic!] ausgewählt wird, drängt sich auch die Frage nach den Gründen der Selektion auf."[12]. Mit der Auswahl einer bestimmten Nachricht stellen Informationen somit zugleich die „Kontingenz", also das „„auch anders möglich sein""[13] der jeweiligen Nachricht heraus: „Information", so Luhmann, sei „demnach eine paradoxe Kommunikation. Sie reproduziert Sicherheit und Unsicherheit."[14]

Die *Zweiteiligkeit* des so verstandenen Informationsbegriffs scheint nun hervorragend geeignet, um die Ambivalenz des einleitend zitierten Lebenszeichens zu fassen. Einerseits nämlich dient auch die Postkarte zur Beseitigung einer bestehenden Ungewissheit. In der Betonung „Ich lebe noch!" räumt sie jeden Zweifel über den Verbleib des Lebens aus und bestätigt sein Vorhanden-Sein auch nach einer möglichen Verunsicherung. Andererseits jedoch wird die Nachricht zugleich selbst zu einer Quelle der Unsicherheit. In der Betonung „Ich lebe noch ..." zeigt sie an, dass das angezeigte Leben keineswegs notwendig und selbstverständlich existiert, sondern immer unter Vorbehalt steht. Das „noch" unterstreicht genau jene Kontingenz, die Luhmann als Kehrseite des Informationsbegriffs aufgedeckt hatte: es bringt die Möglichkeit zum Ausdruck, dass es *auch anders sein könnte*, dass

---

10 Luhmann (2005), S. 29.
11 Luhmann (1996), S. 75.
12 Luhmann (1996), S. 77.
13 Luhmann (1987), S. 47.
14 Luhmann (2005), S. 29.

an die Stelle von Lebendigkeit, Gesundheit und Unversehrtheit jederzeit Krankheit, Versehrtheit oder Tod treten könnten. Die Mitteilung des Lebens steht daher immer schon nur unter dem Vorbehalt möglicher Alternativen. Genau wie der Informationsbegriff weist auch das Lebenszeichen eine irreduzible Ambivalenz auf: Versicherung und Verunsicherung bilden gleichsam die Vorder- und Rückseite der hier zitierten Postkarte.

Doch woher rührt die merkwürdige Ver(un)sicherung, die von der eingangs erwähnten Nachricht ausgeht? Um diese Fragen zu beantworten, muss man sie in ihren historischen Äußerungskontext stellen. Einen ersten Hinweis darauf gibt die Postkarte selbst, sobald man den Blick vom Inhalt auf die Orts- und Zeitangaben in der Kopfzeile lenkt: „Dortmund, 8.10.1944“[15] Im Jahr 1944 ist die Stadt Dortmund wie beinahe alle deutschen Großstädte das Ziel ständiger alliierter Luftangriffe. Als Reaktion auf die deutsche *Blitz*-Offensive in den Jahren 1940/41, die in London und Coventry schwere Verwüstungen anrichtet und tausenden Zivilist*innen das Leben kostet,[16] verstärken auch englische Bomber die Luftschläge gegen militärische und industrielle Ziele in Deutschland, besonders in Metropolregionen wie dem Ruhrgebiet. Als die erhofften Erfolge ausbleiben, geht die *Royal Air Force* ab 1942 zum *area bombing* über, also zur flächendeckenden Bombardierung von Ballungsräumen, um die moralischen Ressourcen des NS-Regimes und die Arbeitskraft der Rüstungsindustrie zu schwächen.[17] Die Zerstörungskraft steigert sich erheblich, als Großbritannien und die USA ab 1943 im Rahmen der *Combined Bomber Offensive*[18] abwechselnd Tag- und Nachtangriffe durchführen, die bis Kriegsende Hunderttausende von zivilen Toten fordern.[19]

Die „mehrjährige Ausnahmesituation“ des Luftkriegs und die sich „täglich wiederholende Überlebensangst“[20] – so Dietmar Süß in seiner Studie *Tod aus der Luft* – versetzt die Bevölkerung in eine Situation dauerhafter, existenzieller Ungewissheit, in der das eigene Leben unter einem fundamentalen Vorbehalt steht. Wenn Bombardierungen in schneller Frequenz aufeinanderfolgen und alltäglich wie allnächtlich mit dem eigenen Tod zu rechnen ist, dann kann sich das Leben seiner Unversehrtheit niemals vollends sicher sein. Das Überlebt-Haben eines

---

15 Lebenszeichen von Heinrich Berlekamp (Dortmund, 8. Oktober 1944).

16 Vgl. Süß, Dietmar (2011): Tod aus der Luft. Kriegsgesellschaft und Luftkrieg. München: Siedler, S. 10.

17 Vgl. Süß (2011), S. 12.

18 Vgl. Süß (2011), S. 12.

19 Vgl. Süß (2011), S. 14–15. Erst in jüngerer Zeit hat sich der Diskurs um den Luftkrieg von der lange dominierenden Frage nach moralischer Schuld und Verhältnismäßigkeit gelöst und hin zu stärker alltagskulturellen und sozialhistorischen Studien verschoben, vgl. dazu Süß (2011), S. 23.

20 Süß (2011), S. 395.

Luftangriffs kann jederzeit wieder durch einen darauffolgenden Angriff in Frage gestellt werden. Jedes Leben steht hier also immer schon unter dem Vorbehalt des ‚noch': Es lebt *noch*, heißt einerseits: es hat alle bisherigen Angriffe heil und unversehrt überstanden; und andererseits: es könnte jederzeit einem kommenden Luftschlag zum Opfer fallen. Unter den Bedingungen des Luftkriegs wird also das ‚noch' zur Bedingung der Existenz.

Aus dieser existenziellen Unsicherheit erwächst jedoch zugleich eine *epistemische* Ungewissheit über den Zustand der eigenen Angehörigen. Durch fortlaufende Evakuierungsaktionen, Mobilisierungsaufrufe und Fluchtbewegungen nimmt die Verstreuung der Bevölkerung rapide zu und reißt ganze Familien auseinander.[21] Hannah Berlekamp aus Halle etwa, die Empfängerin der eingangs zitierten Postkarte, befindet sich Hunderte von Kilometern entfernt von Heinz Berlekamp, der als Flak-Ersatzhelfer in Dortmund eingesetzt wird.[22] Angesichts dieser räumlichen Trennung ist Hannah Berlekamp wie viele tausende Menschen auf Kommunikationsmedien angewiesen, um sich über den Zustand der Angehörigen nach Luftschlägen zu informieren. Weil telegraphische und telefonische Verbindungen unter der anhaltenden Bombardierung nur sehr unzuverlässig funktionieren,[23] gibt die Deutsche Reichspost am 16. November 1943 einen neuen Postkartenvordruck heraus.[24] Nach einem schweren „Terrorangriff"[25], so erläutern es die amtlichen Aushänge im NS-Jargon, sollte „den Volksgenossen in dem betroffenen Gebiet die Gelegenheit gegeben werden, ihren außerhalb dieses Wohngebiets wohnenden Angehörigen usw. kurze Lebenszeichen zu übermitteln"[26] (Abbildung 8). Mit der Ein-

---

21 „„War früher die ganze Familie gewöhnlich um einen Tisch in der Heimat versammelt' so war jetzt ‚der Mann bei der Wehrmacht, die Tochter dienstverpflichtet, ein Junge Flakhelfer oder mit der Schule umquartiert, die Verwandtschaft ebenfalls über das Reich verteilt'", so fasst ein Referent der Deutschen Reichspost die Situation im März 1944 zusammen, zitiert nach: Ueberschär, Gerd R. (1999): Die Deutsche Reichspost 1933–1945. Eine politische Verwaltungsgeschichte, Bd. 2 1939–1945. Berlin: Nicolai'sche Verlagsbuchhandlung, S. 291. Zum so genannten „Zerstreuungsplan" siehe auch: Friedrich (2002), S. 459.

22 Der Adresszusatz „F.E.A 96" auf der Postkarte weist Heinrich Berlekamp als Mitglied einer *Flak-Ersatz-Abteilung* in Dortmund aus, die für den Luftschutz von Wohnvierteln verantwortlich war.

23 Vgl. Ueberschär (1999), S. 250.

24 Vgl. Ueberschär (1999), S. 248.

25 Reichspostministerium (1943): „Kostenloser Eilnachrichtendienst der Deutschen Reichspost nach Terrorangriffen", Amtliche Bekanntmachung, 16. November 1943, in: Landesarchiv Baden-Württemberg, Plakatsammlung Karl Fritz, Inventarnummer: W 113, Nr. 0054, online verfügbar unter: Deutsche Digitale Bibliothek, https://www.deutsche-digitale-bibliothek.de/item/4TPZZBL4LXP2EIQZRACSCU4YNVSE6D7T (zuletzt aufgerufen am 8. Dezember 2020).

26 Reichspostministerium (1943).

Kostenloser Eilnachrichtendienst der Deutschen Reichspost nach Terrorangriffen

I. Der Eilnachrichtendienst bezweckt: 1. Kurze Lebenszeichen aus dem betroffenen Ort an Angehörige usw. nach außerhalb zu übermitteln (II) und
2. Anfragen über Postanschriften in dem betroffenen Ort nach den Unterlagen der Postdienststellen zu beantworten (III).

II. Nachrichten **aus** dem betroffenen Ort **an** Angehörige usw.

In den ersten 4 Tagen nach einem schweren Terrorangriff soll den Volksgenossen in dem betroffenen Ort Gelegenheit gegeben werden, ihren außerhalb dieses Wohngebietes wohnenden Angehörigen usw. kurze Lebenszeichen zu übermitteln. Dazu werden nach einem solchen Angriff in dem betroffenen Gebiet **Eilnachrichtenkarten** kostenlos abgegeben, und zwar

a) mit **rotem** Vordruck (Bild1) für Empfänger mit **gewöhnlicher Anschrift** ohne Feldpostnummer,
b) mit **grünem** Vordruck (Bild 2) für Empfänger mit **Feldpostnummer**.

Bild 1 (auf Mustereintrag)

Bild 2

Beim Ausfertigen dieser Eilnachrichtenkarten ist zu beachten:

1. Deutliche Schrift!
2. Die Nachricht erreicht den Empfänger einer Eilnachrichtenkarte mit rotem Vordruck u.U. früher, wenn seine Fernsprech-Rufnummer oder die Rufnummer zum Zusprechen abgegeben wird. (z.B. der Arbeitsstelle), über die der Empfänger erreichbar ist.
3. Das Datum der Absendung ist anzugeben.
4. Zugelassen sind höchstens 10 Worte in offener Sprache, daher kurz fassen.
5. Die Karten müssen bei Postdienststellen, bei Besonderen eingerichteten Auffang- oder Verpflegungslagern oder bei den Briefzustellern abgegeben werden. Nicht in die Briefkasten werfen.
6. Bei Eilnachrichten an Wehrmachtangehörige kann der Raum für Prüf- oder Beglaubigungsvermerke auf der Anschriftenseite zu solchen Angaben durch die Polizei usw. benutzt werden.

III. Anfragen **nach** dem betroffenen Ort über Postanschriften **von** Angehörigen usw.

Geltungsdauer von 4. bis zum 10. Tage nach Erwähnung des Ortes im Wehrmachtbericht. Die mit der Eilauftragskarte zu erteilende Auskunft erstreckt sich lediglich darauf, ob die alte Anschrift noch richtig ist oder welche neue Anschrift gilt. Die Volksgenossen können die Maßnahmen dadurch unterstützen, daß sie bei Unterkunftswechsel nach Terrorangriffen die neue Anschrift ihrem bisherigen Postamt auf dem schnellsten Wege mitteilen. **Eilauftragskarten** zu solchen Anfragen mit **violettem** Vordruck (Bild 3) werden auf Anfordern von den Schalterdienststellen der Deutschen Reichspost und bei der Feldpostamt kostenlos abgegeben.

Bild 3 (mit Mustereintrag)

Bei der Ausfertigung dieser Eilauftragskarten ist zu beachten:

1. Deutliche Schrift!
2. Genaue Angabe des Absenders nach dem Vordruck im linken Teil der Anschriftenseite.
3. Genaue Bezeichnung des betroffenen Ortes im rechten Teil der Anschriftenseite.
4. Genaue Angabe der zu prüfenden Anschrift in dem betroffenen Ort auf der Rückseite der Karte.

IV. Übermittlung der Nachrichten und Aufnahme des Eilnachrichtendienstes.

Die Eilnachrichtenkarten und die Eilauftragskarten werden auf dem schnellsten zur Verfügung stehenden Wege an die Empfangsstelle übermittelt. Die Eilauftragskarten werden nach Prüfung der angegebenen Postanschrift auf dem schnellsten Wege an den Absender zurückgesandt. Die Benutzung dieses Eilnachrichtendienstes ist **gebührenfrei.**

Die Aufnahme des Eilnachrichtendienstes der Deutschen Reichspost wird in jedem einzelnen Falle von dem Präsidenten der Reichspostdirektion bestimmt und bekanntgegeben.

Berlin W 66, den 16. November 1943.

Der Reichspostminister

Abbildung 8: „Kostenloser Eilnachrichtendienst der Deutschen Reichspost nach Terrorangriffen", Amtliche Bekanntmachung des Reichspostministeriums, 16. November 1943.

schränkung auf „Volksgenossen"[27] schließt das neu etablierte Angebot von vornherein sämtliche Bevölkerungsteile aus, die nicht zur rassistisch definierten „Volksgemeinschaft"[28] gerechnet werden.[29] Lebenszeichen sind hier also bereits im Vorhinein
auf ein *bestimmtes* Leben – auf Kosten eines anderen – festgelegt: Doch mit welchen
Zeichen sollte sich dieses Leben artikulieren?

Die so genannte „Eilnachrichtenkarte Lebenszeichen", die in massenhafter
Auflage von den Reichs- und Staatsdruckereien in Berlin und Wien[30] hergestellt
wurde, sollte unmittelbar nach dem jeweiligen Luftangriff in betroffenen Stadt-
teilen ausgegeben werden. Binnen vier Tagen nach dem Angriff konnten die be-
schrifteten Karten bei den zuständigen Behörden eingereicht und portofrei
versandt werden. Der rote Vordruck galt für den zivilen Verkehr, der grüne für
die Feldpostkommunikation und der violette für die Überprüfung von Adressen
bei der Reichspost (Abbildung 8). In den so genannten ‚besetzten Ostgebieten'
wurden zusätzlich zweisprachige Versionen in Deutsch und Tschechisch verteilt.[31]
Dem Namen *Eilnachricht* entsprechend, erfolgte die Verteilung, Beschriftung und
Beförderung der Karten auf „dem schnellsten zur Verfügung stehenden Wege"[32]:
So durften die Eilnachrichten, anders als gewöhnliche Postsachen, nicht in Brief-
kästen deponiert werden, sondern mussten nach „sofortiger Ausfüllung"[33] direkt

---

27 Reichspostministerium (1943). Zur historisch-ideologischen Einordnung des Begriffs vgl.:
Schmitz-Berning, Cornelia (2007a): [Art.] „Volksgenosse, Volksgenossin", in dies: Vokabular des
Nationalsozialismus. Berlin: De Gruyter, S. 660–664.

28 Schmitz-Berning, Cornelia (2007b): [Art.] „Volksgemeinschaft", in: dies: Vokabular des Nationalsozialismus. Berlin: De Gruyter, S. 654–659. So heißt es beispielsweise schon im Parteiprogramm
der NSDAP von Jahr 1920 „Staatsbürger kann nur sein, wer Volksgenosse ist. Volksgenosse kann
nur sein, wer deutschen Blutes ist, ohne Rücksichtnahme auf Konfession. Kein Jude kann daher
Volksgenosse sein." zitiert nach: Schmitz-Berning (2007a), S. 662.

29 Zeitzeugenberichten lässt sich allerdings entnehmen, dass beispielsweise auch Zwangsarbeiter-
*innen Zugriff auf Eilnachrichtenkarten hatten, womöglich aber nicht kostenfrei, siehe dazu: Jení-
ková, Marie (2005): „Interview", in: Stiftung ‚Erinnerung, Verantwortung und Zukunft' (Hg.):
Zwangsarbeit 1939–1945. Erinnerungen und Geschichte, online verfügbar unter: https://archiv.
zwangsarbeit-archiv.de/de/interviews/za441 (zuletzt aufgerufen am 8. Dezember 2020) [Zugang
nur nach Anmeldung möglich].

30 Die Auflagen der beiden Druckereien unterscheiden sich einerseits durch ihre typographische
Gestaltung, andererseits durch den charakteristischen Druckvermerk am unteren Rand: einem
Adler für die Berliner Reichsdruckerei, dem Kürzel „StdW" für die Wiener Staatsdruckerei.

31 Vgl. z. B. Lebenszeichen von Rosa Bruska (Möhr[?], 30. August 1944).

32 Reichspostministerium (1943).

33 o. A. (1943): „Postverbindung nach Terrorangriffen. Eilnachrichtendienst der Deutschen
Reichspost", in: Völkischer Beobachter, 13. Dezember 1943, S. 4.

wieder am zuständigen Postamt oder aber – weil Postämter nicht selten selbst massiv von Luftangriffen betroffen waren[34] – am „mobilen Postamt“[35], also bereitstehenden Transportfahrzeugen aufgegeben werden. Von dort aus wurden sie in die nächstgelegene Stadt befördert, zumeist ohne Poststempel weitergeleitet und den Empfänger*innen zugestellt.

Auf diesem Weg zirkulierten zwischen 1943 und 1945 viele tausend Lebenszeichen-Karten im gesamten Einzugsgebiet der Reichspost.[36] So schreibt etwa Frauke Ludwig am 24. Juli 1944 aus Kiel nach Berlin: „Alles in Ordnung u. wohlauf“[37]. Aus München meldet sich Familie Henneberger am 25. Juni 1944: „Angriff gut überstanden. Herzl. Grüße“[38]. „Leichter Brandschaden sonst alles gut“[39] schreibt Helma Schemmenauer aus Ludwigshafen am 4. September 1944. „Total ausgebombt, wollte mich melden, vergebens. Untergebracht Wittenbergstr. 53 bei Hofmann“[40] meldet Fritsch aus dem zerstörten Dresden am 17. Februar 1945. All diese Nachrichten und zahllose weitere finden sich heute in den Beständen von historischen Museen, Stadtarchiven und philatelischen Privatsammlungen. Auch werden einzelne Postkarten immer wieder über Online-Auktionshäuser angeboten. Aus diesen weit verstreuten Quellen hat der Verfasser dieser Arbeit eine Auswahl von ca. 100 Eilnachrichtenkarten zu einem digitalen Archiv zusammengetragen und katalogisiert.[41] Auch wenn dies nur einen geringen Bruchteil der zehntausendfach verschickten Eilnachrichten ausmacht, liefert der Korpus dennoch einen Überblick über die rege Nutzung, die breite geographische Streuung und das inhaltliche Spektrum der Karten.[42]

Trotz ihrer ubiquitären Verbreitung hat die ‚Eilnachricht Lebenszeichen‘ bislang jedoch kaum wissenschaftliche, geschweige denn medienhistorische Beachtung gefunden. Abgesehen von einigen flüchtigen Erwähnungen in historischen

---

34 Vgl. Ueberschär (1999), S. 249.

35 Ueberschär (1999), S. 246, sowie Abb. 39.

36 Aus anderen Ländern sind – nach den Kenntnissen des Autors – keine vergleichbaren Eilnachrichtendienste bekannt. Dies lässt sich am ehesten mit der vergleichsweise langen Dauer und hohen Intensität des Luftkriegs über Deutschland erklären.

37 Lebenszeichen von Frauke Ludwig (Kiel, 24. Juli 1944).

38 Lebenszeichen von Familie Henneberger (München, 29. April 1944).

39 Lebenszeichen von Helma Schemmenauer (Ludwigshafen, 4. September 1944).

40 Lebenszeichen von Gertrud Fritsch (Dresden, 17. Februar 1945).

41 Mein Dank gilt allen Ansprechpartner*innen in Museen und Archiven für die freundliche und kompetente Unterstützung bei der Recherche.

42 Der heterogene Quellenbestand bringt es mit sich, dass sich die Authentizität der Postkarten nicht in allen Fällen zweifelsfrei klären lässt. Wo authentifizierende Merkmale, wie Poststempel, oder autorisierende Institutionen – wie Museen, Auktionshäuser oder Forschungsinstitute – fehlen, müssen der Vergleich mit anderen Karten und die Rekonstruktion von Personen- und Straßennamen ausreichen, um die Karten als Originale einzustufen.

Abhandlungen zur Reichspost[43] oder zur Feldpost im Zweiten Weltkrieg[44] sowie vereinzelten Aufsätzen in Philatelie-Zeitschriften, steht eine systematische Reflexion des Mediums bis heute aus. Dies mag umso mehr überraschen, zumal die Geschichte der Postkarte in jüngerer Zeit von zahlreichen kultur- und medienhistorischen Arbeiten umfassend aufgearbeitet wurde,[45] allen voran von Anett Holzheids materialreicher Mediengeschichte der Postkarte,[46] Bernhard Siegerts *Geschicke der Literatur in der Epoche Post*[47] oder Jacques Derridas zweibändiger philosophisch-dekonstruktivistischer Postkartensendung.[48] Auch wenn keine dieser Arbeiten explizit auf die Eilnachricht Lebenszeichen zu sprechen kommt, bieten sie dennoch einige produktive Anhaltspunkte für die folgende Untersuchung.

Besonders Anett Holzheid weist auf interessante Affinitäten zwischen dem Medium Postkarte und dem Phänomen des Lebenszeichens hin. So bezeichnet sie die Postkarte explizit als „Träger des kleinen Lebenszeichens par excellence"[49]. Mit der Rede vom ‚kleinen Lebenszeichen' spielt sie auf die primär „phatische"[50] Funktion der Postkarte an. Aufgrund ihrer gebotenen Kürze, ihrer reduzierten Komplexität, ihrer ephemeren Qualität und ihrer häufigen Wiederholbarkeit sei die Postkarte geradezu prädestiniert, um soziale Kontakte durch regelmäßige, kommunikative Impulse kontinuierlich aufrechtzuerhalten: ‚Mir geht es gut. Wie geht es dir?'. ‚Bei uns alles in Ordnung!'. Einen besonderen Wert erhalten solche phatischen Zeichen, so Holzheid, wenn „Sorge um das Wohl des Empfängers"[51], also Ungewissheit über seinen Verbleib besteht. Zur Ausräumung dieser Unge-

---

43 Vgl. Ueberschär (1999), S. 248.

44 Einzelne Abbildungen von Eilnachrichtenkarten – allerdings ohne weitergehende Kontextualisierung – finden sich etwa in: Büll, Hans J./Lakowski, Richard (2002): Lebenszeichen 1945. Feldpost aus den letzten Kriegstagen. Leipzig: Miltitzke, S. 109, Abb. 34, Abb. 34.1; sowie in: Echternkamp, Jörg (2006): Kriegsschauplatz Deutschland 1945. Leben in der Angst – Hoffnung auf den Frieden. Feldpost aus der Heimat und von der Front. Paderborn: Ferdinand Schöningh, S. 228.

45 Vgl. exemplarisch den Sammelband: Prochaska, David/Mendelson, Jordana (2010): Postcards. Ephemeral Histories of Modernity. University Park, Pennsylvania: Pennsylvania State University Press.

46 Vgl. Holzheid, Anett (2011): Das Medium Postkarte. Eine sprachwissenschaftliche und mediengeschichtliche Studie. Berlin: Erich Schmidt.

47 Vgl. das Kapitel „Die Postkarte", in: Siegert, Bernhard (1993): Relais. Geschicke der Literatur als Epoche der Post 1751–1913. Berlin: Brinkmann und Bose, S. 158–179.

48 Vgl. Derrida, Jacques (1982/1987): Die Postkarte von Sokrates bis an Freud und jenseits. 2 Bände. Berlin: Brinkmann und Bose.

49 Holzheid (2011), S. 188 .

50 Holzheid (2011), S. 149.

51 Holzheid (2011), S. 188.

wissheit wird oftmals um ein „Lebenszeichen per Karte gebeten“[52], das dem Gegenüber Beruhigung und Erleichterung verschaffen soll.

Man könnte durchaus sagen, dass sich die Eilnachricht im Zweiten Weltkrieg genau diesen alltäglichen, phatischen Gebrauch von Postkarten als ‚Träger des kleinen Lebenszeichens‘ zu Nutze macht und ihn regelrecht wörtlich nimmt. Durch den Aufdruck ‚Lebenszeichen‘ wird die implizite Funktion von Postkarten explizit gemacht und zugleich in ein anderes, nämlich *existenzielles* Register verschoben. Nicht länger dient die Postkarte nur als phatisches Medium der Beziehungs- und Kontaktpflege, sondern ausdrücklich als Beleg für die Lebendigkeit seiner Absender*innen. Die Postkarte verwandelt sich in ein regelrecht *existenzielles* Medium zur kurzen, schnellen und wiederholten Anzeige des eigenen Lebens. Anders jedoch als bei den bisherigen Lebenszeichen hängt die Existenz der Absender*innen dabei gerade *nicht* konstitutiv vom Schicksal der versendeten Zeichen ab. Die Eilnachricht *ermöglicht* nicht erst das Leben, von dem sie handelt; sie zeigt es nur gegenüber anderen an, *informiert* über die momentane Verfassung der Verfasser*in: „Ich lebe noch, bin heil und gesund“[53].

Dieser markante Unterschied scheint Grund genug, die Eilnachrichtenkarte keiner der bereits bekannten Artikulationsweisen des Lebenszeichens zuzuschlagen. Zwar weist sie unübersehbare Schnittmengen zu vorangegangenen Modi auf: Wie die *Transmissionen* müssen auch Eilnachrichten als adressierte Zeichenträger mit Hilfe technischer Transportmedien und -kanäle über weite Distanzen hinweg übertragen werden. Und wie die *Expositionen* heben sich auch die Eilnachrichten durch ihre auffällige Farbgebung demonstrativ vom übrigen Postverkehr gut sichtbar ab. Auch wenn diese Überschneidungen im Folgenden immer wieder produktiv gemacht werden, soll der Schwerpunkt dennoch auf dem *Informationswert* der Eilnachricht liegen, also auf ihrer Fähigkeit, zugleich Gewissheit wie Ungewissheit, Versicherung wie Verunsicherung hervorzurufen.

In Form

Um zu verstehen, auf welche Weise die Eilnachricht *informiert*, muss man sich zunächst einen bislang vernachlässigten Aspekt des Informationsbegriffs vergegenwärtigen, der noch *vor* der Übermittlung von Nachrichten ansetzt. Dem Wortsinn nach bezeichnet *Information* nämlich nicht primär den Austausch von Mitteilungen, sondern zunächst das *In-Form-Bringen* von Materialien durch Prozesse der Gestaltung und

---

52 Holzheid (2011), S. 188.
53 Lebenszeichen von Heinrich Berlekamp (Dortmund, 8. Oktober 1944).

Formgebung (von lat. *informare*). Davon ausgehend haben Medientheoretiker*innen den Akt der Formgebung immer wieder zur elementaren Voraussetzung für jeden Informationsprozess erklärt.[54] Information wäre demnach nur unter der Prämisse möglich, dass zuvor ein Medium *in Form gebracht* und für die Aufnahme von Informationen vorbereitet worden ist.

Besonders anschaulich hat der Medienhistoriker Markus Krajewski dargestellt, inwiefern der Prozess der Information als *In-Formation* gedacht werden muss. An den Gebrauchsroutinen der Karteikarte im Bibliothekswesen zeigt Krajewski, dass die Verarbeitung bibliographischer Daten stets von der „In-Formation"[55] des Träger-mediums abhängig ist. Die graphische und räumliche Vorstrukturierung der Kartei-karte, etwa die Aufteilung des Blattes in Zeilen, Spalten und Felder, „ergänzt durch geometrische Elemente wie Linien und besonders ausgezeichnete Flächen"[56] zerlegt die zu bearbeitende Datenmenge in diskrete Elemente und erlaubt es, den Daten immer wieder dieselben Parzellen zuzuweisen.[57] Erst durch diese Verwandlung der „Karte in ein Formular"[58] wird eine schnelle Erfassung, Zuordnung und Verarbei-tung von Informationen möglich. *Information*, so Krajewskis Fazit, bedarf daher stets einer *in-formierenden* Vorbehandlung des Datenträgers.

Im Anschluss an Krajewski ließe sich sagen, dass auch die Eilnachrichten-karte bereits vor ihrem postalischen Versand auf bestimmte Weise *in-formiert* sein muss. Durch ihre bloße Beschaffenheit und graphische Gestaltung gibt sie immer schon die *Form vor*, die jedes Lebenszeichen annehmen muss, um als gül-tige und lesbare Information übermittelt werden zu können. Ihre charakteristi-sche Form erhält die Karte zum einen durch das einheitliche Format von 9,8 x 13,8 Zentimetern, das exakt einer konventionellen Standardpostkarte entspricht und somit auch ähnliche Gebrauchsroutinen nahelegt;[59] zum anderen durch die Strukturierung des Blatts mit allerlei rahmenden und gliedernden Linien, die der Postkarte die Gestalt eines amtlichen Formulars verleihen. Leerzeilen definieren Plätze für mögliche Eintragungen, Trennlinien grenzen Bereiche ab, Kästchen schließen Räume für Vermerke ein. All diese Linien werden dabei ihrerseits noch

---

54 Am prominentesten sicherlich: Flusser, Vilém (1993): „Form und Material", in: ders.: Vom Stand der Dinge. Eine kleine Philosophie des Design. Göttingen: Steidl, S. 105–114, hier: S. 111.
55 Krajewski, Markus (2007): „In Formation. Aufstieg und Fall der Tabelle als Paradigma der Da-tenverarbeitung", in: Nach Feierabend. Zürcher Jahrbuch für Wissensgeschichte 3, S. 37–55.
56 Krajewski (2007), S. 43.
57 Vgl. Krajewski (2007), S. 43.
58 Krajewski (2007), S. 41.
59 Schon bei ihrer Einführung in der Mitte des neunzehnten Jahrhunderts wurde die Postkarte als hochgradig standardisiertes und durchformatiertes Medium definiert: „Die Postkarte ist der erste Nachrichtenträger der Post, der von Anfang an unter Zugrundelegung von einheitlichen Standards konzipiert wurde.", siehe: Siegert (1993), S. 167.

einmal von einer breiten, auffällig roten Umrandung eingefasst, die an allen vier Seiten entlangläuft und die Karte wie ein Rahmen von ihrer Umgebung abgrenzt.

Der strukturierte Aufbau der Eilnachrichtenkarten ordnet und in-formiert allerdings nicht allein den Akt der Eintragung, sondern kommuniziert selbst bereits eine visuelle Botschaft an die Nutzer*innen. Angesichts der chaotischen Zustände des Luftkriegs verheißt die ostentative Betonung von Form und Formatierung schon auf den ersten Blick ein Mindestmaß an Ordnung inmitten der radikalen Unordnung. Während die Welt jenseits der wohlstrukturierten Oberfläche der Eilnachricht von einem umfassenden Formverlust geprägt ist – Häuser liegen in Trümmern, Straßen sind von Kratern durchlöchert – hebt sich die strenge Formensprache der Eilnachricht als eine geometrisch geordnete, klar abgegrenzte, rot umrandete Fläche ab. Fast scheint es, als wolle die Eilnachricht im zweidimensionalen Raum des Schriftstücks jene Form wahren, die im gebauten Raum der Stadt unwiederbringlich verloren ist.[60]

Besonders anschaulich lässt sich dieser Rahmungs- und Formatierungsprozess an einem seltenen Exemplar der Eilnachricht beobachten, das Kurt Forke 1944 aus Dresden verschickt (Abbildung 9a, 9b).[61] In Ermangelung eines amtlichen Vordrucks nutzt Forke ein handelsübliches Postkartenblatt, umrandet es mit rotem Buntstift und notiert „Eilnachricht" sowie „Lebenszeichen von ...", gefolgt von seinem Namen darauf. Er vollzieht damit gleichsam jenen Akt der *In-Formation* noch einmal händisch nach, den die gedruckte Eilnachrichtenkarte immer schon vollzogen hat. Durch dieses Manöver verschafft er sich nicht nur den Vorteil schnellerer und kostenfreier Post-Beförderung, sondern stellt auf der Blankopostkarte ein Minimum an gewohnter Struktur inmitten des Zusammenbruchs aller Strukturen wieder her. Die Eilnachricht setzt den zerrütteten Verhältnissen des Luftkriegs ihre eigene, intakte Formatierung entgegen. Doch zugleich zeugt sie als Provisorium von den hochgradig instabilen und ungewissen Verhältnissen, in denen sie entstanden ist.

Diese Ambivalenz von Ordnung und Unordnung tritt besonders deutlich hervor, wenn der Inhalt der Eilnachrichten in eklatantem Widerspruch zum aufgeräumten Erscheinungsbild der Karte steht. Immer wieder legen Lebenszeichen-Postkarten von den verheerenden Zerstörungen des Luftkriegs Zeugnis ab: „Haus

---

60 Einen ähnlichen ordnungsstiftenden Effekt hat der Luftkriegshistoriker Dietmar Süß bereits für das Verfassen von Briefen unmittelbar nach Luftangriffen festgestellt. Demnach dienten Briefe nicht allein zur Benachrichtigung ihrer Empfänger*innen, sondern auch zur Wiederherstellung von „Ordnung in der Unordnung" und zur Rückkehr in die geregelten Routinen des Alltags, vgl. Süß (2011), S. 417.

61 Lebenszeichen von Kurt Forke (Dresden, 24. Februar 1945).

Abbildung 9a, 9b: „Lebenszeichen von Kurt Forke (Dresden, 24. Februar 1945)", recto/verso, aus: Angebot von Auktionshaus Christoph Gärtner auf Stamp Circuit, 21. Februar 2017.

total ausgebombt"[62], schreibt Sybille Kurtz am 27. Juli 1944 aus Stuttgart; „Alle drei leben, Stadt weg"[63] meldet eine Karte aus dem zerstörten Dresden; „Haus + Inhalt alles verbrannt; [?] Kleid am Körper, fassungslos, Mama, Else"[64] schreibt Else Radtke aus Kiel. Obwohl hier durchgehend vom Zusammenbruch aller Formen und vom Verlust der Fassung die Rede ist, finden sich die Mitteilungen paradoxerweise immer schon in die geordnete Struktur der Eilnachricht eingefasst und somit formal gebändigt. Die katastrophale Erfahrung des Luftkriegs soll sich hier offenbar nicht als existenzielle Ausnahmesituation artikulieren, sondern als administrativ geordneter Vorgang, der durch geeignete „Medien der Bürokratie"[65] eingehegt und in geordnete Bahnen gelenkt werden kann. So suggeriert die Eilnachricht durch ihre bloße Form bereits den Fortbestand geordneter Verhältnisse inmitten umfassender Zerstörung.[66]

Doch auch wenn sich die Eilnachricht mit der Gestalt des Formulars den Anschein eines rationalen und objektiven Informationsmediums gibt, darf sie keineswegs als neutrales Formular für alle denkbaren Eintragungen betrachtet werden. In ihrer Mediengeschichte des Formblatts hat Lisa Gitelman darauf aufmerksam gemacht, dass bürokratische Dokumente stets regulative Macht auf das Geschriebene und die Schreibenden ausüben. Schreiben im Formular ist demnach kein Akt eines freien und autonomen Selbstausdrucks, sondern untersteht

---

62 Lebenszeichen von Sybille Kurtz (Stuttgart, 27. Juli 1944).

63 Lebenszeichen von Mi Himmstädt (Dresden, 15. September 1944).

64 Lebenszeichen von Else Radtke (Kiel, 28. August 1944).

65 Balke, Friedrich/Siegert, Bernhard/Vogl, Joseph (2016): „Editorial", in: Archiv für Mediengeschichte 16. Schwerpunkt: Medien der Bürokratie, S. 5–14.

66 Für den strategischen, ideologischen und propagandistischen Einsatz von Design und Typographie im Nationalsozialismus, vgl. Koop, Andreas (2008): NSCII. Das visuelle Erscheinungsbild der Nationalsozialisten 1925–1945. Mainz: Hermann Schmidt.

spezifischen „rules"[67] – im doppelten Sinne von graphischen *Hilfs*-linien und von normativen *Richt*-linien. Anders als beim Verfassen eines Briefes finden sich die Schreibenden hier nicht länger mit einem gestaltungsoffenen, unbeschriebenen Blatt konfrontiert, das prinzipiell für jede beliebige Äußerung empfänglich ist, vielmehr ist die Kontingenz des Sagbaren bereits durch die Ordnung des Formulars reduziert: Das Formular weist den Informationen feste Plätze zu und macht dem Schreibakt buchstäblich *Vor-schriften*.

Man könnte bereits die schlichte Überschrift „Lebenszeichen" als eine solche *Vor-Schrift* begreifen. Noch vor jeder Eintragung legt sie den Inhalt der Postkarten auf die schlichte und alleinige Artikulation des *Lebens* fest – unter Ausschluss aller anderen möglichen Themen und Anliegen. Mit dieser Vorgabe wird insbesondere die Kommunikation über den *Tod* strukturell unwahrscheinlich gemacht. Wer Todesmeldungen übermitteln musste, wird sich wohl kaum eines Mediums bedienen, das bereits im Titel ‚Lebenszeichen‘ postuliert und so mitunter falsche Erwartungen weckt. Daher kommt der Tod – trotz seiner allgegenwärtigen Präsenz im Luftkrieg – auf den Eilnachrichten so gut wie nie zur Sprache. Es scheint, als solle die Eilnachricht eine hochgradig selektive, ja kontrafaktische Wirklichkeit konstruieren, die in direktem Gegensatz zur unübersehbaren Todeserfahrung des Luftkriegs steht und womöglich gerade daraus ihre propagandistische Wirkung gewinnen soll. Während der Tod jenseits der Postkarte bereits längst ins Alltagsleben eingedrungen ist, hält ihn der Rahmen des Lebenszeichens auf Abstand. Wann immer sich Absender*innen über diese Vorschrift hinwegsetzten und die Eilnachricht dennoch als Medium der Todesmeldung nutzen – „Vater und Joni tot. Haus Volltreffer. Komme sofort!"[68] notiert etwa Jenny Beil aus Kitzbühl am 23. Februar 1945 auf ihre Postkarte –, dann steht die Überschrift „Lebenszeichen" in geradezu zynischem Kontrast zum übrigen Inhalt. Sie beharrt auch dann noch auf dem Primat des Lebens, wenn dieses bereits ausdrücklich dementiert wurde.

Doch neben solchen strukturellen Vorschriften formuliert die Eilnachricht auch eine Reihe von ausdrücklichen Imperativen an ihre Nutzer*innen – allen voran den rot umrandeten Appell „Deutlich Schreiben!" in der Kopfzeile der Nachricht. „Die Aufforderung, deutlich zu schreiben", so ein Zeitungsbericht aus dem Februar 1944 „ist eine notwendige Forderung, denn dass überstandene Bombennächte an die Nerven gehen, braucht nicht besonders erwähnt zu werden."[69] Somit zeugt die Ermah-

---

67 Gitelman, Lisa (2014): Paper Knowledge. Toward a Media History of Documents. Durham/London: Duke University Press, S. 23.
68 Lebenszeichen von Jenny Beil (Kitzbühl, 23. Februar 1945).
69 o. A. (1944): „Lebenszeichen von ...'. Eilnachrichten nach Terrorangriffen", in: Revaler Zeitung, 9. Februar 1944, S. 4.

nung zur Deutlichkeit indirekt von den physischen und seelischen Zerrüttungen, die der Luftkrieg bei den Schreibenden hinterlässt, die sich jedoch nicht im Schriftbild niederschlagen sollten. Zugleich jedoch kommt dem Aufruf eine eindeutig machtpolitische Funktion zu, denn je deutlicher die Handschrift, desto leichter fällt auch die Arbeit der NS-Zensur, den Nachrichtenverkehr auf unliebsame Äußerungen hin zu durchleuchten.[70] Dank der *Unverschlossenheit* des Mediums Postkarte, die zahlreiche Medientheoretiker*innen als konstitutives Merkmal des Mediums herausgestellt haben,[71] liegt die Aufschrift der Eilnachricht ohnehin für alle Augen offen lesbar vor. Allein das Wissen um diese Offenbarkeit dürfte bereits im Voraus das Schreibverhalten der Absender*innen und das Spektrum der übermittelten Nachrichten diszipliniert haben – etwa durch Verzicht auf politische Stellungnahmen, katastrophale Erfahrungsberichte oder Todesmeldungen.[72]

Doch nicht nur die Zensurerwartung sorgt für die Selbstbeschränkung der Schreibenden, auch der beengte Raum und die vorgegebene Zeichenobergrenze sollen ausführlichere Schilderungen von vornherein unterbinden. Die rigide Vorgabe „Inhalt zugelassen höchstens 10 Wörter Klartext", die oberhalb des Nachrichtenfensters platziert ist, hat einen regelrechten Telegrammstil zur Folge, der zumeist auf Grußformeln verzichtet, Verben ausspart und sich auf minimale, lakonische Aussagen begrenzt: „Alles in Ordnung"[73], „bin gesund"[74], „Geht mir noch gut"[75]. Nur wenige Eilnachrichten nutzen die gesamte Fläche der Karte für wortreiche Berichte über lange Bombennächte,[76] die meisten dagegen beschränken sich auf sparsame Meldungen im Rahmen des Möglichen. Mit dieser verbalen Ökonomie schreibt sich die Eilnachricht unverkennbar in das „Kürze-Paradigma"[77] der Postkarte ein. Schon früh wurde die Postkarte mit dem Imperativ zur „Einfachheit und Kürze" verbunden und ausdrücklich als Medium der „nackte[n] Mitteilung"[78] propagiert. Es finden sich sogar Versuche, den Akt der Beschriftung ganz zu erübrigen und auf ein schlichtes

---

70 Die systematischen Eingriffe in das Postgeheimnis durch die Gestapo zeichnet Wolfgang Lotz nach: vgl. Lotz, Wolfgang (1999): Die Deutsche Reichspost 1933–1945. Bd. 1: 1933–1939. Berlin: Nicolai'sche Verlagsbuchhandlung, S. 172, S. 188.

71 Vgl. Holzheid (2011), S. 139; sowie: Siegert (1993), S. 159.

72 Für die Selbstbeschränkung und Anonymisierung beim Postkartengebrauch vgl. Holzheid (2011), S. 28, S. 139.

73 Lebenszeichen von Ilse Hofmann (Berlin, 16. Februar 1944).

74 Lebenszeichen von Kurt Sauer (Berlin, 21. Januar 1944).

75 Lebenszeichen von Adam Liebig (Karlsruhe, 6. September 1944).

76 Vgl. Lebenszeichen von Jakob Schlenker (Stuttgart, 29. Januar 1945).

77 Holzheid (2011), S. 107.

78 So heißt es bereits in der Denkschrift von 1865 zur Einführung der Postkarte, zitiert nach Siegert (1993), S. 159.

Ankreuzen von vorgegebenen Antwortmöglichkeiten zu reduzieren, wie etwa bei der berühmten Universal-Correspondenz-Postkarte von 1885 oder den englischen *Field Service Post Cards* für Kriegsgefangene im Ersten Weltkrieg, die Bernhard Siegert in seiner Postgeschichte behandelt hat.[79]

Eine vollkommene Reduktion des Schreibakts nach dem Vorbild der Feldpostkarten jedoch würde die Eilnachricht einer wichtigen Dimension berauben, die ihr den Wert eines informativen Lebenszeichens überhaupt erst verleiht. Erst durch den Akt der Beschriftung nämlich verwandelt sich das standardisierte Blanko-Formular in die Mitteilung eines *bestimmten* Lebens, wird also gleichsam vom allgemeinen Muster zum spezifischen Exemplar. Dabei kommt insbesondere der *Handschrift* eine entscheidende Bedeutung zu: Als indexikalische Spur des Schreibvorgangs soll sie die „erlösende Gewissheit“[80] liefern, dass *genau dieses* individuelle Leben mit der Karte in Kontakt gestanden und folglich – zumindest für den kurzen Moment der Eintragung – existiert haben muss.[81] Anders als die ankreuzbaren Kästchen der Korrespondenzkarten dienen die Leerstellen der Eilnachricht somit nicht dazu, „das Schreiben überflüssig zu machen“[82], sondern fordern vielmehr als stumme Imperative zur aktiven Vervollständigung auf.[83] Erst aus dem Zusammenspiel von „präfabrizierten“ Elementen einerseits und einer „schriftlichen Hinzufügung[...]“[84] andererseits ergibt sich der spezifische Informationswert des postalischen Lebenszeichen.

Allerdings reicht die bloße Indexikalität der Handschrift für eine verlässliche Bestätigung des Lebens keineswegs aus, solange sie nicht durch weitere indexikalische Elemente flankiert wird. Im Falle der Eilnachrichtenkarte sind es vor allem die Orts- und Datumsangaben in der Kopfzeile, die entscheidende Anhaltspunkte für die räumliche und zeitliche Kontextualisierung der Nachricht liefern sollen. Beide Angaben gewinnen im Luftkrieg eine gesteigerte Brisanz und Prekarität: So kann der *Ort* des Lebens hier nicht als stabile Konstante vorausgesetzt werden. Schon die vermeintlich harmlose Formulierung „Haus noch ganz“[85], die sich auf einer Dresdner Eilnachricht findet, stellt den eigenen Wohnort unter Vorbehalt. Wie bereits in der Formel ‚Ich lebe noch ...‘ verweist das ‚noch‘ auch hier auf die

---

79 Vgl. Siegert (1993), S. 172–174.

80 Holzheid (2011), S. 159.

81 Dieser Effekt fehlt natürlich bei jenen wenigen Eilnachrichtenkarten, die nicht hand-, sondern maschinenschriftlich ausgefüllt wurden, wie zum Beispiel: Lebenszeichen von Carl Schmid (München 19./20. Juli 1944).

82 Siegert (1993), S. 171.

83 Lisa Gitelman spricht hier von der „fillability“ des Formulars: Gitelman (2014), S. 21. Vgl. zur Anwendung des Formular- und Lückentext-Prinzips bei frühen Postkarten: Siegert (1993), S. 174.

84 Holzheid (2011), S. 16.

85 Lebenszeichen von Oswin Sparschuh (Dresden, 18. Februar 1945).

konstitutive *Vorläufigkeit* der Information, also auf die drohende Möglichkeit, das Haus jederzeit zu verlieren. Dass diese Bedrohung real war, zeigt die Meldung „total ausgebombt"[86], die sich auf zahlreichen Karten findet und von der irreparablen Zerstörung des Zuhauses zeugt.

Die Zerstörung des Hauses macht dabei nicht nur den Aufenthalt der Absender*innen unmöglich, sondern auch ihre postalische Erreichbarkeit. Der Wohnort ist nicht bloß Zuhause, sondern immer auch *Adresse*, also Knotenpunkt im Netzwerk der Post und damit Bedingung der brieflichen Kommunikation. Sobald die Subjekte gezwungen sind, ihre Orte zu verlassen, weil an der alten Adresse schlicht kein Haus mehr steht, wechseln sie auch die Stellen im postalischen Netzwerk und gefährden so die weitere Anschlusskommunikation. Um die Erreichbarkeit auch über diesen Einschnitt hinaus sicherzustellen, müssen deshalb im Textteil genauere Angaben über den Verbleib des Lebens gemacht werden: „Haus total zerstört, Alle gesund, jetzt Kulturstr. 80"[87] schreibt etwa Familie Tüllmann aus Duisburg in ihrer Lebenszeichenkarte von 1944. Während in der Kopfzeile der Karte noch „Michaelstraße 16" als Absender*innenadresse notiert ist, wird sie im Textteil bereits durch eine neue Adresse überschrieben und dementiert: „Jetzt Kulturstr. 80". Die Adresse des Lebens ist im Luftkrieg somit ebenso instabil wie das dort ansässige Leben.

Doch zugleich verweisen Wörtchen wie ‚jetzt‘ oder ‚noch‘ unübersehbar auf die eminent *zeitliche* Dimension der Eilnachricht. Sie implizieren, dass der Informationswert jedes Lebenszeichens an einen definierten Zeitpunkt gebunden ist. Deutlichster Ausdruck dieser Zeitbindung ist zweifellos die Datumsangabe. Bereits Anett Holzheid hat ausdrücklich auf die essenzielle Bedeutung der Datierung im Postkartenverkehr hingewiesen. Gerade weil Postkarten häufig auf „situativ[e]"[88] und daher veränderliche Umstände Bezug nehmen – etwa auf das momentane Befinden oder den Aufenthaltsort der Absender*in –, wird die Datierung zum entscheidenden Index, um die Aktualität der Information einzuschätzen. Es handelt sich also bei Postkarten um konstitutiv zeitgebundene oder zeitkritische Medien mit hohem Gegenwartsbezug und „äußerst kurze[r] Gültigkeitsdauer"[89]. Im Luftkrieg potenziert sich diese Kurzlebigkeit der Postkarte. Wenn sich die existenziellen Verhältnisse der schreibenden Subjekte – ihr Ort, ihre Verfassung, ihre Adresse – tatsächlich jeden Moment radikal verändern können, wenn also das Leben selbst so *kurzlebig* geworden ist wie seine Nachrichten, dann tritt die ephemere Dimension

---

86 Exemplarisch seien hier angeführt: Lebenszeichen von Familie Grimm (Dresden, 4. März 1945); Lebenszeichen von Dr. Graf] Franca (Salzburg, 20. November 1944).
87 Lebenszeichen von Familie Tüllmann (Duisburg, 24. Februar 1945).
88 Holzheid (2011), S. 144.
89 Holzheid (2011), S. 28.

der Postkarte in besonderem Maße in den Vordergrund. Es ist diese eigentümliche Zeitlichkeit, die im folgenden Abschnitt genauer untersucht werden soll.

In Eile

Die Zeitbindung ist dem Medium Eilnachricht bereits namentlich eingeschrieben: Mit dem Versprechen der *eiligen* Zustellung wird das Lebenszeichen von Anfang an als *zeitkritisches* Medium markiert. Tatsächlich ließe sich sogar sagen, dass alle bislang untersuchten Merkmale der Eilnachrichtenkarte auf eine umfassende Verzeitlichung und Beschleunigung ausgerichtet sind: die begrenzte Zeichenanzahl, der vorbereitete Lückentext, das standardisierte Format der Karte, der Verzicht auf Stempelung – all diese Elemente dienen letztlich der raschen Beschriftung, Bearbeitung und Beförderung des Lebenszeichens. Es ist also die *Eile*, auf die die gesamte Formgebung der Eilnachricht hinausläuft.[90]

Dass es Lebenszeichen *eilig haben*, dass sie also konstitutiv zeitkritische Phänomene sind, wurde bereits an verschiedenen Stellen dieser Arbeit hervorgehoben.[91] In den bisherigen Fällen jedoch ergab sich die Dringlichkeit des Lebenszeichens stets aus der existenziellen Gefährdung des notleidenden Lebens. Lebenszeichen mussten unverzüglich versendet, übertragen und beantwortet werden, um das drohende Ende des Lebens rechtzeitig abzuwenden. Im Falle der Eilnachricht hingegen stellt sich die Situation anders dar. Hier nämlich artikuliert das Lebenszeichen nicht länger die akute Notlage eines verunglückten Lebens, sondern die *Unversehrtheit* des Lebens. Die besondere Eile der Eilnachricht lässt sich deshalb nicht unmittelbar aus der Hilfsbedürftigkeit des angezeigten Lebens ableiten; sie wird vielmehr – so zumindest die These – erst aus der spezifischen Zeitökonomie von Informationsprozessen heraus verständlich.

Es war Niklas Luhmann, der das „Verhältnis zur Zeit"[92] als eine elementare Dimension des Informationsbegriffs hervorgehoben hat. In seiner Studie zur *Realität der Massenmedien* versteht er Information als eine zeitgebundene Ressource, die durch eine geringe Halbwertszeit und rasche Verfallstendenz gekennzeichnet ist. Jede Information, so Luhmann, verwandelt sich bereits im Moment ihres Ein-

---

90 Schon der Gebrauch gewöhnlicher Postkarten war im neunzehnten Jahrhundert mit „geschäftiger Eile" assoziiert und kam daher einer „Dynamisierung von Kommunikation entgegen", siehe: Holzheid (2011), S. 144.

91 Man denke zum Beispiel an die knappe Zeitlichkeit des *emergency* (vgl. Kapitel 1.3) oder an das zeitkritische *timing* des Lebenszeichens (vgl. Kapitel 3.3).

92 Luhmann (1996), S. 41.

treffens in „Nichtinformation"[93]. Was eben noch als neu, überraschend oder unwahrscheinlich erscheinen konnte, wird schon im nächsten Moment als bekannt vorausgesetzt und dient als Kontrastfolie für die Erfassung weiterer Informationen, die ihrerseits nur für einen kurzen Augenblick den Status von Neuigkeiten genießen, bevor sie demselben Schicksal der „ständige[n] Deaktualisierung"[94] verfallen. Aus dieser permanenten Selbstentwertung von Information entsteht ein Bedarf nach stetiger Erneuerung und Auffrischung: Weil jede Information nur *vorläufige* Gewissheit bietet, also immer nur *bis auf weiteres* informiert, spannt sie zugleich einen „Horizont selbsterzeugter Unsicherheit auf[...], der durch weitere und immer weitere Informationen bedient werden muß"[95].

Für Luhmann zeigt sich diese Dynamik der ständigen Veraltung und Erneuerung von Informationen am deutlichsten in der Sphäre der Massenmedien. Gerade in Nachrichtenmedien müssen Informationen möglichst schnell durch weitere Informationen ersetzt und überschrieben werden. Auch im Luftkrieg des Zweiten Weltkriegs spielen solche Nachrichtenmedien eine entscheidende Rolle, allen voran der so genannte *Wehrmachtbericht*, also die tägliche Rundfunksendung des militärischen Oberkommandos, die im gesamten Reichsgebiet ausgestrahlt wird.[96] Neben propagandistisch gefärbten Neuigkeiten von der Front gibt der Bericht auch Auskunft über die Luftangriffe des Vortages und der vergangenen Nacht. Damit dient der Bericht seinem Publikum als aktuelle Informationsquelle über Luftangriffe in den verschiedenen Orten des Reichs.[97] Allerdings hatten die täglichen Meldungen einen ambivalenten Effekt, der ziemlich genau den eingangs beschriebenen Zwiespalt des Informationsbegriffs wiederspiegelt: Zum einen sollten sie die Bevölkerung kontinuierlich über den Verlauf des Bombenkriegs unterrichten, also Ungewiss-

---

93 Luhmann (1996), S. 41. Zu einer ähnlichen Einsicht gelangt auch die Medientheoretikerin Mary Ann Doane, wenn sie über die Zeitlichkeit von Informationen schreibt: „[...] there are things which last and things which don't. Information does not. It is expended, exhausted, in the moment of its utterance.", siehe: Doane (1990), S. 254–255.

94 Luhmann (1996), S. 43.

95 Luhmann (1996), S. 149.

96 Eine Transkription aller Wehrmachtberichte von 1939–1945 liegt als dreibändige Sammelausgabe vor, vgl.: Deutsches Reich Wehrmachtoberkommando (1985a): Die Wehrmachtberichte 1939–1945, 3 Bände. München: Deutscher Taschenbuch-Verlag.

97 So heißt es beispielsweise im Bericht vom 7. Oktober 1944 – also genau *einen* Tag vor dem eingangs zitierten Lebenszeichen von Henrich Berlekamp aus Dortmund: „Nordamerikanische Terrorbomber führten unter Jagdschutz Terrorangriffe gegen die Reichshauptstadt, gegen Hamburg, Stralsund und Stettin, britische Verbände warfen Bomben auf rheinisch-westfälisches Gebiet und zerstören bei Nachtangriffen Wohnviertel in Dortmund und Bremen.", siehe: Deutsches Reich Wehrmachtoberkommando (1985b): Die Wehrmachtberichte 1939–1945, Bd. 3: 1. Januar 1944–9. Mai 1945, S. 279.

heiten beseitigen und kursierende Gerüchte eindämmen; andererseits jedoch steigerte die Erwähnung einer betroffenen Stadt zugleich die Sorge um die eigenen Angehörigen.[98] So bemerkt ein Zeitungsartikel aus dem Februar 1944: „Immer, wenn deutsche Städte von Terrorangriffen heimgesucht werden, und dies der Wehrmachtbericht verzeichnet, gibt es Sorgen um die Lieben daheim. Haben sie auch diesen Angriff gut überstanden? Sind sie am Leben und konnten sie ihre Wohnung retten?“[99].

Mit Luhmann ließe sich sagen, dass der Wehrmachtbericht nicht allein Unsicherheit *reduziert*, sondern zugleich einen „Horizont selbsterzeugter Unsicherheit aufspann[t], der durch weitere und immer weitere Informationen bedient werden muß“[100]. Während Luhmann jedoch davon ausgeht, dass Massenmedien wie Radio und Fernsehen in der Lage sind, die selbst geschaffene Ungewissheit auch umgehend wieder durch neue Informationen abzubauen, bringt der Wehrmachtbericht trotz seiner fortlaufenden Erneuerung von sich aus niemals Gewissheit über das Schicksal der Angehörigen, erzeugt also stets weit *mehr* Ungewissheit, als er absorbieren kann. Weil der Wehrmachtbericht permanent neue Nachrichten über Luftangriffe liefert, aber keinerlei Informationen über den Verbleib der Angehörigen, wird ein zusätzliches, kompensatorisches Medium benötigt, das die stets von neuem erzeugte Ungewissheit ausräumt. Es ist genau diese Lücke, die das Medium *Eilnachricht* besetzen soll.

Das postalische Lebenszeichen soll jene Ungewissheiten beseitigen, die der Wehrmachtbericht ständig von neuem erzeugt. Dabei setzt die regelmäßige Aktualisierung der Radiomeldungen die Eilnachricht unter genau jenen Zeitdruck, dem sie ihren Namen verdankt: Sie *eilt* – so ließe sich sagen – immerzu dem instantan verbreiteten Radiobericht hinterher. Wenn jedoch unablässig neue Angriffe berichtet werden, wenn auf jede Radiomeldung immer weitere folgen, ist jedes Lebenszeichen zwangsläufig vom Schicksal der „Deaktualisierung“[101] bedroht. Es läuft Gefahr, auf seinem Weg vom Sender zum Empfänger bereits durch noch aktuellere Radiomeldungen über neuerliche Luftangriffe am betroffenen Ort überholt zu werden, die seinen Informationsgehalt in Frage stellen. Gängige Formulierungen auf Eilnachrichten wie ,Haus noch ganz‘, ,Alles in Ordnung‘ oder ,Alles überstanden‘ bleiben daher nur solange gültig, wie sie nicht durch neue Angriffsmeldungen obsolet gemacht werden. Immer wieder fügen die Absender*innen ihren Eil-

---

98 Jörg Echternkamp schreibt mit Recht, dass der Wehrmachtbericht „die Angst um die Angehörigen“ und die „Unsicherheit über den Verbleib“ „oftmals nur verstärkt[e], statt Bedenken zu entkräften“, siehe: Echternkamp (2006), S. 51.
99 o. A. (1944), S. 4.
100 Luhmann (1996), S. 149.
101 Luhmann (1996), S. 43.

nachrichten deshalb kurze, präzisierende Zeitangaben hinzu, etwa „Angriffe 1. und 4. März heil überstanden"[102], oder „Am 7. + 8. Mai verschont geblieben"[103] oder „02.10.1944 mittags"[104], um die genauere zeitliche Einordnung des Angriffs zu ermöglichen. Sie rechnen offenbar damit, dass in der Zwischenzeit neue Angriffe stattgefunden haben könnten, die ihre Lebenszeichen-Nachricht von neuem ungewiss werden lässt.

Um mit diesem rasanten Verfall Schritt zu halten und ihren Informationswert zu bewahren, müssen Lebenszeichen nicht nur – wie eingangs beschrieben – mit größter Eile beschriftet und befördert, sondern auch fortlaufend *erneuert* werden. Nur wenn auf jedes Lebenszeichen weitere und immer weitere folgen, nur wenn Lebenszeichen sozusagen *in Serie* gehen, lässt sich der Aktualitätsverlust der Information fortlaufend kompensieren. Für eine solche Serialisierung des Lebenszeichens scheint das Medium Postkarte geradezu prädestiniert. Ähnlich wie Informationen wurde auch Postkarten, wie bereits oben bemerkt, immer wieder eine „äußerst kurze Gültigkeitsdauer"[105] bescheinigt. Deshalb erschöpft sich die Nutzung der Postkarte typischerweise nicht in einmaligen Mitteilungen, sondern neigt zum „hochfrequente[n] serielle[n] Gebrauch"[106], also zur häufigen Wiederholung kurzer Nachrichten mit jeweils minimaler Halbwertszeit.[107]

Genau diese *Serialisierungstendenz* schlägt sich auch in der Nutzung der Eilnachrichtenkarten nieder. Ein anschaulicher Beleg dafür findet sich in den Erinnerungen der tschechischen Zwangsarbeiterin Marie Jeníková, die während des Luftkriegs einen Ratschlag zum Gebrauch von Eilnachrichtenkarten erhält:

---

102 Lebenszeichen von G. K. Proebst (Ingolstadt, 6. März 1945).

103 Lebenszeichen von Eva Bildt (Berlin, 8. Mai 1944).

104 Lebenszeichen von Ernst Vossen (Münster, 2. Oktober 1944).

105 Holzheid (2011), S. 28.

106 Holzheid (2011), S. 144.

107 Der japanische Künstler On Kawara hat sich den seriellen Charakter von postalischen Lebenszeichen für eine seiner berühmtesten Werkreihen zu Nutze gemacht. Zwischen 1970 und 2000 verschickte On Kawara über 900 Telegramme mit der immergleichen Aufschrift „I am still alive, On Kawara" an Kolleg*innen und Freund*innen in aller Welt. Mit den endlos wiederholten Nachrichten bringt er das Dilemma des Lebenszeichens zum Vorschein, dass es im Moment seines Eintreffens bereits verfallen sein könnte und daher im selben Maße Ungewissheit wie Gewissheit erzeugt. Darüber hinaus enthält On Kawaras Werk noch eine interessante, medienhistorische Pointe: Denn im Laufe der dreißigjährigen Werkreihe kommt das Medium des Telegramms allmählich außer Gebrauch. Vor diesem Hintergrund könnte man die Nachricht „I am still alive" zugleich als gespenstische Wiederkehr und Insistenz eines sterbenden Mediums lesen. Für ein Beispiel aus On Kawaras Serie, vgl. Guggenheim Museum (o. J.): „Telegrams. I Am Still Alive", URL: https://www.guggenheim.org/teaching-materials/on-kawara-silence/telegrams-i-am-still-alive (zuletzt aufgerufen am 8. Dezember 2020).

> Und schreibt nach Hause, schreibt, [...] schreibt es jeden Tag, jeder von euch muss schrei-
> ben. Es macht nichts aus, dass ihr euch wiederholt, ihr müsst die Karten nach Hause schi-
> cken, denn die Eltern haben Radios und werden somit wissen, dass die Fabrik bombardiert
> worden ist.[108]

Die Notwendigkeit zur ständigen Wiederholung des Lebenszeichens – schreibt,
schreibt, schreibt ... – wird hier also unmittelbar mit dem zeitlichen Vorsprung
des Radios und dem Vorwissen der Angehörigen in Verbindung gebracht: Weil
die Empfänger*innen „Radios [haben]“, weil also Berichte über Luftschläge beinahe instantan verbreitet und täglich erneuert werden, reicht die *einmalige* Bestätigung des Wohlbefindens nicht aus. Um die Ungewissheit und Sorge der
eigenen Angehörigen kontinuierlich auszuräumen, müssen Lebenszeichen vielmehr unablässig wiederholt werden, ja müssen sich im Extremfall sogar dem täglichen Rhythmus des Radioberichts selbst anpassen: „schreibt es jeden Tag“[109].

Dass der Informationswert des Lebenszeichens von seiner permanenten *Wiederholung* abhängt, mag vor dem Hintergrund gängiger Informationstheorien zunächst überraschen. Üblicherweise nämlich gilt die Regel, dass „eine Nachricht, die
ein zweites Mal gebracht wird, zwar ihren Sinn [behält], aber ihren Informationswert [verliert]“[110], weil sie keine Ungewissheiten mehr beseitigt, sondern nur das
ohnehin Bekannte verdoppelt, also letztlich bloß Redundanz erzeugt. Wenn etwa
die Münchnerin Helene von Mossin im November des Jahres 1944 binnen kurzer
Zeit drei ähnlich lautende Nachrichten an „Herrn Geheimrat Proebst“ in Garmisch
verschickt – „alles wohlbehalten“[111] (5. November), „Gestern wohlbehalten all-
seits“[112] (17. November), „Klinik und wir wohlbehalten, Zentrum hat Schäden“[113]
(22. November) – dann scheint jede neue Nachricht nur den Informationsgehalt der
vorherigen zu reproduzieren. Demnach würde die Wiederholung des Lebenszeichens nicht so sehr *Information*, als vielmehr *Redundanz* erzeugen.

Genau genommen ist es jedoch nicht *dieselbe* Information, die in der Wiederholung des Lebenszeichens wiederkehrt. Die entscheidende Differenz zwischen
den Eilnachrichten einer Serie besteht nämlich nicht so sehr in ihrem jeweiligen
Wortlaut, sondern im wechselnden Datum. Gerade das oben bereits erwähnte
„Datierungselement“[114], dient als bedeutsamer Index für die Empfänger*innen
von Postkarten. Indem die Empfänger*innen das Schreibdatum mit den Informa-

---

108 Jeníková (2005). Für diesen wertvollen Hinweis danke ich Valerie Fidler.
109 Jeníková (2005).
110 Luhmann (1996), S. 41.
111 Lebenszeichen von Helene von Mossin (München, 5. November 1944).
112 Lebenszeichen von Helene von Mossin (München, 17. November 1944).
113 Lebenszeichen von Helene von Mossin (München, 22. November 1944).
114 Holzheid (2011), S. 159.

tionen des Wehrmachtberichts abgleichen, können sie jedes Lebenszeichen auf einen bestimmten Luftangriff zurückbeziehen und ihm somit einen individuellen Informationswert abgewinnen. Dabei ist insbesondere die Zeitdifferenz zwischen Versand- und Empfangsdatum, also das Alter der jeweiligen Nachricht entscheidend, das von den Empfänger*innen zum Teil akribisch vermerkt wird. So finden sich an den Rändern der drei Eilnachrichtenkarten von Helene von Mossin kleine Bleistiftnotizen, die mit hoher Wahrscheinlichkeit nicht von der Absenderin, sondern vom Empfänger der Lebenszeichen stammen: „7/11", „18/11." und „24/11?". Alles deutet daraufhin, dass der Empfänger hier die Ankunftsdaten der jeweiligen Eilnachrichten notiert hat, die jeweils ein bis zwei Tage *nach* dem Versanddatum liegen.

Eine solche Berechnung der Zeitdifferenz war eine gängige Praxis im Kriegs- und Feldpostverkehr, um die Beförderungsdauer und damit den Aktualitätswert der Nachrichten ermessen zu können:[115] „Und dann sofort der angstvolle Blick auf das Datum des Poststempels und die sorgenerfüllte Berechnung: fünf Tage – vierzehn Tage – drei Wochen unterwegs, was konnte inzwischen alles geschehen sein?"[116], wie die Zeitzeugin Marion Gräfin von Dönhoff notiert. Je größer die „zeitlich[e] Distanz zwischen Produktionszeitpunkt und Rezeption des Textes"[117], desto größer auch die Ungewissheit, ob die Nachricht überhaupt „noch aktuell"[118] war. Der Aktualitätswert der Nachricht steht und fällt also mit der Zeitdifferenz ihrer Beförderung. War diese Zeitspanne zu Beginn des Eilnachrichtendienstes zumeist noch auf wenige Tage beschränkt, wächst der Verzug des Lebenszeichens mit fortschreitender Kriegsdauer auf beträchtliche Ausmaße an. Die Bombardierung wichtiger Transportwege der Reichspost hat spätestens ab dem Winter 1944 massive Verzögerungen im Nachrichtenverkehr zur Folge, die den hochfrequenten Gebrauch der Eilnachrichtenkarten zunehmend erschweren.[119] Nicht nur im regulären Briefverkehr sind bald schon Beförderungszeiten von „durchschnittlich 1 bis 4 Wochen"[120] an der Tagesordnung, auch Eilnachrichten benötigen zuweilen einen vollen Monat bis zur Ankunft bei den Empfänger*innen.[121] Es ließe

---

115 Vgl. Echternkamp (2006), S. 52.

116 Dönhoff, Marion (1989 [1949]): „Brief aus dem Nichts", in: Die Zeit, 44 (1989), online verfügbar unter: https://www.zeit.de/1989/44/brief-aus-dem-nichts?utm_referrer=https%3A%2F%2Fwww.google.com%2F (zuletzt aufgerufen am 8. Dezember 2020).

117 Holzheid (2011), S. 157.

118 Holzheid (2011), S. 157.

119 Vgl. Ueberschär (1999), S. 251, S. 283.

120 Zitiert nach: Ueberschär (1999), S. 283–284.

121 Vgl. zum Beispiel die einmonatige Beförderung der Eilnachricht: Lebenszeichen von Martha Pfeiffer (Charlottenburg, 26. Februar 1945). Die vermutliche Beförderungsdauer lässt sich am handschriftlich notierten Empfangsdatum ablesen.

sich durchaus sagen, dass hier das Zeitregime der *Information*, das auf unbedingte Aktualität und fortlaufende Aktualisierung zielt, mit der Zeitlichkeit der *Transmission* in Konflikt gerät. Weil Eilnachrichten notwendig als materielle Zeichenträger transportiert werden müssen und dabei vielfältigen Störungen, Verzögerungen und Hemmnissen ausgesetzt sind, sind sie immer schon *im Verzug*. Es ist dieser Verzug, dem sich der folgende, letzte Abschnitt des Kapitels anhand einer eklatant verspäteten Eilnachricht widmen möchte.

Im Verzug

Kurz vor Ende des Krieges schickt Heinrich Helmut Forster eine Eilnachricht aus dem zerstörten Dresden an seine Mutter im Krankenhaus: „Liebe Mama, wir sind in Grumbach N66 bei Martha Opitz bei Wils(?) bitte schreibe bald"[122] (Abbildung 10a, 10b). Obwohl die Nachricht bereits am 6. März 1945 aufgegeben worden ist, erreicht sie ihr angegebenes Ziel – das Krankenhaus in Rottweil – laut offiziellem Eingangsstempel erst am 16. August 1949, also mehr als *vier Jahre* nach ihrem eigentlichen Versanddatum. Angesichts dieser eklatanten Verspätung scheint es passend, dass die Aufschrift *Eilnachricht* von zahlreichen Verspätungsvermerken, Weiterleitungshinweisen[123] und Abwesenheitsmeldungen bis zur Unkenntlichkeit überlagert ist. Die Aktualitätsbehauptung der Eil-Nachricht wird hier buchstäblich von einer anderen, gegensätzlichen Zeitordnung eingeholt, die nicht mehr durch Eile und permanente Erneuerung gekennzeichnet ist, sondern durch Verspätung, Nachträglichkeit und Verzug.

In semiotischen Begriffen ließe sich sagen, dass die Eilnachricht hier nicht länger als *Index* eines aktuellen Zustands gelesen werden kann – „Wir sind in Grumbach" –, sondern nur als *Spur* vergangener Ereignisse. Die Unterscheidung zwischen *Index* und *Spur* mag auf den ersten Blick befremdlich scheinen, sofern Spuren üblicherweise ja gerade unter die indexikalischen Zeichen gerechnet werden.[124] Dennoch lässt sich mit Sybille Krämer zeigen, dass beide Zeichentypen

---

122 Lebenszeichen von Heinrich Helmut Forster (Dresden, 6. März 1945). Eine kurze, philatelische Betrachtung zu dieser Postkarte findet sich bei: Krüger, Reinhard (2015): „Aus dem Inferno. Bomben auf Dresden am 14. und 15. Februar 1945. Einige postalische Zeitzeugen", in: Deutsche Briefmarkenzeitung, 3, S. 24–29, hier: S. 29.

123 Man beachte etwa den Stempel „Weiterleitung durch Kriegsverhältnisse verhindert", der den Zusammenbruch der postalischen Übertagung in den letzten Kriegsmonaten dokumentiert.

124 So führt Peirce den Fußabdruck als einen exemplarischen Index an, vgl. Peirce (1983), S. 161–162.

Abbildung 10a, 10b: „Lebenszeichen von Heinrich Helmut Forster (Dresden, 6. März 1945)", recto/verso, aus: Krüger (2015), S. 26.

zwei geradezu gegensätzliche Zeitmodelle implizieren.[125] Während Indizes die *Aktualität* ihrer Ursache anzeigen – der Wind weht gleichzeitig mit der Drehung des Wetterhahns, der zeigende Finger deutet auf ein ko-präsentes Objekt – ist die Spur von einer radikalen „Ungleichzeitigkeit"[126] zwischen Zeichen und Objekt geprägt. Als „physische Signatur"[127] auf einem materiellen Trägermedium überdauert die Spur ihren ursprünglichen Entstehungsmoment und verweist auf das „Vorbeigegangensein"[128] und die „Abwesenheit dessen, was sie hervorgerufen hat"[129]. Durch diesen „Zeitenbruch"[130] ist die Lektüre der Spur immer schon von einer tiefgreifenden Nachträglichkeit geprägt, kommt also notwendig *zu spät* im Verhältnis zum angezeigten Ereignis.

Genau diese Spannung zwischen der Aktualität des Indexikalischen und der Nachträglichkeit der Spur durchzieht auch das Medium der Eilnachricht. Solange Eilnachrichten, wie oben beschrieben, permanent aktualisiert und in hoher Frequenz erneuert werden, steht unverkennbar das *indexikalische* Zeitmodell im Vordergrund: Auch wenn jedes einzelne Lebenszeichen für sich genommen einen irreversiblen Bruch zwischen „Produktionszeitpunkt und Rezeption des Textes"[131] enthält, wird dieser Bruch durch die häufige Wiederholung stets von neuem ge-

---

125 Vgl. Krämer, Sybille (2007): „Was also ist eine Spur? Und worin besteht ihre epistemologische Rolle? Eine Bestandsaufnahme", in: dies./Grube, Gernot/Kogge, Werner (Hg.): Spur. Spurenlesen als Orientierungstechnik und Wissenskunst. Frankfurt am Main: Suhrkamp, S. 11–36.

126 Krämer (2007), S. 17.

127 Krämer (2007), S. 15.

128 Krämer (2007), S. 14.

129 Krämer (2007), S. 14.

130 Krämer (2007), S. 17. [Herv. i. Orig.].

131 Holzheid (2011), S. 157.

tilgt, aufgeschoben und kaschiert. Die ständige Auffrischung der Eilnachricht hält die Suggestion einer aktuell andauernden, annähernd gleichzeitigen Existenz aufrecht und verhindert, dass Lebenszeichen zu ‚bloßen Spuren‘ verblassen. Sobald jedoch die Kette aus Aktualisierungen abreißt, sobald der Abstand zwischen zwei Zeichen durch die lange Beförderungsdauer erheblich anwächst, tritt die Nachträglichkeit der Spur in den Vordergrund und überlagert den Aktualitätswert des Zeichens. Statt als Index eines aktuellen Lebens erscheint die Nachricht bei ihrem Eintreffen nur noch als Spur vergangener Zustände.

Es ist genau dieses Spur-Werden, das sich auch auf der verspäteten Eilnachrichten-Karte von Helmut Heinrich Forster zeigt. Auch hier wird der ursprünglich präsentisch gedachte Index – „Wir sind in Gumbach ...“ – durch allerlei Spuren der Abwesenheit, des Aufschubs und der „Vieldeutigkeit“[132] überlagert und ins Ungewisse versetzt. Damit wird zugleich der Informationswert der Karte als Lebenszeichen erheblich in Mitleidenschaft gezogen. Denn als die Postkarte nach vierjähriger Irrfahrt schließlich ins Krankenhaus von Rottweil gelangt, trifft sie dort anstelle der adressierten Empfängerin Martha Opitz nur auf die Ratlosigkeit des Krankenhauspersonals: „hier nichts bekannt. Reinert“ notiert ein Vertreter des Krankenhauses auf die Karte. Nicht die *Beseitigung von Ungewissheit* ist es also, die die verspätete Eilnachricht bewirkt, sondern – im Gegenteil – ihre eklatante Vergrößerung. Allerdings bricht diese Ungewissheit genau genommen nicht erst nachträglich über die Karte herein, vielmehr ist sie ihr bereits im Moment der Absendung eingeschrieben, wie die diffuse Adressangabe zeigt: „es könnte auch Göppingen oder Winningen sein“ hatte der Verfasser neben die Adresszeile notiert und so die genaue Destination der Karte im Unklaren gelassen. Ohne klare Adresse war die Bestimmung der Karte also von Anfang an ungewiss.

Doch noch in einer zweiten Hinsicht kursiert die Karte gleichsam ohne Bestimmung. Denn bei ihrem Eintreffen ist nicht nur der Informationswert des Lebenszeichens gänzlich überholt; auch der gesamte institutionelle, pragmatische und politische Kontext, in den das Medium Eilnachricht eingebettet war, ist zum Zeitpunkt der Zustellung bereits obsolet. Der Luftkrieg, die Reichspost, der Wehrmachtbericht, das NS-Regime, all das gehört im August 1949 der Vergangenheit an.[133] Postgeschichtlich betrachtet handelt es sich hierbei um einen so genannten „Überroller-Beleg“[134], eine Postsache also, die noch während des NS-Regimes auf-

---

132 Krämer (2007), S. 17.
133 Zum Zusammenbruch und Ende des Reichspostwesens vgl. Ueberschär (1999), S. 291.
134 Vgl. zu diesem Begriff: Meschenmoser, Alfred (1984): Überroller-Post von 1945–1949 vom ‚Dritten Reich‘ in das ‚Nachkriegs-Deutschland‘. Neue Schriftenreihe der Poststempelgilde Rhein-Donau e. V., Nr. 104.

gegeben, aber erst in der Bundesrepublik zugestellt werden konnte.[135] Regelrecht ‚überrollt' von den alliierten Panzern hat die Karte einen buchstäblichen *Zeiten-bruch*, eine Zäsur zwischen zwei heterogenen Epochen überstanden. Ein solcher Überroller muss bei seiner Ankunft im Nachkriegsdeutschland wie ein aus der Zeit gefallenes Relikt anmuten, ein „Brief aus dem Nichts"[136], wie die Publizistin Marion Gräfin von Dönhoff im selben Jahr anhand eines ähnlich verspäteten Feldpostbriefs notiert. Für Dönhoff hat die anachronistische Post etwas regelrecht „Gespensterhaftes"[137]: Der Brief erscheint wie eine Heimsuchung der Gegenwart durch eine längst obsolete Vergangenheit.

Es war der Schrifttheoretiker Jacques Derrida, der dieses *gespenstische* Nachleben zum Grundmerkmal von schriftlichen Zeichen *per se* erklärt hat. Gerade weil sich Schriftzeichen als dauerhafte Spuren in materielle Träger einschreiben müssen, können sie auch noch *jenseits* ihrer ursprünglichen Äußerungssituation zirkulieren. Jedem Schriftzeichen ist demnach immer schon eine „Kraft zum Bruch mit seinem Kontext"[138] eingeschrieben, also die Fähigkeit, sich von der „Gesamtheit von Anwesenheiten" loszusagen, „die seine Einschreibung organisieren"[139]. In genau diesem Sinne ist auch die oben zitierte Eilnachricht durch einen radikalen Bruch von ihrem einstigen Entstehungskontext getrennt: Nach dem Ende des Kriegs und dem Ende des Eilnachrichtendienstes geistert sie als bloße, materielle Spur durch die Nachkriegswelt. Damit jedoch bringt sie zugleich eine gespenstische Qualität zum Vorschein, die sämtlichen Eilnachrichtenkarten anhaftet. Jedes postalische Lebenszeichen ist in gewissem Sinne gespenstisch, weil es als Schriftstück nicht nur den eigenen Äußerungskontext, sondern im äußersten Falls sogar noch den *Tod* seiner Absender*innen und Empfänger*innen überleben können muss: „Eine Schrift, die nicht über den Tod des Empfängers hinaus strukturell lesbar – iterierbar – wäre, wäre keine Schrift"[140] schreibt Derrida. Somit wird jedes geschriebene Zeichen notwendig vom Tod seiner Verfasser*innen heimgesucht: Es hat immer schon denjenigen *überlebt*, von dem es ausgegangen ist. Aus einem *Zeichen des Überlebens* wird dann ein bloßes *Überleben des Zeichens*: ein „Lebenszeichen nach dem Tod"[141].

---

135 Vgl. Ueberschär (1999), S. 286.
136 Dönhoff (1989).
137 Dönhoff (1989).
138 Derrida, Jacques (2004): „Signatur, Ereignis, Kontext", in: ders.: Die différance. Ausgewählte Texte. Stuttgart: Reclam, S. 68–109, hier: S. 83.
139 Derrida (2004), S. 83.
140 Derrida (2004), S. 80. Einige Zeilen später überträgt Derrida diesen Gedanken auch auf den möglichen Tod der *Absender*innen*, vgl. Derrida (2004), S. 81.
141 So die Überschrift eines Artikels über ein jahrzehntelang verspätetes Feldpost-Formular eines Kriegsgefangenen, vgl. Frank, Hans Georg (2013): „Lebenszeichen nach dem Tod", in: Süd-

Der Umstand jedoch, dass postalische Lebenszeichen auch noch den Tod ihrer Absender*innen überdauern können, macht sie zugleich für eine bestimmte Form des Missbrauchs anfällig, auf den hier abschließend hingewiesen sei. Während sich nämlich tausende ‚Volksgenossen‘ mit Eilnachrichten-Karten ihr Wohlergehen versicherten, waren Häftlinge im Konzentrationslager Ausschwitz dazu gezwungen, dutzende Postkarten mit kurzen, ganz ähnlich lautenden Lebenszeichen zu beschriften: „Mein Befinden ist gut, bin gesund“[142] heißt es dort etwa. Die Karten sollten nach der Ermordung ihrer Verfasser*innen sukzessive an Angehörige verschickt werden, um sie in Sicherheit zu wiegen oder sogar – wie im Fall der so genannten „Waldsee-Postkarten“[143] – selbst zur Übersiedelung ins Lager zu bewegen. Auch wenn bei dieser Praxis vermutlich keine Eilnachricht-Vordrucke zum Einsatz kamen,[144] zeigt sich hier dennoch eine perfide Kehrseite des postalischen Lebenszeichens. Dasselbe Medium, das im Luftkrieg zur raschen Information von Angehörigen dient, steht hier im Zeichen der gezielten *Desinformation*. Gerade weil eine „handschriftlich signierte und datierte Grußkarte als authentisches Lebenszeichen galt“[145], gerade weil die Postkarte als glaubwürdiges Kommunikationsmedium in Kriegszeiten „konventionalisiert“[146] war, konnte man sie leicht zu Täuschungszwecken als „scheinbar aktuelle[s] Lebenszeichen“[147] missbrauchen. Man machte sich dazu genau jenes gespenstische Fortleben schriftlicher Zeichen zu Nutze, das noch über den Tod ihrer Absender*innen hinausreicht. Abgelöst von ihren Urheber*innen, kursieren die Zeichen als bloße Phantome eines Menschen, der längst nicht mehr am Leben ist.

Im Rückblick

Wenn man heute – mit über fünfundsiebzig Jahren Abstand – auf die Eilnachrichtenkarten blickt, geht auch von ihnen eine gewisse, gespenstische Anmutung aus. Denn obwohl die Postkarten noch immer unbeirrt das Leben ihrer Absender*innen behaupten – „Ich lebe noch, bin heil und gesund“ – sind diese allesamt längst verblichen. Für die heutigen Leser*innen belegen die Eilnachrichten nicht länger die

---

west Presse Online, 7. Dezember 2013, URL: https://www.swp.de/suedwesten/landespolitik/lebens zeichen-nach-dem-tod-21891261.html (zuletzt aufgerufen am 8. Dezember 2020).

142 Postkarte aus dem KZ Dachau (1943), zitiert nach: Holzheid (2011), S. 163, Abb. 21 a/b.

143 Holzheid (2011), S. 163.

144 Dem Verfasser ist jedoch mindestens eine Lebenszeichen-Karte bekannt, die *an* den Häftling eines Konzentrationslagers adressiert war: die Nachricht von Rosa Bruska an den „Schutzhäftling Rudolf Bruska“ im KZ Buchenwald, vgl. Lebenszeichen von Rosa Bruska (Mähr, 30. August 1944).

145 Holzheid (2011), S. 163.

146 Holzheid (2011), S. 162.

147 Holzheid (2011), S. 163.

lebendige Existenz ihrer Urheber*innen, sondern bloß noch ihre eigene, materielle Präsenz – die Beharrlichkeit physischer Spuren, die lange nach dem Entschwinden der Autor*innen in Archiven, Museen und privaten Sammlungen überlebt haben.

Doch nicht nur den Eilnachrichtenkarten ist ein gewisses Nachleben beschieden. Auch die spezifische *Artikulationsweise*, die sich in der Eilnachricht verkörpert hatte, also der Modus der *Information*, dauert bis heute in anderen Medienkonstellationen weiter fort. Auch jenseits des Luftkriegs sind Menschen in Not- und Katastrophenlagen auf allerlei Informationsmedien angewiesen, um sich Gewissheit über das Wohl und den Verbleib ihrer Angehörigen zu verschaffen.[148] Man denke etwa an die Karteikarten-Systeme des Roten Kreuzes, die bereits unmittelbar nach Kriegsende angelegt werden, um schriftliche Lebenszeichen von Vermissten mit Suchanfragen von Angehörigen im so genannten „Karteibegegnungsverfahren"[149] zusammenzuführen. Man denke auch an Such- und Fundmeldungen von Vermissten in Zeitungen, Rundfunksendungen, auf Plakaten oder auf Häuserwänden: „Wo bist du? Wir leben!"[150] oder „Franz lebst du?"[151]. Und man denke schließlich auch an die Formulare internationaler Hilfsdienste, die bis heute in Kriegs- und Krisengebieten zur Kommunikation mit Angehörigen zum Einsatz kommen und die durchaus ähnliche formale Merkmale aufwiesen wie die Eilnachricht Lebenszeichen.[152]

Am deutlichsten jedoch zeigt sich das Fortleben der Eilnachrichtenkarten in einer Medienpraxis, die sich auf den ersten Blick erheblich vom Versand materieller Postkarten unterscheidet: nämlich in digitalen Kommunikationspraktiken von sozialen Netzwerken, SMS-Diensten oder Instant-Messengern. Bereits Holzheid hat hervorgehoben, dass zahlreiche Elemente der Postkartenkommunikation in digitalen Medienpraktiken nachleben: Das „Kürze-Paradigma"[153] der Postkarte

---

148 Für eine ausführliche Studie solcher Informationsmedien und -infrastrukturen am Beispiel von Erdbebenkatastrophen, vgl. die Arbeit von: Finn, Megan (2018): Documenting Aftermath. Information Infrastructure in the Wake of Disasters. Cambridge, MA: MIT Press.

149 Mittermeier, Klaus (2002): Vermißt wird. Die Arbeit des deutschen Suchdienstes. Berlin: Ch. Links, S. 21.

150 Vgl. die historische Photographie: Andres, Erich: „Visitenkarten der Hoffnung (Hamburg 1943)", online verfügbar auf: Deutsche Fotothek, http://www.deutschefotothek.de/documents/obj/71560180 (zuletzt aufgerufen am 8. Dezember 2020).

151 Vgl. die historische Photographie: Peter, Richard sen.: „Dresden nach der Bombardierung vom 13./14. Februar 1945", online verfügbar auf: Deutsche Fotothek, http://www.deutschefoto thek.de/documents/obj/88950025 (zuletzt aufgerufen am 8. Dezember 2020). Ich danke Manuel Heller für diese wertvollen Funde.

152 Zum Beispiel das „Red-Cross-Message-Formular" zum Austausch von Nachrichten zwischen Familienmitgliedern in Krisen- und Konfliktgebieten, vgl. Mittermeier (2002), S. 123.

153 Holzheid (2011), S. 107.

etwa kehrt im „requirement for brevity"[154] digitaler Medien wieder – man vergleiche nur das 140-Zeichen-Limit von Tweets und SMS-Nachrichten mit der Obergrenze der Eilnachricht von ‚höchstens 10 Worten'. Auch der „hochfrequente, serielle Gebrauch"[155] der Postkarte korrespondiert mit den „short and frequent communicative gestures"[156] in digitalen Netzwerken. Wie das „phatische[...] Medium"[157] der Postkarte tendieren daher auch digitale Medien oftmals zum „phatic mode"[158], also zum repetitiven Austausch kurzer Impulse. Man könnte sie deshalb mit einigem Recht, wie die Postkarte, als „Träger des kleinen Lebenszeichens par excellence"[159] bezeichnen. Angesichts dieser frappierenden Parallelen scheint es durchaus vielversprechend, im folgenden Abschnitt nach der Fortsetzung des Lebenszeichens mit digitalen Mitteln zu fragen.

7.2 „Bist du sicher?"

Ein weißes Dialogfenster leuchtet auf dem Smartphone-Display auf: „Are you safe?" (Abbildung 11). Statt einer Antwort provoziert die Frage zunächst eine Reihe von Gegenfragen: Warum sollte ich nicht sicher sein? Besteht Grund zur Sorge um die eigene Unversehrtheit? Wer erkundigt sich hier nach der eigenen Sicherheit? Offenbar hat die Frage einen paradoxen Effekt: Indem sie die Sicherheit des Befragten adressiert, trägt sie zugleich zu seiner *Verunsicherung* bei, stellt also seine Sicherheit buchstäblich *in Frage*: „Bist du in Sicherheit?", kann hier immer auch bedeuten: „Bist du (dir) wirklich sicher?"

Mit der Frage „Are you safe?" erkundigt sich die *social media*-Plattform *Facebook* in Krisen- und Katastrophensituationen nach dem Wohlergehen ihrer Nutzer*innen.[160] Der so genannte *Safety Check*, der erstmals im Jahre 2012 nach

---

154 So der französische Soziologe Christian Licoppe in seiner Studie zum Kommunikationsverhalten in sozialen Netzwerken: Licoppe, Christiane (2015): „Contested Norms of Presence", in: Hahn, Kornelia/Stempfhuber, Martin (Hg.): Präsenzen 2.0. Körperinszenierung in Medienkulturen. Wiesbaden: Springer VS, S. 97–112, hier: S. 109.

155 Holzheid (2011), S. 144.

156 Licoppe, Christian (2004): „„Connected Presence'. The Emergence of a New Repertoire for Managing Social Relationships in a Changing Communication Technoscape", in: Society and Space, 22 (1), S. 135–156, hier: S. 152.

157 Holzheid (2011), S. 149.

158 Licoppe (2004), S. 148.

159 Holzheid (2011), S. 188.

160 Vgl. Cottle, Peter/Gleit, Naomi/Zeng, Sharon (2014): „Introducing Safety Check", in: Facebook Newsroom, 15. Oktober 2014, URL: https://newsroom.fb.com/news/2014/10/introducing-safety-check/ (zuletzt aufgerufen am 8. Dezember 2020).

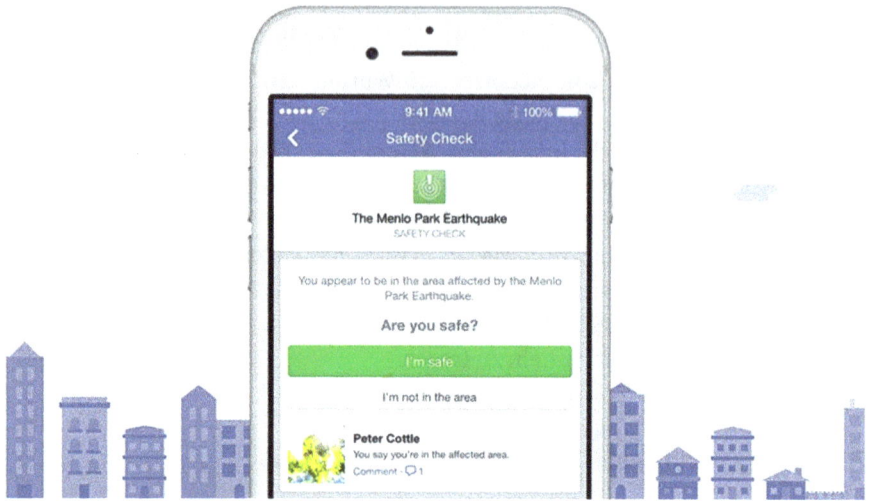

Abbildung 11: „Facebook Safety Check", aus: Cottle/Gleit/Zeng (2014).

dem Erdbeben und Tsunami in Japan erprobt wurde und seit 2014 regulär eingesetzt wird, erlaubt es Facebook-Nutzer*innen in Notfällen, sich als ‚safe‘ zu
markieren und den eigenen Sicherheitsstatus mit anderen zu teilen: „a simple
and easy way to say you're safe and check on others"[161] beschreibt Facebook
seinen Service. Wie bereits der Eilnachrichtendienst im Luftkrieg dient auch
der Safety Check zur Vergewisserung und Beruhigung von Angehörigen in Not-
und Katstrophensituationen mit Hilfe kurzer, informativer Lebenszeichen. Statt
auf Postkarten stützt sich der Safety Check dabei allerdings auf mobile End-
geräte wie Smartphones oder Tablets und digitale Kommunikationsnetze. Diese
medientechnische Verschiebung lässt den Modus der Information keineswegs
unberührt. Entgegen der weit verbreiteten Vorstellung, dass sich Informationsprozesse stets auf dieselbe Weise realisieren, „regardless of the medium in
which the information is instantiated"[162], wie N. Katherine Hayles kritisch an-
merkt, gehen die folgenden Überlegungen davon aus, dass die Informationen
des Lebenszeichens abhängig vom medialen Setting je spezifische Formen annehmen. Um diese These zu belegen, gilt es im Folgenden, einige zentrale Differenzen zwischen der Eilnachricht und dem Safety Check herauszuarbeiten.

Eine erste Differenz betrifft den jeweiligen Orts- und Raumbezug des Lebenszeichens. Mussten die Nutzer*innen der Eilnachricht ihren eigenen Aufenthalts-

---

161 Cottle/Gleit/Zeng (2014).
162 Hayles (1999), S. 19.

ort noch explizit angeben, um durchgehend adressierbar zu bleiben – „Wir sind in Gumbach" – so wird die Standorterkennung auf Smart Phones und anderen mobilen Geräten automatisiert. Als „locative media"[163], das heißt, ortsbezogene Medien, sind sie in der Lage, ihre aktuelle Position mit Hilfe von GPS-Koordinaten und IP-Adressen selbstständig zu bestimmen.[164] Anhand dieser und weiterer Standortdaten, die Facebook ohnehin zur Schaltung von Werbeanzeigen erhebt, ermittelt ein Such-Algorithmus, ob sich die Nutzer*innen möglicherweise im Einzugsgebiet der jeweiligen Katastrophe befinden könnten.[165] Alle Nutzer*innen, die vom Algorithmus im betroffenen Gebiet verortet werden, erhalten eine automatisierte Push-Meldung nach dem Muster: „You appear to be in the area affected by the Manlo Park Disaster. Are you safe?"[166].

Die Initiative zum Safety Check geht hier also nicht mehr vom schreibenden Subjekt aus, wie noch bei der Eilnachricht, sondern von den technischen Medien, die ihre Träger*innen gleichsam aus dem Nichts mit einer existenziellen Frage konfrontieren: „Are you safe?". Die Antwortoptionen, die den Nutzer*innen dabei zur Verfügung stehen, fallen äußerst spärlich aus. Schon die Eilnachricht hatte die Äußerungsmöglichkeiten ihrer Absender*innen durch allerlei restriktive Maßnahmen eingeschränkt – etwa durch die Begrenzung auf 10 Worte oder die engen Platzvorgaben des Formulars. Demgegenüber jedoch schrumpfen die Antwortoptionen im

---

163 Buschauer, Regine/Willis, Katharine, S. (Hg.) (2013): Locative Media. Medialität und Räumlichkeit. Multidisziplinäre Perspektiven zur Verortung der Medien. Bielefeld: Transcript.

164 Lokative Medien, so schreiben Passmann und Thielmann, „sind in der Lage, den Ort, an dem sie sich befinden, diskret zu bestimmen anhand einer Ziffer: einer Koordinate.", siehe: Passmann, Johannes/Thielmann, Tristan (2013): „Beinahe Medien. Die medialen Grenzen der Geomedien", in: Buschauer/Willis (Hg.): Locative Media, S. 71–103, hier: S. 80. Für die Bedeutung lokativer und mobiler Medien in Not- und Katastrophensituationen vgl. Palenchar, Michael J./Freberg, Karen (2013): „Conceptualizing Social Media and Mobile Technologies in Risk and Crisis Communication Practices", in: Comiskey, Kathleen M./Hjorth, Larissa (Hg.): Mobile Media Practices, Presence and Politics. The Challenge of Being Seamlessly Mobile. New York/London: Taylor & Francis, S. 15–29.

165 „We'll determine your location by looking at the city you have listed in your profile, your last location if you've opted in to the Nearby Friends product, and the city where you are using the internet.", siehe: Cottle/Gleit/Zeng (2014). Dass diese Lokalisierung keineswegs immer präzise gelingt, zeigt sich am Fall des Erdbebens von Nepal im Jahr 2015, bei dem zahlreiche britische Bürger*innen in mehr als 7000 Kilometern Entfernung vom Epizentrum des Bebens zum Safety Check gebeten wurden, vgl. Noor, Tausif (2017): „Safety in Numbers", in: Real Life Magazine, 21. März 2017, URL: https://reallifemag.com/safety-in-numbers/ (zuletzt aufgerufen am 8. Dezember 2020).

166 Vgl. Cottle/Gleit/Zeng (2014). Für eine detaillierte Erläuterung der technischen Funktionsweise des Safety Check, vgl. auch: Cottle, Peter (2016): „Streamlining Deployment Around the World", in: Facebook Engineering, 16. Juni 2016, URL: https://engineering.fb.com/web/safety-check -streamlining-deployment-around-the-world/ (zuletzt aufgerufen am 8. Dezember 2020).

Falle des Safety Checks auf die binäre Wahl zwischen zwei diskreten Alternativen: ‚I'm safe' oder ‚I'm not in the area'. Der Safety Check ähnelt damit eher den oben erwähnten Correspondenz- und Feldpostkarten des Ersten Weltkriegs, die den Schreibakt durch die bloße Auswahl vorgefertigter Wahlmöglichkeiten ersetzen sollten. Durch die Aussparung des Schreibakts jedoch verliert der Safety Check zugleich ein wesentliches Merkmal, das für die Indexikalität der Eilnachricht unabdingbar war. Nicht länger ist es die individuelle Handschrift der Absender*in, die das Lebenszeichen indexikalisch beglaubigt, sondern bloß noch die kurze Berührung des Displays im Moment der Auswahl einer Option. Vom physischen Kontakt zwischen Schreibhand und Postkarte bleibt beim *digitalen* Lebenszeichen nur noch der Finger (lat. *digitus*), der durch die Berührung des Displays eine automatisierte *Push*-Nachricht an die eigene Freund*innenliste versendet, um buchstäblich mit ihnen „in touch"[167] zu sein.

Bei näherem Hinsehen sind allerdings selbst noch die binären Auswahlmöglichkeiten des Safety Checks hochgradig eingeschränkt. In gewissem Sinne ist die Wahl zwischen beiden Optionen immer schon zu Gunsten einer einzigen verzerrt. Durch die auffällige, farbliche Hervorhebung und den ausdrücklichen Appell „Mark yourself safe!"[168] besitzt die Antwort „I'm safe" eine deutlich größere Auswahlwahrscheinlichkeit. Mit Shannon und Weaver gesprochen, handelt es sich hier um eine Situation „in which one is heavily influenced toward one particular choice, and hence has little freedom of choice [...]"[169]. Auf ähnliche Weise hatte bereits die Eilnachricht versucht, die Selektion bestimmter Mitteilungen wahrscheinlicher zu machen als andere, etwa durch die suggestive Überschrift „Lebenszeichen von ...". Gleichwohl geht der Safety Check noch einen entscheidenden Schritt weiter. Die beiden wählbaren Optionen „I'm safe" und „I'm not in the area" bilden nämlich nur scheinbar alternative Gegensätze. Nicht etwa wählen die Nutzer*innen zwischen einer positiven und einer negativen Antwort, sondern zwischen zwei verschiedenen Weisen, die eigene Sicherheit zu bestätigen: entweder direkt und positiv – „I'm safe" – oder indirekt und negativ – „I'm not in the area". Ausgeschlossen hingegen bleibt die dritte Option „I'm not safe" und damit jegliche Möglichkeit, der eigenen Unsicherheit Ausdruck zu verleihen.[170] So

---

167 Cottle (2016).

168 Cottle/Gleit/Zeng (2014), Abb. 3.

169 Shannon/Weaver (1998), S. 15.

170 Das Fehlen des Negativwerts wurde von zahlreichen Kommentator*innen bemängelt, zum Beispiel: „There's no clickable prompt to register that you've been affected. [...] That you are, in fact, unsafe.", siehe: McKinnon, Shannon (2018): „Why I Couldn't Mark Myself Safe on Facebook After the Toronto Shooting", in: The Globe and the Mail, 24. Juli 2018, URL: https://www.theglo beandmail.com/opinion/article-why-i-couldnt-mark-myself-safe-on-facebook/ (zuletzt aufgeru-

setzt der Safety Check implizit bereits jene Sicherheit voraus, die er eigentlich erst anzeigen soll. Bereits durch die Formatierung der Antwortmöglichkeiten ist die Artikulation von Unsicherheit ausgeschlossen.

Die fehlende Option „I'm not safe" darf jedoch nicht zur Annahme verleiten, der Safety Check wäre frei von jeglichen Momenten der Verunsicherung. Vielmehr deutet einiges darauf hin, dass der Status „not safe" nur deshalb nicht zur Verfügung steht, weil er bereits *a priori* für sämtliche Nutzer*innen voreingestellt ist. All jene Kontakte nämlich, die sich *noch nicht* als ‚sicher' gemeldet haben, sind auf der Übersichtsseite des Safety Check mit dem Hinweis „not marked as safe yet"[171] versehen. Im Gegensatz zum Status „I'm safe" wird diese Markierung nicht durch eine gezielte Auswahlhandlung der Nutzer*innen hervorgerufen, sondern durch die bloße Unterlassung des Safety Checks. Ohne jedes Zutun, sogar ohne jedes Wissen, sind die Nutzer*innen bereits im Vorhinein als ‚nicht-markiert' markiert. Auf den ersten Blick scheint diese Markierung lediglich auszudrücken, dass momentan noch *Ungewissheit* über den Sicherheitsstatus der betreffenden Nutzerin besteht. Doch vor dem Hintergrund einer Not- und Katastrophensituation impliziert der Status zugleich, „dass wer sich nicht als sicher markiert, [...] tatsächlich in Lebensgefahr oder tot sein könnte"[172], also in *existenzieller* Gefahr schwebt. In der Logik des Safety Check wird daher die *epistemische Ungewissheit* immer schon als *existenzielle Unsicherheit* interpretiert. Alle Nutzer*innen, die sich noch nicht mit Gewissheit als ‚sicher' markiert haben, stehen unter dem pauschalen Verdacht der Unsicherheit.[173]

Paradoxerweise wächst die Unsicherheit sogar noch, je mehr Nutzer*innen sich als ‚sicher' markieren. Denn ein Counter auf der Übersichtsseite erfasst die Anzahl derjenigen Freund*innen, die sich *noch nicht* zurückgemeldet haben. Mit jeder neuen Markierung nimmt zwar einerseits die Anzahl der Unmarkierten ab, erhöht sich aber andererseits proportional die „Angst und Sorge"[174] um die verbliebenen

---

fen am 8. Dezember 2020). In gewisser Hinsicht erinnert die fehlende *Unsafe*-Option auch an die Diskussionen um den fehlenden *Dislike*-Button auf Facebook. In beiden Fällen schließt Facebook Negativkommunikation aus und privilegiert den Austausch affirmativer und positiver Nachrichten.

171 Cottle/Gleit/Zeng (2014), Abb. 3.

172 Kämpf, Katrin M. (2018): „‚Are you safe?' Facebooks Safety Check als Interface zwischen verkörpertem Subjekt und Data Double", in: von Bose, Käthe et al. (Hg.): Körper, Materialitäten, Technologien. Paderborn: Wilhelm Fink, S. 101–118, hier: S. 111.

173 Vgl. dazu auch: Lomas, Natasha (2017): „Facebook's Safety Check Is a Stress-Inducing Flip of Social Norms", in: TechCrunch, 14. Juni 2017, URL: https://techcrunch.com/2017/06/14/facebooks-safety-check-is-a-stress-inducing-flip-of-social-norms/?guce_referrer_us=aHR0cHM6Ly93d3cuZ29vZ2xlLmNvbS8&guce_referrer_cs=0VZFGTyZgAwjEpWssd6Mog&guccounter=2 (zuletzt aufgerufen am 8. Dezember 2020).

174 Kämpf (2018), S. 111.

Nicht-Markierten. Im selben Maße also, in dem der Safety Check die Sicherheit seiner Nutzer*innen feststellt, erzeugt er zugleich neue Unsicherheiten. Insofern lässt sich auch am Safety Check die „Zweiteiligkeit"[175] des Informationsbegriffs beobachten, wie sie weiter oben bereits mit Niklas Luhmann ausgeführt wurde. „Information" so Luhmanns Bestimmung sei eine hochgradig „paradoxe Kommunikation", sie „reproduziert Sicherheit und Unsicherheit"[176].

Dabei darf die Erzeugung von Unsicherheit keinesfalls als bloß dysfunktionaler Nebeneffekt der Versicherung betrachtet werden; vielmehr ist *sie* es letztlich, die den Modus der Information vorantreibt.[177] Bereits am Beispiel der Eilnachricht war ein solches, sich selbst verstärkendes Wechselspiel von Versicherung und Verunsicherung in den Blick geraten. Auch hier jedoch geht der Safety Check in einer wesentlichen Hinsicht über die Eilnachricht hinaus. Während Eilnachrichten noch auf den täglich wiederholten Wehrmachtbericht im Radio angewiesen waren, um sich mit einem ständigen Nachschub an Unsicherheit zu versorgen, erzeugt der Safety Check genau jene Unsicherheit, die er selbst beseitigt. Erst die ungewisse Markierung „not marked safe yet" provoziert schließlich jene affektive Unruhe, Nervosität und Erregung, die anschließend durch die Markierung „I'm safe" wieder aufgelöst werden soll. Der *Safety Check* spannt also, mit Luhmann gesprochen, einen „Horizont selbsterzeugter Unsicherheit"[178] auf.

Dieser Effekt ist jedoch nur möglich, weil der Safety Check im Vergleich zum Medium Eilnachricht einer völlig anderen *Zeitlogik* gehorcht. Die Lebenszeichen-Karten mussten noch zeitaufwändig als physische Zeichenträger über weite Distanzen transportiert werden. Sie waren daher immer schon *im Rückstand* gegenüber den instantan verbreiteten Meldungen des Wehrmachtberichts im Radio. Deshalb beschränkte sich ihre Funktion darauf, nachträglich jene Unsicherheiten auszuräumen, die der Radiobericht zuvor geschaffen hatte. Im Falle des Safety Checks hingegen, kommt es nun zu einer Umkehrung dieses Zeitregimes. Durch die nahezu instantane, mobile und personalisierte Kommunikation digitaler Netzwerke trifft der Safety Check mindestens *ebenso schnell* auf den Endgeräten der Nutzer*innen ein wie die Katastrophenmeldung. Mitunter *überholt* er sogar den Bericht über das Ereignis selbst. Nicht selten kommt es vor, dass die die Frage „Are you safe?" oder die Nachricht „I'm safe" eintrifft, noch *bevor* Nutzer*innen Kenntnis vom entsprechenden Katastrophenereignis erhalten haben, auf das sich der Safety Check be-

---

175 Luhmann (1996), S. 47.

176 Luhmann (2005), S. 29.

177 Bereits N. Katherine Hayles betont die konstitutive Bedeutung von Ungewissheit als Ressource für Informationsprozesse: „Although information is often defined as reducing uncertainty, it also depends on uncertainty.", siehe: Hayles (1999), S. 32 [Herv. i. Orig.].

178 Luhmann (1996), S. 149.

zieht. Unter diesen Bedingungen räumt der Safety Check keine vorhandene Unsicherheit aus – wie noch die Eilnachricht –, sondern bringt überhaupt erst die Möglichkeit ins Spiel, dass seine Nutzer*innen „nicht ‚in Sicherheit‘ sein könnten"[179], dass also Grund zur Sorge um ihre Existenz bestehen könnte. Statt jene Unsicherheit zu beseitigen, die durch die Katastrophenmeldung erzeugt wurde, *schafft* das Lebenszeichen erst jene Unsicherheit, die anschließend durch die näheren Informationen über das Katastrophenereignis beseitigt werden muss.[180]

Gleichwohl war am Zeitregime der Eilnachricht noch eine weitere Quelle der Unsicherheit hervorgetreten, die beim Safety Check auf den ersten Blick zu fehlen scheint. Die charakteristische Verunsicherung der Eilnachricht erwuchs ja vor allem aus der *Vorläufigkeit* der eingegangenen Informationen. Gerade die stetige Wiederholung des Wehrmachtberichts mit immer neuen Meldungen über Luftangriffe stellte jedes Lebenszeichen unter den Vorbehalt des ‚noch‘ und machte eine permanente Erneuerung kurzlebiger Nachrichten erforderlich. Eben diese Vorläufigkeit sucht man beim Safety Check überraschenderweise vergeblich. Anders als das „Ich lebe noch ..." der Eilnachricht präsentiert sich die Meldung „I'm safe" nicht als prekärer Zwischenstand, sondern als definitive Letztauskunft. Der Safety Check sieht keinerlei Möglichkeit vor, den einmal abgesetzten Status „I'm safe" später noch einmal zu revidieren oder unablässig zu wiederholen. Wer sich einmal als ‚sicher‘ markiert hat, so Facebook, der muss als „truly ‚safe‘"[181] gelten können, darf also nicht länger unter dem Vorbehalt des ‚noch‘ stehen. Doch wie soll eine solche Versicherung möglich sein? Wie gelingt es, dem ‚Ich lebe noch‘ das ‚noch‘ auszutreiben?

Die Entfristung des Safety Checks beruht auf einer recht simplen, ereignistheoretischen Überlegung. Als *truly safe* können Nutzer*innen nur dann gelten, so die Facebook-Entwickler*innen, wenn die jeweilige Not- und Katastrophensituation, auf die sich der Safety Check bezieht, räumlich und zeitlich eindeutig begrenzt ist, also „a clear start or end point"[182] aufweist. Nur wenn trennscharf zwischen dem Vorher/Nachher und dem Innen/Außen eines Ereignisses unter-

---

179 Kämpf (2018), S. 111.

180 Für diesen Fall hat Facebook inzwischen den Button „learn more about the incident" in die Safety Check-Oberfläche integriert, um die Nutzer*innen über den noch unbekannten Katastrophenfall aufzuklären. Erst durch den Safety Check nehmen die Nutzer*innen dann von jener Katastrophe Notiz, gegen die sie sich eigentlich mit Hilfe des Safety Check rückversichern sollen. Vgl. Facebook (o. J.): „Crisis Response", URL: https://www.facebook.com/about/crisisresponse/ (zuletzt aufgerufen am 8. Dezember 2020).

181 Schultz, Alex (2015): Facebook-Post am 14. November 2015, URL: https://www.facebook.com/fbsafety/posts/930229667014872 (zuletzt aufgerufen am 8. Dezember 2020). Für den exakten Zusammenhang dieser Formulierung siehe das längere Zitat weiter unten.

182 Schultz (2015).

schieden werden kann, ist es möglich sich als definitiv ‚sicher' zu markieren. Wenn Notlagen hingegen kontinuierlich andauern, sich räumlich auf zahllose Schauplätze verteilen oder unablässig wiederkehren, wie etwa die Luftangriffe im Zweiten Weltkrieg, dann bleibt das angezeigte Leben in ständiger Unsicherheit befangen, ohne jemals einen Punkt der definitiven Sicherheit zu erreichen:

> During an ongoing crisis, like war or epidemic, Safety Check in its current form is not that useful for people: because there isn't a clear start or end point and, unfortunately, it's impossible to know when someone is truly ‚safe'.[183]

Aus diesem Grund schließt Facebook all jene Not- und Katastrophenszenarien a *priori* vom Safety Check aus, die nicht den Kriterien eines räumlich und zeitlich eingehegten Ereignisses entsprechen. Was auf den ersten Blick als pragmatische Abgrenzung erscheint, erweist sich bei genauerer Betrachtung als politisch brisante Ausschlussgeste. Dies zeigt sich besonders deutlich an Facebooks umstrittener Entscheidung, den Safety Check zwar für die Terroranschläge von Paris im November 2015, nicht aber für ein Bombenattentat in Beirut am Tag zuvor freizuschalten.[184] Während sich die Überlebenden von Paris umgehend als *sicher* markieren konnten, mussten sich Betroffene in Beirut mit improvisierten SMS- und Messenger-Nachrichten und manuellen Safety Checks behelfen: „Das warf die Frage auf, wessen Sicherheit Facebook für überprüfenswert, welches prekäre Leben die Firma für beachtenswert hält."[185] Auf die vehemente Kritik an dieser Entscheidung[186] reagierte Facebook mit dem Hinweis auf die konstitutive Unsicherheit bestimmter Weltregionen, „where violence is more common and terrible things happen with distressing frequency"[187]. Überall, wo sich Katastrophen nicht auf punktuelle Ausnahmeereignisse konzentrieren, sondern zur Regel werden, so die Suggestion, verliert die Meldung „I'm safe" ihre Zuverlässigkeit.

Doch übersieht diese Argumentation, dass die räumlichen und zeitlichen Grenzen von Katastrophen nicht selbstverständlich gegeben sind, sondern überhaupt erst aktiv gezogen werden müssen. Ob eine Katastrophe als singuläres Ereignis oder als Teil einer fortlaufenden Serie behandelt wird, hängt mitunter von spezifischen Operationen der Grenzziehung ab, die immer auch anders ausfallen könnten. Facebook selbst demonstriert in seinen Veröffentlichungen zum Safety Check, mit welchen Mitteln die Redakteur*innen aus dem Kontinuum sämtlicher „Vorkommnisse"

---

183 Schultz (2015).
184 Vgl. Schultz (2015).
185 Kämpf (2018), S. 107.
186 So wurde *Facebook* etwa ein „Western bias in its recognition of tragedy" vorgeworfen, siehe: Noor (2017).
187 Schultz (2015).

ein herausgehobenes „Ereignis"[188] mit „clear start or end point"[189] konstituieren. Dies wird zum einen durch den Akt der Benennung vollzogen, der den jeweiligen
Vorfall als singuläres Ereignis gegenüber anderen abgrenzt: etwa „The Blizzard in Los
Gatos California"[190]. Zugleich werden die geographischen Epizentren des Ereignisses
festgelegt. Auf der Grundlage von Agenturinformationen schneiden die Facebook-
Webredakteure buchstäblich die Umrisse des Ereignisses aus dem räumlichen Umfeld
einer digitalen Landkarte heraus und legen damit das Einzugsgebiet des Safety Check
fest.[191] Durch solche Operationen der räumlichen Demarkation und zeitlichen Delimi-
tation wird überhaupt erst jene Grenze zwischen Innen/Außen oder Vorher/Nachher
in Kraft gesetzt, die es den Nutzer*innen des Safety Check erlaubt, sich für einen bestimmten Not- und Katastrophenfall als „safe" oder „not in the area" zu markieren.

Die Information „I'm safe" setzt – mit anderen Worten – immer schon eine
gewisse Formatierung des Ereignisses selbst voraus. Erst wenn ein Ereignis aus
der Gemengelage mit anderen Vorfällen herausgelöst worden ist und die Form
eines raumzeitlich begrenzten Vorfalls erhalten hat, können Informationen über
den Verbleib des Lebens als *gesichert* gelten. Damit jedoch drängt sich zugleich
die Frage auf, was aus der Information des Safety Check wird, sobald sich Katastrophen *nicht* mehr in die Form raumzeitlich begrenzter Ereignisse bringen lassen, sobald sich Ereignisse jeglicher Einhegung entziehen und keinerlei sicheres
Außen oder *Nachher* mehr kennen. Spätestens in der global vernetzten und hochtechnisierten „Weltrisikogesellschaft"[192] muss immerzu mit Not- und Katastrophenereignissen gerechnet werden, die räumliche Grenzziehungen überschreiten
und sich zeitlich auf ungewisse Zukünfte ausdehnen: etwa die weltweite Ausbreitung von Epidemien, klimatische Umbrüche im Zeichen des globalen Erwärmung,
chemische oder atomare Unfälle und militärische Bedrohungsszenarien.

Die Geometrie solcher Katastrophenereignisse lässt sich kaum noch mit den
einfachen, graphischen Umrandungen der Safety Check-Redakteur*innen einkrei-
sen. Bei näherem Hinsehen sprengt sie sogar noch die enge Definition des Not-
und Katastrophenfalls, wie sie dieser Arbeit bislang zu Grunde gelegen hatte.
Denn auch hier wurden Not- und Katastrophenfälle bislang als räumlich und zeit-

---

188 Engell (1996), S. 138.
189 Schultz (2015).
190 Cottle (2016).
191 Vgl. Cottle (2016). Inzwischen ist an die Stelle der menschlichen Redakteur*innen ein auto-
matisiertes Aktivierungsverfahren getreten, das anhand der erhöhten User*innen-Aktivität in
einer bestimmten Region das kommunikative Muster einer Katastrophensituation erkennt und
dieses mit externen Agenturinformationen abgleicht. Zum Prinzip der *community activation*
vgl. ausführlicher: Kämpf (2018), S. 107.
192 Vgl. zu diesem Begriff ausführlich: Beck, Ulrich (2007): Weltrisikogesellschaft. Auf der Suche
nach der verlorenen Sicherheit. Frankfurt am Main: Suhrkamp.

lich begrenzte *Szenen* gefasst, die sich auf einer lokalen *scene of emergency* ab-spielen und einen zeitlich befristeten Handlungsrahmen aufspannen, der vom Eintritt einer lebensbedrohlichen Situation bis zu ihrem katastrophalen oder glücklichen Ausgang reicht. Die bisherige Definition des Notfalls war somit durch ganz ähnliche Demarkationslinien begrenzt, wie die Ereignismodelle des Safety Checks. Auch sie hatte sich auf raumzeitlich begrenzte Ereignisse – etwas das Grubenunglück von Stolzenbach, den Untergang der *Titanic* oder die Verschütte-tensuche im Trümmerfeld – konzentriert und damit diffusere Not- und Katastro-phenlagen von der Betrachtung ausgeschlossen.

Allerdings waren diese Grenzziehungen mit dem Szenario des Luftkriegs im vergangenen Kapitel zunehmend instabil geworden. Die Notlage des Lebens blieb hier nicht auf ein punktuelles Ereignis beschränkt, sondern erstreckte sich auf ungewisse Zeiträume und weit verstreute Schauplätze. Diese unbestimmte Aus-dehnung würde sich noch erheblich steigern, sobald man den Luftkrieg in den größeren Zusammenhang eines Weltkriegs rückte, der schon namentlich jedes räumliche und zeitliche Außen der Katastrophe auflöst. Wenn die Katastrophe deckungsgleich mit der Welt als solcher geworden ist, scheint es keinerlei verläss-lichen Standort, keinerlei stabiles Außen mehr zu geben, um sich der eigenen Le-bendigkeit definitiv und dauerhaft zu versichern und andere verbindlich über die eigene Sicherheit zu informieren. Es scheint, als würde der Modus der Infor-mation hier auf eine epistemische Grenze stoßen, die keinerlei wirksame Benach-richtigung über die Situation des eigenen Lebens mehr zulässt. Um einen solchen Grenzfall des Lebenszeichens zu erkunden, möchte sich der letzte Abschnitt einem finalen Szenario des Not- und Katastrophenfalls zuwenden, das wie kein anderes für die *Entgrenzung* der Katastrophe steht.

7.3 Message from a bottle

„The atomic war has ended, but the prime minister reports no proof of survival of human life anywhere except here"[193] heißt es zu Beginn des Films ON THE BEACH (1959) in einer nüchtern verlesenen Radiomeldung.[194] Das ultimative Katastrophen-szenario, das hier evoziert wird, unterscheidet sich fundamental von allen bisherigen Notfallsituationen. Anders als Erdbeben, Flugzeugabstürze, Schiffbrüche, Grubenun-glücke oder Lawinenabgänge ist der Atomkrieg nicht auf einen lokalen Schauplatz und einen definierten Zeitraum begrenzt. Vielmehr ist das „Ausmaß" der Bombe „so

---

193 ON THE BEACH (USA 1959, Stanley Kramer, 134 min.), Timecode: 00:05:21.
194 Herzlichen Dank an Stephan Gregory, der mich auf diesen Film aufmerksam gemacht hat.

ungeheuer", ihr „räumliche[r] und zeitliche[r] Streu-Radius so unbegrenzt"[195], wie der Philosoph Günther Anders schreibt, dass die Katastrophe über jedes vermeintliche Ende hinausreicht. Angesichts des Atomkriegs steht nicht nur – wie in den bisherigen Not- und Katastrophenfällen – das Überleben Einzelner in Frage, sondern der Fortbestand des menschlichen Lebens in seiner Gesamtheit. Mit Anders ließe sich sagen, dass „an die Stelle der ‚Wie-Fragen'" die „„Ob-Frage'" tritt: nämlich „ob die Menschheit weiterbestehen werde oder nicht"[196].

Genau diese Frage wird in der Radiomeldung zu Beginn von ON THE BEACH strikt verneint: *no proof of surival of human life*. Der Atomkrieg, so scheint es, hat jede Möglichkeit des Lebenszeichens zunichte gemacht. Paradoxerweise jedoch kann die Information über das Ende des Lebenszeichens selbst wiederum als Lebenszeichen gelesen werden. Denn die Radiomeldung ist nur dann möglich, wenn es *doch* noch Überlebende gibt, die die Meldung verkünden und empfangen können. Tatsächlich harren die letzten Überlebenden des Atomkriegs – wie sich der weiteren Meldung entnehmen lässt – in der australischen Küstenstadt Melbourne aus, dem letzten Fleckchen Erde, das von der atomaren Katastrophe bislang verschont geblieben ist: *anywhere except here*. Damit folgt ON THE BEACH einem narrativen Muster, das die Literaturwissenschaftlerin Eva Horn als charakteristische Erzählform des Atomzeitalters beschrieben hat. Zahlreiche Fiktionen der 1950er und 60er Jahre kreisen um das Schicksal der so genannten „last men"[197], also der letzten Überlebenden eines Atomkriegs. Diese Erzählperspektive soll es ermöglichen, die Katastrophe vom Standpunkt *nach* ihrem Ende in einer fiktiven Rückschau zu betrachten und so ihre katastrophalen Folgen zu antizipieren.[198]

In ON THE BEACH jedoch liegt die Katastrophe nicht nur *hinter* den *last men*, sondern steht ihnen auch immer noch *bevor*: Auch die letzten Überlebenden werden noch vom unbegrenzten „Streu-Radius"[199] der Katastrophe eingeholt: „And our scientists disagree as to when radiation will reach Australia"[200], heißt es im Radiobericht. Es scheint nur eine Frage der Zeit, bis die radioaktive Wolke in Australien eintrifft und jeglichem Leben – also auch dem der Hörer*innen und Sprecher*innen der Radio-Nachricht selbst – ein Ende bereitet. Nicht *ob* dieses

---

195 Anders (2010), S. 258.
196 Anders (2010), S. 238. [Herv. i. Orig.].
197 Horn (2018), S. 21.
198 „This knowledge is based on the specific temporal form of futurum perfectum, the accomplished future, a gaze backward to understand an ultimate truth that can only be revealed in hindsight, at the very end of days. The anthropology of disaster can only appear from the vantage point of an (anticipated) end, the moment when humankind *will have been*", Horn (2018), S. 24. [Herv. i. Orig.].
199 Anders (2010), S. 258.
200 ON THE BEACH, Timecode: 00:05:17.

Ende jemals eintritt steht hier in Frage, sondern *wann*: Die zeitliche Ungewissheit wird von der absoluten Gewissheit überschattet, dass dem menschlichen Leben im Ganzen ein definitives Ende bevorsteht. Diese Gewissheit muss nun unweigerlich auch Folgen für die Bedeutung und Funktion des Lebenszeichens haben. Wenn die Katastrophe unabwendbar ist, wenn keine Möglichkeit auf vorzeitige Rettung mehr in Sicht ist, welcher Sinn kommt dann noch dem Lebenszeichen zu? Sind Lebenszeichen überhaupt noch möglich, wenn sie keine vorhandene Ungewissheit mehr beseitigen und keinen signifikanten Unterschied mehr machen können? Eben diese Frage ist es, die der Film ON THE BEACH und die gleichnamige Romanvorlage von Nevil Shute (1957)[201] aufwerfen. Film und Roman sollen im Folgenden als fiktionale Szenarien dienen, um einen Grenzbereich des Lebenszeichens zu erkunden, der die Möglichkeiten der Information, vielleicht sogar die des Lebenszeichens überhaupt in Frage stellt.

Unter den letzten Überlebenden ON THE BEACH befindet sich auch die Besatzung eines amerikanischen U-Boots, das den Atomkrieg auf Tauchstation im pazifischen Ozean überstanden hat und nun im Hafen von Melbourne vor Anker liegt. Zu Beginn des Films empfängt das U-Boot ein mysteriöses telegraphisches Signal, das sich in den Kopfhörern des Bordfunkers und auf der Tonspur des Films als unregelmäßiger Morse-Ton bemerkbar macht.[202] Erste Ortungsversuche lokalisieren den Ursprung des Signals in der Nähe der US-Küstenstadt San Diego und damit ausgerechnet im Herzen der radioaktiven Zone, wo keinerlei menschliches Leben mehr vorkommen dürfte. Die Gewissheit, dass menschliches Leben unmöglich geworden ist, wird so vom Eintreffen des Signals erschüttert: „How are these transmissions taking place at all?"[203] wundert sich einer der U-Boot-Offiziere im Roman und lenkt so den Blick zunächst ausdrücklich auf den *Transmissionscharakter* des Signals, also das Faktum der technischen Übertragung: „there shouldn't even be any power for transmission."[204] Wenn jedoch die elektrischen Anlagen wider Erwarten weiterhin intakt sind, könnte dies indirekt zugleich auf die Präsenz von Menschen hindeuten, die für den Betrieb der Infrastrukturen Sorge tragen: „Where there's power there's people"[205], lautet die hoffnungsvolle Hypothese, die ein Offizier im Roman äußert. Insofern wäre die Tatsache der Übertragung selbst bereits ein indi-

---

201 Vgl. Shute, Nevil (1957): On the Beach. London/Melbourne/Toronto: Heinemann. Der millionenfach verkaufte Roman gehört zu den bekanntesten Erzählungen des Atomzeitalters, vgl. dazu auch: Weart, Spencer R. (1988): Nuclear Fear. A History of Images. Cambridge, MA: Harvard University Press, S. 218.
202 ON THE BEACH, Timecode: 00:43:00.
203 Shute (1957), S. 164.
204 ON THE BEACH, Timecode: 00:44:00.
205 Shute (1957), S. 180.

rekter Hinweis auf „human agency"[206], also auf Aktivitäten möglicher Überlebender: „It could be somebody's alive up there, doesn't know how to handle the set."[207]

Doch so sehr der Übertragungscharakter des Signals auch einen menschlichen Ursprung nahezulegen scheint, so groß sind die Ungewissheiten bei seiner semantischen Entschlüsselung. Trotz unablässiger Beobachtung gelingt es den U-Boot-Funkern nicht, in der chaotischen Abfolge des Signals ein wiedererkennbares Muster zu erlauschen, das sich mit den Schlüsseln des Morse-Alphabets decodieren ließe: „Gibberish. Can't make out a thing. I don't know what the hell it is."[208] Nur zwei einzelne Wörter werden im Laufe von über 60 Stunden Aufnahmezeit im Morsecode ausgemacht: „water and connect"[209]: Aus dem Wirrwarr der Signalketten stechen die beiden Wörter jedoch nicht als sinnvolle Botschaften hervor, sondern erscheinen als bloße Zufallsfunde. Einer der U-Boot-Offiziere zieht dazu einen informationstheoretisch höchst aufschlussreichen Vergleich. „You know the old story about an infinite number of monkeys and an infinite number of typewriters one of them has to end up writing ‚King Lear'?"[210]

Diese *old story*, die auch unter dem Namen *infinite monkey theorem* bekannt ist, kann tatsächlich auf eine lange und weit verzweigte Rezeptionsgeschichte zurückblicken, die der Literatur- und Medienwissenschaftler Hans Christian von Herrmann eingehend rekonstruiert hat.[211] Es handelt sich um ein klassisches Gedankenexperiment, um Prozesse der Sinn- und Ordnungsbildung als Ergebnis von bloßen Zufallsreihen zu beschreiben: Ein sinnhaft organisiertes Gebilde wie das Shakespeare-Drama *King Lear* erscheint dann nicht mehr als Produkt eines intendierten Schöpfungsaktes, sondern als Ergebnis eines zufallsgesteuerten Schreibvorgangs. Eine unendliche Zahl von tippenden Affen erzeugt – ohne Rücksicht auf syntaktische oder grammatikalische Regeln – sämtliche mögliche Buchstaben-Kombinationen einer Schreibmaschinentastatur, bis schließlich aus dem „Hintergrund höchster Durchmischung oder Entropie"[212] tatsächlich sinnhafte Wörter und Texte hervortreten. Demzufolge wären auch die beiden Worte *water* und *connect* aus ON THE BEACH nicht als gezielte Botschaften zu verstehen, sondern als stochastische Effekte, als zufällig entstandene Wortgebilde, die bei einer ausreichend großen Anzahl von Permutationen notwendig auftreten.

---

206 Shute (1957), S. 164.
207 Shute (1957), S. 38.
208 ON THE BEACH, Timecode: 01:25:45.
209 ON THE BEACH, Timecode: 00:43:38.
210 ON THE BEACH, Timecode: 00:43:38.
211 Vgl. von Herrmann (2014), S. 24–32.
212 von Herrmann (2014), S. 34.

Allerdings weicht das Signal von ON THE BEACH in einem wesentlichen Punkt von der Versuchsanordnung des Infinite-Monkey-Theorems ab. Denn die zufällige Schreibbewegung der Affen setzt noch immer einen bereits definierten, abzählbaren Zeichenvorrat voraus, aus dem mögliche Nachrichten selegiert werden. Die Tastatur der Schreibmaschine begrenzt von vornherein die „Variabilität"[213] der entstehenden Botschaften auf die Variationsmöglichkeiten *innerhalb* des alphanumerischen Codes.[214] Demgegenüber speist sich das Signal aus ON THE BEACH gerade aus *keinem* bekannten Set von Auswahlmöglichkeiten mehr. Ausdrücklich wird im Roman betont, dass der Großteil der Signalketten überhaupt keine identifizierbaren Kombinationen des konventionellen Morse-Alphabets enthält.[215] Auch am Klangbild des Signals lässt sich dieser Eindruck belegen: Statt der für Morsezeichen typischen „Taktung"[216] aus „kurzen Signalen, langen Signalen und Pausen dazwischen"[217], tönt aus den Lautsprechern ein chaotisches „jumble"[218] aus Signalen unterschiedlichster Dauer, Dichte und Häufung. Anders als beim Schreibmaschinentext der tippenden Affen, hat man es hier also nicht länger mit Zufallsreihen aus „discrete symbols"[219] zu tun, sondern mit einer beinahe unbegrenzten Variationsbreite, die durch keinen Code reguliert wird.[220]

Eine solche „Serie unvorhersehbarer neuer Zustände [...], die zu keiner im Voraus festlegbaren Abfolge gehören"[221], markiert einen extremen Grenzfall des Informationsbegriffs, wie ihn der Technikphilosoph Gilbert Simondon beschrieben hat. Sobald Informationsprozesse nicht mehr durch die „relative Gleichförmigkeit"[222] eines Codes strukturiert werden, der die Unvorhersehbarkeit der

---

213 Sprenger (2012), S. 248.

214 Sprenger schreibt über die Funktion eines Codes: „Der Code begrenzt die Kombinationsmöglichkeiten, die bereitstehen und operiert als Wahrscheinlichkeitssystem, das aus einer Menge von Aussagen oder Zeichen durch Benutzung und Konvention manche wahrscheinlicher macht als andere.", Sprenger (2012), S. 248.

215 „One hundred and sixty-nine transmissions have been monitored. Of these, three contained recognisable code groups, seven groups in all. Two contained words in clear, in English, one word in each.", siehe: Shute (1957), S. 163.

216 Sprenger (2012), S. 303.

217 Sprenger (2012), S. 303.

218 Shute (1957), S. 180.

219 Shannon/Weaver (1998), S. 18.

220 Damit erinnert das Signal an die Frühzeit der elektrischen Telegraphie, in der die Ausschläge des Telegraphen noch nicht durch einen Code reguliert und daher „schwer zu entschlüsseln" waren, vgl. Sprenger (2012), S. 248.

221 Simondon, Gilbert (2012): Die Existenzweise technischer Objekte. Berlin/Zürich: Diaphanes, S. 124.

222 Simondon (2012), S. 125.

Signale auf „bestimmte Grenzen reduzier[t]"[223], herrsche nur noch die „reine Unvorhersehbarkeit jeglicher Variation"[224]: Streng genommen, so Simondon, könne in diesem Fall von Informationsprozessen überhaupt nicht mehr die Rede sein, weil sie sich kaum noch von einem bloßen „Zufallsereignis"[225] unterscheiden. Sie nähern sich eher dem Charakter bloßer, physikalischer Prozesse an:

> In dieser Hinsicht teilt die Information bestimmte Eigenschaften mit rein kontingenten Phänomenen ohne Gesetzmäßigkeit wie den Wärmebewegungen der Moleküle, der radioaktiven Strahlung, der diskontinuierlichen Elektronenemission beim thermoelektrischen oder photoelektrischen Effekt.[226]

Sobald Informationen also keinem geregelten Code mehr folgen, sondern in radikal unvorhersehbaren und unbestimmten Mustern auftreten, können sie nicht mehr von bloßen *Emissionen* unterschieden werden, das heißt von unwillkürlichen, ungerichteten Ausstrahlungen physikalischer Prozesse wie Wärmestrahlung, elektromagnetischer oder radioaktiver Strahlung.

Insbesondere Simondons Hinweis auf die *radioaktive Strahlung* liefert einen interessanten Deutungsansatz für das rätselhafte Signal aus On the Beach. Denn formal betrachtet bestehen zwischen dem radiotelegraphischen Signal und dem Phänomen radioaktiver Strahlung einige auffällige Parallelen. Bereits das Klangbild des Signals erinnert weniger an ein gleichmäßig getaktetes Morsezeichen, als vielmehr an die unregelmäßigen Ausschläge eines Geigerzählers.[227] Die Assoziation von Geigerzähler und Morsegerät ist dabei keineswegs so gewagt, wie sie auf den ersten Blick scheinen mag. Zum einen dienen beide Geräte dazu, Strahlungsphänomene, die sich der sinnlichen Wahrnehmung entziehen, in akustische Zeichen zu übersetzen. Während das Knacken des Morsegeräts Radiosignale hörbar macht, zeigen Geigerzähler die Intensität radioaktiver Strahlung durch kurze Knacklaute oder elektronische Pieptöne an. Zum anderen sind beide Geräte auch technikhistorisch eng verbunden. Der Technikhistoriker Johannes Abele etwa hält es durchaus für möglich, dass das allgegenwärtige „Klicken von Morsegeräten"[228] als Inspirationsquelle für das akustische Interface des Geigerzählers in den 1920er Jahren gedient haben könnte. Frühe Verfahren zur Strahlenmessung

---

223 Simondon (2012), S. 125.
224 Simondon (2012), S. 126.
225 Simondon (2012), S. 125.
226 Simondon (2012), S. 124–125.
227 Für die Funktionsweise und Mediengeschichte des Geiger-Müller-Zählrohrs (kurz: Geigerzählers), vgl. das Kapitel: „Das Knacken des Geigerzählers. Akustische Darstellung im Dienst der Strahlenphysik", in: Volmar (2015a), S. 115.
228 Abele, Johannes (2002): Wachhund des Atomzeitalters. Geigerzähler in der Geschichte des Strahlenschutzes. München: Deutsches Museum, S. 72.

griffen tatsächlich auf Morse-Taster zurück, um die Entladung radioaktiver Teilchen zu zählen.[229]

Angesichts dieser frappierenden Parallelen scheint es naheliegend, auch das Signal von On the Beach als eine klangliche Reminiszenz an den Geigerzähler zu deuten. Aus dieser Sicht erscheint das Radio-Signal nicht mehr als informative Nachricht möglicher Überlebender, sondern als klanglicher Hinweis auf die Allgegenwart radioaktiver Emissionen. Es verwandelt sich von einem hoffnungsvollen Lebenszeichen zu einem regelrechten „Sound der Gefahr"[230], also einem Symbol der unsichtbaren radioaktiven Bedrohung, die die Lebensbedingungen auf dem gesamten Erdball in Frage stellt. Dieser Bedrohungs- und Warncharakter steigert sich noch, als sich das unruhige Morsesignal im Laufe des Films von seiner diegetischen Klangquelle ablöst und als alarmierendes, musikalisches Leitmotiv in die Tonkulisse des Films selbst übergeht.[231] Unregelmäßige, zitternde Trompeten-Akzente und spannungsreiche Streichertremolos greifen den aleatorischen Zufallsrhythmus des Morsesignals musikalisch auf und verleihen ihm eine beunruhigend ortlose, gespenstische Präsenz an den Rändern der Diegese. Wie die Radioaktivität ist nun auch das telegraphische Radiosignal „überall und nirgends"[232]. Es teilt mit den radioaktiven Strahlen die „unheimliche Herkunft aus dem Nichts"[233], die Wolfgang Hagen an der Radiotelegraphie bemerkt hat.[234]

Dennoch unternimmt die U-Bootmannschaft einen Versuch, die Quelle des Signals innerhalb der diegetischen Welt zu verorten und aufzufinden. Der Herkunftsrichtung des Morsezeichens folgend, gelangt das U-Boot schließlich an die Küste von San Diego, wo der Ursprung des mysteriösen Signals im Inneren einer Ölraffi-

---

229 Vgl. Volmar, Axel (2015b): „Ein Trommelfeuer von akustischen Signalen. Zur auditiven Produktion von Wissen in der Geschichte der Strahlenmessung.", in: Technikgeschichte, 82 (1), S. 27–46, S. 31.

230 Volmar (2015a), S. 139.

231 On the Beach, Timecode 01:32:20 min. Zu dieser Szene vgl. auch die kurze Analyse von: Nachreiner, Thomas (2014): „‚Da siehst nur Punkterl und Stricherl'. Telegrafie und Telefaksimile im Film", in: Kirchmann, Kay/Ruchatz, Jens (Hg.): Medienreflexion im Film. Ein Handbuch, S. 385–397, hier: S. 388–389.

232 Hagen, Wolfgang (1991): „Der Radioruf. Zu Diskurs und Geschichte des Hörfunks", in: Stingelin, Martin/Scherer, Wolfgang (Hg.): HardWar/SoftWar. Krieg und Medien 1914–1945. München: Wilhelm Fink, S. 243–274, hier: S. 251.

233 Hagen (1991), S. 259.

234 Auf die enge Verbindung von „Radioaktivität" und „Radiophonie" haben verschiedene Autor*innen hingewiesen, z. B. Volmar (2015), S. 142. Auch Justus Fetscher entdeckt am Beispiel von Radiohörspielen im Kalten Krieg eine „Korrelation von Radioaktivitätsangst und Radioempfang", siehe: Fetscher, Justus (2006): „Radioaktivität. Atomgefahr und Sendebewusstsein im Rundfunk der 1950er Jahre", in: Navigationen. Zeitschrift für Medien- und Kulturwissenschaften, 6 (1), S. 143–157, hier: S. 147.

nerie vermutet wird. Gehüllt in einen Strahlenschutzanzug und begleitet von Warntönen des U-Boot-Schiffshorns, wird einer der Funker an Land geschickt, um im radioaktiv verseuchten Industriekomplex nach dem Ursprung des Signals zu suchen.[235] Er lässt sich bei seinem Erkundungsgang von allerlei auffälligen Indizien leiten, die als mögliche Hinweise auf menschliche Anwesenheiten gelesen werden können: eine glühende Leuchtreklame mit der Aufschrift ‚Hot', dröhnende Maschinen in einer Turbinenhalle und eine intakte Stromleitung. Dem Verlauf der Stromleitung folgend, gelangt er schließlich zum Telegraphenhäuschen der Raffinerie. Vom Sound des Morsesignals angezogen, betritt er das verlassene Gebäude. Inmitten des menschenleeren Büros, das mit verstreuten Dokumenten und umgestürzten Möbeln übersät ist, fällt sein Blick auf ein merkwürdiges Ensemble auf einem Tisch am offenen Fenster: Auf einem sich selbst überlassenen Morsetaster wippt dort eine halbleere, umgestoßene *Coca Cola*-Flasche auf und ab. Im Griff des Morsegeräts hat sich die Schnur einer Jalousie verfangen, die sich bei jedem neuen Windstoß aufbläht und den Morsetaster in Bewegung versetzt. Im Rhythmus der Böen hebt und senkt sich die Konfiguration aus Jalousie, Schnur, Flasche und Morsetaster und erzeugt dabei jene Signaltöne, die die gesamte Zeit über im Morsegerät des U-Boots zu hören waren.[236]

Es ist somit nicht die Entladung radioaktiver Teilchen, die sich im unregelmäßigen Knacken und Knistern des Morsesignals manifestiert hat, sondern ein ganz anderes, ebenso unsichtbares und zufälliges, aber weitaus trivialeres Phänomen: nämlich das schlichte Kommen und Gehen des Windes: „Wind. Window shade tugging on a coke bottle"[237] meldet der erstaunte Funker kurz darauf an die Crew des U-Boots. An die Stelle des rätselhaften Signals tritt hier also eine zufällige Verkettung von alltäglichen Objekten, eine regelrechte *Assoziation* aus heterogenen Bestandteilen – Wind, Jalousie, Schnur, Flasche, Morsetaster –, die sich ohne jedes menschliche Zutun in Bewegung gesetzt haben und auf keinerlei menschliches Leben mehr zurückverweisen. Das Morsegerät überträgt nicht länger SOS-Zeichen eines Verschollenen, sondern nur noch sein eigenes, mechanisches Funktionieren. Die leere Glasflasche überbringt nicht mehr die Flaschenpost eines Schiffbrüchigen, sondern nur noch die leere Botschaft der Flasche selbst: *a message from a bottle*. Das Signallämpchen des Morsegeräts exponiert kein verborgenes Leben, sondern nur sein eigenes Leuchten. Die Schnur der Jalousie ist mit keinem lebendigen Körper mehr assoziiert, wie noch die Lawinenschnur, sondern hängt leer in der Luft. Und der Wind, der durch all diese Dinge hindurch-

235 On the Beach, Timecode: 01:32:20.
236 On the Beach, Timecode: 01:36:40.
237 On the Beach, Timecode: 01:37:27.

geht, trägt keine Geruchswolken des Lebens mehr herbei, sondern erschöpft sich in seinem bloßen Kommen und Gehen.

Nicht länger artikuliert sich hier also ein menschliches Leben-in-Not, wie in allen bisherigen Artikulationsweisen des Lebenszeichens, sondern nur noch die schlichten, materiellen Bedingungen jeglicher Artikulation – die Apparate, Windstöße, Schnüre und Flaschen. In den Augen des Funkers entbehren diese materiellen Objekte offenbar jeglichen Sinns und jeglichen Artikulationsvermögens. Sie erscheinen als zufällige Versammlung bedeutungsloser Objekte, die ohne Weiteres aufgelöst werden kann. Mit einem resignierenden Lächeln auf den Lippen trennt der Funker die verheddertе Schnur vom Morsetaster und lässt die Jalousie in die Höhe steigen, woraufhin das Morsesignal verstummt und auch die Musikbegleitung der Szene leise zum Erliegen kommt. Das eben noch eng verknüpfte Ensemble aus Jalousie, Wind, Morsetaster und Cola-Flasche löst sich buchstäblich in Luft auf. Es ist, als wäre mit dieser Auflösung ein definitiver Endpunkt des Lebenszeichens, ja vielleicht sogar ein Ende jeglicher Artikulation erreicht. Von den vielfältigen Äußerungen des Lebens in Not bleibt hier nur noch das leise Rauschen des Windes.

Doch auch wenn der Film ON THE BEACH einen solchen resignativen Schluss nahezulegen scheint, drängt sich noch eine andere Lesart der Szene auf. Dazu muss man ON THE BEACH abschließend noch mit einer anderen, außerfilmischen Episode in Beziehung setzen, die einem ganz ähnlichen Motiv folgt. Zu Beginn ihres Buches *Vibrant Matter* beschreibt die amerikanische Philosophin Jane Bennett ihre zufällige Begegnung mit einer Ansammlung heterogener Objekte:

> Glove. pollen. rat. cap. stick. As I encountered these items, they shimmied back and forth between debris and thing – between on the one hand stuff to ignore except insofar as it betokened human activity (the workman's efforts, the litterer's toss, the rat-poisoner's success) and, on the other hand, stuff that commanded attention in its own right, as existents in excess of their association with human meanings, habits, or projects.[238]

Die verstreuten Dinge, auf die Bennett während ihres Spaziergangs stößt – Handschuh, Pollen, Ratte, Deckel, Stock – erscheinen zunächst als bloße Relikte von ‚human activities'. Andererseits jedoch enthalten sie einen irreduziblen Überschuss, einen ‚excess' der jegliche menschliche Sinngebung transzendiert: Ihre materielle Präsenz, so Bennett, ‚commanded attention in its own right', zieht also die Aufmerksamkeit der Betrachterin auf sich und artikuliert ein rätselhaftes Signal: „it issued a call, even if I did not quite understand what it was saying."[239]

---

238 Bennett, Jane (2010): Vibrant Matter. A Political Ecology of Things. Durham/London: Duke University Press, S. 4.
239 Bennett (2010), S. 4.

Die vermeintlich passive Materie des Abfallhaufens verfügt offenbar über ein eigenes Artikulationsvermögen *jenseits* menschlicher Ausdrucksformen. Bereits in ihrem schlichten dinglichen Sosein erweist sich Materie als „lively, affective and signaling"[240].

Ein solches Eigenleben der Materie scheint aus Sicht traditioneller Materie-Konzeptionen nur schwer zu denken. In weiten Teilen der philosophischen Tradition wurde Materie als durchweg stumm, passiv und inartikuliert betrachtet, als „dead stuff"[241] ohne jedes genuine Handlungs- und Äußerungsvermögen. Demgegenüber schlägt Bennett ausgehend von ihrer zufälligen Objekt-Begegnung eine Neukonzeption von Materialität vor, die die Fähigkeit zur Aktivierung, Affizierung und Artikulation auf nicht-menschliche Entitäten ausweitet: „All forces and flows (materialities) are or can become lively, affective, and signaling."[242] schreibt sie an einer programmatischen Stelle. Für Bennett wohnt den Dingen eine spezifische „vital materiality"[243] inne, die sich immer dann manifestiert, wenn sie komplexe Ereignisketten in Gang setzen oder sich zu überraschenden „assemblages"[244] formieren, etwa wenn sich Elektrizität in Stromnetzen auf unvorhersehbare Weise ausbreitet und zu flächendeckenden Blackouts führt[245] oder wenn Fettsäuren in überraschenden biochemischen Verbindungen mit dem verdauenden Organismus interagieren.[246]

Ein solches Gefüge aus heterogenen Elementen bilden nun auch die Dinge in ON THE BEACH: Ganz ähnlich wie Bennetts „contingent tableau"[247] aus Pollen, Ratte und Stöckchen, schillern auch die Fundstücke im Telegraphenhäuschen zwischen zwei gegensätzlichen Perspektiven. Einerseits erscheinen sie als Überreste ehemaliger menschlicher Aktivitäten. Die halbgeleerte Flasche, die herabgezogene Jalousie, der Morse-Apparat – sie alle verweisen auf ehemalige menschliche Verrichtungen, Gebrauchsweisen und Konsumformen, bilden also bloße, fragmentarische Spuren eines verschwundenen Lebens. Andererseits jedoch gruppieren sich die Dinge selbst zu einem überraschend lebendigen Ensemble aus „strangely vital things"[248], die sich unabhängig von menschlichen Zwecksetzungen und Sinnzuschreibungen

---

240 Bennett (2010), S. 117.
241 Bennett (2010), S. 5.
242 Bennett (2010), S. 117.
243 Bennett (2010), S. 14.
244 „Assemblages are ad hoc groupings of diverse elements, of vibrant materials of all sorts", Bennett (2010), S. 23.
245 Vgl. den Abschnitt „The Blackout", Bennett (2010), S. 24.
246 Vgl. den Abschnitt „The Efficacy of Fat", Bennett (2010), S. 40.
247 Bennett (2010), S. 5.
248 Bennett (2010), S. 3.

artikulieren und durch einen rätselhaften „call"[249] bemerkbar machen. Hatte Bennett eher metaphorisch vom *call* der Dinge gesprochen, wird dieser Ruf in ON THE BEACH tatsächlich als pulsierendes Radio-Signal hörbar, das keinerlei entzifferbaren Sinn übermittelt und nur die Präsenz einer vibrierenden Materie zum Ausdruck bringt. Keine „human agency"[250] artikuliert sich im Morsesignal, wie die Figuren im Roman zunächst spekuliert hatten, sondern die Vitalität und Aktivität materieller Objekte.

Dieses Eigenleben wohnt aber nicht primär den einzelnen Dingen je für sich inne, denn erst aus der Verknüpfung und Verkettung dieser heterogenen Elemente – das Gewicht der halbleeren Flasche, der Rhythmus des Windes, der wippende Schalter – geht das Zeichen eines eigentümlichen vibrierenden Lebens hervor. Dieses Leben ist also keine Eigenschaft von Einzeldingen, sondern Effekt eines komplexen Ensembles. Man könnte hier durchaus von einem *emergenten* Effekt sprechen. Emergenz – darauf weist bereits Bennett in ihrer Studie ausdrücklich hin[251] – ereignet sich immer dann, wenn Phänomene nicht vollständig aus jenen einzelnen Elementen erklärt und abgeleitet werden können, aus denen sie hervorgehen. Mit Blick auf das Signal von ON THE BEACH leuchtet diese Definition unmittelbar ein. Zwar geht das Signal offenkundig aus den umherliegenden Dingen hervor, die sich zu einem Gemenge verknotet haben – Cola-Flasche, Morsegerät, Jalousieschnur, Wind – zugleich jedoch lässt es sich nicht restlos aus ihnen heraus erklären. Weder der Anblick des Ensembles noch der weitere Verlauf des Films liefert eine schlüssige kausale Erklärung, wie es zu dieser unwahrscheinlichen Artikulation der Dinge kam. Ihm haftet also ein gewisses Moment des Unerklärlichen, Unvorhersehbaren und Unwahrscheinlichen an.

Gerade diese Unwahrscheinlichkeit jedoch verleiht dem Signal seine weitreichende Bedeutung im Kontext des übrigen Films. Wie oben bemerkt wurde, entwirft ON THE BEACH eine Welt, in der von Anfang an totale *Gewissheit* herrscht, in der das Ende aller Dinge und der Tod der gesamten Menschheit unabwendbar bevorsteht und somit keinerlei Überraschung, Abweichung und Ereignis mehr möglich scheint. Es ist eine Welt, in der – anders gesagt – die Zeitlichkeit der *Katastrophe* vollständig an die Stelle des *emergency* getreten ist. Während sich der *emergency*, wie eingangs herausgearbeitet, stets noch entfalten muss und damit ergebnisoffen bleibt, ist für die Katastrophe immer schon alles entschieden, ist der unaufhaltsame Niedergang bereits besiegelt. Genau vor diesem Hintergrund entfaltet das Signal von ON THE BEACH seine

---

249 Bennett (2010), S. 4.
250 Shute (1957), S. 164.
251 Vgl. Bennett (2010), S. 24.

Wirkung. Es führt in den Determinismus der Katastrophe ein irritierendes Moment des Überraschenden, Unwahrscheinlichen und Unvorhersehbaren ein; es demonstriert, dass selbst inmitten des vollständigen Niedergangs, gegen jede Wahrscheinlichkeit noch spontane Artikulationen, Strukturbildungen und Signale möglich sind, die aus dem lebendigen Zusammenspiel der Dinge selbst emergieren.

Damit hat sich die anfängliche Lesart des Signals geradezu ins Gegenteil verkehrt: Nicht länger markiert es die äußere Grenze des Lebenszeichens, den Nullpunkt jeglichen Sinns und das Ende der Artikulation, sondern das plötzliche Hervortreten einer neuen, überraschenden und hochgradig unwahrscheinlichen Artikulation, die spontane Emergenz von Lebenszeichen aus der Eigenaktivität der vermeintlich leblosen Dinge selbst. Folgt man diesem Impuls, so dürfen Lebenszeichen keineswegs mehr exklusiv menschlichen, ja nicht einmal nur lebendigen Entitäten vorbehalten bleiben. Vielmehr gibt es auch jenseits des Menschlichen, ja sogar jenseits des organischen Lebens noch eine gewisse Fähigkeit zur Artikulation. Auch die Dinge selbst sind *artikuliert*, wie der Philosoph Bruno Latour einmal formuliert hat: Sie bilden keine stumme, passive „bloße ,materielle Welt'. [...] Im Gegenteil, sie drücken sich aus, sie prädizieren sich, sie äußern sich, sie artikulieren sich in bewunderungswürdiger Weise."[252] Nicht das Ende jeglicher Artikulation manifestiert sich also im Morsesignal von ON THE BEACH, eher der zaghafte Anfang einer neuen Artikulation, die aus der stummen Welt der Dinge selbst hervortritt.

Diese Artikulation jedoch wird von den Menschen in ON THE BEACH nicht vernommen, sondern – im Gegenteil – schon im Ansatz ihres Entstehens unterbrochen und unterdrückt. Wenn der Funker das Ensemble der Dinge in seine Einzelteile zerlegt und schrittweise demontiert, dann *dementiert* er zugleich die Möglichkeit eines Lebenszeichens jenseits des Menschlichen. Mit jeder seiner Handbewegungen entzieht er den Dingen einen Teil ihres Artikulationsvermögens: Indem er die Schnur vom Morsetaster trennt, kappt er die *Assoziationen* der Dinge, also ihre Fähigkeit zur selbstständigen Verknüpfung. Indem er die Stromversorgung der Anlage abschaltet, unterbricht er die *Transmissionen* der Dinge – also ihre eigensinnigen Übertragungsprozesse. Indem er das Lämpchen am Morsegerät löscht, bringt er die *Expositionen* der Dinge zum Verschwinden, also ihre sichtbare Selbstdarstellung. Und indem er die Ursache des mysteriösen Signals aufklärt – „Wind. Window shade tugging on a coke bottle" – beseitigt er den überraschenden *Informationswert* der Dinge – also ihre radikale Unwahrscheinlichkeit. Schritt für Schritt reduziert er das überraschende Ensemble der Dinge auf seine bloßen, kausalen Bestandteile und verfehlt damit gerade das Ereignis der Emergenz.

---

252 Latour (2014b), S. 159.

Wenn die Dinge am Ende dieser Dekonstruktion tatsächlich stumm und *inartikuliert* erscheinen, dann nicht aufgrund einer intrinsischen Stummheit, sondern nur, weil man ihnen Schritt für Schritt alle Artikulationsweisen *entzogen* und sich gegenüber ihrem Ruf taubgestellt hat. Fast scheint es, als ob das menschliche Leben selbst noch im Angesicht seines völligen Verschwindens das Vorrecht der Artikulation für sich beansprucht, als ob die ganze Mission von On the Beach darauf abzielte, das vorlaute Leben der Dinge zum Verstummen zu bringen. Wenn sich die Menschen schon bald nicht mehr artikulieren können, sollen offenbar erst recht die Dinge schweigen. Dieses Schweigen scheint am Ende von On the Beach tatsächlich eingetreten, als das Knistern im Kanal für immer verstummt und sich das Filmbild von On the Beach schwarz färbt. Und dennoch bleibt irgendwo noch das leise Kommen und Gehen des Windes und der Wellen am Ufer des Meeres, aus dem vielleicht – eines Tages – ein neues Lebenszeichen emergieren wird.

8 Schluss

8.1 Die Modi des Lebenszeichens

Würde man all die Lebenszeichen, die auf den vergangenen Seiten versammelt wurden, in einer Art Zeitrafferaufnahme Revue passieren lassen, so ergäbe sich ein äußerst heterogenes Panorama: Leuchtfeuer von abgestürzten Pilot*innen, Hilferufe von Schiffbrüchigen, Geruchswolken von Verschütteten, Klopfgeräusche von eingeschlossenen Bergleuten, Peilsender von Lawinenopfern, Fundstücke von verwundeten Soldat*innen, bis hin zu Postkarten von Luftkriegsgeschädigten und Push-Nachrichten von Smart Phone-Nutzer*innen. Um diese schier unüberschaubare Vielfalt des Lebenszeichens systematisch zu fassen, hat die Arbeit vorgeschlagen, auf den Begriff der *Artikulation* zurückzugreifen. Er hat es erlaubt, drei zentrale Dimensionen des Lebenszeichens miteinander zu verknüpfen:

Zunächst bezieht sich Artikulation auf den basalen Prozess der Äußerung. Darunter fallen nicht allein sprachliche Artikulationen, sondern sämtliche Äußerungsformen, die sich als gegliederte *Zeichen* von der ungegliederten Gemengelage der Katastrophe abheben: Klopfzeichen, Morsesignale, Leuchtfeuer, Funksprüche, Eilnachrichten. Zweitens verweist der Artikulationsbegriff auf die materiellen Bedingungen, die den Äußerungsformen zu Grunde liegen, also die technischen *Medien*, die die Hervorbringung von Zeichen überhaupt erst ermöglichen. Auch sie sind *artikuliert*, das heißt aus heterogenen Elementen zusammengesetzt und zu komplexen, materiellen Äußerungsgefügen verschaltet: Telefonleitungen, Rohrsysteme, Sensor-Netzwerke, Monturen und Ausrüstungsteile. Und drittens schließlich lässt sich auch das *Leben* selbst als ein Artikulationsprozess beschreiben, das heißt als eine fortlaufende Dynamik der Äußerung und Verknüpfung, die sich über kleine Diskontinuitäten hinweg aufrechterhalten muss und dabei ständig von einem fundamentalen Einschnitt oder Bruch bedroht ist.

Als ein solcher Bruch, als ein solches Ereignis der radikalen *Desartikulation* war auf den vergangenen Seiten immer wieder der Not- und Katastrophenfall aufgetreten. Notfälle, so die Ausgangsthese der Arbeit, greifen empfindlich in die Artikulationsmöglichkeiten des Lebens ein. Sie entziehen ihm gewohnte Äußerungskanäle und reißen es aus gewohnten Beziehungsgefügen. Lawinen brechen schlagartig über Skifahrer*innen herein und trennen sie von ihren Bezugsgruppen, Erdbeben begraben Verschüttete unter sich und nehmen ihnen die Luft zum Atmen, Grubenunglücke schneiden Bergleute von lebenswichtigen Kommunikations- und Versorgungswegen ab. All diese Katastrophenereignisse führen einen Bruch in die gewohnten Verhältnisse des Alltagslebens ein und eröffnen zugleich ein begrenztes Zeitfenster, in dem die Rettung des Lebens noch möglich scheint.

Während dieses Notfall-Intervalls ist das verunglückte Leben konstitutiv auf die Artikulation von Zeichen und Medien angewiesen, um sich gegenüber anderen vernehmbar zu machen und mit möglichen Rettungskräften in Verbindung zu setzen. Nur durch die Artikulation des Lebens mit Zeichen und Medien kann sich das notleidende Leben in der Existenz halten.

Davon ausgehend hat die Arbeit nach den unterschiedlichen *Modi* gefragt, in denen sich Lebensvollzüge, Zeichenbezüge und Mediengefüge in Not- und Katastrophenfällen artikulieren. Im Durchgang durch immer neue Szenen und Szenarien des Notfalls – Trümmerfelder, Schiffs- und Flugzeugswracks, Lawinenberge, Schlachtfelder und eingestürzte Bergwerkstollen – konnte die Arbeit insgesamt *fünf* Artikulationsweisen zu Tage fördern und auf ihr je spezifisches Verhältnis von Leben, Zeichen und Medien befragen: Welche Zeichenbezüge stellen die verschiedenen Modi her? Aus welchen Mediengefügen gehen sie hervor? Und welche Lebensvollzüge stiften sie? Es sind diese drei Fragerichtungen, die im Folgenden noch einmal anhand der fünf Modi durchgespielt werden sollen. Damit soll nicht nur ein Überblick über die wichtigsten Befunde der Arbeit gewonnen, sondern auch ein Ausblick über die Arbeit hinaus vorbereitet werden: Jeder der drei Aspekte – Leben, Zeichen, Medien –, so die These, kann als Ausgangspunkt für eine Erweiterung der Untersuchung genommen werden. Um diesen Punkt zu erreichen, muss man sich jedoch zunächst noch einmal den fünf Modi im Einzelnen widmen.

Leben-in-Not – so der Ausgangspunkt des Modus der *Exposition* – ist der Gefahr ausgesetzt, von elementaren Kräften verschlungen zu werden. Der Einbruch von Wassermassen, Schneemassen oder Trümmerbergen droht die Differenz zwischen dem Lebendigen und seinem Umraum zu nivellieren, lässt also – gestalttheoretisch gesprochen – Figur und Grund zusammenfallen. Um sich wirksam vom diffusen Grund abzusetzen, ist das verunglückte Leben daher konstitutiv auf Medien der *Darstellung, Zurschaustellung* oder *In-Szene-Setzung* angewiesen: Signalspiegel, Leuchtfeuer, Farbpatronen, riesenhafte Schriftzeichen, Trillerpfeifen oder Pistolenschüsse heben sich als sinnliche Figurationen vom Hintergrund des Katastrophenfalls ab und weisen durch *deiktische Zeichenbezüge* auf den Standort des verunglückten Lebens hin. Diese deiktischen Verweise jedoch wären wertlos, wenn sie nicht zugleich von anderen bemerkt würden. Leben-in-Not muss sich nicht nur hervorheben, sondern auch von anderen registriert werden: *Sein* hängt existenziell vom *Wahrgenommen-Sein* ab (*esse est pericpi*). Dabei jedoch richten sich Lebenszeichen an keinen bereits bekannten, vordefinierten Empfängerkreis, vielmehr an *to whom it may concern*. Sie adressieren also immer schon ein unbestimmtes, weitläufiges Publikum. Aus dieser pauschalen Adressierung erwächst ein spezifisches Risiko: Leben-in-Not läuft stets Gefahr, zum Opfer seiner eigenen Sichtbarkeit zu werden, etwa durch Fehlinterpretationen oder Rückstoßeffekte des Zeichens. Insofern ist Leben-in-Not in doppeltem Sinne *exponiert*. Einerseits setzt es sich vom Hintergrund der Katastrophe als markante, sicht- oder hörbare Figuration ab, andererseits setzt es sich zugleich den Gefahren der Wahrnehmbarkeit aus. Es ist diese Ambivalenz, die den Modus der *Exposition* kennzeichnet.

Man könnte nun die zweite Artikulationsweise, den Modus der *Emission*, als exaktes, symmetrisches Gegenstück zur ersten beschreiben. Hier nämlich setzt sich Leben nicht mehr als begrenzte Figuration von seiner Umgebung ab, sondern strahlt *ekstatisch* in die eigene Umgebung aus. Diese Ausstrahlungen treten nicht als gerichtete, adressierte Zeichen auf, sondern als ungerichtete, *radiale* Emissionen, die dem Leben unwillkürlich entweichen: etwa Atemgase, Körperwärme, Geruchspartikel oder Vibrationen des schlagenden Herzens. Weil sich all diese Emissionsprozesse der unmittelbaren sinnlichen Wahrnehmung entziehen, erfordern sie ein ganz anderes Repertoire von Medientechniken als noch die Expositionen. An die Stelle von expressiven Darstellungs- und Ausdrucksmitteln treten *sensorische* Medien, die unterschwellige Äußerungen des Lebens registrieren: Spürhunde wittern Verschüttete unter Trümmerdecken, Geophone erfassen winzige seismische Ausschläge, Infrarotsensoren entdecken Vermisste in nächtlichen Waldstücken. In diesen Medien manifestieren sich Lebenszeichen nicht länger als deiktische Zeigegesten, sondern als *genuine Indizes*, die sich der automatischen Einwirkung ihrer Ursache verdanken. Somit tritt mit den Emissionen ein völlig anderer Modus des Lebenszeichens in Erscheinung, der die drei Dimensionen des Lebens, des Zeichens und der Medien auf neue Weise artikuliert.

Trotz dieser eklatanten Gegensätze jedoch weisen die beiden ersten Modi auffällige Gemeinsamkeiten auf. Zum einen muss jede Emission ihrerseits *exponiert*, das heißt durch sinnlich wahrnehmbare Phänomene angezeigt werden: Wärmestrahlen heben sich als farbige Leuchtfelder vom dunklen Display der Infrarotkamera ab, seismische Vibrationen zeigen sich in Ausschlägen des Geophons. Zum anderen jedoch ist auch das emittierende Leben immer schon auf bestimmte Weise *exponiert*, also möglichen Gefahren ausgesetzt. Denn gerade *weil* sich Emissionen den unwillkürlichen Aktivitäten des lebenden Organismus verdanken – Atmen, Wachsen, Schwitzen, Herzklopfen –, verraten sie das Leben mitunter auch in Situationen, in denen es sich seiner Entdeckung gerade zu entziehen versucht. Emissionen können dazu dienen, ein verstecktes oder flüchtiges Leben auch noch gegen seinen Willen, Wissen oder Widerstand aufzuspüren, etwa bei illegalen Grenzübertritten, polizeilichen Fahndungsmaßnahmen oder militärischen Operationen. Für das Leben kommt es in solchen Situationen existenziell darauf an, die eigene Emissionsbilanz so weit wie möglich dem Ideal der *Null-Emission* anzunähern: Nur, wer kaum noch emittiert, ist nicht länger exponiert – also möglichen Übergriffen ausgesetzt.

Darüber hinaus jedoch besteht zwischen den zwei Modi noch eine weitere, tieferliegende Gemeinsamkeit: Denn beide begreifen die Hervorbringung von Lebenszeichen primär als einen Prozess der *Äußerung* – entweder als *Ex*-position des Lebens durch sinnlich-phänomenale Darstellungen oder aber als *E*-mission von unsichtbaren Ausstrahlungen. Damit privilegieren beide Modi unübersehbar die *expressive* Seite des Artikulationsbegriffs. Diese expressive Seite jedoch ist untrennbar mit einem zweiten, *konnektiven* Aspekt des Artikulationsbegriffs verbunden. Leben gelangt nur dann zur Äußerung, wenn es sich mit materiellen Artefakten *verknüpft* und in *Verbindung* setzt: Nur wenn lebendige Körper etwa in sensorische Netzwerke eingebunden sind, können ihre Emissionen erfasst werden; und nur wenn sich das Leben materieller Darstellungsmittel bedient, kann es sich wirkungsvoll exponieren. Die Artikulation oder *Äußerung* des Lebens setzt also notwendig andere Artikulationen, nämlich *Kopplungen* des Lebens voraus. Dieser Kopplungsaspekt war im dritten Modus der *Assoziation* besonders stark hervorgetreten.

Dort nämlich rückten Lebenszeichen in den Blick, die durch materielle Zeichenträger mit lebendigen Körpern *verbunden* sind: etwa Peilsender in den Monturen von Skifahrer*innen oder portable Ausrüstungsgegenstände von Soldat*innen. Lebenszeichen dieses Typs strahlen nicht vom lebendigen Körper in die Umgebung aus, sondern werden ihm als hinzutretende Attribute leihweise angehängt. Die Ausstattung mit Objekten *verleiht* dem Körper neue, zuvor nicht vorhandene semiotische Kapazitäten, die seine Ortung im Notfall ermöglichen sollen. Dabei geht die Verweisungskraft des Zeichens auf keine direkte kausale Verursachung durch den Verunglückten zurück, wie noch bei den Expositionen oder Emissionen. Sie beruht vielmehr auf der schlichten *Kontiguität*, also der raum-zeitlichen Assoziation zwischen Objekten und angezeigten Körpern. Die jeweiligen Objekte können folglich nur dann als Lebenszeichen wirksam werden, wenn sie mit dem bezeichneten Leben physisch verbunden sind und diese Verbindungen ihrerseits durch verkörperte Gewohnheiten gestützt werden – etwa durch das habituelle Anlegen der Ski-Montur. Wann immer diese physischen und habituellen Verknüpfungen unterbrochen werden, zerreißt auch die Verweisungsbeziehung der Assoziation: Die Zeichenträger lösen sich von ihren menschlichen Träger*innen ab und verweisen bloß noch auf ihre eigene materielle Gegebenheit.

Das Problem des Verbunden-Seins ist in Not- und Katastrophensituationen allerdings keineswegs auf intime Assoziationen zwischen Körpern und Dingen beschränkt, es betrifft auch die Herstellung kommunikativer Fernverbindungen. Wann immer Leben-in-Not von seinen gewohnten Beziehungsnetzen abgeschnitten ist, werden Artikulationsmedien erforderlich, die Übertragungsverhältnisse zwischen räumlich getrennten Orten oder über Hindernisse hinweg ermöglichen: Rohrleitungen zur Übermittlung von Klopfzeichen, Funk- und Telegraphennetze für den Versand von technischen Signalen, Postverbindungen für den Briefverkehr. All diese *Transmissionen* teilen interessante Aspekte mit den drei bisherigen Modi: Ähnlich wie die *Assoziationen* stiften auch sie Verbindungen – doch nicht länger Näheverhältnisse zwischen Körpern und anhänglichen Objekten, sondern Übertragungsverhältnisse zwischen Sender- und Empfängerpolen. Ähnlich wie die *Emissionen* strahlen auch sie unablässig Zeichen aus, allerdings keine ungerichteten Äußerungen, sondern adressierte, also *gerichtete* Sendungen. Und wie die *Expositionen* heben auch sie sich von einem diffusen Umfeld ab, aber weniger als Figuren vom Grund, denn als Signale vom Rauschen des Kanals. Somit setzt sich der Modus der Transmission aus drei Motiven der bisherigen Artikulationsweisen zusammen und kombiniert sie zu einem vierten, genuinen Modus des Lebenszeichens.

Doch ist der Modus der Transmission keineswegs auf die Übertragung von *Zeichen* begrenzt, sondern umfasst auch den Transport materieller *Objekte* und den Transfer lebendiger *Personen*: Gerade in Not- und Katastrophensituationen hängt alles von der wechselseitigen Verknüpfung und Überkreuzung dieser drei Übertragungsmodi ab. So hatte sich am Beispiel des Grubenunglücks von San José gezeigt, dass die Übertragung von *Lebenszeichen* immer schon mit der Beförderung von *Lebensmitteln* und der Bergung von *Lebewesen* einhergehen muss, um Leben-in-Not aufrechtzuerhalten. Dabei tritt das Leben nicht allein als Sender oder Empfänger von Übertragungsprozessen in Erscheinung, sondern muss letztlich sogar selbst *auf Sendung gehen*, um aus seiner misslichen Lage geborgen werden zu können. Die physische Bergung und Befreiung des Lebens aus Notsituationen steht folglich nicht im Gegensatz zur ‚bloßen‘ Übertragung von Signalen und Zeichen, sondern setzt den Artikulationsprozess mit anderen Mitteln fort.

Man könnte als Gemeinsamkeit aller bisherigen Modi festhalten, dass das Leben von spezifischen Prozessen der Artikulation existenziell abhängt: Nur wenn Leben sich *exponiert, emittiert, assoziiert* oder *transmittiert*, kann es sich in der Existenz halten. Der fünfte und letzte Modus weicht von diesem Grundmuster ab. Hier stellen Zeichen keine Existenzbedingung des Lebens dar, vielmehr *informieren* sie nur über dessen aktuellen Zustand und Verbleib. Statt die Notlage eines verunglückten Lebens anzuzeigen, bestätigen sie gerade seine Unversehrtheit, Sicherheit und sein Wohlbefinden. Sie dienen folglich auch nicht mehr zur Alarmierung von Rettungskräften, sondern zur Beruhigung und Vergewisserung von Angehörigen nach dem Eintritt des Notfalls. Mit Hilfe kurzer kommunikativer Impulse – etwa Postkarten-Vordrucken oder Instant-Messages – sollen Angehörige über den Verbleib eines ungewissen Lebens *informiert* werden. Gleichwohl ist der Informationswert dieser Zeichen von einer tiefen Ambivalenz geprägt. Denn oftmals rufen Lebenszeichen erst jene Ungewissheiten hervor, die sie eigentlich aufheben sollen. Zum einen, weil durch die ausdrückliche Versicherung des Lebens immer auch die gegenteilige Möglichkeit des Todes mit aufgerufen wird. Zum anderen, weil Informationen als *zeitgebundene* Phänomene bereits im Moment des Eingangs wieder *überholt* sein können und damit von einer ständigen Ungewissheit begleitet werden. Aus dieser konstitutiven Verspätung erwächst ein permanenter Aktualisierungsdruck, der nur durch die unablässige Multiplikation von Lebenszeichen beantwortet werden kann. An die Stelle des singulären Lebenszeichens treten dann fortlaufende Serien von regelmäßig getakteten Signalen. Sobald diese Serien aufhören, einer regelmäßigen Taktung und rhythmischen Gliederung zu folgen und radikal unvorhersehbar werden, wie im Morsesignal aus ON THE BEACH, nähert sich das Lebenszeichen einer bloßen Zufallsreihe an, einer irritierenden Folge sinnloser Signale. Doch mitunter kann selbst aus diesen Zufallsfolgen noch ein Lebenszeichen emergieren, das jenseits menschlicher Äußerungsformen auf das Artikulationsvermögen der Dinge selbst verweist.

Von der ersten Exponierung des Lebens in der Sonne des Regenwaldes bis hin zum letzten Morsesignal hat die Arbeit also ein breites Spektrum an insgesamt fünf Artikulationsweisen durchmessen. Die Spezifik der jeweiligen Modi lässt sich dabei nicht aus einem *einzigen* Alleinsteinungsmerkmal ableiten, sondern ergibt sich stets aus dem Zusammenspiel aller drei eingangs beschriebenen Dimensionen des Lebenszeichens: den *Zeichenbezügen*, *Mediengefügen* und *Lebensvollzügen*. Aus den verschiedenen Konfigurationen dieser drei Pole bilden sich die fünf Artikulationsmodi des Lebenszeichens, die auf den vergangenen Seiten entfaltet wurden. Angesichts dieser kombinatorischen Matrix aus fünf Modi und drei Dimensionen könnte man zum Abschluss versucht sein, die entdeckten Modi in einer Art Tabelle zusammenzuführen, ähnlich jenem synoptischen Tableau, das der Soziologe Bruno Latour ans Ende seiner Untersuchung über die *Existenzweisen* gestellt hat.[1] Jede Zeile der Tabelle enthielte dann einen der fünf Artikulationsmodi, jede Spalte dagegen eine der drei oben genannten Dimensionen. In horizontaler Leserichtung könnte man dann jeden Modus als eine eindeutige Kombination medialer, semiotischer und existenzieller Momente beschreiben.

In vertikaler Leserichtung hingegen könnte man die verschiedenen Zeichen-, Medien- und Lebensbezüge der Modi zueinander ins Verhältnis setzen: Die Spalte der *Zeichenbezüge* würde dann insgesamt fünf verschiedene semiotische Grundmuster des Lebenszeichens auflisten: von den deiktischen, gerichteten Zeigegesten der Exposition, über die ungerichteten, genuinen Indizes der Emission, die bloßen Kontiguitätsbeziehungen der Assoziation, die Signale der Transmission, bis hin zu den (Un)wahrscheinlichkeiten der Information. Davon ausgehend könnte man die vielfältigen Berührungspunkte und Übergange zwischen den

---

1 Vgl. Latour (2014b), S. 654–655.

verschiedenen Zeichenformen untersuchen: etwa die Verwandlung von ungerichteten Zeichen in gerichtete Indizes, wie bei der Sucharbeit der Spürhunde im Trümmerfeld; die Entstehung von übertragbaren Signalen aus Kontiguitätsbeziehungen, wie bei der ‚Verweisung mit Gegenstand' im Ersten Weltkrieg; oder die Auflösung von Informationen in bloße Emissionen, wie bei dem chaotischen Zufallssignal aus ON THE BEACH.

Ganz analog zur Liste der Zeichenbezüge ließe sich zweitens auch die Spalte der *Mediengefüge* von oben nach unten ablesen. Hier reihen sich die expressiven Darstellungsmittel der Exposition an die sensorischen Spürmedien der Emission, die tragbaren Anhängsel der Assoziation an die Übertragungskanäle der Transmission, bis hin zu den Benachrichtigungsmedien der Information. Gemeinsam wäre dieser zweiten Spalte, dass Medien hier stets dazu dienen, einer inartikulierten Existenz im Not- und Katastrophenfall Ausdruck zu verleihen: entweder, indem sie ein verstummtes Leben zur *Äußerung* befähigen, sei es durch Exponierung oder durch Emissionen – oder aber, indem sie ein unverbundenes Leben in *Verbindung* setzen, sei es durch Nähebeziehungen, Fernverbindungen oder zeitliche Verkettungen, wie in den Modi der Assoziation, Transmission oder Information.

Gewisse Schwierigkeiten hingegen bereitet die *dritte* Spalte unserer imaginären Tabelle, die die verschiedenen *Lebensvollzüge* der Modi versammelt. Die Werte in dieser Spalte nämlich scheinen überraschenderweise weitgehend deckungsgleich mit den Bezeichnungen der Artikulationsweisen selbst. Im Modus der Exposition erscheint das Leben als exponierte Existenz, im Modus der Emission als Emissionsquelle, im Modus der Assoziation als Assoziationskomplex, im Modus der Transmission als Übertragungsphänomen und im Modus der Information als Serie von Informationsprozessen. Es ist, als ob sich die Modi hier gleichsam verdoppeln und im Inneren der Tabelle nochmals wiederkehrten. Was auf den ersten Blick redundant, ja geradezu logisch inkonsistent anmuten muss, bestätigt bei näherem Hinsehen eine wichtige Anfangsintuition der Arbeit. Die Arbeit war von der These ausgegangen, dass Leben-in-Not gerade keine vorab definierbare Größe darstellt, sondern sich erst in spezifischen Konstellationen mit Zeichenbezügen und Mediengefügen bestimmt. Würde man ‚das Leben an sich' von seinen Äußerungsmitteln und Verknüpfungsaktivitäten trennen, so der eingangs formulierte Gedanke, würde man Gefahr laufen, das Leben selbst zu verlieren.

Eben diese Intuition bestätigt sich beim Blick auf die imaginäre Tabelle: Hier nämlich lässt sich das Leben gerade nicht unabhängig von seinen Medien- und Zeichenbezügen bestimmen, vielmehr erscheint es als *Effekt* seiner semiotischen und medialen Artikulationen: Leben erscheint als *Expositionseffekt*, sofern es sich mit Darstellungsmitteln und deiktischen Zeichen artikuliert; als *Emissionseffekt*, wenn es sich mit sensorischen Medien und ungerichteten Indizes artikuliert, als

Assoziationseffekt, weil es sich mit tragbaren Attributen und Kontiguitätsbeziehungen artikuliert; als *Transmissionseffekt*, sofern es sich mit Übertragungskanälen durch distinkte Signalen artikuliert; als *Informationseffekt*, wenn es sich mit Benachrichtigungsmedien und informativen Mitteilungen artikuliert. Jeder der behandelten Modi schlägt gewissermaßen seine eigene Bestimmung des Lebens vor; allerdings nicht im Sinne einer abstrakten, philosophischen Definition, sondern als praktisches Ergebnis eines Zusammenspiels von medialen und semiotischen Artikulationen. Die Frage, was ,Leben' ist, lässt sich nicht durch Verweis auf ein stabiles, mit sich selbst identisches, unveränderliches Substrat beantworten, das allen Erscheinungsformen zu Grunde läge. Vielmehr stellt sich ,Leben' als ein Prozess der Artikulation heraus, der in seinen wechselnden Medien- und Zeichenbezügen je unterschiedliche Formen annimmt. Zugespitzt gesagt, geht das Leben seinen Artikulationen nicht *voraus*, es geht *aus ihnen hervor*.

Wenn also das Leben kein intrinsisches Wesen besitzt und stets noch der Artikulation bedarf, dann müssten theoretisch immer auch *andere* Artikulationen als die bereits vollzogenen möglich sein. Bereits der Soziologie Stuart Hall hatte die *Kontingenz* eines jeden Artikulationsvorgangs herausgestellt „It is a linkage which is not necessary, determined, absolute and essential for all time."[2] Sofern die Elemente der Artikulation immer auch *anders* verknüpft werden könnten, ist auch die Liste der hier versammelten Artikulationsweisen keineswegs erschöpfend. Die imaginäre Tabelle präsentiert keine vollständige, abgeschlossene Ordnung, sondern erweist sich als konstitutiv unabgeschlossen und erweiterbar. Aus diesem Grund hatte bereits der französische Philosoph Etienne Souriau in seinem Werk *Modi der Existenz* – einem der zentralen Inspirationsquellen für Latours Existenzweisenprojekt – vor der „scheinbaren In-sich-Geschlossenheit der Tabelle"[3] gewarnt: „Sie maskierte jene essenzielle Tatsache, dass die Tabelle ja gerade offen ist", „eine Ordnung, die nicht notwendig ist."[4] Statt die Modi der Existenz aus einer notwendigen Ordnung herzuleiten, gelte es vielmehr ihre „Kontingenz"[5] herauszustellen – die Tatsache also, dass die Liste ebenso gut anders hätte ausfallen können: „Hüten wir uns also davor, ihren Kreislauf zu schließen, indem wir sie erklären."[6]

Entsprechend folgt auch die Liste der fünf Artikulationsweisen keiner zwingenden, abgeschlossenen Logik. Was sich auf den ersten Blick als allgemeingültige Typologie ausgibt, hängt in Wahrheit von zahlreichen kontingenten Umständen und

---

2 Zitiert nach: Grossberg (1986), S. 53.
3 Souriau (2015), S. 157.
4 Souriau (2015), S. 158.
5 Souriau (2015), S. 159.
6 Souriau (2015), S. 159.

revidierbaren Vorentscheidungen ab. Dabei sind es vor allem *drei* Vorentscheidungen, die die Auswahl der Modi geprägt haben. Zum einen natürlich der Fokus auf das Phänomen des *Lebenszeichens* – unter Ausschluss aller anderen möglichen Zeichenbezüge des Not- und Katastrophenfalls; zweitens der Fokus auf Medienkonstellationen in *Not- und Katastrophenfällen* unter Ausschluss anderer, alltäglicher Mensch-Medien-Beziehungen. Und drittens schließlich die Einschränkung auf Artikulationen *menschlichen* Lebens – unter Ausschluss aller anderen artikulierten Lebewesen. Wenn diese drei Weichenstellungen zu Beginn der Arbeit anders ausgefallen wären, so die Vermutung, hätte auch die Liste der Artikulationsweisen eine andere Gestalt angenommen.

Würde man nun diese drei Vorentscheidungen – also den Fokus auf *Lebenszeichen*, den Fokus auf Medien in *Not- und Katastrophenfällen* und den Fokus auf *menschliches* Leben – versuchsweise einklammern, so kämen völlig neue Artikulationsbeziehungen von Leben, Zeichen und Medien zum Vorschein: Die Einklammerung des *Lebenszeichens* würde den Blick für unzählige andere Zeichenphänomene des Not- und Katastrophenfalls öffnen. Die Einklammerung des *Not- und Katastrophenfalls* lenkt die Aufmerksamkeit auf alltägliche mediale Artikulationen menschlichen Lebens; und die Einklammerung des *menschlichen Lebens* erweitert das Blickfeld auf existenzielle Artikulationen nicht-menschlicher Lebensformen. Es sind diese drei Dimensionen, die im Folgenden versuchsweise ausgekundschaftet werden sollen, um über den Horizont der Arbeit und die vermeintliche Geschlossenheit der Tabelle hinauszuweisen.

8.2 Andere Artikulationen

Jenseits des Lebenszeichens

Lange bevor die Suche nach Lebenszeichen in Katastrophensituationen beginnt, sind bereits mannigfaltige Zeichenprozesse am Werk, die ebenso unverzichtbar für die Bewältigung von Notlagen sind. Zum einen kündigen sich Katastrophen oftmals schon vor ihrem Eintritt in unterschwelligen *Vorzeichen* an, die auf latente Gefahren hindeuten. Weil sich solche Zeichen zumeist der direkten Sinneswahrnehmung entziehen, bedürfen auch sie spezieller sensorischer Medien: Seismographen registrieren Vorbeben, Rauchmelder erkennen Schwelbrände, Kanarienvögel reagieren auf steigende Gaskonzentrationen im Bergwerk.[7] Nicht länger dienen sensorische

---

7 Zu dieser Praxis vgl. Didi-Huberman, Georges (2016): Schlagwetter. Der Geruch der Katastrophe. Konstanz: Konstanz University Press, S. 28.

Medien hier zur Registrierung von unterschwelligen Lebenszeichen, wie noch im Modus der Emission, sondern zur Erfassung von Vorzeichen *kommender Katastrophen*. Leben soll hier also nicht erst aus einer akuten Notlage gerettet, es soll vielmehr vor *potenziellen* Notlagen bewahrt werden.

Man könnte diesen Zeichenmodus deshalb unter dem viel diskutierten Begriff der *Prävention* diskutieren.[8] Präventives oder *vorbeugendes* Handeln setzt, so der Soziologe Ulrich Bröckling, eine wachsame Semiotik voraus, die inmitten alltäglicher Umstände nach kleinsten „Indizien" für „künftige Übel"[9] Ausschau hält, um dem Notfall zuvorzukommen. Unter gewissen Umständen kann sich diese Wachsamkeit in eine geradezu *paranoide* Haltung des generalisierten Verdachts steigern: Dann verwandelt sich „alles [...], was von Sollwerten abweicht oder, besser noch: was sich als Vorzeichen solcher Abweichungen identifizieren lässt" in ein mögliches „Risikosignal"[10]. Leben erscheint dabei immer schon als „existentiell gefährdet[e] und gleichermaßen schutzbedürftig[e]"[11] Entität, die zu permanenter *Vor-Sicht* und Antizipation angehalten wird. Somit bringt der Modus der Prävention eine neuartige Artikulationsbeziehung von Leben, Zeichen und Medien ins Spiel, die das Leben zu einer ungewissen Zukunft ins Verhältnis setzt.

Doch nicht nur die Antizipation des künftigen Notfalls stützt sich auf Zeichen- und Medienprozesse, auch der *Eintritt* eines akuten Notfalls muss durch spezifische Zeichen markiert und operationalisiert werden. Allen voran durch Signale der *Alarmierung*, die den Notfall durch auffällige akustische oder visuelle Medien-Effekte – Sirenen, pulsierendes Rotlicht, läutende Glocken – vom gleichförmigen Rhythmus des Alltags abheben und als exponiertes Ereignis herstellen.[12] Ganz im Sinne des lateinischen *ad arma* (‚Zu den Waffen!') fordert der Alarm Rettungskräfte dazu auf, sich samt Ausrüstung am Schauplatz des Notfalls zu versammeln und somit erst *als* Rettungsteam zu konstituieren. Folglich bringt der Alarm erst jene Artikulationen aus Menschen, Medien und Zeichen hervor, die für das Gelingen von Lebenszeichen unabdingbar sind.

Alarmsignale setzen jedoch nicht nur Handlungsketten in Gang, sondern greifen auch empfindlich in den Affekthaushalt der alarmierten Subjekte ein, sei es durch eine gesteigerte Erregung, die bis zur Panikreaktion reichen kann oder

---

8 Für eine gründliche Studie zum Präventionsbegriff, vgl. Leanza, Matthias (2017): Die Zeit der Prävention. Eine Genealogie. Weilerwist: Velbrück Wissenschaft.

9 Bröckling, Ulrich (2008): „Vorbeugen ist besser. Zur Soziologie der Prävention", in: Behemot. A Journal on Civilisation, 1 (1), S. 38–48, hier: S. 43.

10 Bröckling (2008), S. 43.

11 Bröckling (2008), S. 42.

12 Vgl. Bull, Michael (2019): „Listening to the Sirens", in: ders/Les Black (Hg.): The Auditory Culture Reader. Oxford u. a.: Berg, S. 228–245.

aber – im Gegenteil – durch einen Zustand der Paralyse, der jegliches Handlungsvermögen lähmt. Es ist diese affektive Macht des Alarms, die auch politisch ausge-
beutet werden kann. So hat der Affekttheoretiker Brian Massumi in seiner
Analyse des US-amerikanischen Alarmsystems nach den Terroranschlägen von
9/11 gezeigt, wie die mehrstufige Farbskala der Terrorwarnstufen einen landes-
weiten affektiven Ausnahmezustand erzeugt, der das Verhalten der Bevölkerung auf vorbewusster Ebene moduliert und synchronisiert.[13] Statt zur raschen
Rettung des Lebens dienen Zeichen hier offenbar zur affektiven Manipulation
der Bevölkerung. Ausgehend vom Phänomen des Alarms könnte man deshalb
die bislang vernachlässigte affektive und politische Dimension von Not- und
Katastrophenereignissen stärker beleuchten.

Doch auch mit dem Ende des Alarmzustands kommen die Zeichenketten des
Notfalls keineswegs zum Erliegen. Nach Abschluss der Rettungsarbeiten richtet sich
die Aufmerksamkeit von Suchkräften oftmals auf Indizien, die Aufschluss über die
Ursache der vergangenen Katastrophe geben könnten – verkohlte Wrackteile, Split-
ter von zerstörten Häusern, aufgezeichnete Funksprüche. Nicht länger dienen solche
Überreste als Indizes eines gesuchten Lebens, sondern als *Spuren* eines vergangenen
Geschehens, die in aufwändiger Ermittlungsarbeit lesbar gemacht werden müssen.
Die Logik dieses Verfahrens hat der italienische Historiker Carlo Ginzburg unter dem
Titel „Spurensicherung"[14] scharfsinnig beschrieben. Demnach zielt die Spuren-
lektüre darauf ab, in einer regelrechten Umkehrung des Zeitpfeils, „die Ursache
aus der Wirkung herzuleiten"[15], etwa wenn Sherlock Holmes von winzigen Indizien auf den Hergang eines Verbrechens zurückschließt.[16] Ganz ähnlich können
auch die Kausalketten eines Katastrophenereignisses nachträglich anhand von
verbliebenen Spuren rekonstruiert werden.

Dazu steht heute ein ganzes Arsenal *forensischer Medien* zur Verfügung,
um die Leerstelle des Katastrophenereignisses einzukreisen:[17] etwa Vorher-
Nachher-Photographien, Labortests an Material- und DNA-Proben, Flugschrei-
berdaten, On-Board-Kameras von verunglückten Fahrzeugen oder seismische

---

13 Vgl. Massumi, Brian (2005): „Fear (The Spectrum Said)", in: Positions. East Asia Cultures Critique, 13 (1), S. 31–48.
14 Ginzburg, Carlo (1995): „Spurensicherung. Der Jäger entziffert die Fährte, Sherlock Holmes nimmt
die Lupe, Freud liest Morelli. Die Wissenschaft auf der Suche nach sich selbst", in: ders.: Spurensicherung. Die Wissenschaft auf der Suche nach sich selbst. Berlin: Klaus Wagenbach, S. 7–44.
15 Ginzburg (1995), S. 17.
16 Ginzburg beschreibt dieses Schlussverfahren in Rückgriff auf Charles S. Peirce auch als „ab-
duktiv", siehe: Ginzburg (1995), S. 40.
17 Vgl. Siegel, Greg (2014): Forensic Media. Reconstructing Accidents in Accelerated Modernity.
Durham/London: Duke University Press.

Aufzeichnungen.[18] Nicht selten werden dabei sogar Lebenszeichen selbst zur Rekonstruktion von Katastrophenereignissen herangezogen, etwa bei der akribischen Auswertung von Funknotrufen nach Flugzeugabstürzen.[19] Dieselben Zeichen, die kurz zuvor noch zur Artikulation eines notleidenden Lebens gedient hatten, tragen dann als Spuren zur Rekonstruktion der Katastrophe bei. In gewissem Sinne verwandeln sich Lebenszeichen durch ihre mitlaufende Protokollierung und Speicherung auf Flugschreibern sogar bereits *vor* dem Eintritt des Notfalls in künftige Spuren einer bevorstehenden Katastrophe. Im Modus des *futur anterieur* werden sie immer schon auf einen vergangenen Notfall verwiesen haben. Angesichts dieser zeitlichen Verwicklungen könnte es durchaus gewinnbringend sein, die Analyse des Lebenszeichens um eine dezidiert *forensische* Dimension zu erweitern.[20]

Somit sind bereits in dieser kursorischen Sichtung mindestens drei Zeichentypen zum Vorschein gekommen, die jenseits des Lebenszeichens neue Perspektiven auf die Artikulationen des Notfalls eröffnen: *präventive* Zeichen, die dem Eintritt des Notfalls vorausgehen; *alarmierende* Zeichen, die den Eintritt des Notfalls markieren und seinen Verlauf begleiten; und *forensische* Zeichen, die nach dem Ende des Notfalls zur Rekonstruktion seines Verlaufs und seines Ursachenkomplexes beitragen sollen. Es ist natürlich kein Zufall, dass diese drei Dimensionen exakt den drei klassischen Phasen der Katastrophenforschung „‚before‘, ‚during‘, and ‚after‘"[21] entsprechen. Sie verweisen damit auf drei exemplarische Untersuchungsfelder, die man im Anschluss an das das hier behandelte Lebenszeichen genauer in den Blick nehmen könnte. Lebenszeichen bilden dann nur ein einziges Glied in der komplexen Artikulationskette des Notfalls, die in ihrem gesamten Umfang noch zu erforschen bleibt.

---

18 Vgl. Kassung, Christian (2015): „Der Untergang der Kursk und die Wissensgeschichte der seismischen Forensik", in: ders. (Hg.): Die Unordnung der Dinge. Eine Wissens- und Mediengeschichte des Unfalls. Bielefeld: Transcript, S. 135–152.
19 Vgl. Cushing, Steven (1997): Fatal Words. Communication Clashes and Aircraft Crashes. Chicago: Chicago University Press.
20 Damit ließe sich auch an den jüngst ausgerufenen *forensic turn* anschließen. Die aktuelle Konjunktur des Forensischen reicht von populären Verhandlungen der Forensik in Serien wie CSI (vgl. dazu: Engell, Lorenz (2017): „Forensische Serialität. CSI", in: Storck, Timo/Taubner, Svenja (Hg.): Von Game of Thrones bis The Walking Dead. Interpretationen von Kultur in Serie, Berlin: Springer, S. 299–316) bis zu den gegen-forensischen Aktivitäten der Londoner Gruppe *Forensic Architecture* (vgl. Weizman, Eyal (2017): Forensic Architecture. Violence at the Threshold of Detectability. New York: Zone Books).
21 Bergmann/Egner/Wulf (2012b), S. 250.

Jenseits des Notfalls

Gleichwohl gibt es Zeichenphänomene, die sich der Aufteilung in ein *bevor, während* und *danach* des Notfalls entziehen, die also weder dem unmittelbaren Vorfeld, noch dem Geschehen selbst oder dem unmittelbaren Nachgang des Notfalls zugeschlagen werden können. Sie fallen in jene Sphäre, die man üblicherweise *Alltag* nennt. Während Notfälle zumeist als abrupte, unvorhersehbare Ereignisse erscheinen, als „rare and exceptional interruption[s]"[22], gilt der Alltag üblicherweise als Sphäre des Gewohnten, Ereignisarmen und Erwartbaren. Seine Struktur ist die der beständigen, gleichförmigen Wiederholung, der „innumerable mundane repetitions"[23]. Bereits im Laufe der Arbeit waren uns Formen des Lebenszeichens begegnet, die sich genau dieser gleichförmig wiederholten Struktur des Alltags annähern und selbst die Form wiederholter Routinen annehmen, etwa die postalischen Eilnachrichten, die in seriellen Wiederholungen verschickt werden mussten. Doch auch sie waren noch immer an die temporäre Ausnahmesituation des Luftkriegs gebunden, reagierten also immer auf einen unmittelbar zurückliegenden Ernstfall. Demgegenüber lässt sich gerade in jüngerer Zeit eine zunehmende Einbettung des Lebenszeichens in alltägliche Praktiken und Gewohnheiten beobachten, die das Lebenszeichen vom Notfallphänomen zum Normalfall werden lässt.

Ein solches Alltäglich- und Ubiquitär-Werden des Lebenszeichens ist jedoch nur möglich, wenn auch die *Medien* des Lebenszeichens unterschwellig in alltägliche Lebensvollzüge einwandern. Tatsächlich sind zeitgenössische Lebenswelten zunehmend durch eine Allgegenwart medialer Artefakte geprägt. Medien erscheinen darin nicht länger als sperrige Apparate, sondern dringen als winzige, mobile und ubiquitäre Gadgets in beinahe sämtliche Lebensbereiche und Existenzvollzüge ein.[24] Angesichts dieser umfassenden medialen Durchdringung spricht der Medienphilosoph Erich Hörl sogar vom „Technologischwerde[n] der Lebensform"[25], also einer tiefgreifenden Transformation menschlicher Existenz durch Medien. Somit wäre der Not- und Katastrophenfall nicht der einzige Ort, an dem

---

22 Anderson (2016a), S. 177.
23 Anderson (2016a), S. 182.
24 Diese Diagnose stellen auf je verschiedene Weise die drei Sammelbände: Hörl, Erich (2011a) (Hg.): Die technologische Bedingung. Beiträge zur Beschreibung der technischen Welt. Berlin: Suhrkamp; Adam, Marie-Hélène/Gellai, Szilvia/Knifka, Julia (Hg.) (2016): Technisierte Lebenswelt. Über den Prozess der Figuration von Mensch und Technik. Bielefeld: Transcript; sowie: Bennke, Johannes et al. (Hg.) (2019): Das Mitsein der Medien. Präkäre Koexistenzen von Menschen, Maschinen und Algorithmen. Paderborn: Wilhelm Fink.
25 Hörl, Erich (2011b): „Die technologische Bedingung. Zur Einführung", in: ders. (Hg.): Die technologische Bedingung. Beiträge zur Beschreibung der technischen Welt. Berlin: Suhrkamp, S. 7–53, hier: S. 49.

Leben existenziell mit Mediengefügen und Zeichenbeziehungen verflochten ist. Auch in alltäglichen Medienkulturen fänden sich vielfältige Formen der Artikulation aus Leben, Zeichen und Medien, die einer genaueren Untersuchung bedürften. Dazu könnten die fünf bisherigen Artikulationsweisen einen hilfreichen Leitfaden bieten, wie im Folgenden kurz angedeutet werden soll.

Besonders eindrücklich zeigt sich das Ubiquitär-Werden des Lebenszeichens am Modus der *Emission*. War die sensorische Erfassung von unwillkürlichen Lebensäußerungen bislang auf den Ausnahmefall des Notfalls begrenzt, erstreckt sie sich inzwischen längst auf allerlei alltägliche Medien-Milieus: Gesundheitstracker zählen Herzschläge von Sportler*innen,[26] Bewegungsmelder erkennen die Körperwärme von Hausbewohner*innen, Sensormatten erfassen die Atemzüge schlafender Säuglinge,[27] Vibrationssensoren registrieren Schritte und Stürze pflegebedürftiger Menschen[28] und Aufmerksamkeitsassistenten messen die subtilen Muskelkontraktionen und Herzfrequenzen von Autofahrer*innen.[29] In all diesen Fällen dienen Emissionen nicht länger zum Aufspüren verschütteter Körper wie noch im Trümmer- oder Lawinenfeld, sondern zur kontinuierlichen Überwachung von Gesundheitszuständen und Verhaltensweisen auf mögliche Anomalien oder Abweichungen. Damit kehrt sich das klassische Problem des Lebenszeichens um: Es geht nicht mehr darum, im Kontinuum des Notfalls nach möglichen Anzeichen des Lebens Ausschau zu halten, sondern darum, im Kontinuum des alltäglichen Lebenszeichens auf mögliche Anzeichen des Notfalls zu achten. Es sind die kaum wahrnehmbaren Abweichungen vom kontinuierlichen Strom der Lebenszeichen – winzige Muskelzuckungen, Sekundenschlaf, Atempausen, Arhythmien –, die als mögliche Vorzeichen des Notfalls gelesen werden.

Die fortlaufende Überwachung minimaler Lebenszeichen ist jedoch nur möglich, weil menschliches Leben zunehmend auch physisch mit technischen Medien verbunden ist. Nur weil Medien körperlich mit ihren Nutzer*innen *assoziiert* sind, nur weil sie ihnen also *anhängen*, können alltägliche Lebensvollzüge durchgehend erfasst werden. Im Zeitalter von RFID-Chips und *internet of things* wird potenziell jedes Alltagsobjekt zum Träger latenter Medienfunktionen und zum ständigen Begleiter all-

---

26 Vgl. Duttweiler, Stefanie (2016): „Körperbilder und Zahlenkörper. Zur Verschränkung von Medien- und Selbsttechnologien in Fitness-Apps", in: dies. et al. (Hg.): Leben nach Zahlen. Self-Tracking als Optimierungsprojekt. Bielefeld: Transcript, S. 221–252.

27 Vgl. die Sensormatten des Babyphone-Herstellers *Angelcare*, siehe: Angelcare (o. J.): „Babyphones mit Sensormatte", URL: https://www.angelcare.de/babyphones/babyphones_mit_sensormatte/ (zuletzt aufgerufen am 8. Dezember 2020).

28 Vgl. Rieger, Stefan (2015): „Smart Homes. Zu einer Medienkultur des Wohnens", in: Sprenger, Florian/Engemann, Christoph (Hg.): Internet der Dinge. Über smarte Objekte, intelligente Umgebungen und die technische Durchdringung der Welt. Bielefeld: Transcript, S. 363–382, hier: S. 372.

29 Vgl. Wippich (2016), S. 346–347.

täglicher Gewohnheiten.[30] Besonders anhänglich zeigen sich technische Medien überall dort, wo der menschliche Alltag ohnehin als notfall-anfällig erlebt wird, etwa in der Pflege von älteren und gebrechlichen Menschen oder in riskanten Berufsfeldern: So tragen Pflegebedürftige nicht selten kleine Sicherheitsknöpfe an Arm- oder Halsbändern bei sich, um im Falle eines Sturzes oder Infarktes per Knopfdruck Hilfe anzufordern.[31] Oftmals sind solche *Personen-Notfall-Anlagen* sogar in der Lage, selbstständig den Sturz ihrer Träger*innen zu registrieren und Alarm auszulösen. In solchen Fällen ist es gerade das Zusammenspiel sensorischer Medien und anhänglich-assoziierter Artefakte, das das Alltäglich-Werden von Lebenszeichen ermöglicht.

Doch mit Medien *verbunden* zu sein, bedeutet unter gegenwärtigen medialen Bedingungen nicht allein, physische Nähebeziehungen mit anhänglichen Artefakten einzugehen. Gerade die vermeintlich intimen, körpernah getragenen Objekte wie Smartphones, Smart-Watches oder Fitnesstracker stehen in weitläufigen Übertragungsverhältnissen mit Sendemasten, Satelliten und Servern, sind also immer schon in relationale Netzwerke der *Transmission* eingebunden. Leben unter technologischen Bedingungen vollzieht sich, mit anderen Worten, als „permanente[s] Verbundensein"[32] und unausgesetzte Übertragung. Dabei werden auch Lebenszeichen selbst zunehmend zum Gegenstand von technischen Übertragungsprozessen. Besonders deutlich lässt sich dies im rapide wachsenden Bereich der *Telemedizin* und *Telecare* beobachten, wo menschliche Vital- und Gesundheitsdaten über weite Distanzen hinweg versendet und weit jenseits ihres Erhebungsorts ausgewertet werden.[33] Ursprünglich für die Extremsituation der Raumfahrt entwickelt, wandern solche Praktiken zunehmend in die alltägliche medizinische Praxis ein.[34] Auch im Alltag zirkuliert menschliches Leben somit unablässig in räumlich verteilten, technischen Netzwerken.

Das ungekannte Ausmaß technischer Vernetzung ermöglicht jedoch nicht nur eine neuartige Überwachung medizinischer Vitalzeichen, es verändert auch

---

30 Vgl. Sprenger, Florian/Engemann, Christoph (2015): „Im Netz der Dinge. Zur Einleitung", in: dies. (Hg.): Internet der Dinge, S. 7–58, hier: S. 16.

31 Zum so genannten „pendant alarm" aus techniksoziologischer Sicht vgl.: López, Daniel/Domènech, Miquel (2009): „Embodying Autonomy in a Home Telecare Service", in: The Sociological Review, 56 (2), S. 181–195, hier: S. 185–186.

32 Hörl (2011b), S. 26.

33 Vgl. May, Carl A./Mort, Maggie/Williams, Tracy (2003): „Remote Doctors and Absent Patients. Acting at a Distance in Telemedicine", in: Science, Technology, & Human Values, 28 (2), S. 274–295.

34 Zur Geschichte der Telemedizin in der Raumfahrt und ihrer terrestrischen Anwendung im Katastrophenschutz, vgl. Doarn, Charles R./Merre, Ronald C. (2011): „Spacebridge to Armenia. A Look Back at Its Impact on Telemedicine in Disaster Response", in: Telemedicine and E-Health, 17 (7), S. 546–553.

den Austausch von ‚kleinen Lebenszeichen' in der zwischenmenschlichen Alltags-
kommunikation. Folgt man dem französischen Soziologen Christian Licoppe, so
begünstigen soziale Netzwerke und mobile Messenger-Dienste eine Kommunikati-
onspraxis, die von der fortlaufenden Aktualisierung kurzer kommunikativer Impulse lebt. Postings, Statusupdates, SMS-Nachrichten und Notifikationen bilden
einen kontinuierlichen Strom aus „mostly short and frequent communicative gestures"[35], mit denen sich Beteiligte wechselseitig über die eigene Anwesenheit
rückversichern. Dabei erschöpft sich der Zeichenverkehr allerdings nicht im bloß
phatischen Austausch, sondern übernimmt zuweilen durchaus existenzielle Funktionen. Inzwischen stehen zahlreiche Apps und Services zur Verfügung, mit
denen sich Nutzer*innen fortlaufend über das eigenen Wohlbefinden auf dem
Laufenden halten können, etwa so genannte *Walk Home*-Apps für Schulkinder
und Teenager auf dem Nachhauseweg oder *Safety Apps* für pflegebedürftige und
allein arbeitende Menschen.[36] Nutzer*innen müssen dabei in regelmäßigen Abständen per Knopfdruck ihre eigene Gesundheit oder Sicherheit bestätigen. Bleiben diese Bestätigungen für einen gewissen Zeitraum aus, wird Alarm ausgelöst
und eine voreingestellte Notfallnummer kontaktiert. Anders als in klassischen
Not- und Katastrophensituationen gilt die Aufmerksamkeit hier also weniger dem
plötzlichen *Auftreten* des Lebenszeichens als vielmehr seinem *Ausbleiben* – der
Unterbrechung des regelmäßigen Zeichenrhythmus. Der Notfall ist hier – kurz gesagt – nichts anderes mehr als eine Lücke im Lauf der Lebenszeichen. Und umgekehrt ist auch das Lebenszeichen nichts anderes mehr als ein ständiger *Aufschub*
des Notfalls. Jedes Lebenszeichen schiebt den Notfall nur um ein weiteres, mini-
males Intervall hinaus.

Damit wird die strenge Unterscheidung zwischen Notfall und Alltag, wie sie zu
Beginn dieses Abschnitts eingeführt wurde, zunehmend instabil. Nicht länger erscheint der Notfall als radikaler Gegenpol zum fortlaufenden Alltag, sondern ist
als mögliche Lücke oder Unterbrechung immer schon in den alltäglichen Wieder-
holungsrhythmen des Lebenszeichens, den „mundane repetitions"[37] präsent. In
genau diesem Sinne hat bereits der eingangs zitierte Notfalltheoretiker Ben Anderson auf die Latenz des Notfalls inmitten des Alltags hingewiesen: „an emergency
may arise from within the everyday and may be an everpresent possibility [...]"[38].

---

35 Licoppe (2004), S. 152.

36 Vgl. zum Beispiel: Verdier, Hannah (2015): „Companion. The App that Walks You Home at
Night", in: The Guardian.com, 1. November 2015, URL: https://www.theguardian.com/technology/
shortcuts/2015/nov/01/companion-app-keep-you-safe-walk-home (zuletzt aufgerufen am 8. Dezember 2020).

37 Anderson (2016a), S. 182.

38 Anderson (2016a), S. 189.

Nimmt man diese alltägliche, unterschwellige Präsenz des Notfalls, diese „(in)distinction of emergency and everyday"[39] ernst, so darf sich auch die Untersuchung des Lebenszeichens nicht mehr exklusiv auf die Sphäre des Not- und Katastrophenfalls beschränken. Sie müsste vielmehr all die alltäglichen Erscheinungsformen des Lebenszeichens einschließen, wie sie auf den vergangenen Seiten angedeutet worden sind.

Dann könnten auch die Artikulationsweisen des Lebenszeichens weit über den Katastrophenfall hinaus als grundlegende Verknüpfungsformen von Leben, Zeichen und Medien in gegenwärtigen hochtechnisierten Medienkulturen beschrieben werden: *Emissionen* verweisen auf das zunehmende Sensorisch-Werden der Medien, *Assoziationen* auf die gesteigerte Anhänglichkeit mobiler Artefakte, *Transmissionen* auf das umfassende Verbunden-Sein mit technischen Netzen; und *Informationen* auf die permanente Aktualisierung instantaner Impulse. Somit könnte man zeitgenössische Medienkulturen und -phänomene anhand ihrer je spezifischen Kombination der verschiedenen Artikulationsweisen beschreiben. Bereits ein vermeintlich banales Alltagsobjekt wie ein Fitnessarmbad partizipiert gleichermaßen am Modus der *Assoziation* – durch die Anhaftung am Körper –, am Modus der *Emission* – durch die Erhebung von unwillkürlichen Vitalzeichen –, am Modus der *Transmission* – durch die Übertragung von Daten an Cloud-Server, –, am Modus der *Information* – durch regelmäßige Statusberichte über den Gesundheitszustand des Trägers – und letztlich auch am Modus der *Exposition* – etwa durch die öffentliche Sichtbarmachung von Fitness-Selfies in sozialen Netzwerken oder auch bereits durch das auffällige Farbdesign des Trackers. Auch wenn diese fünf Modi natürlich nicht die ganze Vielfalt zeitgenössischer Mensch-Medien-Artikulationen erschöpfen, können sie dennoch einen ersten Zugang zur Erforschung jener umfassenden Mediatisierung von Existenzweisen bieten, die in den Lebenswelten des einundzwanzigsten Jahrhunderts um sich greift.

Die umfassende Mediatisierung ist jedoch inzwischen nicht länger auf *menschliche* Lebenswelten begrenzt. Obschon sich die bisherigen Überlegungen ausschließlich mit den Artikulationen von Medien, Zeichen und *menschlichem* Leben befasst hatten, enden die Artikulationsbeziehungen nicht an den Grenzen des Anthropologischen. Gerade in jüngerer Zeit rücken zunehmend auch die medialen und semiotischen Artikulationen der *nicht-menschlichen* Natur in den Fokus der Aufmerksamkeit. Tiere, Pflanzen, ja ganze Ökosysteme, Weltmeere und Planeten werden zu Quellen von medial erfassten Lebenszeichen. Wie kommt es zu dieser großen Expansion des Lebenszeichens? Und welche Folgen hat sie für die weitere Bestimmung der Artikulationsweisen?

---

39 Anderson (2016a), S. 189.

Jenseits des Menschlichen

‚Leben' wurde in allen bisherigen Konstellationen quasi selbstverständlich mit *menschlichem* Leben gleichgesetzt. Wann immer nicht-menschliches Leben im Laufe der Arbeit ausnahmsweise zur Sprache kam, erschien es entweder als ein Grenzfall des Lebenszeichens – wie bei den mysteriösen Morsezeichen am Ende von ON THE BEACH – oder aber es stand eindeutig im Dienste menschlicher Artikulationen, wie bei den Spürhunden im Trümmerfeld. Das Gebell der Spürhunde zählte gerade nicht als genuine Artikulation nicht-menschlichen Lebens, sondern nur als indexikalisches Zeichen für den Fund *menschlichen* Lebens. Nie also standen nicht-menschliche Lebewesen als eigenständige Äußerungssubjekte im Fokus.

Diese Vernachlässigung überrascht umso mehr, wenn man bedenkt, dass gerade nicht-menschliches Leben in zunehmendem Maße medial erfasst und artikuliert wird. So hat Jennifer Gabrys in ihrer Studie *Program Earth* facettenreich aufgezeigt, wie natürliche Habitate und Milieus zunehmend von allerlei sensorischen Medien durchdrungen werden:[40] Vogelschwärme werden mit Peilsendern ausgerüstet, Satelliten sammeln Infrarotbilder weitläufiger Landstriche, Nachtsichtkameras erfassen die letzten Exemplare aussterbender Arten, Sensoren messen die Luft-, Boden- und Wasserqualität unzähliger Ökosysteme. All diese Daten werden von technischen Messfühlern an Ort und Stelle erhoben, in weltumspannende Netzwerke eingespeist und in Auswertungszentren aggregiert. So verwandelt sich auch das nicht-menschliche Leben in einen kontinuierlichen Zeichenstrom, der auf mögliche Anomalien hin beobachtet werden kann, etwa auf Veränderungen in den Vitalwerten, Verhaltensweisen, Bewegungsrouten und Umweltbeziehungen der jeweiligen Lebewesen und Habitate.[41]

Dieses Umweltlich-Werden des Lebenszeichens ist jedoch nicht allein Folge einer zunehmenden technischen Durchdringung der Natur; es ist zuvorderst Ausdruck einer rapide gewachsenen Gefährdung des nicht-menschliches Lebens selbst. Wenn die Lebenszeichen der Natur heute auf breiter Basis registriert werden, dann weil die Natur mit all ihren Arten, Ökosystemen und Klimaverhältnissen ebenso ungewiss und existenziell unsicher geworden ist wie menschliches Leben in Not- und Katastrophensituationen. Im Zeichen des *climate emergency* – also der radikalen Veränderung des Klimas durch Prozesse der globalen Erwärmung – geraten globale Prozesse aus dem Gleichgewicht, stehen Ökosysteme vor dem Zusammenbruch und abertausende Arten vor dem Aussterben. Dabei unterscheidet sich der ökologische Notfall von den bisherigen Katastrophenfällen einerseits durch

---

40 Vgl. Gabrys (2016).
41 Vgl. Gabrys (2016), S. 22.

seine immensen räumlichen und zeitlichen Ausmaße: Als planetarisches Phänomen entzieht er sich jeder räumlichen Lokalisierung; und als „Katastrophe ohne Ereignis"[42] verliert er den Charakter eines zeitlich begrenzten Vorfalls und wird selbst zu einer Art „everyday emergency"[43].

Zugleich jedoch kehrt der *climate emergency* auch die gewohnten Kausalverhältnisse der Katastrophe um. In allen bisherigen Notfallszenarien sah sich fast immer ein *menschliches* Leben von *nicht-menschlichen* Kräften bedroht. Lawinen, Erdbeben, Eisberge oder Vulkanausbrüche brachen als übermächtige Effekte über ein ohnmächtiges menschliches Leben herein. Eben dieses Modell stellt die Klimakatastrophe auf den Kopf: Nun wird gerade menschliches Handeln zur existenziellen Bedrohung für nicht-menschliches Leben. Durch die Rodung von Wäldern, die Ausbeutung von Ressourcen, die Bejagung von seltenen Arten, die Akkumulation von Abfall oder die Verschmutzung von Luft und Wasser geraten die Existenzbedingungen nicht-menschlichen Lebens erheblich unter Druck. Unter dem Eindruck der menschengemachten Katastrophe, die seit einiger Zeit auch unter dem Begriff des *Anthropozäns* diskutiert wird,[44] haben Menschen und Nicht-Menschen, Verursachende und Leidtragende die Positionen getauscht. Man könnte diese Umkehrung für beinahe alle hier behandelten Katastrophensituationen durchspielen: Nicht länger werden Wintersportler*innen von Schneemassen überrollt, sondern der Schnee von Massen aus Wintersportler*innen; nicht länger wird die *Titanic* vom Eisberg bedroht, sondern das arktische Eis vom weltweiten Containerschiffhandel; nicht länger werden Flugzeuge vom Regenwald verschluckt, sondern Regenwälder vom Flugverkehr; nicht länger müssen Bergleute die Erschütterungen des Erdreichs fürchten, sondern das Erdreich die Erschütterungen des Bergbaus. In all diesen Fällen haben sich die Rollen der Betroffenen und der Verursacher*innen von Katastrophen umgekehrt.

Entsprechend kehren sich auch die Vektoren des Lebenszeichens um. Hatte sich bislang ein existenziell bedrohtes, menschliches Leben vom Hintergrund der nicht-menschlichen Natur abgehoben – etwa im Leuchtfeuer auf hoher See oder im Klopfzeichen aus dem Erdreich –, so ist nun der gesamte Erdball mit übermäch

---

42 Horn (2014), S. 34.
43 Anderson (2016a), S. 184.
44 Die verfügbare Literatur zum Anthropozän-Begriff ist kaum noch zu überblicken. Stellvertretend zitiert sei hier der wegweisende Online-Artikel: Crutzen, Paul/Stoermer, Eugene F. (2000): „Have We Entered the Anthropocene?", in: Newsletter des International Geosphere-Biosphere-Program, 41, URL: http://www.igbp.net/news/opinion/opinion/haveweenteredtheanthropocene.5. d8b4c3c12bf3be638a8000578.html (zuletzt aufgerufen am 8. Dezember 2020). Sowie der darauffolgende *Nature*-Beitrag: Crutzen, Paul (2002): „Geology of Mankind", in: Nature, 415, S. 23, online verfügbar unter: https://www.nature.com/articles/415023a (zuletzt aufgerufen am 8. Dezember 2020).

tigen Artikulationen menschlichen Lebens übersät, die kaum noch Raum für nicht-menschliche Artikulationen lassen. Zu diesem Verdrängungsprozess trägt nicht allein die enorme Expansion menschlichen Lebens bei – etwa das Wuchern der Megacitys, die sich auf nächtlichen Satellitenbildern als leuchtende Expositionen abheben[45] –, sondern vor allem seine unsichtbaren *Emissionen*. Wurden Emissionen bislang nur als subtile Äußerungen lebendiger Körper thematisiert, wird unter ökologischen Vorzeichen beinahe jedes Objekt zum *Emittenten*: Flugzeuge, Rinderherden, Schiffe, SUVs, aber auch jene technischen Infrastrukturen, mit denen menschliche und nicht-menschliche Lebenszeichen erfasst werden, strahlen ununterbrochen Treibhausgase in die Umgebung aus. Anders als im Trümmerfeld dienen diese Emissionen gerade nicht zur Rettung von Menschen aus Notlagen, sondern tragen – umgekehrt – zur Verschärfung einer Notlage bei, die menschliches wie nicht-menschliches Leben in Mitleidenschaft zieht.

Das Problem des Lebenszeichens stellt sich unter diesen Bedingungen auf neue und dringlichere Weise. Unter ökologischen Vorzeichen geht es weniger um die Suche nach menschlichen Lebenszeichen inmitten der nicht-menschlichen Natur; vielmehr müssen – umgekehrt – *nicht*-menschliche Lebenszeichen inmitten der menschengemachten Katastrophe registriert werden. In den Worten von Jennifer Gabrys kommt es darauf an „to listen in on a planet that has always been ‚talking to us,' but which we can only now begin to hear"[46]. Daran anknüpfend könnte eine künftige Untersuchung des Lebenszeichens nach den konkreten Artikulationsweisen fragen, in denen das prekäre Leben der Tiere, Gewächse und materiellen Umwelten vernehmbar gemacht wird. Die bisherigen Modi könnten dabei einen produktiven Ausgangspunkt bieten: Wie verändert sich etwa der Modus der *Assoziation*, wenn nicht länger nur menschliche Körper mit Medien verbunden, sondern ganze Vogelschwärme mit elektronischen Anhängern bestückt,[47] Baumstämme mit Messfühlern präpariert[48] oder Wale mit *critter-cams* ausgerüstet werden[49]? Wie verändert sich der Modus der *Emission*, wenn Senso-

---

45 Niemand hat diesen nächtlichen Anblick der Erde und seine anthropologischen Implikationen so präzise wie poetisch beschrieben wie Michel Serres, vgl. Serres, Michel (1994): Der Naturvertrag. Frankfurt am Main: Suhrkamp, S. 34.

46 Gabrys (2016), S. 7.

47 Vgl. Benson, Etienne S. (2010): Wired Wilderness. Technologies of Tracking and the Making of Modern Wildlife. Baltimore: Johns Hopkins University Press.

48 Vgl. Schneider, Birgit (2018): „Entangled Tress and Arboreal Networks of Sensitive Environments", in: Zeitschrift für Medien- und Kulturforschung, 9 (1), S. 107–126.

49 Vgl. Haraway, Donna (2008): „Crittercam. Compounding Eyes in Naturecultures", in: dies.: When Species Meet. Minneapolis/London: University of Minnesota Press, S. 249–264.

ren nicht nur alltägliche Umgebungen, sondern ganze Ozeane, Wälder[50] oder Vulkane[51] durchdringen? Wie verändert sich der Modus der *Transmission*, wenn sich parallel zu den menschlichen Übertragungsnetzen ein regelrechtes „Internet der Tiere"[52] etabliert, das eine Vielzahl von Lebewesen miteinander vernetzt? Und wie verändert sich der Modus der *Information*, wenn in sozialen Netzwerken nicht nur menschliche Nutzer*innen ihren aktuellen Gesundheitsstatus updaten, sondern auch bedrohte Arten oder *twittering trees*?[53]

In all diesen Fragen deutet sich eine immense Ausweitung des Lebenszeichens an, die weit über den Fokus der hier vorgelegten Untersuchung hinausreicht. Würde man diese Expansionsbewegung konsequent weitertreiben, würde man letztlich auf eine wahrhaft *planetarische* Dimension des Lebenszeichens stoßen, wie sie bereits im Rahmen eines weltumspannenden NASA-Projekts ausgelotet wird. Mit Hilfe eines globalen Netzwerks aus Messeinrichtungen und Satelliten sollen die Vitalfunktionen des Planeten – die „vital signs of the planet"[54] – überwacht und auf mögliche Anomalien hin beobachtet werden. Der Planet Erde wird damit selbst als eine genuin *lebendige* Entität adressiert, die dem Notfall des Klimawandels ausgesetzt ist. Man könnte die Rede von den ‚Lebenszeichen des Planeten' als bloße Metapher oder naiven Animismus zurückweisen. ‚Leben' wäre dann eine bloße Zuschreibung oder Projektion auf einen in Wahrheit trägen, leblosen Gesteinskörper im Vakuum des Weltalls. Doch legen die Befunde der zurückliegenden Arbeit eine andere Lesart nahe: Wenn Leben-in-Not tatsächlich erst aus der Artikulation von Zeichen und Medien emergiert, wenn Leben seinen Artikulationen nicht *voraus-*, sondern aus ihnen *hervorgeht*, dann könnte auch die Lebendigkeit des Planeten ein direkter Effekt seiner medialen und semiotischen Artikulationsbeziehungen sein. Gerade *weil* der Planet zunehmend in Mediengefüge und Zeichenbezüge verwickelt wird, gewinnt er den Status eines lebendigen und artikulationsfähigen

---

50 Vgl. das *Vital Signs*-Programm des US-amerikanischen National Park Service: National Park Service (o. J.): „Vital Signs Monitoring. Taking the Pulse of the National Parks", URL: https://www.nps.gov/im/vital-signs.htm (zuletzt aufgerufen am 8. Dezember 2020).
51 Vgl. Siegler, Martin (2020): „Vulkanbeobachtungen. Sensorische Medien und geologische Lebenszeichen", in: Schneider, Birgit/Zemanek, Evi (Hg.): Spürtechniken. Von der Wahrnehmung der Natur zur Natur als Medium. Sonderheft der Online-Zeitschrift *Medienobservationen*, URL: https://www.medienobservationen.de/pdf/20200430Siegler2.pdf (zuletzt aufgerufen am 8. Dezember 2020).
52 Vgl. Pschera, Alexander (2016): „Das Internet der Tiere. Natur 4.0 und die conditio humana", in: Zeitschrift für Medien- und Kulturforschung, 7 (2), S. 111–124.
53 Vgl. Schneider (2018), S. 110.
54 NASA (o. J.b): „Global Climate Change. Vital Signs of the Planet", URL: https://climate.nasa.gov/ (zuletzt aufgerufen am 8. Dezember 2020).

Wesens. Doch nur wenn diese Artikulationen auch tatsächlich Gehör finden, kann sein Leben – und damit jedes Leben – erhalten bleiben.

8.3 „... los 33"

Der Blickwinkel der Arbeit hat sich auf den vergangenen Seiten erheblich vergrößert, hat sich vom lokalen Ausgangspunkt des Lebenszeichens gleichsam in drei konzentrischen Kreisen ausgeweitet: Der erste Kreis schließt neben Lebenszeichen auch die vielfältigen anderen Zeichenprozesse ein, die *vor*, *während* und *nach* Katastrophenfällen zur Artikulation gelangen, etwa Vorzeichen kommender Katastrophen, Alarmsignale oder forensische Indizien. Der zweite Kreis dehnt das Lebenszeichen auf die Sphäre alltäglicher Routinen und Lebensvollzüge aus, etwa auf die regelmäßigen Existenzbestätigungen in Arbeits- und Pflegezusammenhängen, die sensorische Dauerbeobachtung oder die aktive Selbstvermessung mit Gesundheitstrackern. Im dritten Kreis schließlich weitet sich der Fokus auf das gesamte Feld nicht-menschlicher Lebenszeichen. Die Gefährdung der globalen Lebensbedingungen macht eine neue Sensibilität für die Artikulationen nicht-menschlichen Lebens erforderlich, bis hin zu den Lebenszeichen des Planeten selbst.

Was als Untersuchung menschlicher Lebenszeichen in Not- und Katastrophensituationen begonnen hatte, endet also mit den nicht-menschlichen Lebenszeichen des gefährdeten Planeten. Angesichts dieses überaus breiten, geradezu schwindelerregenden Panoramas erscheint die Untersuchung des Lebenszeichens-in-Not bloß noch als kleiner Ausschnitt eines viel umfassenderen Forschungsfeldes. Die extremen Ausmaße dieses Feldes lassen eine systematische und konzentrierte Untersuchung, wie sie auf den vergangenen Seiten unternommen wurden, allerdings kaum noch zu. Genau vor diesem Hintergrund erhält der lokale, zeitlich und räumlich begrenzte Not- und Katastrophenfall, der hier als zentraler Bezugs- und Fokalpunkt gedient hatte, seine spezifische heuristische Bedeutung: In seiner räumlichen und zeitlichen Verdichtung und seiner szenischen Zuspitzung bringt er die Artikulation von Medien-, Zeichen- und Lebensbeziehungen auf besonders anschauliche Weise zum Vorschein. Wie unter einem Brennglas bündelt er die medialen, semiotischen und existenziellen Artikulationen, aus denen das Phänomen des Lebenszeichens hervorgeht.

Genau dieses Brennglas hatte die Arbeit ganz zu Beginn auf ein erstes, unscheinbares Lebenszeichen gerichtet. Aus dem tiefen Bohrloch in der Atacama-Wüste war ein zerknittertes Stück Papier ans grelle Tageslicht getreten. Der scheinbar wertlose Fund hatte sich schnell als handschriftliches Lebenszeichen der 33 verschütteten Bergleute herausgestellt: „Estamos bien en el refugio los 33". In Windeseile hatte sich die sensationelle Nachricht über den gesamten Erdball verbreitet, war in mannigfachen medialen Variationen reproduziert und in heterogene Kontexte übertragen worden. Mit dieser explosiven Ausweitung demonstriert die Nachricht von San José gleichsam *en miniature*, was die zurückliegende Arbeit am Phänomen des Lebenszeichens *en gros* versucht hat. Auch die Erforschung des Lebenszeichens begann mit der Hebung eines unscheinbaren Phänomens, das bislang in den Untiefen des Notfalls verborgen lag. Sobald man dieses Phänomen aber entfaltet hatte und seinen Verweisungsbeziehungen gefolgt war, kam nach und nach ein weitläufiges Geflecht aus Artikulationsweisen zum Vorschein, das heterogene Schauplätze und Zeiträume umspannt und komplexe Beziehungen zwischen Lebensvollzügen, Mediengefügen und Zeichenbezügen herstellt. Rückblickend lässt sich das Unternehmen dieser Arbeit daher selbst als eine Art *Bergungsversuch* verstehen: Wie die Rettungskräfte von San José hat sich auch die Arbeit bemüht, das Phänomen des Lebenszeichens aus der Versenkung des Notfalls hervorzuheben und seinen komplexen Verweisungsbezügen nachzugehen.

Umso mehr stellt sich deshalb zum Abschluss der Arbeit die Frage, was aus diesem ersten, exemplarischen Lebenszeichen nach seiner Karriere geworden ist, welches *Nachleben* dem Schriftstück von San José beschieden war. Freilich gibt es auf diese Frage mindestens ebenso viele mögliche Antworten, wie es Versionen, Kopien, und Faksimiles des berühmten Schriftstücks gibt.[55] Einige Exemplare werden als Dankesgeschenke an die Grubenretter*innen überreicht, andere wandern in die Hände von befreundeten Staats- und Regierungschefs Chiles, wieder andere werden als Souvenirs an Tourist*innen verkauft.[56] Auch das originale Schriftstück tritt in vielfältige Zusammenhänge ein: Es wird als literarisches Kunstwerk gefeiert („obra de arte"[57]), als Exponat im Regionalmuseum von Atacama ausgestellt,[58] als „documento histórico"[59] ins chilenische Nationalerbe auf-

---

55 Ein chilenischer Zeitungsartikel von 2013 hat die Reise des Schriftstücks und seine unzähligen Vervielfältigungsketten akribisch rekonstruiert, vgl.: Ortiz, Miguel A. (2013): „La ruta del ‚papelito' aquel. Su gira mundial, el tongo y las cientos de copias viernes", in: La Segunda Online, 16. August 2013, URL: http://www.lasegunda.com/Noticias/Nacional/2013/08/871819/la-ruta-del-papelito-aquel-su-gira-mundial-el-tongo-y-las-cientos-de-copias (zuletzt aufgerufen am 8. Dezember 2020).
56 Vgl. Ortiz (2013), sowie: Käufer, Tobias (2011): „Ein Zettel brachte die Rettung", in: Augsburger Allgemeine.de, 16. Juni 2011, URL: https://www.augsburger-allgemeine.de/panorama/Ein-Zettel-brachte-die-Rettung-id15099821.html (zuletzt aufgerufen am 8. Dezember 2020).
57 Ortiz (2013).
58 Ortiz (2013).
59 Servicio Nacional del Patrimonio Cultural (2011): „„Estamos bien en el refugio los 33' ya está en la Dibam", in: Dibam.cl, 18. Juli 2011. URL: http://www.dibam.cl/portal/Contenido/Noticias/5543: ESCRITO-ESTAMOS-BIEN-EN-EL-REFUGIO-LOS-33-YA-ESTA-EN-LA-DIBAM (zuletzt aufgerufen am 8. Dezember 2020).

genommen und schließlich als wertvolles Archivale im Tresorraum des Regionalmuseums verwahrt.[60]

Hier jedoch soll nicht die Geschichte des originalen Schriftstücks, sondern die Geschichte eines seiner Doubles zu Ende erzählt werden. Am 18. September 2010, also genau eine Woche, bevor die 33 Bergleute in ihrer metallischen Rettungskapsel aus dem Erdreich zurückkehren, wird in der chilenischen Hauptstadt Santiago eine ganz andere Kapsel im Erdreich versenkt. Anlässlich der großen Zweihundertjahrfeier der chilenischen Nation soll am Plaza de Armas eine versiegelte Zeitkapsel in den Boden eingelassen werden, um dort für weitere einhundert Jahre, bis zur Dreihundertjahrfeier am 18. September 2110 zu überdauern.[61] Neben wertvollen Banknoten, Jubiläumsbriefmarken und seltenen Samen heimischer Pflanzenarten enthält sie auch ein originalgetreues Faksimile des berühmten Lebenszeichens. Staatspräsident Sebastián Piñera, der die sensationelle Nachricht wenige Wochen zuvor eigenhändig der Öffentlichkeit präsentiert hatte, deponiert das Faksimile persönlich in der Zeitkapsel.[62] Mit der feierlichen Vergrabung der Kapsel kehrt das Schriftstück in jenen geologischen Untergrund Chiles zurück, aus dem es zu Tage gefördert wurde und wartet dort – eingeschlossen in die schützende Zeitkapsel – auf seine Bergung in ferner Zukunft.

Damit ähnelt das Schicksal des Schriftstücks in gewisser Weise dem Schicksal seiner Absender. Denn auch die 33 Bergleute hatten in einem unterirdischen, metallenen Refugium ausgeharrt und ihre Bergung erwartet. Die Parallelen zwischen beiden verstärken sich noch, wenn man bedenkt, dass die Nachricht der 33 Minenarbeiter selbst aus exakt 33 Zeichen besteht – vorausgesetzt, man zählt die leeren Spatien zwischen den Wörtern hinzu.[63] Nimmt man diesen Befund ernst, dann handelt die Nachricht nicht mehr von den 33 Bergleuten, sondern von jenen 33 Schriftzeichen, aus denen sie selbst besteht. Die Zeichen haben gleichsam den

60 Vgl. o. A. (2011): „Papel de los 33 mineros será conservado en el Museo Regional de Copiapó Fuente", in: Emol.com, 18. Juli 2011, URL: https://www.emol.com/noticias/magazine/2011/07/18/493217/papel-de-los-33-mineros-sera-conservado-en-el-museo-regional-de-copiapo.html (zuletzt aufgerufen am 8. Dezember 2020).

61 Vgl. Servicio Nacional del Patrimonio Cultural (2010): „Cápsula Bicentenario quedó enterrada por un siglo en Plaza de Armas", in: Dibam.cl, 29. September 2010, URL: http://www.dibam.cl/portal/Contenido/Noticias/5684:Capsula-Bicentenario-quedo-enterrada-por-un-siglo-en-Plaza-de-Armas (zuletzt aufgerufen am 8. Dezember 2020).

62 Vgl. o. A. (2010d): „Piñera deposita en la Cápsula del Bicentenario una foto junto a los ex Presidentes", in: Emol.com, 28. September 2010, URL: https://www.emol.com/noticias/nacional/2010/09/28/438383/pinera-deposita-en-la-capsula-del-bicentenario-una-foto-junto-a-los-ex-presidentes.html (zuletzt aufgerufen am 8. Dezember 2020).

63 Vgl. Servicio Nacional del Patrimonio Cultural (2011).

Platz ihrer Referenten eingenommen. Anstelle der „33 mineros"[64] sind es nun die 33 „caracteres"[65], die sich aus ihrem unterirdischen Schutzraum zu Wort melden. Sie verweisen nicht länger auf ein Leben jenseits der Zeichen, sondern nur noch auf die schlichte Existenz des Schriftstücks selbst – auf das papierene Leben des Zeichens, das uns alle überdauern wird: „Estamos bien en el refugio los 33"

---

64 Servicio Nacional del Patrimonio Cultural (2011).
65 Servicio Nacional del Patrimonio Cultural (2011).

Abbildungsverzeichnis

Quellenverzeichnis

Literaturverzeichnis

Abele, Johannes (2002): Wachhund des Atomzeitalters. Geigerzähler in der Geschichte des Strahlenschutzes. München: Deutsches Museum.

Adam, Marie-Hélène/Gellai, Szilvia/Knifka, Julia (Hg.) (2016): Technisierte Lebenswelt. Über den Prozess der Figuration von Mensch und Technik. Bielefeld: Transcript.

Adey, Peter/Anderson, Ben (2012): „Anticipating Emergencies. Technologies of Preparedness and the Matters of Security", in: Security Dialogue, 43 (2), S. 99–117.

Adey, Peter/Anderson, Ben/Graham, Stephen (2015): „Governing Emergencies. Beyond Exceptionality", in: Theory, Culture & Society, 32 (2), S. 3–17.

Agamben, Giorgio (2002): Homo Sacer. Die souveräne Macht und das nackte Leben. Frankfurt am Main: Suhrkamp.

Agamben, Giorgio (2004): Ausnahmezustand. Frankfurt am Main: Suhrkamp.

AIME (ca. 2012): [Art.] „enunciation", in: AIME – An Inquiry into Modes of Existence, URL: http://mode sofexistence.org/inquiry/?lang=en#a=SET+VOC+LEADER&c[leading]=VOC&c[slave]=TEXT&i[id] =#vocab-135&i[column]=VOC&s=0 (zuletzt aufgerufen am 8. Dezember 2020).

Anders, Günther (2010 [1956]): Die Antiquiertheit des Menschen. Bd. 1. Über die Seele im Zeitalter der zweiten industriellen Revolution. München: C.H. Beck.

Anderson, Ben (2016a): „Emergency/Everyday", in: Burges, Joel/Elias, Amy J. (Hg.): Time. A Vocabulary of the Present. New York: New York University Press, S. 177–191.

Anderson, Ben (2016b): „Governing Emergencies. The Politics of Delay and the Logic of Response", in: Transactions of the Institute of British Geographers, 41 (1), S. 14–26.

Aristoteles (1995): Kategorien, in: ders.: Philosophische Schriften in Sechs Bänden, Bd. 1, übers. v. Eugen Rolfes. Hamburg: Felix Meiner.

Atkin, Albert (2005): „Peirce on the Index and Indexical Reference", in: Transactions of the Charles S. Peirce Society, 41 (1), S. 161–118.

Atkins, Dale (2007): White Book. Lawinenbewusstsein von und mit Recco. Broschüre hg. v. Recco.

Babian, Carsten/Dreßler, Jan/Woidtke, Leif (2018): „Individual Human Scent as a Forensic Identifier Using Mantrailing", in: Forensic Science International, 282, S. 111–121.

Bäckström, Carl-Johan/Christoffersson, Niclas (2006): Urban Search and Rescue. An Evaluation of Technical Search Equipment and Methods. Lund: Department of Fire Safety Engineering, Lund University, Online-Veröffentlichung, URL: https://lup.lub.lu.se/luur/download?fileOId= 1765885&func=downloadFile&recordOId=1688941 (zuletzt aufgerufen am 8. Dezember 2020).

Balke, Friedrich/Siegert, Bernhard/Vogl, Joseph (2016): „Editorial", in: Archiv für Mediengeschichte 16. Schwerpunkt: Medien der Bürokratie, S. 5–14.

Barrionuevo, Alexei (2011): „A Year Out of the Dark in Chile, but Still Trapped", in: New York Times, 12. Oktober 2011, URL: http://www.nytimes.com/2011/10/12/world/americas/chiles-rescued-miners-face-major-struggles-a-year-later.html?pagewanted=2&_r=0&rref=collection/timestopic/ Chile%20Mining%20Accident%20%282010%29 (zuletzt aufgerufen am 8. Dezember 2020).

Basu, Moni (2010): „Live from Chile. A Camera Made the World a Bit Smaller", in: CNN Online, 14. Oktober 2020, URL: http://edition.cnn.com/2010/WORLD/americas/10/13/chile.miner.televi sion.moment/index.html (zuletzt aufgerufen am 8. Dezember 2020).

Bateson, Gregory/Haley, Jay/Jackson, Don D./Weakland, John (1956): „Toward a Theory of Shizophrenia", in: Behavirol Science, 1 (4), S. 251–254.

Benveniste, Émile (1974): Problèmes de linguistique générale, Tome II. Paris: Gallimard.

Beck, Ulrich (2007): Weltrisikogesellschaft. Auf der Suche nach der verlorenen Sicherheit. Frankfurt am Main: Suhrkamp.

Benjamin, Walter (1991): „Das Kunstwerk im Zeitalter seiner technischen Reproduzierbarkeit" [Dritte Fassung], in: ders.: Gesammelte Schriften, Bd. I.2, hg. v. Rolf Tiedemann und Herrmann Schweppenhäuser. Frankfurt am Main: Suhrkamp, S. 471–508.

Bennett, Jane (2010): Vibrant Matter. A Political Ecology of Things. Durham/London: Duke University Press.

Bennke, Johannes/Seifert, Johanna/Siegler, Martin/Terberl, Christina (Hg.) (2019): Das Mitsein der Medien. Prekäre Koexistenzen von Menschen, Maschinen und Algorithmen. Paderborn: Wilhelm Fink.

Benson, Etienne S. (2010): Wired Wilderness. Technologies of Tracking and the Making of Modern Wildlife. Baltimore: Johns Hopkins University Press.

Berdez, Adrien (1903): Anleitung zur Dressur und Verwendung des Sanitätshundes. Bern: L. A. Jent, online verfügbar unter: http://www.rhz-biberttal.eu/wp-content/uploads/2018/05/1903.pdf (zuletzt aufgerufen am 8. Dezember 2020).

Bergmann, Jörg (1995): „Alarmiertes Verstehen. Kommunikation in Feuerwehrnotrufen", in: Jung, Thomas/Müller-Doohm, Stefan (Hg.): ‚Wirklichkeit' im Deutungsprozeß. Verstehen und Methoden in den Kultur- und Sozialwissenschaften. Frankfurt am Main: Suhrkamp, S. 283–328.

Bergmann, Jörg R. (1994): „Kleine Lebenszeichen. Über Form, Funktion und Aktualität von Grußbotschaften im Alltag", in: Sprondel, Walter L. (Hg.): Die Objektivität der Ordnungen und ihre kommunikative Konstruktion. Frankfurt am Main: Suhrkamp, S. 192–225.

Bergmann, Jörg/Egner, Heike/Wulf, Volker (2012a): „Communicating Disaster. Six Maxims for a New Take on Disaster Research. Final Report", in: ZiF-Mitteilungen, 3 (2012), S. 4–10.

Bergmann, Jörg/Egner, Heike/Wulf, Volker (2012b): „Communicating Disaster. A Case for Qualitative Approaches to Disaster Research", in: Zeitschrift für Soziologie, 41 (3), S. 247–255.

Berkeley, George (2004 [1710]): Eine Abhandlung über die Prinzipen der menschlichen Erkenntnis. Hamburg: Felix Meiner.

Berz, Peter: (2010): „Die Lebewesen und ihre Medien", in: Brandstetter, Thomas/Harrasser, Karin/Friesinger, Günther (Hg.): Ambiente. Das Leben und seine Räume. Wien: Turia und Kant, S. 23–50.

Bickenbach, Matthias/Stolzke, Michael (2014): Die Geschwindigkeitsfabrik. Eine fragmentarische Kulturgeschichte des Autounfalls. Berlin: Kadmos.

Blumenberg, Hans (2006): Beschreibung des Menschen. Frankfurt am Main: Suhrkamp.

Boehm, Gottfried (2012): „Der Grund. Über das ikonische Kontinuum", in: ders./Burioni, Matteo (Hg.): Der Grund. Das Feld des Sichtbaren. München: Wilhelm Fink, S. 29–94.

Böhme, Gernot (2011): „Das Wetter und die Gefühle", in: Andermann, Kerstin/Eberlein, Undine (Hg.): Gefühle als Atmosphären. Neue Phänomenologie und philosophische Emotionstheorie. Berlin: Akademie, S. 151–166.

Böhme, Gernot (2013): Atmosphäre. Essays zur neuen Ästhetik. Berlin: Suhrkamp.

Böhme, Hartmut (1993): „Welt aus Atomen und Körper im Fluss. Gefühl und Leiblichkeit bei Lukrez", in: Großheim, Michael/Waschkies, Hans-Joachim (Hg.): Rehabilitierung des Subjektiven. Festschrift für Hermann Schmitz. Bonn: Bouvier, S. 413–439.

Borck, Cornelius (2005): Hirnströme. Eine Kulturgeschichte der Elektroenzephalographie. Göttingen: Wallstein.

Bowker, Geoffrey (1994): Science on the Run. Information Management and Industrial Geophysics at Schlumberger (1920–1940). Cambridge, MA: MIT Press.

Bowker, Geoffrey/Star, Susan Leigh (2006): „How to Infrastructure", in: Lievrouw, Leah A./
 Livingstone, Sonia (Hg.): Handbook of New Media. Social Shaping and Social Consequences of
 ICTs. Los Angeles u. a.: Sage, S. 230–245.

Brillouin, Leon (1953): „Negentropy Principle of Information", in: Journal of Applied Physics, 24 (9),
 S. 1152–1163.

Bröckling, Ulrich (2008): „Vorbeugen ist besser. Zur Soziologie der Prävention", in: Behemot. A
 Journal on Civilisation, 1 (1), S. 38–48.

Brown, David A. (1994): „Human Occupancy Detection", in: Lawrence, Andre H. (Hg.): Cargo
 Inspection Technologies. Proceedings SPIE 2276. Washington: The International Society for
 Optical Engineering, S. 268–278.

Bühler, Karl (1982 [1934]): Sprachtheorie. Die Darstellungsfunktion der Sprache. Stuttgart/New York:
 Gustav Fischer.

Buijtendijk, Frederik J. J. (1928): „Anschauliche Kennzeichen des Organischen", in: Philosophischer
 Anzeiger, 2 (4), S. 391–402.

Büll, Hans J./Lakowski, Richard (2002): Lebenszeichen 1945. Feldpost aus den letzten Kriegstagen.
 Leipzig: Miltitzke.

Bull, Michael (2019): „Listening to the Sirens", in: ders/Les Black (Hg.): The Auditory Culture Reader.
 Oxford u. a.: Berg, S. 228–245.

Bundesanstalt Technisches Hilfswerk (THW) (o. J.): „Biologische Ortung. Das Ortungsgerät auf vier
 Pfoten", URL: https://www.thw.de/SharedDocs/Ausstattungen/DE/Geraete/Biologische%20Or
 tung.html (zuletzt aufgerufen am 8. Dezember 2020).

Buschauer, Regine/Willis, Katharine, S. (Hg.) (2013): Locative Media. Medialität und Räumlichkeit.
 Multidisziplinäre Perspektiven zur Verortung der Medien. Bielefeld: Transcript.

Butler, Judith (2005): Gefährdetes Leben. Politische Essays. Frankfurt am Main: Suhrkamp.

Caillois, Roger (2007): „Mimese und legendäre Psychasthenie" in: ders.: Meduse & Cie. Berlin:
 Brinkmann und Bose, S. 25–44.

Callon, Michel (2006): „Einige Elemente einer Soziologie der Übersetzung. Die Domestikation der
 Kammmuscheln und der Fischer der St. Brieuc-Bucht", in: Belliger, Andréa/Krieger, David
 J. (Hg.): ANThology. Ein einführendes Handbuch zur Akteur-Netzwerk-Theorie. Bielefeld:
 Transcript, S. 135–174.

Capdevila, Luc/Voldman, Danièle (2006): War Dead. Western Societes and the Casualties of War.
 Edinburgh: Edinburgh University Press.

Christians, Heiko (2008): „Lebenszeichen 1818/1968. Werner Herzog verfilmt Achim von Arnims
 Novelle *Der tolle Invalide auf dem Fort Ratonneau*", in: Athenäum. Jahrbuch der Friedrich Schlegel-
 Gesellschaft, 18, S. 51–79.

Christians, Heiko (2016): Crux Scenica. Eine Kulturgeschichte der Szene von Aischylos bis Youtube.
 Bielefeld: Transcript.

CNN Wire Staff (2010): „After 17 Days, Trapped Chilean Miners Send Note They're Alive", in: CNN.com,
 23. August 2010, URL: http://edition.cnn.com/2010/WORLD/americas/08/22/chile.miners/index.
 html (zuletzt aufgerufen am 8. Dezember 2020).

Communicating Disaster (2011): „Feldpostbriefe", Programm des Jour Fixe am 20. April 2011, URL:
 https://www.uni-bielefeld.de/ZIF/FG/2010CommunicatingDisaster/Events/04-20-schedule-
 feldpost.pdf (zuletzt aufgerufen am 8. Dezember 2020).

Conradi, Tobias (2015): Breaking News. Automatismen in der Repräsentation von Krisen- und
 Katastrophenereignissen. Paderborn: Wilhelm Fink.

Cottle, Peter (2016): „Streamlining Deployment Around the World", in: Facebook Engineering, 16. Juni 2016, URL: https://engineering.fb.com/web/safety-check-streamlining-deployment-around-the-world/ (zuletzt aufgerufen am 8. Dezember 2020).

Cottle, Peter/Gleit, Naomi/Zeng, Sharon (2014): „Introducing Safety Check", in: Facebook Newsroom, 15. Oktober 2014, URL: https://newsroom.fb.com/news/2014/10/introducing-safety-check/ (zuletzt aufgerufen am 8. Dezember 2020).

Crutzen, Paul (2002): „Geology of Mankind", in: Nature, 415, S. 23, online verfügbar unter: https://www.nature.com/articles/415023a (zuletzt aufgerufen am 8. Dezember 2020).

Crutzen, Paul/Stoermer, Eugene F. (2000): „Have We Entered the Anthropocene?", in: Newsletter des International Geosphere-Biosphere-Program, 41, URL: http://www.igbp.net/news/opinion/opi nion/haveweenteredtheanthropocene.5.d8b4c3c12bf3be638a8000578.html (zuletzt aufgerufen am 8. Dezember 2020).

Cuntz, Michael (2020): „Monturen/montures. On Riding, Dressing, and Wearing. Nomadic Cultural Techniques and (the Marginalization) of Asian Clothing in Europe", in: Dünne, Jörg/Fehringer, Katrin/Kuhn, Kristina/Struck, Wolfgang Struck (Hg.): Cultural Techniques. Assembling Spaces, Texts, and Collectives. Berlin/Boston: De Gruyter, S. 141–164.

Cushing, Steven (1997): Fatal Words. Communication Clashes and Aircraft Crashes. Chicago: Chicago University Press.

Dajan, Daniel/Katz, Eliju (1992): Media Events. The Live Broadcasting of History. Cambridge, MA: Harvard University Press.

Därmann, Iris (2017): „Haustiere und Tierfreunde Über Nähe und Ferne von Menschen und Tieren", in: dies./Sezgin, Hilal/Wischermann, Clemens (Hg.): Tierisch beste Freunde. Über Haustiere und ihre Menschen. Berlin: Matthes und Seitz, S. 12–48.

de Chadarevian, Soraya (1993): „Die ‚Methode der Kurve' in der Physiologie zwischen 1850 und 1900", in: Hagner, Michael/Rheinberger, Hans-Jörg (Hg.): Die Experimentalisierung des Lebens. Experimentalsysteme in den biologischen Wissenschaften 1850/1950. Berlin: Akademie. S. 28–49.

de Saussure, Ferdinand (1967): Grundfragen der allgemeinen Sprachwissenschaft. Berlin: De Gruyter.

Degler, Anna (2015): Parergon. Attribut, Material und Fragment in der Bildästhetik des Quattrocento. Paderborn: Wilhelm Fink.

Deleuze, Gilles/Guattari, Felix (1992): Tausend Plateaus. Kapitalismus und Schizophrenie II, Berlin: Merve, S. 423–479.

Derrida, Jacques (1982/1987): Die Postkarte von Sokrates bis an Freud und jenseits. 2 Bände. Berlin: Brinkmann und Bose.

Derrida, Jacques (2004): „Signatur, Ereignis, Kontext", in: ders.: Die différance. Ausgewählte Texte. Stuttgart: Reclam, S. 68–109.

Deuber-Mankowsky, Astrid/Tuschling Anna (2017): „Zur Einführung", in: dies. (Hg.): Conatus und Lebensnot. Schlüsselbegriffe der Medienanthropologie. Wien/Berlin: Turia und Kant, S. 7–20.

Deutsches Reich Wehrmachtoberkommando (1985a): Die Wehrmachtberichte 1939–1945, 3 Bände. München: Deutscher Taschenbuch-Verlag.

Deutsches Reich Wehrmachtsoberkommando (1985b): Die Wehrmachtberichte 1939–1945, Bd. 3: 1. Januar 1944 – 9. Mai 1945. München: Deutscher Taschenbuch-Verlag.

Didi-Huberman, Georges (2016): Schlagwetter. Der Geruch der Katastrophe. Konstanz: Konstanz University Press.

Didi-Huberman, Georges (2017): Die Namenlosen zwischen Licht und Schatten. Das Auge der Geschichte IV. Paderborn: Wilhelm Fink.

Dietrich, Nikolaus (2018): Das Attribut als Problem. Eine bildwissenschaftliche Untersuchung zur griechischen Kunst. Berlin: De Gruyter.

Doane, Mary Ann (1990): „Information, Crisis, Catastrophe", in: Mellenkamp, Patricia (Hg.): Logics of Television. Essays in Cultural Criticism. Bloomington: Indiana University Press, S. 251–264.

Doarn, Charles R./Merre, Ronald C. (2011): „Spacebridge to Armenia. A Look Back at Its Impact on Telemedicine in Disaster Response", in: Telemedicine and E-Health, 17 (7), S. 546–553.

Dönhoff, Marion (1989 [1949]): „Brief aus dem Nichts", in: Die Zeit, 44 (1989), online verfügbar unter: https://www.zeit.de/1989/44/brief-aus-dem-nichts?utm_referrer=https%3A%2F%2Fwww.google.com%2F (zuletzt aufgerufen am 8. Dezember 2020).

Duttweiler, Stefanie (2016): „Körperbilder und Zahlenkörper. Zur Verschränkung von Medien- und Selbsttechnologien in Fitness-Apps", in: dies./Gugutzer, Robert/Passoth, Jan-Hendrik/Strübing, Jörg (Hg.): Leben nach Zahlen. Self-Tracking als Optimierungsprojekt. Bielefeld: Transcript, S. 221–252.

Echternkamp, Jörg (2006): Kriegsschauplatz Deutschland 1945. Leben in der Angst – Hoffnung auf den Frieden. Feldpost aus der Heimat und von der Front. Paderborn: Ferdinand Schöningh.

Eckert, Bodo/Keith, Carsten (2011): „Der RECCO-Reflektor als Low Cost-High Tech-Experiment", in: Praxis der Naturwissenschaften – Physik in der Schule, 60/8, S. 42–47.

Eco, Umberto (1977): Zeichen. Einführung in einen Begriff und seine Geschichte. Frankfurt am Main: Suhrkamp.

Eco, Umberto (2002): Einführung in die Semiotik. München: Wilhelm Fink.

Eicheldinger, Martina (2011): [Art.] „Lebenszeichen", in: Berlin-Brandenburgische Akademie der Wissenschaften (Hg) Goethe-Wörterbuch, Bd. 5 Inhalt – Medizinalaufwand. Stuttgart: W. Kohlhammer, Sp. 1043, online verfügbar unter: http://www.woerterbuchnetz.de/GWB?lemma=lebenszeichen (zuletzt aufgerufen am 8. Dezember 2020).

Ellebrecht, Nils (2019): Organisierte Rettung. Studien zur Soziologie des Notfalls. Wiesbaden: Springer VS.

El Tiempo Redaccion (2010): „Los 33 mineros chilenos enviaron mensaje de vida", in: El Tiempo.com, 29. August 2010, URL: https://www.eltiempo.com/archivo/documento/MAM-4118422 (zuletzt aufgerufen am 8. Dezember 2020).

Encke, Julia (2006): Augenblicke der Gefahr. Der Krieg und die Sinne. München: Wilhelm Fink.

Engell, Lorenz (1996): „Das Amedium. Grundbegriffe des Fernsehens in Auflösung: Ereignis und Erwartung", in: montage a/v, 5 (1), S. 129–153.

Engell, Lorenz (2008): „Das Mondprogramm. Wie das Fernsehen das größte Ereignis aller Zeiten erzeugte", in: Lenger, Friedrich/Nünning, Ansgar (Hg.): Medienereignisse der Moderne. Darmstadt: Wissenschaftliche Buchgesellschaft, S. 150–171.

Engell, Lorenz (2012): „Folgen und Ursachen. Über Serialität und Kausalität", in: Kelleter, Frank (Hg.): Populäre Serialität. Narration, Evolution, Distinktion. Bielefeld: Transcript, S. 241–258.

Engell, Lorenz (2017): „Forensische Serialität. CSI", in: Storck, Timo/Taubner, Svenja (Hg.): Von Game of Thrones bis The Walking Dead. Interpretationen von Kultur in Serie, Berlin: Springer, S. 299–316.

Engell, Lorenz/Krtilova, Katerina/Voss, Christiane (2019): „Einleitung", in: dies. (Hg.): Medienanthropologische Szenen. Paderborn: Wilhelm Fink, S. 1–14.

Engell, Lorenz/Siegert, Bernhard (2015): „Editorial", in: Zeitschrift für Medien- und Kulturforschung. Schwerpunkt: Sendung, 6 (2), S. 5–12.

Engell, Lorenz/Vogl, Joseph (1999): „Vorwort", in: dies./Fahle, Oliver/Neitzel, Britta/Pias, Claus (Hg.): Kursbuch Medienkultur. Die maßgeblichen Theorien von Brecht bis Baudrillard. Stuttgart: Deutsche Verlagsanstalt, S. 8–12.

Enzensberger, Hans Magnus ([1970] 1999): „Baukasten zu einer Theorie der Medien", in: Engell, Lorenz/Fahle, Oliver/Neitzel, Britta/Pias, Claus/Vogl, Joseph (Hg.): Kursbuch Medienkultur. Die maßgeblichen Theorien von Brecht bis Baudrillard. Stuttgart: Deutsche Verlagsanstalt, S. 264–278.

Ethnogeographic Board/The Smithsonian Institution (1944): Survival on Land and Sea. Publications Branch, Office of Naval Intelligence, United States Navy, online verfügbar unter: U.S. National Library of Medicine (Digital Collections), https://collections.nlm.nih.gov/bookviewer?PID=nlm:nlmuid-13820890R-bk#page/1/mode/2up (zuletzt aufgerufen am 8. Dezember 2020).

Ette, Ottmar (2011): LebensZeichen. Roland Barthes zur Einführung. Hamburg: Junius.

Etter, Hans-Jürg/Schweizer, Jürg/Stucki, Thomas (2009): „Nicht ohne mein LVS. Lawinennotfallsysteme im Vergleich", in: Die Alpen, 2, S. 24–29, online verfügbar unter: https://www.slf.ch/fileadmin/user_upload/WSL/Mitarbeitende/schweizj/Etter_etal_Notfallausrustung_DieAlpen_2009.pdf (zuletzt aufgerufen am 8. Dezember 2020).

Fechner, Gustav Theodor (1860): Elemente der Psychophysik. Leipzig: Breitkopf und Härtel.

Fenton, Vikki (1992): „The Use of Dogs in Search, Rescue and Recovery", in: Journal of Wilderness Medicine, 3, S. 292–300.

Ferrara, Vincenzo (2015): „Technical Survey About Available Technologies for Detecting Buried People Under Rubble or Avalanches", in: Sener, Sinan M./Brebbia, Carlos A./Ozcevik, Ozlem (Hg.): Disaster Management and Human Health Risk IV. Reducing Risk, Improving Outcomes. Ashurst: WIT Press, S. 91–101.

Ferrara, Vincenzo (2017): „Pervasive Technologies for the Reduction of Disaster Consequences. Opportunities and Questions", in: International Journal of Safety and Security Engineering, 7 (3), S. 303–312.

Fetscher, Justus (2006): „Radioaktivität. Atomgefahr und Sendebewusstsein im Rundfunk der 1950er Jahre", in: Navigationen. Zeitschrift für Medien- und Kulturwissenschaften, 6 (1), S. 143–157.

Finn, Megan (2018): Documenting Aftermath. Information Infrastructure in the Wake of Disasters. Cambridge, MA: MIT Press.

Flusser, Vilém (1993): „Form und Material", in: ders.: Vom Stand der Dinge. Eine kleine Philosophie des Design. Göttingen: Steidl, S. 105–114.

Foster-Carter, Aiden (1978): „Can We Articulate ‚Articulation'?", in: Clammer, John (Hg.): The New Economic Anthropology. London: Palgrave Macmillan, S. 210–249.

Foucault, Michel (1983): Der Wille zum Wissen. Sexualität und Wahrheit I. Frankfurt am Main: Suhrkamp.

Foucault, Michel (2006): Die Geburt der Biopolitik. Geschichte der Gouvernementalität, Bd. 2. Frankfurt am Main: Suhrkamp.

Frank, Hans Georg (2013): „Lebenszeichen nach dem Tod", in: Südwest Presse Online, 7. Dezember 2013, URL: https://www.swp.de/suedwesten/landespolitik/lebenszeichen-nach-dem-tod-21891261.html (zuletzt aufgerufen am 8. Dezember 2020).

Franklin, Jonathan (2011): 33 Men. Inside the Miraculous Survival and Dramatic Rescue of the Chilean Miners. New York: G. P. Putnam's Sons.

Freud, Sigmund (1961): Die Traumdeutung, in: ders.: Gesammelte Werke, Bd. II/III, hg. v. Anna Freud. Frankfurt am Main: S. Fischer.

Freud, Sigmund (1967): Zur Psychopathologie des Alltagslebens. Über Vergessen, Versprechen, Vergreifen, Aberglauben und Irrtum. Frankfurt am Main: S. Fischer.

Friedrich, Jörg (2002): Der Brand. Deutschland im Bombenkrieg 1940–1945. München: Propyläen.

Friedrich, Lars/Harrasser, Karin/Kaiser, Céline (2018): Szenographien des Subjekts. Wiesbaden: Springer VS.

Frost, Sabine (2011): Whiteout. Schneefälle und Weißeinbrüche in der Literatur ab 1800. Bielefeld: Transcript.

Gabrys, Jennifer (2016): Program Earth. Environmental Sensing Technology and the Making of a Computational Planet. Minneapolis: University of Minnesota Press.

Gabrys, Jennifer (2018): „Becoming Planetary", in: e-flux Architecture, Collection: Accumulation, URL: https://www.e-flux.com/architecture/accumulation/217051/becoming-planetary/ (zuletzt aufgerufen am 8. Dezember 2020).

Gabrys, Jennifer (2019): „Sensors and Sensing Practices. Reworking Experience across Entities, Environments, and Technologies", in: Science, Technology, & Human Values, 44 (5), S. 723–736.

Galton, Francis (1879): „Composite Portraits, Made by Combining Those of Many Different Persons Into a Single Resultant Figure", in: The Journal of the Anthropological Institute of Great Britain and Ireland, 8, S. 132–144.

Geimer, Peter (2010): Bilder aus Versehen. Eine Geschichte fotografischer Erscheinungen. Hamburg: Fundus.

Gell, Alfred (1998): Art & Agency. An Anthropological Theory. Oxford: Clarendon Press.

Gess, Nicola/Hoffmann, Agnes/Kappeler, Annette (2019): „Einleitung. Praktiken lebendiger Darstellung um 1800", in: dies. (Hg.): Belebungskünste. Praktiken lebendiger Darstellung in Literatur, Kunst und Wissenschaft um 1800. Paderborn: Wilhelm Fink, S. 1–24.

Ginzburg, Carlo (1995): „Spurensicherung. Der Jäger entziffert die Fährte, Sherlock Holmes nimmt die Lupe, Freud liest Morelli. Die Wissenschaft auf der Suche nach sich selbst", in: ders.: Spurensicherung. Die Wissenschaft auf der Suche nach sich selbst. Berlin: Klaus Wagenbach, S. 7–44.

Gitelman, Lisa (2014): Paper Knowledge. Toward a Media History of Documents. Durham/London: Duke University Press.

Goldmann, Justus (2000): Geschichte der medizinischen Notfallversorgung. Vom Programm der Aufklärung zur systemischen Organisation im Kaiserreich (1871–1914). Dissertation an der Universität Bielefeld, Online-Veröffentlichung, URL: https://pub.uni-bielefeld.de/record/2301553 (zuletzt aufgerufen am 8. Dezember 2020).

Goldstein, Kurt (2014): Der Aufbau des Organismus. Einführung in die Biologie unter besonderer Berücksichtigung der Erfahrungen am kranken Menschen. Paderborn: Wilhelm Fink.

Gomart, Emilie/Hennion, Antoine (1999): „A Sociology of Attachment. Music Amateurs, Drug Users", in: The Sociological Review, 47 (1), S. 220–247.

Goudge, Thomas A. (1965): „Peirce's Index", in: Transactions of the Charles S. Peirce Society, 1 (2), S. 52–70.

Graduiertenkolleg Medienanthropologie (2020): Forschungsprogramm, URL: https://www.uni-weimar.de/de/medien/institute/grama/forschungsprogramm/ (zuletzt aufgerufen am 8. Dezember 2020).

Graham, Hatch/Graham, Judy (1990): „Watch your Dog! Search and Rescue Dogs", in: Dog Sports, April 1990, online verfügbar unter: http://www.somersetsunset.net/pdf/Watch.pdf (zuletzt aufgerufen am 8. Dezember 2020).

Gregory, Stephan (2021): Class Trouble. Eine Mediengeschichte der Klassengesellschaft. Paderborn: Wilhelm Fink.

Grossberg, Lawrence (1986): „Postmodernism and Articulation. An Interview with Stuart Hall", in: Journal of Communication Inquiry, 10 (2), S. 45–60.

Gumbrecht, Hans Ulrich/Pfeiffer, K. Ludwig (Hg.) (1988): Materialität der Kommunikation. Frankfurt am Main: Suhrkamp.

Hagen, Wolfgang (1991): „Der Radioruf. Zu Diskurs und Geschichte des Hörfunks", in: Stingelin, Martin/Scherer, Wolfgang (Hg.): HardWar/SoftWar. Krieg und Medien 1914–1945. München: Wilhelm Fink, S. 243–274.

Hagen, Wolfgang (2015): „M.G.Y. What is the matter with you? Zur Archäologie des medialen Titanic-Desasters", in: Kassung, Christian (Hg.): Die Unordnung der Dinge. Eine Wissens- und Mediengeschichte des Unfalls. Bielefeld: Transcript, S. 249–270.

Hagner, Michael/Rheinberger, Hans-Jörg (Hg.) (1993): Die Experimentalisierung des Lebens. Experimentalsysteme in den biologischen Wissenschaften 1850/1950. Berlin: Akademie.

Halfwassen, Jens (1999): [Art.] „Substanz; Substanz, Akzidenz I", in: Ritter, Joachim/Gründer, Karlfried (Hg.): Historisches Wörterbuch der Philosophie, Bd. 10 (St-T). Basel/Stuttgart: Schwabe, Sp. 495–507.

Halpern, Samuel (o. J.): „Signals of Distress. What Color Were They?", URL: http://www.titanicology. com/Californian/WhatColorWereThey.pdf (zuletzt aufgerufen am 8. Dezember 2020).

Hansen, Mark B. N. (2011): „Medien des 21. Jahrhunderts, technisches Empfinden und unsere originäre Umweltbedingung", in: Hörl, Erich (Hg.): Die technologische Bedingung. Beiträge zur Beschreibung der technischen Welt. Berlin: Suhrkamp, S. 365–409.

Haraway, Donna (2008): „Crittercam. Compounding Eyes in Naturecultures", in: dies.: When Species Meet. Minneapolis/London: University of Minnesota Press, S. 249–264.

Hayles, N. Katherine (1999): How We Became Posthuman. Virtual Bodies in Cybernetics, Literature and Informatics. Chicago/London: Chicago University Press.

Healey, Jennifer/Picard, Rosalind W. (1997): „Affective Wearables", in: Personal Technologies, 1 (4), S. 231–240.

Heller, Charles/Pezzani, Lorenzo/Studio, Situ (2012): Forensic Oceanography. Report on the ‚Left-to-Die-Boat'", URL: https://content.forensic-architecture.org/wp-content/uploads/2019/06/FO-report.pdf (zuletzt aufgerufen am 8. Dezember 2020).

Heidegger, Martin (1967): Sein und Zeit. Tübingen: Max Niemeyer.

Heimerl, Birgit (2013): Die Ultraschallsprechstunde. Eine Ethnografie pränataldiagnostischer Situationen. Bielefeld: Transcript.

Helmreich, Stefan (2006): „The Signature of Life. Designing the Astrobiological Imagination", in: Grey Room, 23 (3), S. 66–95.

Helmreich, Stefan (2016): Sounding the Limits of Life. Essays in the Anthropology of Biology and Beyond. Princeton, NJ: Princeton University Press.

Hempler, Ulf (2016): Das Grubenunglück von Stolzenbach. Die angekündigte Katastrophe und das fast verhinderte Wunder, Book on Demand.

Henck, Wilhelm (1915): Der Hund auf dem Schlachtfelde. Briefe über seine Geschichte, Erziehung und Verwendung im Felde. Cassel: Weber und Weidemeyer.

Hennion, Antoine (2011): „Offene Objekte, Offene Subjekte? Körper und Dinge im Geflecht von Anhänglichkeit, Zuneigung und Verbundenheit", in: Zeitschrift für Medien- und Kulturforschung, 2 (1), S. 93–109.

Herrberg, Anne (2020): „So geht es den Bergleuten heute", in: Tagesschau.de, 13. Oktober 2020, URL: https://www.tagesschau.de/ausland/chile-33-gruben-drama-101.html (zuletzt aufgerufen am 13. Oktober 2020).

Hetzel, Andreas (2001): Zwischen Poiesis und Praxis. Elemente einer kritischen Theorie der Kultur. Würzburg: Königshausen & Neumann.

Höhne, Stefan (2017): New York City Subway. Die Erfindung des urbanen Passagiers. Köln/Weimar/Wien: Böhlau.

Holzheid, Anett (2011): Das Medium Postkarte. Eine sprachwissenschaftliche und mediengeschichtliche Studie. Berlin: Erich Schmidt.

Hörl, Erich (2011a) (Hg.): Die technologische Bedingung. Beiträge zur Beschreibung der technischen Welt. Berlin: Suhrkamp.

Hörl, Erich (2011b): „Die technologische Bedingung. Zur Einführung", in: ders. (Hg.): Die technologische Bedingung. Beiträge zur Beschreibung der technischen Welt. Berlin: Suhrkamp, S. 7–53.

Hörl, Erich (2016): „Die Ökologisierung des Denkens", in: Zeitschrift für Medienwissenschaft 14 (1), S. 33–45.

Horn, Eva (2007): „Unglückliche Verkettung der Umstände. Sicherheitswissenschaft und Unfall", in: Zeitschrift für Kulturwissenschaften, 5 (2), S. 45–52.

Horn, Eva (2014): Zukunft als Katastrophe. Frankfurt am Main: S. Fischer.

Horn, Eva (2018): The Future as Catastrophe. Imagining Disaster in the Modern Age. New York: Columbia University Press.

Hufeland, Wilhelm (1790): „Die Ungewißheit des Todes und das einzige untrügliche Mittel, sich von seiner Wirklichkeit zu überzeugen und das Lebendigbegraben unmöglich zu machen", in: Blätter vermischten Inhalts, 3 (1790), S. 290–321.

Hume, David (1978a [1739]): A Treatise of Human Nature. Oxford: Clarendon Press.

Hume, David (1978b [1740]): „An Abstract of A Book Lately Published Entitled A Treatise of Human Nature", in: ders.: A Treatise of Human Nature. Oxford: Clarendon Press, S. 641–662.

Huo, Ran/Agapiou, A./Bocos-Bintintan, V./Brown, L. J./Burns, C./Creaser, C. S./Devenport, N. A./Gao-Lau, B./Guallar-Hoyas, C./Hildebrand, L./Malkar, A./Martin, H. J./Moll, V. H./Patel, P./Ratiu, A./Reynolds, J. C./Sielemann, S./Slodzynski, R./Statheropoulos, M./Turner, M. A./Vautz, W./Wright, V. E./Thomas, C. L. P (2011): „The Trapped Human Experiment", in: Journal of Breath Research, 5 (4), S. 1–12, URL: https://iopscience.iop.org/article/10.1088/1752-7155/5/4/046006/pdf (zuletzt aufgerufen am: 8. Dezember 2020).

Husserl, Edmund (2012 [1935]): Die Krisis der europäischen Wissenschaften und die transzendentale Phänomenologie. Eine Einleitung in die phänomenologische Philosophie. Hamburg: Felix Meiner.

Ingold, Tim (2014): „Eine Ökologie der Materialien", in: Witzgall, Susanne/Stakemeier, Kerstin (Hg.): Macht des Materials/Politik der Materialität. Berlin/Zürich: Diaphanes, S. 65–73.

Jager, Theo F. (1917): Scout, Red Cross, and Army Dogs. New York: Arrow Printing.

Jakobson, Roman (1956): „Two Aspects of Language and Two Types of Aphasic Disturbances", in: ders./Halle, Morris: Fundamentals of Language. 'S-Gravenhage: Mouton Press, S. 55–82.

Jakobson, Roman (1960): „Linguistics and Poetics. Closing Statement", in: Sebeok, Thomas (Hg.): Style in Language. Cambridge, MA: MIT Press, S. 350–377.

Jakobson, Roman (1965): „Quest for the Essence of Language", in: Diogenes, 13 (51), S. 21–37.

Jeníková, Marie (2005): „Interview", in: Stiftung ‚Erinnerung, Verantwortung und Zukunft' (Hg.): Zwangsarbeit 1939–1945. Erinnerungen und Geschichte, online verfügbar unter: https://archiv.zwangsarbeit-archiv.de/de/interviews/za441 (zuletzt aufgerufen am 8. Dezember 2020) [Zugang nur nach Anmeldung möglich].

Jung, Matthias (2003): „‚Das Leben artikuliert sich'. Diltheys Performativer Begriff der Bedeutung. Artikulation als Fokus hermeneutischen Denkens", in: Association Revue Internationale de Philosophie, 226 (4), S. 439–454.

Jung, Matthias (2009): Der bewusste Ausdruck. Anthropologie der Artikulation. Berlin/New York: De Gruyter.

Kaiserliches und Königliches Landesverteidigungs-Kommando (ca. 1915): Alpine Weisungen für den Gebirgskrieg. Innsbruck: Verlag des k. u. k-Landesverteidigungskommandos in Tirol, S. 4, online verfügbar unter: https://kramerius.army.cz/search/i.jsp?pid=uuid:0e420c1c-b018-4374-b139-521857f5618a#monograph-page_uuid:c6431e19-99ad-11e9-872e-005056b73ae5 (zuletzt aufgerufen am 8. Dezember 2020).

Kalkschmidt, G. (1916): „Der Sanitätshund im Kriege", in: Frankfurter Zeitung, 8. Mai 1916, online verfügbar unter: http://www.faz.net/-i18-8bv94 (zuletzt aufgerufen am 8. Dezember 2020).

Kämpf, Katrin M. (2018): „,Are you safe?' Facebooks Safety Check als Interface zwischen verkörpertem Subjekt und Data Double", in: von Bose, Käthe/Bublitz, Hannelore/Fuchs, Matthias/Weber, Jutta (Hg.): Körper, Materialitäten, Technologien. Paderborn: Wilhelm Fink, S. 101–118.

Kapp, Ernst (2015): Grundlinien einer Philosophie der Technik. Zur Entstehungsgeschichte der Kultur aus neuen Gesichtspunkten. Hamburg: Felix Meiner.

Kassung, Christian (Hg.) (2009): „Einleitung", in: ders. (Hg.): Die Unordnung der Dinge. Eine Wissens- und Mediengeschichte des Unfalls. Bielefeld: Transcript, S. 9–15.

Kassung, Christian (2013): „Come Quick, Danger! Vom ersten funkentelegraphischen Notruf zum SOS-Jingle", in: Gerhard, Paul (Hg.): Sound des Jahrhunderts. Bonn: Bundeszentrale für Politische Bildung, S. 60–64.

Kassung, Christian (2015): „Der Untergang der Kursk und die Wissensgeschichte der seismischen Forensik", in: ders. (Hg.): Die Unordnung der Dinge. Eine Wissens- und Mediengeschichte des Unfalls. Bielefeld: Transcript, S. 135–152.

Käufer, Tobias (2011): „Ein Zettel brachte die Rettung", in: Augsburger Allgemeine.de, 16. Juni 2011, URL: https://www.augsburger-allgemeine.de/panorama/Ein-Zettel-brachte-die-Rettung-id15099821.html (zuletzt aufgerufen am 8. Dezember 2020).

Kaufmann, Stefan (2013): „Friends. Über die ambivalente Beziehung von Bergsteigern zu ihren Objekten", in: Schüttpelz, Erhard/Thielmann, Tristan (Hg.): Akteur-Medien-Theorie. Bielefeld: Transcript, S. 483–501.

Kellermann, Bernhard (1915): „Der Krieg unter der Erde", in: ders.: Der Krieg im Westen. Berlin: Fischer, S. 159–165.

Kessel, Martina (2001): „Die Angst vor dem Scheintod im 18. Jahrhundert. Körper und Seele zwischen Magie, Religion und Wissenschaft", in: Schlich, Thomas/Wiesemann, Claudia (Hg.): Hirntod. Zur Kulturgeschichte der Todesfeststellung. Frankfurt am Main: Suhrkamp, S. 133–166.

Kirchhoff, Christine (2009): Das psychoanalytische Konzept der Nachträglichkeit. Gießen: Psychosozial.

Kittler, Friedrich (1986): Grammophon, Film, Typewriter. Berlin: Brinkmann & Bose.

Kittler, Friedrich (1993): „Geschichte der Kommunikationsmedien", in: Huber, Jörg/Müller, Alois Martin (Hg.): Raum und Verfahren. Stroemfeld: Basel, S. 169–188.

Kittler, Friedrich (1995): „Signal-Rausch-Abstand", in: Gumbrecht, Hans Ulrich/Pfeiffer, K. Ludwig (Hg.): Materialität der Kommunikation. Frankfurt am Main: Suhrkamp, S. 342–359.

Klan, Julia (2009): Der ‚Deutsche Verein für Sanitätshunde' und das Sanitätshundewesen in Deutschland (1893–1946). Gießen: Laufersweiler.

Kofman, Jefrey (2010): „Trapped. Inside the Chilean Mine Collapse", in: ABC News, URL: https://abcnews.go.com/International/inside-the-chilean-mine-33-trapped-men/story?id=11622729 (zuletzt aufgerufen am 8. Dezember 2020).

Kohn, Eduardo (2013): How Forests Think. Toward an Anthropology Beyond the Human. Berkeley/New York/London: University of California Press.

Koop, Andreas (2008): NSCII. Das visuelle Erscheinungsbild der Nationalsozialisten 1925–1945. Mainz: Hermann Schmidt.

Kornmeier, Uta (2011): „Fit für den Ernstfall. Überleben als Hobby", in: Schmieder, Falko (Hg.): Überleben. Historische und aktuelle Konstellationen. München: Wilhelm Fink, S. 395–409.

Koselleck, Reinhart (1982): „Krise", in: Brunner, Otto/Conze, Werner/ders. (Hg.): Geschichtliche Grundbegriffe. Bd. 3. Stuttgart: Klett-Cotta, S. 617–650.

Kracauer, Siegfried (1985): Theorie des Films. Die Errettung der äußeren Wirklichkeit. Frankfurt am Main: Suhrkamp.

Krajewski, Markus (2006): Restlosigkeit. Weltprojekte um 1900. Frankfurt am Main: S. Fischer.

Krajewski, Markus (2007): „In Formation. Aufstieg und Fall der Tabelle als Paradigma der Datenverarbeitung", in: Nach Feierabend. Zürcher Jahrbuch für Wissensgeschichte 3, S. 37–55.

Krämer, Sybille (2007): „Immanenz und Transzendenz der Spur. Über das epistemologische Doppelleben der Spur", in: dies./Grube, Gernot/Kogge, Werner (Hg.): Spur. Spurenlesen als Orientierungstechnik und Wissenskunst. Frankfurt am Main: Suhrkamp, S. 155–181.

Krämer, Sybille (2007): „Was also ist eine Spur? Und worin besteht ihre epistemologische Rolle? Eine Bestandsaufnahme", in: dies./Grube, Gernot/Kogge, Werner (Hg.): Spur. Spurenlesen als Orientierungstechnik und Wissenskunst. Frankfurt am Main: Suhrkamp, S. 11–36.

Krämer, Sybille (2008): Medium, Bote, Übertragung. Eine kleine Metaphysik der Medialität. Frankfurt am Main: Suhrkamp.

Krämer, Sybille/Bredekamp, Horst (2003): „Kultur, Technik, Kulturtechnik. Wider die Diskursivierung der Kultur", in: dies. (Hg.): Bild, Schrift, Zahl. München: Wilhelm Fink, S. 11–24.

Krüger, Reinhard (2015): „Aus dem Inferno. Bomben auf Dresden am 14. und 15. Februar 1945. Einige postalische Zeitzeugen", in: Deutsche Briefmarkenzeitung, 3, S. 24–29.

Kumar, Arvid/Chaulya, S. K./Kumar, S./Bandyopadhyay, L. K. (2003): „Trapped Miners Detection, Location and Communication System", in: Minetech, 24 (6), S. 1–13.

Kümmel, Albert/Schüttpelz, Erhard (2003): „Medientheorie der Störung/Störungstheorie der Medien. Eine Fibel", in: dies. (Hg.): Signale der Störung. München: Wilhelm Fink, S. 9–14.

Kunath, Wolfgang (2019): „Überlebt und vergessen. Minenunglück von Chile", in: Frankfurter Rundschau, 5. August 2013, URL: https://www.fr.de/panorama/ueberlebt-vergessen-11279874.html (zuletzt aufgerufen am 8. Dezember 2020).

Latour, Bruno (1994): „‚Where Are the Missing Masses?' The Sociology of a Few Mundane Artifacts", in: Bijker, Wiebe E./Law, John (Hg.): Shaping Technology/Building Society. Studies in Sociotechnical Change. Cambridge, MA: MIT Press, S. 225–258.

Latour, Bruno (1999): Pandoras Hope. Essays on the Reality of Science Studies. Cambridge, MA: Harvard University Press.

Latour, Bruno (2002): Die Hoffnung der Pandora. Untersuchungen zur Wirklichkeit der Wissenschaften. Frankfurt am Main: Suhrkamp.

Latour, Bruno (2004): „How to Talk About the Body. The Normative Dimension of Science Studies", in: Body & Society, 10 (2–3), S. 205–229.

Latour, Bruno (2014a): „On Selves, Forms, and Forces", in: Hau: Journal of Ethnographic Theory, 4 (2), S. 261–266.

Latour, Bruno (2014b): Existenzweisen. Eine Anthropologie der Modernen. Berlin: Suhrkamp.

Latour, Bruno/Woolgar, Steve (1979): Laboratory Life: The Construction of Scientific Facts. Beverly Hills, CA: Sage Publications.

Law, John/Moser, Ingunn (2003): „‚Making Voices'. New Media Technologies, Disabilities, Articulation", in: Liestøl, Gunnar/Rasmussen, Terje/Morrison, Andrew (Hg.): Digital Media

Revisited. Theoretical and Conceptual Innovations in Digital Domains. Cambridge, MA: MIT Press, S. 491–520.

Leanza, Matthias (2017): Die Zeit der Prävention. Eine Genealogie. Weilerwist: Velbrück Wissenschaft.

Lehmann, Johannes (2015): „Infamie versus Leben. Zur Sozial- und Diskursgeschichte der Rettung im 18. Jahrhundert und zur Archäologie der Politik der Moderne", in: ders./Thüring, Hubert (Hg.): Rettung und Erlösung. Politisches und religiöses Heil in der Moderne. Paderborn: Wilhelm Fink, S. 45–66.

Lehmann, Johannes (2016): „Von der Störung zur Rettung des Lebens. Überlegungen zum Verhältnis von Narrativ und Politik (vor und um 1800)", in: Behemoth. A Journal on Civilisation, 9 (1), 1, S. 24–37.

Lenger, Friedrich/Nünning, Ansgar (Hg.) (2008): Medienereignisse der Moderne. Darmstadt: Wissenschaftliche Buchgesellschaft.

Licoppe, Christian (2004): „‚Connected Presence'. The Emergence of a New Repertoire for Managing Social Relationships in a Changing Communication Technoscape", in: Society and Space, 22 (1), S. 135–156.

Licoppe, Christiane (2015): „Contested Norms of Presence", in: Hahn, Kornelia/Stempfhuber, Martin (Hg.): Präsenzen 2.0. Körperinszenierung in Medienkulturen. Wiesbaden: Springer VS, S. 97–112.

Lindemann, Gesa (2001): „Die Interpretation hirntot", in: Schlich, Thomas/Wiesemann, Claudia (Hg.): Hirntod. Zur Kulturgeschichte der Todesfeststellung. Frankfurt am Main: Suhrkamp, S. 318–343.

Lindemann, Gesa (2002): Die Grenzen des Sozialen. Zur sozio-technischen Konstruktion von Leben und Tod in der Intensivmedizin. München: Wilhelm Fink.

Löffler, Petra/Sprenger, Florian (2016): „Medienökologien. Einleitung in den Schwerpunkt", in: Zeitschrift für Medienwissenschaft. Schwerpunktthema Medienökologie, 8 (14), S. 10–18.

Lomas, Natasha (2017): „Facebook's Safety Check Is a Stress-Inducing Flip of Social Norms", in: TechCrunch, 14. Juni 2017, URL: https://techcrunch.com/2017/06/14/facebooks-safety-check-is-a-stress-inducing-flip-of-social-norms/?guce_referrer_us=aHR0cHM6Ly93d3cuZ29vZ2xlLmNvbS88& guce_referrer_cs=0VZFGTyZgAwjEpWssd6Mog&guccounter=2 (zuletzt aufgerufen am 8. Dezember 2020).

Longbottom, Will/Gurrin, Graham (2010): „‚That Was a Long Shift'. Foreman Is the Last of the 33 Trapped Chilean Miners to Be Delivered to Freedom", in: Mail Online, 14. Oktober 2010, URL: https://www.dailymail.co.uk/news/article-1320045/CHILEAN-MINERS-RESCUE-Back-dead-69-days-trapped-underground.html (zuletzt aufgerufen am 8. Dezember 2020).

López, Daniel/Domènech, Miquel (2009): „Embodying Autonomy in a Home Telecare Service", in: The Sociological Review, 56 (2), S. 181–195.

Lotz, Wolfgang (1999): Die Deutsche Reichspost 1933–1945. Bd. 1: 1933–1939. Berlin: Nicolai'sche Verlagsbuchhandlung.

Luhmann, Niklas (1987): Soziale Systeme. Grundriß einer allgemeinen Theorie. Frankfurt am Main: Suhrkamp.

Luhmann, Niklas (1996): Die Realität der Massenmedien. Opladen: Westdeutscher Verlag.

Luhmann, Niklas (2005): „Entscheidungen in der Informationsgesellschaft", in: Esposito, Elena/Corsi, Giancarlo (Hg.): Reform und Innovation in einer unstabilen Gesellschaft. Stuttgart: Lucius & Lucius, S. 27–40.

Lukrez (2017): Über die Natur der Dinge, übersetzt von Klaus Binder. München: dtv.

Lutz, Karl (1920): Beiträge zur Psychologie, Abrichtung und Verwendung des Diensthundes. Dissertation an der Philosophischen Fakultät der Julius-Maximilians-Universität Würzburg.

Malinowski, Bronislaw (1923): „The Problem of Meaning in Primitive Languages", in: Ogden, Charles K./Richards, Ivor A.: The Meaning of Meaning. A Study of the Influence of Language upon Thought and of the Science of Symbolism. New York: Harcourt, Brace & World, S. 296–336.

MASE (= Mars Analogues for Space Exploration) (2017): Mars on Earth. Seeking Martian Landscapes Close to Home, Online-Publikation, URL: http://mase.esf.org/fileadmin/ressources_conferences/ Mase/user_ressources/Files/MASE_Booklet_EPM_Edit_20170327.pdf (zuletzt aufgerufen am 8. Dezember 2020).

Massumi, Brian (2005): „Fear (The Spectrum Said)", in: Positions. East Asia Cultures Critique, 13 (1), S. 31–48.

May, Carl A./Mort, Maggie/Williams, Tracy (2003): „Remote Doctors and Absent Patients. Acting at a Distance in Telemedicine", in: Science, Technology, & Human Values, 28 (2), S. 274–295.

McKinnon, Shannon (2018): „Why I Couldn't Mark Myself Safe on Facebook After the Toronto Shooting", in: The Globe and the Mail, 24. Juli 2018, URL: https://www.theglobeandmail.com/ opinion/article-why-i-couldnt-mark-myself-safe-on-facebook/ (zuletzt aufgerufen am 8. Dezember 2020).

McLuhan, Marshall (1994 [1964]): Understanding Media. The Extensions of Man. London/Cambridge, MA: MIT Press.

Meerhoff, Jasmin (2016): „Versuch über den Straßenverkehrslärm und seine Dämpfung", in: Zeitschrift für Medienwissenschaft, 14 (1), S. 59–71.

Meschenmoser, Alfred (1984): Überroller-Post von 1945–1949 vom ‚Dritten Reich' in das ‚Nachkriegs-Deutschland'. Neue Schriftenreihe der Poststempelgilde Rhein-Donau e. V., Nr. 104.

Mittermeier, Klaus (2002): Vermißt wird. Die Arbeit des deutschen Suchdienstes. Berlin: Ch. Links.

Moore, Donald S./Kosek, Jake/Pandian, Andan (2003): „Introduction. The Cultural Politics of Race and Nature. Terrains of Power and Practice", in: dies. (Hg.): Race, Nature, and the Politics of Difference. Durham/London: Duke University Press, S. 1–70.

Nachreiner, Thomas (2014): „‚Da siehst nur Punkterl und Stricherl'. Telegrafie und Telefaksimile im Film", in: Kirchmann, Kay/Ruchatz, Jens (Hg.): Medienreflexion im Film. Ein Handbuch, S. 385–397.

Neubert, Christoph (2012): „Störung", in: Bartz, Christina/Jäger, Ludwig/Krause, Marcus/Linz, Erika (Hg): Handbuch der Mediologie. Signaturen des Medialen. Paderborn: Wilhelm Fink, S. 272–288.

Nezirovic, Amer (2010): Trapped-Victim Detection in Post-Disaster Scenarios Using Ultra-Wideband Radar. Dissertation an der Delft University of Technology, Online-Veröffentlichung, URL: https://repository.tudelft.nl/islandora/object/uuid:4416dd48-9829-4af0-b678-8fcd8e87788a/data stream/OBJ/download (zuletzt aufgerufen am 8. Dezember 2020).

Niklas, Stefan (2013): „Einleitung. Ein etwas rabiater Versuch, den Begriff der Artikulation zu artikulieren", in: ders./Roussel, Martin (Hg.): Formen der Artikulation. Philosophische Beiträge zu einem kulturwissenschaftlichen Grundbegriff. Paderborn: Wilhelm Fink, S. 15–34.

Noor, Tausif (2017): „Safety in Numbers", in: Real Life Magazine, 21. März 2017, URL: https://reallifemag.com/safety-in-numbers/ (zuletzt aufgerufen am 8. Dezember 2020).

o. A. (1919): „Use of the Geophone by the Bureau of Mines", in: The Scientific Monthly, 9 (3), S. 286–288.

o. A. (1943): „Postverbindung nach Terrorangriffen. Eilnachrichtendienst der Deutschen Reichspost", in: Völkischer Beobachter, 13. Dezember 1943, S. 4.

o. A. (1944): „‚Lebenszeichen von …'. Eilnachrichten nach Terrorangriffen", in: Revaler Zeitung, 9. Februar 1944, S. 4.

o. A. (1963): „Die Dahlbuschbombe", in: Der Spiegel, 17 (46), S. 33.

o. A. (2010a): „Wir sind alle 33 im Schutzraum. Bergarbeiter schicken Lebenszeichen", in: Stern.de, 23. August 2010, URL: https://www.stern.de/panorama/weltgeschehen/bergarbeiter-schicken-lebenszeichen–wir-sind-alle-33-im-schutzraum–3109680.html (zuletzt aufgerufen am 8. Dezember 2020).

o. A. (2010b): „Nahrung kommt per Schlauch zu Verschütteten", in: DiePresse.com, 24. August 2010, URL: http://diepresse.com/home/panorama/welt/589549/Chile_Nahrung-kommt-per-Schlauch-zu-Verschutteten (zuletzt aufgerufen am 8. Dezember 2020).

o. A. (2010c): „Message Which Brought Hope Now Copyright of Chile Miner", in: BBC.com, 22. Oktober 2010, URL: http://www.bbc.com/news/world-latin-america-11605409 (zuletzt aufgerufen am 8. Dezember 2020);

o. A. (2010d): „33 von 33. ‚Mision cumplida'. Rettungsaktion in Chile abgeschlossen", in: Süddeutsche Zeitung Online, 14. Oktober 2010, URL: https://www.sueddeutsche.de/panorama/grubenunglu eck-in-chile-das-wunder-ist-vollbracht-alle-kumpel-gerettet-1.1011845 (zuletzt aufgerufen am 8. Dezember 2020).

o. A. (2010d): „Piñera deposita en la Cápsula del Bicentenario una foto junto a los ex Presidentes", in: Emol.com, 28. September 2010, URL: https://www.emol.com/noticias/nacional/2010/09/28/ 438383/pinera-deposita-en-la-capsula-del-bicentenario-una-foto-junto-a-los-ex-presidentes.html (zuletzt aufgerufen am 8. Dezember 2020).

o. A. (2011): „Papel de los 33 mineros será conservado en el Museo Regional de Copiapó Fuente", in: Emol.com, 18. Juli 2011, URL: https://www.emol.com/noticias/magazine/2011/07/18/493217/ papel-de-los-33-mineros-sera-conservado-en-el-museo-regional-de-copiapo.html (zuletzt aufgerufen am 8. Dezember 2020).

O'Mara, David (o. J.): „Identifying the Dead. A Short Study of the Identification Tags of 1914–1918", in: The Western Front Association, URL: https://www.westernfrontassociation.com/world-war-i-articles/identifying-the-dead-a-short-study-of-the-identification-tags-of-1914-1918/ (zuletzt aufgerufen am 8. Dezember 2020).

Ortiz, Miguel A. (2013): „La ruta del ‚papelito' aquel. Su gira mundial, el tongo y las cientos de copias viernes", in: La Segunda Online, 16. August 2013, URL: http://www.lasegunda.com/Noticias/Na cional/2013/08/871819/la-ruta-del-papelito-aquel-su-gira-mundial-el-tongo-y-las-cientos-de-copias (zuletzt aufgerufen am 8. Dezember 2020).

Palenchar, Michael J./Freberg, Karen (2013): „Conceptualizing Social Media and Mobile Technologies in Risk and Crisis Communication Practices", in: Comiskey, Kathleen M./Hjorth, Larissa (Hg.): Mobile Media Practices, Presence and Politics. The Challenge of Being Seamlessly Mobile. New York/London: Taylor & Francis, S. 15–29.

Pape, Helmut (2004): Charles S. Peirce zur Einführung. Hamburg: Junius.

Parisi, Luciana (2009): „Technoecologies of Sensation", in: Herzogenrath, Bernd (Hg.): Deleuze/ Guattari & Ecology. Basingstoke: Palgrave, S. 182–199.

Passmann, Johannes/Thielmann, Tristan (2013): „Beinahe Medien. Die medialen Grenzen der Geomedien", in: Buschauer, Regine/Willis, Katharine, S. (Hg.): Locative Media. Medialität und Räumlichkeit. Multidisziplinäre Perspektiven zur Verortung der Medien. Bielefeld: Transcript, S. 71–103.

Paulcke, Wilhelm (1938): Praktische Schnee- und Lawinenkunde. Berlin: Springer.

Peirce, Charles Sanders (1885): „On the Algebra of Logic. A Contribution to the Philosophy of Notation", in: American Journal of Mathematics, 7 (2), S. 180–196.

Peirce, Charles Sanders (1983 [1903]): Phänomen und Logik der Zeichen. Frankfurt am Main: Suhrkamp.

Peirce, Charles Sanders (1986a[1887]): „Über die Einheit hypothetischer und kategorischer Propositionen", in: ders: Semiotische Schriften, Bd. 1, hg. v. Christian Kloesel und Helmut Pape. Frankfurt am Main: Suhrkamp, S. 230–268.

Peirce, Charles Sanders (1986b[1893]): „Die Kunst des Räsonierens", in: ders.: Semiotische Schriften, Bd. 1, hg. v. Christian Kloesel und Helmut Pape. Frankfurt am Main: Suhrkamp, S. 191–201.

Peirce, Charles Sanders (1986c[1895]): „Kurze Logik", in: ders: Semiotische Schriften, Bd. 1, hg. v. Christian Kloesel und Helmut Pape. Frankfurt am Main: Suhrkamp, S. 202–229.

Peirce, Charles Sanders (1986d[1902]): „Regeln des richtigen Räsonierens", in: ders.: Semiotische Schriften, Bd. 1, hg. v. Christian Kloesel und Helmut Pape. Frankfurt am Main: Suhrkamp, S. 409–430.

Peirce, Charles Sanders (1986e[1898, 1899, 1901/02]): „Grundbegriffe der Semiotik und formalen Logik", in: ders.: Semiotische Schriften, Bd. 1, hg. v. Christian Kloesel und Helmut Pape. Frankfurt am Main: Suhrkamp, S. 336–375.

Peirce, Charles Sanders (1990[1906]): „Prolegomena zu einer Apologie des Pragmatizismus", in ders.: Semiotische Schriften, Bd. 2, hg. v. Christian Kloesel und Helmut Pape. Frankfurt am Main: Suhrkamp, S. 132–210.

Peirce, Charles Sanders (1991): Vorlesungen über Pragmatismus. Hamburg: Felix Meiner.

Peirce, Charles Sanders (1998a): Collected Papers, Vol. 5: Pragmatism and Pragmaticism, hg. v. Charles Hartshorne, Paul Weiss und Arthur W. Burks. Bristol: Thoemmes.

Peirce, Charles Sanders (1998b): Collected Papers, Vol. 7: Science and Philosophy, hg. v. Charles Hartshorne, Paul Weiss und Arthur W. Burks. Bristol: Thoemmes.

Peirce, Charles Sanders (1998c): Collected Papers, Vol. 8: Reviews, Correspondence, hg. v. Charles Hartshorne, Paul Weiss und Arthur W. Burks. Bristol: Thoemmes.

Peirce, Charles Sanders (1998d[1907]): „Pragmatism", in: Houser, Nathan (Hg.): The Essential Peirce. Selected Philosophical Writings, Vol. 2 (1893–1913). Bloomington: Indiana University Press, S. 398–433.

Penhaul, Karl (2010): „A Day in the Life of Trapped Chile Miners", in: CNN Online, 22. September 2010, URL: http://edition.cnn.com/2010/WORLD/americas/09/22/chile.miners.day/index.html (zuletzt aufgerufen am 8. Dezember 2020).

Perrow, Charles (1984): Normal Accidents. Living with High-Risk Technologies. New York: Basic Books.

Peters, John Durham (1999): Speaking into the Air. A History of the Idea of Communication. Chicago/London: University of Chicago Press.

Peters, John Durham (2015): The Marvelous Clouds. Toward a Philosophy of Elemental Media. Chicago/London: University of Chicago Press.

Pias, Claus (2015): „Friedrich Kittler und der ‚Mißbrauch von Heeresgerät'. Zur Situation eines Denkbildes 1964, 1984, 2014", in: Merkur. Deutsche Zeitschrift für europäisches Denken, 69 (791), S. 31–44.

Portmann, Adolf (1960 [1948]): Die Tiergestalt. Studien über die Bedeutung der tierischen Erscheinung. Basel: Friedrich Reinhardt.

Post, Ken (1978): Arise Ye Starvelings. The Jamaican Labour Rebellion of 1938 and its Aftermath. The Hague/Boston: Nijhoff.

Prochaska, David/Mendelson, Jordana (2010): Postcards. Ephemeral Histories of Modernity. University Park, Pennsylvania: Pennsylvania State University Press.

Pschera, Alexander (2016): „Das Internet der Tiere. Natur 4.0 und die *conditio humana*", in: Zeitschrift für Medien- und Kulturforschung, 7 (2), S. 111–124.

Reiber, Cornelius (2014): „Die Lebenswissenschaften im Leichenhaus", in: Geimer, Peter (Hg.): UnTot. Existenzen zwischen Leben und Leblosigkeit. Berlin: Kadmos, S. 13–34.

Reichspostministerium (1943): „Kostenloser Eilnachrichtendienst der Deutschen Reichspost nach Terrorangriffen", Amtliche Bekanntmachung, 16. November 1943, in: Landesarchiv Baden-Württemberg, Plakatsammlung Karl Fritz, Inventarnummer: W 113, Nr. 0054, online verfügbar unter: Deutsche Digitale Bibliothek, https://www.deutsche-digitale-bibliothek.de/item/4TPZZBL4LXP2EIQZRACSCU4YNVSE6D7T (zuletzt aufgerufen am 8. Dezember 2020).

Reuters Staff (2010): „Erstmals Lebenszeichen von verschütteten Bergleuten in Chile", in: Reuters.de, 23. August 2010, URL: https://de.reuters.com/article/chile-minenunglck-20100823-idDEBEE67M03E20100823 (zuletzt aufgerufen am 8. Dezember 2020).

Richtmeyer, Ulrich (2014): „Die unscharfe Allgemeinheit des Bildes. Wittgensteins Begriff der Familienähnlichkeit und das biometrische Kompositbild", in: ders. (Hg.): PhantomGesichter. Zur Sicherheit und Unsicherheit im biometrischen Überwachungsbild. Paderborn: Wilhelm Fink, S. 107–128.

Rieger, Stefan (2002): Schall und Rauch. Eine Mediengeschichte der Kurve. Frankfurt am Main: Suhrkamp.

Rieger, Stefan (2015): „Smart Homes. Zu einer Medienkultur des Wohnens", in: Sprenger, Florian/Engemann, Christoph (Hg.): Internet der Dinge. Über smarte Objekte, intelligente Umgebungen und die technische Durchdringung der Welt. Bielefeld: Transcript, S. 363–382.

Rieger, Stefan (2018): „Anthropophilie. Der Medien neue Kleider", in: Bennke, Johannes/Seifert, Johanna/Siegler, Martin/Terberl, Christina (Hg.): Das Mitsein der Medien. Prekäre Koexistenzen von Menschen, Maschinen und Algorithmen. Paderborn: Wilhelm Fink, S. 147–173.

Río, J. del/Piñeiro, J. (2010) „Parte batalla legal por propiedad de mítica frase de los mineros", in: El Mercurio, 20. Oktober 2010, S. C5, online verfügbar unter: http://www.bibliotecanacionaldigital.gob.cl/bnd/633/w3-article-354793.html (zuletzt aufgerufen am 8. Dezember 2020).

Rosol, Christoph (2007): RFID. Vom Ursprung einer (all)gegenwärtigen Kulturtechnologie. Berlin: Kadmos.

Rottenberg, Thomas (2015): „Draußen sein mit dem ins Gewand eingenähten Recco-Reflektor", in: Der Standard.at, 8. Februar 2015, URL: https://www.derstandard.at/story/2000011371772/draussen-sein-mit-dem-ins-gewand-eingenaehten-recco-reflektor (zuletzt aufgerufen am 8. Dezember 2020).

Rüve, Gerlind (2008): Der Scheintod. Zur kulturellen Bedeutung der Schwelle zwischen Leben und Tod um 1800. Bielefeld: Transcript.

Sanchez, Nicolas M. (1945): Walkout Diary, hg. v. Carl Warren Weidenburner, online verfügbar unter: http://www.cbi-theater.com/walkout/walkout.html (zuletzt aufgerufen am 8. Dezember 2020).

Sander, Sarah (2021): „Subjektivation im Gegenlicht. Szenen der Evidenzproduktion, Ellis Island 1908", in: Harrasser, Karin/Friedrich, Lars/Kaiser, Céline (2018): Szenographien des Subjekts. Wiesbaden: Springer VS, S. 99–124.

Sarasin, Philipp (2001): Reizbare Maschinen. Eine Geschichte des Körpers 1765–1914. Frankfurt am Main: Suhrkamp.

Schabacher, Gabriele (2012): „Rohrposten. Zur medialen Organisation begrenzter Räume", in: dies./Neubert, Christoph (Hg.): Verkehrsgeschichte und Kulturwissenschaft. Analysen an der Schnittstelle von Technik, Kultur und Medien. Bielefeld: Transcript.

Schabacher, Gabriele (2013): „Medien und Verkehr. Zur Genealogie des Übertragungswissens zwischen Personen, Gütern und Nachrichten im 19. Jahrhundert", in: Tumult. Schriften zur Verkehrswissenschaft, 39, S. 39–55.

Schabacher, Gabriele (2013): „Medium Infrastruktur. Trajektorien soziotechnischer Netzwerke in der ANT", in: Zeitschrift für Medien- und Kulturforschung, 4 (2), S. 129–148.

Schafer, R. Murray (2010): Die Ordnung der Klänge. Eine Kulturgeschichte des Hörens. Berlin: Schott.

Schmidgen, Henning (2009): Die Helmholtz-Kurven. Auf der Spur der verlorenen Zeit. Berlin: Merve.

Schmieder, Falko/Weigel, Sigrid (2011): „Überleben. Geschichte und Aktualität eines neuen Grundbegriffs", in: ders. (Hg.): Überleben. Historische und aktuelle Konstellationen. Paderborn: Wilhelm Fink, S. 9–29.

Schmitz-Berning, Cornelia (2007b): [Art.] „Volksgemeinschaft", in: dies: Vokabular des Nationalsozialismus. Berlin: De Gruyter, S. 654–659.

Schmitz-Berning, Cornelia (2007a): [Art.] „Volksgenosse, Volksgenossin", in dies: Vokabular des Nationalsozialismus. Berlin: De Gruyter, S. 660–664.

Schneider, Birgit (2018): „Entangled Tress and Arboreal Networks of Sensitive Environments", in: Zeitschrift für Medien- und Kulturforschung, 9 (1), S. 107–126.

Schneider, Birgit/Zemanek, Eva (2020): Spürtechniken. Von der Wahrnehmung der Natur zur Natur als Medium. Sonderausgabe der Online-Zeitschrift *Medienobservationen*, URL: https://www.me dienobservationen.de/sonderausgaben/spuertechniken-2020/ (zuletzt aufgerufen am 8. Dezember 2020).

Schrödinger, Erwin (1989): Was ist Leben? Die lebende Zelle mit den Augen des Physikers betrachtet. München/Zürich: Piper.

Schultz, Alex (2015): Facebook-Post am 14. November 2015, URL: https://www.facebook.com/fbsafety/ posts/930229667014872 (zuletzt aufgerufen am 8. Dezember 2020).

Schürmann, Eva (2018): Vorstellen und Darstellen. Szenen einer medienanthropologischen Theorie des Geistes. Paderborn: Wilhelm Fink.

Schüttpelz, Erhard (2006): „Die medienanthropologische Kehre der Kulturtechniken", in: Archiv für Mediengeschichte. Schwerpunkt: Kulturgeschichte als Mediengeschichte (oder vice versa?), 6, S. 87–110.

Schüttpelz, Erhard/Thielmann, Tristan (Hg.) (2013): Akteur-Medien-Theorie. Bielefeld: Transcript.

Sebeok, Thomas A. (2001): Signs. An Introduction to Semiotics. Toronto/Buffalo/London: University of Toronto Press.

Serres, Michel (1987): Der Parasit. Frankfurt am Main: Suhrkamp.

Serres, Michel (1991): „Der Platonische Dialog und die intersubjektive Genese der Abstraktion", in: ders.: Hermes I. Kommunikation, S. 47–56.

Serres, Michel (1993): Verteilung. Hermes IV. Berlin: Merve.

Serres, Michel (1994): Der Naturvertrag. Frankfurt am Main: Suhrkamp.

Serres, Michel (2008): „Feux et signaux de brume. Virginia Woolf's Lighthouse", in: SubStance, 37 (2), S. 110–131.

Serres, Michel (2009): Das eigentliche Übel. Verschmutzen, um sich anzueignen?. Berlin: Merve.

Servicio Nacional del Patrimonio Cultural (2010): „Cápsula Bicentenario quedó enterrada por un siglo en Plaza de Armas", in: Dibam.cl, 29. September 2010, URL: http://www.dibam.cl/portal/Conten ido/Noticias/5684:Capsula-Bicentenario-quedo-enterrada-por-un-siglo-en-Plaza-de-Armas (zuletzt aufgerufen am 8. Dezember 2020).

Servicio Nacional del Patrimonio Cultural (2011): „‚Estamos bien en el refugio los 33' ya está en la Dibam", in: Dibam.cl, 18. Juli 2011. URL: http://www.dibam.cl/portal/Contenido/Noticias/5543: ESCRITO-ESTAMOS-BIEN-EN-EL-REFUGIO-LOS-33-YA-ESTA-EN-LA-DIBAM (zuletzt aufgerufen am 8. Dezember 2020).

Shannon, Claude/Weaver, Warren (1998 [1949]): The Mathematical Theory of Communication. Urbana/Chicago: University of Illinois Press.

Shute, Nevil (1957): On the Beach. London/Melbourne/Toronto: Heinemann.

Siegel, Greg (2014): Forensic Media. Reconstructing Accidents in Accelerated Modernity. Durham/London: Duke University Press.

Siegert, Bernhard (1993): Relais. Geschicke der Literatur als Epoche der Post 1751–1913. Berlin: Brinkmann und Bose.

Siegert, Bernhard (2001): „Kakographie oder Kommunikation? Verhältnisse zwischen Kulturtechnik und Parasitentum", in: Archiv für Mediengeschichte. Schwerpunkt: Mediale Historiographien, 1, S. 87–99.

Siegert, Bernhard (2006): Passagiere und Papiere. Schreibakte auf der Schwelle zwischen Spanien und Amerika. München: Wilhelm Fink.

Siegert, Bernhard (2015): Cultural Techniques. Grids, Filters, Doors, and Other Articulations of the Real. New York: Fordham University Press.

Siegert, Bernhard (2017): „Öffnen, Schließen, Zerstreuen, Verdichten. Die operativen Ontologien der Kulturtechnik", in: Zeitschrift für Medien- und Kulturforschung, 8 (2), S. 95–114.

Siegler, Martin (2017): „Things in Cases. Existenzweisen von Notfalldingen", in: Bartz, Christina/Kaerlein, Timo/Miggelbrink, Monique/Neubert, Christoph (Hg.): Gehäuse. Mediale Einkapselungen. Paderborn: Wilhelm Fink, S. 291–304.

Siegler, Martin (2020): „Vulkanbeobachtungen. Sensorische Medien und geologische Lebenszeichen", in: Schneider, Birgit/Zemanek, Evi (Hg.): Spürtechniken. Von der Wahrnehmung der Natur zur Natur als Medium. Sonderheft der Online-Zeitschrift *Medienobservationen*, URL: https://www.medienobservationen.de/pdf/20200430Siegler2.pdf (zuletzt aufgerufen am 8. Dezember 2020).

Simondon, Gilbert (2012): Die Existenzweise technischer Objekte. Berlin/Zürich: Diaphanes.

Slack, Jennifer Daryl (1996): „The Theory and Method of Articulation in Cultural Studies", in: Morley, David/Chen, Kuan-Hsing (Hg.): Stuart Hall. Critical Dialogues in Cultural Studies. London: Routledge, S. 112–127.

Sloterdijk, Peter (1998): Sphären I. Blasen. Frankfurt am Main: Suhrkamp.

Sloterdijk, Peter (2004): Sphären III. Schäume. Frankfurt am Main: Suhrkamp.

Souriau, Etienne (2015): Die verschiedenen Modi der Existenz. Lüneburg: Meson Press.

Spinoza, Baruch de (1994): Ethik nach geometrischer Methode dargestellt. Hamburg: Felix Meiner.

Sprenger, Florian (2012): Medien des Immediaten. Elektrizität, Telegraphie, McLuhan. Berlin: Kadmos.

Sprenger, Florian (2018): „Zehn Elemente einer Mediengeschichte der Adressierung", in: Ruf, Oliver (Hg.): Smartphone-Ästhetik. Zur Philosophie und Gestaltung mobiler Medien. Bielefeld: Transcript. S. 243–268.

Sprenger, Florian/Engemann, Christoph (2015): „Im Netz der Dinge. Zur Einleitung", in: dies. (Hg.): Internet der Dinge. Über smarte Objekte, intelligente Umgebungen und die technische Durchdringung der Welt. Bielefeld: Transcript, S. 7–58.

Steingo, Gavin (2019): „Listening as Life. Sounding Fetal Personhood in South Africa", in: Sound Studies, 5 (2), S. 155–174.

Stoddart, Mark C. J. (2012): Making Meaning out of Mountains. The Political Ecology of Skiing. Vancouver: University of British Columbia Press.

Strauss, Anselm: (1988): „The Articulation of Project Work. An Organizational Process", in: The Sociological Quarterly, 29 (2), S. 163–178.

Struck, Wolfgang (2011): „Über die wirbelreichen Tiefen des Meeres. Momentaufnahmen einer literarischen Hydrographie", in: Siegel, Steffen/Weigel, Petra (Hg.): Die Werkstatt des Kartographen. Materialien und Praktiken visueller Welterzeugung. Paderborn: Wilhelm Fink, S. 123–142.

Struck, Wolfgang (2014): „Flaschenpost. Eine Erinnerung an das Meer", IKKM-Forschungsprojekt, URL: https://www.ikkm-weimar.de/fellows/ehemalige-fellows/wolfgang-struck/ (zuletzt aufgerufen am 8. Dezember 2020).

Struck, Wolfgang (2019): „Flaschenpost – Flaschenschwindel", in: Ruppenthal, Jens/Weiss, Martin/ Schilling, Ruth (Hg): Von Flaschenpost bis Fischreklame. Die Wahrnehmung des Meeres im 19. und 20. Jahrhundert. Vandenhoeck und Rupprecht, S. 71–90.

Struck, Wolfgang (2020): „A Message in a Bottle", in: Dünne, Jörg/Fehringer, Katrin/Kuhn, Kristina/ Struck, Wolfgang Struck (Hg.): Cultural Techniques. Assembling Spaces, Texts and Collectives. Berlin/Boston: De Gruyter, S. 61–72.

Süß, Dietmar (2011): Tod aus der Luft. Kriegsgesellschaft und Luftkrieg. München: Siedler.

Syrotuck, William (1981): Fährte und Geruch. Walldorf: Dr. Eigner.

Teixeira, Thiago/Dublon, Gershon/Savvides, Andreas (2010): „A Survey of Human Sensing. Methods for Detecting Presence, Count, Location, Track, and Identity", in: ENALAB Technical Report, 1 (1), S. 1–41, URL: http://thiagot.com/papers/teixeira_techrep10_survey_of_human_sensing.pdf (zuletzt aufgerufen am 8. Dezember 2020).

Thomas, Kenneth S./McMann, Harold J. (2006): US Spacesuits. Berlin/Chichester: Springer VS/Praxis Publishing.

Thonicke, Frank (2013): „Das Wunder von Stolzenbach", in: Hessische Niedersächsische Allgemeine (HAN), 1. Juni 2013, URL: https://www.hna.de/lokales/fritzlar-homberg/borken-hessen-ort305278 /wunder-stolzenbach-grunbenunglueck-jaehrt-sich-2933848.html (zuletzt aufgerufen am 8. Dezember 2020).

Thrift, Nigel (1991): „Transport and Communication 1730–1914", in: Dodgshon, Robert A./Butlin, Robin A. (Hg.): An Historical Geography of England and Wales. London: Academic Press, S. 453–486.

Tobar, Héctor (2014): Deep Down Dark. London: Sceptre.

Toepfer, Georg (2011): [Art.] „Selbstbewegung", in: ders. (Hg.): Historisches Wörterbuch der Biologie. Geschichte und Theorie der biologischen Grundbegriffe, Bd. 3. Stuttgart/Weimar: J. B. Metzler, S. 231–245.

Toepfer, Georg (2011b): [Art.] „Symbiose", in: ders. (Hg.): Historisches Wörterbuch der Biologie. Geschichte und Theorie der biologischen Grundbegriffe, Bd. 3. Stuttgart/Weimar: J. B. Metzler, S. 426–442.

Trabant, Jürgen (1998): Artikulationen. Historische Anthropologie der Sprache. Frankfurt am Main: Suhrkamp.

Tylor, Edward B. (1871): Primitive Culture. Researches Into the Development of Mythology, Philosophy, Religion, Language, Art and Custom. Vol. 1. London: John Murray.

Tylor, Edward B. (1873): Die Anfänge der Cultur. Untersuchungen über die Entwicklung der Mythologie, Philosophie, Religion, Kunst und Sitte, Bd. 1. Leipzig: C. F. Inter'sche Verlagsbuchhandlung.

Ueberschär, Gerd R. (1999): Die Deutsche Reichspost 1933–1945. Eine politische Verwaltungsgeschichte, Bd. 2 1939–1945. Berlin: Nicolai'sche Verlagsbuchhandlung.

United States Army Air Forces (Hg.) (1943a): Jungle and Desert Emergencies, hg. v. Directorate of Air Traffic and Safety, And Directorate of Safety Education, online verfügbar unter: U.S. National Library of Medicine (Digital Collections), https://collections.nlm.nih.gov/ext/dw/13821020R/PDF/ 13821020R.pdf (zuletzt aufgerufen am 8. Dezember 2020).

United States Army Air Forces (Hg.) (1943b): Jungle, Desert, Arctic Emergencies, hg. v. Flight Control Command, Safety Education Division, online verfügbar unter: U.S. National Library of Medicine (Digital Collections), https://collections.nlm.nih.gov/ext/dw/13821030R/PDF/13821030R.pdf (zuletzt aufgerufen am 8. Dezember 2020).

United States Army Air Forces (Hg.) (1944): Survival. Jungle, Desert, Arctic, Ocean. Office of Flying Safety, hg. v. Office of Flying Safety, Safety Education Division, online verfügbar unter: U.S. National Library of Medicine (Digital Collections), https://collections.nlm.nih.gov/ext/dw/ 13821040R/PDF/13821040R.pdf (zuletzt aufgerufen am 8. Dezember 2020).

Verdier, Hannah (2015): „Companion. The App that Walks You Home at Night", in: The Guardian.com, 1. November 2015, URL: https://www.theguardian.com/technology/shortcuts/2015/nov/01/com panion-app-keep-you-safe-walk-home (zuletzt aufgerufen am 8. Dezember 2020).

Vignes Rouges, Jean des (1930): „The War Underground", in: Löhrke, Eugene (Hg.): Armageddon. The World War in Literature. New York: Cape & Smith.

Volmar, Axel (2013): „In Stahlgewittern. Mediale Rekonstruktionen der Klanglandschaft des Ersten Weltkriegs in der Weimarer Republik", in: Binczek, Natalie/Epping-Jäger, Cornelia (Hg.): Das Hörbuch. Audioliteralität und akustische Literatur. München: Wilhelm Fink, S. 47–63.

Volmar, Axel (2014): „Stethoskop und Telefon. Akustemische Technologien des 19. Jahrhunderts", in: ders./Schoon, Andi (Hg.): Das geschulte Ohr. Eine Kulturgeschichte der Sonifikation. Bielefeld: Transcript, S. 71–94.

Volmar, Axel (2015a): Klang-Experimente. Die auditive Kultur der Naturwissenschaften. Frankfurt am Main/New York: Campus.

Volmar, Axel (2015b): „Ein Trommelfeuer von akustischen Signalen. Zur auditiven Produktion von Wissen in der Geschichte der Strahlenmessung.", in: Technikgeschichte, 82 (1), S. 27–46.

von Herrmann, Hans-Christian (2014): Literatur und Entropie. Berlin: Duncker und Humboldt.

von Herrmann, Hans-Christian (2019): „Lebenszeichen. Literatur und Theater um 1800", in: Gess, Nicola/Hoffmann, Agnes/Kappeler, Annette (Hg.): Belebungskünste. Praktiken lebendiger Darstellung in Literatur, Kunst und Wissenschaft um 1800. Paderborn: Wilhelm Fink, S. 127–140.

Voss, Christiane (2010): „Auf dem Weg zu einer Medienphilosophie anthropomedialer Relationen", in: Zeitschrift für Medien- und Kulturforschung, 1 (2), S. 170–185.

Voss, Christiane (2013): Der Leihkörper. Erkenntnis und Ästhetik der Illusion. Paderborn: Wilhelm Fink.

Wackernagel, Mathis (1994): Ecological Footprint and Appropriated Carrying Capacity. A Tool for Planning towards Sustainability. Dissertation an der University of British Columbia, online verfügbar unter: https://web.archive.org/web/20110717034651/https://circle.ubc.ca/bitstream/ handle/2429/7132/ubc_1994-954027.pdf?sequence=1 (zuletzt aufgerufen am 8. Dezember 2020).

Waetzmann, Erich (1927): „Zur Ausbreitung elastischer Schallwellen in der Erdoberfläche", in: Die Naturwissenschaften, 15 (18), S. 401–403.

Waller, Darryl (2017): „Mars Rover Tests Driving, Drilling and Detecting Life in Chile's High Desert", in: NASA.gov, 13. März 2017, URL: https://www.nasa.gov/feature/ames/mars-rover-tests-driving-drilling-and-detecting-life-in-chile-s-high-desert (zuletzt aufgerufen am 8. Dezember 2020).

Walters, William (2008): „Bordering the Sea. Shipping Industries and the Policing of Stowaways", in: Borderlands E-Journal, 7 (3), S. 1–25, URL: http://www.borderlands.net.au/vol7no3_2008/wal ters_bordering.pdf (zuletzt aufgerufen am 8. Dezember 2020).

Watzlawick, Paul/Beavin, Janet H./Jackson, Don D. (2011 [1969]): Menschliche Kommunikation. Formen, Störungen, Paradoxien. Bern: Hans Huber.

Weart, Spencer R. (1988): Nuclear Fear. A History of Images. Cambridge, MA: Harvard University Press.

Weizman, Eyal (2017): Forensic Architecture. Violence at the Threshold of Detectability. New York: Zone Books.

Wentzel, Hans (1937): [Art.] „Attribut", in: Reallexikon zur Deutschen Kunstgeschichte, Bd. I, Sp. 1212–1220, online verfügbar unter: RDK Labor, http://www.rdklabor.de/w/?oldid=8996ß0 (zuletzt aufgerufen am 8. Dezember 2020).

Whalen, Marilyn R./Zimmerman, Don H. (1987): „Sequential and Institutional Contexts in Calls for Help", in: Social Psychology Quarterly, 50 (2), S. 172–185.

Winkler, Hartmut (2008): „Zeichenmaschinen. Oder warum die semiotische Dimension für eine Definition der Medien unerlässlich ist", in: Münker, Stefan/Roesler, Alexander (Hg.): Was ist ein Medium?. Frankfurt am Main: Suhrkamp, S. 211–221.

Wippich, Uwe (2016): Wogen und Schlagen. Zur Medialität des ‚lebendigen' Herzens, Dissertation an der Fakultät für Philologie der Ruhr-Universität Bochum, Online-Veröffentlichung, URL: http://hss-opus.ub.ruhr-uni-bochum.de/opus4/frontdoor/index/index/docId/4688 (zuletzt aufgerufen am 8. Dezember 2020).

Wirth, Uwe (2007): „Zwischen genuiner und degenerierter Indexikalität. Eine Peircesche Perspektive auf Derridas und Freuds Spurbegriff", in: Grube, Gernot/Kogge, Werner/Krämer, Sybille (Hg.): Spur. Spurenlesen als Orientierungstechnik und Wissenskunst. Frankfurt am Main: Suhrkamp, S. 55–81.

Onlinequellen

AIME (ca. 2012): [Art.] „enunciation", in: AIME – An Inquiry into Modes of Existence, URL: http://modesofexistence.org/inquiry/?lang=en#a=SET+VOC+LEADER&c[leading]=VOC&c[slave]=TEXT&i[id]=#vocab-135&i[column]=VOC&s=0 (zuletzt aufgerufen am 8. Dezember 2020).

Angelcare (o. J.): „Babyphones mit Sensormatte", URL: https://www.angelcare.de/babyphones/baby phones_mit_sensormatte/ (zuletzt aufgerufen am 8. Dezember 2020).

COSPAS-SARSAT.int (2014): „System Graphics", URL: https://cospas-sarsat.int/en/search-and-rescue/system-graphics-en (zuletzt aufgerufen am 8. Dezember 2020).

Das Leben schreiben. Medientechnologie und die Wissenschaft vom Leben, 1800–1900 (2002–2006): Forschungsgruppe an der Bauhaus-Universität Weimar, URL: http://www.daslebenschreiben.de/ (zuletzt aufgerufen am 8. Dezember 2020).

Die Experimentalisierung des Lebens. Konfigurationen zwischen Wissenschaft, Kunst und Technik (2000–2011): Forschungsgruppe am Max-Planck Institut für Wissenschaftsgeschichte, Berlin, URL: http://vlp.mpiwg-berlin.mpg.de/exp/index.html (zuletzt aufgerufen am 8. Dezember 2020).

ENSCO MicroSearch (o.J), URL: www.ensco.com/microsearch (zuletzt aufgerufen am 8. Dezember 2020)

Facebook (o. J.): „Crisis Response", URL: https://www.facebook.com/about/crisisresponse/ (zuletzt aufgerufen am 8. Dezember 2020).

Geovox Security Inc (o. J.): „Avian Heartbeat Detector", URL: https://www.geovox.com/ (zuletzt aufgerufen am 8. Dezember 2020).

Guggenheim Museum (o. J.): „Telegrams. I Am Still Alive", URL: https://www.guggenheim.org/teaching-materials/on-kawara-silence/telegrams-i-am-still-alive (zuletzt aufgerufen am 8. Dezember 2020).

Lawinenball.com (o. J.): „Avalanche Ball … .sofort sehen und retten", URL: https://www.lawinenball.com/ (zuletzt aufgerufen am 8. Dezember 2020).

NASA (o. J.a): „Life Support Systems. Sustaining Humans Beyond Earth", URL: https://www.nasa.gov/content/life-support-systems (zuletzt aufgerufen am 8. Dezember 2020).

NASA (o. J.b): „Global Climate Change. Vital Signs of the Planet", URL: https://climate.nasa.gov/ (zuletzt aufgerufen am 8. Dezember 2020).

National Park Service (o. J.): „Vital Signs Monitoring. Taking the Pulse of the National Parks", URL: https://www.nps.gov/im/vital-signs.htm (zuletzt aufgerufen am 8. Dezember 2020).

Recco (o. J.a): „Recco Technology", URL: https://recco.com/technology/ (zuletzt aufgerufen am 8. Dezember 2020).

Rätisches Museum Chur (2016): „Die Lawinenschnur (1930). Objekt des Monats", URL: https://raetischesmuseum.gr.ch/de/sammlung/objektdesmonats/Seiten/feb_16_lawinenschnur. aspx (zuletzt aufgerufen am 8. Dezember 2020).

Spürhundesport.de (o. J.): „SHS-Geruchsdifferenzierung", URL: http://www.spürhundesport.de/Diffe renzierung (zuletzt aufgerufen am 8. Dezember 2020).

Stadtmuseum Berlin (o. J.): „Preußische Hundesteuermarke von 1817. Objekt des Monats Februar", URL: https://www.stadtmuseum.de/objekt-des-monats/hundesteuermarke (zuletzt aufgerufen am 8. Dezember 2020).

TripAdvisor.de (o. J.): „San Jose Mine (Los 33)", URL: https://www.tripadvisor.de/Attraction_Review-g488175-d8498448-Reviews-San_Jose_Mine_Los_33-Copiapo_Atacama_Region.html (zuletzt aufgerufen am 8. Dezember 2020).

Audiovisuelle Quellen

Filme

33 (CHL 2011, Reinaldo Sepúlveda/Bertrán,Eduardo, 75 min.).
LEBENSZEICHEN (D 1968, Werner Herzog, 87 min.).
LITTLE DIETER NEEDS TO FLY (D/UK/FR 1997, Werner Herzog, 80 min.).
MINORITY REPORT (USA 2002, Steven Spielberg, 145 min.).
MISSION IMPOSSIBLE (USA 1996, Brian de Palma, 110 min.).
NOSTALGIA DE LA LUZ (CHL 2010, Patrizio Guzmán, 90 min.).
ON THE BEACH (USA 1959, Stanley Kramer, 134 min.).
RESCUE DAWN (USA/LUX 2006, Werner Herzog, 120 min.).
THE 33 (CHL/USA 2015, Patricia Riggen, 127 min.).
TITANIC (USA/MEX/AUS/CAN 1997, James Cameron, 194 min.)

TV-Sendungen

DER TAG, als die Grube explodierte (D 2008, Oliver Schmid/Nick Pietzonka, 90 min.).
DREI AKTUELL (Hessischer Rundfunk, 4. Juni 1988, 53 min.).
HESSENSCHAU (Hessischer Rundfunk, 4. Juni 1988, 35 min.).
PROTOKOLL DER RETTUNG (ARD/HR, 4. Juni 1988, 30 min.).

YouTube-Videos

Associated Press (2010): „Video Tour of Trapped Chilean Miners Refuge", YouTube-Video vom 27. August 2010, URL: https://www.youtube.com/watch?v=A3moxr_E7aA (zuletzt aufgerufen am 8. Dezember 2020).

Deutsche Jagdzeitung TV (2014): „Bringselverweiser", YouTube-Video vom 20. August 2014, URL: https://www.youtube.com/watch?v=iB49Ay3JhEg (zuletzt aufgerufen am 8. Dezember 2020).

ENSCO Headquaters (2018): „MicroSearch. Human Presence & Intrusion Detection", YouTube-Video vom 23. Februar 2018, URL: https://www.youtube.com/watch?v=-AYYRJPoFVk&feature=emb_title (zuletzt aufgerufen am 8. Dezember 2020).

Leader Group (2012): „LEADER Wired Audio ResQ life detetor for detection and location of buried victims", YouTube-Video vom 29. August 2012, URL: https://www.youtube.com/watch?v= qOP3jpplLTU (zuletzt aufgerufen am: 8. Dezember 2020)

Recco (o. J.b): „Avalanche. Be Aware", YouTube-Video vom 22. Februar 2010, hochgeladen von cbaer1000, URL: https://www.youtube.com/watch?v=5Fx2kEXvK6I (zuletzt aufgerufen am 8. Dezember 2020).

ReccoRescueTechnology (2012a): „Recco Product Involvement", YouTube-Video vom 14. Juni 2012, URL: https://www.youtube.com/watch?v=5uYsJtNt4RM (zuletzt aufgerufen am 8. Dezember 2020)

ReccoRescueTechnology (2012b): „The Recco-System", YouTube-Video vom 14. Juni 2012, URL: https://www.youtube.com/watch?v=SeNPMokOFEo (zuletzt aufgerufen am 8. Dezember 2020).

TVN 24 Horas (2010): „Primeras señales de vida 33 mineros", YouTube-Video vom 23. August 2010, hochgeladen von dongraft, URL: https://www.youtube.com/watch?v=zrc9Z7Yddjo (zuletzt aufgerufen am 8. Dezember 2020).

Archivquellen

Eilnachricht Lebenszeichen – Einzelnachweise

Beil, Jenny (Kitzbühl, 23. Februar 1945). Quelle: Bulitta, Erich/Bulitta, Hildegard (2006): Nachkriegsjahre 1945–1949. Pädagogische Handreichung, hg. v. Volksbund Deutsche Kriegsgräberfürsorge e. V., Landesverband Bayern, München, S. 24, online verfügbar unter: https://www.volksbund.de/fileadmin/redaktion/Landesverbaende/Niedersachsen/4_Bildungsar beit/4.6._Material_f._d._Unterricht/Beispiele_Praxis-Nachkriegsjahre.pdf (zuletzt aufgerufen am 8. Dezember 2020).

Berlekamp, Heinrich (Dortmund, 8. Oktober 1944). Quelle: Bestand des Autors.

Bildt, Eva (Berlin, 8. Mai 1944). Quelle: Bildt, Eva/Gollwitzer, Helmut (2008): Ich will Dir schnell sagen, daß ich lebe, Liebster. Briefe aus dem Krieg 1940–1945. München: C.H. Beck, S. 234.

Bruska, Rosa (Mähr, 30. August 1944). Quelle: Angebot von Corinphila Veilingen auf Stamp Circuit, 11. März 2017, Angebotsnummer: lot # 2193, URL: https://www.stampcircuit.com/de/stamp-Auction/corinphila-veilingen/7612066/lot-2193-topics-and-miscellaneous-world-war-ii-corinphila (zuletzt aufgerufen am 8. Dezember 2020).

Forke, Kurt (Dresden, 24. Februar 1945). Quelle: Angebot von Auktionshaus Christoph Gärtner auf Stamp Circuit, 21. Februar 2017, Angebotsnummer: lot # 18307, URL: https://www.stampcircuit.

com/de/stamp-Auction/auktionshaus-christoph-g%C3%A4rtner-gmbh-co-kg/7559170/lot-18307-varieties-plate-flaw (zuletzt aufgerufen am 8. Dezember 2020).

Forster, Heinrich Helmut (Dresden, 6. März 1945). Quelle: Krüger, Reinhard (2015): „Aus dem Inferno. Bomben auf Dresden am 14. und 15. Februar 1945. Einige postalische Zeitzeugen", in: Deutsche Briefmarkenzeitung, 3, S. 24–29, hier: S. 26.

Franca, Dr. Graf (Salzburg, 20. November 1944). Quelle: Ebay-Angebot von postmeister167, ohne Datum, URL: https://www.ebay.de/itm/DR-Lebenszeichen-PK-von-20-11-44/401740015146?hash= item5d8992262a:g:DukAAOSwHtNcn-Pj (zuletzt aufgerufen am 8. Dezember 2020).

Fritsch, Gertrud (Dresden, 17. Februar 1945). Quelle: Ebay-Angebot von indo530, 1. April 2018, URL: https://picclick.de/5-Eilnachricht-Lebenszeichen-nach-Bombenangriff-auf-Dresden-1721945- 162959683828.html (zuletzt aufgerufen am 8. Dezember 2020).

Grimm, Familie (Dresden, 4. März 1945). Quelle: Gellner, Peter/Möller, Steffen (2018): „März 1945. Bomben fielen auch auf Übigau", in: Dresdner Stadtteilzeitungen, 20. Februar 2018, URL: https://www.dresdner-stadtteilzeitungen.de/zweiter-weltkrieg-dresden-uebigau-maerz-1945/ (zuletzt aufgerufen am 8. Dezember 2020).

Henneberger, Familie (München, 29. April 1944). Quelle: Deutsches Historisches Museum: „Vordruck-Postkarte mit einer Eilnachricht nach einem überstandenen Luftangriff", Inventarnummer: Do2 89/1081, online verfügbar unter: https://www.deutsche-digitale-bibliothek.de/item/FY3 KIL4YXNLXK4WPY3NIK5DYLS4IV3JG (zuletzt aufgerufen am 8. Dezember 2020).

Himmstädt, Mi (Dresden, 15. September 1944). Quelle: Memorare Pacem – Gesellschaft für Friedenskultur e. V. (o. J.): „Erinnern", URL: https://memorarepacem.de/wp-mcontent/uploads/ 2015/01/Karte_Lebenszeichen_ArchivIG_600.jpg (zuletzt aufgerufen am 8. Dezember 2020).

Hofmann, Ilse (Berlin, 16. Februar 1944). Quelle: Deutsches Historisches Museum: „Vordruck-Postkarte mit der Mitteilung, dass nach einem Bombenangriff ‚alles in Ordnung' ist", Inventarnummer: DG 90/9155, online verfügbar unter: https://www.deutsche-digitale-bibliothek. de/item/EFPL3TY6JCJGZMDKTWTX4SQTTQXVJDTC (zuletzt aufgerufen am 8. Dezember 2020).

Kurtz, Sybille (Stuttgart, 27. Juli 1944). Quelle: Ebay-Angebot von tobbbbbi, 26. Mai 2018, URL: https://picclick.de/Eilnachricht-Karte-mit-rotem-Rand-Juli-1944-mit-153028665562.html (zuletzt aufgerufen am 8. Dezember 2020).

Liebig, Adam (Karlsruhe, 6. Februar 1944). Quelle: Ebay-Angebot von philarena_1 (Michael Schweizer), 10. April 2019, URL: https://www.ebay.ch/itm/Eilnachricht-Lebenszeichen-Postkarte-rot-StdW-4305-43-Karlsruhe-nach-Lahr/153411397766?hash=item23b8082886:g:53MAAOSw jyBchk1Z (zuletzt aufgerufen am 8. Dezember 2020).

Ludwig, Frauke (Kiel, 24. Juli 1944). Quelle: Angebot auf philafriend.de, URL: https://philafriend.de/ suchen_belege_similar.php?q=Propaganda%20-%20Eilnachricht%20-%20Lebenszeichen%20Post karte%20-%20ungebraucht (zuletzt aufgerufen am 8. Dezember 2020).

Pfeiffer, Martha (Charlottenburg, 26. Februar 1945). Quelle: Büll, Hans J./Lakowski, Richard (2002): Lebenszeichen 1945. Feldpost aus den letzten Kriegstagen. Leipzig: Miltitzke, S. 109, Abb. 34.1.

Proebst, G. K. (Ingolstadt, 6. März 1945). Quelle: Ebay-Anzeige von philarena_1, 10. April 2019, URL: https://www.ebay.ch/itm/Eilnachricht-Lebenszeichen-Postkarte-Munchen-nach-Garmisch-6- 3-45/153411434094?hash=item23b808b66e:g:bLYAAOSwgYlchlPj (zuletzt aufgerufen am 8. Dezember 2020).

Radtke, Else (Kiel, 28. August 1944). Quelle: Angebot von Auktionshaus Christian Wapler auf Stamp Circuit, 22. Juni 2019, Angebotsnummer: lot # 2334, URL: https://www.stampcircuit.com/de/ stamp-Auction/8770113/lot-2334-luftkrieg-bombenkrieg-1939-45-63rd-special-auction-thematic-philately (zuletzt aufgerufen am 8. Dezember 2020).

Sauer, Kurt (Berlin, 21. Januar 1944). Quelle: Deutsches Auswandererhaus (2018): „Objekt des Monats
 September: ‚Lebenszeichen'-Postkarte, 1944", URL: https://dah-bremerhaven.de/objekt-des-
 monats-sept2018/ (zuletzt aufgerufen am 8. Dezember 2020).
Schemmenauer, Helma (Ludwigshafen, 4. September 1944). Quelle: Deutsches Historisches Museum:
 „Vordruck-Postkarte mit dem Lebenszeichen eines Bürgers aus Ludwigshafen nach einem
 Bombenangriff", Inventarnummer: Do2 89/28, online verfügbar unter: https://www.deutsche-
 digitale-bibliothek.de/item/EGG7RGK5KXAPGQWSMTJMZDYM4SIGANOIv (zuletzt aufgerufen am
 8. Dezember 2020).
Schlenker, Jakob (Stuttgart, 29. Januar 1945). Quelle: Lauxmann, Helga (2012): „Das Lebenszeichen",
 in: Zeit Online. Zeit der Leser, 2. Oktober 2012, URL: https://blog.zeit.de/zeit-der-leser/2012/10/
 02/das-lebenszeichen/ (zuletzt aufgerufen am 8. Dezember 2020).
Schmid, Carl (München 19./20. Juli 1944). Quelle: Ebay-Angebot von philarena_1, 29. November 2020,
 URL: https://www.ebay.ch/itm/Eilnachricht-Lebenszeichen-Postkarte-Munchen-nach-Garmisch-
 19-20-7-44-/153447123223?hash=item23ba294917 (zuletzt aufgerufen am 8. Dezember 2020).
Sparschuh, Oswin (Dresden, 18. Februar 1945). Quelle: Deutsche Fotothek: „Lebenszeichen von
 Sparschuh, Oswin", Inventarnummer: df_hauptkatalog_0252846, online verfügbar unter:
 http://www.deutschefotothek.de/documents/obj/30117085 (zuletzt aufgerufen am 8.
 Dezember 2020).
Tüllmann, Familie (Duisburg, 24. Februar 1945). Quelle: Deutsches Historisches Museum:
 „Eilnachricht einer Familie über die Totalzerstörung der Wohnung durch Bomben und
 Mitteilung der neuen Adresse (auf Postkarten-Vordruck)", Inventarnummer: Do2 99/1028, online
 verfügbar unter: https://www.dhm.de/datenbank/dhm.php?seite=5&fld_0=99003496 (zuletzt
 aufgerufen am 8. Dezember 2020).
von Mossin, Helene (München, 5. November 1944). Quelle: Ebay-Angebot von philarena_1, 29.
 November 2020, URL: https://www.ebay.ch/itm/Eilnachricht-Lebenszeichen-Postkarte-Munchen-
 nach-Garmisch-5-11-44/153447123402?hash=item23ba2949ca:g:QhoAAOSwNcZcrjub (zuletzt
 aufgerufen am 8. Dezember 2020).
von Mossin, Helene (München, 17. November 1944). Quelle: Ebay-Angebot von philarena_1, 29.
 November 2020, URL: https://www.ebay.ch/itm/Eilnachricht-Lebenszeichen-Postkarte-Munchen-
 nach-Garmisch-17-11-44/153447123381?hash=item23ba2949b5:g:sD0AAOSwBNNcrjuD (zuletzt
 aufgerufen am 8. Dezember 2020).
von Mossin, Helene (München, 22. November 1944). Quelle: Ebay-Angebot von philarena_1, 29.
 November 2020, URL: https://www.ebay.ch/itm/Eilnachricht-Lebenszeichen-Postkarte-Munchen-
 nach-Garmisch-22-11-44/153447123355?hash=item23ba29499b:g:CWkAAOSwaolcrjt8 (zuletzt
 aufgerufen am 8. Dezember 2020).
Vossen, Ernst (Münster, 2. Oktober 1944). Quelle: Deutsches Historisches Museum: „Vordruck-
 Postkarte mit der Mitteilung, dass alle Familienangehörigen einen Bombenangriff überlebt
 haben", Inventarnummer: Do2 2003/302, online verfügbar unter: https://www.deutsche-digitale-
 bibliothek.de/item/WZCZEVNVQMHTL45ERGY7AVKDZZAYMOJX (zuletzt aufgerufen am 8. Dezember
 2020).

Danksagung

Eine Dissertation über Not- und Katastrophenfälle wäre undenkbar ohne engagierte Rettungskräfte und Ersthelfer*innen, die immer zur Stelle sind, wenn man sie braucht. Ich kann mich glücklich schätzen, dass ich von vielen Seiten so tatkräftige Unterstützung erhalten habe:

Mein erster Dank gilt den beiden Betreuer*innen dieser Arbeit:

Lorenz Engell hat die Dissertation vom ersten bis zum letzten Satz mit Weitsicht, Feingefühl und Esprit begleitet. Ich danke ihm herzlich für seinen großen Vertrauensvorschuss, für die vielen inspirierenden Gespräche und für alles, was ich von ihm lernen durfte.

Gabriele Schabacher hat mir mit ihrem frühen Zuspruch das Gefühl gegeben, auf dem richtigen Weg zu sein und die Arbeit jahrelang mit wertvollen Denkanstößen bereichert. Auch ihr gilt mein herzlicher Dank für die kluge und umsichtige Betreuung!

Die Arbeit konnte nur entstehen dank der großzügigen ideellen und finanziellen Förderung des Kompetenzzentrums Medienanthropologie (KOMA) an der Bauhaus-Universität Weimar. Ich danke der Vor- und Schnelldenkerin Christiane Voss und allen Komatist*innen für den langjährigen, intensiven Austausch und die freundschaftliche Atmosphäre, in der meine Dissertation wunderbar gedeihen konnte.

Für die vielen hilfreichen Impulse und Gespräche danke ich den Mitgliedern der DFG-Forschungsgruppe „Medien und Mimesis", den Teilnehmenden der Princeton-Weimar Summer-School 2016, dem Forschungskolloquium von Andreas Ziemann, den Teilnehmenden des Promotionskolloquiums an der Johannes Gutenberg-Universität Mainz, den Mitgliedern des Human-Animal-Lesekreises und dem Netzwerk Dis(s)-Connect.

Besonders dankbar bin ich für die Hilfsbereitschaft, Geduld und Genauigkeit meiner Korrekturleser*innen. Ich danke Valerie Fidler für die vielen wertvollen Morgenstunden, die sie geopfert hat; Stephan Gregory, der mir auf den letzten Metern noch einmal Mut gemacht und das „nicht länger" ausgetrieben hat; Christine und Heinz Siegler, dass sie 300 Seiten in 3 Tagen gelesen und der Arbeit den letzten Schliff gegeben haben.

Einigen Menschen hat die Arbeit so viel zu verdanken, dass ihr Anteil mit Worten kaum aufzuwiegen ist. Tiefe Dankbarkeit gilt meinen Eltern Christine und Heinz Siegler, die mich seit meinem ersten Lebenszeichen fürsorglich, liebevoll und großzügig unterstützen und mich zu dem gemacht haben, was ich bin.

Mein inniger Dank gehört Valerie Fidler: dafür, dass sie jeden Pulsschlag dieser Arbeit mitgefühlt hat, dass ich jeden Gedanken mit ihr teilen durfte, dass sie für jeden Notfall einen Rettungsweg parat hatte und mich immer wieder an das Leben jenseits des Lebenszeichens erinnert hat. Ihr ist diese Arbeit gewidmet.

Register

www.ingramcontent.com/pod-product-compliance
Lightning Source LLC
Chambersburg PA
CBHW050643270326

41927CB00012B/2852